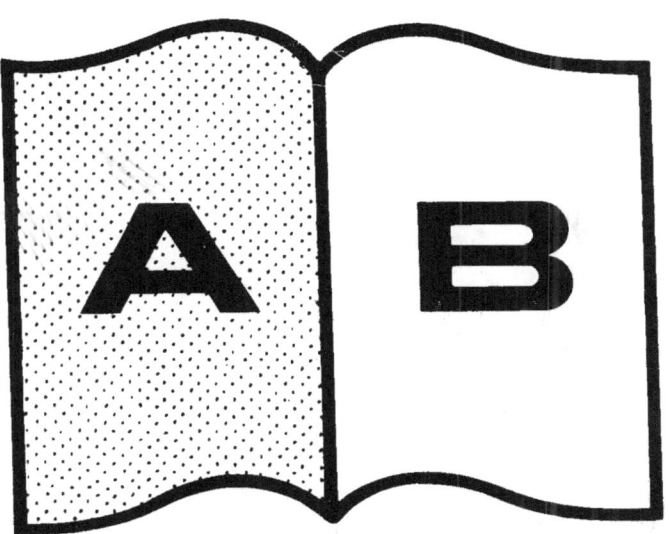

Contraste insuffisant

NF Z 43-120-14

MÉMOIRES
SUR
LES CONTRÉES OCCIDENTALES,

TRADUITS DU SANSCRIT EN CHINOIS, EN L'AN 648,

PAR HIOUEN-THSANG,

ET DU CHINOIS EN FRANÇAIS,

PAR M. STANISLAS JULIEN,

MEMBRE DE L'INSTITUT DE FRANCE,
PROFESSEUR DE LANGUE ET DE LITTÉRATURE CHINOISE,
ADMINISTRATEUR DU COLLÉGE IMPÉRIAL DE FRANCE, OFFICIER DE LA LÉGION D'HONNEUR, ETC.

TOME SECOND,

CONTENANT LES LIVRES IX A XII,
UN MÉMOIRE ANALYTIQUE SUR LA CARTE DU PREMIER VOLUME, CINQ INDEX
ET UNE CARTE JAPONAISE DE L'ASIE CENTRALE ET DE L'INDE ANCIENNE.

PARIS.
IMPRIMÉ PAR AUTORISATION DE L'EMPEREUR
A L'IMPRIMERIE IMPÉRIALE.

M DCCC LVIII.

VOYAGES
DES
PÈLERINS BOUDDHISTES.
III.

A PARIS,

CHEZ BENJAMIN DUPRAT,

LIBRAIRE DE L'INSTITUT, DE LA BIBLIOTHÈQUE IMPÉRIALE, ETC.

RUE DU CLOÎTRE SAINT-BENOÎT, N° 7,

ET CHEZ AUGUSTE DURAND,

LIBRAIRE,

RUE DES GRÈS, N° 7.

On trouve chez les mêmes libraires :

Le premier volume des Voyages des Pèlerins bouddhistes, qui a paru sous le titre de : HISTOIRE DE LA VIE DE HIOUEN-THSANG ET DE SES VOYAGES DANS L'INDE, entre les années 629 et 645 ; 1 vol. in-8° de LXXXV et 472 pages.

Les MÉMOIRES DE HIOUEN-THSANG SUR LES CONTRÉES OCCIDENTALES formeront les volumes II et III de cette Collection de Voyages. Les volumes suivants contiendront les relations des autres Pèlerins bouddhistes, annoncées à la fin de la préface du premier volume.

MÉMOIRES
SUR
LES CONTRÉES OCCIDENTALES,
DE
TRADUITS DU SANSCRIT EN CHINOIS, EN L'AN 648,

PAR HIOUEN-THSANG,

ET DU CHINOIS EN FRANÇAIS,

PAR M. STANISLAS JULIEN,

MEMBRE DE L'INSTITUT DE FRANCE,
PROFESSEUR DE LANGUE ET DE LITTÉRATURE CHINOISE,
ADMINISTRATEUR DU COLLÉGE IMPÉRIAL DE FRANCE, OFFICIER DE LA LÉGION D'HONNEUR, ETC.

TOME SECOND,
CONTENANT LES LIVRES IX À XII,
UN MÉMOIRE ANALYTIQUE SUR LA CARTE DU PREMIER VOLUME, CINQ INDEX,
ET UNE CARTE JAPONAISE DE L'ASIE CENTRALE ET DE L'INDE ANCIENNE.

PARIS.
IMPRIMÉ PAR AUTORISATION DE L'EMPEREUR
A L'IMPRIMERIE IMPÉRIALE.
M DCCC LVIII.

TABLE DES MATIÈRES.

	Pages.
Préface	IX

LIVRE NEUVIÈME.

LXXVI. Royaume de *Mo-kie-t'o* (Magadha). Seconde partie.. 1

LIVRE DIXIÈME. (Dix-sept royaumes.)

LXXVII.	Royaume de *I-lan-na-po-fa-to* (Hiraṇyaparvata)	65
LXXVIII.	— de *Tchen-po* (Tchampâ)	71
LXXIX.	— de *Kie-tchou-ou-khi-lo* (Kadjoûghira)	73
LXXX.	— de *Poun-na-fa-t'an-na* (Pouṇḍravarddhana)	74
LXXXI.	— de *Kia-ma-leou-po* (Kâmaroûpa)	76
LXXXII.	— de *San-mo-ṭa-tch'a* (Samataṭa)	80
LXXXIII.	— de *Tan-mo-li-ti* (Tâmraliptî)	83
LXXXIV.	— de *Kie-lo-na-sou-fa-la-na* (Karṇasouvarṇa)	84
LXXXV.	— de *Ou-tch'a* (Ouḍa)	88
LXXXVI.	— de *Kong-yu-t'o* (Kônyôdha?)	91
LXXXVII.	— de *Kie-ling-kia* (Kaliñga)	92
LXXXVIII.	— de *Kiao-sa-lo* (Kôsala)	94
LXXXIX.	— de *'An-ta-lo* (Andhra)	105
XC.	— de *T'o-na-kia-tse-kia* (Dhanakatchêka)	110
XCI.	— de *Tchou-li-ye* (Tchoulya)	116
XCII.	— de *Ta-lo-pi-tch'a* (Drâviḍa)	118
XCIII.	— de *Mo-lo-kiu-tch'a* (Malakoûṭa)	121

TABLE DES MATIÈRES.

LIVRE ONZIÈME. (Vingt-trois royaumes.)

		Pages.
XCIV.	Royaume de *Seng-kia-lo* (Siñhala)...............	125
XCV.	——— de *Kong-kien-na-pou-lo* (Kôñkaṇâpoura).....	146
XCVI.	——— de *Mo-ho-la-tch'a* (Mahârâchṭra)..........	149
XCVII.	——— de *Po-lou-kie-tch'e-p'o* (Barougatch'eva).....	154
XCVIII.	——— de *Mo-la-p'o* (Mâlava — Malva)...........	155
XCIX.	——— de *'O-tch'a-li* (Aṭali)....................	160
C.	——— de *K'ie-tch'a* (Khatcha).................	161
CI.	——— de *Fa-la-pi* (Vallabhî)..................	162
CII.	——— de *'O-nan-t'o-pou-lo* (Ânandapoura)........	164
CIII.	——— de *Sou-la-tch'a* (Sourâchṭra).............	165
CIV.	——— de *Kiu-tche-lo* (Gourdjdjara).............	166
CV.	——— de *Ou-che-yen-na* (Oudjdjayana)..........	167
CVI.	——— de *Tchi-ki-t'o* (Tchikdha?)..............	168
CVII.	——— de *Mo-hi-chi-fa-lo-pou-lo* (Mahêçvarapoura)..	169
CVIII.	——— de *Sin-tou* (Sindhou)..................	Ibid.
CIX.	——— de *Meou-lo-san-p'ou-lo* (Moûlasambhourou?— Moûltan).........................	173
CX.	——— de *Po-fa-to* (Parvata)...................	174
CXI.	——— de *'O-tien-p'o-tchi-lo* (Atyanvakîla?)........	175
CXII.	——— de *Lang-kie-lo* (Laṅgala)................	177
CXIII.	——— de *Po-la-sse* (Parsa)....................	178
CXIV.	——— de *Pi-to-chi-lo* (Piṭaçilâ)................	180
CXV.	——— de *'O-fan-tch'a* (Avaṇḍa)................	182
CXVI.	——— de *Fa-la-na* (Varaṇa)..................	184

LIVRE DOUZIÈME. (Vingt-deux royaumes.)

CXVII.	Royaume de *Tsao-kiu-tch'a* (Tsâukoûṭa)...........	187
CXVIII.	——— de *Fo-li-chi-sa-t'ang-na* (Vṛiḍʲisthâna)......	190
CXIX.	——— de *'An-ta-la-fo* (Antarava)..............	191
CXX.	——— de *K'ouo-si-to* (Khousta)...............	192
CXXI.	——— de *Houo* (Ghoûr)....................	193
CXXII.	——— de *Moung-kien* (Mounkan)..............	194
CXXIII.	——— de *'O-li-ni* (Alni ou Arni)..............	195

TABLE DES MATIÈRES.

		Pages.
CXXIV.	Royaume de *Ho-lo-hou* (Rohou — Roh?)	195
CXXV.	—————— de *Ki-li-sse-mo*	196
CXXVI.	—————— de *Po-li-ho*	Ibid.
CXXVII.	—————— de *Hi-mo-ta-lo* (Himatala)	197
CXXVIII.	—————— de *Po-to-tchoang-na* (Paḍasthâna?)	198
CXXIX.	—————— de *In-po-kien* (Invakan)	199
CXXX.	—————— de *Kiu-lang-na* (Kouraṇa)	200
CXXXI.	—————— de *Ta-mo-si-t'ie-ti* (Tamasthiti?)	201
CXXXII.	—————— de *Chi-khi-ni* (Chaghnan)	205
CXXXIII.	—————— de *Chang-mi* (Çâmbhî)	206
CXXXIV.	—————— de *K'ie-p'an-t'o* (Khavandha?)	209
CXXXV.	—————— de *Ou-cha* (Och)	216
CXXXVI.	—————— de *Kie-cha* (Kachgar)	219
CXXXVII.	—————— de *Tcho-keou-kia* (Tchakouka)	221
CXXXVIII.	—————— de *Kiu-sa-tan-na* (Koustana)	223

Mémoire analytique sur la carte de l'Asie centrale et de l'Inde. 250
Index des mots sanscrits-chinois. 429
Index des mots chinois-sanscrits. 483
Index des mots sanscrits figurés phonétiquement. 503
Index des mots chinois. 535
Index des mots français. 545
Liste des mots abrégés ou corrompus. 557
Errata alphabétique. 567
Note de M. Vivien de Saint-Martin sur la carte japonaise. 575
Carte japonaise de l'Asie centrale et de l'Inde.

PRÉFACE.

Après de longs retards qu'ont entraînés la rédaction et l'impression de cinq index, dont trois sont chargés de caractères chinois, je puis enfin livrer au public la dernière partie des Mémoires de Hiouen-thsang. L'intérêt et l'utilité scientifiques de ces documents, puisés à la fois dans les sources indiennes et dans les observations personnelles du célèbre voyageur, se trouvent grandement rehaussés par l'addition d'un Mémoire géographique fort étendu, que M. Vivien de Saint-Martin avait composé d'avance pour l'intelligence de sa belle carte de l'Asie centrale et de l'Inde, qui termine le premier volume.

J'avais promis, dans mon Avertissement, de donner deux petites cartes de l'Inde ancienne, empruntées l'une à l'encyclopédie bouddhique *Fo-tsou-tong-ki*, imprimée en 1269, et l'autre à un recueil intitulé *Thou-chou-pien*, qui date du dernier siècle. Mais, lorsque je les avais calquées et transcrites, j'obtins la communication d'une composition géographique mieux étudiée, plus riche en détails de tout genre, et rédigée à l'aide d'environ cent ouvrages dont les titres se lisent en marge, et principalement d'après les relations de Fa-hien et de Hiouen-thsang. C'était une grande carte de l'Asie centrale et de l'Inde, haute de 1^m,16 et large de 1^m,42, publiée au Japon en 1710, que M. Guillaume de Sturler, fils du dernier ambassadeur hollandais près la cour de Yédo, venait d'offrir, avec une collection de livres japonais, à la Bibliothèque impériale de Paris. Quoiqu'elle fût loin d'avoir l'exactitude scientifique des cartes européennes, elle parut d'un haut intérêt à M. Vivien de Saint-Martin, que ses savants travaux sur la géographie de l'Inde, couronnés par l'Institut, ont constitué parmi nous le meilleur juge en pareille matière. D'après l'avis d'un guide aussi sûr, j'ai fait réduire, par un artiste habile, ce curieux monument de géographie japonaise, dans des dimensions compatibles avec le format de l'ouvrage.

J'aurais pu me borner à un seul index, comme on l'a fait pour le *Lotus* d'Eugène Burnouf, mais les orientalistes-sinologues qui feront usage des Mémoires de Hiouen-thsang pour leurs études et leurs travaux auraient regretté de n'y point trouver, non-seulement les caractères chinois répondant, comme traduction, à des mots indiens, mais encore les signes phonétiques qui servent à figurer la plupart des noms sanscrits du premier index. Pénétré de ce double besoin, dont la satisfaction m'avait coûté, dans mes études personnelles, de longues et pénibles recherches, je ne me suis pas contenté de donner, en lettres romaines, un index où les mots sanscrits-chinois fussent suivis de tous les renseignements nécessaires, j'ai voulu encore, outre les index des mots chinois et français, offrir aux lecteurs un index chinois-sanscrit et un index des mots chinois-phonétiques, accompagnés tous deux des signes correspondants. Le premier permettra de trouver immédiatement la correspondance indienne des mots que Hoeï-li et Hiouen-thsang se sont souvent contentés de donner en chinois. Il y avait là une difficulté que je n'aurais pu vaincre si je n'avais recueilli d'avance, dans d'autres ouvrages, les formes sanscrites de tous ces noms [1]. L'étude de l'index suivant donnera, en grande partie, aux sinologues la clef du système de lecture que j'ai composé et mis en usage le premier, afin de transcrire, d'une manière régulière et méthodique, des mots indiens figurés par des caractères chinois qui cessent d'être significatifs

[1] Voyez *Histoire de la vie et des voyages*, etc. p. XIV, note 1.

PRÉFACE.

pour n'exprimer que des sons[1]. Les orientalistes pourront y recueillir les signes divers qui répondent à chaque syllabe indienne, les disposer eux-mêmes en forme de paradigme, et s'en servir, avec une certaine confiance, en attendant que je publie, soit dans le IVe volume de notre Recueil de voyages, soit dans le Journal asiatique, qui serait la place la plus convenable, le catalogue des douze cents signes phonétiques que j'ai rassemblés, et une suite de tableaux où les caractères homophones seront présentés dans l'ordre de l'alphabet sanscrit. Pour donner à mon travail un caractère de précision propre à inspirer une entière confiance, je justifierai constamment la valeur attribuée à chaque signe, par la citation de l'ouvrage ou du mot sanscrit qui me l'ont fournie. Je regrette vivement que l'étendue considérable du présent volume ne me permette pas d'assurer dès aujourd'hui aux sinologues la possession et l'usage de ce nouvel instrument philologique.

La transcription des mots sanscrits corrects est donc fondée, dans toutes les syllabes, sur des exemples authentiques. Il faut excepter seulement les noms que j'ai fait suivre d'un signe de doute (?), soit parce qu'ils étaient étrangers à la langue in-

[1] Voyez la Préface de l'*Histoire de la vie de Hiouen-thsang et de ses voyages dans l'Inde*, p. xx-xxxiii.

PRÉFACE.

dienne, comme ceux des pays de la Transoxiane, soit parce que un ou plusieurs des signes dont ils se composent étaient susceptibles de recevoir, en sanscrit, plusieurs prononciations dont je n'ai pu préciser la plus certaine.

Quoique mon recueil de signes phonétiques, composé de plus de mille caractères chinois, soit loin d'être aussi complet qu'on pourrait le désirer, on reconnaîtra peut-être que cette méthode de transcription (où je n'avais d'autre guide que la connaissance du sanscrit, qui avait manqué à mes devanciers) a déjà réalisé un progrès sensible dans une branche importante de la philologie orientale. J'ose dire, en effet, sans être taxé de présomption, que, pour la première fois, ce système de lecture a rendu possible aux sinologues, et acceptable aux indianistes, la traduction des ouvrages chinois relatifs à l'Inde bouddhique, où l'on rencontre, à chaque pas, des mots indiens figurés par des sons chinois, et qui, sans l'espèce de transformation régulière que fournit mon alphabet harmonique, eussent gardé leur forme bizarre, ou bien eussent paru, sous une fausse couleur de sanscrit, avec une orthographe corrompue et méconnaissable [1].

---

[1] C'est faute de ce secours que, dans le *Fo-koue-ki*, des centaines de mots phonétiques tels que *Chi-lo-p'o-tho-lo* (Çilabhadra), sont restés sans transcription, et que d'autres, comme *'O-la-chou-na* (Ardjouna),

On rencontre souvent, dans les ouvrages dont je viens de parler, des mots tellement abrégés ou altérés, qu'il est fort difficile, même avec notre alphabet, de les compléter ou de les ramener à leur orthographe régulière; par exemple : *Che-wang*, le roi *Djâ*, pour *Adjâtaçatrou;* le religieux *Lo-chi* (Radjî) ou simplement *Chi* (Djî), pour *Koumâradjîva;* la ville de *Kia-weï-weï*, pour *Kapilavastou;* le vénérable *Mo-lien*, pour *Mâudgalyâyana*, etc. Le *Fo-kouc-ki* de Fa-hien en offre de nombreux exemples. J'ai cru, en conséquence, devoir recueillir, dans les notes de Hoeï-li et de Hiouen-thsang, tous ces mots tronqués ou corrompus, en les faisant suivre de leur orthographe complète ou correcte, et j'en ai donné la liste à la suite du cinquième index.

L'Errata alphabétique, qui vient immédiatement après, a pour but de corriger, une fois pour toutes, une accentuation ou une orthographe inexactes qui (comme *Toukharâ* pour *Toukhâra*, *Kia-ye-po* pour *Kia-che-po*, *Kâçyapa*) s'offrent souvent dans l'Histoire de la vie et des voyages de Hiouen-thsang. Cette petite innovation m'a épargné une multitude de répétitions inutiles.

Ta-mo-khieou-to (Dharmagoupta), qu'on a voulu transcrire en sanscrit, ont reçu, p. 159, l'orthographe impossible de *Krôchouna*, et, p. 325, celle de *Tamoghna*.

PRÉFACE.

Pendant longtemps j'avais espéré obtenir de Chine plusieurs relations de voyages dont j'ai donné autrefois les titres et la notice dans le Journal asiatique, pour les joindre à celles qu'on possède en Europe et dont j'ai promis la traduction. Mais les recherches assidues, exécutées à ma demande par les missionnaires catholiques de Chine, tant à Péking que dans les provinces, sont restées jusqu'ici sans résultat. Il n'y a pas lieu d'en être surpris, si l'on songe aux persécutions violentes que le Bouddhisme a éprouvées sous divers empereurs, et dans lesquelles la destruction d'un grand nombre de couvents a dû entraîner la perte des livres qui y étaient conservés. Il en a été bien autrement au Japon, où, depuis son introduction, en 552, le culte du *Bouddha* n'a jamais cessé d'être florissant, et où l'on a constamment importé, du royaume du Milieu, tous les livres chinois relatifs à la doctrine de Çâkyamouni ou à la géographie de l'Inde ancienne. C'est donc là seulement qu'il faut chercher les relations de voyages qui existaient encore en Chine il y a quelques siècles, et qu'on y demanderait en vain aujourd'hui.

En décembre 1857, par l'intermédiaire d'un habile sinologue russe, M. Constantin Skatschkoff, qui a résidé sept ans à Péking, j'ai eu l'honneur d'entrer en relations avec M. Gochkewitch, le savant auteur d'un dictionnaire japonais-russe, qui est aujourd'hui consul au Japon. Je lui ai communiqué la liste des anciennes relations de voyages dans l'Inde dont la publication me paraît le plus désirable. M. Gochkewitch, qui a fait partie, comme son honorable ami, M. Skatschkoff, de la mission russe de Péking, est lui-même un habile sinologue; il comprendra aisément l'honneur qui rejaillirait sur lui et le service éminent qu'il rendrait à la science, s'il parvenait à découvrir, dans les librairies ou les bibliothèques du Japon, et à procurer aux sinologues d'Europe, les principaux voyages de l'Inde, qui parurent du temps des *Souï*, entre les années 581 et 617, et, par-dessus tout, la grande description des contrées occidentales intitulée *Si-yu-thou-tchi*[1], renfermant soixante livres de texte et quarante livres de planches, qui fut publiée aux frais de l'État, en l'an 666, avec une introduction de l'empereur *Kao-tsong*.

Je ne terminerai pas cette préface sans dire quelques mots (quoique ce soit sortir un peu de mon sujet) de la découverte que j'ai faite, dans deux encyclopédies chinoises[2], d'un nombre con-

---

[1] 西域圖志。六十卷。 *Si-yu-thou-tchi-lou-chi-kiouen.* 畫圖四十卷。 *Hoa-thou-sse-chi-kiouen.* Voyez l'encyclopédie *Fa-youen-tchou-lin*, livre CXIX, fol. 23.

[2] La première, en vingt-quatre volumes, est intitulée *Yu-lin* « la

sidérable de fables traduites du sanscrit par des interprètes indiens. Cet événement littéraire, auquel on était loin de s'attendre, a rempli de joie plusieurs orientalistes de France et d'Allemagne, et surtout l'illustre indianiste M. Théodore Benfey, de Göttingue, qui prépare précisément sur le même sujet un grand travail, dont un savant mémoire, publié par lui cette année, a déjà fait concevoir les plus hautes espérances. J'ai eu l'honneur de lui offrir une dizaine de ces fables, qu'il a lues avec un vif intérêt, et qu'en raison de la simplicité naïve qui les distingue, il regarde comme fort anciennes et place bien au-dessus des compositions trop raffinées et relativement modernes du *Pañtchatantra*[1]. M. Benfey m'a plus d'une

Forêt des Comparaisons », et la seconde, également en vingt-quatre volumes, *Fa-youen-tchou-lin* « la Forêt des perles du jardin de la Loi ».

[1] Pour montrer avec fidélité le jugement que M. Benfey a porté sur ces fables, je crois devoir citer textuellement quelques extraits de ses lettres.

7 juillet 1858........ « Durch Ihre Entdeckung derselben (Fabeln) « im chinesischen, ergiebt sich nun auch für sie der indische Ur- « sprung. Sie können sich leicht vorstellen, welches Interesse bei die- « sen Untersuchungen gerade eine Mittheilung erhält, welche, zu den « bisher gefundenem Beweisen, wieder einen neuen fügt. Ich hoffe die « hieher gehörigen Stellen, gelegentlich noch aufzufinden, und will sie « Ihnen dann noch notiren. »

22 juillet........ « Die erste derselben (Fabeln) gewährte mir eine « ausserordentliche Befriedigung, da ich daraus erkannte, dass Sie Ihren « früheren Entschluss, Ihre schöne Entdeckung zu veröffentlichen, wie- « der aufgenommen haben. Wenn alle in den beiden chinesischen En

fois invité d'une manière pressante à publier, comme délassement de travaux plus sérieux et plus difficiles, un choix de ces fables indiennes, aussi naturelles qu'ingénieuses, en y ajoutant dix-huit légendes inédites que j'ai remarquées le premier dans la traduction chinoise [1] d'un ouvrage sanscrit appelé *Damamoûka*, dont on possède une version

« cyclopädien enthaltenen indischen Fabeln u. s. w. so behandelt sind,
« wie diejenigen, welche Sie so freundlich waren mir mitzutheilen,
« dann haben Sie entschieden Recht, die Form in welcher die chine-
« sischen Uebersetzungen die indischen Fabeln bewahrt haben, für viel
« vollkommner zu halten, als die Gestalt derselben im *Pañtchatantra*.
« Die dogmatische Benutzung und der das Ziel gewöhnlich überschies-
« sende Scharfsinn der Inder, hat die alten einfachen Formen, wie sie
« in den buddhistischen Schriften bewahrt sind, durch *Raffinement* und
« Aberwitz, in der That oft bis zur lächerlichen Travestie umgewan-
« delt. Doch ist dies, in den andern Recensionen des *Pañtchatantra*,
« nicht ganz so weit getrieben, als gerade in den modernen Bearbeitun-
« gen welche Dubois übersetzt hat.....

« Erlauben Sie mir nur noch meinen tiefsten Dank, gewissermassen
« im Namen der Wissenschaft, Ihnen dafür auszusprechen, dass Sie zu
« Ihrem Entschluss jene Conceptionen zu veröffentlichen, zurückge-
« kehrt sind. Ich hoffe, dass diese Arbeit Ihnen zugleich eine Erholung
« von Ihren übrigen so ernsten gewähren wird. Ferner aber nehmen
« Sie noch meinen herzlichsten Dank für die Ansicht, welche Sie mir
« eröffnen, durch Mittheilungen Ihrer Uebersetzungen beglückt zu wer-
« den. Ich werde sie, mit Ihrer Erlaubniss, meinen Untersuchungen
« natürlich, mit Dank für Ihre ausserordentliche Güte, einverleiben,
« und bin überzeugt, dass sie am meisten dazu beitragen werden, mei-
« nen Forschungen über die Quellen und die Verbreitung der indi-
« schen Fabeln, Mährchen und Erzählungen, eine festere Begründung
« zu gewähren. »

[1] Cette version est intitulée : *Hien-yu-in-youen*.

tibétaine incomplète (le *Dsang-loun*, འཛངས་བླུན་), que Jacob Schmidt a donnée en allemand sous le titre de *Der Weise und der Thor*.

Les opérations militaires qui viennent d'ouvrir enfin la Chine aux entreprises des Européens semblent jeter un nouvel intérêt sur tout ce qui vient de ce mystérieux pays, qui a connu et employé, bien des siècles avant les peuples de l'Occident, la boussole, l'imprimerie, la poudre à canon, etc. et à qui nos arts et notre industrie peuvent encore faire des emprunts aussi inattendus qu'utiles. Me sera-t-il permis d'ajouter en terminant que, malgré mon désir ardent de poursuivre sans retard la collection commencée, je voudrais, pour obéir aux conseils de plusieurs membres éminents de l'Académie des Sciences, consacrer quelques mois à la publication d'un travail achevé depuis 1854, et où se trouvent résumés les procédés industriels des Chinois qui se rapportent à la chimie? Je n'aurais pas à regretter ce léger sacrifice de temps, si je pouvais espérer de voir accueillir cet ouvrage entièrement neuf avec la même faveur que ma traduction de l'*Histoire de la Fabrication de la porcelaine chinoise*.

Paris, 1ᵉʳ septembre 1858.

MÉMOIRES

DE

HIOUEN-THSANG.

LIVRE NEUVIÈME.

ROYAUME DE MO-KIE-T'O.
(MAGADHA.)

SECONDE PARTIE.

A l'est de l'arbre *P'ou-ti* (Bôdhidrouma — l'arbre de l'Intelligence), on passe la rivière *Ni-lien-chen-na* (Nâirañdjanâ). Au milieu d'une grande forêt, il y a un *Stoûpa*, au nord duquel on voit un étang. Ce fut là qu'un *éléphant à parfum* (Gandhahasti)[1] servait sa mère. Jadis, *Jou-laï* (le Tathâgata), menant la vie d'un *P'ou-sa* (Bôdhisattva), était le fils d'un *éléphant à parfum* (Gandhahasti). Il habitait au milieu de la montagne du nord, et

---

[1] En chinois, *Hiang-siang*. Cette même expression est le nom du soixante et douzième des mille *Bouddhas* du *Bhadrakalpa*. Dans le Catalogue tétraglotte des noms de ces *Bouddhas*, où nous avons pris le mot *Gandhahasti*, elle est traduite, en mongol et en thibétain, par l'*éléphant du parfum*. Un tel éléphant est inconnu des naturalistes.

se promenait sur les bords de cet étang. Comme sa mère était aveugle, il recueillait pour elle des racines de lotus, puisait une eau pure, et la nourrissait avec un dévouement filial. Dans la suite des temps, il arriva qu'un homme, qui se promenait dans la forêt, vint à s'égarer. Il allait et venait dans une pénible incertitude, et poussait des cris douloureux. Le fils de l'éléphant l'entendit et en eut pitié. Il dirigea ses pas, et lui montra le chemin du retour. Quand cet homme fut revenu chez lui, il alla sur-le-champ trouver le roi, et lui dit : « Je con-
« nais un bois où se promène et habite un *éléphant à par-*
« *fum* (Gandhahasti). C'est un animal extraordinaire ; il
« faut aller le prendre. »

Le roi suivit son conseil, mit des troupes en campagne, et alla prendre l'éléphant. Cet homme marchait en tête, et leur servait de guide ; mais, au moment où il montra l'éléphant au roi, ses deux bras tombèrent, comme si on les eût coupés. Quoique le roi eût été témoin de ce prodige, il lia le jeune éléphant et l'emmena avec lui. Le jeune éléphant, après avoir été lié pendant longtemps, cessa de boire et de manger. L'intendant de l'écurie en ayant informé le roi, celui-ci s'y rendit aussitôt, et l'interrogea lui-même.

« Ma mère est aveugle, dit le jeune éléphant, et de-
« puis bien des jours elle est dévorée par la faim. Main-
« tenant que je suis tenu à l'étroit dans un lieu obscur,
« comment pourrais-je manger de bon cœur ? »

Le roi, ému de ce pieux sentiment et de sa ferme résolution, le mit sur-le-champ en liberté.

A côté de cet endroit, il y a un *Stoûpa*, devant lequel on a élevé une colonne en pierre. Là, jadis, le *Bouddha Kia-che-po* (Kâçyapa) resta tranquillement assis.

A côté, on voit les siéges des quatre *Bouddhas* passés, et un lieu où ils se sont promenés pour faire de l'exercice et ont laissé les traces de leurs pas.

A l'est des siéges des quatre *Bouddhas*, on passe la rivière *Mo-ho* (Mahî), et l'on arrive au milieu d'une grande forêt. On y voit une colonne en pierre. Ce fut en cet endroit qu'un hérétique entra en méditation et proféra un vœu criminel. Jadis, il y avait un hérétique, nommé *Yeou-theou*, fils de *Lan* (Oudraka, Râmapouttra)[1]. Il promenait avec bonheur ses pensées dans les cieux, et laissait son corps au milieu des herbes et des marais. Il reposait son esprit et cachait ses traces dans cette vénérable forêt[2]. Comme il était doué des cinq facultés divines (*Pañtchâbhidjñâs*)[3], et était parvenu au premier degré de l'extase mystique (*Dhyâna*), le roi de *Magadha* lui montrait le plus profond respect. Chaque jour, à l'heure de midi, il l'invitait à venir manger dans son palais. *Yeou-theou*, fils de *Lan* (Oudraka, Râmapouttra), s'élançait dans les airs et y marchait librement. Il allait et venait ainsi sans interruption. Le roi de *Magadha* épiait le moment de son arrivée, et portait au loin ses regards. Dès qu'il était venu, il le recevait lui-même et le faisait asseoir. Un jour, le roi étant sur le point de sortir pour se

---

[1] Le *Lalita vistâra*, p. 233, 376, donne *Roudraka*.
[2] Il y a, en chinois, *Fa-lin* « forêt de la loi, où l'on pratique la loi ».
[3] Voyez Eug. Burnouf, *Lotus*, p. 820 et suiv.

promener au loin, eut le désir de confier ce soin à quelqu'un. Il voulut faire un choix dans le palais intérieur [1], et ne trouva personne qui fût capable d'exécuter ses ordres. Il y avait une jeune fille vertueuse, réservée, et d'un extérieur distingué. Parmi les femmes sages du palais qui avaient son affection, il n'en voyait aucune qui l'emportât sur elle. Le roi de *Magadha* la fit appeler, et lui donna ainsi ses ordres : « Comme je vais me promener au
« loin, je veux vous charger d'un soin important. Il faut
« que vous vous en acquittiez, jusqu'au bout, avec toute
« l'attention requise. Ce *Richi Ou-theou*, fils de *Lan* (Ou-
« draka, Râmapouttra), a reçu de moi, anciennement,
« les plus grandes marques de respect. Quand il vien-
« dra, à l'heure convenue, pour prendre son repas, ser-
« vez-le comme je le servais moi-même. »

Après avoir donné ces instructions, le roi alla voyager pour son plaisir. La jeune fille, ayant reçu ses ordres, se mit, à son exemple, en observation. Quand le grand *Richi* fut arrivé, elle le reçut et le fit asseoir. A sa vue, *Ycou-theou*, fils de *Lan* (Oudraka, Râmapouttra), éprouva une vive émotion. Il sentit naître en son cœur les feux impurs du monde des désirs (*Kâmadhâtou*), et perdit sur-le-champ ses facultés divines. Son repas fini, il parla de s'en retourner, mais il ne put voyager dans les airs. Il en éprouva au fond du cœur une profonde honte. Alors, usant de tromperie, il dit à la jeune fille : « Depuis que je pratique les devoirs de la vie religieuse,
« je mets mon bonheur à me plonger dans la méditation.

[1] Ce palais répondait au *harem* des Orientaux.

« Je voyage dans les airs, sans prendre un instant de
« repos. J'ai entendu dire, il y a longtemps, que les
« habitants du royaume ont un ardent désir de me voir.
« Suivant les instructions des anciens sages, on doit
« s'occuper avant tout du bien des créatures. Comment
« pourrait-on ne songer qu'à sa propre perfection, et
« oublier l'assistance qu'on doit à tout le monde? Au-
« jourd'hui, je veux sortir par la porte, et marcher en
« foulant la terre, afin que ceux qui m'auront vu et con-
« templé obtiennent tous ensemble le bonheur et la for-
« tune. »

La fille du roi, ayant entendu ces paroles, fit répandre de tous côtés la nouvelle de cet événement. Alors, tous les hommes, rivalisant de zèle, arrosèrent et balayèrent la route, et une multitude innombrable attendit son arrivée. *Yeou-theou*, fils de *Lan* (Oudraka, Râmapouttra), partit à pied du palais du roi, et se rendit dans cette vénérable forêt. Là, il s'assit tranquillement, se plongea dans l'extase, et son esprit s'élança dans les régions extérieures. S'il s'arrêtait dans la forêt, les oiseaux gazouillaient avec harmonie; s'il s'approchait d'un lac, les hôtes des eaux bondissaient joyeusement. Son âme se dissipa et son cœur fut troublé; il perdit ses facultés divines, et abandonna sa méditation. Il conçut alors des sentiments de colère et de haine, et forma un vœu coupable. « Je désire, s'écria-t-il, être, dans l'avenir, un
« animal méchant et féroce, avoir le corps d'un renard
« et des ailes d'oiseau, saisir les êtres vivants et les dé-
« vorer. Que mon corps ait trois mille li (trois cents

« lieues de large), et que mes deux ailes aient chacune
« quinze cents li d'envergure. Je me jetterai dans les
« forêts, et je dévorerai les hôtes emplumés; j'entrerai
« dans les rivières, et je me repaîtrai des poissons. »
Quand il eut fini de proférer ce vœu, peu à peu sa
rage s'apaisa. Il pria avec ardeur, et, au bout de quelques instants, il reprit le cours de sa méditation première. Mais peu après il mourut, et renaquit dans la première classe des dieux dont la vie dure quatre-vingt mille *kalpas*. *Jou-laï* (le Tathâgata) fit sur lui cette prédiction : « Quand sa vie céleste sera achevée, il obtien-
« dra réellement son ancien vœu, et possédera l'ignoble
« corps qu'il a désiré. » Depuis ce moment, il parcourt le cercle des voies mauvaises ; il n'est pas encore arrivé au jour marqué pour sa délivrance finale [1].

A l'est de la rivière *Mo-ho* (Mahî), il entra dans une grande forêt, fit environ cent li à travers des plaines sauvages, et arriva au mont *K'iu-k'iu-tch'a-po-tho* (Koukkoutapada) [2], qu'on appelle aussi *Kiu-liu-po-tho* (Gouroupada) [3]. Là, on voit des sommets hauts et escarpés, des vallées et des grottes sans bornes. Des torrents rapides baignent le pied de la montagne, et des forêts gigantesques enveloppent les vallées. Des plantes touffues ombragent les cavernes. Trois pics hardis s'élancent dans les airs; leurs vapeurs touchent presque

---

[1] C'est-à-dire à l'époque où il doit, par le *Nirvâṇa*, échapper pour toujours à la loi de la transmigration.

[2] En chinois, *Khi-tso-chan* « la montagne du Pied de coq ».

[3] En chinois, *Tsun-tso-chan* « la montagne du Pied du vénérable ».

au ciel, et leur masse imposante est au niveau des nuages. Dans la suite des temps, un homme vénérable, nommé le grand *Kia-che-po* (Mahà Kâçyapa), habita au milieu de cette montagne et y entra dans le *Nirvâṇa*. On n'ose l'indiquer par son nom; c'est pourquoi l'on dit : *Le Pied du vénérable* (Gouroupada). Le grand *Kia-che-po* (Mahà Kâçyapa) était un *Çrâvaka*, disciple du *Bouddha*. Il possédait les six facultés divines (*Chaḍ-abhidjñâs*) et était doué des huit moyens de délivrance (*Achṭâu vimôkchas*). Lorsque *Jou-laï* (le Tathâgata) eut achevé sa mission [1], à la veille d'entrer dans le *Nirvâṇa*, il parla ainsi à *Kia-che-po* (Kâçyapa): « Pendant un nombre
« infini de *kalpas*, je me suis livré avec ardeur aux plus
« dures austérités, afin d'obtenir, en faveur des créa-
« tures, la loi sans supérieure (*Anouttara dharma*). Le
« vœu que j'avais formé dans les temps anciens est
« maintenant rempli. Comme je vais aujourd'hui entrer
« dans le grand *Nirvâṇa*, je remets entre vos mains le
« dépôt de la loi. Vous devez l'observer fidèlement et la
« répandre; gardez-vous de la laisser tomber et dépérir.
« Le vêtement de religieux tissu de fils d'or, qui m'a
« été offert par ma tante (*Mahâ Pradjâpatî*), *T'se-chi*
« (Mâitrêya), après qu'il fut devenu *Bouddha*, l'avait
« laissé pour qu'il vous fût transmis. Tous ceux qui pra-
« tiquent la religion au sein de la loi que je vous lègue,
« savoir les *Pi-ts'ou* (les Bhikchous), les *Pi-ts'ou-ni* (les
« Bhikchounis), les *Ou-po-so-kia* (les Oupâsakas), les
« *Ou-po-sse-kia* (les Oupâsikâs), faites-les passer, avant

[1] Littéralement : eut fini de mendier.

« tous, à l'autre rive, afin qu'ils échappent à la loi de
« la transmigration. »

Kia-che-po (Kâçyapa), ayant reçu ces ordres, se chargea de soutenir la droite loi. Vingt ans après en avoir achevé la collection, dégoûté de l'instabilité des choses du monde, il se disposa à entrer dans le *Nirvâṇa*. Il se rendit alors à la montagne du Pied de coq (*Koukkouṭapada parvata*), et monta du côté du nord, en suivant des chemins tortueux. Quand il fut arrivé à la chaîne du sud-ouest, il se trouva arrêté par le pic de la montagne, dont les flancs n'offraient que des sentiers tournants et étroits. Il la frappa alors avec son bâton, et la fendit en deux. Quand il eut ouvert un chemin à travers la montagne, il continua sa route et s'avança hardiment. Après avoir fait de longs détours et suivi des lignes obliques qui revenaient sur elles-mêmes, il arriva au sommet de la montagne, et sortit par le côté nord-est. Dès qu'il fut entré dans le centre des trois pics, il prit dans ses mains le vêtement (*Tchîvara*) du *Bouddha*, et resta debout. Par la puissance de son désir, les trois pics se rapprochèrent et le recouvrirent. Voilà pourquoi maintenant les trois cimes de la montagne s'élèvent en dôme. Dans la suite des temps, *Ts'e-chi* (Mâitrèya), l'Honorable du siècle, apparut dans le monde. Après qu'il eut expliqué la loi dans trois assemblées, il se trouva encore une multitude d'hommes d'un orgueil sans bornes, qui, voulant gravir cette montagne, arrivèrent à l'endroit où reposait *Kia-che-po* (Kâçyapa). Alors *T'se-chi* (Mâitrèya) fit claquer ses doigts, et les pics de la montagne s'ouvrirent d'eux-mêmes. Cette multitude d'hommes, ayant vu *Kia-che-po* (Kâçyapa), sentirent redoubler leur orgueil. En ce moment, le grand *Kia-che-po* (Kâçyapa) remit le vêtement (à *Mâitrêya*), lui adressa la parole, et lui offrit ses hommages. Cela fait, il s'éleva dans les airs, et opéra des prodiges divins. Il fit paraître un feu ardent qui consuma son corps, et il entra aussitôt dans le *Nirvâṇa*. Alors la multitude, l'ayant contemplé avec admiration, fut délivrée de son fol orgueil. Tous furent vivement émus; ils ouvrirent leur cœur et virent le fruit du Saint (obtinrent la dignité d'*Arhat*). C'est pourquoi, sur le haut de cette montagne, on a élevé un *Stoûpa*. Maintenant, au milieu d'une nuit tranquille, lorsqu'on regarde dans le lointain, on aperçoit quelquefois des torches enflammées; mais ceux qui montent sur cette montagne ne voient absolument rien.

Au nord-est de la montagne du Pied de coq (*Koukkouṭapada parvata*), il fit environ cent li, et arriva à la montagne appelée *Fo-tho-fa-na* (Bouddhavana), remarquable par la hauteur de ses pics et ses flancs escarpés. Dans ses cavernes, on voit une chambre taillée dans le roc, où jadis le *Bouddha* descendit et s'arrêta. A côté, il y a une large pierre. *Chi*, le roi des dieux (Çakra Dêvêndra), et le roi *Fan* (Brahmâ), ayant broyé du santal de l'espèce dite *tête de bœuf* (Gôçîrchatchandana[1]), en frottèrent *Jou-laï* (le Tathâgata). Maintenant la surface de cette pierre exhale encore un reste d'odeur. Là, cinq cents *Lo-han* (Arhats) sont entrés dans le *Nir-*

[1] Voyez Burnouf, *Lotus*, p. 421.

vâṇa. Parmi les hommes qui cherchent à les toucher (par des prières) pour les rencontrer, il y en a quelques-uns qui obtiennent de les voir. Ils prennent constamment la forme de *Cha-mi* (Çrâmaṇêras), et entrent dans les villages pour y mendier. Tantôt ils se cachent, tantôt ils se montrent au grand jour. On voit éclater, en cet endroit, des prodiges divins qu'il serait difficile de raconter en détail.

Dans les vallées désertes du mont *Fo-tho-fa-na* (Bouddhavana), il fit environ trente li à l'est, et arriva à la forêt appelée *Ye-se-tchi* (Yachṭivana)[1]. Les bambous de cette forêt sont longs et vigoureux; ils couvrent la montagne et s'étendent sur toute la vallée. Jadis un *P'o-lo-men* (un Brâhmane), ayant appris que le corps de *Chi-kia-fo* (Çâkya Bouddha) était haut de seize pieds, conservait constamment des doutes, et se refusait à le croire. Alors, avec un bâton de bambou haut de seize pieds, il voulut mesurer le corps du *Bouddha*, qui s'éleva constamment au-dessus de l'extrémité du bâton, et dépassa seize pieds. Il continua à grandir encore, de sorte que le Brâhmane ne put connaître à fond la vraie taille de la statue. Celui-ci jeta aussitôt son bâton et s'en alla. Par suite de cette circonstance, le bambou resta planté en terre et y prit racine.

Au milieu de cette forêt, il y a un grand *Stoûpa* qui a été bâti par le roi *Açôka*. Jadis, en cet endroit, *Jou-laï* (le Tathâgata) fit éclater pendant sept jours, en faveur des dieux, ses grandes facultés divines, et ex-

[1] En chinois, *Tchang-lin* « la forêt du Bâton ».

pliqua la sublime loi. Dans la forêt du Bâton (*Yachṭi-vana*), il y avait, dans ces derniers temps, un *Ou-po-so-kia* (Oupâsaka) nommé *Che-ye-si-na* (Djayasêna)[1], qui était originaire de l'Inde occidentale, et issu de la caste des *T'sa-ti-li* (Kchattriyas). Il avait des goûts simples et modérés, et se plaisait au sein des bois et des montagnes. Il portait ses pas dans les régions imaginaires, et promenait son esprit jusqu'aux limites de la vérité. Il avait sondé les subtilités profondes des livres sacrés et profanes; son élocution était pure, ses raisonnements étaient élevés, et son extérieur respirait le calme et la dignité. Les *Cha-men* (Çramaṇas), les *P'o-lo-men* (les Brâhmanes), les hérétiques, les hommes d'études différentes, le roi, les ministres, les maîtres de maison et les personnages puissants, accouraient à l'envi pour lui rendre visite. Ils l'écoutaient avec respect et lui demandaient des leçons. Les disciples qui recevaient de lui leurs devoirs occupaient seize maisons. A cette époque, il approchait de soixante et dix ans. Il lisait avec une ardeur infatigable, ne s'occupait que des livres du *Bouddha*, et négligeait toute autre étude. Il s'évertuait de corps et d'esprit, et ne se reposait ni jour ni nuit. Suivant une pratique usitée dans l'Inde, il formait une pâte avec des poudres odorantes, et en fabriquait de petits *Stoûpas* hauts de cinq à six pouces; il écrivait des textes sacrés et les y renfermait; il les appelait les *reliques de la loi*[2]. Lorsqu'il en avait façonné un amas considé-

---

[1] En chinois, *Ching-kiun* «armée de la victoire».
[2] En chinois, *Fa-che-li* «Dharmaçarîras».

rable, il construisait un grand *Stoûpa*, dans l'intérieur duquel il les réunissait tous, et lui offrait constamment ses hommages. En conséquence, voici quelle était l'occupation de *Ching-kiun* (Djayasêna) : il se servait de sa bouche pour expliquer la sublime loi et attirer les hommes d'étude, et de ses mains pour fabriquer de petits *Stoûpas*. Il accumulait avec respect des mérites transcendants. Pendant la nuit, il se promenait en récitant des prières, ou bien il restait tranquillement assis pour méditer. Il ne trouvait pas le temps de dormir et de manger, et ne se relâchait ni jour ni nuit. Quand il fut arrivé à l'âge de cent ans, on ne vit faiblir ni la force de sa volonté, ni l'activité de son corps. Dans l'espace de trente ans, il fabriquait sept *kôṭis* de *Stoûpas* pour y déposer les reliques de la loi (*Dharmaçarîras*). Lorsqu'il en avait complété un *kôṭi* (cent mille), il bâtissait un grand *Stoûpa*, et les y renfermait tous ensemble; puis il lui offrait pompeusement ses hommages. Il convoquait la multitude des religieux, et l'assemblée de la loi retentissait de félicitations. Dans ces circonstances, une lueur divine s'échappait des *Stoûpas*, et l'on voyait éclater de grands prodiges. Depuis cette époque, ces monuments répandent constamment une lumière brillante.

A environ dix li au sud-ouest de la forêt du Bâton (*Yachṭivana*), au midi d'une grande montagne, il y a deux sources thermales dont l'eau est extrêmement chaude. Jadis *Jou-laï* fit jaillir ces eaux et s'y baigna. Elles existent encore aujourd'hui, et versent des flots limpides qui n'éprouvent aucune diminution. On vient de tous côtés pour s'y baigner, et beaucoup de personnes gravement malades, ou atteintes d'affections chroniques, s'en retournent guéries.

A côté de ces sources, il y a un *Stoûpa*. *Jou-laï* (le Tathâgata) se promena en cet endroit pour faire de l'exercice.

Au sud-est de la forêt du Bâton (*Yachṭivana*), il fit six à sept li, et arriva à une grande montagne. Devant un passage de montagne transversal, s'élève un *Stoûpa* en pierre. Jadis, en cet endroit, *Jou-laï* (le Tathâgata) expliqua la loi pendant trois mois en faveur des hommes et des dieux. A cette époque, le roi *P'in-pi-so-lo* (Bimbisâra) voulut venir pour entendre l'enseignement de la loi. Il ouvrit alors la montagne, amoncela des pierres, et éleva des degrés pour monter. Le passage a environ vingt pieds de large et trois à quatre li de longueur.

A trois ou quatre li au nord de la grande montagne, il y a une montagne isolée. Jadis le *Ṛichi Vyâsa*[1] y vécut dans la retraite. Il creusa le flanc de la montagne et s'y construisit une maison, dont on voit aujourd'hui même un reste de fondements. Il a transmis sa doctrine à ses disciples, et les leçons qu'il a léguées au monde sont encore vivantes.

A quatre ou cinq li au nord-est de la montagne iso-

---

[1] Il y a, en chinois, *Kouang-po-sien-jin* « l'immortel large et étendu ». Nous savons heureusement, par le Catalogue chinois-sanscrit, que j'ai publié autrefois dans le *Journal asiatique*, que l'expression *Kouang-po* « large et étendu » répond ici à *Vyâsa*.

lée, il y a une petite montagne qui s'élève à l'écart. Dans les parois de la montagne, on a creusé une maison en pierre, assez large et longue pour contenir environ mille personnes assises. Jadis, en cet endroit, *Jou-laï* (le Tathâgata) expliqua, pendant trois mois, la sublime loi. Au-dessus de la maison taillée dans le roc, il y a une large pierre. Ce fut là que *Chi*, le roi des dieux (Çakra Dêvêndra), et le roi *Fan* (Brahmâ) broyèrent du santal de l'espèce appelée *tête de bœuf* (Gôçîrcha-tchandana) et en frottèrent le corps du *Bouddha*. Aujourd'hui la surface de la pierre exhale encore un reste d'odeur.

A l'angle sud-ouest de la maison en pierre, il y a une vaste caverne que les Indiens appellent le palais des *'O-sou-lo* (Asouras). Anciennement il y eut un homme, ami du merveilleux, qui était profondément versé dans les formules magiques. Il enrôla, à prix d'argent, quatorze compagnons, les engagea, par une sorte de pacte, à partager ses desseins, et entra avec eux dans cette caverne. Quand ils y eurent parcouru trente ou quarante li, elle s'élargit devant eux et parut brillamment éclairée. Ils aperçurent alors une ville, des tours et des belvédères, tout construits avec de l'or, de l'argent et du *lieou-li* (lapis-lazuli). Quand ces hommes furent arrivés là, ils trouvèrent des jeunes filles, debout à côté des portes, qui vinrent au-devant d'eux avec un visage riant, et les reçurent avec toute sorte de respects. Là-dessus, ils s'avancèrent à pas lents jusque dans l'intérieur de la ville, aux portes de laquelle se tenaient deux servantes qui vinrent à leur rencontre, en portant chacune un bassin d'or rempli de parfums de fleurs. Elles dirent alors aux voyageurs : Il faut que vous alliez vous baigner dans un étang, vous oindre de parfums, et vous couronner de fleurs. Vous pourrez ensuite entrer; ne vous pressez pas. Il n'y a que ce magicien qui doive entrer promptement. Les treize autres hommes allèrent aussitôt se baigner. Quand ils furent entrés dans l'étang, leur esprit se troubla comme s'ils avaient perdu la mémoire (de ce qu'ils avaient vu). Ils se trouvèrent alors assis au milieu d'un champ de riz, situé au centre d'une vallée unie qui était éloignée de trente à quarante li au nord de cet endroit.

A côté de la maison en pierre, il y a un pont de bois, large d'environ dix pas et long de quatre à cinq li[1]. Jadis le roi *P'in-pi-so-lo* (Bimbisâra), voulant aller trouver le *Bouddha,* fit couper des rochers pour s'ouvrir un passage à travers une vallée. Tantôt il accumula des pierres, tantôt il fit creuser au ciseau les flancs escarpés de la montagne, et pratiqua des escaliers, afin d'arriver au lieu où était le *Bouddha.*

En partant de cet endroit, il fit environ soixante li à l'est, au milieu de grandes montagnes, et arriva à une ville appelée *Kiu-che-kie-lo-pou-lo*[2] (Kouçâgârapoura),

---

[1] En chinois, *Tchan-tao.* On lit dans le Dictionnaire de *Khang-hi* : « Sur le bord des précipices on creuse les flancs des montagnes, et on y pose, pour passer, des ponts en planches qu'on appelle *Tchan-tao.* »

[2] En chinois, *Chang-mao-koung-tch'ing* « la ville où croît l'herbe sacrée (*Kouça*) »

c'est-à-dire « la ville de l'herbe sacrée ». Elle s'élevait juste au centre du royaume de *Mo-kie-t'o* (Magadha). C'était là que les anciens rois du royaume avaient établi leur cour. On y voyait croître en quantité une herbe odorante, de qualité supérieure et d'un heureux présage. Voilà pourquoi on l'avait appelée la *Ville de l'herbe sacrée* (Kouçâgârapoura). De hautes montagnes l'entourent de quatre côtés et forment ses murs extérieurs. A l'ouest, on y pénètre par un sentier qui existe entre deux montagnes; au nord, on a ouvert une entrée à travers la montagne. Cette ville est allongée de l'est à l'ouest, et resserrée du sud au nord. Sa circonférence est de cent cinquante li. Les restes des fondements de la ville intérieure ont environ trente li de tour. Des arbres appelés *Kie-ni-kia* (Kanakas) bordent tous les chemins; leurs fleurs exhalent un délicieux parfum, et leur couleur jaune a l'éclat de l'or. Dans le dernier mois du printemps, toute la forêt est de couleur d'or.

En dehors de la porte septentrionale de la ville, il y a un *Stoûpa*. Ce fut là que *Ti-p'o-ta-to* (Dêvadatta) et le roi, appelé *Weï-seng-youen* (Adjâtaçatrou), qui s'étaient liés d'amitié, lâchèrent l'éléphant, gardien du trésor, qu'ils avaient enivré, dans le dessein de faire périr *Joulaï* (le Tathâgata). Mais celui-ci, du bout de ses cinq doigts, fit sortir cinq lions. Alors l'éléphant ivre devint doux et docile, et s'avança tranquillement au-devant de lui.

Au nord-est de l'endroit où fut dompté l'éléphant ivre, il y a un *Stoûpa*. Ce fut en ce lieu que *Che-li-tseu*

(Çâripouttra) entendit le *Bhikchou 'O-chi-p'o-chi* (Açvadjit[1]) expliquer la loi, et obtint la dignité d'*Arhat*. Dans le commencement, lorsque *Che-li-tseu* (Çâripouttra) était dans sa famille[2], il se distinguait par l'élévation de ses talents et la noblesse de son esprit; il jouissait d'une haute estime parmi ses contemporains. Ses disciples recevaient ses leçons et propageaient la loi. A cette époque, comme il était sur le point d'entrer dans la grande ville de la maison du roi (*Râdjagrĭha*), le *Bhikchou Açvadjit* demandait l'aumône. *Che-li-tseu* (Çâripouttra), l'ayant aperçu de loin, dit à ses disciples : « Cet homme qui
« s'avance est plein de noblesse et de dignité. S'il n'avait
« pas obtenu le fruit du Saint (la dignité d'*Arhat*), pour-
« rait-il avoir cet air doux et tranquille? Il convient d'at-
« tendre un peu pour juger de son mérite. » Or le *Bhikchou Açvadjit* avait déjà obtenu la dignité d'*Arhat*. Il était maître de ses sens, et son extérieur était doux et distingué. Comme il s'avançait avec son bâton de religieux, *Che-li-tseu* (Çâripouttra) lui dit : « Vénérable vieillard,
« aimez-vous le calme et la joie? Quel a été votre maître,
« et quelles lois avez-vous étudiées pour avoir ainsi un
« air de contentement et de bonheur? »

— « Vous ne savez donc pas, lui dit *Ma-ching* (Açvadjit),
« que j'ai eu pour maître le fils aîné du roi au riz pur
« (*Çouddhôdana râdja*), qui, renonçant à la dignité de roi
« *Tchakravarttî*, et prenant en pitié les six conditions
« des hommes, se soumit pendant six ans aux plus dures

---

[1] En chinois, *Ma-ching* « le vainqueur des chevaux ».
[2] C'est-à-dire : n'avait pas encore embrassé la vie religieuse.

« austérités, puis obtint l'intelligence complète (*Samyak*
« *sambôdhi*) et la connaissance universelle (*Sarvadjñá*)?
« Or la loi n'est ni existante ni vide ; il est difficile de
« l'expliquer. Il n'y a que les *Bouddhas* qui soient capa-
« bles de l'approfondir et de l'exposer devant les *Boud-*
« *dhas*. Comment des hommes stupides et aveugles pour-
« raient-ils l'expliquer et la discuter ? »

Là-dessus, il exalta en termes magnifiques la loi du *Bouddha*. Quand *Che-li-fo* (Çâripouttra) l'eut entendu, il obtint sur-le-champ la dignité d'*Arhat*.

Au nord de l'endroit où *Che-li-tseu* (Çâripouttra) avait obtenu le fruit du Saint (la dignité d'*Arhat*), il y a, tout près, une fosse large et profonde à côté de laquelle on a élevé un *Stoûpa*. Ce fut en ce lieu que *Che-li-kio-to* (Çrîgoupta)[1] voulut faire périr le *Bouddha*, au moyen d'une fosse remplie de feu, et de riz empoisonné. *Ching-mi* (Çrîgoupta) honorait les hérétiques et croyait à leur doctrine ; son cœur était profondément attaché à l'erreur. Les *Fan-tchi* (Brâhmanes) disaient : « *Kiao-ta-mo* (Gâutama) est vénéré de tout le
« royaume, et il est cause que tous nos disciples se
« trouvent sans appui. Il faut qu'aujourd'hui vous l'in-
« vitiez à venir dans votre maison pour prendre le riz
« (dîner). A l'entrée de la porte, vous creuserez une
« grande fosse que vous remplirez de feu. Établissez
« par-dessus un pont de planches pourries, recouvertes
« de terre sèche. De plus, dans tous les plats de riz
« vous mêlerez des plantes vénéneuses, de sorte que, s'il

---

[1] En chinois, *Ching-mi* « caché (protégé) par la victoire (*sic*) ».

« échappe à la fosse ardente, il ne peut manquer de pé-
« rir par le poison. »

Ching-mi (Çrîgoupta), docile à ces ordres, fit préparer le repas empoisonné.

Tous les hommes de la ville, connaissant les mauvais desseins que Ching-mi (Çrîgoupta) avait formés contre l'Honorable du siècle, prièrent instamment le Bouddha de ne point aller chez lui. « N'ayez point d'inquiétude, « leur dit l'Honorable du siècle; personne au monde ne « saurait détruire le corps de Jou-laï (du Tathâgata). »

Là-dessus, il accepta l'invitation et partit. Au moment où ses pieds touchaient le seuil de la porte, la fosse de feu se changea en un étang clair comme un miroir, et tout couvert de lotus. Ce qu'ayant vu Ching-mi (Çrîgoupta), il fut saisi de douleur et de crainte, et ne savait que résoudre. Il dit alors à ses disciples : « Par « sa science magique il a échappé au feu, mais il y a « encore le riz empoisonné. »

Quand l'Honorable du siècle eut fini de manger le riz, il expliqua aux assistants la sublime loi. Ching-mi (Çrîgoupta), l'ayant entendu parler, confessa son crime et embrassa sa doctrine.

Au nord-est de la fosse ardente de Ching-mi (Çrîgoupta), à l'angle de la ville entourée de montagnes (Kouçâgârapoura), il y a un Stoûpa. En cet endroit, le grand médecin Chi-po-kia (Djîvaka) bâtit, en faveur du Bouddha, une salle pour l'explication de la loi. Tout autour des murs il sema des fleurs et planta des arbres fruitiers. On y voit encore des restes de fondements, et de vieux troncs d'où partent des rejetons. Lorsque *Jou-laï* (le Tathâgata) vivait dans le monde, il s'arrêta souvent dans cette salle. On remarque en outre, à côté, l'antique maison de *Chi-po-kia* (Djîvaka), dont quelques restes de fondements et l'ancien puits subsistent encore.

Au nord-est de la ville, il fit de quatorze à quinze li, et arriva au mont *Ki-li-tho-kiu-tch'a* (Gṛïdhrakoûṭa parvata[1]), qui touche au midi de la montagne du nord, et s'élève isolément à une hauteur prodigieuse. Les vautours y font leur demeure; de plus, il ressemble à une haute tour. L'azur du ciel s'y reflète, et il offre distinctement des teintes pâles et foncées. Lorsque *Jou-laï* (le Tathâgata) eut gouverné le siècle pendant près de cinquante ans, il demeura souvent sur cette montagne, et y expliqua abondamment la sublime loi. Le roi *P'in-pi-so-lo* (Bimbisâra), voulant entendre la loi, leva un grand nombre d'hommes; puis, pour traverser la vallée et franchir les ravins, depuis le pied de la montagne jusqu'au sommet, il fit assembler des pierres, et pratiqua des escaliers larges d'environ dix pas, et ayant une longueur de cinq à six li[2]. Au milieu du chemin, il y a deux petits *Stoûpas* : l'un s'appelle *la Montée d'en bas*[3]; parce que le roi, étant arrivé à ce point, marcha à pied pour monter; l'autre s'appelle *le Renvoi des hommes vul-*

---

[1] En chinois, *Thsieou-fong* « le pic des Vautours »; on l'appelle aussi *Thsieou-thaï* « la tour des Vautours ».

[2] Plus haut, page 15, ligne 15, on ne donne à ce passage que quatre ou cinq li de long.

[3] En chinois, *Hia-ching*.

gaires [1], parce que le roi ayant choisi des hommes du commun, ne leur permit pas de marcher plus loin avec lui. Le sommet de cette montagne est allongé de l'est à l'ouest, et resserré du sud au nord. Près des bords et sur la limite occidentale de la montagne, il y a un *Vihâra* en briques, qui est large et élevé, et d'une admirable construction; sa porte regarde l'orient. Jadis *Jou-laï* l'habita souvent et y expliqua la loi. Aujourd'hui on l'a représenté dans l'attitude de la prédication; la statue est de la même taille que le corps de *Jou-laï* (du Tathâgata).

A l'est du *Vihâra*, il y a une longue pierre sur laquelle a marché *Jou-laï* (le Tathâgata) en faisant de l'exercice.

A côté, il y a une grande pierre, haute de quatorze à quinze pieds, et dont la circonférence est d'une trentaine de pas. C'est celle que *Ti-p'o-ta-to* (Dêvadatta) lança de loin pour frapper le *Bouddha*.

Au midi de cet endroit, au bas du bord méridional de la montagne, il y a un *Stoûpa*. Jadis le *Tathâgata* expliqua, en ce lieu, le Livre de la fleur de la loi (*Saddharma pouṇḍarîka*).

Au midi du *Vihâra*, à côté du bord de la montagne, il y a une grande maison en pierre. Jadis, en cet endroit, *Jou-laï* (le Tathâgata) se plongea dans la méditation (*Dhyâna*).

Au nord-ouest de la maison en pierre du *Bouddha*, et en avant de cette même maison, il y a une large pierre. C'est en cet endroit que *'O-nan* (Ânanda) fut

[1] En chinois, *T'ouï-fan*.

effrayé par le démon (*Mâra*). Comme le vénérable 'O-nan (Ânanda) se livrait, sur cette pierre, à la méditation, le roi des démons (*Mârarâdja*) prit la forme d'un vautour; puis, au milieu d'une nuit du demi-mois obscur (*Krĭchṇapakcha*), il se plaça sur cette grande pierre, battit des ailes et poussa des cris terribles pour effrayer le vénérable *Ânanda*. Celui-ci fut glacé de frayeur et resta hors de lui-même. Le *Tathâgata*, l'ayant aperçu, étendit la main pour le calmer et le consoler. Il la passa à travers les murs de pierre, lui caressa le sommet de la tête, et, du ton le plus affectueux, lui parla ainsi : « N'ayez point peur de l'animal dont le démon (*Mâra*) « a pris la forme. » Grâce à ces paroles consolantes, *Ânanda* redevint tranquille et joyeux. Quoiqu'il se soit écoulé, depuis cette époque, bien des mois et des années, on voit encore les traces que l'oiseau a laissées sur la large pierre, et la longue caverne qui traverse les flancs de la montagne.

A côté du *Vihâra*, il y a plusieurs maisons taillées dans le roc, où *Che-li-tseu* (Çâripouttra) et beaucoup d'autres grands *Lo-han* (Arhats) se sont livrés jadis à la méditation. En face de la maison en pierre de *Che-li-tseu* (Çâripouttra), on voit encore un grand puits desséché et sans eau.

Au nord-est du *Vihâra*, au milieu d'un torrent, il y a une vaste pierre sur laquelle le *Tathâgata* fit sécher son vêtement de religieux (*Tchîvara*). Les raies de l'étoffe se détachent encore aussi nettement que si elles avaient été ciselées.

A côté de cet endroit, on voit sur une pierre les traces des pieds du *Bouddha*. Quoique les linéaments des roues[1] aient quelque chose d'obscur, on peut cependant en distinguer la forme.

Sur le sommet de la montagne du nord, il y a un *Stoûpa*. Ce fut là que le *Tathâgata*, contemplant de loin la ville de *Mo-kie-t'o* (Magadha), expliqua la loi pendant sept jours.

A l'ouest de la porte septentrionale de la ville entourée de montagnes (*Kouçâgârapoura*), s'élève le mont *Pi-pou-lo* (Vipoula). Voici ce que racontent, à ce sujet, les habitants du pays : « Au nord des bords sud-ouest de cette montagne, il y avait jadis cinq cents sources thermales, et maintenant il n'en reste plus que quelques dizaines; mais les unes sont fraîches et les autres tièdes : aucune n'est tout à fait chaude. Ces sources sortent, au sud des grandes montagnes neigeuses, du lac *Anavatapta*[2], qui coule sous terre jusqu'à cet endroit. L'eau des sources est belle et pure, et sa saveur est celle du lac d'où elle sort. Dans son cours, elle baigne cinq cents petits enfers brûlants (*sic*). La violence des feux souterrains fait monter des flammes qui échauffent ainsi les eaux. A toutes les ouvertures par où s'échappe l'eau des sources, on a posé des pierres sculptées. Tantôt on a figuré des têtes de lions ou d'éléphants blancs, tantôt on a construit en pierre des tuyaux suspendus qui servent à conduire les eaux. Au bas, on a établi

---

[1] Voyez liv. VI, fol. 20 v. l. 10.
[2] En chinois, *Won-je-nuo* « qui n'est pas chauffé ».

des bassins en pierre. On vient de tous les pays pour s'y baigner. Après quoi, beaucoup de personnes, affectées de maladies chroniques, s'en retournent guéries. A droite et à gauche des sources thermales, on voit une suite de *Stoûpas* et de *Vihâras* qui semblent se toucher. Dans tous ces lieux, les quatre *Bouddhas* passés se sont assis et promenés, et ont laissé les traces de leurs pas. Ces lieux étant entourés d'eau et de montagnes, des personnages doués d'humanité et de prudence viennent y habiter, et un grand nombre de sages s'y ensevelissent dans la retraite. »

A l'ouest des sources thermales, on voit la maison en pierre du *Pi-po-lo* (Pippala)[1]. Jadis, l'Honorable du siècle y faisait son séjour habituel. La caverne profonde qui s'ouvre derrière ses murs était le palais des *'O-sou-lo* (Asouras). De nombreux *Bhikchous*, qui se livraient à la méditation, habitèrent jadis cette maison. Souvent on en voyait sortir des apparitions étranges et extraordinaires, telles que des dragons, des serpents ou des lions. Ceux qui en étaient témoins étaient saisis d'un trouble qui ressemblait à la folie. Cependant ce pays remarquable a été la demeure de saints *Rĭchis*, qui, pleins de respect pour les exemples du *Bouddha*, dont ils foulaient les traces, oubliaient les calamités et les malheurs qui les menaçaient. Dans ces derniers temps, il y eut un *Bhikchou* d'une conduite droite et pure, qui, aimant l'obscurité et le silence, voulut cacher ses traces

---

[1] C'est-à-dire, la maison bâtie à côté du *Pippala*, *Ficus religiosa*. (Cf. *Amarakôcha*, p. 84.)

dans cette demeure et s'y livrer à la méditation. Quelqu'un lui fit à ce sujet des représentations. « N'y allez « pas, lui dit-il ; on y voit éclater des calamités et des « phénomènes étranges ; les maux qu'ils causent ne sont « pas rares [1]. Non-seulement vous ne pourrez vous li-« vrer à la méditation, mais je crains encore que vous « ne perdiez la vie. Il convient d'avoir devant les yeux « les faits passés, pour ne pas éprouver ensuite un amer « repentir. »

— « Tel n'est point mon avis, répondit le *Bhikchou*. « Je veux aujourd'hui acquérir le fruit du *Bouddha* (la « dignité d'*Arhat*) et dompter le démon du ciel [2]. De « pareils dangers ne valent pas la peine d'en parler. »

En disant ces mots, il prit son bâton et se rendit dans cette maison. Là-dessus, il éleva un autel, et récita des prières magiques. Au bout de dix jours, une jeune fille sortit d'une grotte, et dit au *Bhikchou* : « Homme vénérable, vous avez adopté des vêtements « de couleur, et vous observez les règles de la disci-« pline, pour protéger tous les hommes, cultiver votre « intelligence, vous livrer à la méditation, et devenir le « guide excellent de tous les mortels. Maintenant, de-« puis que vous demeurez ici, vous nous remplissez tous « de crainte et d'effroi. Est-ce là suivre les instructions « du *Tathâgata?* »

[1] Littéralement : ne sont pas peu nombreux.
[2] Suivant le Dictionnaire *Fan-i-ming-i-tsi*, liv. IV, fol. 23, on entend par là *Pâpîyan*, le roi du monde des désirs (*Kâmadhâtou*). *Ibid.* Dompter le démon du ciel, c'est vaincre la concupiscence.

— « Pour moi, dit le *Bhikchou*, j'observe le précepte de la chasteté, pour obéir aux instructions du Saint (du *Bouddha*); je cache mes pas sur les montagnes et dans les vallées, pour fuir le tumulte et le bruit. En me voyant blâmer tout à coup de la sorte, je me demande où est ma faute. »

— « Homme vénérable, lui répondit-elle, au bruit des paroles magiques que vous récitez, un feu violent est venu du dehors; il dévore ma maison et tourmente cruellement tous les membres de ma famille. Mon unique vœu est que vous ayez pitié de nous, et que vous ne récitiez plus de prières magiques. »

— « Si j'en récite, répondit le *Bhikchou*, c'est pour me protéger moi-même, et non pour faire du mal aux autres. Jadis un novice occupait cette demeure et s'y livrait à la méditation, dans le but d'obtenir le saint fruit du *Bouddha* (la dignité d'*Arhat*), afin de soulager les habitants des sombres régions [1]. Si j'ai vu des apparitions étranges qui m'ont glacé de terreur et menaçaient ma vie, c'est uniquement par votre faute. Qu'avez-vous à répondre pour vous justifier? »

— « Je suis accablée, dit-elle, sous le poids de mes crimes, et mon intelligence en a été affaiblie. A partir de ce jour, je vivrai à l'écart et me tiendrai dans ma condition; mais je désire, ô homme vénérable, que vous ne récitiez plus de prières magiques. »

Là-dessus, le *Bhikchou* se livra, comme au commen-

---

[1] Littéralement : pour soulager les *voies ténébreuses*. Il s'agit ici de ceux qui souffrent dans les enfers.

cement, à la méditation; il resta en paix et n'éprouva aucun mal.

Sur le mont *Pi-pou-lo* (Vipoula), il y a un *Stoûpa*. Jadis *Jou-laï* (le Tathâgata) expliqua en ce lieu la sublime loi. Aujourd'hui il y a beaucoup d'hérétiques nus (*Nirgranthas*) qui y habitent et se livrent aux plus dures austérités, sans se relâcher, ni le jour, ni la nuit. Depuis le matin jusqu'au soir, ils tournent autour du *Stoûpa* et se plaisent à le contempler.

A gauche de la porte septentrionale de la ville appelée *Kouçâgârapoura* [1], au nord d'un précipice situé au sud, il fit deux ou trois li dans la direction de l'est, et arriva à une grande maison en pierre. Jadis *Ti-p'o-ta-to* (Dêvadatta) s'y livra à la méditation.

A une petite distance, à l'est de la maison taillée dans le roc, on voit, sur une large pierre, des marques colorées qui ressemblent à des taches de sang. A côté, on a bâti un *Stoûpa*. Ce fut en cet endroit qu'un *Bhikchou*, qui se livrait à la méditation, se donna la mort, et vit face à face le saint fruit du *Bouddha* (obtint la dignité d'*Arhat*).

Jadis il y avait un *Bhikchou* qui s'évertuait énergiquement de corps et d'âme; il vivait à l'écart, et se livrait à la méditation. Bien des mois et des années s'étant écoulés sans qu'il eût obtenu le saint fruit (la dignité d'*Arhat*), il se retira et s'accusa lui-même; puis il se dit en soupirant : « Je crains bien de n'obtenir jamais « le fruit de l'affranchissement de l'étude (la dignité

---

[1] En chinois, *Chan-tch'ing* « la ville (entourée) de montagnes ».

« d'*Arhat*)[1]. A quoi bon conserver ce corps, qui est pour
« moi une source d'embarras ? »

En achevant ces mots, il monta sur cette large pierre et se perça le cou. Au même moment, il obtint le fruit d'*O-lo-han* (la dignité d'*Arhat*). Il s'éleva dans les airs, et opéra des prodiges divins. Il créa un feu qui consuma son corps, et entra dans le *Nirvâṇa*. (Les religieux), émerveillés de cette noble résolution, ont élevé ce *Stoûpa* pour en conserver le souvenir.

Sur le bord d'une montagne située à l'est de l'endroit où le *Bhikchou* vit le fruit du *Bouddha* (obtint la dignité d'*Arhat*), il y a un *Stoûpa* en pierre. Ce fut là qu'un *Bhikchou*, qui se livrait à la méditation, se précipita du haut des rochers, et vit face à face le fruit (obtint la dignité d'*Arhat*).

Jadis, lorsque le *Bouddha* vivait dans le monde, il y avait un *Pi-ts'ou* (Bhikchou) qui, tranquillement assis dans la forêt d'une montagne, se livrait à la méditation pour obtenir le fruit (la dignité d'*Arhat*). Depuis longtemps, il déployait le zèle le plus ardent, sans avoir obtenu la vue du fruit. Il y songeait jour et nuit, et n'interrompait jamais sa paisible méditation. *Jou-laï* (le Tathâgata), sachant que sa vocation allait bientôt éclater, se rendit en ce lieu pour le conduire à la perfection. Il partit du jardin du Bois des Bambous (*Vênouvana*), et se rendit au bas des bords de la montagne. Il fit claquer ses doigts pour l'appeler, et resta debout en l'attendant.

[1] Voyez la première partie des *Mémoires*, liv. III, p. 173, note 1.

En ce moment, le *Bhikchou*, apercevant de loin la multitude qui entourait le Saint, fut ravi de corps et d'âme, et se précipita du haut de la montagne. Mais, par l'effet de la pureté de son cœur et de sa foi respectueuse dans les paroles du *Bouddha*, avant d'avoir touché la terre, il obtint la vue du fruit (la dignité d'*Arhat*). L'Honorable du siècle lui dit alors : « Il « convient de savoir que voici le moment. » Aussitôt, il s'éleva dans les airs et fit apparaître des prodiges divins, pour montrer avec éclat la pureté de sa foi. C'est en mémoire de cet événement qu'on a élevé ce *Stoûpa*.

En sortant par la porte septentrionale de la ville entourée de montagnes (*Kouçâgârapoura*), il fit un li, et arriva au Bois des Bambous, donné par *Kia-lan-t'o* (Karaṇḍavêṇouvana)[1]. Il y a maintenant un *Vihâra* dont

[1] Eug. Burnouf, *Introduct. au Bouddh.* p. 456, lit : *Karaṇḍaka*, et M. Foucaux, *Lalita vistâra*, p. 415 : *Kalantaka*, du nom d'un oiseau. Suivant le Dictionnaire *Fan-i-ming-i-tsi*, liv. VI, fol. 14, *Kia-lan-t'o* (Karaṇḍa) est le nom d'un oiseau qui ressemble à la pie, et se plaît à percher dans les bois de bambous. D'après un autre endroit du *Fan-i-ming-i-tsi* (liv. XX, fol. 4), *Kia-lan-t'o* est, en outre, le nom d'un rat de montagne. On rapporte, à cette occasion, la légende suivante. Un jour, le roi de *Pi-che-li* (Vâiçâlî), étant entré dans un bois, s'endormit sous un arbre. Un gros serpent venimeux voulut sortir pour tuer le roi, mais il y eut un rat qui descendit au bas de cet arbre, poussa un cri et éveilla le roi. Celui-ci, plein de reconnaissance d'un tel bienfait, donna à ce rat de montagne les vivres d'un village, et appliqua à ce village le surnom de *Kia-lan-t'o* (Karaṇḍa). Or, dans ce village, il y avait un maître de maison qui possédait quatre millions de pièces d'or (*Souvarṇas*). Le roi donna aussitôt à ce maître de maison le surnom de *Karaṇḍa*; de sorte que, d'après le nom de ce village, on l'appela

les fondements sont en pierre et le bâtiment en briques; la porte regarde l'orient. Lorsque *Jou-laï* (le Tathâgata) vivait dans le monde, il habita souvent ce *Vihâra*, et y expliqua la loi pour convertir le siècle, diriger le vulgaire et sauver le commun des hommes. On y voit aujourd'hui une statue de *Jou-laï* (du Tathâgata) dont la taille est la même que la sienne. Anciennement il y avait dans cette ville un maître de maison nommé *Kia-lan-t'o* (Karaṇḍa gṛĭhapati), qui était noble et puissant. Il avait donné aux hérétiques un grand bois de bambous (*Vêṇouvana*). Lorsqu'il eut vu *Jou-laï* (le Tathâgata) et qu'il eut entendu l'enseignement de la loi, il se sentit animé d'une foi pure. Il se repentit alors d'avoir donné asile à cette multitude de mécréants dans le Bois des Bambous. « Maintenant, se dit-il, je ne saurai où loger « le maître des dieux et des hommes. » En ce moment, les esprits et les démons, touchés de la sincérité de son cœur, chassèrent les hérétiques et leur dirent : « Le « maître de maison *Kia-lan-t'o* (Karaṇḍa) doit élever un « *Vihâra* dans le Bois des Bambous (*Vêṇouvana*); il faut « que vous partiez promptement pour échapper au mal- « heur. »

Les hérétiques se retirèrent avec la haine et la colère dans le cœur. Le maître de maison bâtit dans ce bois un *Vihâra*, et, lorsqu'il en eut achevé la construction, il alla lui-même inviter le *Bouddha*. En ce mo-

« le maître de maison *Kia-lan-t'o* (Karaṇḍa gṛĭhapati). » L'ouvrage mentionné plus haut ajoute une autre citation, qui donne, sur le maître de maison *Karaṇḍa*, les mêmes détails que va nous offrir le *Si-yu-ki*.

ment *Jou-laï* (le Tathâgata) accepta immédiatement le don (de *Karaṇḍa*)¹.

A l'est du Bois des Bambous de *Kia-lan-t'o* (Karaṇḍa-vênouvana), il y a un *Stoûpa* qui a été bâti par le roi *'O-che-to-che-to-lou* (Adjâtaçatrou)². Après le *Nirvâṇa* de *Jou-laï* (du Tathâgata), les rois se partagèrent ses reliques (*Che-li* — Çarîras). Le roi *Weï-seng-youen* (Adjâtaçatrou) s'en retourna avec la portion qu'il avait obtenue, bâtit par respect un *Stoûpa*, et lui offrit ses hommages. Le roi *Wou-yeou* (Açôka), ayant conçu une foi sincère, ouvrit le monument, prit les reliques, et bâtit à son tour un autre *Stoûpa*. On en voit encore les restes, qui répandent constamment une lueur brillante.

A côté du *Stoûpa* du roi *Weï-seng-youen* (Adjâtaçatrou), il y en a un autre qui renferme les reliques de la moitié du corps du vénérable *'O-nan* (Ânanda). Jadis cet homme vénérable, étant sur le point d'entrer dans le *Nirvâṇa*, quitta le royaume de *Mo-kie-t'o* (Magadha), et se rendit dans la ville de *Feï-che-li* (Vâiçâlî). Comme ces deux royaumes se le disputaient mutuellement et voulaient lever des troupes, le vénérable *Ânanda*, ému de pitié, divisa aussitôt son corps en deux. Le roi de *Mo-kie-t'o* (Magadha) s'en retourna avec sa part de reliques, et leur offrit ses hommages. Aussitôt, dans ce pays renommé, il éleva avec respect un superbe *Stoûpa*.

¹ Dans l'*Introduction au Bouddhisme*, d'Eug. Burnouf, t. 1, p. 456, ce *Vihâra* est appelé *Karaṇḍaka nivâpa*. (*Nivâpa* signifie « don ».)

² En chinois, *Weï-seng-youen* « ennemi avant d'être né ».

A côté de ce monument, on voit un endroit où *Jou-laï* s'est promené pour faire de l'exercice.

Non loin de là, il y a un autre *Stoûpa*. C'est un endroit où *Che-li-tseu* (Çâripouttra) et *Mo-te-kia-lo-tseu* (Moudgalapouttra), etc. se fixèrent (pendant la saison des pluies).

Au sud-ouest du Bois des Bambous (*Vênouvana*), il fit cinq à six li. Au nord d'une montagne située au midi, au milieu d'un vaste bois de bambous, il y a une grande maison en pierre. Ce fut là qu'après le *Nirvâṇa* de *Jou-laï* (du Tathâgata), le vénérable *Mo-ho-kia-che-po* (Mahâ Kâçyapa) et neuf cent quatre-vingt-dix-neuf grands *'O-lo-han* (Arhats) formèrent la collection des trois Recueils sacrés (*Tripiṭaka*). En face de cette maison, on voit encore d'anciens fondements. Le roi *Weï-seng-youen* (Adjâtaçatrou) avait fait construire cet édifice en faveur des grands *Lo-han* (Arhats) qui rassemblèrent la collection de la loi.

Dans l'origine, comme le grand *Kia-che-po* (Mahâ Kâçyapa) était assis en silence, à l'ombre des bois, tout à coup éclata une brillante lumière; puis il vit la terre trembler, et se dit : « Voilà un phénomène extraordi- « naire! Quel événement peut-il annoncer? » Alors, avec ses yeux divins, il aperçut le *Bouddha*, l'Honorable du siècle, qui se plongeait dans le *Nirvâṇa*, entre deux arbres *sâlas*. Sur-le-champ il ordonna à ses disciples de venir avec lui dans la ville de *Keou-chi* (Kouçinagara). Sur la route, il rencontra un *Fan-tchi* (un Brâhmane), qui tenait dans sa main des fleurs célestes. *Kia-che-po*

(Kâçyapa) l'interrogea, et lui dit : « D'où venez-vous? « Savez-vous où est maintenant mon grand maître ? »

Le *Fan-tchi* (Brâhmane) répondit : « Je sors justement « de cette ville de *Keou-chi* (Kouçinagara); j'ai vu votre « grand maître qui était déjà entré dans le *Nirvâṇa*. La « multitude immense des dieux lui a offert ses hom- « mages. C'est d'eux que j'ai obtenu les fleurs que je « tiens. »

En entendant ces paroles, *Kia-che-po* (Kâçyapa) dit à ses disciples : « Le soleil de l'Intelligence vient d'éteindre « son flambeau, et le monde entier reste plongé dans les « ténèbres. Notre excellent guide n'est plus; la multitude « des hommes est tombée dans le malheur. »

Alors, des *Bhikchous*, dépourvus de zèle, se félici- tèrent ensemble et dirent : « Maintenant que *Jou-laï* est « entré dans le *Nirvâṇa*, nous aurons le repos et la joie. « Si nous commettons des fautes, qui pourra désormais « nous réprimander et nous imposer des règles ? »

A ces mots, *Kia-che* (Kâçyapa) fut saisi d'une nou- velle douleur. Il songea à rassembler la collection de la loi, et à punir les délinquants suivant ses préceptes. Il se rendit aussitôt auprès des deux arbres (*Sâlas*), contem- pla le *Bouddha* et lui rendit ses hommages. Quand le roi de la loi (*Dharmarâdja*) eut quitté le monde, les hommes et les dieux se trouvèrent sans guide. De grands *Lo-han* (Arhats) entrèrent aussi dans le *Nirvâṇa*. En ce moment, le grand *Kia-che* (Mahâ Kâçyapa) forma cette pensée : « Pour obéir aux instructions du *Bouddha*, il « faut que je rassemble la collection de la loi. »

Là-dessus, il monta sur le *Sou-mi-liu* (Soumêrou), frappa le grand *Kien-ti*[1] (Ghaṇṭâ), et prononça ces paroles : « Maintenant, dans la ville de la maison du roi « (*Râdjagriha*), il doit y avoir une assemblée de la loi. « Tous les hommes qui ont vu le fruit (obtenu la dignité « d'*Arhat*) doivent s'y rassembler à l'instant même. »

Les instructions de *Kâçyapa*, transmises aux sons du *Kien-ti* (Ghaṇṭâ), parvinrent jusqu'aux trois mille grands Chiliocosmes. Ceux qui possédaient des facultés divines, les ayant entendues, se rendirent tous à l'assemblée.

En ce moment, *Kia-che* (Kâçyapa) dit à la grande multitude : « *Jou-laï* (le Tathâgata) est entré dans le *Nirvâṇa*; « le monde reste vide. Il faut rassembler la collection de « la loi, pour remercier le *Bouddha* de ses bienfaits. Au- « jourd'hui que nous allons réunir les monuments de « la loi, il faut travailler avec mesure et avec calme. Nous « ne pourrions, au milieu d'une multitude immense, ac- « complir cette grande entreprise. Ceux qui possèdent les « trois sciences (*Trividyâ*), qui sont doués des six facul- « tés divines (*Chaḍabhidjñâs*), ceux qui ont entendu la « loi et l'observent sans faillir, ceux qui discutent avec « talent sans rencontrer d'obstacles, de tels hommes, « d'un mérite supérieur, doivent travailler à la collec- « tion. Quant aux autres, qui étudient encore pour ob- « tenir le fruit (la dignité d'*Arhat*), qu'ils s'en retournent « chacun chez eux. »

Là-dessus, il trouva neuf cent quatre-vingt-dix-neuf hommes; il exclut *'O-nan* (Ânanda), qui était encore sur

[1] Je lis *ti*, au lieu de *tch'ouï*, suivant le *Fan-i-ming-i-tsi*, l. XVII, f° 14.

le terrain de l'étude¹. Le grand *Kia-che* (Kâçyapa) l'appela, et lui dit : « Vous n'êtes pas encore parvenu à la « destruction de vos fautes (*Âçravakchaya*)² ; il faut que « vous sortiez de l'assemblée des saints. »

— « J'ai accompagné le *Tathâgata*, répondit-il, pen-« dant un grand nombre d'années ; toutes les fois qu'il y « avait une conférence sur la loi, je ne l'ai jamais quittée ; « et maintenant que l'on va faire la collection de la loi, « je me vois honteusement chassé ! Par le *Nirvâṇa* du « grand maître, j'ai perdu mon soutien et mon appui. »

— « Ne vous désolez point, lui dit *Kia-che* (Kâçyapa). « Comme vous avez vous-même suivi le *Bouddha*, il est « vrai de dire que vous avez beaucoup appris ; mais, chez « vous, les désirs des sens et les erreurs de la pensée ne « sont pas encore éteints, les habitudes et les liens du « monde ne sont pas encore rompus. »

'*O-nan* (Ânanda) se trouva à bout de réponse, et sortit ; il se rendit dans un lieu calme et désert, afin d'arriver à l'affranchissement de l'étude (à la dignité d'*Arhat*) ; mais il le chercha avec énergie, sans pouvoir l'obtenir. Un jour qu'il était accablé de fatigue, il voulut se livrer au sommeil. Il n'avait pas encore appuyé sa tête sur l'oreiller, qu'il vit aussitôt le *Lo-han* (obtint

¹ Voyez la première partie des *Mémoires*, liv. III, p. 173, note 1.
² Dans le *Fo-koue-ki*, page 130, Rémusat traduit *Tsin-leou* (Âçravakchaya), par la *fin du dégouttement*. Suivant le *San-thsang-fa-sou*, liv. LXI, fol. 12, le mot *leou* (vulgo *stillare*) signifie ici 落 « tomber », de sorte que l'expression 盡漏 *Tsin-leou* « avoir épuisé *la chute* », veut dire « ne plus être exposé à parcourir, dans les trois mondes, le cercle de la vie et de la mort ». (Voyez Burnouf, *Lotus*, page 822.)

la dignité d'*Arhat*). Il se rendit dans la salle où l'on formait la collection (de la loi), frappa à la porte, et arriva en s'annonçant lui-même. « Avez-vous brisé tous vos « liens? lui demanda *Kia-che* (Kâçyapa). En ce cas, il « faut montrer vos facultés surnaturelles, et ne point « entrer par la porte. »

'O-nan (Ânanda), docile à cet ordre, entra par le trou de la serrure. Quand il eut fini de saluer les religieux, il se retira et se rassit. On était alors au quinzième jour du *Varchavasana*[1]. Là-dessus, *Kia-che* (Kâçyapa) dit d'une voix éclatante : « Réfléchissez ! écoutez ! Que « *'O-nan* (Ânanda), qui a entendu, de la bouche du *Boud-* « *dha*, l'éloge pompeux de la loi, forme la collection des « *Sou-ta-lan* (Soûtras); que *Yeou-po-li* (Oupâli), qui ob- « serve la discipline et l'a clairement approfondie, comme « le sait la multitude des religieux, rassemble les textes « du *Pi-naï-ye* (Vinaya). Pour moi, *Kia-che-po* (Kâçyapa), « je formerai le recueil de l'*O-pi-ta-mo* (l'Abhidharma). » Au bout de deux ou trois mois, la collection des trois recueils se trouva achevée. Comme le grand *Kia-che* (Mahâ Kâçyapa) avait eu, au milieu des religieux, le titre de président[2], on appela son école *Chang-tso-pou* (Sthaviranikâya)[3].

Au nord-ouest de l'endroit où le grand *Kia-che-po* (Mahâ Kâçyapa) avait formé la collection (de la loi), il y

---

[1] Retraite dans des demeures fixes, pendant la saison des pluies.
[2] En chinois, *Chang-tso* « (celui qui occupe) le siége supérieur ».
[3] On dit quelquefois *Ching-chang-tso-pou*, en sanscrit : *Ârya Sthaviranikâya*. (Cf. *Nan-haï-khi-kouei-neï-fa-tch'ouen*, liv. 1, fol. 3.)

a un *Stoûpa*. Ce fut en cet endroit que *'O-nan* (Ânanda) reçut les réprimandes des religieux; de sorte qu'il ne put (d'abord) prendre part à la collection de la loi. Arrivé à cet endroit, il s'assit en silence et vit le fruit de *Lo-han* (obtint la dignité d'*Arhat*). Après qu'il eut vu le fruit, il prit part à la collection.

A l'ouest du lieu où *'O-nan* (Ânanda) vit le fruit (obtint la dignité d'*Arhat*), il fit environ vingt li, et rencontra un *Stoûpa* qui avait été bâti par le roi *Wou-yeou* (Açôka). Ce fut là que l'école de la Grande assemblée (*Mahâsañghanikâya*)[1] forma la collection de la loi. Les hommes d'étude ou affranchis de l'étude, au nombre de plusieurs centaines de mille, qui n'avaient point pris part à la collection (des trois recueils), sous la direction du grand *Kia-che-po* (Kâçyapa), arrivèrent tous en cet endroit. Ils se dirent alors entre eux : « Lorsque le « *Tathâgata* vivait dans le monde, tous étudiaient sous « un seul et même maître; mais, depuis que le roi de la « loi est entré dans le *Nirvâṇa*, on nous a triés et sépa- « rés des autres. Si nous voulons remercier le *Bouddha* « de ses bienfaits, il faut que nous formions (aussi) la « collection de la loi. »

Là-dessus, les hommes vulgaires et les saints se réunirent, les simples et les sages se rassemblèrent en foule. Ils formèrent à leur tour le recueil des *Sou-ta-lan* (Soûtrapiṭaka), du *Pi-naï-ye* (Vinayapiṭaka), de l'*O-pi-ta-mo* (Abhidharmapiṭaka), des Mélanges (*Samyouktapi-*

[1] En chinois, *Ta-tchong-pou*. (Cf. *Nan-haï-khi-khouaï-naï-fa-tch'ouen*, liv. 1, fol. 3.)

ṭaka?) et des Formules magiques (*Dhâraṇîpiṭaka*). De cette manière, ils rédigèrent, à part, cinq recueils, et les réunirent tous dans cet endroit. Comme les hommes vulgaires et les saints s'étaient associés ensemble, cette école fut appelée *Ta-tchong-pou*, ou l'école de la Grande assemblée (*Mahâsañghanikâya*).

Au nord du *Vihâra* du Bois des Bambous (*Vêṇouvana*), il fit environ deux cents pas, et arriva à l'étang de *Kia-lan-t'o* (Karaṇḍahrada). Lorsque le *Tathâgata* vivait dans le monde, il expliqua souvent la loi en cet endroit. L'eau était pure et possédait huit qualités; après le *Nirvâṇa* du *Bouddha*, elle se tarit complétement.

Au nord-ouest de l'étang de *Kia-lan-t'o* (Karaṇḍahrada), il fit deux à trois li, et vit un *Stoûpa* haut d'une soixantaine de pieds, qui avait été bâti par le roi *Açôka*. A côté, il y avait une colonne en pierre sur laquelle était gravée l'histoire de la fondation du *Stoûpa*. Elle était haute d'environ cinquante pieds, et offrait à son sommet l'image d'un éléphant.

A une petite distance au nord-est de la colonne en pierre, il arriva à la ville de *Ko-lo-che-ki-li-hi*[1] (Râdjagṛiha). L'enceinte extérieure était déjà détruite, et l'on n'apercevait pas même les restes des murs. Quoique les murs intérieurs fussent en ruines, leur base avait encore une certaine élévation, et embrassait dans ses contours une vingtaine de li. En face, il y avait une porte. Dans l'origine, le roi *P'in-pi-so-lo* (Bimbisâra)

---

[1] En chinois, *Wang-chi* « la maison du roi ».

avait établi sa résidence dans la ville de *Kouçâgâra*[1]. Les maisons du peuple étaient souvent la proie des flammes. Dès qu'une maison était consumée, tout le voisinage éprouvait le même malheur. On n'avait pas le temps d'arrêter les progrès du feu, et toutes les propriétés périssaient. Le peuple faisait entendre des plaintes et des lamentations, et ne pouvait plus vivre tranquillement dans sa demeure. Le roi dit alors : « Parce que je suis dénué de vertus, le petit peuple « tombe dans le malheur; quelle action méritoire dois-je « accomplir pour conjurer de tels désastres? »

—— « Grand roi, dirent les ministres, l'influence de « vos vertus fait régner la paix et l'harmonie; les lois de « votre gouvernement sont pleines de clarté et de lu- « mières. Maintenant, c'est par défaut d'attention que « ce petit peuple s'attire les désastres du feu. Il faut « rendre une loi sévère pour prévenir les fautes à venir. « Si le feu vient à éclater, on en recherchera la première « origine, et pour punir le principal coupable, on l'exi- « lera dans la forêt froide (*Sîtavana*). On appelle ainsi « le lieu où l'on jette les cadavres. Le peuple le regarde « comme un endroit sinistre, et personne n'ose aller s'y « promener. Faites-le transporter dans ce lieu, comme « si c'était un cadavre immonde. Il faudra bien que le « peuple, honteux de cette ignoble demeure, devienne « soigneux et veille à sa propre conservation. »

—— « A merveille! s'écria le roi; il faut annoncer ce

[1] En chinois, *Chang-mao-koung-tch'ing*, c'est-à-dire « la ville royale où croissait une herbe d'une vertu supérieure (*kouça*) ».

« décret à tous les habitants de la ville. » Mais, peu de temps après, le feu prit d'abord dans le palais même du roi. Ce prince dit à ses ministres : « C'est à moi « d'être déporté. » Il dit ensuite au prince royal : « Gérez « à ma place les affaires de l'État. Je veux exécuter fran- « chement les lois du royaume; c'est pourquoi je vais « m'exiler moi-même. »

A cette époque, le roi de *Feï-che-li* (Vâiçâli), ayant appris que *P'in-pi-so-lo* (Bimbisâra) habitait dans un lieu désert, au milieu de la forêt froide (*Sîtavana*), rassembla un corps d'armée, pour s'emparer inopinément de son trône. Les gardiens des frontières en ayant informé le roi, on bâtit une ville; et, comme le roi l'avait habitée le premier, on l'appela « la ville de la maison du roi (*Râdjagrĭha*) ». Les magistrats et le peuple y transportèrent tous leur demeure. Quelques auteurs disent que cette ville ne fut fondée que sous le règne d'*Adjâtaçatrou*. Le fils aîné de ce prince, ayant succédé au trône, y établit aussitôt sa résidence. Plus tard, le roi *Açôka*, après avoir transporté sa cour dans la ville de *Po-tch'a-li* (Pâṭalipouttra), donna aux Brâhmanes la ville de la maison du roi (*Râdjagrĭha*). C'est pourquoi aujourd'hui on ne voit dans cette ville aucun homme du peuple; elle n'a pour habitants que des Brâhmanes, qui forment un millier de familles.

A l'angle sud-ouest de la ville royale, il y a deux petits *Kia-lan* (Sañghârâmas), où s'arrêtent les religieux étrangers qui voyagent. C'est un endroit où jadis le *Bouddha* expliqua la loi.

A la suite, et dans la direction du nord-ouest, on voit un *Stoûpa*. Là était anciennement le village où est né le maître de maison *Tch'ou-ti-se-kia* (Djyôtichka)[1].

En dehors de la porte méridionale de la ville, à gauche de la route, il y a un *Stoûpa*. Là *Jou-laï* (le Tathâgata) expliqua la loi et convertit *Lo-heou-lo* (Râhoula).

En partant de là, dans la direction du nord, il fit environ trente li, et arriva au couvent de *Na-lan-t'o* (Nâlanda sañghârâma). Voici ce que racontent les vieillards à ce sujet : « Au sud de ce couvent, au milieu d'une forêt d'*An-mo-lo* (Âmras), il y a un étang. Le dragon qui l'habitait s'appelait *Na-lan-t'o* (Nâlanda). A côté, on bâtit un couvent qui, pour ce motif, lui emprunta son nom, dont le sens véritable se trouva justifié. » En effet, *Jou-laï* (le Tathâgata), menant jadis la vie d'un *P'ou-sa* (Bôdhisattva), devint le roi d'un grand royaume, et établit sa cour dans ce pays. Touché des misères des hommes, il aimait à les secourir; et, pour exalter le nom[2] qui rappelait les vertus (du dragon), il *donna sans se lasser*. Telle fut l'origine du nom de ce couvent. Cet endroit était anciennement un jardin d'*An-mo-lo* (Âmras). Cinq cents marchands l'achetèrent au prix d'un million de pièces d'or, et le donnèrent au *Bouddha*, qui y prêcha la loi pendant trois mois. Tous les marchands, etc. y virent le fruit du Saint (obtinrent la dignité d'*Arhat*). Peu de temps après le *Nirvâṇa* du Boud-

---

[1] En chinois, *Sing-li* « planète, corps céleste ».
[2] Le nom de *Nâlanda* signifie « celui qui donne sans se lasser ».

dha, Cho-kia-lo-'o-t'ie-to (Çakrâditya)[1], premier roi de ce royaume, estimait et respectait l'unique *Véhicule*[2], et révérait les Trois Précieux. Après avoir choisi avec respect un terrain heureux, il bâtit ce *Kia-lan* (Sañghârâma). Lorsqu'il commença les travaux, on blessa, en creusant, le corps du dragon. A cette époque, il y avait un hérétique de la secte des *Ni-kien* (Nirgranthas)[3], qui excellait dans l'art de deviner. Quand il eut vu cet endroit, il fit cette prédiction : « C'est un terrain d'un « ordre supérieur. Si vous y bâtissez un *Kia-lan* (Sañ- « ghârâma), il ne peut manquer de devenir florissant, « et servira de modèle aux cinq Indes. Dans mille ans, « sa réputation sera encore plus éclatante. Les étudiants « y compléteront aisément leur instruction; mais un « grand nombre seront affectés de vomissements de sang, « par suite de la blessure du dragon. »

Son fils, le roi *Fo-t'o-kio-to* (Bouddhagoupta)[4] lui succéda et gouverna à sa place. Il continua fidèlement les œuvres méritoires de son père. Au sud de cet endroit, il bâtit, à la suite, un autre *Kia-lan* (Sañghârâma).

[1] En chinois, *Ti-ji* « le soleil de l'empereur », c'est-à-dire du roi des dieux (*Indra*).

[2] On lit dans le Dictionnaire *San-thsang-fa-sou*, liv. IV, fol. 4 : « C'est le véhicule du *Bouddha*, que l'on compare à un char, formé de sept matières précieuses, et traîné par un bœuf blanc. Ce véhicule désigne la doctrine du *Bouddha*, qui était destinée à tirer les hommes d'une mer de souffrances, et à les soustraire à la loi de la transmigration, en les conduisant à l'autre rive, c'est-à-dire au *Nirvâṇa*. »

[3] C'est-à-dire non vêtus, nus.

[4] En chinois, *Khio-hou* « protégé par l'intelligent, le *Bouddha* ».

Le roi *Ta-tha-kie-to-kio-to* (Tathâgatagoupta)[1] gouverna avec zèle le royaume dont il avait hérité. A l'est de ce monument, il bâtit, à la suite, un autre *Kia-lan* (Sañghârâma).

P'o-lo-'o-t'ie-to (Bâlâditya)[2] succéda au roi précédent. Au nord-est de ce monument, il bâtit, à la suite, un autre *Kia-lan* (Sañghârâma). Quand il eut achevé son entreprise, l'assemblée des religieux le combla de louanges et de félicitations. Il montrait une égale estime aux gens obscurs et aux hommes illustres; il appelait auprès de lui le vulgaire aussi bien que les saints. Pour assister à cette assemblée, les religieux des cinq Indes arrivèrent en foule de dix mille li. Lorsque toute la multitude fut assise, deux religieux arrivèrent après les autres. On les conduisit au haut d'un pavillon à trois étages. Quelques personnes interrogèrent ces étrangers et leur dirent : « Lorsque le roi était sur le point de « convoquer l'assemblée, il a commencé par inviter les « hommes vulgaires et les saints. Vénérables religieux, « de quel pays êtes-vous pour arriver ainsi après les « autres? »

— « Nous venons du royaume de *Tchi-na* (la Chine), « répondirent-ils. (Au moment où l'appel de S. M. arriva dans notre pays), nous étions gravement malades. « Lorsque nous avons pu prendre de la nourriture, « nous nous sommes mis en route pour aller recevoir

[1] En chinois, *Jou-laï-hou* « protégé par le *Tathâgata* ».
[2] En chinois, *Yeou-ji* « le soleil des enfants ». Il y a, en note, une faute que nous avons déjà corrigée dans le livre IV, page 191, note 1.

« l'invitation lointaine du roi. Voilà pourquoi nous arri-
« vons (un peu tard) à l'assemblée. »

En entendant ce récit, les personnes présentes furent remplies d'étonnement, et allèrent sur-le-champ en informer le roi. Celui-ci comprit, au fond de son cœur, que c'étaient de saints hommes, et alla lui-même les interroger. Il monta au haut du pavillon, mais il ne put savoir où ils étaient allés. Le roi se sentit animé d'une foi plus profonde; il laissa son royaume et embrassa la vie religieuse. Quand il eut quitté la famille, il se trouva placé au dernier rang des religieux. Il en était sans cesse mécontent et inquiet. « Autrefois, disait-
« il, j'étais roi et j'occupais le rang le plus honorable et
« le plus élevé; mais maintenant que j'ai quitté la fa-
« mille, je suis relégué avec mépris à la queue de la
« multitude. » Il alla aussitôt parler aux religieux et leur exposa ce qu'il avait sur le cœur. Là-dessus, l'assemblée décida, d'un accord unanime, que ceux qui n'avaient pas encore reçu les préceptes (*Anoupasampannas*) seraient classés par rang d'âge. C'est pourquoi ce couvent est le seul où existe ce règlement.

Fa-che-lo (Vadjra)[1], fils de ce roi, ayant hérité de la couronne, se montra animé d'une foi inébranlable. A l'ouest de ce monument, il bâtit encore un autre *Kia-lan* (Sañghârâma). Dans la suite, un roi de l'Inde centrale bâtit encore un grand couvent au nord de ce dernier. Alors il entoura ces divers couvents de hautes murailles, et fit élever une porte qui donnait accès à

[1] En chinois, *Kin-kang* « diamant ».

tous. Une longue suite de rois, ayant continué ces pieuses constructions, y déployèrent toutes les merveilles de la sculpture; c'était vraiment un spectacle imposant. Le roi dit : « Dans le couvent fondé par le « premier roi (le couvent de *Nâlanda*), je vais placer « aujourd'hui la statue du *Bouddha*. Dans la multitude « des religieux, on en choisira chaque jour quarante, et « on les enverra prendre leur repas dans ce couvent pour « remercier le donateur (*dânapati*) de ses bienfaits. »

Les religieux, au nombre de plusieurs mille, avaient tous des talents distingués et une grande instruction. Il y en avait plusieurs centaines qui, par leur vertu, se faisaient estimer des contemporains, et dont la réputation volait jusque dans les autres pays. Leur conduite était pure, et ils suivaient fidèlement les préceptes de la discipline. La règle de ce couvent était très-sévère ; aussi la multitude des religieux se conduisait-elle avec une sagesse irréprochable. Les royaumes des cinq Indes les admiraient, et les prenaient pour modèles. Ceux qui leur demandaient des leçons et discutaient sur des matières profondes, ne trouvaient jamais les jours assez longs. Du matin au soir ils s'avertissaient mutuellement; les jeunes et les vieux se perfectionnaient les uns les autres. S'il y avait des hommes incapables de traiter les matières abstraites des trois recueils, ils étaient comptés pour rien et se voyaient couverts de honte. C'est pourquoi les étudiants étrangers qui désiraient acquérir de la réputation venaient tous dans ce couvent pour éclaircir leurs doutes, et bientôt l'éloge de leurs talents se répandait au loin. C'est pourquoi ceux qui voyageaient en usurpant leur nom [1] obtenaient tous des honneurs distingués. Si un homme d'un autre pays voulait entrer et prendre part aux conférences, le gardien de la porte lui adressait des questions difficiles. Le plus grand nombre était réduit au silence et s'en retournait. Il fallait avoir approfondi les livres anciens et modernes pour obtenir d'y entrer. En conséquence, les étudiants qui voyageaient pour leur instruction avaient à disserter longuement pour montrer leur capacité; il y en avait toujours sept ou huit sur dix qui se voyaient éliminés. Si les deux ou trois autres avaient paru instruits, on les interrogeait tour à tour au milieu de l'assemblée, et l'on ne manquait pas de briser la pointe de leur esprit et de faire tomber leur réputation; mais ceux qui avaient un talent élevé et une vaste érudition, une forte mémoire et une grande capacité, une vertu brillante et une intelligence éminente, associaient leur gloire à celle de leurs devanciers, et suivaient leurs exemples. Quant à *Hou-fa*[2] (Dharmapâla) et *Hou-youeï*[3] (Tchandrapâla), ils jetaient de l'éclat sur la doctrine; *Te-hoeï*[4] (Gouṇamati) et *Kien-hoeï* (Sthiramati)[5] répandaient dans le

[1] En se faisant passer pour des élèves du couvent de *Nâlanda*.
[2] Le défenseur de la loi.
[3] Le défenseur de la lune.
[4] Celui qui a un esprit vertueux.
[5] Celui qui a une intelligence solide. J'aurais proposé *Viniçtchitamati*, qui répond à *Kien-hoeï*, dans le nom du 237ᵉ Bouddha du Bhadrakalpa, si le Dictionnaire *Mahâvyoutpatti* ne m'avait fourni *Sthiramati*, dans une liste de religieux célèbres.

monde la gloire de leur nom; *Kouang-yeou*[1] (Prabhamitra) discourait avec élégance, et *Ching-yeou*[2] (Djinamitra) parlait avec élévation ; *Tchi-youeï*[3] (Djñânatchandra) montrait une pénétration rare; *Ming-min*[4] (Çighrabouddha?) et *Kiaï-hien*[5] (Çilabhadra) cachaient dans l'ombre leur vertu sublime. Ces hommes, d'un mérite supérieur, étaient connus de tous ; par leur vertu, ils effaçaient leurs prédécesseurs, et leur science embrassait toutes les règles des anciens[6]. Chacun d'eux avait composé une dizaine de traités et de commentaires qui circulaient partout avec éclat, et jouissaient, de leur temps, d'une haute estime. Tout autour des couvents, on comptait une centaine de monuments sacrés. Pour abréger, nous en citerons seulement deux ou trois.

A une petite distance à l'ouest du couvent, il y a un *Vihâra*. Jadis *Jou-laï* (le Tathâgata) y demeura pendant trois mois et développa la sublime loi en faveur des dieux.

A la suite, à environ cent pas au midi, il y a un petit *Stoûpa*. Ce fut là qu'un *Bhikchou* d'un pays lointain put voir le *Bouddha*. Anciennement il y eut un *Bhikchou* qui venait d'une contrée lointaine. En arrivant dans cet endroit, il aperçut la sainte multitude qui accompagnait le *Bouddha*, et éprouva intérieurement un senti-

[1] L'ami illustre.
[2] L'ami vainqueur ou supérieur.
[3] La lune de la connaissance.
[4] Celui qui a une vive intelligence.
[5] Celui qui a une conduite vertueuse.
[6] En mandchou, *fe kooli*.

ment de respect. Il jeta à terre ses cinq membres[1], et exprima le vœu d'obtenir le trône d'un roi *Tchakravartti*[2]. Ce que voyant *Jou-laï* (le Tathâgata), il dit à la multitude :

« Ce *Bhikchou* est bien digne de pitié. Il a une vertu
« profonde et une foi solide. S'il demandait le fruit du
« *Bouddha* (la dignité d'*Arhat*), il serait sûr de l'obtenir
« sous peu; mais maintenant il vient d'exprimer le vœu
« de devenir un roi *Tchakravartti* : c'est une récompense
« qu'il recevra certainement dans une existence future.
« Lorsqu'il a jeté à terre ses cinq membres, il a péné-
« tré jusqu'à la roue d'or (*Souvarṇatchakra*). Chacun des
« atomes subtils qui existent dans le sein de la terre, se-
« ront, l'un après l'autre, la récompense d'un roi *Tcha-*
« *kravartti;* mais, comme il s'est livré aux joies du monde,
« le fruit du Saint (la dignité d'*Arhat*) s'est éloigné de lui. »

Au sud du petit *Stoûpa*, s'élève la statue de *Kouan-tseu-tsaï* (Avalôkitêçvara), qu'on a représenté debout. Quelquefois on la voit aller, avec une cassolette à parfums, vers le *Vihâra du Bouddha,* et tourner autour, de droite à gauche.

Au midi de la statue de *Kouan-tseu-tsaï-p'ou-sa* (Avalokitêçvara Bôdhisattva), il y a un *Stoûpa* qui renferme les cheveux et les ongles que le *Tathâgata* se coupa pendant l'espace de trois mois. Les personnes affectées de

---

[1] C'est ce qu'on appelle, en sanscrit, पञ्चाङ्ग, *Pañtchâñga*. Wilson, Dictionnaire sanscrit, page 494 : « Reverence by extending the hands, bending the knees and the head. »

[2] En chinois, *Lun-wang* « roi de la roue ».

maladies graves viennent tourner autour, et beaucoup d'entre elles recouvrent la santé.

A côté d'un étang, qui se trouve en dehors du mur occidental de ce monument, il y a un *Stoûpa*. Ce fut en cet endroit qu'un hérétique, tenant dans sa main un passereau, interrogea le *Bouddha* au sujet de la mort et de la vie. Plus loin, dans l'intérieur de l'enceinte située au sud-est, à environ cinquante pas des murs, il y a un arbre extraordinaire, haut de huit à neuf pieds, dont le tronc est double[1]. Jadis *Jou-laï* (le Tathâgata) mâcha une petite branche de l'arbre *Yang*[2], et la jeta à terre, où elle prit racine. Quoiqu'il se soit écoulé, depuis cette époque, bien des mois et des années, l'arbre n'augmente ni ne diminue.

Tout près, à l'est, il y a un grand *Vihâra*, haut d'environ deux cents pieds. Jadis, en cet endroit, *Jou-laï* (le Tathâgata) expliqua pendant quatre mois les lois les plus excellentes.

Plus loin, au nord, à une distance d'environ cent pas, on voit, au milieu d'un *Vihâra*, la statue de *Kouan-tseu-tsaï-p'ou-sa* (Avalôkitêçvara Bôdhisattva). Les hommes animés d'une foi pure, qui viennent lui offrir leurs hommages, ne le voient pas tous de la même manière, et nul ne saurait déterminer la place qu'il occupe. Tantôt il se tient debout, à côté de la porte; tantôt il sort, et se place

---

[1] Cela venait sans doute de ce que la branche dont il est parlé plus bas avait été fendue en deux. (Voyez liv. I, p. 55, note 1, ligne 15.)

[2] C'est-à-dire, se servit d'une petite branche de *Yang*, comme d'un cure-dent (*dantakâchtha*). (Voyez encore liv. I, p. 55, note 1.)

en avant de la saillie du toit. Les religieux et les laïques des divers royaumes de l'Inde viennent tous lui offrir leurs hommages.

Au nord du *Vihâra* de *Kouan-tseu-tsaï-p'ou-sa* (Avalôkitêçvara Bôdhisattva), il y a un grand *Vihâra*, haut d'environ trois cents pieds, qui a été bâti par *P'o-lo-'o-t'ie-to* (Bâlâditya). Si l'on considère sa magnificence, ses dimensions et la statue du *Bouddha* placée au milieu, il ressemble au grand *Vihâra* qui s'élève au bas de l'arbre *P'ou-ti* (Bôdhidrouma).

Au nord-est de ce monument, s'élève un *Stoûpa*. Jadis, en cet endroit, *Jou-laï* (le Tathâgata) expliqua pendant sept jours la sublime loi.

Au nord-ouest, on voit un endroit où se sont assis les quatre *Bouddhas* passés.

Au midi de cet endroit, il y a un *Vihâra* en *Theouchi* (laiton), qui a été fondé par le roi *Kiaï-ji* (Çîlâditya). Quoique sa construction ne soit pas encore achevée, on sait qu'il ne doit pas avoir moins de cent pieds de hauteur.

Plus loin, à l'est, à une distance d'environ deux cents pas, on voit, en dehors des murs, une statue en cuivre du *Bouddha*, qu'on a représenté debout. Elle est haute d'environ quatre-vingts pieds; il a fallu construire un pavillon à six étages pour la mettre à couvert. Elle a été fabriquée jadis par les soins du roi *Mouan-tcheou* (Poûrṇavarma).

A deux ou trois li au nord de la statue en cuivre du *Bouddha*, exécutée par le roi *Mouan-tcheou* (Poûrṇavarma), on voit, au milieu d'un *Vihâra* en briques, la statue de *To-lo-p'ou-sa* (Tàra Bôdhisattva?). Elle est d'une grande hauteur, et douée d'une pénétration divine (*sic*). Le premier jour de chaque année, on lui fait de riches offrandes. Les rois, les ministres et les hommes puissants des royaumes voisins, présentent des fleurs d'un parfum exquis, en tenant des étendards et des parasols ornés de pierres précieuses. Les instruments de métal et de pierre résonnent tour à tour, les guitares et les flûtes unissent leurs sons harmonieux. Ces assemblées religieuses durent pendant sept jours.

En dedans de la porte qui est située au midi des murs du *Vihâra*, il y a un grand puits. Jadis, lorsque le *Bouddha* vivait dans le monde, il y eut une compagnie de riches marchands qui, dévorés par une soif ardente, vinrent le trouver dans sa retraite. L'Honorable du siècle montra du doigt cet endroit, et leur dit : « Là vous « pourrez trouver de l'eau. » Le chef des marchands prit l'essieu d'un char et en battit la terre. Quand la terre se fut enfoncée, on vit jaillir aussitôt une source d'eau pure. Les marchands, en ayant bu, entendirent l'enseignement de la loi, et virent tous le fruit du Saint (obtinrent la dignité d'*Arhat*).

Au sud-ouest du *Kia-lan* (Sañghârâma), il fit huit à neuf li, et arriva à la ville de *Keou-li-kia* (Koulika). Au centre, s'élevait un *Stoûpa,* qui avait été bâti par le roi *Açôka*. C'était le pays natal du vénérable *Mo-te-kia-lo-tseu* (Moudgalapouttra).

A côté de cette ville, il y a un *Stoûpa*. Ce fut en cet

endroit que le vénérable *Moudgalapouttra* entra dans le *Nirvâṇa* définitif (*Parinirvâṇa*). Ce *Stoûpa* renferme les reliques de son corps. Cet homme vénérable, issu d'une grande famille de *P'o-lo-men* (Brâhmanes), était, dans son enfance, un ami intime de *Che-li-tseu* (Çâripouttra). Celui-ci était estimé pour ses talents et ses lumières, et le vénérable *Moudgalapouttra* s'attirait les louanges de tous par sa rare pénétration. Ils se ressemblaient par les dons de l'esprit, et réglaient leur conduite l'un sur l'autre [1]. S'étant étroitement liés pour toute leur vie, ils avaient les mêmes désirs et les mêmes répugnances. Dégoûtés tous deux du monde, ils cherchèrent ensemble à sortir de la famille, et prirent aussitôt pour maître *Chan-che-ye* (Sañdjaya). *Che-li-tseu* (Çâripouttra), ayant rencontré l'*Arhat Ma-ching* (Açvaghôcha), entendit la loi et vit le fruit du Saint (obtint la dignité d'*Arhat*). A son retour, il répéta, en faveur de son vénérable ami, ce qu'il avait entendu. Ce dernier ne l'eut pas plutôt écouté, qu'il comprit la loi et vit le premier fruit (obtint le rang de *Çrôtâpanna*); puis, avec ses deux cent cinquante disciples, il se rendit auprès du *Bouddha*. L'Honorable du siècle, l'apercevant de loin, le montra à la multitude et dit : « Celui-là qui vient occupera, par « ses facultés divines, le premier rang au milieu de « mes disciples. » Quand il fut arrivé auprès du *Bouddha*, il demanda à être admis dans le sein de la loi [2].

---

[1] Littéralement : se mouvoir — s'arrêter — nécessairement — ensemble.

[2] C'est-à-dire, au nombre des religieux.

L'Honorable du siècle lui adressa la parole et lui dit :
« Soyez le bienvenu, ô *Bhikchou!* Par l'effet de votre
« conduite chaste et vertueuse, vous avez obtenu d'échap-
« per aux amertumes de la vie. » Au moment où il en-
tendait ces paroles, sa barbe et ses cheveux tombèrent,
et ses vêtements séculiers changèrent de couleur. Il observa la discipline avec une pureté parfaite, et se montra, dans son maintien, plein de douceur et de soumission. Au bout de sept jours, ses attachements et ses
fautes se trouvèrent détruits; il vit le fruit d'*O-lo-han*
(d'*Arhat*) et obtint des facultés divines.

Après avoir fait trois ou quatre li à l'est du pays natal de *Mo-te-kia-lo-tseu* (Moudgalapouttra), il rencontra
un *Stoûpa.* Ce fut en cet endroit que le roi *P'in-pi-so-lo*
(Bimbisâra) alla au-devant du *Bouddha* et eut le bonheur
de le voir. Quand *Jou-laï* (le Tathâgata) vit pour la première fois le fruit de l'intelligence[1], il reconnut que les
habitants du royaume de *Mo-kie-t'o* (Magadha) brûlaient
du désir de le contempler, et accepta l'invitation du roi
P'in-pi-so-lo (Bimbisâra). Il s'habilla de grand matin, prit
son bâton, et partit, entouré, à droite et à gauche, de
mille *Bhikchous.* C'étaient tous de vieux Brâhmanes aux
cheveux nattés (*Djâlinas*), qui, épris de la loi et ayant
fait teindre leurs habits[2], lui formaient, en avant et en
arrière, un immense cortége. Ce fut ainsi qu'il entra

---

[1] Littéralement : au commencement, vit le fruit de *Fo*, de *Bouddha*, c'est-à-dire, commença à arriver à l'état de *Bouddha*.

[2] Littéralement : ayant adopté le vêtement rouge-brun des reli-gieux (*Tchîvara*).

dans la ville de la maison du roi (*Râdjagrïha*). En ce moment, *Ti-chi* (Indra), le roi des dieux, prit la forme d'un *Mo-na-p'o* (Mânava, jeune homme)[1] aux cheveux nattés (*Djâlin*), portant de la main gauche un vase d'or, et de la droite, un bâton précieux. Il marchait suspendu en l'air, à quatre doigts de la terre, et, se tenant au milieu de la grande multitude, il ouvrait la route au *Bouddha*. En ce moment, *P'in-pi-so-lo* (Bimbisâra), roi de *Mo-kie-t'o* (Magadha), avec les Brâhmanes, les maîtres de maison (*Grïhapatayas*) et les chefs des marchands (*Çrêchṭhinas*) de tout son royaume, qui le précédaient et le suivaient par centaines, par milliers, par dizaines de mille, sortit de la ville de la maison du roi (*Râdjagrïha*), et alla au-devant de la multitude qui accompagnait le Saint.

Au sud-est de l'endroit où le roi *P'in-pi-so-lo* (Bimbisâra) alla au-devant du *Bouddha*, il fit environ vingt li, et arriva à la ville de *Kia-lo-pi-na-kia*[2] (Kâlapinâka). On y voit, au centre, un *Stoûpa* bâti par le roi *Açoka*; c'était le pays natal du vénérable *Che-li-tseu* (Çâripouttra). Le puits (de sa maison) subsiste encore aujourd'hui. A côté de ce puits, il y a un *Stoûpa*. Ce fut là que le vénérable *Çâripouttra* entra dans le *Nirvâṇa*. Ce monument renferme les reliques de son corps. Il était issu

---

[1] *Fan-i-ming-i-tsi*, liv. I, fol. 23. Un jeune homme, un jeune Brâhmane.

[2] Ce mot, dont on ne donne pas la traduction chinoise, paraît signifier : celui qui a un trident noir, ou un arc noir (*Çiva*). (Voyez Wilson, au mot *Pinâka*.)

d'une grande famille de Brâhmanes. Son père possédait des talents élevés et un vaste savoir; il pénétrait les choses les plus subtiles et le plus cachées; il n'y avait pas un livre qu'il n'eût étudié à fond. Sa femme eut un songe et le lui raconta. « La nuit dernière, dit-elle, pen-
« dant mon sommeil, j'ai rêvé que j'avais commerce avec
« un homme extraordinaire. Il était couvert d'une cui-
« rasse, et, tenant dans sa main (une massue de) dia-
« mant, il brisait les montagnes. Il se retira, et alla se
« placer debout au pied d'une montagne. »
— « Ce songe est extrêmement heureux, lui dit son
« mari. Vous ne pouvez manquer de mettre au monde
« un fils distingué; il pénétrera toute science, et son
« nom traversera les âges. Il écrasera les maîtres des
« *Çâstras* et brisera leurs principes. Pour un homme,
« il n'y aura pas de plus grand honneur que de devenir
« son disciple. »

Quelque temps après, elle devint enceinte. Tout à coup la mère se trouva douée d'une rare intelligence; elle discutait dans un langage élevé, et parlait avec abondance; son éloquence était inépuisable. Lorsque l'honorable *Che-li-tseu* (Çâripouttra) fut entré dans sa huitième année, il étendit en tous lieux sa réputation. Son naturel était pur et simple, et son cœur tendre et compatissant. Bientôt il brisa les liens des passions, et acquit une intelligence accomplie. Il se lia, dès son enfance, avec *Mo-te-kia-lo-tseu* (Moudgalapouttra). Profondément dégoûté du monde, il ne savait encore quel parti embrasser. Dans cette entrefaite, il alla étudier avec

Mo-te-kia-lo-tseu (Moudgalapouttra), sous la direction d'un hérétique nommé *Chan-che-ye* (Sañdjaya). Ils se dirent alors l'un à l'autre : « Ce n'est pas là la doctrine défini-
« tive ; nous ne pourrons avec elle trouver la fin des amer-
« tumes de la vie. Cherchons chacun un guide éclairé.
« Après avoir d'abord goûté l'ambroisie (*Amṛita*), nous
« devons nécessairement en savourer ensemble toute la
« douceur. »

En ce moment, le grand *'O-lo-han* (Arhat) *Ma-ching* (Açvadjit), tenant en main son vase de religieux, entra dans la ville pour demander l'aumône. *Che-li-tseu* (Çâripouttra), ayant vu son extérieur plein de calme et de noblesse, s'approcha de lui et l'interrogea. « Quel a été
« votre maître ? » lui dit-il.

Açvadjit répondit : « Le prince royal de la race des
« *Çâkyas*, dégoûté du monde, sortit de la famille et ob-
« tint l'intelligence accomplie (*Samyak sambôdhi*). C'est
« lui que j'ai eu pour maître. »

— « Quelles lois exposait-il ? demanda *Che-li-tseu* (Çâ-
« ripouttra) ; puis-je obtenir de les entendre ? »

— « Lorsque je commençais à recevoir ses instruc-
« tions, repartit *Açvadjit*, je n'en comprenais pas encore
« toute la profondeur. »

— « Veuillez, lui dit *Che-li-tseu* (Çâripouttra), m'ap-
« prendre ce que vous avez entendu. » Alors *Açvadjit* le lui expliqua comme il convenait. Dès que *Che-li-tseu* eut fini de l'écouter, il vit sur-le-champ le premier fruit (il obtint le titre de *Çrôtâpanna*) ; puis, avec ses deux cent cinquante disciples, il se rendit auprès du *Bouddha*.

L'Honorable du siècle, l'apercevant de loin, le montra à la multitude et dit : « Parmi mes disciples, il sera le « premier pour l'intelligence. » Quand il fut arrivé, il se prosterna devant le *Bouddha*, et exprima le vœu de suivre sa loi. L'Honorable du siècle lui dit : « Soyez le bien- « venu, ô *Bhikchou!* »

Au moment où il entendit ces paroles, il se trouva complétement instruit des règles de la discipline. Quinze jours après, il écouta le *Bouddha* qui expliquait la loi à un Brâhmane, remarquable par la longueur de ses ongles (*Dîrghanakha*)[1]. Après qu'il eut entendu le reste (la fin) de ses discours, son cœur s'ouvrit avec émotion, et il vit aussitôt le fruit d'*O-lo-han* (il obtint la dignité d'*Arhat*). Après cet événement, 'O-*nan* (Ânanda) apprit que le *Bouddha* avait annoncé l'époque de son *Nirvâṇa*. Bientôt ce bruit circula de bouche en bouche, et chacun en fut pénétré de douleur. *Che-li-tseu* (Çâripouttra) éprouva un redoublement d'affection, et ne put souffrir de voir le *Bouddha* entrer dans le *Nirvâṇa*. Aussitôt il demanda à l'Honorable du siècle d'entrer avant lui dans le silence et l'extinction (le *Nirvâṇa*). L'Honorable du siècle lui dit : « Il faut que vous sachiez que voilà le « moment. »

Çâripouttra fit ses adieux à ses disciples, et se rendit dans son pays natal. Les *Cha-mi* (Çrâmaṇêras), qui l'accompagnaient, annoncèrent cette nouvelle dans les villes

---

[1] En chinois, *Tch'ang-tchao-fan-tchi*. Ce Brâhmane est bien connu. Il existe un ouvrage intitulé : *Tch'ang-tchao-fan-tchi-ts'ing-ouen-king* (Dîrghanakha parivrâdjaka pariprïtchtch'a).

et les villages. Le roi *Weï-seng-youen* (Adjâtaçatrou) et tous les habitants de son royaume accoururent avec la vitesse du vent et se rassemblèrent comme les nuages (c'est-à-dire, en foule). *Che-li-tseu* (Çâripouttra) leur développa l'enseignement de la loi. Après qu'ils l'eurent entendu, ils se retirèrent. Au milieu de la nuit suivante, il dirigea son esprit, fixa son cœur et se livra à la méditation (*Samâdhi*) de l'extinction finale; puis, après qu'il en fut sorti, il se plongea dans le *Nirvâṇa*.

A quatre ou cinq li au sud-est de la ville de *Kia-lo-pi-na-kie* (Kâlapinâka), il y a un *Stoûpa*. Ce fut en cet endroit qu'un disciple du vénérable *Che-li-tseu* (Çâripouttra) entra dans le *Nirvâṇa*. Quelques auteurs disent: « A l'époque où *Kia-che-po-fo* (Kâçyapa Bouddha) vivait dans le monde, il y eut trois cent mille *Arhats*[1] qui, dans cet endroit, entrèrent ensemble dans le *Nirvâṇa* définitif[2]. »

A l'est du *Stoûpa* du disciple de *Che-li-tseu* (Çâripouttra), il fit environ trente li, et arriva à une montagne appelée *In-t'o-lo-chi-lo-kiu-ho-chan* (Indraçilagouhâ)[3]. Les cavernes et les vallées de cette montagne sont ténébreuses; des bois fleuris la couvrent d'une riche végétation. Sur le passage supérieur de cette montagne s'élèvent deux pics isolés. Dans une caverne du pic méridional, il y a une grande maison taillée dans le roc. Elle est

---

[1] *San-keou-tchi*, trois *Kôṭis*. En chinois, le *Keou-tchi* (Kôṭi) répond à *i* « cent mille ».
[2] En chinois, *Wou-yu-tsi-mie* « le *Nirvâṇa* sans reste ».
[3] En chinois, *Ti-chi-kho* « la caverne d'*Indra* ».

large et basse. Jadis *Jou-laï* (le Tathâgata) s'y arrêta. A cette époque, *Chi,* le roi des dieux (Çakra Dêvêndra) écrivit sur une pierre quarante-deux questions difficiles, et en demanda la solution. Le *Bouddha* les expliqua en sa faveur[1]. On aperçoit encore, sur la pierre, des traces d'écriture. Maintenant on y voit une statue qui ressemble à l'antique image du Saint (du *Bouddha*). Les personnes qui entrent dans cette maison, pour lui offrir leurs hommages, se sentent toutes saisies d'une crainte respectueuse. Sur le passage supérieur de la montagne, on voit un endroit où se sont assis les quatre *Bouddhas* passés, et où ils se sont promenés et ont laissé les traces de leurs pas.

Sur le pic oriental, il y a un couvent. Voici ce que j'ai appris de la bouche des hommes du monde. Lorsque, au milieu de la nuit, les religieux qui l'habitent regardent dans le lointain la maison en pierre du pic occidental, ils aperçoivent quelquefois des lampes et des flambeaux qui brillent constamment devant la statue du *Bouddha*.

Devant le couvent qui s'élève sur le pic oriental de la montagne *In-t'o-lo-chi-lo-kiu-ho* (Indraçilagouhâ parvata), il y a un *Stoûpa* qu'on appelle *Heng-cha-kia-lan*

---

[1] Il existe un livre intitulé : *Sse-chi-eul-tchang-king* « le Livre sacré, en quarante-deux articles ». Suivant les écrivains bouddhistes, cet ouvrage, dont le texte indien est perdu depuis des siècles, fut un des premiers qu'on traduisit en chinois. On l'a traduit ensuite, sur le chinois, en thibétain, en mandchou et en mongol. Il renferme peut-être les quarante-deux points de doctrine que le *Bouddha* est censé avoir expliqués à *Çakra* (Indra).

(Hañsasaṅghârâma)[1]. Anciennement les religieux de ce couvent étudiaient le *petit Véhicule* (Hînayâna); or le *petit Véhicule* est la doctrine graduelle[2]. C'est pourquoi on y établit l'usage des trois aliments purs[3]. Dans ce couvent, on suivait fidèlement cette règle sans jamais la violer. Dans la suite, il vint un moment où on les chercha (les trois aliments purs) sans pouvoir se les procurer. Un *Bhikchou*, en se promenant pour faire de l'exercice, aperçut tout à coup une troupe d'oies qui volaient au haut des airs. « Aujourd'hui, dit-il en badi-
« nant, la pitance des religieux est insuffisante. *Mo-ho-*
« *sa-to* (Mahâsattvas — nobles êtres), il faut que vous
« sachiez que voilà le moment. »

Le religieux n'avait pas encore achevé ces mots, qu'une oie, cessant de voler[4], vint tomber devant lui et se tua. Ce qu'ayant vu le *Bhikchou*, il alla raconter cet événement à la multitude des religieux, que ce récit pénétra de douleur : « *Jou-laï* (le Tathâgata), se dirent-
« ils entre eux, a établi sa loi pour guider et attirer les
« hommes suivant les circonstances. Nous autres, par un
« entêtement stupide, nous suivons la doctrine gra-
« duelle. Le *grand Véhicule* (Mahâyâna) est la source de
« la vérité. Il faut renoncer à nos premières opinions, et
« suivre avec zèle les préceptes du Saint (du *Bouddha*).

---

[1] *Heng-cha*, en chinois, *Yen* « une oie ».
[2] Voyez liv. I, page 3, note 1.
[3] Voyez liv. I, page 2, note 2.
[4] C'est-à-dire, se laissant aller vers la terre, au lieu de continuer à s'élever dans les airs.

« Cette oie nous a légué une salutaire leçon ; elle doit
« vraiment nous tenir lieu d'un guide éclairé. Il convient
« d'honorer sa vertu éminente et de la transmettre aux
« siècles les plus reculés. »

Là-dessus, ils bâtirent un *Stoûpa* pour honorer avec respect la belle action dont ils venaient d'être témoins. Ils enterrèrent l'oie morte dans la base du monument.

Au nord-est de la montagne *In-t'o-lo-chi-lo-chan* (Indraçilagouhâ parvata), il fit de cent cinquante à cent soixante li, et arriva à un couvent appelé *Kia-pou-te-kia* (Kapôtika sañghârâma)[1]. Il renfermait environ deux cents religieux, qui étudiaient les principes de l'école *Choue-i-tsie-yeou-pou* (l'école des Sarvâstivâdas).

A l'est du couvent, il y a un *Stoûpa* qui a été bâti par le roi *Açôka*. Jadis le *Bouddha* y expliqua la loi pendant une nuit, en faveur de la grande assemblée. Au moment où le *Bouddha* expliquait la loi, il y eut un oiseleur qui chassait au filet dans cette forêt[2]. Ayant passé un jour entier sans rien prendre, il fit aussitôt cette réflexion : « Si j'ai peu de bonheur, c'est sans doute
« parce que je fais cet indigne métier. »

Il alla trouver le *Bouddha*, et dit à haute voix : « Aujourd'hui, ô *Jou-laï* (Tathâgata), vous expliquez ici la
« loi, et vous êtes cause que je n'ai pu rien prendre dans
« mes filets. Ma femme et mes enfants meurent de faim.
« Quel moyen employer pour les soulager ? »

— « Il faut que vous allumiez du feu, lui dit *Jou-*

[1] *Kia-pou-ti-kia*, en chinois, *Ho* « colombe ».
[2] Littéralement : qui, avec des filets, prenait la famille emplumée.

« *laï* (le Tathâgata); je m'engage à vous donner de quoi
« manger. »

En ce moment *Jou-laï* (le Tathâgata) se changea en une grande colombe, qui se jeta dans le feu et mourut. L'oiseleur la prit et l'emporta chez lui, de sorte que sa femme et ses enfants trouvèrent de quoi manger ensemble. Après cet événement, il se rendit une seconde fois auprès du *Bouddha,* qui, par des moyens habiles, opéra sa conversion. Après avoir entendu la loi, l'oiseleur se repentit de ses fautes, et devint un nouvel homme. Il sortit de la famille, se livra à l'étude et vit bientôt le fruit du Saint (obtint la dignité d'*Arhat*). Voilà pourquoi le couvent que bâtit *Açôka* fut appelé le *Kialan* de la Colombe (*Kapôtika sañghárâma*).

A deux ou trois li au midi du couvent de la Colombe (*Kapôtika sañghárâma*), on arrive à une montagne isolée, qui est extrêmement haute, et qu'ombrage une épaisse forêt. Des fleurs renommées couvrent ses bords, et des sources d'eau pure se précipitent dans la vallée. Sur cette montagne, il y a une multitude de *Vihâras* et de temples divins, où la sculpture a déployé ses merveilles. Dans un *Vihâra* placé juste au centre, on voit la statue de *Kouan-tseu-tsaï-p'ou-sa*(Avalôkitêçvara Bôdhisattva). Quoiqu'elle soit d'une petite dimension, elle respire une majesté divine qui imprime le respect. Elle tient dans sa main un lotus, et porte sur sa tête une image du *Bouddha*. Il y a ordinairement un certain nombre d'hommes qui s'abstiennent de nourriture, dans le désir ardent de voir le *Bôdhisattva*. Leur jeûne dure de sept à vingt-sept jours, et va quelquefois jusqu'à un mois. Parmi eux, il y en a qui, ayant su le toucher, voient la figure admirable de *Kouan-tseu-tsaï-p'ou-sa* (Avalôkitêçvara Bôdhisattva), couverte de riches ornements et dans tout l'éclat de sa majesté. Il sort du milieu de la statue et leur adresse des paroles bienveillantes.

Jadis, de grand matin, le roi de *Seng-kia-lo* (Siñhala — Ceylan), que baigne la mer du midi, dirigea sur sa figure les reflets d'un miroir, et ne put voir son corps ; mais il aperçut, dans le royaume de *Mo-kie-t'o* (Magadha) du *Tchen-pou-tcheou* (Djamboudvîpa), sur une petite montagne qui s'élevait au milieu d'un bois de *To-lo* (Talas), une statue de ce même *P'ou-sa* (Bôdhisattva). Le roi en fut profondément ému et ravi ; il en fit le dessin pour aller la chercher. Quand il fut arrivé sur cette montagne, il trouva, en effet, une statue semblable. Par suite de cette circonstance, il bâtit un *Vihâra* et lui offrit de pompeux hommages. Dans la suite, d'autres rois, pensant encore au bel exemple qu'il leur avait légué, construisirent, à côté, un autre *Vihâra* et un temple divin, où, avec des fleurs odorantes et une musique harmonieuse, on lui offre continuellement des hommages.

Au sud-est de la statue de *Kouan-tseu-tsaï-p'ou-sa* (Avalôkitêçvara Bôdhisattva), qui s'élève sur la montagne isolée, il fit environ quarante li, et arriva à un couvent où l'on comptait une cinquantaine de religieux, qui tous étudiaient la doctrine du *petit Véhicule* (Hînayâna).

Devant le couvent, il y avait un grand *Stoûpa*, où éclataient beaucoup de prodiges. Jadis, en cet endroit, le *Bouddha* expliqua la loi pendant sept jours, en faveur du roi des dieux *Fan*, etc. (Brahmakâyikas).

A côté de ce *Stoûpa*, on voit des endroits où trois des *Bouddhas* passés se sont assis et ont laissé la trace de leurs pas en s'y promenant pour faire de l'exercice.

Au nord-est du couvent, il fit environ soixante et dix li; puis, au midi du fleuve *King-kia* (Gange), il arriva à un grand village, dont la population était fort nombreuse. Il y avait plusieurs temples des dieux, tous ornés d'admirables sculptures.

A une petite distance au sud-est de cet endroit, il y avait un grand *Stoûpa*. Jadis le *Bouddha* y prêcha la loi pendant une nuit.

En partant de ce pays, il entra, à l'est, dans des forêts et des gorges de montagnes, fit environ cent li, et arriva à un couvent du village de *Lo-in-ni-lo* (Rôhinîla?).

Devant ce couvent, il y avait un grand *Stoûpa*, bâti par le roi *Wou-yeou* (Açôka). Jadis, en cet endroit, le *Bouddha* expliqua la loi pendant trois mois.

A deux ou trois li au nord de ce monument, on rencontre un grand lac qui a environ trente li de tour. Dans les quatre saisons de l'année, on y voit fleurir des lotus de quatre couleurs.

A l'est de ce lac, il entra dans des forêts et des gorges de grandes montagnes, fit environ deux cents li, et arriva au royaume de *I-lan-na-po-fa-to* (Hiraṇyaparvata — Inde centrale).

LIVRE DIXIÈME.

ROYAUME DE I-LAN-NA-PO-FA-TO.
(HIRAṆYAPARVATA.)

Ce royaume a environ trois mille li de tour. La circonférence de la capitale est d'une vingtaine de li. Au nord, coule le fleuve *King-kia* (Gañgâ — Gange). Ce pays produit en abondance des grains, des fleurs et des fruits. Le climat est tempéré, les mœurs sont simples et pures. Il y a une dizaine de couvents où l'on compte environ quatre mille religieux, qui suivent la plupart les principes de l'école *Tching-liang-pou* (l'école des Sammatîyas), qui se rattache au *petit Véhicule*. Il y a, en outre, une vingtaine de temples des dieux; les hérétiques des différentes sectes habitent pêle-mêle.

Dans ces derniers temps, il y eut un roi voisin qui détrôna le prince de ce royaume, donna sa capitale à la multitude des religieux, et y construisit deux couvents, qui contiennent chacun un peu moins de mille religieux, lesquels suivent tous l'école *Choue-i-tsie-yeou-pou* (l'école des Sarvâstivâdas) qui se rattache au *petit Véhicule*.

A côté de la capitale, et tout près du Gange, s'élève

le mont *I-lan-na* (Hiraṇyaparvata)[1], d'où sortent des masses de fumée et de vapeurs qui obscurcissent le soleil et la lune. Depuis l'antiquité jusqu'à nos jours, des *Ŭichis* et des sages sont venus, les uns après les autres, y reposer leur esprit (y goûter le repos). Maintenant il y a un temple des dieux, où l'on suit encore les règles qu'ils ont laissées. Jadis *Jou-laï* (le Tathâgata) demeura aussi sur cette montagne, et y exposa la sublime loi en faveur des dieux.

Au sud de la capitale, il y a un *Stoûpa*. Dans cet endroit, *Jou-laï* (le Tathâgata) expliqua la loi pendant trois mois.

A côté de ce monument, on voit les siéges de trois des *Bouddhas* passés, et un endroit où ils ont laissé leurs traces, en se promenant pour faire de l'exercice. A l'ouest, et à une petite distance du lieu où se sont promenés les trois *Bouddhas* en faisant de l'exercice, il y a un *Stoûpa*. Ce fut en cet endroit que naquit un *Pi-t'sou* (Bhikchou), nommé *Chi-leou-to-p'in-che-ti-keou-tchi* (Çroutaviñçatikôṭi)[2]. Jadis, dans cette ville, il y avait un Maître de maison (*Gṛĭhapati*) qui était puissant, honoré, et immensément riche. Ayant eu un héritier dans un âge très-avancé, il donna vingt millions de pièces d'or à la personne qui vint lui annoncer cette heureuse nouvelle; et, par suite de cette circonstance, il nomma son fils *Ouen-eul-pe-i*

---

[1] Ce nom, qu'aucune note n'explique, signifie la montagne de l'or, c'est-à-dire, d'où l'on tire de l'or.

[2] En chinois, *ouen-eul-pe-i*, littéralement : (pour avoir) entendu vingt millions (de pièces d'or).

(Çroutaviñçatikôṭi). Depuis sa naissance jusqu'à l'âge adulte, il n'avait jamais foulé la terre; c'est pourquoi il lui vint, sous la plante des pieds, des poils longs d'un pied, qui étaient luisants, fins, souples et de couleur d'or. Il aimait tendrement cet enfant et lui procurait les objets les plus beaux. Depuis la maison qu'il habitait, jusqu'aux montagnes neigeuses, il avait établi des relais de poste très-rapprochés, et ses serviteurs se croisaient continuellement sur les routes. Toutes les fois qu'il avait besoin de simples excellents, les messagers s'avertissaient les uns les autres, et se les transmettaient de main en main, sans pouvoir dépasser l'époque fixée. On peut juger par là de sa vaste opulence. L'Honorable du siècle (le *Bouddha*), sachant qu'il allait montrer d'heureuses dispositions pour le bien [1], ordonna à *Mo-te-kia-lo-tseu* (Moudgalapouttra) d'aller le trouver pour le convertir et le diriger. Quand il fut arrivé à la porte de la maison, il ne trouva d'abord aucun moyen pour s'y introduire. Le Maître de maison (*Grĭhapati*) adorait, dans son intérieur, le dieu du soleil (*Soûryadêva*). Tous les matins, il se tournait vers l'Orient et le saluait. Dans ce moment, l'Honorable (*Moudgalapouttra*), usant de sa puissance divine, descendit du milieu du disque du soleil, et se plaça debout devant lui. Le Maître de maison le prit pour le dieu du soleil (*Soûryadêva*). Moudgalapouttra lui offrit une bouillie de riz, d'un goût parfumé, et s'en retourna. L'odeur exquise de cette bouillie de riz se répandit dans toute la ville de *Râdjagrĭha*. En ce moment,

---

[1] Littéralement : que ses bonnes racines allaient paraître.

le roi *P'in-pi-so-lo* (Bimbisâra), étonné de ce parfum extraordinaire, ordonna à des messagers d'aller s'informer de tous côtés, et il apprit qu'il avait été apporté par *Mo-te-kia-lo-tseu* (Moudgalapouttra), du *Vihâra* de la forêt des Bambous (*Vênouvana*), qui revenait de visiter le Maître de maison (*Grĭhapati*). Il reconnut alors que ce présage extraordinaire s'adressait au fils du Maître de maison; et, en conséquence, il ordonna qu'on le fît venir. Le Maître de maison (*Grĭhapati*), ayant reçu les ordres du roi, se demanda quelle était la voie la plus sûre. « S'il s'embarque, dit-il, il sera exposé aux dan-
« gers des vents et des flots; s'il monte sur un char traîné
« par un éléphant, je crains qu'il ne fasse une chute mor-
« telle. » Là-dessus, depuis sa maison jusqu'à la ville de la maison du roi (*Râdjagrĭha*), il ordonna de creuser un long canal, et fit remplir cet aqueduc de graine de sénevé. Un bateau royal y ayant été mollement placé, on le tira avec de longues cordes, et le prince royal arriva ainsi à la ville de la maison du roi (*Râdjagrĭha*). Il alla d'abord saluer le *Bouddha*, qui lui dit :

« Si le roi *P'in-pi-so-lo* (Bimbisâra) a envoyé des mes-
« sagers pour vous appeler auprès de lui, c'était unique-
« ment pour voir les longs poils que vous avez sous la
« plante des pieds. Lorsque le roi voudra les voir, il fau-
« dra vous asseoir les jambes croisées; car si vous éten-
« diez les pieds vers le roi, d'après les lois du royaume,
« on devrait vous faire mourir. »

Le fils du Maître de maison reçut les instructions du *Bouddha* et partit. On le conduisit dans le palais, et on le présenta au roi; puis, quand ce prince voulut voir les poils de ses pieds, il s'assit les jambes croisées. Le roi loua ses manières respectueuses, et lui donna de grandes marques d'estime et d'amitié.

Après avoir pris congé du roi, il s'en revint dans la demeure du *Bouddha*. Dans ce moment, *Jou-laï* (le Tathâgata) expliquait la loi et instruisait les hommes. En l'entendant parler, il éprouva une vive émotion, ouvrit son cœur à la vérité, et sortit aussitôt de la famille. Alors il se livra avec zèle aux pratiques religieuses, dans l'intention d'obtenir la vue du fruit (la dignité d'*Arhat*). Comme il marchait sans interruption, ses pieds devinrent bientôt tout sanglants. L'Honorable du siècle lui dit: « Homme vertueux! lorsque vous étiez dans la maison « paternelle, saviez-vous jouer de la guitare (de la *Viṇâ*)? »

— « Je le savais, » répondit-il.

— « Eh bien, reprit le *Bouddha,* j'en tirerai une com« paraison. Quand les cordes sont trop tendues, les sons « ne tombent pas en cadence; quand elles sont trop lâ« ches, les accords n'ont ni harmonie ni charme; mais si « elles ne sont ni trop tendues ni trop lâches, on obtient « une véritable harmonie. Il en est de même de la pra« tique du bien. Par un zèle exagéré, le corps se fatigue « et l'esprit tombe dans la paresse; par le relâchement, « le caractère s'amollit et la volonté s'endort. »

Après avoir reçu les instructions du *Bouddha*, il tourna autour de lui en signe de respect, et de cette manière, au bout de peu de temps il obtint la vue du fruit (la dignité d'*Arhat*).

Sur les frontières occidentales du royaume, au sud du Gange, on arrive à une petite montagne qui offre un double pic d'une hauteur extraordinaire. Jadis, en cet endroit, le *Bouddha* resta en retraite pendant trois mois, et dompta le démon *Po-keou-lo* (Vakoula).

Au bas d'une caverne, située au sud-est de la montagne on voit sur une large pierre les traces qu'y a laissées le *Bouddha* après qu'il s'y fut assis [1]. Elles ont environ un pouce de profondeur, cinq pieds deux pouces de long et deux pieds un pouce de large. On a construit par-dessus un *Stoûpa*.

Plus loin, au sud, on voit sur une pierre les traces d'un *Kiun-tchi-kia* (Kouṇḍikâ — pot à eau) qu'y avait placé le *Bouddha*. Elles ont environ un pouce de profondeur et offrent les linéaments d'une fleur à huit pétales.

Au sud-est, et à peu de distance de la pierre qui porte l'empreinte du corps du *Bouddha*, on voit les traces des pieds du démon *Po-keou-lo* (Vakoula). Elles sont longues d'un pied cinq ou six pouces, larges de sept à huit pouces, et profondes d'un peu moins de deux pouces.

A la suite des traces de ce *Yo-tch'a* (Yakcha), on voit une statue en pierre du *Bouddha* assis; elle est haute de six à sept pieds.

Non loin de là, à l'ouest, il y a un endroit où le *Bouddha* s'est promené pour faire de l'exercice.

Sur le sommet de cette montagne, on voit l'antique demeure du *Yo-tch'a* (Yakcha).

---
[1] Il semblerait plus juste de dire : après qu'il s'y fut couché.

Plus loin, au nord, on voit les traces des pieds du *Bouddha*. Elles sont longues d'un pied et huit pouces; elles peuvent avoir six pouces de large et un demi-pouce de profondeur. Au-dessus de ces traces sacrées, on a élevé un *Stoûpa*. Jadis *Jou-laï*, après avoir dompté le *Yo-tch'a* (Yakcha), lui défendit de tuer les hommes et de se repaître de leur chair. Celui-ci reçut avec respect les défenses du *Bouddha*, et, dans la suite, il obtint de renaître parmi les *Dêvas*.

A l'ouest de cet endroit, il y a six à sept sources thermales dont l'eau est extrêmement chaude.

Au sud, le royaume est borné par de grandes montagnes. Dans les forêts qui les couvrent, il y a beaucoup d'éléphants sauvages dont la taille est énorme.

En sortant de ce royaume, il suivit la rive méridionale du Gange, et, après avoir fait environ trois cents li à l'est, il arriva au royaume de *Tchen-po* (Tchampâ)[1].

ROYAUME DE TCHEN-PO.

(TCHAMPÂ.)

Ce royaume a environ quatre mille li de tour. Au nord, la capitale, dont la circonférence est d'une quarantaine de li, a derrière elle le fleuve *King-kia* (Gange). Le sol est bas et humide ; il donne une grande abondance de grains. La température générale est une douce chaleur ; les mœurs sont pures et honnêtes. Il y a plusieurs dizaines de couvents, la plupart en ruines, où

[1] Inde méridionale.

l'on compte environ deux cents religieux, qui étudient la doctrine du *petit Véhicule* (Hînayâna). On voit, en outre, une vingtaine de temples des dieux (*Déválayas*); les hérétiques des différentes sectes habitent pêle-mêle. Les murs de la capitale, construits en briques, sont hauts de plusieurs *tchang*[1]. On en a assis les fondements sur une élévation, de sorte que, par leur hauteur et leurs flancs escarpés, ils défient les attaques des ennemis. Jadis, à l'origine des *Kalpas* (des siècles), lorsque les hommes commençaient à naître, ils vivaient dans des plaines désertes ou habitaient des cavernes; ils ne connaissaient pas encore les maisons. Dans la suite des temps, il y eut une fille des dieux (une déesse) qui descendit du ciel et se fixa au milieu des hommes. Comme elle nageait dans le Gange et prenait plaisir à s'y baigner, elle eut commerce avec un esprit et devint enceinte. Elle mit au monde quatre fils, qui se partagèrent le gouvernement du *Tchen-pou-tcheou* (Djamboudvîpa). Chacun d'eux prit possession d'un territoire, fonda une capitale, bâtit des villes, et traça les limites de ses États. Ce pays-ci devint le royaume d'un des fils. Telle fut l'origine de toutes les villes du *Tchen-po-tcheou* (Djamboudvîpa).

A cent quarante ou cent cinquante li à l'est de la capitale, et au sud du Gange, on voit une montagne isolée que l'eau environne de toutes parts, et dont les pics escarpés ont une hauteur extraordinaire. Sur le sommet de cette montagne, il y a un temple des dieux; les es-

---

[1] Le *tchang* vaut dix pieds chinois.

prits y font éclater souvent les effets de leur puissance. On a creusé des demeures dans les flancs de la montagne, on a amené des cours d'eau et l'on a formé des étangs; on y voit des bocages fleuris et des arbres rares. Ses larges rochers et ses crêtes effrayantes servent d'asile à des hommes renommés par leur humanité et leur sagesse. Quiconque visite ces lieux oublie de s'en retourner.

Dans les forêts des montagnes qui bornent le royaume au sud, on rencontre des troupes d'éléphants sauvages et de bêtes féroces.

En partant de ce royaume, il fit environ quatre cents li à l'est, et arriva au royaume de *Kie-tchou-ou-khi-lo* (Kadjoûghira)[1].

ROYAUME DE KIE-TCHOU-OU-KHI-LO.
(KADJOÛGHIRA.)

Ce royaume a environ deux mille li de tour. Le sol est bas et humide; les grains viennent en abondance. Le climat est chaud, les mœurs sont pures et honnêtes. Les habitants estiment les hommes d'un talent distingué, et honorent hautement la culture des lettres. Il y a six ou sept couvents, où l'on compte environ trois cents religieux. Il y a dix temples des dieux; les hérétiques des différentes sectes habitent pêle-mêle. Depuis plusieurs centaines d'années, la famille royale est éteinte, et le pays se trouve sous la dépendance d'un royaume

[1] On l'appelle vulgairement *Kie-ching-kie-lo* (Kadjiñgara — Inde centrale).

voisin. De là vient que les villes sont désertes; la plupart des habitants se sont retirés dans les bourgs et les villages. C'est pourquoi, lorsque le roi *Kiaï-ji* (Çilâditya) voyageait dans l'Inde occidentale, il fit bâtir dans ce pays un palais où il administrait les affaires de ses États. Quand il arrivait, il se faisait construire une maison avec des roseaux; à son départ, on la brûlait. Sur les frontières méridionales du royaume, il y a beaucoup d'éléphants sauvages.

Sur les frontières du nord, à une petite distance du Gange, il y a une haute tour, construite en briques et en pierres. Sa base large et élevée est ornée de sculptures remarquables. Sur les quatre faces de la tour, on a exécuté en bas-relief, dans des compartiments séparés, les images des saints, des *Bouddhas* et des *Dêvas*.

En partant de ce pays, il passa, à l'est, le fleuve *King-kia* (Gange), et, après avoir fait environ six cents li, il arriva au royaume de *Poun-na-fa-t'an-na* (Pouṇḍravarddhana)[1].

ROYAUME DE POUN-NA-FA-T'AN-NA.
(POUṆḌRAVARDDHANA.)

Ce royaume a environ quatre mille li de tour; la circonférence de la capitale est d'une trentaine de li. Sa population est fort nombreuse. On y voit de tous côtés des maisons situées au bord des eaux, et séparées par des bocages fleuris. Le sol, qui est bas et humide, donne

[1] Inde centrale.

une grande abondance de grains. Quoique les fruits du *Pan-na-so* (Panasa — arbre à pain) se récoltent en grande quantité, ils sont extrêmement estimés. Ces fruits sont gros comme une courge; quand ils sont mûrs, leur couleur est d'un rouge jaunâtre. Lorsqu'on les coupe en deux, on trouve au milieu plusieurs dizaines de petits fruits, gros comme des œufs de grue (ce sont les amandes); si l'on brise ceux-ci, il en sort un jus d'un rouge jaunâtre et d'une saveur délicieuse. Tantôt les fruits tiennent aux branches, comme ceux des autres arbres; tantôt ils tiennent aux racines de l'arbre (*sic*), comme le *Fo-ling* (*Radix China*) que l'on trouve en terre. Le climat est tempéré, et les habitants ont de l'estime pour les lettres. Il y a une vingtaine de couvents où l'on compte environ trois mille religieux, qui étudient à la fois le *grand* et le *petit Véhicule*. Il y a cent temples des dieux; les hérétiques des différentes sectes habitent pêle-mêle; les plus nombreux sont les *Ni-kien* (Nirgranthas), qui vont nus.

A une vingtaine de li à l'ouest de la capitale, on voit un couvent appelé *Po-chi-p'o-seng-kia-lan* (Vâçibhâsañghârâma?)[1]. Ses salles sont claires et spacieuses, ses tours et ses pavillons ont une hauteur imposante. On y compte environ sept cents religieux, qui étudient tous les principes du *grand Véhicule*. C'est là que viennent habiter une multitude de religieux des frontières de l'Inde orientale, renommés par leur profond savoir.

---

[1] *Po-chi-p'o* n'est pas expliqué en note. Peut-être faut-il lire *Vaçibhâsañghârâma* « le couvent qui a l'éclat du feu ».

A côté, et à une petite distance de ce couvent, il y a un *Stoûpa* qui a été bâti par le roi *Wou-yeou* (Açôka). Jadis, en cet endroit, *Jou-laï* (le Tathâgata) expliqua la loi en faveur des *Dévas*. Quelquefois, aux jours de jeûne, il répand une lueur éclatante.

A côté de ce monument, on voit un endroit où les quatre *Bouddhas* passés se sont assis et ont laissé, en faisant de l'exercice, les traces de leurs pas.

Non loin de cet endroit, il y a encore un *Vihâra*, au centre duquel s'élève la statue de *Tseu-tsaï-p'ou-sa* (Avalokitèçvara Bôdhisattva). Rien n'est caché à sa vue divine, et sa puissance se manifeste par des prodiges. Les habitants des contrées lointaines, comme ceux des lieux voisins, ne l'invoquent qu'après un long jeûne.

En partant de ce royaume, il fit environ neuf cents li à l'est, passa un grand fleuve, et arriva au royaume de *Kia-mo-leou-po* (Kâmaroûpa)[1].

ROYAUME DE KIA-MO-LEOU-PO.
(KÂMAROÛPA.)

Ce royaume a environ dix mille li de tour, et la capitale trente li. Le terrain est bas et humide; les grains se sèment et se récoltent à des époques régulières. On cultive les arbres *Pan-na-so* (Panasa — l'arbre à pain) et *Na-lo-k'i-lo* (Nârîkêla — le cocotier). Quoique ces arbres soient fort nombreux, leurs fruits n'en sont que plus estimés. Les villes sont entourées de rivières,

[1] Inde orientale.

de lacs et d'étangs. Le climat est tempéré, les mœurs sont pures et honnêtes. Les hommes sont petits de taille et noirs de figure. Leur langage diffère un peu de celui de l'Inde centrale. Ils sont d'un naturel farouche et violent, et montrent une grande ardeur pour l'étude. Ils adorent les esprits du ciel (les *Dévas*) et ne croient point à la loi du *Bouddha*. C'est pourquoi, depuis qu'il a paru dans le monde jusqu'à ce jour, on n'a pas encore élevé, dans ce royaume, un seul couvent pour y appeler les religieux. S'il se rencontre des hommes d'une foi pure, ils se bornent à penser secrètement au *Bouddha*. Les temples des dieux se comptent par centaines, et les hérétiques par dizaines de mille. Le roi actuel descend du dieu *Na-lo-yen* (Nârâyaṇa Dêva); il est de la caste des *P'o-lo-men* (Brâhmanes). Son nom est *P'o-saï-kie-lo-fa-mo* (Bhâskaravarma)[1]; il porte le titre de *Keou-mo-lo*[2] (Koumâra). Depuis que sa famille possède ce royaume, jusqu'au roi actuel, la succession des princes embrasse un espace de mille générations. Le roi est passionné pour l'étude, et le peuple imite son exemple. Les hommes de talent des pays lointains chérissent sa justice et aiment à voyager (dans ses États). Quoiqu'il n'ait pas une foi sincère dans la loi du *Bouddha*, il témoigne un grand respect aux *Çramaṇas* qui sont doués d'un pro-

---

[1] En chinois, *Ji-tcheou* « casque du soleil ». Nous ferons observer ici que le mot sanscrit *varma* est expliqué, dans Wilson (Dict. sanscrit), par « armure, cotte de mailles ».

[2] En chinois, *Thong-tseu* « jeune homme ». En sanscrit, le mot *Koumâra* désigne, en outre, le prince royal, l'héritier du trône.

fond savoir. Dès qu'on eut appris qu'il en était arrivé un[1], les religieux de ce royaume (Kâmaroûpa), qui étaient venus, d'un pays éloigné, pour étudier la loi profonde du *Bouddha* dans le couvent de *Na-lan-t'o* (Nâlanda), du royaume de *Mo-kie-t'o* (Magadha), vinrent deux ou trois fois le trouver (de la part du roi) avec les témoignages les plus affectueux; mais il n'avait pas encore obéi à ses ordres. Dans ce moment, le maître des *Çâstras*, *Chi-lo-po-t'o-lo* (Çîlabhadra)[2] lui dit : « Si vous vou-
« lez reconnaître les bienfaits du *Bouddha*, vous devez
« propager la droite loi. Je vous engage à partir, sans
« craindre les fatigues d'un long voyage. Le roi *Keou-*
« *mo-lo* (Koumâra) avait une sorte de respect héréditaire
« pour les docteurs hérétiques, mais aujourd'hui voilà
« qu'il invite un *Cha-men*[3] (Çramaṇa); c'est une belle ac-
« tion. On voit par là qu'il change de conduite, et veut
« contribuer puissamment au bonheur des hommes. Au-
« trefois vous aviez formé de grands desseins; vous aviez
« fait serment de voyager seul dans les contrées étran-
« gères, de sacrifier votre vie pour aller chercher la loi
« et sauver toutes les créatures. Pourriez-vous n'avoir
« en vue que votre pays natal? Vous devez oublier les
« succès et les revers, et rester indifférent à la gloire
« comme au déshonneur, propager la doctrine du Saint,
« éclairer et conduire la multitude des hommes égarés,

[1] Ce religieux était *Hiouen-thsang*.

[2] *Çîlabhadra* se trouvait alors dans le couvent de *Nâlanda*, où venait d'arriver *Hiouen-thsang*.

[3] C'est-à-dire, voilà qu'il vous appelle auprès de lui.

« mettre les créatures avant vous-même, renoncer à la
« réputation, et agrandir le domaine de la loi. »

Là-dessus, il allégua des excuses; mais il ne put se faire dispenser. Il se mit donc en route avec les messagers, et alla se présenter au roi.

« Quoique je sois dépourvu de talents, lui dit *Keou-*
« *mo-lo* (Koumâra), j'ai toujours chéri les hommes d'un
« savoir éminent. Aussi, dès que j'ai connu votre nom
« et la haute estime qui vous entoure, j'ai osé vous
« adresser une invitation. »

— « Je n'ai, répondit-il, qu'une capacité médiocre et
« une intelligence bornée; je suis confus de voir que
« mon nom soit arrivé jusqu'à vous. »

— « Qu'il est beau, s'écria le roi *Keou-mo-lo* (Kou-
« mâra), de rechercher la loi et d'aimer l'étude avec pas-
« sion, de regarder son corps avec dédain, et de voyager,
« en bravant les plus grands périls, dans les pays étran-
« gers ! Voilà l'heureuse influence des instructions du
« roi; voilà pourquoi les mœurs du royaume respirent
« l'estime de l'étude. Maintenant, dans les royaumes
« de l'Inde, il y a beaucoup de personnes qui chantent
« des morceaux de musique, destinés à célébrer les vic-
« toires du prince de *Thsin*, du royaume de *Mo-ho-tchi-*
« *na* (Mahâ Tchîna — la grande Chine). C'est ce que
« j'ai appris depuis longtemps. Serait-ce le pays natal
« de l'homme d'une grande vertu [1] ? »

— « Oui, sire, répondit-il; ces chants célèbrent, en
« effet, les vertus de mon souverain. »

[1] C'est-à-dire, ce royaume serait-il votre pays natal ?

— « Je ne pensais pas, reprit *Keou-mo-lo* (Koumâra), « que l'homme d'une grande vertu (c'est-à-dire, vous) « fût originaire de ce royaume. J'ai constamment dé-« siré de connaître les heureux effets de ses lois; il y a « bien longtemps que mes regards se sont tournés vers « l'Orient (vers la Chine). Mais les montagnes et les ri-« vières m'ont empêché d'y aller moi-même. »

— « Notre auguste souverain, répondit-il, a porté « au loin ses vertus saintes, et l'influence de son huma-« nité s'est répandue à de grandes distances. Il y a un « grand nombre de peuples étrangers qui ont salué la « porte du palais et se sont déclarés ses sujets [1]. »

— « Puisqu'il couvre ainsi les hommes de sa protec-« tion, reprit le roi *Koumâra*, mon vœu le plus ardent « est d'aller à sa cour lui offrir mon tribut. Maintenant, « le roi *Kiaï-ji* (Çilâditya) se trouve dans le royaume de « *Kie-tchou-ou-khi-lo* (Kadjoûghira); il se dispose à ins-« tituer une grande distribution d'aumônes, pour obtenir « le bonheur et l'intelligence. Les religieux (*Çramaṇas*) « et les Brâhmanes des cinq Indes, qui sont doués d'un « profond savoir, ont tous été convoqués, sans excep-« tion. Aujourd'hui il a envoyé des messagers pour « vous inviter; il désire que vous partiez avec eux. » Là-dessus, il se mit aussitôt en route.

A l'est de ce royaume, règne une chaîne de montagnes et de collines; on ne rencontre aucune capitale de grand royaume. Ses frontières sont voisines des barbares du sud-ouest; c'est pourquoi les habitants leur

---

[1] Voyez l'Introduction, page LXXVII, ligne 26.

ressemblent sous le rapport des mœurs. J'ai interrogé les gens du pays et j'ai appris qu'après un voyage de deux mois on peut entrer dans les frontières sud-ouest du pays de *Chou*. Mais les montagnes et les rivières présentent à la fois des obstacles et des dangers : un air contagieux, des vapeurs malfaisantes, des plantes vénéneuses et des serpents gorgés de poisons, causent des maux infinis.

Au sud-est de ce royaume, des éléphants sauvages marchent en troupe et exercent leur fureur ; c'est pourquoi, dans ce royaume, l'armée des éléphants [1] est extrêmement nombreuse.

En sortant de ce pays, il fit douze à treize cents li au sud, et arriva au royaume de *San-mo-ta-tch'a* (Samataṭa) [2].

ROYAUME DE SAN-MO-TA-TCH'A.

(SAMATAṬA.)

Ce royaume a environ trois mille li de tour, et sa capitale, une vingtaine de li. Il est voisin d'une grande mer, et de là vient que le sol est bas et humide. Les moissons de grains sont très-abondantes, et l'on recueille une quantité de fleurs et de fruits. Le climat est doux ; les mœurs sont pures, mais les hommes sont d'un naturel dur et cruel. Ils sont petits de taille et noirs de couleur. Ils étudient avec ardeur, et suivent à la fois le sentier

---

[1] En sanscrit, *Hastikâya* « le corps des éléphants ».
[2] Inde orientale.

de l'erreur et de la vérité[1]. Il y a une trentaine de couvents, où l'on compte environ deux mille religieux, qui étudient tous la doctrine de l'école *Chang-tso-pou* (l'école des Sthaviras). Il y a cent temples des dieux; les hérétiques des différentes sectes habitent pêle-mêle; les plus nombreux sont les *Ni-kien* (Nirgranthas), qui vont nus.

A une petite distance de la ville, il y a un *Stoûpa*, qui a été bâti par le roi *Wou-yeou* (Açoka). Jadis, en cet endroit, *Jou-laï* (le Tathâgata) expliqua, pendant sept mois, la loi sublime, en faveur des *Dévas*.

A côté, on voit un endroit où se sont assis les quatre *Bouddhas* passés, et où ils ont laissé, en faisant de l'exercice, les traces de leurs pas.

A une petite distance de ce lieu, on voit, dans un couvent, une statue du *Bouddha,* en jade bleu. Elle est haute de huit pieds, et offre au complet tous les signes de beauté[2]. Les effets de sa puissance divine éclatent en tout temps.

En sortant de ce royaume, au nord-est, sur le bord d'une grande mer, on rencontre, au milieu d'une vallée, le royaume de *Chi-li-tch'a-ta-lo* (Çrîkchatra).

Plus loin, au sud-est, près d'une grande baie, se trouve le royaume de *Kia-mo-lang-kia* (Kâmalangka);

---

[1] Ce passage me paraît signifier que, dans ce royaume, on trouve à la fois des partisans de l'hérésie et des hommes dévoués au culte de la vérité.

[2] On peut voir dans Burnouf (*Lotus,* p. 553), la liste et la description des trente-deux signes caractéristiques d'un grand homme (*Mahâ pouroucha lakchaṇâni*).

plus loin, à l'est, le royaume de *To-lo-po-ti* (Dârapati?);
plus loin, à l'est, le royaume de *I-chang-na-pou-lo* (Îçânapoura)¹; plus loin, à l'est, le royaume de *Mo-ho-
tchen-po* (Mahâtchampâ)²; plus loin, au sud-ouest, le
royaume de *Yen-mo-na-tcheou* (Yamanadvîpa?)³. L'accès
de ces six royaumes étant défendu par des montagnes et
des rivières, le voyageur n'y est pas entré; cependant,
par des informations orales, on peut en connaître les
mœurs et les limites.

En partant du royaume de *San-mo-ta-tch'a* (Samataṭa), il fit environ neuf cents li à l'ouest, et arriva au
royaume de *Tan-mo-li-ti* (Tâmraliptî)⁴.

ROYAUME DE TAN-MO-LI-TI.

(TÂMRALIPTÎ.)

Ce royaume a de quatorze à quinze cents li de tour;
la circonférence de la capitale est d'une dizaine de li.
Il avoisine les bords de la mer. Le sol est bas et humide;
les grains se sèment et se récoltent à des époques régulières. Ce pays produit une grande abondance de
fleurs et de fruits. Le climat est chaud; les mœurs sont
vives et ardentes; les hommes ont un caractère ferme
et courageux; ils suivent à la fois le sentier de l'erreur

¹ *Îçâna* est un des noms de Çiva.
² Le grand *Tchampâ*; en chinois, *Lin-i*, aujourd'hui *Tsiampa*.
³ Peut-être *Yavanadvîpa*. Je remarque que, dans l'Encyclopédie *Fa-
youen-tchou-lin*, liv. XV, fol. 18, les *Yavanas* sont appelés *Ye-meï-ni*.
J'ajouterai que la première syllabe *yen* se prononce *ya* dans *Yama*.
⁴ Inde orientale.

et de la vérité[1]. Il y a une dizaine de couvents, qui renferment un millier de religieux. On compte, en outre, une cinquantaine de temples des dieux; les hérétiques des différentes sectes habitent pêle-mêle. Ce royaume est situé sur une baie, et l'on y aborde par eau et par terre. On y trouve une immense quantité de marchandises rares et précieuses ; c'est pourquoi les habitants de ce royaume sont, en général, riches et opulents.

A côté de la ville, il y a un *Stoûpa,* qui a été bâti par le roi *Wou-yeou* (Açôka). Tout près de ce monument, on voit un endroit où se sont assis les quatre *Bouddhas* passés, et où ils ont laissé, en faisant de l'exercice, les traces de leurs pas.

En sortant de ce pays, il fit environ sept cents li au nord-ouest, et arriva au royaume de *Kie-lo-na-sou-fa-la-na* (Karṇasouvarṇa)[2].

ROYAUME DE KIE-LO-NA-SOU-FA-LA-NA.
(KARṆASOUVARṆA.)

Ce royaume a de quatre mille quatre cents à quatre mille cinq cents li de tour. La circonférence de la capitale est d'une vingtaine de li. La population est fort nombreuse, et toutes les familles vivent dans l'aisance. Le sol est bas et humide ; les grains se sèment et se récoltent à des époques régulières; les fleurs y viennent

[1] Voyez plus haut, page 82, note 1.
[2] Inde orientale.

en abondance, ainsi que les fruits les plus rares et les plus estimés. Le climat est tempéré ; les mœurs sont douces et pures. Les habitants aiment la culture des lettres ; ils suivent en même temps l'erreur et la vérité. Il y a une dizaine de couvents, où l'on compte environ deux mille religieux de l'école *Tching-liang-pou* (l'école des Sammatîyas), qui se rattache au *petit Véhicule*. Il y a une cinquantaine de temples des dieux ; les hérétiques des différentes sectes sont extrêmement nombreux. On voit, à part, trois couvents dont les religieux, pour obéir aux instructions léguées par *Ti-p'o-ta-to* (Dêvadatta), ne mangent ni lait ni beurre.

A côté de la capitale, s'élève le couvent appelé *Lo-to-weï-tchi-seng-kia-lan* (Raktaviṭisañghârâma)[1]. Ses salles sont claires et spacieuses ; ses tours et ses pavillons s'élancent au haut des airs. Les hommes de ce royaume qui se distinguent par des talents élevés, un profond savoir et une vive intelligence, viennent tous se réunir dans ce couvent. Ils se perfectionnent l'un l'autre par des exhortations, polissent leur conduite et font reluire leur vertu[2]. Dans l'origine, les habitants de ce royaume ne croyaient pas à la loi du *Bouddha*. A cette époque[3], il y avait un docteur hérétique de l'Inde du midi, dont le ventre était couvert de feuilles de cuivre, et qui portait sur sa tête un flambeau ardent. Armé d'un bâton et

---

[1] *Lo-to-weï-tchi*, en chinois, *Tch'i-ni* « limon rouge ».

[2] Il y a, en chinois, *Tcho-mo* « taillent et frottent », expressions empruntées à l'art du lapidaire.

[3] C'est-à-dire, à l'époque où le voyageur s'y trouvait.

marchant d'un pas altier, il arriva dans cette ville. Faisant sonner bien haut sa dialectique [1], il provoquait chacun à discuter avec lui. Quelqu'un lui ayant demandé pourquoi il portait sur la tête et sur le ventre cet étrange appareil, il répondit : « J'ai beaucoup étudié les lettres, « et j'ai une vaste capacité ; je crains que mon ventre ne « crève (sic). Je suis ému de pitié en voyant la stupidité « et l'aveuglement des hommes : voilà pourquoi je porte « un flambeau ardent. »

Dix jours s'étaient écoulés sans que personne l'interrogeât. On eut beau chercher parmi les savants les plus renommés, on n'en trouva aucun qui pût lui tenir tête [2]. Le roi s'écria : « Dans toute l'étendue de mes États, « est-ce qu'il n'existe pas d'hommes éclairés ? Si per- « sonne ne répond aux questions difficiles de cet étran- « ger, ce sera pour mon royaume un profond déshon- « neur. Il faut chercher encore, et scruter les plus « obscures retraites. »

Quelqu'un dit alors : « Au milieu d'une grande fo- « rêt, il y a un homme extraordinaire qui se donne le « nom de *Cha-men* (Çramaṇa) et se livre à l'étude avec « ardeur. Maintenant il vit à l'écart, dans l'obscurité et « le silence ; il y a bien longtemps qu'il mène ce genre « de vie. Pourrait-il agir ainsi, s'il n'était pas attaché à « la loi et dévoué à la vertu ? »

A cette nouvelle, le roi alla lui-même l'inviter à venir. « Je suis originaire de l'Inde du midi, lui dit le

---

[1] Littéralement : agitant et battant le tambour de la discussion.
[2] Littéralement : il n'y eut pas son homme.

« *Cha-men* (le Çramaṇa); au milieu de mes voyages, je
« me suis fixé ici. Mes connaissances sont communes et
« superficielles; je crains que vous ne l'ignoriez. Je tâ-
« cherai cependant d'obéir à vos ordres; je ne veux
« point vous opposer un refus opiniâtre. Si je ne suc-
« combe point dans cette discussion, je vous prierai de
« construire un couvent, et d'y appeler les religieux,
« pour honorer et célébrer la loi du *Bouddha*. »

— « Je reçois avec respect votre demande, repartit
« le roi; je n'oserais pas oublier votre vertu. »

Le *Cha-men* (le Çramaṇa) accepta l'invitation du roi, et se rendit dans la salle des conférences. Alors, le docteur hérétique lut un écrit composé d'environ trente mille mots, où il exposait ses principes et son but. Ses idées étaient profondes et son style était nourri de science. Il embrassait à la fois les noms et les figures, et captivait les oreilles et les yeux [1].

Le *Cha-men* (le Çramaṇa) l'eut à peine entendu, qu'il comprit sa thèse à fond, et que nulle expression, nulle idée ne lui échappa. Il lui suffit de quelques centaines de mots pour discuter la question et résoudre les difficultés. Il interrogea alors le docteur hérétique sur ses principes et son but; mais celui-ci, à court de paroles et de raisons, ferma la bouche et ne sut que répondre. Il perdit ainsi sa réputation, et se retira couvert de honte.

[1] Littéralement : Retibus includebat τὸ videre et τὸ audire. L'expression *Mang-lo* « envelopper dans un filet » s'applique bien à un orateur qui s'empare de tout son auditoire.

Le roi conçut un profond respect pour la vertu du religieux. Il fit bâtir ce couvent, et, depuis cette époque, il propage avec zèle les enseignements de la loi.

A côté, et à une petite distance du couvent, il y a un *Stoûpa*, qui a été bâti par le roi *Wou-yeou* (Açôka). Jadis, dans cet endroit, *Jou-laï* (le Tathâgata) expliqua la loi pendant sept jours, pour éclairer et guider les hommes.

A côté de ce monument, on voit un *Vihâra*. Les quatre *Bouddhas* passés s'étaient assis en cet endroit et y avaient laissé, en faisant de l'exercice, les traces de leurs pas. Il y a, en outre, plusieurs *Stoûpas*, qui s'élèvent tous dans des lieux où *Jou-laï* (le Tathâgata) a expliqué la loi; ils ont été bâtis par le roi *Wou-yeou* (Açôka).

En sortant de ce pays, il fit environ sept cents li au sud-ouest, et arriva au royaume de *Ou-tch'a* (Ouḍa)[1].

ROYAUME DE OU-TCH'A.

(OUḌA.)

Le royaume de *Ou-tch'a* a environ sept mille li de tour; la circonférence de la capitale est d'une vingtaine de li. Le sol est gras et fertile, et donne de riches moissons. En général, toutes les espèces de fruits y sont plus abondantes que dans les autres royaumes. Il serait difficile de faire connaître en détail les plantes rares et les fleurs renommées qui y croissent. Le climat est chaud; les habitants ont des mœurs farouches, une

[1] Inde orientale.

stature élevée et le teint noir. Leur langue et leur prononciation diffèrent de celles de l'Inde centrale. Ils aiment l'étude, et s'y livrent sans relâche. La plupart croient à la loi du *Bouddha*. Il y a une centaine de couvents où l'on compte environ dix mille religieux, qui étudient tous la doctrine du *grand Véhicule*. On compte cinquante temples des dieux; les hérétiques des différentes sectes habitent pêle-mêle. Les *Stoûpas*, au nombre d'une dizaine, ont tous été bâtis par le roi *Wou-yeou* (Açôka), dans des endroits où *Jou-laï* (le Tathâgata) a prêché la loi.

Au milieu d'une grande montagne, qui est située sur les frontières sud-ouest du royaume, s'élève un couvent appelé *Pou-se-po-k'i-li-seng-kia-lan* (Pouchpagiri sanghârâma)[1]. Il renferme un *Stoûpa* en pierre où éclatent beaucoup de prodiges. Quelquefois, aux jours de jeûne[2], il répand une lueur éclatante. C'est pourquoi les hommes qu'anime une foi pure y accourent de tous côtés. Ils tiennent des parasols ornés des plus belles fleurs, et présentent à l'envi leurs offrandes. Si, au bas du bassin qui reçoit la rosée, et sur la coupole, qui a la forme d'un vase renversé, ils placent la hampe d'un parasol orné de fleurs, elle y reste fixée comme une aiguille attirée par l'aimant.

Dans un couvent situé sur une montagne, au nord-ouest de cet endroit, il y a un *Stoûpa* qui offre les mêmes merveilles que le précédent. Ces deux *Stoûpas* ont été

---

[1] Le couvent de la Montagne des fleurs.
[2] On distingue neuf jours de jeûne. (Voyez liv. I, page 6, note 2.)

bâtis par les démons, et de là viennent ces miracles extraordinaires.

Sur les frontières sud-est du royaume, et près du rivage d'une grande mer, on rencontre la ville de *Tche-li-ta-lo* (Tcharitra)[1], dont la circonférence est d'une vingtaine de li. C'est là que passent et s'arrêtent, en allant et venant, les marchands qui s'embarquent, et les voyageurs des contrées lointaines. Cette ville a des murs solides et élevés; elle renferme une multitude de produits rares et précieux.

En dehors de la ville, il y a cinq *Stoûpas* contigus[2], dont les tours et les pavillons s'élèvent à une grande hauteur. On y voit des statues de personnages vénérables, exécutées avec autant d'art que de magnificence.

Du côté du sud, à une distance d'environ vingt mille li de *Seng-kia-lo* (Siñhala — Ceylan), si, dans le silence de la nuit, on regarde dans le lointain le sommet du *Stoûpa* de ce royaume, qui renferme une dent du *Bouddha*, on aperçoit une pierre précieuse d'un éclat resplendissant, qu'on prendrait pour un flambeau lumineux, suspendu au haut des airs.

En sortant de ce pays, il fit environ douze cents li au sud-ouest, au milieu de vastes forêts, et arriva au royaume de *Kong-yu-t'o* (Kônyôdha?)[3].

[1] En chinois, *Fa-hing-tch'ing* « la ville du départ ».
[2] Littéralement : disposés par ordre, comme des écailles.
[3] Inde orientale.

ROYAUME DE KONG-YU-T'O.
(KÔNYÔDHA?)

Ce royaume a environ mille li de tour; la circonférence de la capitale est d'une vingtaine de li; il est voisin d'une baie. Les montagnes et les collines sont fort élevées; le terrain est bas et humide; les grains se sèment et se récoltent à des époques régulières. Le climat est chaud; les mœurs respirent la bravoure; les hommes ont une haute stature et la figure noire. Ils ont quelques notions de la justice et des rites, et sont peu enclins à tromper. Les caractères de leur écriture ressemblent à ceux de l'Inde centrale, mais leur langue et leur prononciation sont fort différentes. Ils montrent un grand respect pour les hérétiques, et ne croient point à la loi du *Bouddha*. Il y a une centaine de temples des dieux, et l'on compte environ dix mille hérétiques des différentes sectes. Les frontières de ce royaume embrassent plusieurs dizaines de petites villes qui touchent à des montagnes, et sont situées au confluent de deux mers. Les murs étant solides et élevés, et les soldats pleins de bravoure et d'audace, le roi domine, par sa puissance, sur les États voisins, et ne connaît personne qui ait la force de lui résister. Comme ce royaume est voisin de la mer, il abonde en objets rares et précieux. Dans les transactions commerciales, on fait usage de cauris et de perles. Ce pays produit des éléphants noirs qu'on attelle à des chars pour faire de longs voyages.

En sortant de ce royaume, au sud-ouest, il entra dans de grandes plaines sauvages, et pénétra dans des forêts profondes dont les arbres gigantesques s'élevaient jusqu'aux nues et dérobaient le soleil.

Après avoir fait de quatorze à quinze cents li, il arriva au royaume de *Kie-ling-kia* (Kaliṅga)[1].

ROYAUME DE KIE-LING-KIA.
(KALIÑGA.)

Ce royaume a environ cinq mille li de tour; la circonférence de la capitale est d'une vingtaine de li. Les grains se sèment et se récoltent à des époques régulières; les fleurs et les fruits viennent en abondance. Des bois et des jongles continus occupent plusieurs centaines de li. Ce royaume produit des éléphants sauvages de couleur noire, qui sont très-appréciés des royaumes voisins. Le climat est brûlant; les mœurs sont violentes et emportées. La plupart des hommes sont d'un naturel brusque et sauvage, mais ils sont fermement attachés à la bonne foi et à la justice. Leur parole est vive et légère, et leur accent pur et correct; sous le rapport de la langue et de la prononciation, ils diffèrent des peuples de l'Inde centrale. Il en est peu qui croient à la droite loi; la plupart sont adonnés à l'hérésie. Il y a une dizaine de couvents, où l'on compte cinq cents religieux de l'école *Chang-tso-pou* (l'école des Sthaviras), qui se rattache au *grand Véhicule*. On voit environ deux

[1] Inde méridionale.

cents temples des dieux, que fréquente une multitude d'hérétiques de différentes sectes; les plus nombreux sont les *Ni-kien* (Nirgranthas)[1].

Dans les temps anciens, le royaume de *Kie-ling-kia* (Kaliṅga) possédait une population agglomérée. (Dans les rues,) on se touchait des épaules et les moyeux des chars se heurtaient; en élevant les manches des vêtements, on aurait formé un voile d'une longueur immense. Il y avait un *Rĭchi*, doué des cinq facultés surnaturelles (*Pañtchâbhidjñâs*)[2], qui vivait dans une caverne pour nourrir sa pureté. Quelques personnes l'ayant un jour insulté, il perdit ses facultés divines. Il proféra d'affreuses imprécations, et fit mourir les hommes du royaume. Il ne resta ni un enfant, ni un vieillard; les sages et les simples périrent ensemble, et la population disparut. Après un grand nombre d'années, ce royaume reçut peu à peu des émigrés; mais il n'est pas encore complétement peuplé. C'est pourquoi, maintenant, il ne renferme encore qu'un petit nombre de familles.

A peu de distance, au midi de la ville, il y a un *Stoûpa*, haut d'une centaine de pieds, qui a été bâti par le roi *Wou-yeou* (Açôka). A côté, on voit un endroit où les quatre *Bouddhas* passés se sont assis, et ont laissé, en faisant de l'exercice, les traces de leurs pas.

A la frontière septentrionale du royaume, sur le passage supérieur d'une grande montagne, il y a un

---

[1] Ordinairement l'auteur ajoute *Lou-hing*, c'est-à-dire, qui sont nus.
[2] Voyez Burnouf, *Lotus*, pag. 820 et suiv.

Stoûpa en pierre, haut d'une centaine de pieds. Au commencement des *Kalpas*, à l'époque où les hommes avaient une longévité sans bornes, il y eut un *Pratyêka Bouddha*[1] qui entra, en cet endroit, dans le *Nirvâṇa*.

En sortant de ce pays, au nord-ouest, il fit environ dix-neuf cents li à travers des montagnes et des forêts, et arriva au royaume de *Kiao-sa-lo* (Kôsala)[2].

ROYAUME DE KIAO-SA-LO.
(KÔSALA.)

Ce royaume a une étendue d'environ six mille li ; ses frontières sont entourées d'une ceinture de montagnes. Les forêts et les jongles se touchent. La circonférence de la capitale est d'une quarantaine de li. Le sol est gras et fertile, et donne de riches produits. Les villes et les villages se regardent[3] ; la population est agglomérée ; les hommes sont d'une taille élevée et noirs de couleur ; leurs mœurs sont dures et violentes ; ils sont naturellement braves, et l'on trouve parmi eux des partisans de l'hérésie et de la vérité. Ils se distinguent par l'élévation et l'éclat de leur savoir. Le roi est de la caste des *T'sa-ti-li* (des Kchattriyas) ; il révère la loi du *Bouddha*, et étend au loin son humanité et ses bienfaits. Il y a une centaine de couvents où l'on compte un peu moins de mille religieux, qui tous suivent la

---

[1] En chinois, *To-khio* « un homme doué d'une intelligence distincte ».
[2] Inde centrale.
[3] C'est-à-dire, sont très-rapprochés.

doctrine du *grand Véhicule*. Il y a environ soixante et dix temples des dieux; les hérétiques des différentes sectes habitent pêle-mêle.

A peu de distance au midi de la ville, il y a un antique couvent, à côté duquel s'élève un *Stoûpa*, qui a été bâti par le roi *Wou-yeou* (Açôka). Jadis, en cet endroit, *Jou-laï* (le Tathâgata) fit éclater ses grandes facultés divines, et dompta des hérétiques. Dans la suite des temps, *Long-meng-p'ou-sa* (Nâgârdjouna Bôdhisattva) s'arrêta dans ce couvent. A cette époque, le roi de ce royaume s'appelait *So-to-p'o-ho*[1] (Sadvaha). Il était plein d'estime et de respect pour *Long-meng* (Nâgârdjouna), et faisait placer des gardes autour de sa chaumière. Dans ce même temps, *Ti-p'o-p'ou-sa* (Dêva Bôdhisattva), qui arrivait du royaume de *Tchi-sse-tseu* (Siñhala — Ceylan), demanda à discuter avec lui. Il s'adressa au gardien de la porte, et lui dit : « Veuillez m'annoncer. » Celui-ci entra sur-le-champ, et avertit son maître. *Long-meng* (Nâgârdjouna), qui connaissait depuis longtemps sa réputation, remplit d'eau son pot de religieux, et donna ainsi ses ordres à son disciple : « Prenez cette eau, et mon-
« trez-la à ce *Ti-p'o* (Dêva). » Dêva, ayant vu l'eau, garda le silence et y jeta une aiguille. Le disciple prit le vase, et s'en revint le cœur plein de doutes. « Qu'a-t-il dit? » demanda *Long-meng* (Nâgârdjouna).

— « Il a gardé le silence, répondit-il, et n'a pas pro-
« féré un seul mot. Il s'est borné à jeter une aiguille
« dans l'eau. »

[1] En chinois, *In-tching* « celui qui conduit les bons ».

— « Quelle admirable prudence! s'écria *Long-meng*
« (Nâgârdjouna). Connaître d'avance les premiers germes
« des événements, c'est le fait d'un esprit; apercevoir les
« choses cachées, c'est le privilége d'un second saint [1].
« Il faut que vous fassiez entrer immédiatement un
« homme d'une vertu aussi éminente. »

— « Qu'entendez-vous par là? lui repartit le disciple.
« Est-ce en cela que consiste la sublime éloquence du
« silence? »

— « Cette eau, répondit *Nâgârdjouna*, se prête à la
« forme ronde ou carrée des vases; elle est claire ou
« trouble, suivant les choses qu'elle touche. Elle s'étend
« et remplit les lieux sans laisser d'interstice; elle est
« d'une pureté inconcevable. Si vous considérez l'eau qui
« remplit ce vase, elle peut être comparée à la science
« universelle que j'ai acquise par l'étude. Lorsqu'il y a
« jeté une aiguille, elle a tout à coup pénétré jusqu'au
« fond. Ce n'est pas un homme ordinaire; il faut promp-
« tement l'appeler et me le présenter. »

Or, *Long-meng* (Nâgârdjouna) avait un air imposant,
qui inspirait une crainte respectueuse; ceux avec qui il
discutait étaient tous vaincus et courbaient la tête devant lui. Depuis longtemps *Ti-p'o* (Dêva) admirait son
noble caractère, et aspirait à devenir son disciple. Il eut
alors le désir de lui demander des leçons; mais d'avance il
sentait ses esprits alarmés; d'avance il redoutait l'aspect

---

[1] Il y a, en chinois, *Ya-ching* « second saint », expression que les lettrés appliquent à *Meng-tseu*, qu'ils placent, dans leur estime, après
Confucius. Pour les Bouddhistes, le premier saint est le *Bouddha*.

grave et sévère du maître. Étant monté dans la salle, il s'assit à l'écart; puis, jusqu'à la fin du jour, il traita des questions profondes, et se distingua par l'élévation de ses idées et la pureté de son langage.

Long-meng (Nâgârdjouna) s'écria : « Le disciple effa-
« cera tout son siècle, et son éloquence merveilleuse
« illustrera ses ancêtres. Je ne suis qu'un vieillard débile
« et décrépit. Puisque j'ai rencontré cet homme distin-
« gué, je sais véritablement à qui confier le soin de ré-
« pandre la vérité à grands flots[1]. Pour transmettre sans
« interruption le flambeau de la doctrine, et propager
« avec éclat l'enseignement de la loi, voilà l'homme sur
« qui je me repose. Heureusement il peut s'asseoir en
« avant des autres[2], et traiter avec talent les questions
« les plus subtiles et les plus profondes. »

En entendant ces paroles, *Ti-p'o* (Dêva) éprouva au fond de son cœur un sentiment d'orgueil. Avant[3] de commencer l'exposition de son sujet, il fit une excursion dans le domaine de la logique, et présenta les principes de son discours. Mais, comme il levait les yeux en haut, en cherchant à établir sa thèse, il rencontra tout à coup le visage imposant du maître. Il oublia ses paroles et resta interdit; puis, quittant sa place, il s'accusa lui-même, et demanda aussitôt à recevoir ses leçons[4].

---

[1] En chinois, *Sie-p'ing* « effundere aquam ex situlo ».
[2] C'est-à-dire, occuper la place du maître qui enseigne.
[3] Littéralement : étant sur le point d'ouvrir le magasin du sens, il se promena d'abord dans le jardin de la logique.
[4] En chinois, *Nie* « devoir, tâche d'un écolier (*pensum*) ».

« Rasseyez-vous, lui dit *Long-meng* (Nâgârdjouna); je
« vais maintenant vous communiquer les principes su-
« blimes de la vérité et la pure doctrine du roi de la loi
« (du *Bouddha*). »

Ti-p'o (Dèva) jeta à terre ses cinq membres [1], et, se
soumettant de tout son cœur, il lui dit : « A partir d'au-
« jourd'hui, j'ose obéir à vos ordres. »

Long-meng (Nâgârdjouna) était fort versé dans la
science des simples, et il prenait des bols pour entre-
tenir sa vie. Il était arrivé à l'âge de plusieurs centaines
d'années, sans que son esprit ni sa figure se ressentissent
de la vieillesse. Le roi *In-tching* (Sadvaha), ayant obtenu
des simples d'une vertu merveilleuse, avait atteint pareillement plusieurs centaines d'années. Le roi avait un
fils en bas âge, qui s'adressa un jour à sa mère, et lui
parla ainsi :

« Quand pourrai-je succéder au trône du roi ? »

— « D'après ce que je vois, lui répondit sa mère,
« l'époque de cet événement n'est pas encore arrivée.
« Le roi, votre père, a déjà atteint plusieurs centaines
« d'années, et beaucoup de ses fils et petits-fils sont
« morts de vieillesse. Cette longévité est due à l'in-
« fluence des vertus de *Long-meng* (Nâgârdjouna) et à sa
« profonde connaissance des simples. Dès que le *P'ou-sa*
« (Bôdhisattva) s'éteindra, le roi doit infailliblement mou-
« rir. Ce *Long-meng-p'ou-sa* (Nâgârdjouna Bôdhisattva)

[1] Sorte de prosternement, que les Indiens appellent पञ्चाङ्ग, *Pan-
tchânga*. Par les cinq membres, on entend : les deux mains, les deux
genoux et la tête.

« est doué à la fois d'une rare intelligence et d'une bien-
« veillance profonde; il fait du bien à toutes les créa-
« tures, et n'a nul souci de son corps et de sa vie. Allez
« le trouver, et essayez de lui demander l'aumône de sa
« tête. S'il accède à ce désir, vous êtes sûr d'obtenir l'ac-
« complissement de vos vœux. »

Le prince royal obéit avec respect aux instructions de sa mère, et se rendit au couvent. Le gardien de la porte, tout étonné, courut (annoncer sa visite), et il put entrer sur-le-champ.

Dans ce moment, *Long-meng-p'ou-sa* (Nâgârdjouna Bôdhisattva) se promenait en récitant des hymnes. Dès qu'il eut aperçu le fils du roi, il s'arrêta et lui dit :

« Pourquoi venir ce soir à une heure indue? En dai-
« gnant entrer dans mon humble couvent, vous accourez
« avec précipitation, comme un homme en péril et agité
« par la crainte ! »

Le jeune prince lui dit : « Je n'ai fait qu'obéir aux
« ordres de ma tendre mère. En parlant avec elle des
« sages qui pratiquent l'aumône, j'exprimai l'opinion
« que les hommes attachent un grand prix à la vie; j'a-
« joutai que, dans les documents sacrés et les ouvrages
« de morale, je n'avais vu personne qui eût sacrifié son
« corps à la légère pour le donner en aumône à ceux qui
« le demandaient. » — « Vous vous trompez, répliqua
« ma tendre mère; les Sougatas (*Chen-chi*) des dix ré-
« gions, les Tathâgatas (*Jou-laï*) des trois mondes, après
« avoir ouvert leur cœur au bien, sont arrivés à voir face
« à face le fruit (obtenir la dignité d'*Arhat*). Ils ont cher-

« ché avec zèle la sainte voie du *Bouddha*, ils ont dompté
« leurs sens et enduré des affronts. L'un a abandonné
« son corps pour nourrir une bête féroce, l'autre a coupé
« sa chair pour sauver une colombe. Le roi *Youeï-kouang*
« (Tchandraprabha) a fait aux Brâhmanes l'aumône de
« sa tête; le roi *Ts'e-li* (Mâitribala) a abreuvé de son sang
« un *Yo-tch'a* (Yakcha) affamé. Il me serait difficile de
« citer tous ceux qui ont agi comme eux. Si l'on cherche
« parmi les anciens sages, quel est le siècle qui n'offre
« pas de pareils exemples? Aujourd'hui *Long-meng-p'ou-*
« *sa* (Nâgârdjouna) est animé de ces nobles sentiments.
« Pour moi, ayant déjà eu besoin de la tête d'un homme,
« j'ai eu beau la demander pendant longues années, je
« n'ai encore trouvé personne qui daignât me faire l'au-
« mône de la sienne. Si j'avais voulu me livrer à la vio-
« lence et au meurtre, ce crime aurait eu de terribles
« conséquences; si j'avais ôté la vie à un innocent, mon
« infamie aurait éclaté au grand jour. Mais *Long-meng-*
« *p'ou-sa* (Nâgârdjouna Bôdhisattva) s'applique avec ar-
« deur aux principes du Saint, il aspire de loin au fruit
« du *Bouddha*, sa bonté se répand sur les êtres intelli-
« gents, et ses bienfaits ont une étendue sans bornes. Il
« méprise la vie comme (l'algue) qui flotte, il fait aussi
« peu de cas de son corps que du bois pourri. Il ne vou-
« dra pas contrarier vos vœux, et daignera vous accor-
« der votre demande. »

— « Oui, s'écria *Long-meng* (Nâgârdjouna), ces paroles
« sont l'expression de la vérité. Je cherche le saint fruit
« du *Bouddha*; c'est le *Bouddha* qui m'apprend à prati-

« quer l'aumône. Ce corps est comme un vain son et
« comme une bulle d'eau; il doit tourner dans le cercle
« des quatre naissances [1], et parcourir tour à tour les six
« voies [2]. Depuis longtemps j'ai juré hautement de ne
« jamais résister aux désirs des créatures. Mais le fils
« du roi rencontrera un empêchement absolu [3]. Que
« faut-il entendre par là? Dès que je serai mort, votre père
« mourra aussi. Songez bien à ceci; qui pourra le sauver? »

Long-meng (Nâgârdjouna) regarda de tous côtés, d'un air embarrassé, et chercha un moyen de s'ôter la vie. Avec une feuille de roseau desséché, il se coupa lui-même le cou, comme avec le tranchant d'un glaive, et sa tête se détacha de son corps.

A ce spectacle, le prince royal s'enfuit épouvanté. Le gardien de la porte informa le roi de cet événement, et le lui raconta de point en point. En entendant ce récit, le roi fut saisi d'une émotion douloureuse et mourut en effet.

A environ trois cents li au sud-ouest du royaume, on arrive à la montagne appelée *Po-lo-mo-lo-ki-li* [4] (Paramalagiri) [5]. Cette montagne s'élève au-dessus des autres et

---

[1] Il peut naître: 1° d'un œuf; 2° d'une matrice humaine; 3° de l'humidité (*sic*); 4° par métamorphose. (Dictionnaire *San-thsang-fa-sou*, liv. XVI, fol. 15.)

[2] 1° La voie des *Dévas*; 2° la voie des hommes; 3° la voie des *Asouras*; 4° la voie des démons faméliques; 5° la voie des brutes; 6° la voie des damnés. (Dict. *San-thsang-fa-sou*, liv. XXVII, fol. 13.)

[3] Littéralement: une impossibilité.

[4] En chinois, *He-fong* « le pic noir ».

[5] Aujourd'hui *Baramoulaghiri*.

présente de hauts sommets et des cavernes dangereuses. Comme elle n'a ni bords saillants ni vallées, elle semble ne former qu'un immense bloc de pierre. Le roi *In-tching* (Sadvaha) fit creuser le centre de cette montagne en faveur de *Long-meng-p'ou-sa* (Nâgârdjouna Bôdhisattva), et y construisit un couvent. A plusieurs dizaines de li de la montagne, il fit pratiquer un chemin creux. Lorsque, du pied de la montagne, on regardait en haut, au milieu des rochers ouverts par la main des hommes, on apercevait de longues galeries, des auvents pour se promener à l'abri, de hautes tours et un pavillon à plusieurs étages. Ce pavillon avait cinq étages, et chaque étage avait quatre salles disposées en forme de chapelles. Chaque chapelle renfermait une statue en or fondu, de la taille du *Bouddha*, travaillée avec un art merveilleux, et uniquement ornée d'or et de pierres précieuses. Du haut du pic élevé de la montagne, une source abondante s'échappait en cascade, entourait de ses eaux le pavillon à plusieurs étages, et enveloppait les galeries d'une ceinture humide. Des fenêtres régnaient au dehors et éclairaient l'intérieur des bâtiments.

Dans le commencement, lorsque le roi *In-tching* (Sadvaha) fit bâtir ce couvent, les hommes sentirent leurs forces épuisées et son trésor se trouva à sec, avant qu'il en eût achevé la moitié. Le roi en éprouva une profonde douleur. « Grand roi, lui dit *Long-meng* (Nâ-
« gârdjouna), d'où vient cette tristesse qui se peint sur
« votre visage ? »

— « J'avais formé de grands desseins, répondit le

« roi, pour exécuter une entreprise méritoire[1] qui de-
« vait subsister à perpétuité, et je m'attendais à arriver
« auprès de *Ts'e-chi* (Mâitrêya)[2]. Mais, hélas! ces travaux
« ne sont pas encore finis, et déjà mes richesses sont
« épuisées. Tous les jours j'y songe avec un profond
« regret, et je reste assis jusqu'au matin. »

— « Ne vous affligez point ainsi, repartit *Long-meng*
« (Nâgârdjouna); les entreprises inspirées par la vertu
« procurent des avantages sans bornes. Puisque vous
« avez formé ce vœu honorable, ne craignez point de le
« voir déçu. Retournez aujourd'hui dans votre palais;
« bientôt, je vous l'assure, votre joie sera au comble.
« Demain matin, sortez pour vous promener et parcourez
« les montagnes et les plaines. Venez ensuite ici, afin de
« délibérer avec moi sur vos constructions. »

Après avoir reçu ces instructions, le roi tourna autour de lui en signe de respect. *Long-meng-p'ou-sa* (Nâgârdjouna Bôdhisattva) fit tomber sur de grandes pierres quelques gouttes d'une préparation divine, et, à l'instant, elles se changèrent en or. Le roi, ayant vu, en se promenant, une quantité d'or, s'en félicita de la bouche et du cœur. Il s'en retourna et alla trouver *Long-meng* (Nâgârdjouna).

« Aujourd'hui, dit-il, comme je me promenais en
« chassant, j'ai été trompé par les démons; au milieu des
« montagnes et des forêts, j'ai vu des monceaux d'or. »

---

[1] Il s'agit de la construction du couvent mentionné plus haut.
[2] C'est-à-dire, à arriver dans le ciel des *Touchitas*, où réside *Mâitrêya Bôdhisattva*.

— « Vous n'avez pas été trompé par les démons, reprit *Long-meng* (Nâgârdjouna); c'est l'effet de votre sincérité parfaite. Comme cet or existe réellement, il faut le prendre sans tarder, et vous en servir pour achever votre vertueuse entreprise. »

Le roi employa aussitôt cet or en constructions. Quand ses travaux furent terminés, il eut encore de l'or de reste. Là-dessus, il fit placer, dans chacun des cinq étages, quatre grandes statues d'or du *Bouddha*. Le surplus suffit encore pour remplir les coffres du trésor public. Il appela alors mille religieux pour habiter ce couvent, et réciter des prières. *Long-meng* (Nâgârdjouna) recueillit les préceptes de la loi qu'avait enseignée *Chi-kia-fo* (Çâkya Bouddha), ainsi que les traités qu'avaient publiés les *P'ou-sa* (les Bôdhisattvas). Il les réunit ensemble, les divisa par sections, et les déposa dans ce pavillon. Dans le premier étage du haut, il ne plaça que les statues du *Bouddha*, les *Soûtras* (King) et les *Çâstras* (Lun); dans le cinquième étage du bas, on logea des Brâhmanes que l'on pourvut de toutes les choses nécessaires. Les trois étages intermédiaires furent donnés pour demeure aux religieux. On lit dans les anciennes descriptions du pays : « Lorsque le roi *In-tching* (Sadvaha) eut fini de construire ce couvent, il calcula que le prix du sel consommé par les ouvriers s'élevait à neuf cent mille pièces d'or. » Dans la suite, les religieux se livrèrent à des querelles envenimées. Ils allèrent trouver le roi et le prirent pour juge.

Dans ce moment, les Brâhmanes se dirent entre

eux : « Une violente querelle vient de s'élever parmi les
« religieux ; leurs paroles et leurs opinions se croisent et
« se combattent. » Ces hommes pervers épièrent une occasion favorable et détruisirent le couvent. Là-dessus, ils doublèrent les barreaux de leurs portes pour repousser les attaques, et finirent par expulser les religieux. Depuis cette époque, on ne voit plus de religieux. Si l'on regarde de loin les cavernes de la montagne, on n'aperçoit nul sentier qui y conduise. Dans ce temps-là, lorsque (les Brâhmanes) avaient besoin d'y introduire un habile médecin pour traiter les malades, ils le faisaient entrer et sortir avec un voile sur la figure, de sorte qu'il n'en pouvait reconnaître le chemin.

En partant de ce pays, il fit environ neuf cents li au sud, à travers de grandes forêts, et arriva au royaume de *'An-ta-lo*[1] (Andhra).

ROYAUME DE 'AN-TA-LO.
(ANDHRA.)

Ce royaume a environ trois mille li de tour ; la circonférence de la capitale, appelée *P'ing-k'i-lo* (Viñkhila?), est d'une vingtaine de li. Le sol est gras et fertile, et donne d'abondantes moissons. Le climat est chaud et les mœurs féroces. La langue et la prononciation diffèrent beaucoup de celles de l'Inde centrale ; mais la forme des caractères est en grande partie la même. Il y a une vingtaine de couvents, qui renferment environ trois mille

[1] Inde du midi.

religieux. On compte une trentaine de temples des dieux; les hérétiques des différentes sectes sont aussi fort nombreux.

A côté et à peu de distance de la ville de *P'ing-k'i-lo* (Viñkhila?), il y a un grand couvent dont les pavillons et les tours à plusieurs étages sont ornés de riches sculptures. On y voit la statue du *Bouddha*, dont la figure sainte a reçu de l'artiste une beauté exquise. Devant ce couvent, s'élève un *Stoûpa* en pierre, haut de plusieurs centaines de pieds. L'un et l'autre ont été construits par l'*Arhat 'O-tche-lo* (Âtchâra)[1].

A une petite distance au sud-ouest du couvent de l'*Arhat Âtchâra*, il y a un *Stoûpa* qui a été construit par le roi *Wou-yeou* (Açôka). Jadis, en cet endroit, *Jou-laï* (le Tathâgata) expliqua la loi, fit éclater ses grandes facultés divines et convertit une multitude immense.

Après avoir fait environ vingt li au sud-ouest du couvent de l'*Arhat Âtchâra*, il arriva à une montagne isolée. Sur le passage supérieur de cette montagne, s'élevait un *Stoûpa* en pierre. Ce fut là que *Tch'in-na-p'ou-sa* (Djina Bôdhisattva)[2] composa le traité *In-ming-lun* (Hêtouvidyâçâstra). Après que le *Bouddha* eut quitté le monde, *Tch'in-na-p'ou-sa* (Djina Bôdhisattva) reçut l'en-

[1] En chinois, *So-hing* « ce qu'on fait, — une coutume, — une pratique ».

[2] On lit en note : *Thong-cheou* « donné par un enfant ». Cette traduction, qui répondrait à *Koumâradatta*, ne saurait être admise comme l'équivalent de *Tch'in-na* (Djina), qui veut dire « victorieux ». C'est évidemment une faute, qu'on ne peut attribuer qu'aux éditeurs.

seignement et fit teindre ses vêtements[1]. Sa prudence était vaste et ses vœux énergiques; il possédait une intelligence aussi solide que profonde. Prenant en pitié les hommes du siècle qu'il voyait sans appui, il songea à propager la sainte doctrine, et, dans ce but, il composa le traité *In-ming-lun* (Hêtouvidyâçâstra)[2]. Son style était profond et sa logique pleine de force et de grandeur. Mais les étudiants faisaient de vains efforts, et avaient de la peine à compléter leur instruction. Ils se retirèrent dans des grottes solitaires, et se livrèrent à la méditation pour examiner les difficultés redoutables de cet ouvrage, et juger de l'abondance du style et de la concision des idées. En ce moment, les flancs de la montagne tremblèrent et les vallées retentirent, les vapeurs et les nuages changèrent de couleur. L'esprit de la montagne emporta le *P'ou-sa* (Djina Bôdhisattva) à une hauteur de plusieurs centaines de pieds, et prononça ces paroles :

« Jadis le *Bouddha*, l'Honorable du siècle, gouverna
« les créatures par des moyens excellents. Animé d'une
« tendre compassion pour les hommes, il exposa le traité
« *In-ming-lun* (Hêtouvidyâçâstra). Dans ce livre, il em-
« brassa les raisonnements les plus subtils, et approfon-
« dit les expressions les plus obscures; mais lorsque *Jou-*
« *laï* (le Tathâgata) fut entré dans le *Nirvâṇa*, le sens
« général de l'ouvrage s'éteignit complétement. Mainte-
« nant *Tch'in-na-p'ou-sa* (Djina Bôdhisattva) est doué

---

[1] Il adopta le vêtement rouge-brun des religieux.
[2] Le Traité de la connaissance des causes.

« d'une vertu et d'une prudence infinies. Il comprend à
« fond les idées du Saint. Le Traité de la connaissance
« des causes (*Hétouvidyâçâstra*) doit aujourd'hui briller
« d'un nouvel éclat. »

Le *P'ou-sa* (le Bôdhisattva) répandit alors une vaste
lumière qui éclaira les lieux les plus obscurs. En ce moment le roi de ce royaume fut saisi d'un profond respect, et, voyant cette brillante splendeur, il soupçonna
qu'il allait entrer dans l'extase du diamant (*Vadjradhyâna*). Alors il invita le *P'ou-sa* (le Bôdhisattva) à voir face
à face le fruit qui exempte de renaître [1].

Tch'in-na (Djina) lui dit : « Si j'entre dans la médita-
« tion (*Samâdhi*), c'est pour me livrer à un examen sé-
« rieux, et expliquer ce livre profond. J'aspire à l'intel-
« ligence parfaite (*Samyak sambôdhi*), mais je ne désire
« point le fruit qui exempte de renaître. »

Le roi lui dit : « Le fruit qui exempte de renaître est
« ce qu'ambitionnent tous les saints. Renoncer aux désirs
« des trois mondes et pénétrer à fond les Traités des
« trois sciences, c'est une chose admirable. Je souhaite
« que vous obteniez promptement ce fruit ! »

En ce moment, *Tch'in-na* (Djina) fut charmé de la
demande du roi, et voulut aussitôt recevoir le saint
fruit qui exempte de l'étude [2].

Alors *Miao-ki-t'siang-p'ou-sa* (Mañdjouçrî Bôdhisattva), ayant appris cette résolution, éprouva un senti-

---

[1] C'est-à-dire, à chercher la dignité d'*Arhat*. (Cf. *Sse-kiao-i*, liv. VI,
fol. 23.)

[2] C'est-à-dire, obtenir la dignité d'*Arhat*.

ment de pitié et voulut l'en détourner. Faisant claquer ses doigts, il lui ouvrit les yeux et lui dit : « Quel dom-
« mage ! Comment pouvez-vous renoncer à vos desseins
« nobles et magnanimes pour adopter des vues étroites
« et mesquines, rechercher uniquement votre perfec-
« tion individuelle et répudier le vœu que vous avez fait
« de sauver tous les hommes? Si vous avez le désir de
« faire le bien et d'être utile aux autres, il faut leur
« transmettre et expliquer le traité *Yu-kia-sse-ti-lun*
« (Yogâtchâryyabhoûmiçâstra), qui a été composé par
« *Ts'e-chi-p'ou-sa* (Mâitrêya Bôdhisattva). Par là vous di-
« rigerez et vous attirerez les étudiants, et vous produi-
« rez un bien immense. »

Tch'in-na-p'ou-sa (Djina Bôdhisattva) reçut avec respect ces instructions et tourna autour de lui. Puis, après avoir donné l'essor à son esprit et s'être livré à de profondes recherches, il développa le Traité de la connaissance des causes (*Hêtouvidyâçâstra*). Mais, craignant encore que les étudiants ne fussent effrayés de la subtilité des raisonnements et de la concision du style, il en prit le sens général et recueillit les expressions cachées. Il composa alors le traité *In-ming-lun* (Hêtouvidyâçâstra)[1], pour servir de guide aux étudiants. Depuis

[1] Ce titre doit être inexact. En effet, on a vu plus haut que *Djina* avait développé le *Traité de la connaissance des causes*, et que, craignant qu'il ne parût trop obscur aux étudiants, il en avait fait un résumé lucide pour qu'il fût davantage à leur portée. Il a dû, par conséquent, modifier le titre primitif, et en adopter un ayant le sens de : *Explication du Traité de la connaissance des causes*, par exemple, *In-ming-chi-lun* (Hêtouvidyâçâstratîkâ?). Je crois que ce titre chinois existe.

ce moment, il répandit avec éclat la pratique excellente du *Yu-kia* (du Yôga)[1].

En sortant de ce pays, il fit environ mille li au sud, à travers des forêts et des plaines désertes, et arriva au royaume de *T'o-na-kie-tse-kia* (Dhanakatchêka)[2].

ROYAUME DE T'O-NA-KIE-TSE-KIA.
(DHANAKATCHÊKA.)

Ce royaume a six mille li de tour; la circonférence de la capitale est d'une quarantaine de li. Le sol est gras et fertile, et donne d'abondantes moissons. Il y a beaucoup de plaines incultes; la population des villes est clair-semée. Le climat est chaud. Les hommes ont la peau noire; ils sont d'un naturel violent et aiment à cultiver les lettres. Les couvents sont nombreux et se touchent, mais ils sont en grande partie ruinés, et il n'en reste plus qu'une vingtaine, où l'on compte environ mille religieux, qui étudient tous la doctrine de l'école du *grand Véhicule*. Il y a une centaine de temples des dieux. Il y a aussi une multitude d'hérétiques des différentes sectes.

Sur une montagne située à l'est de la ville, on voit un couvent appelé *Fo-p'o-chi-lo-seng-kia-lan* (Poûrvaçilâsañghârâma)[3]. Sur une montagne située à l'ouest de la

---

[1] Méditation religieuse poussée jusqu'à la plus complète abstraction. (Voyez le Dictionnaire de Wilson au mot *Yôga*.)

[2] On l'appelle aussi *Ta-'an-ta-lo* « le grand *Andhra* (Mahândhra) ».

[3] En chinois, *Tong-chan-sse* « le couvent de la Montagne de l'est ».

ville, s'élève un couvent nommé *O-fa-lo-chi-lo-seng-kia-lan* (Avaraçilâsañghârâma)[1]. Le premier roi de ce royaume le construisit en faveur du *Bouddha*. Il creusa la vallée et y pratiqua un chemin, fit ouvrir les flancs de la montagne et éleva des pavillons. De longues galeries, de grandes chambres latérales s'appuyaient sur les grottes et touchaient aux cavernes. Les puissances célestes protégeaient cet asile; les sages et les saints venaient s'y promener et y goûter le repos. Pendant les mille ans qui s'écoulèrent après le *Nirvâṇa* du *Bouddha*, chaque année, mille laïques et autant de religieux s'y fixaient ensemble pendant la saison des pluies. Le jour où ils sortaient de cette retraite, ils obtenaient tous la dignité d'*Arhat*. Usant alors de leurs facultés surnaturelles, ils s'élançaient dans les airs et disparaissaient. Après cet espace de mille ans, les hommes vulgaires et les saints y demeurèrent ensemble; mais depuis une centaine d'années on n'y voit plus aucun religieux. L'esprit de la montagne se métamorphose ; il prend tantôt la forme d'un loup, tantôt celle d'un singe, et épouvante tous les voyageurs. C'est pourquoi ce couvent est désert et ne renferme plus de religieux.

A une petite distance, au sud de la capitale, il y a une grande caverne de montagne. Ce fut là que le célèbre maître des *Çâstras*, *P'o-pi-feï-kia* (Bhâvavivêka)[2], demeura

---

[1] En chinois, *Si-chan-sse* « le couvent de la Montagne de l'ouest ».

[2] En chinois, *Thsing-pien* « celui qui discute avec clarté ». *P'o-pi-feï-kia* paraît être l'abréviation du nom de *Bhâvavivêka*, que cite Burnouf (*Introd. au Bouddh.* p. 156).

dans le palais des *'O-sou-lo* (Asouras), en attendant l'arrivée de *Ts'e-chi-p'ou-sa* (Mâitrêya Bôdhisattva), et parvint à l'état de *Bouddha*. Ce maître des *Çâstras* était doué d'une capacité extraordinaire et d'une vertu profonde. Au dehors, il laissait voir le costume d'un religieux [1]; intérieurement, il possédait le vaste savoir de *Long-meng* (Nâgârdjouna). Ayant appris que *Hou-fa-p'ou-sa* (Dharmapâla), du royaume de *Mo-kie-t'o* (Magadha), propageait avec éclat l'enseignement de la loi, et comptait plusieurs milliers de disciples, il eut le désir de discuter avec lui. Il prit son bâton et se mit en route. Quand il fut arrivé dans la ville de *Po-tch'a-li* (Pâṭalipoura ou Pâṭalipouttra poura), il sut que *Hou-fa-p'ou-sa* (Dharmapâla Bôdhisattva) se trouvait, en ce moment, près de l'arbre *P'ou-ti* (Bôdhidrouma).

Le maître des *Çâstras* dit à un de ses disciples : « Allez « trouver *Hou-fa-p'ou-sa* (Dharmapâla Bôdhisattva), qui « réside auprès de l'arbre de l'Intelligence (Bôdhidrou- « ma), et dites-lui, en mon nom : le *P'ou-sa* (Bôdhi- « sattva, c'est-à-dire vous) propage la sainte doctrine « qu'a léguée le *Bouddha*, et il sert de guide aux hommes « égarés. Il y a bien longtemps que j'admire humble- « ment votre vertu; mais comme mon ancien vœu ne « s'est pas encore réalisé, j'ai manqué de vous rendre « ma respectueuse visite. J'ai juré de ne pas voir en vain « l'arbre *P'ou-ti* (Bôdhidrouma). Quand je l'aurai vu, il « faut que j'obtienne (le fruit de l'intelligence) et que je « sois proclamé le maître des dieux et des hommes. »

[1] Littéralement : le costume de *seng-khie* (l'assemblée — *sañgha*).

Hou-fa-p'ou-sa (Dharmapâla) dit au messager : « Les « générations passent comme un songe, et la vie humaine « est comme (l'algue) flottante. Tout le long du jour, je « travaille avec ardeur, et je n'ai pas encore le temps « de parler et de discuter. Nous avons entretenu, par « lettres, une correspondance mutuelle, mais nous ne « nous sommes pas encore vus. »

Le maître des *Çâstras* (Bhâvavivêka), étant retourné dans son pays natal, garda le silence et fit cette réflexion : « A l'exception de *T'se-chi* (Mâitrêya), devenu « *Bouddha*, qui est-ce qui dissipera mes doutes? »

Là-dessus, il se rendit devant la statue de *Kouan-tseu-tsaï-p'ou-sa* (Avalôkitêçvara Bôdhisattva), et récita les vers mystiques appelés *Souï-sin-t'o-lo-ni*[1]. Il s'abstint de nourriture et but de l'eau. Au bout de trois ans, *Kouan-tseu-tsaï-p'ou-sa* (Avalôkitêçvara Bôdhisattva) lui apparut avec son corps d'une couleur merveilleuse. « Quelle est votre intention? » demanda-t-il au maître des *Çâstras*.

« Je désire, répondit-il, conserver ce corps, et at-« tendre jusqu'à ce que j'aie vu *Ts'e-chi* (Mâitrêya). »

— « La vie de l'homme, reprit *Kouan-tseu-tsaï-p'ou-« sa* (Avalôkitêçvara Bôdhisattva), est exposée à mille « dangers ; les choses du monde sont comme (l'algue) « flottante ou l'illusion d'un songe. Il vous faut faire des « actes méritoires et former le vœu de naître dans le « ciel des *Touchitas*. Dans ce séjour, vous pourrez offrir

---

[1] Littéralement : les *Dhâraṇîs* qui sont d'accord avec le cœur, c'est-à-dire, qui font obtenir ce qu'on désire. J'ignore le titre sanscrit.

« vos hommages à *Ts'e-chi* (Mâitrêya). Il est encore trop
« tôt pour le voir. »

— « Ma résolution est inébranlable, reprit le maître
« des *Çâstras*; mon cœur ne saurait changer. »

— « S'il en est ainsi, lui dit le *P'ou-sa* (Bôdhisattva),
« il faut que vous alliez dans le royaume de *T'o-na-kie-*
« *tse-kia* (Dhanakatchêka), et que vous vous rendiez dans
« une caverne de montagne, située au sud de la capi-
« tale, et qu'habite un esprit armé d'une massue de dia-
« mant (*Vadjrapâṇi*). Si vous récitez, avec une sincérité
« parfaite, les vers mystiques appelés *Tchi-king-kang-king-*
« *t'o-lo-ni* (Vadjrapâṇidhâraṇi), vous êtes assuré de voir
« ce vœu s'accomplir. »

Là-dessus, le maître des *Çâstras* partit et récita les
Dhâraṇîs. Au bout de trois ans, l'esprit lui dit : « Que
« désirez-vous pour montrer un zèle aussi ardent? »

— « Je désire, répondit le maître des *Çâstras*, con-
« server ce corps jusqu'à ce que j'aie vu *Ts'e-chi* (Mâi-
« trêya). *Kouan-tseu-tsaï-p'ou-sa* (Avalôkitêçvara Bôdhi-
« sattva) m'a envoyé vers vous et m'a recommandé de
« vous adresser des prières. Dépend-il de vous, esprit
« céleste, d'accomplir mon vœu? »

Alors l'esprit lui confia une formule secrète, et lui
dit : « Dans l'intérieur des pierres de cette caverne, se
« trouve le palais des *'O-sou-lo* (Asouras); si vous priez
« suivant la méthode prescrite, les murs de pierre s'ou-
« vriront. Dès qu'ils seront ouverts, entrez dans l'inté-
« rieur et attendez jusqu'à ce que vous le voyiez. »

Le maître des *Çâstras* dit alors : « Je vis dans la re-

« traite, et ne puis rien voir. Comment saurais-je qu'il
« est apparu un *Bouddha?* »

— « Quand *Ts'e-chi* (Mâitrêya) se sera montré au
« monde, lui dit l'esprit armé d'une massue de diamant
« (*Vadjrapâṇi*), je ne manquerai pas de vous en avertir. »

Le maître des *Çâstras*, ayant reçu ces instructions,
s'appliqua à lire les *Dhâraṇîs* avec une ardeur infatigable. Après que trois autres années se furent écoulées,
il n'eut d'abord aucune pensée différente. Il récita des
prières magiques sur une graine de sénevé, et s'en servit
pour frapper la pierre. Les murs de la caverne s'ouvrirent aussitôt, et de vastes grottes se déployèrent à ses
yeux. En ce moment, une multitude, qui se comptait
par centaines, par milliers et par dizaines de mille, lui
apparut, plongée dans la contemplation et oublieuse du
retour. Le maître des *Çâstras* franchit le seuil de la
porte, et, s'adressant à la multitude, il s'écria : « Il y avait
« longtemps que je priais avec ferveur, en attendant que
« je pusse voir *Ts'e-chi* (Mâitrêya). Grâce au secours d'un
« esprit divin, mon grand vœu est aujourd'hui accom-
« pli ; il faut que j'entre ici, et que je voie avec vous l'ap-
« parition de ce *Bouddha.* »

Ceux qui l'entendirent furent saisis de stupeur, et
nul d'entre eux n'osa fouler le seuil ; ils lui dirent que
c'était une caverne de serpents venimeux, et qu'ils craignaient d'y perdre la vie. Après qu'il eut répété deux
ou trois fois cet appel, il n'y eut que six hommes qui
osèrent entrer à sa suite.

Le maître des *Çâstras* dit un dernier adieu à la multitude, et entra d'un air calme et tranquille. A peine fut-il entré, que les murs de pierre se refermèrent sur lui. La multitude présente poussa de profonds soupirs, et regretta amèrement les paroles coupables qui lui étaient échappées.

En partant de ce pays, il fit environ mille li au sud-ouest, et arriva au royaume de *Tchou-li-ye* (Tchoulya)[1].

ROYAUME DE TCHOU-LI-YE.
(TCHOULYA.)

Le royaume de *Tchou-li-ye*[2] a de deux mille quatre cents à deux mille cinq cents li de tour; la circonférence de la capitale est d'une dizaine de li. Il n'offre que des champs incultes et des landes désertes, des jongles et des marécages d'un aspect sauvage. La population est peu nombreuse; des bandes de brigands circulent en plein jour. Le climat est chaud; les mœurs sont dissolues et cruelles; les hommes sont d'un naturel farouche, ils ont foi dans les doctrines hérétiques. Les couvents sont en ruines et ne renferment que quelques religieux. Il y a plusieurs dizaines de temples des dieux; les hérétiques nus (les *Nirgranthas*) sont extrêmement nombreux.

A peu de distance, au sud-est de la ville, il y a un *Stoûpa* qui a été bâti par le roi *Wou-yeou* (Açôka). Jadis, en cet endroit, *Jou-laï* (le Tathâgata) fit éclater ses

---
[1] Inde du sud.
[2] Aujourd'hui *Tchôla*.

grandes facultés surnaturelles, expliqua la sublime loi, dompta des hérétiques, et convertit des hommes et des dieux.

A peu de distance, à l'ouest de la ville, il y a un ancien couvent. Ce fut là que *Ti-p'o-p'ou-sa* (Dêva Bôdhisattva) discuta avec un *Lo-han* (un Arhat). Dans le commencement, *Ti-p'o-p'ou-sa* (Dêva Bôdhisattva), ayant appris que ce couvent possédait un *'O-lo-han* (Arhat) nommé *Ou-ta-lo* (Outtara)[1], qui était doué des six facultés surnaturelles (*Chaḍabhidjñâs*) et des huit moyens de délivrance (*Achṭâu vimôkchas*), vint aussitôt le chercher au loin pour admirer son noble caractère[2]. Quand il fut arrivé dans ce couvent, il pria le *Lo-han* (l'Arhat) de lui donner asile pendant une nuit; mais, dans la demeure du *Lo-han* (de l'Arhat), il n'y avait qu'un seul lit. Dès que *Ti-p'o* (Dêva) fut entré, comme il n'avait point de natte à lui offrir, il ramassa des feuilles sèches, et, les lui montrant du doigt, l'invita à se coucher. Ensuite le *Lo-han* (l'Arhat) se plongea dans la méditation, et en sortit au milieu de la nuit. Alors *Ti-p'o* (Dêva) lui exposa ses doutes et le pria de les dissiper. Le *Lo-han* (l'Arhat) lui expliqua sur-le-champ chaque difficulté. *Ti-p'o* (Dêva) ayant continué à le presser de questions, au septième tour, l'*Arhat* ferma la bouche et ne put répondre. Alors, usant en secret de ses facultés surnatu-

---

[1] En chinois, *Chang* « supérieur ».

[2] Il y a, en chinois, *Foug-fan,* mot à mot, « vent-moule, vent-modèle », expression difficile, qui signifie un caractère imposant, une noble conduite qui peut servir de modèle.

relles, il se rendit au ciel des *Touchitas*, et interrogea *Ts'e-chi* (Mâitrêya). *Ts'e-chi* (Mâitrêya) lui donna l'explication demandée, puis il ajouta : « Ce *Ti-p'o* (Dêva) a
« pratiqué la vertu pendant une longue suite de *Kalpas;*
« dans le *Kalpa* des sages (Bhadrakalpa), il doit succé-
« der au *Bouddha;* c'est un fait que vous ignoriez. Il faut
« que vous lui montriez le plus profond respect. »

L'*Arhat* s'en revint en un clin d'œil, et se rassit à sa première place. Alors il traita éloquemment les questions les plus élevées, et expliqua avec clarté les expressions les plus obscures. *Ti-p'o* (Dêva) lui dit : « Ce sont là
« des explications dues à la science divine de *Ts'e-chi-*
« *p'ou-sa* (Mâitrêya Bôdhisattva); vous n'auriez pu, tout
« seul, examiner ces questions et les approfondir. »

— « Oui, répondit le *Lo-han* (l'Arhat); ce que vous
« dites est parfaitement vrai. »

Là-dessus, il se leva de son siége, le remercia humblement, et lui donna les plus grandes marques de respect et d'admiration.

En partant de ce pays, il entra, au midi, dans des forêts et des plaines désertes, et, après avoir fait de quinze à seize cents li, il arriva au royaume de *Ta-lo-pi-tch'a* (Drâviḍa)[1].

ROYAUME DE TA-LO-PI-TCH'A.

(DRÂVIDA.)

Ce royaume a environ six mille li de tour; la capi-

[1] Inde méridionale.

tale, qui s'appelle *Kien-tchi-pou-lo* (Kântchîpoura), a une trentaine de li de circonférence. Le sol est fertile et les grains viennent en abondance; on recueille une grande quantité de fleurs et de fruits. Ce pays fournit des produits précieux. Le climat est chaud et les habitants sont braves; ils sont fermement attachés à la fidélité et à la justice, et montrent une grande estime pour les savants. La langue parlée et les caractères de l'écriture diffèrent un peu de ceux de l'Inde centrale. Il y a une centaine de couvents où l'on compte environ dix mille religieux, qui suivent tous les principes de l'école *Chang-tso-pou* (l'école des *Sthaviras*). Il y a environ quatre-vingts temples des dieux; les hérétiques nus (les *Nirgranthas*) sont fort nombreux. Jadis *Jou-laï* (le Tathâgata), lorsqu'il vivait dans le monde, voyagea plusieurs fois dans ce royaume, y expliqua la loi, et convertit les hommes. C'est pourquoi, dans tous les endroits où il avait laissé ses saints vestiges, le roi *Wou-yeou* (Açôka) éleva des *Stoûpas*. La ville de *Kien-tchi-pou-lo* (Kântchîpoura) était la ville natale de *Ta-mo-po-lo-p'ou-sa*[1] (Dharmapâla Bôdhisattva). Ce *P'ou-sa* (Bôdhisattva) était le fils aîné d'un grand ministre de ce royaume. Dès son enfance, il se montra doué de facultés rares, qui ne firent que grandir avec l'âge. Lorsqu'il eut vingt ans, le roi daigna lui donner une épouse; mais le soir du festin nuptial il se sentit accablé de chagrin, et alla prier avec ferveur devant la statue du *Bouddha*. Les esprits, touchés de sa sincérité parfaite, le transportèrent à une grande dis-

[1] En chinois, *Hou-fa* « le défenseur de la loi ».

tance. Après un voyage de plusieurs centaines de li, il arriva à un couvent situé sur une montagne, et s'assit dans la salle du *Bouddha*. En ce moment, un religieux ouvrit la porte et, apercevant ce jeune homme, il le prit pour un voleur. Quand il l'eut interrogé à plusieurs reprises, le *P'ou-sa* (Bôdhisattva) lui ouvrit son cœur et lui fit connaître ses desseins; puis, il demanda à entrer en religion. Tous les religieux furent remplis d'étonnement et d'admiration, et accédèrent aussitôt à ses vœux. Le roi, ayant rendu un décret pour le faire chercher de tous côtés, apprit que le *P'ou-sa* (le Bôdhisattva) avait été transporté au loin par les esprits, et s'était éloigné du monde. Dès qu'il en eut acquis la certitude, il éprouva pour lui un redoublement de respect et d'admiration. Dès le moment que *Dharmapâla* eut pris l'habit de religieux, il s'appliqua à l'étude avec une ardeur infatigable. Nous avons fait connaître, dans le récit qui précède, sa brillante réputation et son noble caractère.

A peu de distance, au midi de la ville, il y a un grand couvent où viennent se réunir et se fixer les hommes du royaume qui se ressemblent par leur intelligence et leurs lumières. Il y a un *Stoûpa*, haut d'une centaine de pieds, qui a été bâti par le roi *Açôka*. Jadis, en cet endroit, *Jou-laï* expliqua la loi, dompta des hérétiques, et convertit un grand nombre d'hommes et de *Dêvas*. Tout près de là, on voit un endroit où les quatre *Bouddhas* passés se sont assis, et ont laissé, en faisant de l'exercice, les traces de leurs pas.

En partant de ce pays, il fit environ trois mille li au sud, et arriva au royaume de *Mo-lo-kiu-tch'a* (Malakoûṭa)[1].

ROYAUME DE MO-LO-KIU-TCH'A.
(MALAKOÛṬA.)

Ce royaume a environ cinq mille li de tour; la circonférence de la capitale est d'une quarantaine de li. La terre et les champs sont imprégnés de sel, les fruits du sol ne sont pas abondants. Dans ce royaume, on trouve, en quantité, les produits les plus estimés des mers et des îles. Le climat est brûlant; la plupart des habitants ont la peau noire; ils sont d'un naturel dur et cruel. Les uns suivent la vraie doctrine, les autres sont adonnés à l'hérésie. Ils ne font aucun cas de la culture des lettres, et n'estiment que la poursuite du lucre. On voit les ruines d'un grand nombre d'anciens couvents; ceux qui subsistent encore sont en petit nombre et ne renferment que peu de religieux. On compte plusieurs centaines de temples des dieux; il y a une multitude d'hérétiques, dont le plus grand nombre sont nus (les *Nirgranthas*).

A une petite distance, à l'est de cette ville, il y a un antique couvent dont le vestibule et la cour sont couverts d'herbes incultes; il n'en reste que les fondements. Il a été bâti par *Ta-ti* (Mahêndra), frère cadet du roi *Wou-yeou* (Açôka).

[1] On l'appelle aussi le royaume de *Tchi-mo-lo* (Tchimor). — Inde méridionale.

A l'est de cet endroit, il y a un *Stoûpa* qui s'est enfoncé en terre, mais dont la coupole subsiste encore. Il avait été construit par le roi *Wou-yeou* (Açôka). Jadis, en cet endroit, *Jou-laï* (le Tathâgata) expliqua la loi, fit éclater ses grandes facultés surnaturelles, et convertit une multitude immense. Pour signaler avec éclat les traces sacrées de ses pas, on a construit ce vénérable monument. Sa puissance divine semble s'accroître avec le nombre des années ; les vœux que l'on forme sont quelquefois exaucés.

Au sud, le royaume est voisin de la mer. Là, s'élèvent les monts *Mo-la-ye* (Malayas) avec leurs flancs escarpés et leurs sommets sourcilleux, leurs vallées sombres et leurs profonds ravins. Sur ces montagnes, croissent le santal blanc et l'arbre nommé *Tchen-t'an-ni-p'o*[1] (Tchandanêva). Ce dernier ressemble au santal blanc, et il est impossible de l'en distinguer ; mais, dans le fort de l'été, lorsqu'on monte sur les hauteurs et que l'on regarde dans le lointain, on le voit entouré de grands serpents ; c'est à ce signe qu'on le reconnaît[2]. Son bois est naturellement froid, et c'est pour cette raison que les serpents l'enveloppent de leurs replis. Après avoir reconnu de loin ces arbres, les habitants lancent, sur chacun d'eux, une flèche pour les marquer. En hiver, après que les ser-

---

[1] C'est-à-dire, semblable au santal.

[2] Le nom sanscrit de ce santal est *Sarpahrĭdaya tchandana* « santal qui a des serpents dans le cœur », parce que ces sortes d'arbres des monts *Malayas* sont souvent signalés comme les repaires des serpents, qui se retirent dans les cavités de leur tronc. (Burnouf, *Introduction au Bouddhisme*, page 620.)

pents se sont cachés, on abat ces arbres. L'arbre qui fournit la matière odorante appelée *kie-pou-lo* (karpoûra — camphre), ressemble, par le tronc, au *song* (pin), mais il en diffère par ses feuilles, ses fleurs et ses fruits. Lorsque l'arbre est fraîchement coupé, il n'a pas encore de parfum. Après l'avoir laissé sécher, on le fend dans le sens des veines. On trouve alors, au centre, un parfum qui a l'apparence du *mica* et la couleur de la neige glacée; c'est là ce qu'on appelle (en chinois) *long-nao-hiang*, ou *parfum de cervelle de dragon* (camphre).

A l'est des monts *Mo-la-ye* (Malayas), s'élève le mont *Pou-ta-lo-kia* (Pôtalaka). Les sentiers de la montagne sont fort dangereux; les cavernes et les vallées sont pleines de précipices. Sur le sommet, il y a un lac dont l'eau est pure comme un miroir. Il en sort un grand fleuve qui, après avoir fait vingt fois le tour de la montagne, va se jeter dans la mer du midi.

A côté du lac, il y a un palais des *Dévas*, taillé dans le roc. *Kouan-tseu-tsaï-p'ou-sa* (Avalôkitêçvara Bôdhisattva), en allant et venant, le fréquente et y fixe souvent sa demeure. Ceux qui veulent voir ce *Bôdhisattva* ne prennent aucun soin de leur vie; ils traversent l'eau, gravissent la montagne et oublient les difficultés et les périls. Il y en a bien peu qui puissent pénétrer jusque-là. Si les hommes qui demeurent au pied de la montagne le prient avec ferveur et demandent à le voir, il se montre, tantôt sous la forme de *Tseu-tsaï-t'ien* (Îçvara Déva), tantôt sous celle d'un des hérétiques qui se frottent de cendres (*Pâmçoupatas*). Il leur adresse des paroles bienveillantes, et alors ils obtiennent réellement l'objet de leurs vœux.

Lorsqu'on sort de *Malakoûṭa*, dans la direction du nord-est, sur le bord de la mer, on rencontre une ville (nommée *Tche-li-to* — Tcharitrapoura)[1]: c'est la route des voyageurs qui vont dans le royaume de *Seng-kia-lo* (Siṅhala — Ceylan), que baigne la mer du midi. Les habitants de ce pays rapportent que, lorsqu'on s'embarque pour le quitter, après avoir fait environ trois mille li au sud-est, on arrive au royaume de *Seng-kia-lo* (Siṅhala — Ceylan)[2].

[1] Voyez livre X, page 90, note 1.
[2] En chinois, *Tchi-sse-tseu* « (le royaume de celui qui) a pris un lion ». Il ne fait point partie de l'Inde.

LIVRE ONZIÈME.

ROYAUME DE SENG-KIA-LO.
(SIÑHALA.)

Le royaume de *Seng-kia-lo* (Siñhala) a environ sept mille li de tour; la circonférence de la capitale est d'une quarantaine de li. Le sol est gras et fertile; le climat est chaud; les grains se sèment et se récoltent à des époques régulières; les fleurs et les fruits viennent en abondance. La population est nombreuse; les propriétés donnent d'immenses revenus. Les hommes sont petits de taille, noirs, et d'un caractère farouche. Ils aiment l'étude et estiment la vertu; ils honorent les belles actions et s'appliquent à acquérir des mérites. Dans l'origine, ce royaume s'appelait *P'ao-tchou*[1], parce qu'on y trouvait beaucoup de choses précieuses; des démons et des esprits y avaient fixé leur séjour.

Dans la suite des temps, il y eut un roi de l'Inde méridionale dont la fille avait été fiancée à un prince d'un État voisin. Un jour heureux, comme elle se rendait, en cortége, auprès de son époux, elle rencontra

---

[1] Le mot *P'ao-tchou* (Ratnadvîpa) signifie «l'île des choses précieuses». Les auteurs chinois mentionnent le cristal de roche, les perles, etc. qu'on tirait de Ceylan.

un lion au milieu de la route. Les gens qui formaient son escorte l'abandonnèrent pour échapper au danger. Restée seule sur son char, elle aurait été heureuse de quitter la vie. En ce moment, le roi-lion prit la jeune fille sur son dos et disparut. Il s'enfonça dans les gorges des montagnes, et se fixa dans de sombres vallées. Il prenait des cerfs et cueillait des fruits, et la nourrissait suivant les saisons. Après un certain nombre de mois et d'années, elle mit au monde un garçon et une fille. Pour le corps et la figure, ils ressemblaient à des hommes; mais ils avaient le naturel des bêtes fauves. Le garçon grandit peu à peu; il était tellement fort, qu'il domptait les animaux féroces. A l'âge de vingt ans, il se sentit tout à coup éclairé par l'intelligence humaine. Il interrogea alors sa mère, et lui dit :

« Que suis-je? Mon père est une bête sauvage, et ma « mère est une femme! Puisque vous n'étiez point de « la même espèce, comment avez-vous pu vous unir en-« semble? »

La mère raconta alors à son fils son ancienne aventure. « Les hommes et les animaux, dit le fils, ont des « voies différentes; il faut nous enfuir au plus vite. »

— « Je m'étais déjà enfuie, repartit la mère, mais « je n'ai pu subvenir seule à mes besoins. »

Depuis ce moment, le fils suivit le lion, son père; il gravissait des montagnes, franchissait de hauts sommets, et observait ses courses et ses gîtes habituels pour échapper au danger.

Ayant épié un jour le départ de son père, il prit sur

son dos sa mère et sa sœur, descendit avec elles et courut dans un village. « Mes enfants, dit la mère, il faut
« que chacun de vous garde un profond secret; ne divul-
« guez point votre origine, car si quelqu'un venait à
« l'apprendre, on nous repousserait avec mépris. »

Là-dessus, elle se rendit dans le royaume de son père; mais ce royaume n'appartenait plus à sa famille, et les sacrifices de ses ancêtres étaient éteints. Elle se réfugia alors dans un village. Les habitants lui dirent : « De quel
« royaume êtes-vous ? »

— « Je suis, dit-elle, originaire de ce royaume. Après
« avoir longtemps erré dans des contrées étrangères,
« j'ai voulu revenir avec mes enfants dans mon pays
« natal. »

Tous les hommes furent émus de pitié, et leur fournirent, tour à tour, de quoi subsister. Quand le roi-lion fut revenu, il ne trouva plus personne. Pensant avec affection à son fils et à sa fille, il se sentit transporté de colère et de rage. Il sortit aussitôt des montagnes et des vallées, et parcourut, en tous sens, les bourgs et les villages. Poussant d'affreux rugissements, il se déchaînait avec fureur sur les hommes et immolait les créatures vivantes. Les habitants des villages sortirent tout à coup pour le prendre et le tuer. S'armant d'arcs et de javelots, ils se réunirent en troupe, au bruit du tambour et des conques marines, afin d'échapper au danger qui les menaçait. Le roi craignit que l'influence de son humanité ne fût pas assez répandue. Il organisa alors une grande chasse pour prendre le lion. Il se mit lui-même à la tête des quatre corps d'armée [1]. Ses troupes, qui se comptaient par dizaines de mille, investirent les bois et les jongles, et franchirent les montagnes et les vallées.

Comme le lion poussait d'affreux rugissements, les hommes et les animaux [2] s'enfuirent épouvantés.

Le monstre n'ayant pu être pris, le roi fit aussitôt un nouvel appel au peuple, promettant à celui qui capturerait le lion et délivrerait son royaume de ce fléau, de le combler de récompenses, et de signaler avec éclat cet exploit glorieux.

Dès que le fils du lion eut entendu proclamer ce décret du roi, il parla ainsi à sa mère : « Nous souffrons « trop de la faim et du froid; il faut que je réponde à « l'appel du souverain; peut-être obtiendrai-je de quoi « vous soulager et vous nourrir. »

— « Ne parlez pas ainsi, repartit sa mère; quoique « celui-là soit un animal, cependant c'est votre père. « Pourriez-vous, à cause de la misère qui nous accable, « lever contre lui un bras dénaturé ? »

— « Les hommes et les animaux, répondit le fils, « sont d'une espèce différente : où est l'obligation d'ob- « server ici la justice et les rites? Puisque j'y vois un « empêchement absolu, que pourrais-je espérer de ces « beaux sentiments ? »

---

[1] En sanscrit, *Tchatourañgabalakâya*, savoir : 1° *Hastikâya* « le corps des éléphants »; 2° *Açvakâya* « le corps des chevaux »; 3° *Rathakâya* « le corps des chars »; 4° *Pattikâya* « le corps des fantassins ».

[2] C'est-à-dire, les chevaux et les éléphants.

A ces mots, il cacha dans sa manche un poignard, et sortit pour aller répondre à l'appel du roi. Dans ce moment, mille soldats et dix mille cavaliers étaient rassemblés en foule [1]. Le lion était accroupi au milieu de la forêt, et personne n'osait l'approcher. Le fils s'étant avancé en face de son père, celui-ci s'adoucit aussitôt et se coucha, et, par un sentiment d'affection profonde, il oublia toute sa fureur. Le fils lui plongea alors son poignard dans le cœur; mais il conserva encore la même tendresse, et ne montra ni haine ni colère; et quand son ventre eut été ouvert, il expira au milieu des plus cruelles souffrances.

Le roi s'écria : « Quel est cet homme, qui fait des « choses si extraordinaires ? »

Séduit par des promesses de fortune et ébranlé par la crainte du malheur, il raconta son histoire de point en point, et exposa la vérité dans tous ses détails.

« Quelle conduite impie! s'écria le roi. S'il a osé tuer « son père, à plus forte raison (tuerait-il) des étrangers [2]. « Les animaux sauvages sont difficiles à apprivoiser, et « leurs instincts féroces se réveillent aisément. En arra- « chant mon peuple à la mort, il a certainement rendu « un grand service; mais, en tranchant les jours de son « père, il a commis une odieuse rébellion. Je lui accor- « derai une grande récompense pour payer ses exploits, « et je l'exilerai au loin pour punir son crime. Alors les

---

[1] Littéralement : étaient rassemblés comme des nuages, réunis comme des vapeurs.

[2] En chinois, *patrem ipsum occidit, multo magis non-consanguineos.*

« lois du royaume ne seront point violées, et le roi
« n'aura pas manqué à sa parole. »

Là-dessus, il fit équiper deux grands vaisseaux, où l'on embarqua une quantité de vivres. La mère resta dans le royaume et l'on pourvut à tous ses besoins, pour récompense du service rendu. Le fils et la fille montèrent chacun sur un des navires, et s'abandonnèrent au gré des flots. Le vaisseau du fils, après avoir vogué quelque temps, aborda dans cette île de *P'ao-tchou*. Voyant qu'elle abondait en pierres précieuses[1], il prit le parti de s'y établir. Dans la suite, des marchands revinrent dans cette île pour recueillir des pierres précieuses. Il tua le chef des marchands, et retint leurs fils et leurs filles. Ce fut de cette façon qu'il multiplia sa race. Sa postérité étant devenue fort nombreuse, le peuple nomma un prince et des ministres pour gouverner les hommes d'un ordre supérieur et des classes infimes. Le roi fonda une capitale, fit bâtir des villes, et se rendit maître de tout le territoire. Comme le premier auteur de sa famille avait pris un lion, il donna à son royaume un nom dérivé de cet ancien exploit[2].

Le vaisseau qui portait la jeune fille aborda à l'ouest

---

[1] Il y a, en chinois, *Tchin-yu* « du jade précieux », dans le genre du jade nuancé de blanc et de noir qu'on tirait du pays de *Lan-thien* (*Peï-wen-yun-fou*, liv. XCI, fol. 33). Mais, comme les auteurs chinois citent particulièrement le cristal (*Chouï-tchang*) et les pierres précieuses (*P'ao-chi*) de Ceylan, je crois qu'il vaut mieux employer ici le terme général de *pierres précieuses*.

[2] Il l'appela *Siñhala*, nom formé de *Siñha* « lion » et de *lá* « prendre »; en chinois, *Tchi-sse-tseu-koue* « le royaume de celui qui a pris un lion ».

de *Po-la-sse* « la Perse ». Ayant eu commerce avec des esprits et des démons, elle mit au monde un grand nombre de filles; de là vient le nom actuel de *royaume des femmes d'Occident*. C'est pourquoi les hommes du *royaume du lion* sont de petite taille et de couleur noire. Ils ont le menton carré et le front large; leur caractère est farouche, et ils se livrent de sang-froid aux actes les plus cruels. Ces hommes descendent pareillement d'une bête féroce; aussi sont-ils la plupart forts et courageux. Telle est du moins l'une des opinions reçues.

Voici ce que rapportent les mémoires bouddhiques[1]. « Jadis cette île de *P'ao-tchou* (Ratnadvîpa) était habitée par cinq cents filles de *Lo-thsa*[2] (des Râkchasîs), qui occupaient une grande ville construite en fer. Au sommet d'un pavillon qui dominait les murs, elles avaient dressé deux drapeaux d'une grande hauteur, pour signaler les événements heureux ou malheureux. Selon qu'ils étaient favorables ou funestes, on voyait s'agiter le drapeau d'heureux ou de sinistre augure. Elles épiaient constamment les marchands qui abordaient dans l'île de *P'ao-tchou*, et, se changeant en femmes d'une grande beauté, elles venaient au-devant d'eux avec des fleurs odorantes et au son des instruments de musique, leur adressaient des paroles bienveillantes et les attiraient dans la ville de fer. Alors elles leur offraient

---

[1] Littéralement: la loi du *Bouddha* rapporte, c'est-à-dire, voici ce que rapportent, à ce sujet, les mémoires qui traitent de la loi du *Bouddha*.

[2] *Lo-thsa* est la transcription de *Rakchas*, sorte de démon. « *Râkchasî*, est le féminin de *Rakchas* (Wilson). »

un joyeux festin et se livraient au plaisir avec eux ; puis elles les enfermaient dans une prison de fer et les mangeaient l'un après l'autre.

« A cette époque, il y eut un grand chef de marchands de l'Inde, nommé *Seng-kia*, dont le fils s'appelait *Seng-kia-lo* (Siñhala). Son père étant devenu vieux, il dirigea, à sa place, les affaires de sa maison. Un jour, il s'embarqua avec cinq cents marchands pour aller recueillir des pierres précieuses, et, poussé par les vents et les flots, il arriva, par hasard, dans l'île de *P'ao-tchou*.

« En ce moment, les *Râkchasîs* voyant s'agiter, dans le lointain, le drapeau d'heureux augure, allèrent au-devant d'eux avec des fleurs odorantes et des instruments de musique, et les attirèrent dans la ville de fer. Le chef des marchands y ayant rencontré la reine des *Râkchasîs,* se livra avec elle à la joie et au plaisir. Les autres marchands prirent chacun une compagne, et, au bout d'un an, ils eurent tous un fils. Les *Râkchasîs* s'étant dégoûtées de leurs maris, voulurent les enfermer dans la prison de fer, et épièrent encore d'autres marchands.

« En ce moment, *Seng-kia-lo* (Siñhala) eut, la nuit, un mauvais songe, et, reconnaissant qu'il n'était pas d'heureux augure, il chercha à s'en retourner. Étant arrivé, par hasard, à la prison de fer, il entendit des cris lamentables. Il monta aussitôt sur un arbre élevé. « Qui est-ce qui vous tient enchaînés, demanda-t-il, et « pourquoi poussez-vous ces plaintes douloureuses? »

— « Vous ne savez donc pas, répondirent les mar-

« chands, que les femmes qui habitent cette ville sont
« toutes des *Râkchasîs?* Jadis, elles nous ont attirés dans
« la ville pour y goûter le plaisir ; mais, lorsque vous
« alliez arriver, elles nous ont jetés dans une obscure
« prison, et nous dévorent l'un après l'autre. Plus de la
« moitié a déjà péri ; sous peu, vous et vos compagnons
« subirez aussi le même malheur. »

—— « Par quel stratagème, reprit *Seng-kia-lo* (Siñhala),
« pourrons-nous échapper à cet affreux danger ? »

—— « Nous avons appris, répondirent-ils, que, sur
« le bord de la mer, il y a un cheval divin, et que, si
« un homme le prie avec une sincérité parfaite, il ne
« manque jamais de le passer à l'autre rive. »

« A ces mots, *Seng-kia-lo* (Siñhala) dit secrètement aux
marchands : « Regardez tous ensemble vers le rivage de
« la mer, et implorez son secours avec ferveur. »

« Au même instant, le cheval divin arriva, et leur dit :
« Que chacun de vous saisisse ma crinière, sans regar-
« der derrière lui ; je vous ferai traverser la mer. Après
« avoir échappé au danger, vous reverrez le *Tchen-pou-
« tcheou* (Djamboudvîpa), et vous arriverez heureuse-
« ment dans votre royaume natal. »

« Les marchands obéirent à ses ordres, et, s'y appli-
quant uniquement, sans partager leur attention, ils
saisirent sa crinière. Le cheval divin s'élança au milieu
des nuages, traversa la mer et arriva au bord opposé.

« Les *Râkchasîs* s'aperçurent sur-le-champ de la fuite
de leurs époux, et se demandèrent entre elles avec sur-
prise comment ils avaient pu s'échapper. Chacune d'elles

prit son fils, et se mit à parcourir les airs. Sachant que les marchands allaient bientôt quitter le rivage de la mer, elles se concertèrent ensemble, et, d'un vol rapide, elles allèrent les chercher au loin. En moins d'une heure, elles rencontrèrent les marchands, et les abordèrent les yeux en larmes, avec un sentiment de douleur et de joie. Alors, cachant leurs pleurs, elles leur dirent : « Nous vous retrouvons avec une douce émo-
« tion, et nous sommes heureuses de nous réunir à nos
« époux. Depuis longtemps, chaque couple vivait heu-
« reux et goûtait les douceurs d'un amour mutuel; mais
« aujourd'hui vous vous éloignez et nous laissez dans
« l'abandon. Vos épouses restent veuves et vos fils or-
« phelins! Qui pourrait supporter la douleur qui nous
« accable? Veuillez, de grâce, arrêter sur nous vos re-
« gards, et retourner avec nous dans la ville. » Mais les marchands ne consentirent pas encore à revenir sur leur résolution.

« Les *Râkchasis*, voyant leurs paroles inutiles, eurent recours aux plus habiles flatteries, et déployèrent les plus perfides séductions.

« Les marchands, toujours pleins de tendresse et d'attachement, éprouvèrent une émotion difficile à surmonter. Au fond du cœur, ils hésitaient à partir ou à rester; mais, à la fin, ils succombèrent tous. Les *Râkchasis* se félicitèrent mutuellement de leur succès. Elles donnèrent la main aux marchands, et s'en revinrent avec eux. *Seng-kia-lo* (Siṅhala), qui était doué d'un esprit ferme et d'une intelligence profonde, ne laissa pas enchaîner son cœur. Il put ainsi traverser la vaste mer et échapper au danger. Dans ce moment, la reine des *Râkchasîs* étant revenue seule dans la ville de fer, les autres femmes lui dirent : « Vous êtes dénuée de prudence et d'adresse, « et, en effet, vous voilà abandonnée de votre époux. « Puisque vous avez si peu de talent et de capacité, il « ne convient pas que vous demeuriez ici. »

« La reine des *Râkchasîs* prit alors son fils, et se rendit en toute hâte auprès de *Seng-kia-lo* (Siñhala). Elle déploya toutes ses caresses et ses séductions, et le pria tendrement de revenir avec elle. Mais *Seng-kia-lo* (Siñhala) prononça des paroles magiques, et, brandissant un glaive acéré, il lui dit d'un ton courroucé : « Vous êtes « une *Râkchasî*, et moi je suis un homme ! Les hommes « et les démons ont des voies différentes ; vous ne pou- « vez être mon épouse. Si vous me fatiguez encore par « vos instances, je vous trancherai la tête. »

« La *Râkchasî*, reconnaissant l'inutilité de ses séductions, s'élança dans les airs et disparut. Elle se rendit dans la maison de *Seng-kia-lo* (Siñhala), et dit à *Sengkia* (Siñha), son père : « Je suis la fille d'un roi de tel « royaume ; *Seng-kia-lo* (Siñhala) m'a épousée, et je lui « ai donné un fils. Nous retournions dans mon royaume « natal, chargés d'objets précieux ; mais, en voguant sur « les mers, nous avons été assaillis par la tempête, et, « après une navigation des plus périlleuses, c'est à grand' « peine que moi, mon fils et *Seng-kia-lo* (Siñhala), nous « avons pu aborder au rivage. Arrêtée sur ma route par « les montagnes et les rivières, mourant de froid et de

« faim, et accablée de souffrance, je laissai échapper un
« mot qui déplut à mon mari, et je me vis aussitôt aban-
« donnée. Prenant alors un ton injurieux, il me traita de
« *Râkchasî*[1]. Si je veux m'en retourner, un immense in-
« tervalle me sépare des États de mon père; si je reste,
« je suis seule et délaissée sur une terre étrangère. Que
« j'avance ou recule, je me trouve sans appui. J'ose ex-
« poser devant vous la vérité des faits. »

— « Si ce que vous dites est vrai, répondit *Seng-kia*
« (Siñha), il est juste que je vous reçoive immédiate-
« ment. »

« Il n'y avait pas longtemps qu'elle demeurait dans sa
maison, lorsque *Seng-kia-lo* (Siñhala) arriva.

« Pourquoi, lui dit son père, avez-vous préféré les
« richesses et les choses précieuses à votre femme et à
« votre fils? »

— « Mon père, dit *Seng-kia-lo* (Siñhala), cette femme
« est une *Râkchasî*. »

« Il raconta alors son ancienne aventure à son père et
à sa mère. A ce récit, tous ses parents et ses alliés se
mirent à la chasser. La *Râkchasî* alla aussitôt porter
plainte au roi, qui voulut châtier *Seng-kia-lo* (Siñhala).

« La plupart des filles des *Rakchas*, dit *Seng-kia-lo* (Siñ-
« hala), exercent sur les hommes une fascination dia-
« bolique. »

« Le roi n'en voulut rien croire, et, séduit par la
beauté de la *Râkchasî*, il dit à *Seng-kia-lo* (Siñhala):

« Puisque vous voulez absolument abandonner cette

[1] Le texte donne *Lo-thsa* (Rakchas). J'ai dû adopter le féminin.

« femme, je la garderai aujourd'hui dans mon palais in-
« térieur [1]. »

— « Je crains fort, reprit *Seng-kia-lo* (Siñhala), qu'elle
« ne vous cause de grands malheurs; car, comme elle
« est de la race des *Rakchas,* elle ne se nourrit que de
« chair et de sang. »

« Le roi, sourd à ces avis, l'admit aussitôt au nombre
de ses femmes. Quelque temps après, au milieu de la
nuit, elle retourna en toute hâte à l'île de *P'ao-tchou,* et
appela les cinq cents autres démons femelles de la race
des *Rakchas.* Quand elles furent arrivées ensemble dans
le palais du roi, à l'aide d'affreux maléfices, elles en
firent périr tous les habitants. Elles dévorèrent la chair
et burent le sang des hommes et des animaux, et s'en
revinrent, avec les restes de leurs cadavres, dans l'île de
P'ao-tchou.

« Dès que le jour eut paru, les ministres se réunirent
pour assister à l'audience du matin ; mais la porte du
roi était fermée et ne pouvait s'ouvrir. Après une longue
attente, comme ils n'entendaient aucune voix humaine,
ils enfoncèrent les portes et entrèrent précipitamment
l'un après l'autre. Dès qu'ils furent arrivés dans l'intérieur du palais, ils ne virent aucun homme vivant, et
ne trouvèrent que des os rongés. Les magistrats se re-
gardèrent face à face, sans savoir que résoudre, et pous-
sèrent des cris douloureux.

« Comme personne ne pouvait deviner la cause d'un tel

---

[1] Ce palais, appelé tantôt *Heou-kong* « posterius palatium », tantôt
Tchong-kong « medium palatium », répondait au *harem* des musulmans.

désastre, *Seng-kia-lo* (Siñhala) la leur raconta de point en point. Tous les sujets du roi reconnurent qu'il s'était attiré lui-même son propre malheur. Alors les ministres du royaume, les hommes d'État mûris par l'âge, les magistrats et les vieux généraux interrogèrent successivement les hommes d'un mérite éclatant pour élever le plus digne au faîte des honneurs (le placer sur le trône). Comme ils admiraient tous la vertu et la prudence de *Seng-kia-lo* (Siñhala), ils délibérèrent ensemble et dirent : « Le choix d'un prince ne saurait se faire à la « légère. Il faut d'abord qu'un homme soit doué de vertu « et de prudence, et qu'ensuite il possède une intelli- « gence remarquable. En effet, s'il manquait de vertu et « de prudence, il ne pourrait jouir longtemps du pou- « voir suprême ; s'il manquait d'intelligence et de lu- « mières, comment pourrait-il diriger les affaires de « l'État? *Seng-kia-lo* (Siñhala) réunit tous ces avantages. « Il a découvert en songe la cause du malheur; par l'effet « de sa vertu, il a rencontré un cheval céleste, et a loyale- « ment averti le roi du danger. Par sa prudence, il a su « sauver ses jours; c'est lui que l'ordre des temps ap- « pelle au trône. »

« A peine cette résolution eut-elle été proclamée, que la multitude du peuple l'éleva avec joie aux honneurs, et lui décerna le titre de roi. *Seng-kia-lo* (Siñhala) refusa; mais ce fut en vain. Alors, tenant fidèlement un juste milieu, il salua avec respect tous les magistrats, et monta aussitôt sur le trône. Dès ce moment il corrigea les anciens abus, et prit pour modèles les hommes

sages et vertueux. Il rendit alors un décret ainsi conçu :
« Mes anciens compagnons de commerce se trouvent
« encore dans le royaume des *Rakchas* (démons); j'ignore
« s'ils sont morts ou vivants, et ne puis distinguer le bien
« du mal [1]. Maintenant je veux les arracher au danger;
« il faut que j'équipe une armée. Sauver les hommes
« du péril et compatir à leurs misères, c'est le bonheur
« du royaume; recueillir des choses précieuses et les
« mettre en réserve, c'est la fortune de l'État. »

« Sur ces entrefaites, il passa ses troupes en revue, s'embarqua avec elles et partit. En ce moment, au-dessus de la ville de fer, s'agita tout à coup le drapeau de mauvais augure. A cette vue, toutes les *Râkchasîs* furent saisies de terreur. Alors, déployant leurs flatteries les plus séduisantes, elles allèrent au-devant des troupes pour les attirer et les tromper. Mais le roi, qui connaissait depuis longtemps tous leurs artifices, ordonna à ses soldats de prononcer des paroles magiques, et de montrer, avec un élan impétueux, la puissance de leurs armes.

« Toutes les *Râkchasîs* tombèrent à la renverse et furent honteusement vaincues. Les unes s'enfuirent et se cachèrent dans les îles, les autres se précipitèrent dans la mer et s'y noyèrent. Le roi détruisit alors la ville et la prison de fer. Après avoir délivré les marchands, il trouva une grande quantité de choses précieuses. Il appela le peuple et transporta sa résidence dans l'île de *P'ao-tchou*. Il fonda une capitale, bâtit des villes, et

---

[1] C'est-à-dire, reconnaître clairement s'ils sont heureux ou malheureux.

se trouva bientôt en possession d'un royaume. Par suite de ces événements, le nom du roi devint celui du royaume. L'histoire de *Seng-kia-lo* (Siñhala) se rattache aux anciennes naissances de *Chi-kia-fo* (Çâkya Tathâgata)[1]. »

Dans les temps anciens, les habitants du royaume de *Seng-kia-lo* (Siñhala) n'offraient que des sacrifices impies; mais dans la première centaine d'années qui s'écoulèrent après que le *Bouddha* eut quitté le monde, *Mo-hi-in-t'o-lo* (Mahêndra), frère cadet du roi *Wou-yeou* (Açôka), renonçant aux plaisirs des sens, chercha avec ardeur le fruit du Saint (la dignité d'*Arhat*). Ayant obtenu les six facultés surnaturelles (*Chaḍabhidjñâs*) et les huit moyens de délivrance (*Achtâu vimôkchas*), il marcha à travers les airs, et vint se promener dans ce royaume. Il propagea au loin la droite loi, et répandit la doctrine qu'avait léguée le *Bouddha*. Dès ce moment, les mœurs se pénétrèrent d'une foi pure; on construisit cent couvents, où l'on comptait environ vingt mille religieux. Tous suivaient la doctrine de l'école *Chang-tso-pou* (l'école des *Sthaviras*), qui se rattache au *grand Véhicule*.

---

[1] Une autre édition porte *Tch'ou* « locus », au lieu de *Sse* « affaire, événement ». Si l'on adopte cette leçon, il faudra traduire : « *Siñhala* est un des lieux où naquit anciennement *Çâkya Tathâgata*. » On trouve, en effet, livre XI, fol. 7, au commencement d'un morceau moderne, qui ne devait pas trouver place dans le *Si-yu-ki* (voy. page 142, note 1) : « Jadis *Çâkyamouni Bouddha*, dans une de ses existences (mot à mot : ayant métamorphosé son corps, *hoa chin*), prit le nom de *Seng-kia-lo* (Siñhala). Comme il réunissait toutes les vertus, les habitants du royaume l'élevèrent aux honneurs et le nommèrent roi. »

Deux cents ans après, chacun voulut fonder une école à part. L'école *Chang-tso-pou* (l'école des *Sthaviras*) se divisa en deux branches. L'une prit le nom de *Mo-ho-pi-ho-lo-tchou-pou* « l'école de ceux qui habitent dans les grands couvents » (celle des *Mahâvihâravâsinas*). Elle combattait le *grand Véhicule,* et étudiait la doctrine du *petit Véhicule.* L'autre s'appelait *'O-p'o-ye-k'i-li-tchou-pou* « l'école de ceux qui demeurent sur une montagne où la crainte est inconnue » (celle des *Abhayagirivâsinas*). Ils étudiaient à la fois les deux *Véhicules* et expliquaient abondamment les *trois Recueils* (Tripiṭaka). Les religieux et les novices menaient une vie pure, et se distinguaient par leur intelligence et leurs lumières. Leur belle conduite pouvait servir de modèle. Leur maintien était grave et imposant.

A côté du palais du roi, s'élève le *Vihâra* de la dent du *Bouddha,* qui est haut de plusieurs centaines de pieds; on y voit briller des joyaux extraordinaires[1], et il est orné des matières les plus précieuses. Sur le sommet du *Vihâra,* on a élevé une flèche surmontée d'une pierre d'une grande valeur, appelée *Po-t'an-mo-lo-kia* (Padmarâga — rubis). Cette pierre précieuse répand constamment un éclat resplendissant. Le jour et la nuit, en regardant dans le lointain, on croit voir une étoile lumineuse. Le roi baigne, trois fois par jour, la dent du *Bouddha*; tantôt il l'arrose d'eau parfumée, tantôt il brûle des poudres odorantes. Il s'applique à employer

---

[1] Au lieu de 珠 珍 *Tchou-tchin*, il faut lire *Tch'ou-tchin* 殊 珍, qui répond à *Khi-p'ao*. (Conf. *Peï-wen-yun-fou*, liv. XII, fol. 4.)

les choses les plus rares et les plus précieuses, et lui offre respectueusement ses hommages[1].

A côté du *Vihâra* de la dent du *Bouddha*, il y a un petit *Vihâra*, qui est également orné d'une multitude de choses précieuses. Au centre, il y a une statue en or du *Bouddha*, que le premier roi de ce royaume fit fondre en lui donnant exactement la taille qu'il avait. Le cône charnu[2] du sommet de la tête était orné d'un diamant précieux. Dans la suite des temps, il y eut un voleur qui forma le projet de le dérober; mais il était protégé par une double porte et une balustrade circulaire. Le voleur creusa un chemin souterrain. Quand il fut entré dans le *Vihâra*, il courut vers la pierre précieuse et voulut aussitôt s'en emparer. La statue s'éleva peu à peu à une grande hauteur, de sorte que le voleur ne put réussir à la prendre. Il se retira, et dit en soupirant : « Jadis, lorsque *Jou-laï* (le Tathâgata) menait « la vie d'un *P'ou-sa* (d'un Bôdhisattva), il conçut des « sentiments nobles et généreux, et jura que depuis sa « propre vie jusqu'aux villes du royaume, il donnerait « tout pour montrer de la pitié aux créatures. Voilà

---

[1] Après ce passage, viennent deux morceaux modernes, formant ensemble quatre cent quatre-vingt-dix-neuf caractères, qui ont été interpolés par les derniers éditeurs. Ils se rapportent tous deux à la troisième année de la période *Yong-lo*, de la dynastie des *Ming* (1405). Nous nous dispensons de les traduire ici, comme étant étrangers à la rédaction du *Si-yu-ki*, mais nous les rapporterons dans les notes, pour ne rien omettre.

[2] C'est-à-dire, le renflement conique que les artistes indiens se plaisent à mettre en saillie sur le sommet de la tête des saints personnages.

« qu'aujourd'hui la statue qu'il nous a laissée se montre
« avare d'une pierre précieuse. Si l'on examine ce fait
« avec attention, on ne comprend pas sa conduite an-
« cienne. »

Alors la statue baissa la tête et lui donna le diamant.
Dès que le voleur l'eut en sa possession, il l'emporta
aussitôt pour le vendre. Quelques personnes ayant vu
cette pierre précieuse, lui dirent d'une voix unanime :
« C'est le diamant que notre premier roi avait placé sur
« le sommet de la tête de la statue d'or du *Bouddha*.
« De qui le tenez-vous, pour venir le vendre ici ? »

A ces mots, ils se saisirent de lui et allèrent en informer le roi. Le roi lui demanda de qui il le tenait.

« C'est le *Bouddha* lui-même qui me l'a donné, ré-
« pondit le voleur; je ne l'ai point dérobé. »

Le roi ne voulut point le croire, et ordonna qu'on
envoyât vérifier le fait. La statue avait encore la tête
baissée. Le roi, ayant vu ce prodige, se sentit pénétré
d'une foi pure et ferme, et se garda de punir cet homme.
Il lui racheta, à grand prix, le diamant pour en orner le
sommet de la tête de la statue, et l'y plaça une seconde
fois. Par suite de cet événement, la statue penche la
tête vers la terre, et, jusqu'à ce jour, elle est restée dans
la même position.

A côté du palais du roi, on a construit une vaste cuisine où l'on prépare, chaque jour, des aliments pour
dix-huit mille religieux. A l'heure du repas, les religieux
viennent, un pot (*pâtra*) à la main, pour recevoir leur
nourriture. Après l'avoir obtenue, ils s'en retournent

chacun dans leur chambre. Depuis que la doctrine du *Bouddha* s'est répandue (dans ce royaume), le roi a fondé ces charitables offrandes; ses descendants lui ont succédé, et ont conservé jusqu'à ce jour l'héritage de sa puissance. Mais, depuis dix ans, l'administration du royaume a été bouleversée, et il n'y a pas encore de chef stable, de sorte qu'on a abandonné cette bonne œuvre.

Le royaume est voisin d'une baie; la terre donne des produits rares et précieux. Le roi va lui-même offrir des sacrifices, et les esprits lui présentent des objets d'une valeur extraordinaire. Les habitants de la capitale vont et viennent pour en recueillir. Ce qu'ils obtiennent est inégal, et est proportionné à la récompense que mérite leur vertu. Ils payent une taxe basée sur la quantité de perles qu'ils ont trouvée.

A l'angle sud-est du royaume, s'élève le mont *Ling-kia* (Lañkâ). Ses hauts sommets et ses profondes vallées sont habités par des esprits et des démons. Dans les temps anciens, *Jou-laï* (le Tathâgata) expliqua sur cette montagne le *Ling-kia-king* (Lañkâvatâra soûtra).

En naviguant à quelques milliers de li au sud du royaume, on arrive à l'île de *Na-lo-ki-lo* (Narakira). Les habitants de cette île sont petits de taille et ont environ trois pieds de hauteur. Ils ont un corps d'homme et un bec d'oiseau. Ils ne récoltent point de grains, et se nourrissent uniquement de noix de coco.

Après avoir fait plusieurs milliers de li, en naviguant à l'ouest de l'île de *Na-lo-ki-lo* (Narakira), sur le bord oriental d'une île isolée, on voit une statue en pierre du *Bouddha*, qui est haute d'une centaine de pieds. Il est assis du côté de l'est. On a formé la saillie supérieure de sa tête avec une perle de l'espèce appelée *Youeï-'aï-tchou*[1] (Tchandrakânta). Lorsque la lune est sur le point d'y réfléchir sa lumière, il en sort une source d'eau qui inonde les bords de la montagne, et se déverse dans les vallées.

Anciennement il y eut une compagnie de marchands qui fut assaillie par une violente tempête. Après avoir vogué au gré des flots, ils arrivèrent à l'île isolée; mais l'eau de la mer étant salée, ils ne trouvèrent rien à boire, et éprouvèrent pendant longtemps les tourments de la soif. On était alors au quinzième jour de la lune. L'eau découla du sommet de la tête de la statue, et ils obtinrent tous un grand soulagement. Ils pensèrent que les esprits avaient été touchés de la sincérité de leur foi et les avaient sauvés. Ils se décidèrent alors à rester dans l'île. Après qu'ils y eurent passé quelques jours, ils remarquèrent que chaque fois que la lune se cachait derrière les hautes montagnes, l'eau cessait de couler. Le chef des marchands dit alors : « Ce n'était « donc pas absolument pour nous secourir que l'eau a « coulé? J'ai entendu parler de la perle aimée de la lune « (*Tchandrakânta*). Quand elle est éclairée par les rayons « de la lune, c'est alors seulement que l'eau coule avec « abondance. Cette perle précieuse ne se trouverait-elle

---

[1] Littéralement : perle aimée de la lune. Le synonyme *Tchandrakânta* m'a été fourni par l'illustre professeur Wilson.

« pas sur le sommet de la tête de la statue du Boud-
« dha? » Il monta aussitôt sur le bord escarpé de la
montagne, et, à la première vue, il reconnut qu'en effet
on avait formé la saillie du sommet de la tête avec une
perle de l'espèce appelée *Youeï-'aï-tchou* (Tchandrakânta). C'est après avoir vu cet homme que les habitants ont pu raconter les détails qu'on vient de lire.

Après avoir fait plusieurs milliers de li, en naviguant
à l'ouest de ce royaume, on arrive à la grande île des
pierres précieuses, qui n'est habitée que par des démons. Quand on la regarde de loin, pendant une nuit
tranquille, la lumière qu'elle répand éclaire les montagnes et les vallées. Beaucoup de marchands sont allés
dans cette île, et ont eu le chagrin de n'y rien trouver.

En quittant le royaume de *Ta-lo-pi-tch'a* (Drâviḍa),
il entra, au nord, dans des forêts et des plaines sauvages,
traversa une ville isolée, et passa par de petites villes.
Des brigands, réunis en troupes, faisaient beaucoup
de mal aux voyageurs.

Après avoir fait environ deux mille li, il arriva au
royaume de *Kong-kien-na-pou-lo* (Koñkaṇâpoura)[1].

ROYAUME DE KONG-KIEN-NA-POU-LO.

(KOÑKAṆÂPOURA.)

Le royaume de *Kong-kien-na-pou-lo* (Koñkaṇâpoura)
a environ cinq mille li de tour; la circonférence de la
capitale est d'une trentaine de li. Le sol est gras et fer-

[1] Inde méridionale.

tile, et produit une grande abondance de grains. Le climat est chaud; les mœurs sont vives et ardentes. Les habitants ont le corps et la figure noirs; leur caractère est farouche et cruel. Ils aiment l'étude, et estiment la vertu et le talent. Il y a une centaine de couvents, dont les religieux, au nombre d'environ dix mille, étudient à la fois le *grand* et le *petit Véhicule*. On compte plusieurs centaines de temples des dieux; les hérétiques des différentes sectes habitent pêle-mêle.

A côté de la ville royale, il y a un grand *Kia-lan* (Sanghârâma), où habitent environ trois cents religieux, qui sont tous des hommes distingués. Dans ce couvent, il y a un grand *Vihâra*, haut d'une centaine de pieds. Dans ce *Vihâra*, se trouve le bonnet précieux du prince royal *I-tsie-i-tch'ing* (Sarvârthasiddha)[1], qui est haut d'un peu moins de deux pieds, et couvert d'ornements rares et précieux. On le conserve dans une boîte d'une grande valeur; on l'en retire chaque jour de jeûne, et on le place sur un piédestal élevé. On lui offre des fleurs odorantes; il répand en tout temps un brillant éclat.

A côté de la ville, au centre d'un grand *Kia-lan* (Sanghârâma), il y a un *Vihâra*, haut d'environ cinquante pieds, au milieu duquel s'élève la statue de *Ts'e-chi-p'ou-sa* (Mâitrêya Bôdhisattva), sculptée en bois de santal; elle est haute d'une dizaine de pieds. Quelquefois, aux jours de jeûne, elle brille d'un éclat divin. Elle a

---

[1] On dit aussi *Siddhârtha* (*Lalita vistâra*, p. 215), et *Sarvasiddha* (*Fan-i-ming-i-tsi*, liv. I, fol. 23). C'était le nom du jeune Çâkyamouni.

10.

été exécutée par les soins de l'*Arhat Wen-eul-pe-i* (Çroutaviñçatikôṭi).

A une petite distance, au nord de la ville, il y a une forêt de *To-lo* (Tâlas), qui a environ trente li de tour. Les feuilles du *Tâla* (Borassus flabelliformis) sont longues, larges et d'une couleur luisante. Dans tous les royaumes de l'Inde, il n'y a personne qui n'en recueille pour écrire. Dans cette forêt, il y a un *Stoûpa*. C'est un endroit où les quatre *Bouddhas* passés s'étaient assis, et avaient laissé, en faisant de l'exercice, les traces de leurs pas. A côté de ce monument, s'élève un *Stoûpa* qui renferme les reliques de l'*Arhat Wen-eul-pe-i* (Çroutaviñçatikôṭi).

A une petite distance, à l'est de la ville, il y a un *Stoûpa* qui s'est en grande partie enfoncé en terre, et dont les restes ont environ trente pieds de hauteur. On lit dans les anciennes descriptions de ce pays : « Ce *Stoûpa* renferme des reliques de *Jou-laï* (du Tathâgata). Quelquefois, aux jours de jeûne, il répand une lueur céleste. Jadis, dans ce lieu, *Jou-laï* (le Tathâgata) expliqua la loi, fit éclater la puissance de ses facultés divines, et convertit une multitude d'hommes. »

A une petite distance, au sud-ouest de la ville, il y a un *Stoûpa*, haut d'une centaine de pieds, qui a été bâti par le roi *Wou-yeou* (Açôka). En cet endroit, l'*Arhat Wen-eul-pe-i* (Çroutaviñçatikôṭi) fit éclater ses grandes facultés surnaturelles, et convertit une multitude d'hommes.

A côté, il y avait un couvent dont il ne reste plus

que les fondements; c'était cet *Arhat* qui l'avait construit.

En partant de ce royaume, dans la direction du nord-ouest, il entra dans de grandes forêts et des plaines sauvages, qui étaient infestées par des bêtes féroces et des bandes de brigands. Après avoir fait deux mille quatre ou cinq cents li, il arriva au royaume de *Mo-ho-la-tch'a* (Mahârâchtra)[1].

ROYAUME DE MO-HO-LA-TCH'A.
(MAHÂRÂCHTRA.)

Le royaume de *Mo-ho-la-tch'a* (Mahârâchtra) a environ six mille li de tour. Du côté de l'ouest, la capitale est voisine d'un grand fleuve; sa circonférence est d'une trentaine de li. Le sol est gras et fertile, et donne des grains en abondance. Le climat est chaud; les mœurs sont simples et honnêtes. Les habitants ont une stature élevée et un caractère fier et hautain. Quiconque leur fait du bien peut compter sur leur gratitude; mais celui qui les a offensés n'échappe jamais à leur vengeance. Si quelqu'un les insulte, ils risquent leur vie pour laver cet affront. Si une personne les implore dans la détresse, ils oublient le soin de leur corps pour voler à son secours. Quand ils ont une injure à venger, ils ne manquent jamais d'avertir d'avance leur ennemi; après quoi, chacun endosse sa cuirasse, et lutte la lance à la main. Dans un combat, ils poursuivent les fuyards, mais ils

[1] Le pays des Mahrattes. — Inde du midi.

ne tuent point ceux qui se sont rendus. Lorsqu'un général a perdu la bataille, au lieu de lui infliger une peine corporelle, on l'oblige à porter des habits de femme, et, par là, on le pousse à se donner lui-même la mort. L'État entretient un corps d'intrépides champions, au nombre de plusieurs centaines. Chaque fois qu'ils se préparent au combat, ils boivent du vin jusqu'à s'enivrer, et alors un seul de ces hommes, la lance au poing, défierait dix mille ennemis. S'il tue un homme qui se trouve sur son chemin, la loi ne le punit point. Chaque fois que l'armée entre en campagne, ces braves marchent à l'avant-garde, au bruit du tambour. En outre, ils enivrent plusieurs centaines d'éléphants d'un naturel féroce. Au moment d'en venir aux mains, ils boivent aussi des liqueurs fortes. Ils courent en masse, foulant tout sous leurs pieds. Nul ennemi ne peut tenir devant eux. Le roi, fier de posséder ces hommes et ces éléphants, méprise et insulte les royaumes voisins. Il est de la race des *Ts'a-ti-li* (Kchattriyas); son nom est *Pou-lo-ki-che*[1] (Poulakêça). Ses vues sont larges et profondes, et il étend au loin son humanité et ses bienfaits. Ses sujets le servent avec un dévouement absolu. Aujourd'hui le grand roi Çilâditya porte de l'est à l'ouest ses armes victorieuses; il subjugue les peuples éloignés et fait trembler les nations voisines; mais les hommes de ce royaume sont les seuls qui ne se soient point soumis. Quoiqu'il se soit mis plusieurs fois à la tête de toutes

[1] Ce mot n'est pas expliqué. La transcription *Poulakêça* s'appuie sur de bons exemples.

les troupes des cinq Indes, qu'il ait appelé les plus braves généraux de tous les royaumes, et qu'il ait marché lui-même pour les châtier, il n'a pas encore triomphé de leur résistance. On peut juger par là de leurs habitudes guerrières et de leurs mœurs. Les hommes aiment l'étude, et suivent en même temps les principes de l'hérésie et de la vérité. Il y a une centaine de couvents, qui renferment environ cinq mille religieux, et où l'on étudie à la fois le *grand* et le *petit Véhicule*. On compte cent temples des dieux; les hérétiques des différentes sectes sont extrêmement nombreux.

Dans l'intérieur et en dehors de la capitale, s'élèvent cinq *Stoûpas*. Dans tous ces lieux, les quatre *Bouddhas* passés se sont assis et ont laissé, en faisant de l'exercice, les traces de leurs pas. Ces monuments ont été construits par le roi *Wou-yeou* (Açôka). Il y a d'autres *Stoûpas* en pierre et en briques, mais ils sont tellement nombreux qu'il serait difficile de les mentionner tous.

A peu de distance, au midi de la ville, il y a un ancien couvent, au centre duquel on voit une statue en pierre de *Kouan-tseu-tsaï-p'ou-sa* (Avalôkitêçvara Bôdhisattva). Les effets de sa puissance divine se répandent en secret; ceux qui le prient obtiennent la plupart l'objet de leurs vœux.

Sur les frontières orientales du royaume, il y a une grande montagne qui offre des sommets entassés les uns sur les autres, des chaînes de rochers, des pics à double étage et des crêtes escarpées. Anciennement il y avait un couvent, qui avait été construit dans une sombre vallée. Ses bâtiments élevés et ses salles profondes occupaient les larges ouvertures des rochers et s'appuyaient sur les pics; ses pavillons et ses tours à double étage étaient adossés aux cavernes et regardaient la vallée.

Ce couvent avait été bâti par le *Lo-han 'O-tche-lo* (l'Arhat Âtchâra). Cet *Arhat* était originaire de l'Inde occidentale. Sa mère étant morte, il observa dans quelle classe d'êtres elle allait renaître. Il vit que, dans ce royaume, elle avait reçu un corps de femme. L'*Arhat* y vint aussitôt, dans le but de la convertir et de l'assister suivant les circonstances. Étant entré dans un village pour demander l'aumône, il arriva à la maison où était née sa mère. Une jeune fille prit de la nourriture et vint la lui donner. A l'instant même, il s'échappa du lait de ses mamelles. Cette preuve de sa parenté ne lui parut pas d'un bon augure. L'*Arhat* raconta à la jeune fille l'histoire de sa vie antérieure, et elle vit aussitôt le saint fruit du *Bouddha*. Touché des bontés de celle qui l'avait mis au monde et nourri, et pensant avec émotion au résultat des actes de sa vie antérieure[1], il fit bâtir ce couvent pour la remercier de ses grands bienfaits.

Le *Vihâra* du couvent a environ cent pieds de hauteur. Au centre, s'élève une statue en pierre du *Bouddha*, qui a environ soixante et dix pieds. Elle est surmontée de sept calottes en pierre qui sont suspendues dans l'air, sans aucune attache apparente. Elles sont séparées

---

[1] Je crois qu'il y a ici une allusion au lait qui avait jailli du sein de la jeune fille.

chacune par un intervalle d'environ trois pieds. D'après les anciennes descriptions de ce pays, elles sont soutenues par la force des vœux du *Lo-han* (de l'Arhat).

Suivant quelques personnes, ce prodige est dû à la force de ses facultés surnaturelles, et, selon d'autres, à la puissance de sa science médicale. Mais on a beau interroger l'histoire, il est impossible de trouver l'explication de ce prodige. Tout autour du *Vihâra*, on a sculpté les parois de la pierre, et l'on a représenté les événements de la vie de *Jou-laï* (du Tathâgata) dans tous les lieux où il a rempli le rôle de *Bôdhisattva*, les présages heureux qui ont signalé son élévation à la dignité d'*Arhat*, et les prodiges divins qui ont suivi son entrée dans le *Nirvâṇa*. Le ciseau de l'artiste a figuré tous ces faits dans les plus petits détails, sans en oublier un seul.

En dehors des portes du couvent, au midi et au nord, à gauche et à droite, on voit un éléphant en pierre. J'ai entendu dire à des gens du pays que, de temps en temps, ces (quatre) éléphants poussent des cris terribles qui font trembler la terre. Jadis *Tch'in-na-p'ou-sa* (Djina Bôdhisattva) s'arrêta souvent dans ce couvent.

En partant de ce royaume, il fit environ mille li à l'ouest, passa la rivière *Naï-mo-tho* (Narmmadâ), et arriva au royaume de *Po-lou-kie-tch'e-p'o* (Barouga-tch'êva)[1].

[1] *Barygaza* (Baroche des cartes). — Inde méridionale.

ROYAUME DE PO-LOU-KIE-TCH'E-P'O.

(BAROUGATCH'ÊVA [1].)

Ce royaume a de deux mille quatre cents à deux mille cinq cents li de tour; la circonférence de la capitale est d'une vingtaine de li. Le sol est imprégné de sel, de sorte que les plantes et les arbres y sont rares et clair-semés. Les habitants font bouillir l'eau de la mer pour en extraire du sel; l'exploitation de la mer est leur unique métier. Le climat est chaud, et l'air est agité par des tourbillons de vent. La froideur et l'indifférence règnent dans les mœurs. Les hommes ont un naturel fourbe et trompeur; ils ne savent pas cultiver les lettres, et croient en même temps à l'hérésie et à la vérité. Il y a une dizaine de couvents, où l'on compte environ trois cents religieux de l'école *Chang-tso-pou* (l'école des Sthaviras), qui se rattache au *grand Véhicule*. Il y a aussi une dizaine de temples des dieux; les hérétiques des différentes sectes habitent pêle-mêle.

En partant de ce royaume, il fit environ deux mille li au nord-ouest, et arriva au royaume de *Mo-la-p'o* (Malva) [2].

[1] M. Vivien de Saint-Martin lit *Vârikatchêva*.
[2] Royaume de *Lo* (Lar) méridional. — Inde du midi.

ROYAUME DE MO-LA-P'O.

(MALVA.)

Ce royaume a environ six mille li de tour; la capitale, dont la circonférence est d'une vingtaine de li, est située au sud-est de la rivière *Mo-ho* (Mahî). Le sol est gras et fertile, et donne d'abondantes moissons; les plantes et les arbres ont une végétation florissante, et on recueille une grande quantité de fleurs et de fruits. Le terrain est surtout favorable au blé tardif. Les gâteaux de farine de grains torréfiés sont la nourriture principale des habitants. Ceux-ci ont un naturel doux et soumis, et sont doués, en général, d'une intelligence remarquable. Leur langage est élégant et harmonieux, et leurs talents littéraires sont aussi étendus que profonds.

Dans les cinq Indes, il y a deux royaumes où l'on fait le plus grand cas de l'étude : au sud-ouest, *Mo-la-p'o* (Malva); au nord-est, *Mo-kie-t'o* (Magadha). Là, on honore la vertu et l'on estime l'humanité. Les hommes ont une vive intelligence et étudient avec ardeur; mais, dans ce royaume, on rencontre pêle-mêle des partisans de l'hérésie et de la vérité. Il y a plusieurs centaines de couvents, où l'on compte environ vingt mille religieux de l'école *Tching-liang-pou* (l'école des Sammatîyas), qui se rattache au *petit Véhicule*. Il y a aussi plusieurs centaines de temples des dieux. Les hérétiques sont très-nombreux; ce sont, la plupart, les sectaires qui se frottent de cendres (les *Pâñçoupatas*). On lit dans l'histoire de ce royaume : « Il y a soixante ans, le roi s'appelait *Chi-lo-'o-t'ie-to* (Çilâditya) ; il était doué de hautes lumières, de talents distingués et d'un vaste savoir. Il était plein d'affection pour le peuple et de respect pour les *trois Précieux*. Depuis sa naissance jusqu'à sa dernière heure, sa figure ne montra jamais de colère, ses mains ne firent jamais de mal à une créature vivante. Avant de donner à boire à ses éléphants et à ses chevaux, il avait soin de filtrer l'eau, de peur de faire périr les insectes aquatiques. Telles étaient son humanité et sa bonté affectueuse. Pendant les cinquante années qu'il resta sur le trône, les animaux féroces devinrent familiers avec les hommes ; dans tout son royaume, le peuple, sans exception, renonça au meurtre. A côté du palais qu'il habitait, il avait fait construire un *Vihára* où brillaient à la fois les merveilles de l'art et de magnifiques ornements. Au centre, il avait placé les statues des sept *Bouddhas*. Chaque année, il convoquait constamment la grande assemblée de la *Délivrance* (Môkcha mahâ parichad), et appelait en foule les religieux de tous les pays. Il leur faisait les quatre offrandes, ou bien leur donnait tantôt un assortiment complet de trois vêtements, tantôt les sept choses précieuses. Ces œuvres méritoires se sont continuées jusqu'ici de siècle en siècle, et n'ont jamais éprouvé d'interruption. »

A environ vingt li, au nord-ouest de la capitale, on arrive à la ville des *P'o-lo-men* (des Brâhmanes). A côté, on voit une fosse produite par l'affaissement du sol.

Quoiqu'elle reçoive, depuis bien des siècles, une multitude de ruisseaux, l'eau ne s'y amasse jamais.

À côté, on a bâti encore un petit *Stoûpa*. Voici ce qu'on lit dans les anciennes descriptions de ce pays : « Ce fut dans ce lieu que jadis un Brâhmane d'un orgueil effréné tomba vivant dans l'enfer. Anciennement il y avait dans cette ville un Brâhmane qui avait reçu de la nature une vaste intelligence, et qui effaçait par son savoir les hommes les plus renommés de son temps. Il avait approfondi tout ce qu'il y avait de plus obscur et de plus subtil dans les livres sacrés et profanes, et il lisait, avec une facilité extrême, les textes les plus obscurs de l'astronomie. Sa conduite était noble et pure, et sa réputation brillante s'étendait en tous lieux. Le roi avait pour lui beaucoup d'estime et de respect, et tous les hommes du royaume le comblaient d'hommages. Ses disciples, dont le nombre allait jusqu'à mille, savouraient sa doctrine, et respectaient ses leçons. Il disait en toute occasion : « Je suis venu dans « le monde pour être le successeur du Saint (du *Bouddha*) et le guide du vulgaire. Parmi les sages de tous « les siècles, nul n'est comparable à moi. Ces dieux « qu'on appelle le *Grand maître* (Mahêçvaradêva), *P'o-« sou* (Vasoudêva), *Na-lo-yen* (Nârâyaṇadêva), ainsi « que (*Bouddha*) l'Honorable du siècle (*Lôkadjyêchṭha*), « tous les hommes se prosternent devant eux, adoptent « et publient leur doctrine, représentent leur image et « les comblent à l'envi de respects. Aujourd'hui je les « surpasse tous par ma vertu, et par ma réputation j'é-

« clipse tous les hommes de mon siècle. Ils n'ont rien
« d'extraordinaire; en quoi peuvent-ils donc briller? »

« Aussitôt il sculpta en santal rouge les statues de *Mahéçvara*, de *Vasoudêva*, de *Nârâyaṇadêva* et du *Bouddha*, l'Honorable du siècle, et en fit les quatre pieds de son fauteuil qu'il transportait avec lui. Voilà jusqu'où allaient son insolence et son orgueil!

« A cette époque, il y avait un *Bhikchou* de l'Inde occidentale, nommé *P'o-t'o-lo-leou-tchi* (Bhadraroutchi)[1]. Il possédait le Traité des causes (*Hétouvidyâçâstra*), et avait étudié à fond les systèmes des diverses écoles. Sa doctrine était pure, et le parfum de sa vertu se répandait en tous lieux. Il avait peu de désirs et savait se suffire; il ne demandait rien aux créatures. Quand il eut entendu parler du Brâhmane, il s'écria en soupirant :

« Quelle pitié! Ce siècle ne possède pas un homme,
« et voilà ce qui encourage cet être stupide à se livrer
« insolemment à sa méchanceté! »

« Là-dessus, il prit son bâton, pour voyager au loin, et se rendit dans ce royaume. Il exposa au roi le projet qu'il méditait depuis longtemps. A la vue de ses vêtements vieux et usés, le roi n'éprouva encore pour lui aucun sentiment de respect; mais admirant ses nobles desseins, il s'efforça de le recevoir d'une manière honorable. Aussitôt après, il fit établir une chaire pour les conférences, et en donna avis au Brâhmane. A cette nouvelle, le Brâhmane se mit à sourire

---

[1] En chinois, *Hien-'aï* « l'amour des sages ».

et dit : « Quel est cet homme qui ose concevoir de tels
« projets? »

« Le roi ayant ordonné à ses disciples et à ses partisans de se rendre au lieu des conférences, ils arrivèrent par centaines et par milliers, et se placèrent en avant et en arrière pour l'écouter. *Hien-'aï* (Bhadraroutchi), qui était couvert de vêtements vieux et usés, étendit par terre des herbes sèches et s'y assit. Alors le Brâhmane, s'appuyant sur le fauteuil qu'il portait avec lui, critiqua amèrement la droite loi, et exposa en détail ses principes erronés.

« Le *Bhikchou*, avec une élocution pure et facile, parcourut, à plusieurs reprises, le cercle de ses arguments, et à la fin le Brâhmane s'avoua vaincu. Le roi dit à ce dernier : « Pendant longtemps vous vous êtes paré
« d'une vaine réputation ; vous avez trompé le souverain
« et égaré la multitude. Il est écrit dans nos anciennes
« lois que quiconque a été vaincu dans une discussion
« doit subir la mort. » Il voulut qu'on chauffât au rouge un fourneau en fer et qu'on le fît asseoir dessus. Le Brâhmane, réduit à l'extrémité, se soumit en tremblant et demanda grâce. *Hien-'aï* (Bhadraroutchi) eut pitié de lui, et adressa cette prière au roi : « Grand roi, l'in-
« fluence de votre humanité s'étend au loin ; le bruit
« de vos louanges retentit sur tous les chemins. Il faut
« que vous montriez encore votre bonté affectueuse ; ne
« vous laissez point aller à la cruauté. Pardonnez-lui sa
« défaite, et laissez-le aller où il voudra. »

« Le roi ordonna qu'on le fît monter sur un âne, et

qu'on proclamât son déshonneur par toutes les villes. Le Brâhmane, accablé de honte, entra en fureur et vomit des flots de sang. A cette nouvelle, le *Bhikchou* alla le trouver et lui dit pour le consoler : « Votre savoir em-
« brasse les doctrines sacrées et profanes, et votre ré-
« putation retentit en tous lieux. La gloire et le déshon-
« neur, la victoire et la défaite doivent éclater au grand
« jour; mais qu'y a-t-il de réel et de solide dans la re-
« nommée ? »

« Le Brâhmane s'abandonna aux transports de la colère, accabla le *Bhikchou* d'injures, calomnia le *grand Véhicule*, et déversa le mépris sur les anciens sages.

« Il n'avait pas encore cessé de parler, que la terre s'entr'ouvrit, et il descendit tout vivant dans cette fosse, qui offre une preuve éclatante de son châtiment. »

En partant de ce royaume, au sud-ouest, il arriva au confluent de deux mers, fit ensuite deux mille quatre à cinq cents li au nord-ouest, et parvint au royaume de '*O-tch'a-li* (Aṭali)[1].

ROYAUME DE 'O-TCH'A-LI.

(AṬALI.)

Ce royaume a environ six mille li de tour; la circonférence de la capitale est d'une vingtaine de li. La population est très-nombreuse, et possède une grande quantité de choses rares et précieuses. Quoique les habitants trouvent, dans la culture des grains, des ressources

[1] Le *Thal.* — Inde du sud.

suffisantes, leur principale occupation est le commerce. La terre est sablonneuse et imprégnée de sel; les fleurs et les fruits sont fort rares. On y cultive l'arbre *Hou-tsiao-chou* (le poivrier indien), dont les feuilles ressemblent à celles du *Chou-tsiao* (poivrier du pays de Chou), et l'arbre *Hiun-lou-hiang-chou* [1], dont les feuilles ressemblent à celles du *Thang-li* (cormier). Le climat est chaud; il y a beaucoup de vent et de poussière. Les hommes sont d'un caractère froid et indifférent; ils estiment les richesses et méprisent la vertu. Pour ce qui regarde l'écriture, la langue, la figure des hommes et les lois, ce royaume ressemble, en grande partie, à celui de *Mo-la-p'o* (Malva). La plupart des habitants ne croient point au mérite des bonnes œuvres; bien que quelques-uns y croient, ils adorent les esprits du ciel, qui ont un millier de temples. Les hérétiques des différentes sectes habitent pêle-mêle.

En partant du royaume de *Mo-la-p'o* (Malva), il fit environ trois cents li au nord-ouest, et arriva au royaume de *K'ie-tch'a* (Khatch?) [2].

ROYAUME DE K'IE-TCH'A.

(KHATCH?)

Ce royaume a environ trois mille li de tour; la circonférence de la capitale est d'une vingtaine de li. Sa population est très-nombreuse, et toutes les familles

[1] L'arbre qui donne l'encens.
[2] Inde méridionale.

vivent dans l'opulence. Il n'y a point de prince (indigène). Ce pays est sous la dépendance du royaume de *Mo-la-p'o* (Malva), auquel il ressemble par la nature du climat, les produits du sol et les mœurs des habitants. Il y a une dizaine de couvents, qui renferment environ mille religieux, et où l'on étudie en même temps le *grand* et le *petit Véhicule*. On compte plusieurs dizaines de temples des dieux; il y a beaucoup d'hérétiques.

En partant de ce pays, il fit environ mille li au nord, et arriva au royaume de *Fa-la-pi* (Vallabhî)[1].

ROYAUME DE FA-LA-PI.
(VALLABHÎ.)

Ce royaume a environ six mille li de tour; la circonférence de la capitale est d'une trentaine de li. Pour ce qui regarde les produits du sol, la nature du climat, les mœurs et le caractère des habitants, ce royaume ressemble à celui de *Mo-la-p'o* (Malva). La population est fort nombreuse, et toutes les familles vivent dans l'opulence. Il y en a une centaine dont la fortune s'élève à un million. Les marchandises les plus rares des contrées lointaines se trouvent en quantité dans ce pays. Il y a une centaine de couvents, où demeurent environ six mille religieux, lesquels étudient, la plupart, la doctrine de l'école *Tching-liang-pou* (l'école des Sammatîyas), qui se rattache au *petit Véhicule*. On compte plu-

[1] C'est précisément le royaume de *Lo-lo* (Lara, Lar) du nord. — Inde méridionale.

sieurs centaines de temples des dieux; les hérétiques des différentes sectes sont extrêmement nombreux.

Lorsque *Jou-laï* (le Tathâgata) vivait dans le monde, il voyagea souvent dans ce royaume. C'est pourquoi, dans tous les endroits où s'arrêta le *Bouddha*, le roi *Wou-yeou* (Açôka) éleva des colonnes en son honneur, ou construisit des *Stoûpas*. On voit, de distance en distance, des monuments qui rappellent les lieux où les trois *Bouddhas* passés se sont assis, ont fait de l'exercice ou prêché la loi.

Les rois de l'époque présente sont de la race des *Ts'a-ti-li* (Kchattriyas); tous sont les neveux du roi *Chi-lo-'o-t'ie-to* (Çilâditya), du royaume de *Mo-la-p'o* (Malva). Maintenant le fils du roi *Chi-lo-'o-t'ie-to* (Çilâditya), du royaume de *Kie-jo-ko-che* (Kanyâkoubdja), a un gendre appelé *T'ou-lou-p'o-po-tou* (Dhrouvapaṭou)[1]. Il est d'un caractère vif et emporté, et d'une intelligence faible et bornée; cependant il croit sincèrement aux *trois Précieux*. Chaque année, il tient, pendant sept jours, une grande assemblée, dans laquelle il distribue à la multitude des religieux, des mets exquis, les trois vêtements, des médicaments, les sept choses précieuses, et des objets rares et d'une grande valeur. Après avoir donné toutes ces choses en aumône, il les rachète au double. Il apprécie la vertu et honore les sages, il révère la religion et estime la science. Les religieux les plus éminents des contrées lointaines sont surtout l'objet de ses hommages.

[1] En chinois, *Tch'ang-joui* « constamment intelligent ».

A une petite distance de la ville, il y a un grand couvent qui a été construit jadis par les soins de l'*Arhat* *'O-tche-lo* (Âtchâra). Ce fut là que les *P'ou-sa* (Bôdhisattvas) *Te-hoeï* (Gouṇamati) et *Kien-hoeï* (Sthiramati) fixèrent leur séjour et composèrent divers traités qui, tous, se sont répandus avec éclat.

En partant de ce pays, il fit environ sept cents li au nord-ouest, et arriva au royaume de *'O-nan-t'o-pou-lo* (Ânandapoura)[1].

ROYAUME DE 'O-NAN-T'O-POU-LO.
(ÂNANDAPOURA.)

Le royaume de *'O-nan-t'o-pou-lo* (Ânandapoura) a environ deux mille li de tour; la circonférence de la capitale est d'une vingtaine de li. La population est fort nombreuse, et toutes les familles vivent dans l'opulence. Il n'y a point de prince (indigène). Ce pays dépend du royaume de *Mo-la-p'o* (Malva), auquel il ressemble par les produits du sol, la nature du climat, les caractères de l'écriture et les lois. Il y a une dizaine de couvents, où l'on compte un peu moins de mille religieux, lesquels étudient la doctrine de l'école *Tching-liang-pou* (l'école des Sammatîyas), qui se rattache au *petit Véhicule*. Il y a plusieurs dizaines de temples des dieux; les hérétiques des différentes sectes habitent pêle-mêle.

En quittant le royaume de *Fa-la-pi* (Vallabhî), il fit

[1] Inde occidentale.

environ cinq cents li à l'ouest, et arriva au royaume de *Sou-la-tch'a* (Sourâchṭra)[1].

ROYAUME DE SOU-LA-TCH'A.
(SOURÂCHTRA.)

Ce royaume a environ quatre mille li de tour. La capitale, dont la circonférence est d'une trentaine de li, touche, du côté de l'ouest, à la rivière *Mo-hi* (Mahî). La population est nombreuse, et toutes les familles vivent dans l'opulence. Ce pays est sous la dépendance du royaume de *Fa-la-pi* (Vallabhî). Le sol est imprégné de sel; les fleurs et les fruits sont rares. Quoique le froid et le chaud se partagent également l'année, les tourbillons de vent ne cessent jamais. L'indifférence et la froideur dominent dans les mœurs. Les hommes sont d'un caractère léger et n'aiment pas à cultiver les lettres. Les uns suivent la vraie doctrine, les autres sont adonnés à l'hérésie. Il y a une cinquantaine de couvents, où l'on compte environ trois mille religieux, lesquels étudient la doctrine de l'école *Chang-tso-pou* (l'école des Sthaviras), qui se rattache au *grand Véhicule*. Il y a une centaine de temples des dieux; les hérétiques des différentes sectes habitent pêle-mêle. Comme ce royaume se trouve sur le chemin de la mer occidentale, tous les habitants profitent des avantages qu'offre la mer : ils se livrent au négoce et à un commerce d'échange. A une petite distance de la ville (de la capitale), s'élève le mont

[1] Inde occidentale.

Yeou-chen-ta (Oudjdjanta)[1], au haut duquel on a établi un couvent. Les chambres et les galeries ont été creusées la plupart dans les flancs d'un sommet escarpé. Cette montagne est couverte de forêts épaisses, et les eaux des sources l'entourent de tous côtés. C'est là que se promènent et s'arrêtent les sages et les saints; c'est là aussi que se rendent en foule les *Rïchis* doués de facultés divines.

En sortant du royaume de *Fa-la-pi* (Vallabhî), il fit environ dix-huit cents li au nord, et arriva au royaume de *Kiu-tche-lo* (Gourdjdjara)[2].

ROYAUME DE KIU-TCHE-LO.
(GOURDJDJARA.)

Ce royaume a environ cinq mille li de tour; la circonférence de la capitale, appelée *Pi-lo-mo-lo*[3], est d'une trentaine de li. Par les produits du sol et les mœurs, il ressemble au royaume de *Sou-la-tch'a* (Sourâchṭra). La population est très-nombreuse, et toutes les familles vivent dans l'opulence. La plupart des habitants sont adonnés à l'hérésie ; il en est peu qui croient à la loi du *Bouddha*. Il n'y a qu'un seul couvent, où l'on compte une centaine de religieux, lesquels étudient la doctrine de l'école *Choue-i-tsie-yeou-pou* (l'école des Sarvâstivâdas),

---

[1] Suivant M. Vivien de Saint-Martin, c'est l'*Oudjdjayanta* (un des noms du *Râivata*).

[2] Inde occidentale.

[3] Suivant M. Vivien de Saint-Martin, c'est aujourd'hui *Balmair*.

qui se rattache au *petit Véhicule*. Il y a plusieurs dizaines de temples des dieux; les hérétiques des différentes sectes habitent pêle-mêle. Le roi est de la race des *Ts'a-ti-li* (Kchattriyas). Il a maintenant vingt ans, et se distingue par sa prudence et sa valeur. Il a une foi profonde dans la loi du *Bouddha*, et accorde une haute estime aux hommes d'un talent extraordinaire.

En partant de ce royaume, il fit environ deux mille huit cents li au sud-est, et arriva au royaume de *Ou-che-yen-na* (Oudjdjayana)[1].

ROYAUME DE OU-CHE-YEN-NA.
(OUDJDJAYANA[2].)

Ce royaume a environ six mille li de tour; la circonférence de la capitale est d'une trentaine de li. Par les produits du sol et les mœurs des habitants, il ressemble au royaume de *Sou-la-tch'a* (Sourâchṭra). La population est très-nombreuse, et toutes les familles vivent dans l'opulence. Il y a plusieurs dizaines de couvents, la plupart en ruines; trois ou quatre[3] seulement sont bien conservés. Ils renferment environ trois cents religieux, qui étudient à la fois le *grand* et le *petit Véhicule*. On compte plusieurs dizaines de temples des dieux; les hérétiques des différentes sectes habitent pêle-mêle. Le roi est de la race des *P'o-lo-men* (Brâhmanes); il

---

[1] Inde du midi.
[2] Dict. d'Hêmatchandra, p. 182 : *Oudjdjayinî*; aujourd'hui *Oudjein*.
[3] Il y a, en chinois, trois ou cinq.

est très-versé dans les livres des hérétiques, et ne croit pas à la droite loi.

A une petite distance de la ville (de la capitale), il y a un *Stoûpa*. C'était là que le roi *Wou-yeou* (Açôka) avait construit un enfer (un lieu de supplices).

En partant de ce royaume, il fit environ mille li au nord-est, et arriva au royaume de *Tchi-ki-t'o* (Tchikdha?)[1].

ROYAUME DE TCHI-KI-T'O.

(TCHIKDHA?)

Ce royaume a environ quatre mille li de tour; la circonférence de la capitale est de quinze à seize li. Le sol est renommé pour sa fertilité et donne d'abondantes moissons (de riz); il convient surtout aux légumes, au blé, aux fleurs et aux arbres fruitiers. Le climat est tempéré; les habitants sont d'un caractère doux et docile, mais la plupart croient aux doctrines hérétiques, et il en est peu qui révèrent la loi du *Bouddha*. Il y a plusieurs dizaines de couvents, qui ne contiennent qu'un petit nombre de religieux. Il y a une dizaine de temples des dieux, que fréquentent environ mille hérétiques. Le roi est de la race des *P'o-lo-men* (Brâhmanes); il croit fermement aux *trois Précieux*, et montre autant d'estime que de respect pour les hommes vertueux. Les savants des diverses contrées de l'Inde se réunissent en grand nombre dans ce royaume.

[1] Aujourd'hui *Tchitore*. — Inde du midi.

En partant de ce pays, il fit environ neuf cents li au nord, et arriva au royaume de *Mo-hi-chi-fa-lo-pou-lo* (Mahêçvarapoura)[1].

ROYAUME DE MO-HI-CHI-FA-LO-POU-LO.

(MAHÊÇVARAPOURA.)

Ce royaume a environ trois mille li de tour, et sa capitale une trentaine de li. Pour ce qui regarde les produits du sol et les mœurs, il ressemble au royaume de *Ou-che-yen-na* (Oudjdjayana). Les habitants révèrent les doctrines hérétiques, et ne croient point à la loi du *Bouddha*. Il y a plusieurs dizaines de temples des dieux, que fréquentent surtout les sectaires qui se frottent de cendres (les *Pâmçoupatas*). Le roi est de la race des *P'o-lo-men* (des Brâhmanes); il ne montre pas beaucoup de foi ni de respect pour la loi du *Bouddha*.

En sortant de ce pays, il revint dans le royaume de *Kiu-tche-lo* (Gourdjdjara), puis il reprit la route du nord. Après avoir fait dix neuf cents li à travers des plaines sauvages et des déserts dangereux, il passa le grand fleuve *Sin-tou*, et arriva au royaume du même nom[2].

ROYAUME DE SIN-TOU.

(SINDH.)

Ce royaume a environ sept mille li de tour; la ca-

---

[1] Inde centrale.
[2] Inde occidentale.

pitale, qui s'appelle *Pi-chen-p'o-pou-lo* (Vitchavapoura?), a une trentaine de li de circonférence. Ce pays est favorable à la culture des grains; il abonde en millet et en blé, et produit de l'or, de l'argent et du laiton. Il convient à l'élève des bœufs, des moutons, des chameaux, des mulets, etc. Les chameaux sont petits de taille et n'ont qu'une bosse. On en tire, en grande quantité, du sel, qui est rouge comme le cinabre, du sel blanc, du sel noir et du sel gemme, etc. Les peuples lointains et les nations étrangères en font usage en médecine. Les hommes sont d'un naturel dur et cruel, mais leur cœur est simple et droit. Souvent ils se disputent et se battent. Ils sont fort enclins à la médisance et à la calomnie. Ils étudient, mais sans aspirer à un grand savoir; ils ont une foi profonde dans la loi du *Bouddha*. Il y a plusieurs centaines de couvents, dont les religieux, au nombre d'environ dix mille, étudient tous la doctrine de l'école *Tching-liang-pou* (ou des Sammatîyas), qui se rattache au *petit Véhicule*. En général, ils sont indolents et adonnés à la débauche. Ceux d'entre eux qui sont animés d'un zèle ardent et doués de sagesse vont vivre dans la retraite, et s'éloignent sur les montagnes ou dans les forêts. Là, jour et nuit, ils déploient un zèle infatigable; beaucoup d'entre eux obtiennent le saint fruit du *Bouddha* (la dignité d'Arhat). Il y a une trentaine de temples des dieux; les hérétiques des différentes sectes habitent pêle-mêle. Le roi est de la race des *Siu-to-lo* (des Çoûdras); il est d'un naturel sincère et révère la loi du *Bouddha*. Jadis Jou-

laï (le Tathâgata) voyagea beaucoup dans ce royaume. C'est pourquoi, dans les lieux où il avait laissé ses saints vestiges, le roi *Wou-yeou* (Açôka) construisit plusieurs dizaines de *Stoûpas*. Le grand *'O-lo-han* (Arhat) *Ou-po-kio-to* (Oupagoupta) voyagea souvent dans ce royaume, et expliqua la loi pour éclairer et guider les hommes. Dans tous les lieux où il s'est arrêté, on a signalé les traces qu'il a laissées en construisant des couvents ou en élevant des *Stoûpas*. Ces monuments se rencontrent de tous côtés; aussi ne peut-on que les indiquer sommairement.

A côté du fleuve *Sin-tou* (Sindh — Indus), sur une étendue d'environ mille li, entrecoupés d'étangs et de marais, il s'est établi une multitude immense de familles[1]. Ces hommes sont d'un naturel féroce, et n'ont d'autre occupation que le meurtre et le carnage. Ils vivent de l'élève des bœufs et ne connaissent point de maîtres. Les hommes rasent leur barbe et les femmes leur chevelure, et ils portent un vêtement de religieux, sans distinction de rang. Ils ressemblent à des *Bhikchous*, et se conduisent comme des laïques. Ils tiennent obstinément à leurs vues étroites et attaquent avec violence le *grand Véhicule*. On lit dans les anciennes descriptions de ce pays : « Jadis le peuple était d'un caractère inhumain, et ne se livrait qu'à des actes cruels. A cette époque, il y eut un *Lo-han* (un Arhat) qui, ému de pitié à la vue d'une telle dégradation, s'éleva dans les airs, et arriva pour les convertir. Il déploya ses grandes facultés sur-

---

[1] Littéralement : plusieurs centaines de mille.

naturelles, et fit éclater des prodiges extraordinaires. Il amena la multitude à le recevoir avec foi, et, peu à peu, il les dirigea par l'instruction orale. Tous ces hommes, pénétrés de respect et de joie, exprimèrent le vœu de suivre sa direction et ses enseignements. L'*Arhat*, voyant la soumission de leur cœur, leur donna les trois formules de refuge, et dompta leur violence et leur cruauté. Ils renoncèrent complétement au meurtre, rasèrent leurs cheveux, teignirent leurs vêtements[1], et pratiquèrent avec respect les préceptes de la loi. »

Depuis cette époque reculée, les générations ont changé avec le temps, la pratique du bien s'est affaiblie, et ils ont conservé un reste des anciennes coutumes. Bien qu'ils portent encore l'habit de religieux, ils ont cessé de tenir une conduite vertueuse. Leurs fils et leurs petits-fils ont continué, sans interruption, le même genre de vie.

En partant de ce pays, il fit environ neuf cents li à l'est, passa sur le rivage oriental du fleuve *Sin-tou* (Sindh — Indus), et arriva au royaume de *Meou-lo-san-p'ou-lou* (Moûlasambhourou? — Moûltan)[2].

[1] Ils adoptèrent l'habit rouge-brun des religieux.
[2] Inde occidentale.

ROYAUME DE MEOU-LO-SAN-P'OU-LOU.

(MOÛLASAMBHOUROU[1]?)

Ce royaume a environ quatre mille li de tour; la circonférence de la capitale est d'une trentaine de li. La population est fort nombreuse, et toutes les familles vivent dans l'opulence. Ce pays est sous la dépendance du royaume de *Tse-kia* (Tchêka). Le sol est gras et fertile; le climat est tempéré; les mœurs sont pures et simples. Les habitants aiment l'étude et estiment la vertu; le plus grand nombre adore les esprits du ciel, et il en est peu qui croient à la loi du *Bouddha*. Il y a une dizaine de couvents, qui sont la plupart en ruines. On n'y voit qu'un petit nombre de religieux, qui étudient, mais sans zèle ni application. On compte huit temples des dieux; les hérétiques des différentes sectes habitent pêle-mêle. On voit le temple du dieu du soleil (*Âditya*), qui est d'une grande magnificence. La statue du dieu du soleil a été fondue en or pur, et est ornée de matières rares et précieuses. Sa vue divine pénètre les retraites cachées, et les effets de sa puissance surnaturelle se répandent en secret. Des femmes font entendre tour à tour une musique harmonieuse; de brillants flambeaux succèdent au jour, et l'on offre des fleurs odorantes. Depuis l'origine, cet usage s'est conservé sans interruption. Les rois et les

---

[1] Suivant M. Vivien de Saint-Martin, l'orthographe correcte est *Moûlasthânîpoura*.

grands personnages des cinq Indes ne manquent jamais d'offrir, dans ce temple, des objets rares et précieux. Ils ont établi des maisons de bienfaisance (*Pouṇyaçâlâs*) où l'on distribue des boissons, des vivres et des médicaments pour secourir les pauvres et les malades. En tout temps, il y a un millier d'hommes de tous les royaumes qui viennent dans ce sanctuaire pour obtenir l'accomplissement de leurs vœux. Tout autour du temple, on voit des lacs, des étangs et des bosquets fleuris où l'on peut se promener avec charme.

En sortant de ce royaume, il fit environ sept cents li au nord-est, et arriva au royaume de *Po-fa-to* [1] (Parvata).

ROYAUME DE PO-FA-TO.

(PARVATA.)

Ce royaume a environ cinq mille li de tour; la circonférence de la capitale est d'une vingtaine de li. La population est fort nombreuse. Ce pays est sous la dépendance du royaume de *Tse-kia* (Tchêka). On y récolte une grande quantité de riz sec [2]; le sol est propre aux légumes et au blé. Le climat est tempéré; les mœurs sont simples et pures. Les hommes sont d'un naturel vif et emporté, et leur langage est bas et vulgaire. Ils cultivent les lettres, et possèdent des connaissances aussi vastes que profondes; les uns suivent

---

[1] Inde du nord. Lisez *Po-lo-fa-to*. Cf. t. I, p. 210, note 3.
[2] C'est une espèce de riz qui vient sans irrigation.

la vraie doctrine, les autres sont adonnés à l'hérésie. Il y a une dizaine de couvents, où l'on compte un millier de religieux, qui étudient à la fois le *grand* et le *petit Véhicule*. On voit quatre *Stoûpas* qui ont été bâtis par le roi *Wou-yeou* (Açôka). Il y a vingt temples des dieux ; les hérétiques des différentes sectes habitent pêle-mêle.

A côté de la ville, il y a un grand couvent dont tous les religieux, au nombre d'une centaine, étudient la doctrine du *grand Véhicule*. Ce fut en cet endroit que jadis *Tch'in-na-fo-ta-lo* (Djinapouttra)[1] composa le *Yu-kia-sse-ti-chi-lun* (Yôgâtchâryyabhoûmiçâstrakârikâ?); là aussi les maîtres des *Çâstras*, *Hien-'aï* (Bhadraroutchi) et *Te-kouang* (Gouṇaprabha) embrassèrent la vie religieuse. Ce grand couvent a été brûlé par le feu du ciel ; il est délabré et en ruines.

En partant du royaume de *Sin-tou* (Sindh), il fit de quinze à seize cents li au sud-ouest, et arriva au royaume de *'O-tien-p'o-tchi-lo* (Adhyavakîla?)[2].

ROYAUME DE 'O-TIEN-P'O-TCHI-LO.

(ADHYAVAKÎLA?)

Ce royaume a environ cinq mille li de tour ; la capitale, qu'on appelle *Khie-tsi-chi-fa-lo* (Khadjiçvara?), a une trentaine de li de circonférence. Elle est située, à l'écart, sur les frontières de l'ouest ; elle est voisine du fleuve *Sin-tou* (Sindh) et à proximité d'une grande

---

[1] En chinois, *Tsouï-ching-tsen* « le fils souverainement vainqueur ».
[2] Inde occidentale.

mer. Les maisons sont richement ornées, et renferment une quantité d'objets rares et précieux. Depuis quelque temps, ce pays n'a plus de prince (indigène); il est sous la dépendance du royaume de *Sin-tou* (du Sindh). Le sol est bas et humide, et la terre est imprégnée de sel. Elle est couverte de mauvaises herbes, et offre peu de place pour la culture. Quoiqu'elle produise diverses sortes de grains, elle abonde principalement en légumes et en blé. Le climat est un peu froid, et des tourbillons de vent y règnent avec violence. Ce pays est propre à l'élève des bœufs, des moutons, des chameaux, des mulets, etc. Les habitants sont d'un caractère fougueux et emporté, et n'ont aucun goût pour l'étude. Leur langage diffère un peu de celui de l'Inde centrale. Leurs mœurs sont simples et pures. Ils honorent et révèrent les *trois Précieux* (San-p'ao). Il y a quatre-vingts couvents, où l'on compte environ cinq mille religieux, qui, la plupart, étudient les principes de l'école *Tching-liang-pou* (l'école des Sammatîyas), qui se rattache au *petit Véhicule*. Il y a une dizaine de temples des dieux, que fréquentent surtout les hérétiques qui se frottent de cendres (*Pâṁçoupatas*). Au centre de la ville, s'élève le temple de *Ta-tseu-tsaï-t'ien* (Mahêçvara Dêva). Cet édifice est orné de riches sculptures. La statue du dieu est douée d'une puissance merveilleuse. Les hérétiques qui se frottent de cendres (les *Pâṁçoupatas*) fréquentent et habitent le temple. Jadis *Jou-laï* (le Tathâgata) voyagea beaucoup dans ce royaume. Il expliqua la loi et convertit les hommes, guida le vulgaire, et fit du bien au peuple. C'est pourquoi, dans les lieux où il avait laissé ses traces divines, le roi *Wou-yeou* (Açôka) construisit six *Stoûpas*.

En sortant de ce pays, il se dirigea vers l'ouest, et, après avoir fait moins de deux mille li, il arriva au royaume de *Lang-kie-lo* (Lañgala)[1].

ROYAUME DE LANG-KIE-LO.
(LAÑGALA.)

Ce royaume a plusieurs milliers de li de l'est à l'ouest et du sud au nord. La capitale, qu'on appelle *Sou-neou-li-chi-fa-lo* (Soûnourîçvara?), a une trentaine de li de circonférence. La terre est grasse et fertile, et donne de riches moissons. Pour ce qui regarde le climat et les mœurs, ce pays ressemble au royaume de *'O-tien-p'o-tchi-lo* (Adhyavakîla?). Les habitants sont fort nombreux, et possèdent une quantité d'objets rares et précieux. Ce royaume est voisin d'une grande mer; c'est la route qui conduit au royaume des femmes d'Occident. Il n'a point de roi; les habitants se sont établis eux-mêmes dans une vallée, et sont indépendants les uns des autres. Ils sont soumis au royaume de *Po-la-sse* (la Perse). L'écriture a une grande ressemblance avec celle de l'Inde, mais la langue parlée est un peu différente. Les uns suivent la vraie doctrine, les autres sont adonnés à l'hérésie. Il y a une centaine de couvents dont les religieux, au nombre d'environ six mille,

[1] Inde occidentale.

étudient à la fois le *grand* et le *petit Véhicule*. On compte plusieurs centaines de temples des dieux; les hérétiques qui se frottent de cendres (les *Pâṁçoupatas*) sont extrêmement nombreux.

Au centre de la ville, s'élève le temple du dieu *Ta-tseu-tsaï* (Mahêçvara), qui est d'un aspect imposant et d'une grande magnificence. C'est le dieu qu'adorent les hérétiques qui se frottent de cendres (les *Pâṁçoupatas*).

En partant de ce royaume, dans la direction du nord-ouest, on arrive au royaume de *Po-la-sse* (Parsa — la Perse)[1].

ROYAUME DE PO-LA-SSE.

(PARSA. — LA PERSE.)

Ce royaume a une étendue de plusieurs milliers de lieues[2]. La capitale, qui s'appelle *Sou-la-sa-t'ang-na* (Sourasthâna), a une circonférence d'environ quarante li. Comme les vallées ont une grande étendue, le climat varie sensiblement; il est généralement chaud. Les

---

[1] On lit en note : « Quoique la Perse ne soit pas un royaume de l'Inde, on l'a ajoutée parce qu'elle se trouvait sur la route du voyageur. Anciennement on écrivait en abrégé *Po-sse*. »

L'expression *on arrive* (voyez la Préface du premier volume de notre collection, page 38, ligne 1) nous montre que *Hiouen-thsang* n'avait pas voyagé dans ce royaume, et qu'il ne l'avait connu que par les livres ou la tradition orale.

[2] En chinois, plusieurs *wan* de li. Le *wan* vaut dix mille; dix mille li équivalent à peu près à mille lieues.

habitants amènent l'eau par des canaux pour arroser les champs. La population est riche et vit dans l'abondance. Ce pays produit de l'or, de l'argent, du laiton, du *Po-tchi* (Sphâṭika — cristal de roche), et une multitude de choses rares et précieuses. Les hommes savent tisser de grandes pièces de soie brochée, de fines étoffes de laine, des tapis, etc. Ils possèdent un grand nombre de chevaux et de chameaux d'une race excellente. Dans le commerce, ils font usage de larges monnaies d'argent. Ils sont d'un naturel violent et emporté, et ne connaissent ni la justice ni les rites. Leur écriture et leur langue diffèrent de celles des autres royaumes; ils sont étrangers à la culture des lettres, et excellent dans l'industrie. Tous les objets qu'ils fabriquent sont fort estimés des royaumes voisins. Les mariages ne sont qu'une honteuse promiscuité des sexes. La plupart des morts sont abandonnés sans sépulture. Les Persans sont d'une stature élevée; ils réunissent leurs cheveux, et gardent la tête découverte. Ils portent des vêtements de peau, de laine, de feutre et de soie brochée. Chaque famille est soumise à un impôt, qui est de quatre pièces d'argent par personne. Il y a un grand nombre de temples des dieux; *Ti-na-p'o* (Dinabha?) est le dieu qu'adorent les hérétiques. Il y a deux ou trois couvents, où l'on compte plusieurs centaines de religieux, lesquels suivent les principes de l'école *Choue-i-tsie-yeou-pou* (l'école des Sarvâstivâdas), qui se rattache au *petit Véhicule*. Le pot de *Chi-kia-fo* (Çâkya Bouddha) se trouve dans le palais du roi de ce royaume.

Sur les frontières orientales du royaume, on voit la ville de *Ho-mo*; ses murs intérieurs n'ont pas une grande étendue, mais l'enceinte extérieure a environ soixante li de tour. La population est fort nombreuse; toutes les familles possèdent de riches propriétés. Au nord-ouest, ce pays est limitrophe du royaume de *Fo-lin* qui, par la nature du sol, les mœurs et coutumes, ressemble au royaume de *Po-la-sse* (la Perse); mais il en diffère un peu par la figure et le langage des habitants. Ceux-ci possèdent une quantité d'objets rares et précieux; ils sont également riches et opulents.

Dans une île située au sud-ouest du royaume de *Fo-lin*, se trouve le royaume des femmes d'Occident. On n'y voit que des femmes, et pas un seul homme. Ce pays renferme une grande quantité de choses rares et précieuses que l'on vend dans le royaume de *Fo-lin*. C'est pourquoi le roi de *Fo-lin* leur envoie, chaque année, des hommes pour s'unir avec elles; mais si elles donnent le jour à des garçons, la coutume du pays ne leur permet point de les élever.

En partant du royaume de *'O-tien-p'o-tchi-lo* (Adhyavakîla?), il fit environ sept cents li au nord, et arriva au royaume de *Pi-to-chi-lo* (Pitâçilâ)[1].

ROYAUME DE PI-TO-CHI-LO.

(PITÂÇILÂ.)

Ce royaume a environ trois mille li de tour; la cir-

[1] Inde de l'ouest.

conférence de la capitale est d'une vingtaine de li. La population est fort nombreuse. Il n'y a point de roi (indigène); ce pays est soumis au royaume de *Sin-tou* (Sindh). Le sol est sablonneux et imprégné de sel; un vent glacial y souffle avec violence. On recueille une grande quantité de légumes et de blé, mais très-peu de fleurs et de fruits. Les mœurs sont farouches et cruelles. La langue parlée est différente de celle de l'Inde centrale. Les habitants n'ont point de goût pour les lettres, cependant ils savent croire avec sincérité. Il y a une cinquantaine de couvents, où habitent environ trois mille religieux, lesquels suivent tous les principes de l'école *Tching-liang-pou* (l'école des Sammatîyas), qui se rattache au *petit Véhicule*. On compte une vingtaine de temples des dieux, que fréquentent uniquement les hérétiques qui se frottent de cendres (les *Pâmçoupatas*).

A quinze ou seize li au nord de la capitale, au milieu d'une grande forêt, il y a un *Stoûpa*, de plusieurs centaines de pieds, qui a été construit par le roi *Wou-yeou* (Açôka). Il renferme des reliques qui répandent constamment une lueur brillante. Ce fut en cet endroit que *Jou-laï* (le Tathâgata), menant la vie d'un *Rĭchi*, fut exposé à la cruauté du roi.

A une petite distance, à l'est de cet endroit, il y a un antique couvent qui a été bâti jadis par le grand *Arhat Mahâ Kâtyâyana*.

A côté, on voit un endroit où les quatre *Bouddhas* passés se sont assis, et ont laissé, en faisant de l'exercice, les traces de leurs pas. On a construit un *Stoûpa* pour les honorer.

En sortant de ce royaume, il fit environ trois cents li au nord-est, et arriva au royaume de *'O-fan-tch'a* (Avaṇḍa)[1].

ROYAUME DE 'O-FAN-TCH'A.
(AVAṆḌA.)

Le royaume de *'O-fan-tch'a* (Avaṇḍa) a de deux mille quatre cents à deux mille cinq cents li de tour ; la circonférence de la capitale est d'une vingtaine de li. Il n'y a point de chef suprême ; ce pays est soumis au royaume de *Sin-tou* (Sindh). Le sol est propre à la culture des grains, et abonde surtout en légumes et en blé. Il y a peu de fleurs et de fruits ; les plantes et les arbres sont clair-semés. Le climat est venteux et glacial ; les habitants ont un caractère farouche et cruel. Leur langage est simple et inculte ; ils n'estiment point la culture des lettres, mais ils croient sincèrement aux *trois Précieux*. Il y a une vingtaine de couvents, où l'on compte environ deux mille religieux, dont le plus grand nombre étudie les principes de l'école *Tching-liang-pou* (l'école des Sammatìyas), qui se rattache au *petit Véhicule*. Il y a cinq temples des dieux, que fréquentent uniquement les hérétiques qui se frottent de cendres (les *Pâmçoupatas*).

A une petite distance, au nord-est de la capitale, au

[1] Inde occidentale.

milieu d'une grande forêt de bambous, on voit les restes des fondements d'un couvent. Ce fut en cet endroit que jadis *Jou-laï* (le Tathâgata) permit aux *Pi-ts'ou* (aux Bhikchous) de porter des bottes.

A côté, il y a un *Stoûpa* qui a été construit par le roi *Wou-yeou* (Açôka). Quoiqu'il soit enfoncé en terre, ses restes ont encore environ cent pieds de hauteur.

Dans un *Vihâra* qui s'élève à côté, il y a une statue du *Bouddha* debout, en pierre bleue. Chaque jour de jeûne, elle répand au loin une lueur divine. Au milieu d'une forêt située au sud, à environ huit cents pas plus loin, il y a un *Stoûpa* qui a été construit par le roi *Açôka*. Jadis *Jou-laï* (le Tathâgata) s'arrêta en cet endroit. Comme il éprouvait du froid pendant la nuit, il se couvrit de trois vêtements. Quand le jour fut venu, il apprit aux *Pi-ts'ou* (Bhikchous) à mettre plusieurs vêtements à la fois.

Dans cette forêt, il y a un endroit où le *Bouddha* a marché en faisant de l'exercice. De plus, on voit une suite de *Stoûpas* qui se regardent les uns les autres. Ils marquent tous des endroits où se sont assis les quatre *Bouddhas* passés. Dans ces *Stoûpas*, il y a des cheveux et des ongles du *Bouddha*. Chaque jour de jeûne, ils répandent la plupart une lueur éclatante.

En partant de ce royaume, il se dirigea au nord-est, et, après avoir fait environ neuf cents li, il arriva au royaume de *Fa-la-na* (Varaṇa)[1].

[1] Inde occidentale.

ROYAUME DE FA-LA-NA.

(VARAṆA.)

Ce royaume a environ quatre mille li de tour; la circonférence de la capitale est d'une vingtaine de li. La population est fort nombreuse. Ce pays est soumis au royaume de *Kia-pi-che* (Kapiça). La plus grande partie du territoire est occupée par des montagnes et des forêts. Les semailles et les récoltes se font à des époques régulières. Le climat est un peu froid; les mœurs sont farouches et cruelles; les habitants sont d'un naturel violent et inhumain, et leurs sentiments sont bas et ignobles. La langue parlée ressemble un peu à celle de l'Inde centrale. Les uns suivent la vraie doctrine, les autres sont adonnés à l'hérésie. Ils n'ont aucun goût pour la culture des lettres. Il y a plusieurs dizaines de couvents, qui sont la plupart en ruines. On y compte environ trois cents religieux, qui tous étudient les principes du *grand Véhicule*. Il y a cinq temples des dieux, que fréquente une multitude d'hérétiques qui se frottent de cendres (les *Pâm̃çoupatas*).

A une petite distance, au sud de la ville, il y a un ancien couvent. Jadis, en cet endroit, *Jou-laï* (le Tathâgata) expliqua la loi, montra les avantages de la doctrine, et ouvrit l'esprit aux hommes.

A côté de ce couvent, on voit un endroit où les quatre *Bouddhas* passés se sont assis, et ont laissé, en faisant de l'exercice, les traces de leurs pas.

Voici ce que racontent les gens du pays : « En partant de ce royaume on rencontre, à l'ouest, un royaume limitrophe appelé *Ki-kiang-na* (Kikaṇapoura?), qui est situé dans la vallée d'une grande montagne. On y a établi des chefs séparés, mais il n'a point de maître suprême. Ce pays nourrit un grand nombre de moutons et de chevaux. Il possède d'excellents chevaux d'une taille extraordinaire ; c'est une race fort rare dans les autres royaumes, et les états voisins en font le plus grand cas. »

En sortant de ce pays, au nord-ouest, il franchit une grande montagne et une large vallée, et traversa plusieurs petites villes. Après avoir fait environ deux mille li, il sortit des frontières de l'Inde, et arriva au royaume de *Tsao-kiu-tch'a* (Tsâukoûṭa?)[1].

[1] On l'appelle aussi *Tsao-li*.

LIVRE DOUZIÈME.

ROYAUME DE TSAO-KIU-TCH'A.
(TSÀUKOÛṬA?)

Ce royaume a environ sept mille li de tour; la circonférence de la capitale, appelée *Ho-si-na*[1], est d'une trentaine de li. Il y a une seconde capitale, nommée *Ho-sa-lo*, qui a environ trente li de circonférence. Toutes deux sont fortement défendues par des murs solides et élevés, et par des obstacles naturels. Ce royaume offre de hautes montagnes avec leurs vallées, et des plateaux propres à la culture. Les grains se sèment et se récoltent à des époques régulières; le blé tardif est fort abondant. Les plantes et les arbres ont une riche végétation, et l'on recueille une grande quantité de fleurs et de fruits. Le sol est favorable à la plante *Yo-kin* (Curcuma), et à celle qu'on appelle *Hing-kiu* (Hiñgou — Assa fœtida). Cette dernière croît dans la vallée de *Lo-mo-in-tou* (Râmêndou?).

Au milieu de la ville de *Ho-sa-lo* (Ghasla?), jaillit une source dont l'eau se divise en plusieurs branches, et que les habitants utilisent pour l'irrigation des champs. Le climat est froid; on voit de fréquentes gelées et de

---
[1] *Ghazna*, suivant M. Vivien de Saint-Martin.

grandes neiges. Les hommes sont d'un naturel vif et emporté, et fort enclins au dol et à la fraude. Ils aiment à étudier les lettres, et montrent beaucoup d'adresse dans l'industrie; mais ils ne se distinguent point par leur intelligence.

Chaque jour, ils lisent plusieurs dizaines de mille mots; leur écriture et leur langue diffèrent de celles des autres royaumes. Leurs discours sont vides et spécieux, et sont peu d'accord avec la vérité. Ils offrent des sacrifices à une multitude d'esprits, et montrent beaucoup de respect pour les *trois Précieux*. Il y a plusieurs centaines de couvents, où l'on compte environ dix mille religieux, qui étudient tous la doctrine du *grand Véhicule*. Le souverain actuel est animé d'une foi sincère; il a succédé à une longue suite de rois. Il s'applique à faire des actes méritoires; il est fort intelligent et ami de l'étude. Il y a une dizaine de *Stoûpas*, qui ont été bâtis par le roi *Wou-yeou* (Açôka), et plusieurs dizaines de temples des dieux. Les hérétiques des différentes sectes habitent pêle-mêle; seulement, la plupart sont des *Tîrthakas* dont les partisans sont extrêmement nombreux, et qui adorent le dieu *Thseou-na* (Kchouṇa?).

Jadis ce dieu quitta le mont '*O-lou-naou* (Arouṇa), du royaume de *Kia-pi-che* (Kapiça), et vint se fixer sur les frontières méridionales de ce royaume (*Tsâukoûṭa*), au milieu du mont *Hi-lo* (Hila?). Là, il fait éclater tantôt sa sévérité ou sa bonté, tantôt sa méchanceté et sa violence. Ceux qui l'invoquent avec une foi sincère obtiennent l'objet de leurs vœux; mais ceux qui le méprisent s'attirent de terribles malheurs. C'est pourquoi les peuples voisins, comme ceux des contrées lointaines, lui témoignent un profond respect; les supérieurs et les inférieurs sont pénétrés d'une crainte respectueuse. Les princes, les ministres et les magistrats des royaumes voisins et des nations étrangères, se réunissent chaque année dans un jour heureux, mais à des époques indéterminées. Les uns offrent de l'or, de l'argent et des objets rares et précieux, les autres apportent en tribut des moutons, des chevaux et des animaux apprivoisés; tous se recommandent par la droiture et la pureté de leur caractère. Aussi, quoique la terre (le sol du temple) soit couverte d'or et d'argent, et que les moutons et les chevaux remplissent les vallées, personne n'oserait les convoiter; leur unique soin est de faire des offrandes. Ils ont un grand respect pour les *Tîrthakas*, domptent leurs passions et se livrent à de dures austérités. Les esprits du ciel ont communiqué aux *Tîrthakas* la science des prières magiques. Ceux-ci la pratiquent fidèlement, et souvent avec succès. Ils traitent toutes sortes de maladies, et beaucoup de personnes se voient complétement guéries.

En partant de ce pays, il fit environ cinq cents li au nord, et arriva au royaume de *Fo-li-chi-sa-t'ang-na* (Vrïdjisthâna?).

ROYAUME DE FO-LI-CHI-SA-T'ANG-NA.

(VRĬDJISTHÂNA?)

Ce royaume a deux mille li de l'est à l'ouest, et mille li du sud au nord. Sa capitale, appelée *Hou-pi-na*[1], a vingt li de tour. Pour ce qui regarde les produits du sol et les mœurs des habitants, il ressemble à *Tsao-kiu-tch'a* (Tsâukoûṭa), mais la langue parlée est différente. Le climat est glacial; les hommes sont d'un naturel farouche et cruel. Le roi est de la race des *Tou-kioue* (Turcs); il a une foi profonde dans les *trois Précieux*. Il estime le savoir et pratique la vertu.

En partant du nord-est de ce royaume, il franchit des montagnes, passa des rivières, et, après avoir traversé plusieurs dizaines de petites villes situées sur les frontières du royaume de *Kia-pi-che* (Kapiça), il arriva à un grand passage de montagne, appelé *P'o-lo-si-na* (Varasèna), qui fait partie des grandes montagnes neigeuses. Ce passage est extrêmement élevé; les flancs de la montagne sont rudes et abruptes; les sentiers sont tortueux, les cavernes rentrent les unes dans les autres. Tantôt on entre dans une profonde vallée, tantôt on gravit les bords escarpés de la montagne qui, même au fort de l'été, est couverte de glaces épaisses. On entaille la glace[2] pour passer (monter), et ce n'est qu'après trois jours de marche qu'on peut parvenir au haut de ce pas-

---

[1] Suivant M. Vivien de Saint-Martin, ce mot répond à *Houpiun*.
[2] C'est-à-dire, on taille des escaliers dans la glace.

sage. Là, on est pénétré par un vent glacial. Les neiges amoncelées remplissent les vallées, de sorte que les voyageurs qui les traversent ne peuvent s'y arrêter. Les faucons eux-mêmes ne sauraient les franchir au vol; ils marchent pas à pas, et reprennent leur essor. Lorsqu'on regarde en bas les montagnes inférieures, elles ressemblent à de petites buttes de terre. Ce passage de montagne est le plus élevé de tout le *Tchenpou-tcheou* (Djamboudvîpa). Aucun arbre ne surmonte son sommet; on aperçoit seulement une multitude de rochers à pics qui sont groupés ensemble et ont l'apparence d'une forêt.

Après avoir descendu pendant trois jours entiers, il arriva au bas de ce passage de montagne, et entra dans le royaume de *'An-ta-lo-po* (Antarava).

ROYAUME DE 'AN-TA-LO-PO.

(ANTARAVA.)

C'est un ancien pays du royaume de *Tou-ho-lo* (Toukhâra); il a environ trois mille li de tour; la circonférence de la capitale est de quatorze à quinze li. Il n'a point de chef suprême, et se trouve sous la dépendance des *Tou-kioue* (Turcs). On rencontre des chaînes de montagnes et des collines; les vallées et les terres labourables sont fort resserrées. Le climat est glacial, et l'on souffre à la fois de la violence du vent et de la froideur de la neige. Cependant ce pays est riche en grains et propre aux fleurs et aux arbres fruitiers. Les hommes sont d'un naturel farouche et cruel, et les mœurs ne sont réglées par aucunes lois. Les habitants ne savent pas distinguer le bien du mal; ils n'estiment point l'étude, et ne songent qu'à offrir des sacrifices aux esprits. Peu d'entre eux croient à la loi du *Bouddha*. Il y a trois couvents, où l'on compte quelques dizaines de religieux, qui tous suivent la doctrine de l'école *Ta-tchong-pou* (l'école des Mahâsañghikas). On voit un *Stoûpa* bâti par le roi *Wou-yeou* (Açôka).

En sortant de ce royaume au nord-ouest, il entra dans une vallée, franchit un passage de montagne, traversa plusieurs petites villes, et, après avoir fait environ quatre cents li, il arriva au royaume de *K'ouo-si-to*.

ROYAUME DE K'OUO-SI-TO.
(KHOUSTA.)

Ce royaume est un ancien pays du royaume de *Tou-ho-lo* (Toukhâra). Il a environ trois mille li de tour; la circonférence de la capitale est d'une dizaine de li. Il n'a point de chef suprême, et se trouve sous la dépendance des *Tou-kioue* (Turcs). Les montagnes sont nombreuses et les vallées sont resserrées; de là vient qu'il y règne un vent glacial. Les grains y croissent en abondance, et l'on recueille une grande quantité de fleurs et de fruits. Les habitants sont d'un naturel farouche et cruel, et les mœurs ne sont réglées par aucunes lois. Il y a trois couvents, où l'on ne voit qu'un petit nombre de religieux.

En partant de ce pays, dans la direction du nord-ouest, il franchit des montagnes, traversa des vallées, parcourut plusieurs villes, et, après avoir fait environ trois cents li, il arriva au royaume de *Houo*[1].

ROYAUME DE HOUO.

Ce royaume est un ancien pays du royaume de *Tou-ho-lo* (Toukhâra). Il a environ trois mille li de tour; la circonférence de la capitale est d'une vingtaine de li. Il n'a point de prince particulier, et se trouve sous la dépendance des *Tou-kioue* (Turcs). Le sol est plat et uni; les semailles et les récoltes ont lieu à des époques régulières. Les plantes et les arbres ont une végétation florissante; les fleurs et les fruits sont d'une abondance extraordinaire. Le climat est doux et tempéré; les mœurs sont simples et pures. Les habitants sont d'un naturel vif et ardent; ils s'habillent d'étoffes de laine. Beaucoup d'entre eux croient aux *trois Précieux*, et il en est peu qui adorent les esprits. Il y a une dizaine de couvents, où l'on compte plusieurs centaines de religieux, qui étudient à la fois le *grand* et le *petit Véhicule*. Le roi est un *Tou-kioue* (Turc); il gouverne tous les petits royaumes situés au midi des *Portes de fer*. Il change de résidence avec la même inconstance que les oiseaux, et ne demeure pas habituellement dans la même ville.

En sortant de ce pays, à l'est, on entre dans les monts

---

[1] M. Vivien de Saint-Martin voit ici le pays de *Ghour*.

Tsong-ling. Les monts *Tsong-ling* sont situés au centre du *Tchen-pou-tcheou* (Djamboudvîpa). Au midi, ils touchent aux grandes montagnes neigeuses: au nord, ils vont jusqu'à la mer Chaude (au lac *Temourtou*) et aux *Mille sources;* à l'ouest, ils s'étendent jusqu'au royaume de *Houo*, et à l'est jusqu'au royaume de *Ou-cha* (Och — Takht Soleyman). De l'est à l'ouest, et du sud au nord, ils occupent également plusieurs milliers de li, et offrent plusieurs centaines de sommets escarpés. Leurs vallées sombres et leurs crêtes dangereuses sont couvertes de neiges et de glaces éternelles, et un vent froid y souffle avec violence. Comme la terre produit une grande quantité d'oignons, c'est de là qu'est venu le nom de *Tsong-ling* (ou montagnes aux oignons). Ajoutons que les bords de ces montagnes ayant une teinte bleuâtre [1], on a pu aussi dériver de cette circonstance le nom de *Tsong-ling.*

Après avoir fait une centaine de li à l'est, il arriva au royaume de *Moung-kien* (Mounkan).

ROYAUME DE MOUNG-KIEN.
(MOUNKAN.)

C'est un ancien pays du royaume de *Tou-ho-lo* (Toukhâra). Il a environ quatre mille li de tour; la circonférence de la capitale est de quinze à seize li. Pour ce qui regarde les produits du sol et les mœurs des habitants, il ressemble beaucoup au royaume de *Houo.* Il

[1] Le mot *Tsong* signifie à la fois « oignon » et « couleur bleue ».

n'a pas de prince (indigène), et se trouve sous la dépendance des *Tou-kioue* (Turcs).

En partant au nord de ce royaume, on arrive au royaume de *'O-li-ni* (Alni ou Arni).

ROYAUME DE 'O-LI-NI.
(ALNI ou ARNI.)

'O-li-ni est un ancien pays du royaume de *Tou-ho-lo* (Toukhâra). Il borde les deux rives du fleuve *Po-ts'ou* (Vakchou — Oxus). Il a environ trois cents li de tour; la circonférence de la capitale est de quatorze à quinze li. Pour ce qui regarde les produits du sol et les mœurs des habitants, il ressemble beaucoup au royaume de *Houo*.

En partant à l'est de ce royaume, on arrive au royaume de *Ho-lo-hou* (Rohou — Roh?)[1].

ROYAUME DE HO-LO-HOU.
(ROHOU — ROH?)

Le royaume de *Ho-lo-hou* est un ancien pays du royaume de *Tou-ho-lo* (Toukhâra). Au nord, il est voisin du fleuve *Po-ts'ou* (Vakchou — Oxus). Il a environ deux cents li de tour; la circonférence de la capitale est de quatorze à quinze li. Pour ce qui regarde les pro-

---

[1] La première syllabe *ho* indique souvent que la lettre suivante est un *r*, et ne se transcrit pas. Ainsi l'on dit *Ho-lo-che-pou-lo* pour Râdjapoura, *Ho-lo-hou-lo*, pour Râhoula, etc.

duits du sol et les mœurs des habitants, il ressemble beaucoup au royaume de *Houo*.

En partant à l'est du royaume de *Moung-kien* (Mounkan), il franchit de hauts passages de montagne et de profondes vallées, et traversa un certain nombre de districts et de villes.

Après avoir fait environ trois cents li, il arriva au royaume de *Ki-li-se-mo* (Kharism).

ROYAUME DE KI-LI-SE-MO.

(KHARISM.)

Ce royaume est un ancien pays du royaume de *Tou-ho-lo* (Toukhâra). Il a environ mille li de l'est à l'ouest, et trois cents li du sud au nord; la circonférence de la capitale est de quinze à seize li. Pour ce qui regarde les produits du sol et les mœurs des habitants, il ressemble beaucoup au royaume de *Moung-kien* (Mounkan); seulement les hommes diffèrent par la violence et la méchanceté de leur naturel.

(En partant) au nord-est, on arrive au royaume de *Po-li-ho*[1].

ROYAUME DE PO-LI-HO[2].

Le royaume de *Po-li-ho* est un ancien pays du

[1] Dans une biographie de *Hiouen-thsang*, on trouve *Pi-li-ho*.
[2] M. Vivien de Saint-Martin voit dans *Po-li-ho*, Bolor, ville de la haute vallée de l'Oxus, le *Po-lo-eul* des nouvelles cartes chinoises.

royaume de *Tou-ho-lo* (Toukhâra). Il a environ cent li de l'est à l'ouest, et trois cents li du sud au nord; la circonférence de la capitale est d'une vingtaine de li. Pour ce qui regarde les produits du sol et les mœurs des habitants, il ressemble beaucoup au royaume de *Ki-li-se-mo* (Kharism).

En partant à l'est du royaume de *Ki-li-se-mo* (Kharism), il franchit des montagnes, traversa des vallées, et, après avoir fait environ trois cents li, il arriva au royaume de *Hi-mo-ta-lo* (Himatala).

ROYAUME DE HI-MO-TA-LO.
(HIMATALA.)

Le royaume de *Hi-mo-ta-lo* (Himatala), qui est un ancien pays du royaume de *Tou-ho-lo* (Toukhâra), a trois mille li de tour. Il est entrecoupé par des montagnes et des vallées. Le sol est gras et fertile; il est propre à la culture des grains, et produit beaucoup de blé tardif. Toutes les plantes réussissent, et l'on récolte toutes sortes de fruits en abondance. Le climat est froid; les hommes sont violents et emportés, et ne savent pas distinguer le crime de la vertu. Leur figure est laide et ignoble. Par leur conduite et leur extérieur sévère, leurs vêtements de feutre, de peau et de laine, ils ressemblent beaucoup aux *Tou-kioue* (Turcs). Les femmes mariées portent sur leur bonnet des cornes en bois, hautes d'environ trois pieds. Devant, il y a deux branches qui désignent le père et la mère du mari; la corne supérieure indique le père, et la corne inférieure, la mère. D'après celui qui meurt avant l'autre, elles enlèvent une corne (la corne respective); mais lorsqu'elles ont perdu leur beau-père et leur belle-mère, elles renoncent complétement au bonnet à cornes.

Le premier roi de ce royaume, *Khiang-koue-wang* [1], était de la race de *Chi* (Çâkya). A l'ouest des monts *Tsong-ling*, beaucoup de peuples avaient été soumis par ses armes. Ses frontières étant voisines de celles des *Tou-kioue* (Turcs), il adopta bientôt leurs mœurs. De plus, comme il souffrait de leurs rapines et de leurs brigandages, il veilla lui-même à la défense de ses frontières. C'est pourquoi les habitants de ce royaume émigrèrent dans les pays étrangers. Il y a plusieurs dizaines de villes fortes, dont chacune a un chef particulier. Le peuple habite des tentes de feutre et mène une vie nomade. Du côté de l'ouest, ce pays touche au royaume de *Ki-li-se-mo* (Kharism).

Après avoir fait environ deux cents li à l'est, il arriva au royaume de *Po-to-tch'oang-na* (Paḍasthâna?).

ROYAUME DE PO-TO-TCH'OANG-NA [2].

(PAḌASTHÂNA?)

Le royaume de *Po-to-tch'oang-na* est un ancien pays

---

[1] *Khiang-koue-wang* « le roi du royaume puissant », est la traduction chinoise du nom original de ce roi.
[2] M. Vivien de Saint-Martin identifie ce nom avec celui de *Badakhchan*.

du royaume de *Tou-ho-lo* (Toukhâra). Il a environ deux mille li de tour; la circonférence de la capitale, qui est située sur les flancs d'une montagne, est de six à sept li. Ce royaume est entrecoupé par des montagnes et des vallées; des déserts de sable s'étendent à perte de vue. Le sol est propre à la culture des légumes et du blé; on recueille beaucoup de raisins, de noix, de poires, de prunes, etc. Le climat est glacial; les hommes sont d'un naturel dur et violent, leurs mœurs ne sont point réglées par les rites, et ils n'ont aucune teinture des lettres. Leur figure est laide et ignoble; le plus grand nombre porte des vêtements de laine. Il y a trois ou quatre couvents qui ne renferment qu'un petit nombre de religieux. Le roi est d'un caractère droit et sincère; il a une foi profonde dans les *trois Précieux*.

En sortant de ce pays, au sud-est, il fit environ deux cents li à travers des montagnes et des vallées, et arriva au royaume de *In-po-kien* (Invakan).

ROYAUME DE IN-PO-KIEN.

(INVAKAN.)

Le royaume de *In-po-kien* (Invakan) est un ancien pays du royaume de *Tou-ho-lo* (Toukhâra). Il a environ mille li de tour; la circonférence de la capitale est d'une dizaine de li. Les montagnes se touchent; les vallées et les terres propres à la culture sont fort étroites. Pour ce qui regarde les produits du sol, la nature du climat et le caractère des habitants, ce pays ressemble au royaume de *Po-to-tch'oang-na* (Paḍasthâna?); seulement la langue parlée est un peu différente. Le roi est d'un naturel violent et cruel, et ne sait pas distinguer le bien du mal.

En sortant de ce pays, dans la direction du sud-est, il franchit des passages de montagne, traversa des vallées, et, après avoir fait environ trois cents li par des chemins étroits et dangereux, il arriva au royaume de *Khiu-lang-na* (Kouraṇa).

ROYAUME DE KHIU-LANG-NA.
(KOURAṆA.)

Le royaume de *Khiu-lang-na* (Kouraṇa) est un ancien pays du royaume de *Tou-ho-lo* (Toukhâra). Il a environ deux mille li de tour. Pour ce qui regarde les qualités du sol, les montagnes et les vallées, le climat et la nature des saisons, il ressemble au royaume de *In-po-kien* (Invakan). Les mœurs ne sont réglées par aucunes lois. Les hommes sont d'un naturel grossier et violent; le plus grand nombre est étranger à la pratique du bien, et il en est peu qui aient foi dans la loi du *Bouddha*. Leur figure est laide et ignoble; ils portent la plupart des vêtements de laine. Il y a des cavernes de montagne d'où l'on tire une grande quantité d'or pur; on ne l'obtient qu'en taillant ou en brisant les pierres qui le renferment. On voit peu de couvents, et, par conséquent, peu de religieux. Le roi est d'un caractère pur et droit; il est plein de respect pour les *trois Précieux*.

En sortant de ce pays, dans la direction du nord-est, il gravit des montagnes, entra dans des vallées, et, après avoir fait environ cinq cents li par des chemins difficiles et dangereux, il arriva au royaume de *Ta-mo-si-t'ie-ti* (Tamasthiti ?)[1].

ROYAUME DE TA-MO-SI-T'IE-TI.

(TAMASTHITI?)

Le royaume de *Ta-mo-si-t'ie-ti* est situé entre deux montagnes; c'est un ancien pays du royaume de *Tou-ho-lo* (Toukhâra). Il a environ quinze à seize cents li de l'est à l'ouest; du midi au nord, il est large de quatre à cinq cents li. Dans la partie la plus étroite, il n'a pas plus d'un li. Il est voisin du fleuve *Po-ts'ou* (Oxus), dont il suit les coudes et les circuits. On voit des tertres et des collines de différentes hauteurs, et des plaines couvertes de sables et de pierres; il y règne un vent glacial. On sème peu de blé et de légumes, et l'on cultive en quantité les fleurs et les arbres fruitiers. Ce pays produit d'excellents chevaux qui, quoique petits de taille, supportent aisément de longs voyages. Les mœurs ne sont point réglées par les rites. Les hommes sont d'un naturel violent et farouche; leur figure est commune et ignoble; ils portent des vêtements de laine. Ils ont, la plupart, des yeux vert-bleu, et diffèrent, par là, des autres peuples. Il y a une dizaine de couvents, qui ne renferment qu'un petit nombre de religieux.

[1] On l'appelle aussi *Tchin-khan*. Les indigènes le nomment *Hou-mi*.

Hoen-tho-to[1] est la capitale de ce royaume. Au centre de cette ville, s'élève un couvent qui a été bâti par le premier roi de ce pays. Pour construire cet édifice, il avait creusé les flancs d'une montagne et comblé une vallée. Dans l'origine, comme ce royaume n'avait pas encore reçu la doctrine du *Bouddha*, on sacrifiait uniquement à des esprits malfaisants; mais depuis quelques centaines d'années, on a commencé à propager l'heureuse influence de la loi.

Au commencement, le fils bien-aimé du roi étant gravement malade, on invoqua en vain la science des médecins; tous leurs efforts restèrent infructueux. Le roi alla lui-même dans le temple d'un dieu, et demanda, par des prières ferventes, la guérison de son fils. Dans ce moment, le supérieur du temple lui parla au nom du dieu, et lui dit: « Votre fils guérira infailliblement; « n'ayez aucune inquiétude. »

Le roi fut transporté de joie et s'en retourna. Sur la route, il rencontra un religieux dont le maintien était extrêmement remarquable. Surpris de son extérieur et de son costume, il lui demanda d'où il venait et où il allait. Ce *Cha-men* (Çramana) avait déjà obtenu le saint fruit du *Bouddha* (la dignité d'*Arhat*), et il voulait propager sa sublime loi. Voilà pourquoi il avait cet air

[1] Avant le nom de la capitale, les éditions que j'ai sous les yeux offrent le nom du royaume de *Chi-khi-ni*, dont la description suit celle du royaume de *Ta-mo-si-t'ie-ti*. J'ai dû supprimer cette interpolation, qui ne peut être attribuée qu'à la négligence des premiers copistes. Les deux syllabes *tho-to* donnent le son *dhata*. J'ignore la valeur phonétique de *hoen*.

extraordinaire. « Sire, dit-il au roi, je suis un disciple
« de *Jou-laï* (du Tathâgata); c'est ce qu'on nomme un
« *Pi-ts'ou* (Bhikchou). »

Le roi, qui était en proie à une cruelle inquiétude,
l'interrogea d'abord en ces termes : « Mon fils est gra-
« vement malade, et j'ignore si je dois le conserver ou
« le perdre. »

— « Sire, lui dit le religieux, il serait plus facile de
« ressusciter les ancêtres de Votre Majesté que de sau-
« ver votre fils. »

— « Un esprit du ciel, reprit le roi, m'a déclaré qu'il
« ne mourrait pas; et voilà que le *Cha-men* (le reli-
« gieux) affirme qu'il doit périr! Comment ajouter foi
« aux paroles d'un homme dont la conduite est en oppo-
« sition avec le monde? »

Il se rendit à pas lents dans son palais. Son fils bien-
aimé était déjà mort. Il le cacha et ne célébra point ses
obsèques. Puis il alla encore interroger le supérieur
du temple, qui répondit, comme la première fois : « Il
« ne mourra point; sa guérison est certaine. »

Le roi entra en colère; il fit garrotter le supérieur
du temple, et le gourmanda ainsi : « Vous et les vôtres,
« vous êtes d'infâmes scélérats, et vous exercez, au mé-
« pris des lois, un pouvoir absolu. Mon fils est déjà
« mort, et vous dites encore qu'il guérira! Après un si
« odieux mensonge, vous êtes capable de tous les crimes.
« Il faut que j'extermine le supérieur du temple, et que
« je détruise le sanctuaire. »

Là-dessus, il tua le supérieur du temple, fit enlever

la statue du dieu, la jeta dans le fleuve *Po-ts'ou* (Vakchou — Oxus), et s'en retourna. Il rencontra encore le *Cha-men* (le religieux), et, en le voyant, il fut rempli de respect et de joie. Il se prosterna le visage contre terre, et le remercia en ces termes : « Auparavant j'étais « privé d'un guide éclairé, et j'étais arrêté dans le che- « min de l'erreur. Quoique mon égarement ait duré « longtemps, il dépend de vous que j'y persévère ou « que j'en revienne. Je désire que vous puissiez abaisser « vos regards sur moi, et que vous daigniez venir dans « ma demeure. »

Le religieux accepta cette invitation, et se rendit sur-le-champ dans l'intérieur du palais.

Quand le roi eut rendu les derniers devoirs à son fils, il parla ainsi au religieux : « Les générations des « hommes passent en foule, et parcourent le cercle de « la vie et de la mort. Mon fils étant tombé malade, je « demandai s'il quitterait la vie ou s'il resterait au monde. « L'esprit du temple répondit d'une voix mensongère « qu'il guérirait infailliblement. La première réponse « que j'ai reçue de vous était, je le vois, la vérité même. « Ainsi donc, c'est votre loi qu'il faut suivre. Daignez « prendre en pitié ce disciple égaré et lui servir de « guide. »

Il pria aussitôt le religieux de lui donner le dessin d'un couvent, et il le fit construire immédiatement d'après ses plans. Depuis cette époque, la doctrine du *Bouddha* est devenue florissante. Le *Vihâra* qui s'élève au centre du couvent a été bâti par ce *Lo-han* (Arhat).

Au milieu du grand *Vihâra* du couvent, il y a une statue en pierre du *Bouddha*. Au-dessus de la statue, est suspendue une coupole en cuivre doré, qui est ornée d'une multitude de pierres précieuses. Lorsque quelqu'un tourne autour de la statue, la coupole suit ses mouvements et tourne comme lui; dès qu'il s'arrête, la coupole s'arrête pareillement. On ne peut découvrir la cause de ce miracle. Si l'on interroge les vieillards, ils répondent qu'elle est retenue en l'air par la puissance des vœux du saint homme (de l'*Arhat*). Suivant d'autres, ce prodige est dû à un mécanisme secret; mais, soit que l'on considère les murs solides et élevés de la salle, soit que l'on examine les diverses opinions de la multitude, il est impossible de connaître la vérité.

Après avoir franchi les hautes montagnes de ce royaume, on arrive, du côté du nord, au royaume de *Chi-khi-ni*[1].

ROYAUME DE CHI-KHI-NI.

Le royaume de *Chi-khi-ni* a environ deux mille li de tour; la circonférence de la capitale est de cinq à six li. Il offre une suite de montagnes et de vallées, et des plaines couvertes de sables et de pierres. On récolte beaucoup de légumes et de blé, mais peu de riz. Les arbres des forêts sont clair-semés; les fleurs et les fruits sont rares. Le climat est glacial; les hommes sont farouches et intrépides. Ils commettent le meurtre de

[1] M. Vivien de Saint-Martin identifie *Chi-khi-ni* avec *Chaghnan*.

sang-froid, et s'abandonnent au vol et au pillage. Ils n'ont aucune idée des devoirs prescrits par les rites, et ne savent pas distinguer le bien du mal. Ils ignorent le malheur et le bonheur à venir, et redoutent les calamités de la vie présente. Leur figure est commune et ignoble; ils portent des vêtements de peau et de laine. Les caractères de leur écriture sont semblables à ceux du royaume de *Tou-ho-lo* (Toukhâra), mais la langue parlée est différente.

Après avoir traversé le royaume de *Ta-mo-si-t'ie-ti* (Tamasthiti?), (on part) au midi d'une grande montagne, et l'on arrive au royaume de *Chan-gmi* (Çâmbhî).

ROYAUME DE CHANG-MI.
(ÇÂMBHÎ.)

Le royaume de *Chang-mi* (Çâmbhî) a de deux mille cinq cents à deux mille six cents li de tour. Il est entrecoupé de montagnes et de vallées, et offre des tertres et des collines de différentes hauteurs. On y cultive toutes sortes de grains; les légumes et le blé sont encore plus abondants. Il y a beaucoup de raisins. On tire de ce pays du *Ts'e-hoang* (orpiment laminaire), que l'on n'obtient qu'après avoir creusé avec un ciseau les bords des montagnes et divisé les pierres qui le renferment.

Les esprits des montagnes sont méchants et cruels, et causent souvent de grands malheurs. On n'y entre qu'après avoir offert un sacrifice; on peut alors aller et venir en toute sûreté. Mais si on ne leur adresse point des prières, on est assailli par le vent et la grêle. Le climat est froid; les mœurs sont vives et emportées; les hommes sont d'un naturel pur et droit. Leurs mœurs ne sont point réglées par les principes des rites; ils ont une intelligence bornée et une industrie fort médiocre. L'écriture est la même que celle du royaume de *Tou-ho-lo* (Toukhâra), mais la langue parlée est différente. Ils portent, la plupart, des vêtements de laine. Le roi est de la race de *Chi* (Çâkya). Il estime et révère la loi du *Bouddha*; ses sujets suivent son exemple, et sont tous animés d'une foi sincère. Il y a deux couvents, qui renferment un petit nombre de religieux.

Au nord-est des frontières du royaume, il franchit des montagnes et des vallées, marcha à travers des précipices, et, après avoir fait environ sept cents li, il arriva à la vallée[1] de *Po-mi-lo* (Pamir). Elle a environ mille li de l'est à l'ouest, et cent li du sud au nord. Dans la partie la plus étroite, elle n'a pas plus de dix li de large. Elle est située entre deux montagnes neigeuses. C'est pourquoi il y règne un froid glacial et un vent violent. La neige y tombe au printemps et en été; jour et nuit, le vent tourbillonne avec fureur. Le sol est imprégné de sel et couvert d'une multitude de petites pierres. Les grains et les fruits n'y réussissent pas, les plantes et les arbres sont rares et clair-semés. On arrive bientôt dans des déserts incultes où l'on ne trouve aucunes traces d'habitants.

Au centre de la vallée de *Po-mi-lo* (Pamir), il y a un

---

[1] Ce sens de 川 *tch'ouen* manque dans tous les dictionnaires.

grand lac de dragons[1] (*Nâgahrada*), qui a environ trois cents li de l'est à l'ouest, et cinq cents li du sud au nord. Il est situé dans l'intérieur des grands *Tsong-ling,* et au centre du *Tchen-pou-tcheou* (Djamboudvipa). Le bassin de ce lac est excessivement élevé; ses eaux sont pures et claires comme un miroir; personne n'en a pu sonder la profondeur. Elles ont une couleur noir-bleue et une saveur douce et agréable. Dans leurs abîmes, habitent des squales, des dragons, des crocodiles et des tortues; à leur surface, se promènent des canards, des oies sauvages, des grues, etc. On trouve des œufs d'une grande dimension dans des plaines sauvages, quelquefois aussi dans des champs marécageux et sur des îles sablonneuses.

A l'occident du lac, sort un large courant qui, du côté de l'ouest, arrive jusqu'aux frontières orientales du royaume de *Ta-mo-si-t'ie-ti* (Tamasthiti?), se joint au fleuve *Po-ts'ou* (Vakchou—Oxus), et coule vers l'ouest. C'est pourquoi, à droite de ce lac, toutes les eaux coulent vers l'occident.

A l'orient du lac, sort un large courant qui se dirige au nord-est, arrive jusqu'aux frontières occidentales du royaume de *Kie-cha* (Kachgar), se joint au fleuve *Si-to* (Sîtâ), et coule vers l'orient. C'est pourquoi, à gauche de ce lac, toutes les eaux coulent vers l'orient.

Après avoir franchi une montagne, au sud de la vallée de *Po-mi-lo* (Pamir), on rencontre le royaume de

[1] C'est-à-dire un lac qui, suivant les croyances des Indiens, est habité par des dragons.

Po-lo-lo (Bolor), d'où l'on tire beaucoup d'or et d'argent; l'or est rouge comme le feu.

En partant du milieu de cette vallée, sur toute la route du sud-est, il ne rencontra aucun village. Il gravit des montagnes, marcha à travers des précipices, et ne vit partout que des monceaux de glace et de neige. Après avoir fait environ cinq cents li, il arriva au royaume de *Khie-pouan-t'o* (Khavandha?).

ROYAUME DE KHIE-POUAN-T'O.

(KHAVANDHA?)

Le royaume de *Khie-pouan-t'o* (Khavandha?) a environ deux mille li de tour; la capitale est bâtie sur un grand passage de montagne, taillé dans le roc. Elle a derrière elle la rivière *Si-to* (Sîtâ); sa circonférence est d'une vingtaine de li. Les montagnes forment des chaînes continues; les vallées et les plateaux sont très-resserrés. La récolte du riz est fort médiocre, mais les plantes légumineuses et le froment viennent en abondance. Les arbres des forêts sont clair-semés; les fleurs et les fruits sont rares. Les plaines hautes et basses sont désertes, les villes et les villages sont (presque) inhabités. Les mœurs ne sont point réglées par les principes des rites. Il y a peu d'hommes qui cultivent les lettres. Comme ils sont d'un caractère farouche et violent, ils ont aussi un bouillant courage. Leur figure est laide et ignoble; ils portent des vêtements de laine. Leur écriture et leur langue ressemblent beaucoup à celles du royaume de

Kie-cha (Kachgar). Ils savent s'exprimer avec sincérité, et montrent un grand respect pour la loi du *Bouddha*. Il y a une dizaine de couvents, où l'on compte environ cinq cents religieux, lesquels étudient les principes de l'école *Choue-i-tsie-yeou-pou* (l'école des Sarvâstivâdas), qui se rattache au *petit Véhicule*.

Le roi actuel est d'un naturel pur et sincère ; il estime et révère les *trois Précieux*. Son extérieur est calme et distingué ; il a un caractère ferme et aime beaucoup l'étude. Depuis la fondation de ce royaume, il s'est écoulé bien des années. Le roi se donne lui-même le titre de *Tchi-na-ti-p'o-k'iu-ta-lo* (Tchîna Dêva gôtra)[1], c'est-à-dire descendant de la Chine et d'un dieu[2]. Dans les anciens temps, ce royaume était une vallée déserte, située au milieu des monts *Tsong-ling*.

Jadis le roi de *Po-li-sse* avait épousé une femme du pays des *Han* (Chine), et il était venu au-devant d'elle jusqu'à ce pays. A cette époque, la guerre avait jeté le trouble dans ce royaume, et les routes de l'est à l'ouest étaient coupées. Aussitôt on établit la fille de l'empereur (de Chine) sur un pic isolé, qui était tellement haut, qu'on n'y pouvait monter qu'avec des échelles. Au bas, l'on posa des gardes qui veillaient jour et nuit pour la protéger. Au bout de trois mois, les brigands restèrent

---

[1] Voyez plus bas, page 212, ligne 27, et p. 213, l. 1-2.

[2] En chinois, *Han-ji-thien-tchong*. Littéralement : race de la Chine et du dieu du soleil. La traduction chinoise ajoute le mot *ji* « soleil », qui n'est pas dans le nom indien du texte. Pour que la correspondance fût complète, il faudrait lire *Tchîna Soûryadéva gôtra*.

tranquilles. L'ambassadeur voulut alors emmener la princesse de Chine dans les états de son maître; mais la jeune fille se trouvait déjà enceinte. Il fut saisi d'effroi, et parla ainsi à ses compagnons : « Le roi m'avait ordonné « d'aller au-devant de son épouse. Dans ce temps de « troubles et de désordres, nous campions dans des val- « lées désertes; le matin, nous ne savions pas ce que « nous ferions le soir. Grâce à la vertu de notre roi, les « troubles sont apaisés. Maintenant il nous faut retour- « ner dans notre royaume, mais l'épouse du roi est en- « ceinte; j'en suis accablé de douleur, et je ne sais où « je finirai mes jours[1]. Il faut chercher (secrètement) le « coupable pour qu'il soit châtié plus tard; car si l'on « faisait aujourd'hui une enquête et qu'on ébruitât cette « affaire, on ne pourrait approfondir la vérité. »

Son serviteur lui dit alors : « N'accusez personne; il « n'y a qu'un esprit qui ait pu avoir des relations avec « elle. Chaque jour, à l'heure de midi, il y avait un cava- « lier qui descendait du milieu du disque du soleil, et « venait la trouver. »

— « S'il en est ainsi, reprit l'ambassadeur, comment « pourrais-je effacer mon crime ? Si je m'en retourne, « je serai infailliblement mis à mort; si je reste, on vien- « dra me punir. Comme je ne puis ni avancer ni recu- « ler, que faut-il que je fasse ? »

— « Ce n'est pas une petite affaire, répondirent tous « les assistants. Qui oserait courir après la peine capi- « tale ? Allez attendre votre condamnation en dehors des

[1] Il craint de ne pas mourir de mort naturelle.

« frontières. Pour le moment, tâchez de gagner du
« temps. »

Alors il bâtit, sur le sommet de la montagne, un palais et un hôtel. Puis, ayant élevé autour du palais une enceinte d'environ trois cents pas, il y établit la princesse en qualité de souveraine, et celle-ci institua des magistrats et promulguait des lois. Quand son terme fut arrivé, elle accoucha d'un fils qui était d'une beauté extraordinaire. La mère dirigeait les affaires du gouvernement. Le fils reçut un nom honorable [1]. Il marchait comme un oiseau à travers les airs, et gouvernait à son gré les vents et les nuages. Il étendit au loin sa puissance, et propagea avec éclat l'influence de ses lois. Les princes des contrées voisines et des royaumes étrangers se déclarèrent ses sujets.

Le roi étant mort de vieillesse, on l'enterra au milieu d'une chambre en pierre, construite dans les cavernes d'une grande montagne qui s'élève à environ cent li au sud-est de cette ville. Son cadavre est desséché, et jusqu'ici il a échappé à la corruption. La forme de son corps est maigre et décharnée; on le croirait endormi. De temps en temps on change ses vêtements, et on l'entoure constamment de fleurs odorantes. Depuis cette époque jusqu'à ce jour, ses descendants n'ont pas oublié l'origine de leurs ancêtres, de la mère, qui était originaire du pays des *Han* (de la Chine), et du père, qui était de la race du dieu du soleil. C'est pourquoi le roi

[1] C'était sans doute le nom de *Tchîna Déva gôtra* « rejeton de la Chine et d'un dieu ». (Voyez page 210, note 2, et page 213, l. 1.)

s'appelle aujourd'hui *Rejeton de la Chine et du dieu du soleil* (Tchîna Dêva gôtra)[1].

Les membres de la famille royale ressemblent, par la figure, aux habitants du royaume du milieu. Ils ornent leur tête d'un bonnet carré, et portent des vêtements de peuples barbares. Les descendants (du premier roi) finirent par déchoir, et furent opprimés par des rois puissants. Lorsque le roi *Wou-yeou* (Açôka) se fut illustré dans le monde, il construisit un *Stoûpa* au centre même du palais. Dans la suite, le roi, ayant transporté sa résidence à l'angle nord-est du palais, fit bâtir pour l'honorable *Thong-cheou* (Koumâralabdha), sur l'emplacement de l'ancien palais, un couvent remarquable par la hauteur et la largeur des tours et des pavillons. La statue du *Bouddha* respirait une majesté imposante. L'honorable *Thong-cheou* (Koumâralabdha) était originaire de *Ta-tch'a-chi-lo* (Takchaçilâ). Dès son enfance, il montra une rare intelligence, et de bonne heure il s'éloigna du monde. Il aimait à lire les textes sacrés et à plonger son esprit dans les profondeurs de la science. Chaque jour il lisait trente-deux mille mots et écrivait trente-deux mille lettres. C'est pourquoi il put, par son savoir, effacer tous les érudits de son temps, et, par sa renommée, s'élever au-dessus de son siècle. Il établit la droite loi, renversa les fausses doctrines, et se distingua d'une manière brillante par la hauteur de ses discussions; il n'y avait pas une difficulté qu'il ne pût résoudre. Tous les hommes des cinq

[1] Voyez page 210, note 2.

Indes venaient le voir et lui assignaient le premier rang. Il avait composé plusieurs dizaines de traités (*Çâstras*), qui étaient fort répandus, et que tout le monde étudiait. C'était lui qui avait fondé l'école appelée *King-pou* (l'école des Sâutrântikas).

A cette époque, dans l'orient, on remarquait *Ma-ming* (Açvaghôcha); dans le midi, *Ti-p'o* (Dêva); dans l'occident, *Long-meng* (Nâgârdjouna); dans le nord, *Thong-cheou* (Koumâralabdha). On les avait surnommés *les quatre soleils qui éclairent le monde.* C'est pourquoi le roi de ce royaume, ayant entendu parler de la vertu éclatante de l'Honorable (*Thong-cheou*—Koumâralabdha), leva une armée, fit marcher ses troupes pour attaquer le royaume de *Ta-tch'a-chi-lo* (Takchaçilâ), et s'empara de lui par la force des armes. Il construisit ce couvent, et fit éclater l'admiration qu'il lui inspirait.

Après avoir fait environ trois cents li, au sud-est de la ville, il arriva à une grande montagne, sur les flancs de laquelle on voyait deux chambres, creusées dans le roc, qui renfermaient chacune un *Lo-han* (Arhat), plongé dans l'extase complète. Ils étaient assis, dans une position droite, et il était difficile de les faire remuer. Leur corps était comme celui d'un homme maigre, leur peau et leurs os avaient échappé à la corruption. Quoiqu'ils fussent là depuis plus de sept cents ans, leur barbe et leurs cheveux continuaient à pousser; c'est pourquoi, chaque année, les religieux rasaient leurs cheveux et changeaient leurs vêtements.

Au nord-est d'un grand rocher, il franchit des passages de montagne, marcha à travers des précipices, et, après avoir fait environ deux cents li, il arriva à la maison de bienfaisance appelée *Pun-jang-che-lo* (Pouṇyaçâlâ)[1].

Au centre de quatre montagnes, qui font partie de la chaîne orientale des monts *Tsong-ling*, il y a un terrain qui a environ cent *k'ing* (mille arpents chinois). Au milieu, comme au bas, on y voit, en été et au printemps, d'énormes amas de neige, et il y règne des tourbillons de vent et un froid glacial. Les champs sont imprégnés de sel; les grains n'y réussissent pas. Les arbres manquent complétement, et l'on ne voit que quelques herbes chétives. Même à l'époque des grandes chaleurs, il y a beaucoup de vent et de neige. A peine les voyageurs sont-ils entrés, qu'ils se trouvent au milieu des vapeurs et des nuages. Les marchands qui vont et qui viennent souffrent cruellement dans ces lieux difficiles et dangereux. Voici ce que racontent les vieillards :

« Jadis il y avait une troupe de marchands, au nombre d'environ dix mille, qui, avec plusieurs milliers de chameaux, transportaient des marchandises et couraient après le profit. Ils furent assaillis par le vent et la neige, et périrent tous avec leurs bêtes de somme.

« A cette époque, il y avait dans le royaume de *Khiepouan-t'o* (Khavandha?) un grand *Lo-han* (Arhat) qui les aperçut de loin. Touché de leur malheur, il voulut se servir de ses facultés divines pour les arracher à la mort. Mais au moment où il arriva près des marchands, ils

[1] En chinois, *Fo-che*. (Voyez page 174, ligne 3 et suiv.)

étaient déjà morts. Il recueillit alors les objets précieux et rassembla tout ce qui leur avait appartenu, construisit une maison, et y amassa une quantité de richesses. Il acheta des terres dans les royaumes voisins, et en vendit les habitants dans les villes frontières, afin de secourir ceux qui allaient et venaient. C'est pourquoi maintenant les voyageurs et les marchands éprouvent tous les effets de sa bienfaisance. »

En partant de ce pays, à l'est, il descendit de la chaîne orientale des monts *Tsong-ling*, gravit des passages dangereux, traversa des vallées profondes, et suivit des sentiers pleins de précipices. Assailli tour à tour par le vent et la neige, il fit environ huit cents li, sortit des monts *Tsong-ling*, et arriva au royaume de *Ou-cha*.

ROYAUME DE OU-CHA.

(OCH — TAKHT SOLEYMAN.)

Le royaume de *Ou-cha* (Och) a environ mille li de tour; la circonférence de la capitale est d'une dizaine de li. Du côté du midi, il est voisin du fleuve *Si-to* (Sîtâ—Tarim-gool). Le sol est gras et fertile, et donne d'abondantes moissons. Les arbres des forêts ont une végétation riche et florissante; les fleurs et les fruits sont très-abondants. On tire de ce pays une grande quantité de jade de différentes sortes, savoir : du blanc, du noir et du vert. Le climat est tempéré, les vents et les pluies viennent en leur saison. Les mœurs se ressentent peu des principes des rites. Les hommes sont d'un naturel dur et farouche. Ils sont fort enclins au dol et à la fraude, et éprouvent rarement la honte du vice. Leur écriture et leur langue ressemblent un peu à celles du royaume de *Kie-cha* (Kachgar). Leur figure est laide et ignoble; ils s'habillent de peaux et d'étoffes de laine. Cependant ils croient fermement à la loi du *Bouddha* et l'observent avec respect. Il y a une dizaine de couvents, qui renferment moins de mille religieux, lesquels suivent l'école *Choue-i-tsie-yeou-pou* (ou l'école des Sarvâstivâdas), qui se rattache au *petit Véhicule*. Depuis quelques centaines d'années, la race royale est éteinte. Ce pays n'a point de prince particulier; il est sous la dépendance du royaume de *Khie-pouan-t'o* (Khavandha?).

A environ deux cents li, à l'ouest de la ville, on arrive à une grande montagne. Cette montagne est couverte de vapeurs épaisses, qui, du milieu des rochers, font surgir les nuages. Les bords de la montagne sont extrêmement hauts; ils paraissent sur le point de s'écrouler et restent encore suspendus. Sur le sommet de la montagne, s'élève un *Stoûpa* d'une construction extraordinaire. Voici ce que racontent les gens du pays : « Il y a quelques centaines d'années que les bords de la montagne s'écroulèrent. Dans l'intérieur, il y avait un *Pi-ts'ou* (Bhikchou), qui était assis les yeux fermés. Il avait une taille gigantesque, son corps était desséché, sa barbe et ses cheveux flottants descendaient sur ses épaules et ombrageaient sa figure. Un chasseur, l'ayant vu, alla en informer le roi. Le roi vint en personne pour le voir et le saluer avec respect. Les habitants de la ville accoururent d'eux-mêmes, brûlèrent des parfums, répandirent des fleurs, et lui offrirent à l'envi leurs hommages. Le roi dit alors : « Quel est cet homme dont la « taille est si élevée? »

« Un *Pi-ts'ou* (Bhikchou) lui dit : « Cet homme à longue « barbe et aux cheveux flottants, qui porte un vêtement « de religieux (*Tchívara*), est un *Lo-han* (un Arhat) plongé « dans l'extase qui éteint le principe de la pensée. Celui « qui est entré dans ce genre d'extase doit y rester pen- « dant un temps déterminé. Suivant quelques personnes, « le son du *Kien-ti* (Ghaṇṭâ), suivant d'autres, l'éclat du « soleil, est pour lui un avertissement qui le fait sortir « de l'extase; sans cet avertissement, il reste tranquille « et immobile. Il soutient son corps par la puissance de « l'extase, et échappe à la destruction et à la mort. Après « avoir été exténué par un long jeûne, s'il sortait (tout « à coup) de l'extase, il périrait à l'instant même. Il faut « auparavant humecter ses membres avec du beurre et « de l'huile pour les assouplir, puis frapper (le *Ghaṇṭâ*) « pour réveiller son esprit, qui est plongé dans l'extase. »

— « C'est bien, » dit le roi. Il frappa alors le *Kienti* (Ghaṇṭâ). A peine l'instrument avait-il retenti, que ce *Lo-han* (cet Arhat) ouvrit de grands yeux et regarda en haut; puis, longtemps après, il dit : « Vous autres, « dont la taille est si petite, qui êtes-vous? »

« Un homme, portant l'habit de religieux, lui répondit : « Nous sommes des *Bhikchous*. »

— « Eh bien, reprit l'*Arhat*, mon maître *Kia-che-po-* « *jou-laï* (Kâçyapa Tathâgata), où est-il maintenant? »

— « Il y a bien longtemps, répondit le *Bhikchou*, qu'il
« est entré dans le grand *Ni-pouan* (Mahânirvâṇa). »

« En entendant ces mots, l'*Arhat* ferma les yeux, comme un homme désespéré; puis tout à coup il demanda de nouveau : « *Chi-kia-jou-laï* (Çâkya Tathâgata)
« a-t-il paru dans le monde? »

— « Il est né [1], lui répondit le *Bhikchou*, et il a dirigé
« le siècle. Il est déjà entré dans le *Nirvâṇa*. »

« A ces mots, l'*Arhat* baissa encore la tête. Longtemps après il s'éleva dans les airs, et fit éclater un miracle divin. Il créa une masse de feu qui consuma son corps, et laissa tomber sur la terre ses os calcinés. Le roi les recueillit et construisit ce *Stoûpa*. »

En sortant de ce pays, il se dirigea au nord, fit environ cinq cents li à travers des montagnes pierreuses et des plaines désertes, et, après avoir fait environ cinq cents li, il arriva au royaume de *Kie-cha* (Kachgar).

ROYAUME DE KIE-CHA [2].

(KACHGAR.)

Le royaume de *Kie-cha* (Kachgar) a environ cinq

---

[1] Le texte de la *Vie de Hiouen-thsang* offre une question différente et peut-être préférable, car l'*Arhat* qui parle ne pouvait ignorer la naissance de *Çâkya Tathâgata*. « *Çâkyamouni Bouddha* a-t-il obtenu ou non
« l'intelligence complète? » — « Il l'a obtenue. Après avoir fait le bon-
« heur de toutes les créatures, il est déjà entré dans le *Nirvâṇa*. »

[2] Anciennement ce royaume s'appelait *Sou-le*; c'était le nom de sa capitale. L'orthographe correcte est *Chi-li-ki-li-to-ti* (Çrikritati). Le mot *Sou-le* est corrompu. (Note de l'ouvrage.)

mille li de tour. Il y a beaucoup de déserts de sable et peu de terres propres à la culture. Ce pays produit d'abondantes moissons et une grande quantité de fleurs et de fruits. On en tire du feutre et du drap d'excellente qualité, ainsi que des tapis fins et habilement travaillés. Le climat est doux et tempéré, les vents et les pluies arrivent en leur temps. Les hommes sont d'un naturel violent et farouche, et en général, les mœurs respirent le dol et la fraude. Ils font peu de cas des devoirs de la morale, et n'ont qu'une médiocre teinture des lettres. Quand un enfant vient au monde, on a coutume de lui aplatir la tête en la comprimant (avec une planchette)[1]. Leur figure est commune et ignoble; ils peignent leur corps et ont des prunelles vertes. Leur écriture est une imitation de celle de l'Inde; la langue parlée et la prononciation diffèrent de celles des autres royaumes. Ils ont une foi sincère dans la loi du *Bouddha*, et se livrent avec zèle à la pratique de la vertu. On compte plusieurs centaines de couvents, qui renferment environ dix mille religieux, lesquels suivent la doctrine de l'école *Choue-i-tsie-yeou-pou* (l'école des Sarvâstivâdas), qui se rattache au *petit Véhicule*. Beaucoup d'entre eux en récitent les textes sans en approfondir les principes. C'est pourquoi il y a un grand nombre de personnes qui lisent et comprennent les trois Recueils et le *Pi-p'o-cha* (le Vibhâchâ).

En sortant de ce pays, il fit environ cinq cents li au sud-est, passa la rivière *Si-to* (Sîtâ — le Tarim-gool), franchit un grand passage de montagne couvert de

[1] Voyez livre I, page 4, ligne 11.

sable, et arriva au royaume de *Tcho-keou-kia* (Tchakouka — Yerkiang)[1].

ROYAUME DE TCHO-KEOU-KIA.

(TCHAKOUKA.)

Le royaume de *Tcho-keou-kia* (Tchakouka) a environ mille li de tour; la circonférence de la capitale est d'une dizaine de li. Elle est défendue par des murailles hautes et solides. La population est nombreuse; les montagnes et les collines se touchent. De vastes plages sont couvertes de sable et de pierres. Ce royaume est voisin de deux fleuves; la culture des grains et des arbres fruitiers y est florissante. Il abonde surtout en raisins, en poires et en prunes. Le vent et le froid règnent en toute saison. Les hommes sont emportés et cruels; ils ne respirent que le dol et la fraude, et se livrent, en plein jour, au vol et au brigandage. Les caractères de l'écriture sont les mêmes que ceux de *Khiusa-ta-na* (Koustana — Khotan), mais la langue parlée est différente. Ce peuple fait peu de cas des lois de la bienséance et de la morale; il n'a qu'une teinture médiocre des lettres. Il croit sincèrement aux *trois Précieux* et aime à pratiquer la vertu. Il y a plusieurs dizaines de couvents, qui sont la plupart en ruines; on y compte une centaine de religieux qui étudient la doctrine du *grand Véhicule*.

Sur les frontières méridionales de ce royaume, il y

[1] Anciennement, *Tsie-kiu*.

a une grande montagne qui offre des passages fort élevés et des pics entassés les uns sur les autres. Les plantes et les arbres sont resserrés par le froid. Depuis le printemps jusqu'en automne, les torrents des vallées et les sources des hauteurs[1] se répandent de tous côtés. On voit des niches dans les flancs de la montagne, et des cellules dans les rochers. Elles sont disposées d'une manière régulière[2] parmi les grottes et les bois. La plupart des Indiens qui ont obtenu le fruit (la dignité d'*Arhat*)[3], déploient leurs facultés surnaturelles, s'élancent dans les airs pour voyager au loin, et viennent se fixer dans ces lieux. Une multitude de *Lo-han* (d'Arhats) y sont entrés dans le *Nirvâṇa*. C'est pourquoi on a construit un grand nombre de *Stoûpas*. Aujourd'hui même il y a encore trois *'O-lo-han* (Arhats) qui résident dans les cavernes des rochers. Ils sont plongés dans l'extase qui produit l'extinction de la pensée. Leur corps est comme celui d'un homme maigre; leur barbe et leurs cheveux continuent à croître; aussi les religieux vont de temps en temps les raser. Dans ce royaume, les textes du *grand Véhicule* sont plus nombreux que partout ailleurs. Parmi les lieux où est parvenue la loi du *Bouddha*, il n'en est aucun où la doctrine du *Mahâyâna* soit aussi florissante. Elle embrasse dix recueils renfermant chacun cent mille *Çlôkas*. Depuis qu'elle a été

---

[1] Il y a une faute dans le texte : 浚 *Siun* « profond », au lieu de 峻 *Siun* « élevé ». (Cf. *Peï-wen-yun-fou*, liv. LXVIII, fol. 65.)

[2] Littéralement : disposées en damier.

[3] En chinois, *ko-jin* « les hommes du fruit ».

introduite dans ce pays jusqu'à nos jours, elle s'est étendue d'une manière remarquable [1].

En partant de ce royaume, dans la direction de l'est, il franchit de hauts passages de montagne, et traversa des vallées. Après avoir fait environ huit cents li, il arriva au royaume de *Khiu-sa-ta-na* (Koustana — Khotan) [2].

ROYAUME DE KHIU-SA-TA-NA.
(KOUSTANA — KHOTAN.)

Le royaume de *Khiu-sa-ta-na* (Koustana) a environ quatre mille li de tour. Plus de la moitié du sol n'est qu'un désert aride et les terres cultivables sont très-étroites. Elles sont propres aux grains et abondent en fruits de toute espèce. On tire de ce pays des tapis, du feutre de fine qualité, et du taffetas habilement tissé. Il fournit en outre du jade blanc et du jade noir. Le climat est doux et tempéré; il y règne des tourbillons de vent et de poussière. Les mœurs respirent la bienséance et la justice. Les habitants sont d'un naturel doux et respectueux; ils aiment à étudier les lettres, et se distinguent par leur adresse et leur industrie. Le peuple vit dans l'aisance et la joie, et se trouve heureux dans sa condition. Dans ce royaume, on fait grand cas de la musique, et les hommes ont du goût pour le chant et la danse. Peu d'entre eux portent des vêtements de

---

[1] Littéralement : son courant s'est élargi.
[2] En chinois, *Ti-jeou* « mamelle de la terre ».

laine et de fourrure; la plupart s'habillent de taffetas et de drap blanc. Leur extérieur est plein d'urbanité; les mœurs sont réglées par les lois. Les caractères de l'écriture ressemblent à ceux de l'Inde; on en a légèrement modifié les formes, et on n'y a introduit que des changements sans importance. La langue parlée diffère de celle des autres royaumes; la loi du *Bouddha* est en grand honneur. Il y a une centaine de couvents renfermant environ cinq mille religieux, qui étudient tous la doctrine du *grand Véhicule*. Le roi est d'un caractère brave et belliqueux, et montre beaucoup d'estime et de respect pour la loi du *Bouddha*. Il se flatte de descendre du dieu *Pi-cha-men* (Vâiçravaṇa). Jadis ce pays était désert et inhabité. Le dieu *Pi-cha-men* (Vâiçravaṇa) vint y fixer son séjour. Le fils aîné du roi *Wou-yeou* (Açôka), qui se trouvait dans le royaume de *Tatch'a-chi-lo* (Takchaçilâ), ayant eu les yeux arrachés, le roi son père, enflammé de colère, envoya un de ses ministres avec ordre de déporter les hommes des grandes familles au delà de la partie nord des montagnes neigeuses, et de les établir dans une vallée déserte. Ces hommes, ainsi expulsés, étant arrivés aux frontières occidentales de ce pays, mirent à leur tête un de leurs chefs et lui décernèrent le titre de roi. A cette époque, le fils de l'empereur du pays de l'est (de la Chine), qui avait été exilé, habitait les frontières orientales du même royaume. Les hommes qui étaient sous ses ordres le promurent à l'envi au premier rang, et, de plus, il se donna lui-même le nom de roi. Plusieurs années

s'étaient écoulées sans qu'ils eussent réussi à étendre l'empire de leurs lois. Un jour l'un et l'autre, se livrant à la chasse, se rencontrèrent dans un marais sauvage. Après s'être interrogés mutuellement sur leur famille, ils voulurent se disputer la primauté. La colère éclata dans leurs paroles, et ils furent sur le point d'en venir aux mains. Il y eut un homme qui leur fit des représentations. « Pourquoi, dit-il, vous tant presser aujour-
« d'hui? Si vous livrez bataille à l'occasion de la chasse,
« vous ne pourrez déployer toute la force de vos armes.
« Il faut vous en retourner et exercer vos soldats; vous
« vous réunirez ensuite à une époque déterminée. »

Là-dessus ils tournèrent bride, et s'en revinrent chacun dans son royaume. Ils exercèrent les chevaux de guerre et encouragèrent les soldats; puis, au jour convenu, les deux armées se trouvèrent en présence, de sorte que, des deux camps, on voyait devant soi les bannières et les tambours. Au lever du soleil, ils livrèrent bataille. Le roi d'occident fut vaincu. On le poursuivit dans sa fuite et on lui trancha la tête. Le roi de l'orient, profitant de sa victoire, réunit les débris du royaume vaincu, transporta sa résidence dans les terres du centre[1] et l'entoura de murs; mais, affligé de n'avoir point de territoire, il craignit de ne pouvoir réussir dans ses desseins. Il publia de tous côtés une proclamation où il disait : « Quel est celui qui connaît l'arpentage ? »

En ce moment, un des hérétiques qui se frottent avec

---

[1] C'est-à-dire dans le pays situé entre les deux États de l'ouest et de l'est.

des cendres (*Pâṁçoupatas*) arriva avec une grande calebasse sur son épaule. Il la remplit d'eau et se présenta au roi en disant : « Je connais l'arpentage. » Aussitôt il répandit l'eau en décrivant une ligne courbe, et reprit son tracé jusqu'à ce qu'il eût complété un cercle immense. Cela fait, il s'enfuit rapidement et disparut.

Le roi, suivant les traces de cette eau, jeta les fondements d'une ville et eut bientôt achevé son entreprise. Ce fut la capitale de ce royaume, et c'est là que le roi actuel a établi sa cour. Quoique les murs ne soient pas d'une grande hauteur, il serait difficile de la prendre d'assaut. Depuis l'antiquité jusqu'à nos jours, personne n'a jamais pu s'en rendre maître. Lorsque le roi eut transporté sa résidence dans ce pays, construit des villes, fondé son royaume et procuré la paix aux hommes, ses grands desseins se trouvèrent accomplis. Il avait quatre-vingt-dix ans, et était arrivé à une extrême vieillesse sans avoir d'héritier. Craignant que sa famille ne s'éteignît, il alla dans le temple du dieu *Pi-cha-men* (Vâiçravaṇa), et le pria avec ferveur pour obtenir un héritier. Tout à coup la tête de la statue s'ouvrit au-dessus du front, et il en sortit un jeune garçon. Il le prit et s'en revint dans son palais. Tout le royaume lui adressa des félicitations ; mais, comme l'enfant ne buvait pas de lait, le roi craignit qu'il ne pût vivre. Il revint aussitôt dans le temple du dieu, et le pria de pourvoir à sa nourriture. Sur-le-champ la terre qui se trouvait devant la statue se gonfla et offrit une saillie qui avait la forme d'une mamelle. L'enfant divin la suça avidement. Quand il fut arrivé à l'âge adulte, il illustra ses ancêtres par sa prudence et son courage, et étendit au loin l'influence de ses lois. Aussitôt il éleva un temple au dieu *Pi-cha-men* (Vâiçravaṇa), pour honorer celui à qui il devait le jour. Depuis cette époque jusqu'à présent, les princes de Khotan se sont régulièrement succédé, se sont transmis le royaume et ont régné sans interruption. C'est pourquoi, aujourd'hui encore, le temple du dieu est rempli d'objets rares et précieux, et l'on vient constamment l'adorer et lui offrir des hommages. Le premier roi ayant été nourri par une mamelle sortie de la terre (*Koustana*), on dériva de là le nom du royaume.

A environ dix li au sud de la capitale, il y a un grand couvent qui a été bâti par le premier roi de ce royaume, en faveur du *Lo-han* (de l'Arhat) *Pi-lou-tche-na* (Vâirôtchana)[1]. Jadis, lorsque la loi du *Bouddha* n'était pas encore répandue dans ce pays, cet *'O-lo-han* (cet Arhat) quitta le royaume de *Kia-chi-mi-lo* (Kâçmîra) et se rendit dans celui de *Koustana*. Il se reposa dans une forêt, et s'y livra à la méditation. Dans ce moment, il y eut des hommes qui l'aperçurent. Étonnés de sa figure et de son costume, ils vinrent en informer le roi et lui firent le portrait de ce religieux. Le roi alla lui-même pour juger de son extérieur, et lui dit : « Qui êtes-« vous pour demeurer seul dans cette sombre forêt ? »

— « Je suis, dit le *Lo-han* (l'Arhat), un disciple de « *Jou-laï* (du Tathâgata); je demeure ici en paix et je « me livre à la méditation. Votre Majesté devrait faire

---

[1] En chinois, *P'ien-tchao* « celui qui brille en tous lieux ».

« des actions méritoires, exalter hautement la doctrine
« du *Bouddha*, bâtir un couvent et y appeler une multi-
« tude de religieux. »

Le roi lui dit : « Quelle est la vertu de *Jou-laï*, quelle
« est sa puissance divine, pour que vous perchiez comme
« un oiseau, et pratiquiez sa doctrine en endurant de
« cruelles austérités? »

— « *Jou-laï* (le Tathâgata), répondit-il, est rempli
« d'affection et de pitié pour les créatures; il les attire
« à lui et leur sert de guide dans les trois mondes. Tantôt
« il se révèle à elles, tantôt il reste caché; tour à tour
« il naît ou s'éteint. Ceux qui suivent sa loi échappent
« à la nécessité de naître et de mourir; ceux qui igno-
« rent sa doctrine restent enchaînés par les affections
« mondaines. »

— « Si ce que vous dites est vrai, reprit le roi, ce
« sont des faits d'un ordre élevé et des paroles[1] extra-
« ordinaires. Puisque vous assurez que c'est un grand
« saint, qu'il daigne, en ma faveur, montrer sa personne.
« Quand je l'aurai vu et contemplé, je promets de fonder
« un couvent, de croire en lui de toute mon âme, et
« de répandre au loin sa doctrine et sa loi. »

— « Sire, dit le *Lo-han* (l'Arhat), que Votre Majesté
« bâtisse d'abord un couvent : l'accomplissement de cette
« bonne œuvre le touchera et il répondra à vos vœux. »

Le roi, docile à sa prière, construisit un couvent;

---

[1] Le mot 言 *Yen* « paroles » est suivi du verbe 議 *i* « délibérer », expression corrompue, suivant l'éditeur du *Si-yu-ki*. J'ai tâché d'y substituer une épithète qui fût en rapport avec le sujet.

de tous côtés on vint s'y réunir, et l'assemblée des religieux lui adressa des félicitations. Mais on ne possédait pas encore le *Kien-ti* (Ghaṇṭâ) que l'on frappe pour appeler les religieux. Le roi dit au *Lo-han* (à l'Arhat) : « Voilà le couvent achevé ; mais où est le *Bouddha?* »

— « Sire, dit le *Lo-han* (l'Arhat), il faut que Votre « Majesté se pénètre d'une foi sincère ; le Saint n'est pas « loin d'ici. »

Le roi pria aussitôt avec respect, et tout à coup, du haut des airs, il vit descendre la statue du *Bouddha,* qui lui donna un *Kien-ti* (Ghaṇṭâ).

Dès ce moment, il fut pénétré d'une foi sincère, et répandit au loin la doctrine du *Bouddha.*

A environ vingt li, au sud-ouest de la capitale, on voit le mont *K'iu-chi-ling-kia* (Gôçriñga)[1]. Il est surmonté de deux pics, et, de quatre côtés, il est comme taillé à angles droits. Entre la vallée et les flancs de cette montagne, on a construit un couvent au centre duquel s'élève une statue du *Bouddha,* qui répand constamment une lueur brillante. Jadis *Jou-laï* (le Tathâgata) arriva en ce lieu, et exposa sommairement, en faveur des dieux, les principes essentiels de la loi. Il prédit que dans ce pays on fonderait un royaume ; que les habitants respecteraient et honoreraient sa loi, et suivraient avec zèle la doctrine du *grand Véhicule.*

Dans les cavernes du mont *Nieou-kio-chan*[2] (Gô-

---

[1] En chinois, *Nieou-kio* « corne de bœuf ».

[2] C'est-à-dire, la montagne aux cornes de bœuf, nom qui semble une allusion aux deux pics cités plus haut.

çrĭñga), il y a une chambre creusée dans le roc, où se trouve un *'O-lo-han* (un Arhat) plongé dans l'extase qui éteint la pensée; il attend l'arrivée de *Ts'e-chi-fo* (Mâitrêya Bôdhisattva). Pendant plusieurs centaines d'années, on lui a continuellement rendu des hommages.

Dans ces derniers temps, les bords de la montagne se sont écroulés, et ont obstrué le sentier de la porte[1]. Le roi leva des soldats pour enlever les rochers qui étaient tombés; mais des essaims de guêpes noires couvrirent la multitude des hommes de piqûres venimeuses. De là vient que jusqu'à ce jour la porte de pierre est restée fermée.

A une dizaine de li, au sud-ouest de la capitale, il y a un couvent appelé *Ti-kia-p'o-po-na-seng-kia-lan* (Dîrghabhâvana sañghârâma?), dans lequel on voit une statue du *Bouddha* debout, qui est couverte d'un double tissu de soie. Cette statue est venue d'elle-même du royaume de *K'iu-tchi* (Koutché), et s'est arrêtée en cet endroit. Jadis, dans ce royaume, il y avait un ministre qui avait été exilé dans le royaume de *K'iu-tchi* (Koutché). Comme il avait assidûment rendu ses hommages à cette statue, il obtint dans la suite de revenir dans sa patrie. Quoique éloigné d'elle, il continuait à l'honorer avec un profond respect. Au bout de quelque temps, après le milieu de la nuit, la statue arriva d'elle-même. Cet homme abandonna sa maison et bâtit ce couvent.

Après avoir fait environ trois cents li à l'ouest de la capitale, il arriva à la ville de *Po-kia-i* (Pogaï?). On y voit

[1] C'est-à-dire, le sentier qui conduisait à la porte de cette chambre.

une statue du *Bouddha* assis. Elle est haute d'environ sept pieds et est ornée de tous les signes de beauté[1]. Sa figure respire une majesté imposante, sa tête porte un bonnet précieux qui répand, en tout temps, un brillant éclat. Voici ce que racontent à ce sujet les gens du pays : « Anciennement, cette statue se trouvait dans le royaume de *Kia-chi-mi-lo* (Kâçmira). Par suite de ferventes prières, elle s'est transportée en ce pays. Jadis il y avait un *Lo-han* (un Arhat), dont le *Çrâmaṇêra* (Cha-mi), se voyant à l'extrémité, demanda un gâteau de riz sur. Le *Lo-han* (l'Arhat), à l'aide de sa vue divine, reconnut que cette espèce de mets se trouvait dans le royaume de *Khiu-sa-ta-na* (Koustana). Usant de ses facultés surnaturelles, il se rendit dans ce royaume et s'en procura un. Quand le *Cha-mi* (Çrâmaṇêra — le novice) en eut mangé, il eut le désir de renaître dans ce pays. Il obtint, en effet, l'accomplissement de son ancien vœu, et devint le fils du roi. Après avoir hérité de son trône, il soumit, par la force de ses armes, les pays proches et lointains, franchit les montagnes neigeuses et attaqua le royaume de *Kia-chi-mi-lo* (Cachemire). Le roi de Cachemire rassembla sa cavalerie et voulut repousser les ennemis qui avaient envahi ses frontières. En ce moment le *Lo-han* (l'Arhat) adressa des représentations au roi

---

[1] Les signes de beauté, autrement appelés les signes caractéristiques d'un grand homme (*Mahâpouroucha lakchaṇâni*), sont au nombre de trente-deux. On en trouvera la liste et la description dans le *Lotus*, pages 553 et suiv. Il serait intéressant de comparer cette liste avec celles du vocabulaire pentaglotte et du dictionnaire *Mahâvyoutpatti*.

et lui dit : « Gardez-vous de livrer bataille ; je puis moi-
« même éloigner les ennemis. »

« Aussitôt il alla trouver le roi de *Khiu-sa-ta-na* (Koustana), et lui exposa le sommaire de la loi. Dans les premiers moments, le roi, qui n'avait pas encore la foi, persistait toujours à faire marcher ses troupes. Alors le *Lo-han* (l'Arhat) alla prendre les vêtements de *Cha-mi* (Çrâmaṇêra) que ce roi avait portés dans son existence précédente, et les lui montra.

« Le roi, ayant vu ces vêtements, acquit la connaissance de sa vie antérieure. Il alla avouer sa faute au roi de Cachemire, et, associant sa joie à la sienne, il licencia ses troupes et se retira. Puis il alla au-devant de la statue du *Bouddha*, qu'il honorait à l'époque où il était *Cha-mi* (Çrâmaṇêra — novice) ; il suivit l'armée, et offrit à la statue ses hommages et ses prières. Mais quand elle fut arrivée en cet endroit, il fut impossible de la bouger de place. Alors il construisit, tout autour, un couvent et y appela des religieux. Il donna son précieux diadème, et le plaça sur la tête de la statue. Le diadème qu'elle porte aujourd'hui est celui qui lui fut donné par le premier roi. »

A cent cinquante ou cent soixante li, à l'ouest de la capitale, au milieu d'une route qui conduit à un grand désert, il y a de petits monticules de terre qui ont été formés par des rats. Voici ce que racontent à ce sujet les gens du pays : « Dans ce désert, il y avait des rats gros comme des porcs-épics, dont les poils avaient la couleur extraordinaire de l'or et de l'argent. Le chef de la troupe sortait tous les jours de son trou pour se promener, et, lorsqu'il s'arrêtait, la multitude des rats le suivait. Jadis le général des *Hiong-nou* se mit à la tête d'une armée de plusieurs centaines de mille hommes pour ravager les frontières. Dès qu'il fut arrivé à côté des monticules des rats, il fit camper ses soldats. Dans ce moment, le roi de *Khiu-sa-ta-na* (Koustana), qui ne commandait qu'à une armée de plusieurs dizaines de mille hommes, craignit de ne pouvoir lui tenir tête. Il savait depuis longtemps qu'au milieu du désert il y avait des rats extraordinaires, mais qui n'avaient pas encore fait preuve d'une puissance surnaturelle. Quand les ennemis furent arrivés, il n'y avait personne dont il pût implorer le secours. Le roi et ses ministres étaient frappés de terreur, et nul ne savait quel parti prendre. « Si j'offrais de nouveau des sacrifices (dit le roi), si « je brûlais des parfums en invoquant les rats, peut-« être qu'ils montreraient leur puissance divine, et aug-« menteraient un peu la force de mon armée. »

« La nuit suivante, le roi de *Khiu-sa-ta-na* (Koustana) vit en songe un grand rat, qui lui dit : « Par respect « pour vous, je veux vous secourir; je désire que vous « exerciez promptement vos soldats. Si demain matin « vous livrez bataille, vous êtes sûr de la victoire. »

« Le roi de *Khiu-sa-ta-na* (Koustana) reconnut qu'il pouvait compter sur un secours divin. Il rangea immédiatement les cavaliers et les cuirassiers, et donna ses ordres aux capitaines et aux soldats. Il se mit en route avant l'aube du jour, et, par une marche rapide, il tomba à l'improviste sur l'ennemi. A la nouvelle de son arrivée, les *Hiong-nou* furent saisis d'effroi, et voulurent alors s'élancer sur leurs chars et endosser leurs armures ; mais les rats avaient coupé, avec leurs dents, les courroies des selles, les lacets des vêtements, les cordes des arcs et les attaches des cuirasses[1]. Les soldats ennemis étant arrivés, un grand nombre de *Hiong-nou* furent garrottés et massacrés. Là-dessus, le roi tua le général et fit les soldats prisonniers. Les *Hiong-nou* furent glacés de terreur, et reconnurent qu'il avait obtenu un secours divin. Le roi de *Khiu-sa-ta-na* (Koustana), rempli de reconnaissance pour les rats, éleva un temple et leur offrit des sacrifices. Depuis cette époque, on a continué, de siècle en siècle, à leur témoigner un profond respect, et on leur apporte des présents rares et précieux. C'est pourquoi, depuis le prince jusqu'aux hommes du peuple, tout le monde leur rend des hommages et leur offre des sacrifices pour obtenir leurs bienfaits et leur assistance. Lorsqu'on passe près de leurs trous, on descend de char et l'on court d'un pas rapide. On les salue en signe de respect, et on leur sacrifie pour demander le bonheur. Les uns offrent des vêtements, des arcs et des flèches ; les autres, des fleurs odorantes et des viandes apprêtées. Après avoir témoigné ainsi la sincérité de leurs sentiments, ils obtiennent la plupart le bonheur ; mais ceux qui manquent d'offrir des sacrifices éprouvent de terribles calamités. »

[1] Il y a une tradition tout à fait semblable à cette légende dans Hérodote, II, 161. (Note de M. Vivien de Saint-Martin.)

A cinquante ou soixante li, à l'ouest de la ville royale, il y a un couvent appelé *Sa-mo-jo-seng-kia-lan* (Samadjña-sañghârâma), au centre duquel s'élève un *Stoûpa* qui est haut d'une centaine de pieds. On y voit éclater une multitude de prodiges, et il répand en tout temps une lueur divine. Jadis il y eut un *Lo-han* (un Arhat) qui, arrivant d'un pays lointain, vint se fixer au milieu de cette forêt. Usant de ses facultés surnaturelles, il répandait une lumière resplendissante. En ce moment, le roi se trouvait pendant la nuit dans un pavillon à deux étages. Ayant regardé dans le lointain le milieu de la forêt, il le vit entouré d'un faisceau de lumière. Là-dessus, il s'informa successivement à plusieurs personnes; toutes lui dirent : « Il y a là un *Cha-men* (Çramaṇa — religieux),
« qui est arrivé d'un pays lointain. Il se repose en paix au
« milieu de la forêt, et fait briller ses facultés divines. »

Le roi fit atteler son char, et alla lui-même pour le voir et l'examiner. Dès qu'il eut vu cet homme sage et illustre (*Samadjña*), il se sentit pénétré de respect jusqu'au fond du cœur. Après lui avoir rendu des hommages infinis, il le pria de venir dans son palais. Le *Cha-men* (Çramaṇa — religieux) lui dit : « Les créa-
« tures cherchent ce qui leur convient, et chaque homme
« a des vues déterminées. Les forêts sombres et les
« jongles sauvages sont pour moi pleins de charmes;
« mais je ne connais point les salles élevées ni les de-
« meures profondes des palais. »

Le roi sentit redoubler pour lui son respect et son admiration, et lui témoigna la plus haute estime. Il construisit en sa faveur un couvent, et fit élever un *Stoûpa.* Le *Cha-men* (Çramana), docile aux vœux du prince, alla se fixer dans ce couvent. Peu après, le roi, par l'effet de ses bonnes œuvres, obtint plusieurs centaines de grains de *Che-li* (Çarîras — reliques). Il en fut ravi de joie et se dit en lui-même : « Pourquoi ces « reliques m'arrivent-elles si tard ? Si elles fussent ve- « nues plus tôt, j'aurais pu les placer au-dessous du « *Stoûpa;* n'aurait-ce pas été alors un monument d'un « ordre supérieur ? »

Sur-le-champ il se rendit dans le couvent et en informa le *Cha-men* (Çramana). « Sire, lui dit le *Lo-han* « (l'Arhat), ne vous désolez point; aujourd'hui même « vous les y placerez. Préparez de grands coffres de « pierre, garnis d'or, d'argent, de cuivre et de fer, et « déposez-y successivement les reliques. »

Le roi donna ses ordres aux ouvriers, et ce travail fut achevé en moins d'un jour. On mit les coffres sur un char orné de choses précieuses, et on les transporta dans le couvent. Dans ce moment, le roi sortit de son palais, et se mit à la tête des magistrats, qui étaient au nombre de cent. Le peuple, qui était accouru pour voir les reliques et leur faire cortége, se comptait par dizaines de mille. Le *Lo-han* (l'Arhat) souleva le *Stoûpa* avec sa droite, et le plaça sur la paume de sa main; puis il dit au roi : « Vous pouvez les déposer au-dessous. »

Alors on creusa une fosse, on y plaça les coffres, et le travail fut bientôt achevé. Là-dessus, l'*Arhat* abaissa le *Stoûpa,* sans qu'il éprouvât ni chute ni dommage.

Les spectateurs furent émerveillés de ce miracle inouï, et ils sentirent redoubler, au fond de leur cœur, leur foi dans le *Bouddha* et leur respect pour la loi. Le roi parla en ces termes à la multitude des magistrats : « J'ai
« entendu dire que la puissance du *Bouddha* est difficile
« à concevoir, et que ses facultés divines sont impéné-
« trables. Tantôt il a divisé son corps en dix millions
« de parties, tantôt il est apparu parmi les hommes ou
« les *Dévas*. Il a enlevé l'univers dans la paume de sa
« main, sans que la multitude des créatures s'en fût
« aperçue. Il a expliqué la nature de la loi dans la
« langue vulgaire, et tous les hommes l'ont comprise
« suivant la portée de leur esprit. Ainsi donc sa puissance
« divine n'appartient qu'à lui [1]; son savoir et son intelli-
« gence échappent au langage humain. Son esprit est
« caché, et cependant sa doctrine se propage partout.
« Si ceux qui se nourrissent de son harmonie et s'a-
« breuvent de ses bienfaits, qui savourent ses principes
« et révèrent ses instructions, obtiennent son divin se-
« cours; ayez donc une profonde confiance dans le
« bonheur qu'il envoie, et redoublez d'efforts. Vous de-
« vez tous honorer et respecter hautement le *Bouddha*;
« et alors les profondeurs mystérieuses de la loi du
« *Bouddha* s'éclairciront à vos yeux. »

A cinquante ou soixante li au sud de la capitale, il y avait un couvent appelé *Lou-che-seng-kia-lan*[2], qui

---

[1] Littéralement : n'est pas commune à tous.
[2] *Lou* veut dire « cerf » et *che* « tirer des flèches ». J'ignore la correspondance sanscrite de ces deux mots.

avait été construit par la femme du premier roi de ce royaume. Jadis, ce pays ne connaissait pas les mûriers ni les vers à soie. Le roi, ayant appris que le royaume de l'est (la Chine) en possédait, y envoya un ambassadeur pour en obtenir. A cette époque, le prince du royaume de l'est les gardait en secret et n'en donnait à personne, et il avait défendu sévèrement aux gardes des frontières de laisser sortir de la graine de mûriers et de vers à soie. Le roi de *Khiu-sa-ta-na* (Koustana), dans un langage soumis et respectueux, demanda en mariage une princesse chinoise. Le prince du royaume de l'est (de la Chine), qui avait des sentiments de bienveillance pour les peuples lointains, accéda sur-le-champ à sa demande. Le roi de *Khiu-sa-ta-na* (Koustana) ordonna à un ambassadeur d'aller au-devant de son épouse, et lui donna les instructions suivantes : « Parlez ainsi « à la princesse du royaume de l'est : « Notre royaume « n'a jamais possédé de soie : il faut que vous appor- « tiez des graines de mûriers et de vers à soie ; vous « pourrez vous-même vous faire des vêtements pré- « cieux. »

Après avoir entendu ces paroles, la princesse se procura secrètement des graines de mûriers et de vers à soie, et les cacha dans la ouate de son bonnet. Quand elle fut arrivée aux barrières, le chef des gardiens fouilla partout, à l'exception du bonnet de la princesse qu'il n'osa pas visiter. Bientôt après, elle entra dans le royaume de *Khiu-sa-ta-na* (Koustana), et s'arrêta dans le pays où existait jadis le couvent appelé

Lou-che-kia-lan. On alla en grande pompe au-devant d'elle, et on la conduisit dans le palais du roi. La princesse ayant laissé dans ce pays les graines de vers à soie et de mûriers, au commencement du printemps on sema les mûriers; et quand l'époque des vers à soie fut venue, on s'occupa de cueillir des feuilles pour les nourrir. Dès le premier moment de son arrivée, il fallut les nourrir avec diverses feuilles. Mais, après un certain temps, les mûriers se couvrirent de feuilles touffues. Alors la reine fit graver sur une pierre un décret où il était dit : « Il est défendu de tuer les vers « à soie. Quand tous les papillons des vers à soie se se-« ront envolés [1], on pourra travailler les cocons. Qui-« conque enfreindra cet ordre sera privé du secours « des dieux. » Aussitôt après, elle fit construire ce couvent en l'honneur de la déesse des vers à soie. On voit encore, dans ce royaume, quelques troncs desséchés de mûriers, que l'on dit provenir des premiers plants. C'est pourquoi, aujourd'hui, ce royaume possède des vers à soie, et personne n'oserait en tuer un seul. Si quelqu'un dérobe de la soie à un autre, l'année suivante il lui est défendu d'élever des vers à soie.

A environ cent li au sud-est de la capitale, il y avait un grand fleuve qui coulait au nord-ouest. Les habitants

---

[1] Il résulte de ce passage qu'on ne savait pas tuer les papillons dans les cocons. Les cocons se trouvant percés, il était impossible de les dévider, et l'on devait être obligé de les carder, comme l'on fait aujourd'hui pour ceux des vers à soie sauvages qui vivent, dans le *Ssc-tch'ouen* et autres provinces, sur le *Quercus orientalis*.

profitaient de ses eaux pour arroser leurs champs; mais, dans la suite des temps, son cours s'arrêta tout à coup. Le roi en fut extrêmement étonné. Là-dessus, ayant fait atteler son char, il alla interroger le *Lo-han* (l'Arhat), et lui dit : « Les eaux du grand fleuve servaient puis-
« samment aux besoins des hommes du royaume; mais
« aujourd'hui son cours s'est subitement arrêté. A qui
« en est la faute? Mon gouvernement n'est-il pas juste,
« mes bienfaits ne se répandent-ils pas sur les hommes?
« S'il en est autrement, d'où vient ce rude châtiment? »

Le *Lo-han* (l'Arhat) lui dit : « Votre Majesté gouverne
« sagement son royaume, et l'influence de votre admi-
« nistration répand l'harmonie et la paix. Si les eaux
« du fleuve ne coulent plus, cela vient uniquement du
« dragon qui l'habite. Il faut promptement lui offrir
« des sacrifices et lui adresser des prières. Vous êtes
« sûr de recouvrer les avantages que vous procurait le
« fleuve. »

Le roi s'en retourna et offrit un sacrifice au dragon du fleuve. Tout à coup une femme s'élança du milieu des eaux et lui dit : « Mon époux est mort de bonne
« heure, et il n'y a plus de maître pour donner des ordres.
« Voilà pourquoi le cours de l'eau s'est arrêté, et les la-
« boureurs ont perdu les avantages qu'ils en tiraient. Si
« Votre Majesté veut choisir dans son royaume un mi-
« nistre illustre, et me le donner pour époux, l'eau
« continuera de couler comme auparavant. »

Le roi lui dit : « Je vous obéirai avec respect et je
« me charge de répondre à vos désirs. »

La femme-dragon fut ravie d'avoir obtenu (pour époux) un grand ministre du royaume.

Quand le roi fut revenu, il parla ainsi à ses sujets : « Un grand ministre est le plus ferme appui du royaume ; « l'agriculture est la source de la vie des hommes. Si le « royaume perd son appui, il est exposé au danger ; si « les hommes cessent de manger, ils meurent. En pré- « sence du danger ou de la mort, que faut-il faire ? »

Un grand ministre quitta son siége, et, se jetant à genoux, il dit au roi : « Depuis longtemps je mène une « vie inutile, et c'est à tort que j'occupe une charge im- « portante. Je songeais constamment à montrer au roi « ma reconnaissance, mais je n'en avais pas encore trouvé « l'occasion. Si aujourd'hui vous daignez me choisir, je « ferai mon possible pour répondre à vos vues. Lors- « qu'il s'agit d'être utile à tout un peuple, pourriez-vous « craindre de sacrifier un ministre ? Un ministre est l'auxi- « liaire du royaume, mais le peuple en est la base. Je « prie Votre Majesté de ne point hésiter. Veuillez, je « vous en prie, faire des actes méritoires et construire « un couvent. »

Le roi consentit à sa demande, et cette entreprise fut promptement achevée. Le ministre demanda à entrer sans délai dans le palais du dragon. Là-dessus, tous les magistrats du royaume lui offrirent le repas d'adieu, au son des instruments de musique. Alors le ministre se revêtit d'habits blancs, et monta sur un cheval blanc ; puis il prit congé du roi, et dit respectueusement adieu aux habitants du royaume. Il aiguillonna son cheval et entra dans le fleuve. Il marcha sur l'eau sans s'y enfoncer. Quand il fut arrivé au milieu du courant, il traça une ligne sur l'eau avec son fouet. L'eau s'ouvrit au milieu, et dès ce moment il disparut. Peu après, le cheval blanc sortit en nageant à la surface de l'eau. Il apportait sur son dos un grand tambour de bois de santal, contenant une lettre dont voici le sommaire : « Puisque Votre Majesté n'a pas délaissé ma chétive personne, et l'a honorée, par erreur, d'un choix « divin, je désire que vous obteniez beaucoup de bonheur, que vous agrandissiez votre royaume et augmentiez le nombre de vos sujets. Que l'on suspende « ce grand tambour au sud-est du royaume. S'il survient quelque ennemi, le tambour résonnera d'avance, « (et donnera l'alarme). » L'eau du fleuve coula aussitôt, et jusqu'à ce jour, on en tire d'immenses avantages. Bien des mois et des années ont passé depuis cette époque, et il y a longtemps qu'on ne voit plus l'endroit où était suspendu jadis le tambour du dragon. Mais on remarque encore aujourd'hui le couvent qui avait été bâti à côté de l'étang du tambour. Il est en ruines et ne renferme aucun religieux.

A trois cents li à l'orient de la capitale, on voit, au milieu d'un grand marais inculte, un terrain de plusieurs milliers d'arpents, qui est complétement nu. Le sol est d'un noir rougeâtre. Voici ce que les vieillards racontent à ce sujet : « C'est un lieu où une armée a été vaincue. Jadis les troupes du royaume de l'est[1], au

---

[1] C'est-à-dire, les troupes du prince de Chine. (Voyez p. 225, l. 18.)

nombre d'un million, portèrent leurs armes dans l'occident. A cette époque, le roi de *Khiu-sa-ta-na* (Koustana) équipa, de son côté, plusieurs centaines de mille cavaliers, et marcha à l'orient pour repousser son redoutable ennemi. Arrivées en cet endroit, les deux armées se trouvèrent en présence et livrèrent bataille. Les troupes de l'ouest ayant eu le dessous, le prince de l'est profita de sa victoire et les tailla en pièces. Il fit le roi prisonnier, tua le général et extermina les soldats, sans laisser un seul homme vivant. La terre fut inondée de sang et en conserve encore les traces. »

Après avoir fait environ trente li à l'est du champ de bataille, il arriva à la ville de *Pi-mo* (Bhimâ). Il y a une statue du *Bouddha* debout, sculptée en bois de santal, qui est haute d'environ vingt pieds. Elle opère beaucoup de miracles et répand en tout temps une lueur éclatante. Tous les malades, suivant l'endroit où ils souffrent, collent des feuilles d'or sur la statue, et sur-le-champ ils se voient guéris. Les personnes qui lui adressent des prières avec un cœur sincère, obtiennent la plupart l'objet de leurs vœux. Voici ce que rapportent les gens du pays : « Jadis, lorsque le *Bouddha* vivait dans le monde, cette statue fut faite par *Ou-to-yen-na* (Oudayana), roi de *Kiao-chang-mi* (Kâuçâmbî). Lorsque le *Bouddha* eut quitté le monde, elle s'élança dans les airs et arriva au nord de ce royaume, au milieu de la ville de *Ho-lao-lo-kia*[1]. Dans l'origine, les habitants de

[1] Dans les livres bouddhiques, la syllabe *ho* représente *a* devant *ra*, et ne se prononce pas. Ainsi l'on écrit : *Ho-lo-che-pou-lo* (*a-Râdjapoura*)

cette ville étaient riches et heureux; ils étaient profondément attachés à l'hérésie, et n'avaient ni estime ni respect (pour la loi du *Bouddha*). On raconte que, depuis son arrivée, elle montra sa puissance divine, sans que personne lui rendît hommage; mais, quelque temps après, un *Lo-han* (un Arhat) salua avec respect cette statue. Les habitants du royaume en furent alarmés. Étonnés de son extérieur et de son costume, ils s'empressèrent d'en informer le roi, qui ordonna, par un décret, de couvrir de sable et de terre ce personnage extraordinaire. En ce moment, l'*Arhat*, étant couvert de sable et de terre, resta privé de toute nourriture. Il y eut alors un homme qui fut indigné de ce traitement inhumain. Jadis il était constamment pénétré de respect pour cette statue, et lui rendait ses hommages. Quand il eut vu l'*Arhat*, il lui donna secrètement de la nourriture. L'*Arhat*, étant sur le point de partir, lui parla en ces termes : « Dans sept jours, il tombera une pluie « de sable et de terre qui remplira cette ville, et il n'y « restera pas un seul être vivant. Songez-y bien, et pre- « nez de bonne heure des mesures pour sortir. C'est « uniquement pour m'avoir couvert de terre qu'ils vont « éprouver ce genre de mort. »

« En achevant ces mots, il partit et disparut en un clin d'œil. Cet homme entra dans la ville, et avertit tous ses parents et ses amis; mais, à cette nouvelle, il n'y en eut aucun qui ne l'accueillît avec des rires et des moque-

pour *Râdjapoura*. Les trois syllabes suivantes donneraient *Râulôka*, transcription que je n'ose garantir.

ries. Le second jour, il s'éleva tout à coup un vent impétueux qui chassa devant lui des terres remplies d'ordures, puis il tomba une pluie de sable et de terre[1] qui remplit tous les chemins. Les habitants injurièrent de nouveau celui qui les avait avertis. Cet homme, qui savait, au fond de son âme, ce qui devait nécessairement arriver, creusa en secret un chemin souterrain qui débouchait en dehors de la ville, et s'y cacha. Dans la nuit du septième jour, après l'heure de minuit, il tomba une pluie de sable et de terre qui remplit l'intérieur de la ville. Cet homme sortit du chemin souterrain, et, se dirigeant à l'est, il se rendit dans ce royaume et s'arrêta dans la ville de *Pi-mo* (Bhimâ). Dès qu'il fut arrivé, la statue y vint en même temps. Il lui rendit ses hommages dans ce même endroit, et n'osa pas la transporter plus loin. » Voici ce qu'on lit à ce sujet dans les anciens mémoires historiques : « Lorsque la loi de *Chi-kia* (Çâkya) sera éteinte, la statue entrera dans le palais des dragons. Aujourd'hui la ville de *Ho-lao-lo-kia* n'est plus qu'un vaste monceau de terre. Un grand nombre de rois des autres royaumes et de personnages puissants des pays étrangers eurent le désir de pratiquer des fouilles, pour s'emparer des objets précieux qu'elle pouvait renfermer; mais, quand ils furent arrivés à côté de cette ville, il s'éleva tout à coup un vent furieux, des nuages sombres obscurcirent le ciel, et ils ne purent retrouver leur route. »

[1] Il y a une faute dans le texte, où on lit *Tsa-p'ao* « diverses choses précieuses », au lieu de *Cha-t'ou* « sable et terre. »

A l'est de la vallée de *Pi-mo* (Bhimâ), il entra dans un désert, et, après avoir fait environ deux cents li, il arriva à la ville de *Ni-jang*. Cette ville a trois ou quatre li de circonférence; elle est située au centre d'un grand marais. Le terrain de ce marais est chaud et humide, de sorte qu'il est difficile d'y marcher. Il est couvert de roseaux et d'herbes sauvages, et l'on n'y voit ni chemins ni sentiers. Il n'y a que la route qui conduit à la ville qui soit à peu près praticable. C'est pourquoi ceux qui vont et viennent ne peuvent se dispenser de passer par cette ville. Le roi de *Khiu-sa-ta-na* (Koustana) y a placé les barrières de sa frontière orientale.

En sortant de ce pays, il se dirigea à l'est, et entra dans un grand désert de sables mouvants. Ces sables ont une étendue immense; ils s'amassent ou se dispersent au gré du vent. Les voyageurs ne trouvent aucune trace d'hommes, et beaucoup d'entre eux s'y égarent. Ce désert s'étend de tous côtés à perte de vue, et nul ne sait comment se diriger. C'est pourquoi ceux qui vont et viennent amassent des ossements d'animaux pour marquer la route. On n'y trouve ni eau ni herbes, et il y règne souvent des vents brûlants. Quand ces vents s'élèvent, les hommes et les animaux tombent étourdis et deviennent malades. Quelquefois on entend, tantôt des chants et des sifflements, tantôt des cris douloureux; mais, après avoir regardé et prêté l'oreille, on reste tout troublé et incapable de se diriger. De là vient que souvent les voyageurs y perdent la vie. Ces phénomènes sinistres sont l'œuvre des démons.

Après avoir fait environ quatre cents li, il arriva dans l'ancien royaume de *Tou-ho-lo* (Toukhâra). Depuis longtemps ce royaume est dépeuplé ; toutes les villes n'offrent qu'une surface inculte et sauvage.

En sortant de ce pays, il fit environ six cents li à l'est, et arriva à l'ancien royaume de *Tche-mo-t'o-na* (Tchamadhana?), qui est précisément le pays de *Ni-mo*. Les murs des villes sont fort élevés, mais il n'y a plus aucunes traces d'habitants. Il fit encore environ mille li au nord-est de ce pays, et arriva dans l'ancien royaume de *Na-po-po* (Navapa?), qui est le même que le pays de *Leou-lan*[1].

Nous avons fait connaître les montagnes et les rivières, examiné les territoires, et exposé les mœurs douces ou farouches des habitants, en y rattachant la nature du climat et du sol. La conduite des hommes n'est pas partout uniforme ; leurs goûts et leurs antipathies ne sont point toujours les mêmes. Il y a des faits qu'il est difficile de vérifier à fond, et il n'est pas possible d'en parler exactement d'après ses souvenirs. A mesure que (le voyageur) parcourait les pays, il en a écrit une notice sommaire ; il a recueilli les témoignages fournis par les oreilles et les yeux, et noté fidèlement les peuples qui brûlaient de se soumettre[2].

Dans les pays qui ont été témoins de sa noble con-

---

[1] Aujourd'hui le désert de *Makhaï*.
[2] C'est-à-dire, de se soumettre à l'empereur de la Chine. Ceci est une pure flatterie du rédacteur de l'ouvrage. (Voyez t. I des *Mémoires*, p. LXXVII, lig. 22 et suiv.)

duite, tout le monde a admiré sa vertu accomplie. Pourrait-on le comparer simplement à ces hommes qui sont allés en mission avec un seul char, et qui ont parcouru en poste un espace de mille li?

FIN
DES MÉMOIRES DE HIOUEN-THSANG.

CONCLUSION DU TRADUCTEUR.

Les personnes qui ont lu l'Avertissement placé en tête du premier volume des Mémoires de *Hiouen-thsang* connaissent les considérations qui m'ont mis dans la nécessité de publier le texte original de la préface de *Tchang-chouë*, avec une traduction littérale et des notes perpétuelles, quoique ce morceau de rhétorique chinoise, presque entièrement dépourvu des détails biographiques et littéraires qui pouvaient nous intéresser, ne fût propre qu'à donner un échantillon du style ampoulé, prétentieux, et hérissé, à dessein, d'allusions obscures, que certains écrivains du royaume du milieu se plaisent à employer, dans les Avant-propos, pour faire parade d'érudition.

Le douzième et dernier livre du *Si-yu-ki*, qu'on vient de lire, est suivi d'une autre composition du même auteur, intitulée *Ki-tsan* « Éloge des Mémoires », écrite dans le même style que sa préface, mais trois fois plus étendue, et dont la traduction, qui exigerait, pour être intelligible, un énorme commentaire, n'ajouterait rien aux documents que nous ont fournis l'*Histoire de la Vie et des Voyages de Hiouen-thsang*, et ses *Mémoires sur les Contrées occidentales*.

Il y a déjà plusieurs années que j'ai traduit l'*Éloge des Mémoires;* mais je m'abstiendrai de le publier ici, d'abord, parce que la traduction annotée de la préface de *Tchang-chouĕ* et celle des Mémoires de *Hiouen-thsang*, maintenant imprimée, me paraissent avoir suffisamment fait justice des critiques imprudentes d'un sinologue étranger, et ensuite parce qu'en dépensant, dans un commentaire long et fastidieux, un temps que réclament des travaux plus urgents et plus utiles, je craindrais d'encourir, à mon tour, les reproches que j'ai adressés, dans mon Avertissement et dans le Préambule de la préface, à certains écrivains chinois, plus soucieux d'étaler une érudition pédantesque que d'instruire et d'éclairer les lecteurs.

MÉMOIRE ANALYTIQUE
SUR
LA CARTE DE L'ASIE CENTRALE
ET DE L'INDE,

CONSTRUITE D'APRÈS LE SI-YU-KI

(MÉMOIRES SUR LES CONTRÉES OCCIDENTALES)

ET LES AUTRES RELATIONS CHINOISES DES PREMIERS SIÈCLES

DE NOTRE ÈRE,

POUR LES VOYAGES DE HIOUEN-THSANG DANS L'INDE,

DEPUIS L'ANNÉE 629 JUSQU'EN 645,

PAR

L. VIVIEN DE SAINT-MARTIN.

§ 1. — Quelques observations préliminaires.

L'itinéraire de Hiouen-thsang, depuis l'angle nord-ouest de la Chine jusqu'à l'extrémité méridionale de la péninsule hindoue, touche à une immense étendue de pays asiatiques. Le voyageur nous conduit successivement à travers la Tartarie et dans toute la longueur de la Transoxane; puis il nous fait parcourir la vallée de la rivière de Kaboul, le Pendjab, le Kachmîr, les royaumes du bas Indus, tout le bassin du Gange et le Dékhan. Une telle ligne de route, et l'époque même du voyage, c'est-à-dire la première moitié du VIIe siècle de notre ère, donnent à la relation du pèlerin bouddhiste un intérêt qu'il est aisé de pressentir; mais ce qui en fait la valeur pour l'histoire et pour la géographie est aussi ce qui en rend l'étude difficile. La plupart de ces contrées sont encore aujourd'hui mal connues, et le VIIe siècle est pour l'Asie, plus encore que pour l'Occident, une époque particulièrement vide de documents historiques et géographiques. Nous manquons donc ici tout à fait de renseignements contemporains qui auraient pu éclairer ou compléter ceux du voyageur. Les documents classiques auxquels nous pouvons emprunter quelques indications remontent au temps d'Alexandre ou datent des deux premiers siècles de notre ère; et il nous faut descendre de là jusqu'au milieu du xe siècle pour arriver aux premiers écrivains musulmans qui ont décrit quelques-uns des pays que Hiouen-thsang a visités. Nous ne parlons pas des provinces ou des contrées qui relèvent directement de la monarchie chinoise; pour celles-là, les sources originales sont extrêmement abondantes, et le vaste savoir de M. Stanislas Julien les mettait toutes à notre disposition.

Malheureusement il n'en était plus ainsi de l'Inde, but et théâtre principal des courses du voyageur. Sous le rapport des documents auxiliaires, l'Inde était plus pauvre encore et plus vide que les contrées du Jaxartes, de l'Oxus et de l'Iran. Jusqu'à présent la géographie sanscrite, antérieure à la conquête musulmane qui a si profondément altéré ou modifié la nomenclature indigène, nous est à peine connue, quoiqu'une masse considérable de matériaux propres à en opérer la restitution, ait été publiée en Europe depuis trente ans, et que les profonds travaux de M. Wilson, de W. Schlegel, d'Eugène Burnouf, de M. Lassen et de leurs émules, aient admirablement préparé cette restitution de l'Inde sanscrite : préparé, disons-nous, mais non accompli; car, sauf les grands traits et les points culminants, on n'a rien fait encore pour recomposer la carte politique et la topographie indigène de la péninsule hindoue, antérieurement au xiiie siècle.

C'est donc avec une défiance bien légitime que nous avons

abordé l'honorable tâche que M. Stanislas Julien nous a confiée, bien que cette tâche, en ce qui se rapporte à l'Inde, nous fût grandement facilitée par une longue étude préparatoire déjà consacrée à l'ancienne géographie sanscrite. Les essais analogues antérieurement tentés par plusieurs savants pour l'éclaircissement des itinéraires chinois dans l'Inde et l'Asie centrale, même la partie géographique du commentaire de Klaproth sur le voyage de Fa-hian, travail où l'illustre orientaliste a déployé un savoir et une sagacité extrêmement remarquables, ne nous ont été, nous devons le dire, que d'un très-médiocre secours; outre que l'itinéraire de Hiouen-thsang embrasse un bien plus grand nombre de pays que ceux de ses prédécesseurs, et que nous avions conséquemment à éclaircir une foule de points nouveaux, ceux mêmes qui avaient été déjà traités nous ont offert bien plus d'erreurs à rectifier que de lumières à recueillir. Cette faiblesse des essais antérieurs tient à une double cause : premièrement, à ce qu'avant M. Stanislas Julien, aucun sinologue n'avait su trouver une méthode fixe et certaine pour ramener les noms étrangers transcrits en chinois (particulièrement les noms sanscrits) à leur forme originale; en second lieu, à ce que, dans la recherche des identifications, on s'était habitué à se laisser guider presque uniquement par l'analogie des sons, analogie souvent illusoire et que l'absence de règles de transcription rendait tout à fait arbitraire, au lieu d'étudier topographiquement, si nous pouvons le dire, la route du voyageur, en se référant toujours aux matériaux qui nous représentent le terrain d'aussi près que possible. Il y a ici un travail pratique, un travail de géographe, que la connaissance seule des textes ne peut suppléer. Nous pourrions citer de singuliers exemples d'aberrations dans les rapprochements proposés, que la moindre attention à suivre sur la carte la marche du voyageur aurait dû prévenir. Hâtons-nous d'ajouter que le texte intégral des Mémoires de Hiouen-thsang, ainsi que l'histoire de son voyage écrite par Hoeï-li et traduite également par M. Stanislas Julien, ont donné à notre commentaire une base qui avait manqué à tous les essais antérieurs. Nous nous trouvions donc dans des conditions infiniment meilleures que personne avant nous, pour l'éclaircissement et le tracé graphique de cet important morceau de géographie orientale; et le seul mérite que nous ayons à réclamer pour notre travail, si l'on veut bien lui reconnaître un mérite quelconque, est l'attention que nous avons eue de mettre constamment en regard de la relation chinoise toutes les sources d'informations, anciennes ou récentes, qui pouvaient en expliquer et en fixer les indications quelquefois un peu vagues.

Nous avons à peine besoin de dire que les cartes forment une partie essentielle de ces moyens de comparaison. Voici la liste de celles qui nous ont principalement servi à établir le tracé de la nôtre :

1° Pour l'extrémité nord-ouest de la Chine et pour la Tartarie, la grande carte de l'Asie centrale, en quatre feuilles, publiée par Klaproth, en 1833. Cette belle carte est une réduction des atlas chinois, assujettis aux observations astronomiques des missionnaires chargés par l'empereur Kien-long d'établir la carte générale de l'empire, et appuyés en outre sur les travaux ultérieurs des ingénieurs et des hydrographes européens, tant pour le tracé des côtes que pour la partie des frontières qui confine à l'Himâlaya.

2° Pour la Dzoûngarie et le Turkestan jusqu'à l'Oxus ou Amoû-déria, la carte du Turkestan, en une feuille, publiée par M. Kiepert à Berlin, en 1852. M. Kiepert, dans la construction de cette carte, a mis à profit tous les travaux russes accessibles sur l'ancienne Transoxane (le *Mavarelnahar* des Arabes), et même plusieurs communications inédites; et il s'en est heureusement servi pour le territoire de Samarkand et de Boukhara (la *Sogdiane* des Grecs), pour la configuration des grands lacs de la Dzoûngarie, pour le tracé du lac d'Aral, et pour une partie du bassin du Sir-déria (l'ancien *Jaxartes*). Malheureusement cette carte, dans son ensemble, n'est guère qu'un canevas où l'auteur a négligé de rapporter une foule de détails importants fournis par les auteurs musulmans ou par les explorateurs européens, et elle présente ainsi beaucoup plus de vides que ne le comporterait l'état réel des connaissances acquises.

3° Pour la région nord-ouest de l'Himâlaya, depuis le Hindou-kôh jusqu'au Gange supérieur, la grande carte du Pendjab jointe à la récente publication de M. Alexander Cunningham, intitulée *Ladâk* (London, 1854). C'est la première carte satisfaisante du Pendjab et du Kachmîr qui ait encore été publiée. M. Walker, qui l'a rédigée, y a rapporté toutes les reconnaissances faites par MM. Cunningham, Thomson et Henry Strachey dans l'expédition de 1847, pour la délimitation de la frontière indo-tibétaine, et par les ingénieurs anglais en différentes parties du Pendjab depuis l'adjonction de cette grande région du nord-ouest aux territoires britanniques.

4° Pour la région des monts Souleïmân, à l'ouest du Sindh, et pour plusieurs parties de l'Afghanistan oriental, la carte dressée par le lieutenant Macartney pour la relation d'Elphinstone, quoique sur beaucoup de points cette carte ait été rectifiée ou complétée par des reconnaissances partielles pendant les deux expéditions anglaises dans l'Afghanistan.

5° Pour le cours inférieur du Sindh, depuis Attok jusqu'à la mer, la carte de Wood, basée sur sa reconnaissance de 1837.

6° Pour la partie de l'Inde comprise entre la Narmadâ et le cap Comorin, la dernière édition (1851) de la carte de l'Inde, en six feuilles, de Walker, et l'atlas du sud de l'Inde, en dix-huit feuilles, par A. Arrowsmith (1822), sans préjudice des nombreuses rectifications de détail que nous ont fournies les feuilles publiées du grand atlas de l'Inde levé aux frais de la Compagnie.

7° Pour l'Inde gangétique, outre la carte déjà mentionnée de Walker, le *Bengal atlas* de Rennell, et les feuilles qui donnent le Douab dans le grand atlas de l'Inde, nous nous sommes servi de la carte en quatre feuilles du Bengale et du Béhar, publiée à Calcutta, en 1841, par M. Tassin.

Nous ne disons rien des morceaux de détail qui nous ont été fournis par les relations récentes ou par des mémoires particuliers; comme ils seront naturellement cités dans le cours de notre analyse, il serait superflu de nous y arrêter ici.

Nous devons ajouter quelques mots sur la mesure itinéraire (le *li*) employée par Hiouen-thsang dans l'énoncé des distances, et sur l'évaluation que nous en avons adoptée.

Le li chinois n'a pas moins varié de longueur, selon les temps, que n'a varié chez les Occidentaux, selon les peuples ou les époques, la valeur du stade, du mille et de la lieue. Cette diversité infinie, sous l'apparente uniformité des noms, source de tant de confusion en géographie, tient à l'origine même de ces mesures de distance par lesquelles on a voulu exprimer les intervalles qui échappent à une appréciation immédiate et directe. Toutes ont été fondées originairement sur de simples estimes, ou des supputations de la nature la plus variable; ce n'est que beaucoup plus tard, lorsque les peuples eurent fait quelques progrès dans les sciences mathématiques et astronomiques, qu'on essaya de ramener un peu d'ordre et de méthode dans cet inextricable chaos des mesures itinéraires. Quant au li en particulier, c'est une chose reconnue par les historiens chinois que la distance exprimée par ce mot était plus courte dans l'antiquité que dans les temps modernes. Hiouen-thsang lui-même, au début du second livre du *Si-yu-ki*, confirme ce fait de l'augmentation progressive de la longueur du li dans l'usage commun. L'évaluation généralement admise aujourd'hui, dans les ouvrages européens, est de 10 li pour notre lieue commune de 25 au degré; mais outre que cette évaluation ne répond même pas aux données sur lesquelles elle paraît se fonder[1], elle ne saurait s'appliquer indistinctement à toutes les époques de l'histoire de la Chine. Nous n'avons pas à entrer à cet égard dans une recherche que ne nécessite pas notre objet actuel. Une seule chose nous importe : c'est de savoir quelle était la longueur du li en usage au temps de Hiouen-thsang.

Or, sur ce point, nous trouvons des informations que nous pouvons regarder comme suffisantes dans les documents

---

[1] On peut voir à ce sujet la remarque de d'Anville, *Traité des mesures itinéraires*, p. 155. Nous croyons trouver la raison de ce rapport supposé de 10 à 1 entre la lieue commune et le li dans ce que disent quelques auteurs chinois, que le li était égal autrefois à 300 pas. Or, à ce compte, 3 li et un tiers égaleraient l'ancien mille romain de 75 au degré (en admettant que le mille se composât exactement de 1,000 pas, selon l'induction étymologique), et 10 li seraient l'équivalent de notre lieue commune, qui répond à 3 milles romains. Mais ce qu'il faudrait déterminer d'abord, c'est la valeur du *pas*, telle que l'entendent les mathématiciens chinois : c'est par là que pèche le calcul, ainsi que le rapport qu'on en tire.

qui nous sont ouverts. Il suffit de recourir au mémoire spécial que d'Anville a consacré à ce point de métrologie géographique[1].

Le P. Gaubil, dans son *Histoire de l'astronomie chinoise* (t. I, p. 77), nous apprend que sous le règne de Hiouen-tsong, de la dynastie des Thang (713-756), Y-hang, un des plus grands astronomes dont se glorifie la Chine, mesura, dans la province de Ho-nan, plusieurs espaces correspondant à des arcs méridiens déterminés par des observations de hauteurs solaires[2]. Un de ces espaces, correspondant à un arc de 29 minutes et demie de notre graduation du globe, fut trouvé, disent les chroniques, de 168 li et 169 pas. Un second arc terrestre, de 29 minutes 50 secondes, donna 167 li et 281 pas. Enfin, un troisième arc, de 28 minutes 34 secondes, mesurait 160 li et 10 pas. Le résultat de ces trois mesures est aussi satisfaisant qu'il est raisonnable de l'attendre de praticiens chinois. La première donne, pour la longueur du degré terrestre, 340 li; la seconde, 338; la troisième, 336. La mesure moyenne est donc de 338 li au degré, résultat conforme à celui que donna une opération analogue renouvelée plus tard sous la dynastie des Song[3]. La longueur du li qui se déduit de cette donnée est de 168 toises et environ 4 pieds (329 mètres).

Tel était donc, d'après ces documents tout à fait authen-

[1] *Mém. de l'Acad. des Inscr.* t. XXVIII, 1761, p. 487. D'Anville lui-même a résumé ce travail dans son *Traité des mesures itinéraires*, Paris, 1769, p. 154 et suiv.

[2] Cette mesure de plusieurs portions d'un degré terrestre a donc précédé de près d'un siècle celle que le khalife Al-Mamoun fit exécuter dans les plaines de Sindjar, au commencement du IXe siècle de l'ère chrétienne. (Voyez l'Introduction de M. Reinaud à sa traduction de la *Géographie d'Abou'lféda*, p. XLIV.)

[3] Gaubil, *Histoire de l'astron. chin.* I, p. 97.

tiques, le li en usage au vIII° siècle, et rien ne permet de supposer que ce li soit différent de celui de Hiouen-thsang, quatre-vingts ans auparavant. Or, ce li est contenu non pas dix fois, mais bien treize fois et demie dans une de nos lieues communes de 25 au degré, c'est-à-dire que 108 li de Hiouen-thsang équivalent seulement à 8 lieues, et non à près de 11 lieues selon l'évaluation commune [1]. Cette détermination est fort importante. L'exagération presque constante reprochée aux distances du voyageur chinois se trouve ainsi fort atténuée, et les mesures de l'itinéraire se rapprochent beaucoup plus des chiffres véritables.

On voudrait aussi savoir précisément sur quelle base se fondent ces chiffres de distances. Les routes n'étaient pas mesurées comme le sont aujourd'hui chez nous, à l'imitation des anciens Romains, nos grandes voies de communication, et le voyageur n'avait certes dans les mains rien de semblable aux *guides* où le touriste moderne trouve un arsenal complet d'indications et de renseignements. Nous ne voyons que deux sources possibles pour ces notes de distances régulièrement inscrites dans notre itinéraire : les informations locales ou la mesure du temps. Que ce dernier moyen, peut-être le plus sûr et le plus exact, ait dû être employé fréquemment par le voyageur, c'est ce qui nous paraît pour le moins très-probable : l'heure de route, on le sait, est d'un usage universel dans tout l'Orient. Pour le li surtout, dont la correspondance en temps est d'une détermination facile (4 ou 5 minutes par exemple), l'expédient se présentait de lui-même, et on peut en attendre une approximation très-satisfaisante.

[1] Cinq li (1643 mèt.) font ainsi un peu plus d'un mille anglais (1609 mèt.). Un li (329 mètres) est presque exactement le tiers d'un kilomètre.

Mais, en beaucoup de cas, il n'est pas douteux que le voyageur aura reçu ses informations des gens du pays, et par cela même, elles devaient être généralement exactes. Seulement il a dû arriver que les mesures locales (le *kôs*) différant souvent de canton à canton ou de province à province, leur réduction en li, d'après un certain module proportionnel une fois arrêté, devait donner des chiffres trop forts ou trop faibles, selon que le kôs était plus long ou plus court. C'est de là, sans doute, que proviennent beaucoup d'indications fautives de l'itinéraire. Les autorités alléguées par Abel-Rémusat, dans ses notes sur Fa-hian[1], font le kôs indien égal à 10 li au temps des Tsin, ce qui peut être exact; mais les traducteurs des livres bouddhiques distinguaient deux autres kôs, l'un égal à 15 li, l'autre à 20. Il est certain, en effet, que la longueur du kôs (et celle du yôdjana qui en dérive) ne varie pas moins dans le nord de l'Inde que la lieue ou le mille dans les divers pays de l'Europe. Si ces variations locales sont pour nous un labyrinthe souvent inextricable, on comprend ce qu'elles ont dû être pour notre voyageur. Il n'y a donc pas lieu d'être surpris s'il arrive trop souvent que les mesures données ne s'accordent pas avec les distances réelles, quoique ces dissidences ne soient ni aussi fréquentes ni aussi graves qu'on pourrait le supposer.

Nous n'étendrons pas davantage ces observations préliminaires. Les remarques que nous y aurions pu joindre sur le caractère général de la relation chinoise, sur ce qu'elle ajoute à notre connaissance de l'Asie intérieure, et surtout sur les informations qu'on en tire pour l'état politique et géographique de l'Inde à cette époque de transition (car l'Inde, comme l'Europe, a eu son moyen âge), ces remarques, en

[1] *Foe-koue-ki*, p. 88.

ce qu'elles touchent à notre objet spécial, se présenteront d'elles-mêmes dans le cours de notre travail. Quant à la construction même de notre carte et au tracé de l'itinéraire, qu'il nous soit permis de dire que nous avons trouvé une satisfaction bien vive dans les résultats auxquels nous sommes arrivé. Ces résultats ont dépassé de beaucoup ce qu'à première vue nous avions cru pouvoir attendre de la nature de nos matériaux. Sauf un très-petit nombre de points restés, quant à présent, sans correspondance connue, la route du voyageur, dans son immense parcours, est venue, station par station, s'adapter à la carte moderne avec un étonnant accord dans les détails, tantôt s'éclairant des lumières fournies par la géographie classique, par la géographie musulmane ou par la géographie sanscrite, d'autres fois, au contraire, servant à préciser des indications insuffisantes, et à fixer des positions jusqu'à présent indéterminées. Nous ne prétendons pas, assurément, avoir évité toute erreur dans un travail aussi laborieux et d'une aussi longue haleine; mais nous affirmons sans crainte que ces erreurs ne peuvent être nombreuses, et surtout qu'elles ne dépassent jamais un rayon très-restreint.

L'analyse où nous allons entrer montrera sur quelles bases repose notre confiance, et permettra de juger si elle est justifiée.

§ 2. — De Liang-tcheou, sur la frontière nord-ouest de la Chine, à la ville de Taras, sur le Sir-déria ou Jaxartes.

C'est en l'année 629 de notre ère, onze ans après l'avénement à l'empire de la puissante et glorieuse dynastie des Thang, que Hiouen-thsang se met en route pour la contrée des *P'o-lo-men* (les Brâhmanes), où il va chercher les livres de la Loi. Parti de *Liang-tcheou*, qui était alors un rendez-vous général de commerce pour les marchands des contrées extérieures, il arrive bientôt après à *Koua-tcheou*, au delà de l'extrémité occidentale de la Grande muraille. Cette place, où il y avait un gouverneur chinois, existe encore sous le même nom, ainsi que Liang-tcheou [1]. La rivière *Hou-lou*, à peu de distance au nord de Koua-tcheou, est la *Boulounghir* des Mongols. La ville de *Tun-hoang*, que les Mémoires de Hiouen-thsang mentionnent dans ce district, est aujourd'hui ruinée; les cartes et les géographies chinoises en indiquent l'emplacement sous le nom de *Cha-tcheou*, qu'elle avait reçu plus tard, à une quinzaine de lieues dans le sud-ouest de Koua-tcheou.

Après avoir passé la rivière de Hou-lou en se dirigeant au nord-ouest, le voyageur entre dans le désert; ce sont des landes immenses ou de vastes plaines sablonneuses, que les anciens livres chinois désignent sous l'appellation caractéristique de *Cha-ho*, ou le Fleuve de sables [2]. Au temps de Hiouen-thsang on le connaissait sous le nom de *Mo-kia-yen*, qui n'est, évidemment, qu'une transcription du nom de *Makhaï*, que les tribus mongoles emploient encore de nos jours. A partir de la rivière Hou-lou, les Chinois avaient construit, de 100 li en 100 li, des tours de garde au nombre de cinq, où des soldats étaient postés pour surveiller les mouvements des tribus du nord. La dernière de ces tours,

[1] Cette dernière ville, qui est voisine de la Grande muraille, avait reçu ce nom, qu'elle a conservé, sous la dynastie des Souï, prédécesseurs des Thang (581-618). (Éd. Biot, *Dictionn. des noms anc. et mod. des villes et arrondissements de l'Empire chinois*, p. 101, Paris, 1842, in-8°.)

[2] Une dénomination plus moderne est celle de *Cha-mo*, littéralement le Désert de sables, appellation dont l'équivalent mongol est *Gobi*.

DE L'ASIE CENTRALE ET DE L'INDE. 263

à 500 li de la rivière, marquait l'extrême frontière du territoire chinois.

C'était là que commençait le royaume de *I-'gou*, avec une capitale du même nom; ce royaume, qui répond à la province de *Khamil* ou *Hami* de la géographie actuelle, de même que la ville de *Hami* représente l'*I-'gou* du viie siècle [1], était une des nombreuses principautés fondées depuis longtemps par les tribus de race turque dans la zone herbeuse et bien arrosée qui s'étend entre la chaîne neigeuse des Montagnes célestes au nord (en chinois *Thien-chan*), et le Désert de sables au midi. Le mot *I-'gou* n'est évidemment qu'une transcription contractée du nom des *Ouïgours*, tribu fameuse que les documents chinois des xiiie et xive siècles appellent *Hoeï-hou*; les annales chinoises nous apprennent, en effet, que, dès le iie siècle avant notre ère, les Hoeï-hou occupaient, sous le nom de *Kiu-sse*, le territoire de Hami.

A partir de I-'gou, la route du voyageur se porte à l'ouest, sans de grandes déviations. Le premier pays où il arrive ensuite est le territoire du roi de *Kao-tchang*, représenté par la province actuelle de Tourfan. Les Kao-tchang étaient une autre tribu ouïgoure, la plus nombreuse apparemment et la plus puissante; car, peu d'années après le passage de Hiouen-thsang, le chef de cette tribu s'empara du royaume de I-'gou, et pendant plusieurs siècles le nom de *Kao-tchang* fut celui de tous les Ouïgours. Au temps même de notre voyageur, le prince de I-'gou était le subordonné du roi de Kao-tchang; car il est dit que celui-ci, ayant appris l'arrivée de Hiouen-

[1] Elle en était du moins très-voisine, comme le montrent les extraits de la grande *Géographie impériale* publiés par M. Stanislas Julien sous le titre de *Notices sur les pays et les peuples étrangers tirées des géographes et des historiens chinois* (*Nouveau Journal asiatique*, t. VIII, 1846, p. 240). Dans ces extraits, le nom est écrit *I-ou*, pour *I-'gou*.

thsang à I-'gou, expédia au roi de cette dernière ville l'ordre de lui envoyer immédiatement le Maître de la Loi. C'est le titre sous lequel Hiouen-thsang est habituellement désigné. Tous ces chefs des hordes turques étaient depuis longtemps convertis au bouddhisme, et la présence d'un docteur de la Loi était pour eux une distinction très-enviée.

Pe-li, la première ville du territoire de Kao-tchang, est à six journées à l'ouest de *I-'gou* (Hami); une autre journée amène le voyageur à la résidence royale, dont le nom n'est pas indiqué. Ce devait être *Pidjan*, à 75 lieues environ de Hami, et que l'on sait, en effet, avoir été autrefois la capitale des Kao-tchang [1]. Tourfan, qui a pris plus tard le rang de capitale du pays, est à 20 lieues de Pidjan dans la direction de l'ouest. Les documents de l'époque des Thang, qui est celle de notre voyageur, désignent Tourfan sous le nom de *Kiao-ho-hien*[2]. Ce nom n'est pas dans Hiouen-thsang. De la capitale des Kao-tchang, il vient à *Vou-pouan*, et de Vou-pouan à *To-ts'in;* cette dernière place existe encore sous le même nom (*Toksoun*), à 190 li au sud-ouest de Tourfan, selon les géographies chinoises [3]. Nous ne voyons dans cette province aucune localité dont le nom se rapporte à celui de *Vou-pouan;* le lieu devait être, dans tous les cas, peu éloigné de Tourfan.

Le royaume d'*A-ki-ni* ou *'O-ki-ni*, où Hiouen-thsang arrive en quittant Kao-tchang, est le pays de *Kharachar*. Les distances et la direction ne laissent aucune incertitude à cet égard. Le nom d'*A-ki-ni* ne se rencontre néanmoins

---

[1] Voyez Ritter, *Erdkunde*, t. VII, p. 432.
[2] Stanislas Julien, *Notices sur les pays et les peuples étrangers* (*Nouveau Journal asiatique*, t. VIII, 1846, p. 241).
[3] *Id. ibid.* p. 242.

dans aucune autre source chinoise, mais bien celui de *Yen-ki*, que tous les documents de l'époque des Thang et des temps postérieurs donnent comme synonyme de *Kharachar*. *A-ki-ni* serait-elle, dans notre relation, une forme altérée de *Yen-ki*, ou le mot aurait-il une origine qui nous serait inconnue? C'est ce que nous ne pouvons décider.

D'*A-ki-ni*, Hiouen-thsang arrive au royaume de *K'iu-tchi* ou *Kou-tché*. Les géographies du temps des Thang écrivent aussi *Kieou-tsé*[1]. Ce pays n'a pas changé de dénomination; *Kou-tché* est toujours le nom de la province qui confine à l'ouest avec le pays de Kharachar.

A 800 li environ de la ville de *Kou-tché* (Kharachar), le voyageur passe la frontière du royaume de *Po-lou-kia*. La route, continuant de se porter à l'ouest, avait dû remonter la rivière d'Oukiat ou *Chayar-déria* de la grande carte de Klaproth. *Po-lou-kia* est représenté aujourd'hui par la grande province d'Aksou, que traversent plusieurs affluents de la rivière de Kachgar. Antérieurement aux Thang, sous la dynastie des Han (c'est-à-dire dans les deux derniers siècles qui ont précédé notre ère), le territoire de Po-lou-kia ou Aksou avait formé deux royaumes, celui de Kou-mé à l'orient, sur les confins de Kharachar, et le royaume de Wen-sou ou Ouen-sieou à l'ouest, répondant à la province propre d'Aksou[2]. Les annales chinoises mentionnent une tribu turque de *Pou-lo-ki*[3], dont les campements, au IVe siècle de notre ère, étaient dans le nord-ouest de la province de Kan-sou (extré-

---

[1] Stanislas Julien, *Notices sur les pays et les peuples étrangers* (*Nouveau Journal asiatique*, t. VIII, 1846, p. 244).

[2] *Id. ibid.* p. 244 et 249.

[3] Klaproth, *Tableaux histor. de l'Asie*, atlas, pl. 12, colonne des nations turques.

mité nord-ouest de la Chine); il est bien probable que c'est de cette tribu que le pays de *Po-lou-kia* avait pris son nom.

Hiouen-thsang, en quittant *Po-lou-kia* (Aksou), se porte au nord vers de grandes montagnes, qui forment, dit-il, l'angle (l'extrémité) septentrionale des monts *Tsong-ling*. A une vingtaine de lieues au nord d'Aksou, il y a, en effet, une chaîne de montagnes neigeuses que les Mongols nomment *Mousour-aola* « la Montagne de glace », nom que Hiouen-thsang et les géographies de l'époque des Thang rendent en chinois par *Ling-chan*, qui a la même signification. Cette chaîne domine au sud le lac Issikoul et les pâturages de la Dzoûngarie, qui présentent ici une remarquable dépression entre les Mousour et l'Altaï[1]. La description que notre voyageur en donne a été répétée dans les géographies de l'époque des Thang[2].

Après avoir traversé, avec des peines et des fatigues infinies, les dangereux défilés de la Montagne de glace, Hiouen-thsang,

[1] On avait cru jusqu'à ces derniers temps, et l'erreur se trouvait invariablement reproduite dans toutes les cartes, que des plateaux de Pamir et de Bolor, où sont les sources de l'Oxus, jusqu'aux monts Altaï qui enveloppent au sud le lac Baïkal, il existait une chaîne non interrompue de montagnes presque infranchissables. M. de Humboldt le premier a fait voir, dans son *Asie centrale,* en s'appuyant sur des documents inconnus ou mal employés avant lui, qu'une immense dépression sépare le massif de Pamir du massif altaïque. Cette dépression, où les eaux accumulées donnent naissance à de nombreux et vastes lacs (notamment ceux d'Issikoul et de Tenghiz), forme un pays de plaines, de vallées et de pâturages, qui porte aujourd'hui le nom de *Dzoûngarie*. C'est la seule communication facile qui existe entre les steppes élevés de la Mongolie et les plaines basses qu'arrose le Sir-déria ou Jaxartes. C'est par cette issue naturelle que se sont faites, depuis les plus anciens temps, les innombrables migrations qui ont versé tant de tribus nomades de la haute Asie vers la mer Caspienne et les plaines sarmatiques.

[2] Voyez les *Notices* déjà citées, traduites par M. Stanislas Julien dans le *Nouveau Journal asiatique,* t. VIII, 1846, p. 248.

descendu sur la pente opposée, arrive au bord d'un grand lac qu'il nomme *Thsing-tchi*. La situation de ce lac, par rapport au pays de *Kioué-tchi* (Koutché), son circuit considérable, sa forme allongée de l'est à l'ouest, toutes ces indications parfaitement concordantes avec nos cartes actuelles, ne permettent pas de méconnaître, dans ce grand lac, celui qu'on désigne aujourd'hui sous le double nom mongol et turc de *Témourtou* et d'*Issikoul*.

A partir de ce lac jusqu'à la ville de Taras, sur le Sir-déria ou Jaxartes, quelques détails de l'itinéraire présentent une incertitude que notre connaissance imparfaite d'un pays peu exploré augmente encore. Nous pouvons déjà, néanmoins, en fixer le point essentiel, qui est la détermination de la ville de *Ta-lo-sse* (Talas ou Taras); mais, pour être ici aussi clair que possible, il convient d'abord de transcrire cette portion du journal, dont nous retrancherons ce qui n'a pas trait directement aux indications géographiques.

Le *Si-yu-ki* (c'est-à-dire la rédaction des mémoires originaux de Hiouen-thsang) s'exprime ainsi [1] :

« Après avoir fait environ 500 li au nord-ouest du lac Thsing-tchi, Hiouen-thsang arriva à la ville de la rivière *Sou-yé* (Sou-yé-choui). Cette ville a de 6 à 7 li de tour; c'est le rendez-vous des marchands des divers royaumes [2].

« A l'ouest de Sou-yé, on voit quelques dizaines de villes isolées. Dans chaque ville on a établi des chefs, qui sont indépendants les uns des autres; mais ils sont tous soumis aux *Tou-kioue* (Turcs).

[1] Ci-dessus, t. Ier, p. 12.
[2] L'historien du voyage, Hoeï-li, présente une rédaction un peu différente : « Hiouen-thsang suivit les bords de cette mer dans la direction du nord-ouest, et, après avoir fait environ 500 li, il arriva à la ville de *Sou-ché*. »

« Après avoir fait environ 400 li à l'ouest de la rivière Sou-yé, il arriva aux Mille sources (*Thsien-thsiouen*). Le pays des Mille sources a environ 200 li en carré. Au sud, il est borné par des montagnes neigeuses, et des trois autres côtés par des plaines unies. La terre est abondamment arrosée, et les arbres des forêts offrent la plus belle végétation..... Le khan des *Tou-kioue* (Turcs) vient chaque année dans ce lieu pour éviter les chaleurs de l'été..... Après avoir fait de 140 à 150 li à l'ouest des Mille sources (Hiouen-thsang) arriva à la ville de *Ta-lo-sse*. »

Il faut remarquer que la rédaction de la portion correspondante dans l'Histoire de Hoeï-li présente, sur plusieurs points, des variantes notables[1], et, en outre, qu'elle est beaucoup plus étendue. Nous avons sûrement ici un de ces endroits de l'ouvrage où le moine Yen-thsong, qui le remit en ordre et le termina après la mort de Hoeï-li, « développa la composition originale à l'aide de documents inédits, corrigea les imperfections, éclaircit les endroits obscurs, et donna au travail primitif de Hoeï-li plus d'ampleur, de solidité et d'éclat[2]. » Dans le cas actuel, ces additions ajoutent au récit trop concis du *Si-yu-ki* des circonstances réellement importantes; c'est une des nombreuses pages qui prouvent qu'en donnant avant sa traduction des Mémoires originaux du voyageur celle de l'Histoire du voyage écrite par Hoeï-li et terminée par Yen-thsong, M. Stanislas Julien a fait une chose à la fois très-judicieuse et très-utile. Hoeï-li (ou Yen-thsong) raconte ici ce que ne dit pas le *Si-yu-ki*, que Hiouen-thsang rencontra (à Sou-ché ou dans les environs) le khan des Turcs, qui était alors en partie de chasse. Il décrit le costume de ce

[1] Nous venons d'en citer un exemple dans la note 2 de la page précédente.
[2] Préface de la traduction de Hoeï-li par M. Stanislas Julien, p. LXXIX.

prince et des officiers de sa suite, et il donne de très-curieux détails sur les mœurs, les habitudes domestiques et les pratiques religieuses de la horde qui avait encore le culte du feu. Il est intéressant de rapprocher de cette partie du journal les détails analogues qu'on trouve dans la relation de l'ambassade de Zémarque près de Dizaboul, en 569, soixante et un ans avant le passage de Hiouen-thsang [1], et dans celle de Plan-Carpin, au milieu du xiii° siècle [2]. Le khan fait conduire Hiouen-thsang avec honneur par un de ses officiers à sa résidence habituelle (ni le nom, ni la situation, par rapport à la ville de Sou-ché, n'en sont indiqués), et il l'y rejoint au bout de quelques jours. Parti de ce lieu après quelque temps de séjour, le voyageur reprend sa route à l'ouest, et, après une marche de 400 li, il arrive aux Mille sources [3]. A 150 li plus loin à l'ouest, comme dans le *Si-yu-ki*, on trouve la ville de Ta-lo-sse.

En résumé, le *Si-yu-ki* et Hoeï-li, malgré la différence de leurs rédactions sur d'autres points, comptent également de 1,000 à 1,050 li depuis le passage de la Montagne de glace (ou peut-être depuis le bord du lac Issikoul) jusqu'à Ta-losse, ce dernier lieu étant au delà des Mille sources. Ces 1,050 li représentent au plus 78 de nos lieues communes de 25 au degré. Si, maintenant, nous essayons d'appliquer ces indications sur nos cartes, nous y trouvons une impossibilité matérielle qui prouve qu'il y a une lacune considérable dans les chiffres donnés par les deux textes. Deux points seu-

---

[1] Menander, *Excerpta Legation.* p. 152, ed. Reg.

[2] Dans la collection de Van der Aa (faussement dite de Bergeron), p. 31 et 33. Leyde, 1735, in-4°.

[3] On a vu que le *Si-yu-ki* compte ces 400 li de la ville même de Sou-yéchouï. Dans la rédaction de Hoeï-li, la ville de Sou-ché-chouï paraît devoir se distinguer de la résidence du khan; mais elle pouvait en être voisine.

lement nous offrent un double terme de comparaison, auquel le reste doit forcément se rapporter : l'extrémité occidentale du lac Issikoul comme point de départ, et la ville de Ta-lo-sse comme point d'arrivée. Si nous n'avions, pour fixer l'emplacement de Ta-lo-sse, que la partie de l'itinéraire qui précède, il serait impossible d'en tirer une conclusion satisfaisante; mais la suite de l'itinéraire, à partir de Ta-lo-sse, ne laisse heureusement aucun doute possible. Nous y trouvons un enchaînement d'indications topographiques et de distances qui nous place de la manière la plus certaine dans la partie moyenne de la vallée du Jaxartes. C'est donc là que Ta-lo-sse doit se chercher; et précisément nous y trouvons la ville importante et fort ancienne de *Talas* ou *Taras* (la transcription chinoise répond à ces deux formes également employées), qui est bien la *Ta-lo-sse* de l'itinéraire. On peut, dès à présent, regarder comme indubitable cette identification, qui sera surabondamment établie au commencement du paragraphe suivant.

Quoique la position en longitude de Taras et du lac Issikoul, telle que nous la tirons des cartes russes, ne soit pas d'une certitude absolue, il n'est cependant pas probable que les corrections qui pourront être apportées à ces deux points en modifient considérablement la position relative. Or, l'intervalle mesuré au compas sur la carte nous donne, au plus bas, 200 lieues, en y comprenant approximativement les sinuosités du chemin. Entre ce chiffre et les 78 lieues de notre itinéraire, il n'y a, on le voit, aucune conciliation possible. Ce qui a contribué à jeter de la confusion sur ce point de l'ancienne géographie chinoise, c'est qu'il existe aussi une rivière de *Talas*, qui a ses sources dans les montagnes à l'ouest du lac Issikoul, et qui va se perdre dans un grand lac situé assez loin vers le nord-ouest; la route de Hiouen-thsang, entre l'Issikoul et la ville de Taras, a dû traverser en partie les larges plaines qui bordent cette rivière. M. Quatremère, qui a savamment réuni dans une note de sa traduction analytique du *Mésalek-alabsar* tous les passages des auteurs orientaux et occidentaux relatifs à Talas [1], n'a pas complétement évité cette confusion, plusieurs des textes cités se rapportant évidemment à la rivière de Talas ou au territoire avoisinant [2], et les autres à la ville de Talas ou Taras, près du Jaxartes.

La ville de *Sou-yé-chouï* (ou *Sou-ché*, comme l'écrit Hoeï-li [3]) n'existe plus depuis longtemps; la description très-circonstanciée que la Géographie impériale donne du pays d'Ili et de la contrée qui avoisine à l'ouest le lac Issikoul [4], ne mentionne ni le nom ni le site de cette ancienne ville, dont Hiouen-thsang parle comme d'un centre commercial important. Le mot *chouï*, joint au nom de la ville, indique sûrement qu'elle était située sur la rivière de ce nom, qui sort de l'extrémité occidentale du lac Issikoul [5], et coule vers

---

[1] *Notices et Extr. des manuscr.* t. XIII, 1838, p. 224 et suiv.

[2] *Talas* est un mot dzoungar qui signifie «grand, large». Le cours de la rivière de Talas est décrit dans les géographies chinoises. (Voyez les *Notices* déjà citées, traduites par M. Stanislas Julien, *Nouveau Journal asiatique*, t. VIII, 1846, p. 436.)

[3] Les autres sources chinoises reproduisent également les deux formes. Visdelou, dans les extraits qu'il en a donnés (*Supplém. à la Biblioth. orient.* de d'Herbelot, p. 76), écrit *Souï-ché*; le P. Gaubil, dans ses notes sur l'Histoire de la dynastie des Thang, imprimée au tome XV des *Mémoires sur les Chinois* (p. 445), donne *Souy-ché* et *Souy-hé*. Dans les extraits de l'histoire de la même dynastie, cités dans les *Notices sur les peuples étrangers* traduites par M. Stanislas Julien, le nom est écrit, comme dans le *Si-yu-ki*, *Souï-yé-chouï* (*Nouveau Journal asiatique*, t. VIII, 1846, p. 441).

[4] Le cours de la rivière Tchouï est décrit dans les *Notices* citées de M. Stanislas Julien, *Nouveau Journal asiatique*, t. VIII, 1846, p. 401 et suiv.

[5] *Id. ibid.* p. 432.

le nord-ouest à travers le steppe, au nord de la rivière de Talas; et notre itinéraire ne permet pas d'en porter le site à une bien grande distance du lac.

On a vu qu'entre Sou-yé et Ta-lo-sse la relation ne mentionne qu'une seule des stations du voyageur, nommée les *Mille sources* (en chinois *Thsien-thsiouen*, ou *Ping-yu* [1], en mongol *Ming-boulak*, en turc *Bin-gheul*), à 140 ou 150 li (11 lieues) avant Ta-lo-sse. Cette précision dans le texte du *Si-yu-ki*, pour l'énoncé de la distance, semble une garantie d'exactitude. Les cartes chinoises, et d'après elles la grande carte de l'Asie centrale de Klaproth, marquent un canton de *Ming-boulak*, ou des Mille sources, au sud de la rivière de Talas, à plus de 100 lieues à l'ouest du lac Issikoul et à 80 lieues environ de la *Taras* du Jaxartes; cette position est donc absolument inconciliable avec la distance de 140 à 150 li donnée par notre texte. Mais sur la carte du Turkestan de M. Kiepert, rédigée en grande partie sur des matériaux russes, nous trouvons une autre localité du nom de *Ming-boulak* dans les hauteurs qui couvrent la ville de Taras du côté de l'est, à une douzaine de lieues de la ville; ici la distance répond bien à la donnée de l'itinéraire chinois, ainsi que le nom. Il ne nous paraît pas douteux que c'est là qu'il faut placer le yaïlak ou campement d'été du khan turc mentionné par Hiouen-thsang.

Restent les 400 li (environ 30 lieues) notés par l'itinéraire entre la ville de Sou-yé et les Mille sources, distance qui ne se concilierait pas plus avec la position du *Ming-boulak* de la carte de Klaproth qu'elle ne répond au *Ming-boulak* du territoire de Taras. C'est là que nous paraît être nécessairement la faute des textes chinois, faute qui appartient, selon

[1] Transcription du turc *Bin-gheul*.

toute apparence, à la rédaction primitive. La distance réelle demanderait non 400, mais 1,400 li.

Comme la détermination exacte du site de *Ta-lo-sse* (Taras) est importante pour la suite de l'itinéraire, nous avons dû entrer dans quelques développements dont le peu de notabilité historique des localités mentionnées aurait pu sans cela nous dispenser.

§ 3. — De la ville de Taras à Bamyân.

Nous entrons ici dans une nouvelle phase de l'itinéraire. Ce n'est plus maintenant aux sources chinoises, mais bien aux sources arabes et persanes qu'il nous faudra demander des moyens de contrôle et d'élucidation.

Ainsi que nous l'avons dit, l'enchaînement de cette portion de l'itinéraire identifie d'une manière certaine la *Ta-lo-sse* de Hiouen-thsang avec la ville de *Taras* du Jaxartes, nom que les Turcs prononçaient aussi *Talas*, comme le fait remarquer expressément Raschid-eddîn[1]. Cette ville est plus communément désignée aujourd'hui sous le nom de Turkestan, qui est celui du pays dans les anciens géographes orientaux. Elle est située sur une petite rivière (l'Ard-kara-sou), qui va se jeter dans la droite du Sir près des ruines de l'ancienne ville d'Otrar, place que la mort de Timoûr a illustrée[2]. A partir de Ta-lo-sse, la route du voyageur, qui depuis Hami n'a pas cessé de se porter à l'ouest, tourne tout à coup

---

[1] Manuscrit persan cité par M. Quatremère, *Not. et Extr.* XIII, 1838, p. 225. (Cf. le Vocabulaire géographique de Meyendorf, *Voyage à Boukhara*, p. 496.)

[2] Hiouen-thsang parle d'une petite ville située à 10 li au sud de Taras, où habitaient trois cents familles chinoises autrefois enlevées par les Turcs. Cet établissement chinois du Sihoûn est connu d'ailleurs. (Voy. Saint-Martin, *Mémoires sur l'Arménie*, t. II, p. 48.)

au sud : c'est en effet la direction que présente ici la vallée du Sir-déria ou Jaxartes, que Hiouen-thsang va remonter pendant une centaine de lieues en marchant vers *Feï-han* (le Ferghana). Les stations marquées dans cet intervalle sont les suivantes; nous les présentons dans leur ensemble pour qu'on en saisisse mieux l'enchaînement avant toute explication :

De *Ta-lo-sse* à *Pé-choui*, 200 li au sud;
De *Pé-choui* à *Kong-yu*, 200 li vers le sud;
De *Kong-yu* à *Nou-tchi-kien*, 50 li au sud;
De *Nou-tchi-kien* à *Tché-tchi*, 200 li vers l'ouest;
De *Tche-tchi* à *Feï-han*, 1,000 li au sud-est.

De ces cinq positions, celles que nos documents actuels nous permettent de vérifier sur la carte témoignent dans les détails, aussi bien que dans l'ensemble de cette partie de l'itinéraire, un degré d'exactitude fort remarquable.

C'est ce que nous allons montrer dans un rapide commentaire.

Pé-choui, la première station en partant de *Ta-lo-sse* (Taras), signifie en chinois *eau blanche*; c'est la traduction exacte d'une dénomination persane (*Isfidjab* ou *Esfidjab*) qui est mentionnée fréquemment dans les auteurs musulmans comme le nom d'une ville du Turkestan septentrional [1]. Ibn-Haukal et Schéhâb-eddîn, qui écrivaient l'un et l'autre au milieu du xe siècle, en parlent comme d'une cité grande et bien peu-

---

[1] Les anciens géographes arabes désignent habituellement les pays du bassin du Sihoûn ou Sir-déria (le Jaxartes) sous la dénomination générale de *Turkestan*, par opposition à celle de *Mavar-en-nahar* (pays au delà du fleuve, Transoxane), qui s'applique à la région comprise entre l'Amoû-déria ou Oxus et le Sihoûn, c'est-à-dire à la Boukharie actuelle et au khanat de Khiva, quoique parfois le Turkestan soit aussi compris dans le Mavar-en-nahar, en prenant cette dernière appellation dans le sens le plus général.

plée (quoique sa citadelle fût alors en ruines), bâtie dans une position des plus agréables, à 3 parasanges des hauteurs[1]. Édrisi la met à deux journées de Taras sur la route de Samarkand[2]; le géographe turc, à trois journées[3]. Les 200 li notés par Hiouen-thsang peuvent répondre à 15 de nos lieues communes, ce qui donne en effet l'équivalent de deux fortes journées, ou de trois journées faibles. Esfidjab est apparemment détruite, car il n'en est plus question dans les relations des voyageurs russes, les seuls qui aient pénétré dans ces cantons. Il est vrai que l'exploration scientifique en est jusqu'à présent bien imparfaite. Le bassin du Jaxartes attend encore son Burnes ou son Moorcroft.

Kong-yu, à 200 li vers le sud de *Pé-chouï* (Esfidjab), n'a pas de correspondance certaine dans les localités mentionnées par les auteurs musulmans; la distance marquée par notre voyageur nous porte à quelques lieues dans le nord de Saïram. Peut-être le groupe chinois *Kong-yu* est-il destiné à figurer le nom de *Yenghi*, qui est très-commun dans le Mavaren-nahar, et particulièrement dans le nord du Turkestan. *Yenghi* signifie en turc la (cité) Neuve, ce qui en explique l'application fréquente. Taras et Otrar ont été quelquefois mentionnées sous ce nom. Le *Mésalek-alabsar* cite une autre *Yenghi*, entre Taras et Saïram, qui pourrait répondre à la localité de notre itinéraire[4]; mais l'emplacement reste toujours indéterminé.

[1] Istakhri, trad. par Mordtmann, p. 133; Ibn-Haukal, cité par Abou'lféda, *Chorasmiæ et Mavaralnahræ Descriptio*, p. 52; *Mésalek-alabsar* de Schéhâbeddîn, dans les *Notices et Extraits des manuscrits*, t. XIII, p. 233 et 258.

[2] Édrisi, trad. de M. Jaubert, t. II, p. 212.

[3] Hadji-Khalfa, trad. manuscrite d'Armain (Ms. de la Biblioth. impér.), au chapitre du Mavar-en-nahar.

[4] *Not. et Extr.* t. XIII, p. 234; conf. p. 224.

Il en est de même de la position de *Nou-tchi-kien*, à 50 li, ou environ 4 lieues au sud de Kong-yu. Nous retrouvons indubitablement ce lieu dans la *Noudjketh* (pour *Noudjkend*) mentionnée par le *Mésalek-alabsar* entre Taras et Khodjend [1], mais sans indication précise quant à l'emplacement. Il est présumable qu'une bonne exploration du Turkestan y ferait retrouver ce site, qui nous donnerait par connexion celui de Kong-yu.

Si les trois positions précédentes gardent un certain degré d'incertitude quant à leur emplacement topographique, la suivante donne à notre itinéraire un point d'attache bien arrêté. *Tché-tchi* nous conduit directement à *Châsch, Tchâsch* ou *Tchadj* (selon les diverses prononciations des Turcs et des Boukhares), ville importante et populeuse [2] qui a eu longtemps le rang de capitale dans le Turkestan, mais qui est plus généralement connue sous le nom de *Taschkend*, le seul qui soit en usage aujourd'hui [3].

---

[1] *Not. et Extr. des manusc.* t. XIII, p. 259. L'Édrisi, qui cite aussi cette place parmi les villes du Turkestan (t. II, p. 213), écrit *Nedjlath*.

[2] *Oriental Geography*, trad. par Ouseley, p. 269.

[3] L'identité de *Tchâsch* et de *Taschkend* est constatée par tous les auteurs. Il nous suffit de citer Baber, dans ses précieux Mémoires (trad. angl. d'Erskine, p. 7), et les différents passages manuscrits allégués par M. Quatremère dans une des notes de son analyse du *Mésalek-alabsar* (*Not. et Extr.* t. XIII, p. 258). *Taschkend* signifie en turc le «Château de pierre»; on a cru y reconnaître, non sans beaucoup de probabilité, la Tour de pierre ($\lambda i\theta\iota\nu o\varsigma\ \pi\upsilon\rho\gamma o\varsigma$) mentionnée par Ptolémée sur la route des caravanes de l'Inde vers la Sérique (Geogr. lib. I, c. xi et xii, et lib. VI, c. xiii). C'est un rapprochement qu'avait déjà fait un auteur arabe du commencement du xi° siècle (Albiroûni, cité par M. Reinaud, *Voyages faits par les Arabes et les Persans dans l'Inde et à la Chine*, Disc. prélim. p. clix). Klaproth a fait remarquer (*Magasin asiat.* t. I, p. 120, Paris, 1825) que, dans les livres chinois, le nom du royaume de Tché-tchi se trouve aussi écrit *Chi-koué*, ce qui signifie également le «Royaume de pierre». Le nom de la ville, selon l'usage, est pris ici pour celui du royaume.

DE L'ASIE CENTRALE ET DE L'INDE. 277

Les 1,000 li que le *Si-yu-ki* compte de *Tché-tchi* (Tchâsch) au royaume de *Feï-han*, dans la direction du sud-est, nous conduisent exactement à la contrée montagneuse de *Ferghana* située des deux côtés du Si-houn ou Jaxartes supérieur. Il y a longtemps que l'identité, en effet évidente, du pays de Feï-han avec le Ferghana, a été reconnue [1]. Rien n'indique, dans les Mémoires de Hiouen-thsang, de quel côté du fleuve était située la capitale. Plusieurs villes en ont eu le rang à diverses époques. La plus ancienne qui nous soit connue par les auteurs musulmans du xe siècle est Akhsi ou Akhsikèt sur la rive droite ou septentrionale du Si-houn [2]; Baber, au commencement du xvie siècle, mentionne encore cette place comme la plus considérable du Ferghana [3], quoique à cette époque la capitale fût Andedjân [4]. Akhsikèt, d'après nos cartes, est à 72 lieues environ au sud-est de Taschkend; les 1,000 li de l'itinéraire répondent à 74 lieues.

De *Feï-han* (Ferghana) Hiouen-thsang vient au royaume de *Sou-tou-li-se-na*, situé vers l'ouest à la distance de 1,000 li [5].

---

[1] Klaproth, *Magasin asiat.* t. I, p. 120; Abel-Rémusat, *Nouv. Mél. asiat.* t. I, p. 203 (Notice extraite de Ma-touan-lin). Le nom se trouve aussi écrit *Pha-han-na*, *Pho-lo-na* et *Pho-han*.

[2] *Oriental Geography*, p. 270; conf. Édrisi, t. II, p. 210; et le *Mésalek-alabsar*, *Not. et Extr. des manusc.* t. XIII, p. 260.

[3] *Memoirs*, p. 5.

[4] *Ibid.* p. 1. Klaproth parle d'une ville de Farghana qui aurait été, dit-il, au midi du fleuve, et qui serait ruinée depuis longtemps (*Magasin asiat.* t. I, p. 120). Nous n'en trouvons aucune trace dans les auteurs. Le pseudo-Ibn-Haukal nomme un village de Bourek Ferganèh (*Oriental Geogr.* p. 248); mais cela n'a rien de commun avec une ville capitale. La capitale actuelle est Khokand; et la dénomination de *Khanat de Khokand* a remplacé celle de *Ferghana*, qui paraît être tombée complètement en désuétude.

[5] Hoeï-li (p. 59) omet la mention de *Feï-han* ou Ferghana dans le sommaire, ici très-concis, de l'itinéraire du voyageur; c'est une lacune que rectifie le *Si-yu-ki*.

278 MÉMOIRE ANALYTIQUE SUR LA CARTE

La direction et la distance (au moins approximative) nous conduisent à un pays très-souvent mentionné dans les auteurs musulmans sous les noms d'*Osrouchna* et de *Satrouchna*[1]. Satrouchna, dans la géographie arabe, est un pays d'une assez grande étendue entre le Ferghana et Samarkand[2], avec une ville du même nom sur la route de Samarkand à Khodjend, aux deux tiers de la distance environ qui sépare la première de ces deux places de la seconde[3]. Il paraît au surplus que, sous la domination musulmane, le nom indigène de la ville d'Osrouchna cessa peu à peu d'être en usage, et fut remplacé

---

[1] La dénomination la plus habituelle est *Osrouchna*; mais la forme la plus ancienne est certainement *Satrouchna*. C'est celle que représente la transcription chinoise; c'est aussi celle qu'indique l'origine probable du nom. Cette origine paraît être indienne, bien qu'aucune tradition connue ne l'explique. Çatroughna est une dénomination connue dans l'ancienne géographie sanscrite, et qui se rattache aux vieilles légendes de la race Solaire. En approchant de l'Indou-kôh, c'est-à-dire de la chaîne élevée qui sépare le bassin de la rivière de Kaboul du bassin supérieur de l'Oxus, nous allons toucher aux confins du monde indien. Le bassin tout entier de la rivière de Kaboul lui appartient. Non-seulement cette région élevée, où le nord-est de l'Asie confine à la Bactriane, reçut de très-bonne heure, probablement dès le temps d'Açôka, de nombreuses colonies bouddhiques; mais la nomenclature primitive de sa géographie est sanscrite. Le nom classique du *Kophès* (la rivière de Kaboul) est une vieille dénomination védique, *Koubhâ*; le nom même de l'*Oxus* n'est que la transcription grecque d'une forme sanscrite (*Vanksou*). On sait que Bamyân, avec ses statues gigantesques et ses vastes excavations, est une ville bouddhique, par conséquent indienne. Il n'y a donc rien d'étonnant à ce qu'une colonie indienne ait été portée de l'autre côté de l'Oxus et y ait fondé une ville de Çatroughna. (Conf. l'*Ariana antiqua* de M. Wilson, p. 162.) Quant à la forme persane et arabe, *Satrouchna* ou *Osrouchna*, on la trouve altérée fréquemment en *Setrouchtèh* (comme dans l'*Oriental Geography*, p. 261 et *passim*), par le simple changement de la marque diacritique, qui fait de l'*n* (ن) un *t* (ت).

[2] *Mésalek-ulabsar*, dans les *Notices et Extraits*, t. XIII, p. 261; Ibn-Haukal, dans l'*Oriental Geography*, p. 261, et dans Abou'lfeda, *Chorasmiæ et Mavaralnahræ Descr.* p. 52; Édrisi, trad. Jaubert, t. II, p. 203.

[3] Conf. Édrisi, t. II, p. 206, et le géographe turc au chap. du *Mavar-en-nahar*.

par la dénomination nouvelle d'*Ouratoupa*, qui est d'origine turque ; aussi le nom d'*Osrouchna*, comme nom de ville, est-il resté inconnu à plusieurs géographes orientaux[1]. Mais toute incertitude est levée à cet égard par un passage des Mémoires de l'empereur Baber, où il est dit en termes exprès qu'*Ouratippa* s'était appelée originairement *Ousroûchna*[2]. La position d'Ouratépé sur la route de Khodjend à Samarkand répond d'ailleurs exactement à la place que les anciens itinéraires arabes assignent à la ville d'Osrouchna, et elle s'accorde non moins bien avec l'indication du journal de Hiouen-thsang, qui met *Sou-tou-li-se-na* (Satrouchna) à un millier de li à l'ouest de Feï-han. Ouratépé se trouve en effet précisément à l'ouest (à la distance de 65 lieues environ) de la ville d'Akhsikèt, l'ancienne capitale du Ferghana.

D'Ouratépé ou Osrouchna à Samarkand la distance est d'environ 45 lieues au sud-sud-ouest ; Hiouen-thsang marque 500 li (37 lieues) de *Sou-tou-li-se-na* à *Sa-mo-kien* en marchant au sud. Quant à l'identité de *Sa-mo-kien* avec *Samarkand*, c'est un point qui n'a pas besoin de discussion. Le *Si-yu-ki* caractérise parfaitement la célèbre vallée de Sogd

---

[1] Ainsi Ibn-Haukal, dans la compilation persane traduite par William Ouseley sous le titre d'*Oriental Geography*, assure que la contrée de Sétrouchtèh (pour *Satrouchnèh*) n'a ni ville ni village qui porte ce nom de *Sétrouchtèh* (p. 261 ; conf. le *Mésalek-alabsar*, Not. et Extr. t. XIII, p. 261), quoique *Sétrouchtèh* figure comme nom de ville dans des itinéraires que mentionne un autre endroit de la même compilation (*Orient. Geogr.* p. 280).

[2] Baber's *Memoirs*, p. 9. La version de M. Erskine porte *Ousroûchta* pour *Osrouchna*. Sur le nom d'*Ouratippa*, *Ouratoupa* ou *Ouratépé*, et sur sa dérivation turque, on peut voir les notes de M. Charmoy sur l'expédition de Tamerlan contre Toqtamich, dans les *Mémoires de l'Académie de Saint-Pétersbourg*, cl. histor. t. III de la 6ᵉ série, 1836, p. 166. On trouve une bonne description de la localité actuelle dans les Notices du général Gens sur Khiva, Boukhara et Khokand, *Beiträge zur Kenntniss des Russischen Reiches* de Baer et Helmersen, t. II, 1839, p. 73.

(la *Sogdiane* de la géographie classique), qui forme le territoire de Samarkand, en disant que le royaume de Sa-mo-kien est allongé de l'est à l'ouest, et resserré du sud au nord.

Ici, comme en plusieurs autres endroits de ses Mémoires, Hiouen-thsang, avant de poursuivre sa marche, jette un coup d'œil sur les contrées circonvoisines où sa route ne devait pas le conduire. Nous allons avec lui passer en revue ces pays qui environnent Samarkand, dans l'ordre même où il les nomme.

Le premier qui soit mentionné est *Mi-mo-kia*, petit pays situé au sud-est de *Sa-mo-kien* (Samarkand). Les traducteurs du Voyage de Fa-hian[1] ont identifié ce lieu avec Meïmorg. Mais le bourg de Meïmorg, situé sur la route de Karchi ou Nésef à Boukhara, à une journée de la première de ces deux villes et à trois journées de la seconde[2], est situé au sud-ouest de Samarkand, dans une direction précisément opposée à celle que Hiouen-thsang indique. Le géographe turc[3] mentionne, à la vérité, un autre bourg de Meïmorg « proche de Samarkand[4] », mais sans indiquer la direction; nous reconnaîtrions plus volontiers, quant à nous, dans le *Mi-mo-kia* du *Si-yu-ki*, le *Moughian* cité par Meyendorf parmi les localités du Sogd[5]. La carte de Kiepert, plus précise pour l'emplacement de ces localités que celle de Meyendorf,

---

[1] *Foc-koue-ki*, p. 376, n° 68.

[2] Istakhri trad. par Mordtmann, p. 134; conf. Édrisi, t. 1, p. 485; Hadji-Khalfa, ch. xvi, trad. manuscr. d'Armain, ms. de la Biblioth. impér. Édrisi écrit *Maïamra*.

[3] *Loco cit.*

[4] Très-probablement le *Famorg* de l'*Oriental Geography*, p. 256 et suiv. « le plus populeux et le plus fertile de tous les villages de Samarkand ».

[5] *Voyage à Boukhara*, p. 161 et 493.

place Moughian (Kiepert écrit *Maghîn*) à 38 lieues de Samarkand vers l'est, en inclinant au sud.

Kio-pou-ta-na, vers le nord de *Mi-mo-kia* (Moughian), se reconnaît aisément dans le *Kéboud-Méhékèt* de Ibn-Haukal[1], nommé aussi dans les Mémoires de Baber[2], où le nom est écrit *Kéboûd* et *Keschboûd*. Ni le géographe arabe ni Baber ne marquent la position non plus que la distance de cette ville par rapport à Samarkand[3]. L'Istakhri la met à 2 parasanges de Samarkand, sans spécifier la direction[4]; nous ne la trouvons indiquée ni dans les relations modernes ni sur les cartes. L'indication du *Si-yu-ki* par rapport à Mi-mo-kia, combinée avec celle de la localité suivante dont la position est bien connue, nous conduit au nord de Samarkand en inclinant un peu à l'ouest, ce qui s'accorde avec la désignation de l'Istakhri.

Kio-choang-ni-kia, à 300 li vers l'ouest de *Kio-pou-ta-na* (Kéboûd), est indubitablement *Koschanièh* ou *Kachania*, belle et importante ville du Sogd, à mi-chemin environ de Samarkand à Boukhara, sur la droite ou au nord de la Zérafchân[5]. La dernière syllabe du groupe chinois répond sûrement au *kèt* turc (bourg ou ville), particule très-fréquente à la fin des noms de villes dans le Mavar-en-nahar.

Ho-han, entre *Kio-choang-ni-kia* (Kachania) et *Po-ho*

---

[1] Dans l'*Oriental Geography* d'Ouseley, p. 279.

[2] P. 85.

[3] Si le *Kéboud-Méhékèt* de la page 279 de l'*Oriental Geography* est le même lieu que le *Réboud* de la page 257, où il y avait une maison royale, nous saurions par ce dernier passage que le lieu était dans la partie droite, c'est-à-dire (pour les musulmans) au nord de la rivière.

[4] Istakhri, trad. par Mordtmann, p. 136.

[5] *Idem*, p. 131; Édrisi, t. II, p. 199 et 201; *Oriental Geogr.* p. 258; Aboû'l-féda, *Chorasmiæ et Mavaralnahræ Descriptio*, p. 48.

(qui répond à Boukhara), est assez bien déterminé par cette double désignation, quoique les chiffres qui marquent les deux distances soient sensiblement trop forts. La position ainsi indiquée paraît devoir répondre au site de la ville actuelle de Kerminèh, ou à quelque localité de ce canton. La partie de la Zérafchân (ou rivière du Sogd) qui arrose le territoire au-dessus de Boukhara, est désignée dans quelques itinéraires sous le nom de *Kouan*, auquel semble se rapporter la dénomination chinoise.

Pou-ho (ou *Pou-kho*, comme écrit Hoeï-li, p. 61), à 400 li à l'ouest de Ho-han, est bien évidemment une transcription contractée du nom de *Boukhara*, comme l'avait déjà pensé Klaproth, sur le seul rapport des noms [1]. Boukhara est une place ancienne, quoique sa grande importance et son rang de cité royale datent seulement de l'époque des Samanides.

Fa-ti, à 400 li (30 lieues) vers l'ouest de *Pou-ho* (Boukhara), n'est représentée dans cette direction par aucune localité historique; le seul lieu qui nous paraisse pouvoir convenir à cette indication est *Bétik*, lieu situé sur la droite de l'Oxus, à une trentaine de lieues au sud-ouest de Boukhara. L'importance de Bétik est d'être le point de passage du fleuve le plus fréquenté entre le Khoraçân occidental et la Boukharie[2], et cette importance nous paraît expliquer suffisamment la mention qui en aurait été faite au voyageur chinois parmi les informations qu'il recueillit à Samarkand sur la région du nord de l'Oxus[3].

---

[1] *Magasin asiat.* t. I, p. 121; *Foe-koue-ki*, p. 376.

[2] Burnes, *Voyage en Boukharie*, t. II de la trad. franç. p. 342.

[3] Vis-à-vis de Bétik, à 2 lieues (6 milles anglais) de la gauche de l'Oxus, la ville de *Tchéhardjouï*, déjà mentionnée sous ce nom par Baber (*Memoirs*, p. 63), doit être la même place que la ville d'*Amol* ou *Amouï* des géographes arabes (*Oriental Geography*, p. 228, 229; Édrisi, t. I, p. 471, 473

Le nom de *Ho-li-si-mi-kia*, qui termine cette nomenclature, en nous portant à 500 li au nord-ouest de *Fa-ti* ou *Bétik*[1], ne présente ni difficulté ni doute; nous avons ici le *Kharizm* des auteurs musulmans, la *Khorasmia* de notre géographie classique. Hiouen-thsang parle de ce royaume comme ne formant qu'une étroite lisière aux deux côtés du fleuve *Po-tsou*. Ce dernier nom répond au *Vakchâb* ou *Vakchou* du Badakchân (le *Vanksou* de la vieille géographie sanscrite), nom qui, dans la bouche et sous la plume des Grecs, est devenu l'*Oxus*[2]. C'est l'*Amoû-déria* des Mongols et le *Djihoûn* des Turcs.

Après cet *excursus* épisodique sur la géographie de la Transoxane occidentale, Hiouen-thsang reprend son itinéraire à partir de *Sa-mo-kien* (Samarkand).

Sa première station, en se portant au sud-ouest (selon son estime), est à *Kie-choang-na*[3], à 300 li (22 lieues) de Samo-kien. Cette indication, et celles qui vont suivre, nous placent à *Kesch*, ville que devait illustrer plus tard la naissance de Timoûr, et près de laquelle, du côté du nord, coule la rivière de *Kaschka*. Nos renseignements topogra-

et 485). Il est singulier que ce point de géographie comparée soit passé sous silence par tous les auteurs modernes, même par le savant auteur de l'*Erdkunde*.

[1] Le *Si-yu-ki* dit, par une erreur évidente, «au *sud-ouest*». Le texte de Hoeï-li, autrement fautif en cet endroit, dit «100 li à l'ouest».

[2] Le nom se trouve aussi transcrit *On-hiu* dans d'autres documents chinois du temps des Thang, forme qui se rapproche tout à fait de l'*Oxus* des Grecs et des Latins. (Voyez un morceau sur les *Yué-tchi* traduit par M. Stanislas Julien, dans nos *Études de géographie ancienne et d'ethnographie asiatique*, t. I, p. 280. Paris, 1850.) Une des branches supérieures de l'Oxus (celle qui traverse le Badakchân et passe à Faïzabâd) porte dans le pays le nom de *Kokchèh*, qui est une forme autrement modifiée de la même appellation originaire. (Baber's *Memoirs*, p. 219; Wood, *Journey to the sources of the Oxus*, p. 251, etc.)

[3] Hoeï-li (p. 60) écrit *Kou-choang-ni-kia*.

phiques sur ces cantons de la Transoxane, comme sur la plupart des autres, sont encore bien faibles et bien incomplets[1]; cependant, grâce aux itinéraires que nous possédons, et qui nous fournissent des moyens de comparaison à peu près suffisants, les directions et les distances sont fixées d'une manière au moins très-approchante de ce que pourrait être un véritable levé topographique du pays.

Le pays au sud de Kesch est très-montagneux[2]; à 25 ou 30 lieues au sud-est de cette ville (au moins selon nos cartes), en suivant la route de Termez et de Balkh, on arrive à une gorge longue et resserrée dont il est fait souvent mention dans les histoires orientales sous le double nom persan et turc de *Derbend* et de *Kohloûgha*, qui signifient également la « Porte de fer »[3]. Hiouen-thsang indique le commencement des montagnes à 200 li (15 lieues) au sud-est de *Kie-choang-na* (Kesch), et le défilé proprement dit à 300 li plus loin (23 lieues) dans la même direction. Il en donne une description qu'un voyageur européen ne désavouerait pas. « On nomme *Portes de fer*, dit-il, des montagnes parallèles qui s'élèvent à droite et à gauche, et dont la hauteur est prodi-

---

[1] Que l'on compare, par exemple, la description du territoire de Kesch dans l'Édrisi (t. II, p. 200) avec la carte du Turkestan de M. Kiepert, on pourra juger de ce qu'il nous manque encore de notions positives, soit pour rectifier avec certitude les données des géographes musulmans, soit pour en rapprocher les nôtres. (Conf. Baber's *Memoirs*, p. 54.)

[2] Voyez l'introduction de M. Erskine à sa traduction anglaise des Mémoires de Baber, p. xxxiv.

[3] Baber's *Memoirs*, p. 132; *Histoire de Timur bec*, trad. par Pétis de la Croix, t. I, p. 3 et 62. L'Édrisi (t. I, p. 484) mentionne une petite ville voisine du défilé et qui en avait pris le nom de *Derbend*. Depuis Clavijo (*Vida del gran Tamorlan*, p. 140), aucun voyageur européen, que nous sachions, n'a traversé cette passe remarquable. La passe de *Timour-Khahlouka* est aussi mentionnée par Raschid-eddin, *Hist. des Mongols*.

gieuse. Elles ne sont séparées que par un sentier qui est fort étroit, et, en outre, plein de précipices. Ces montagnes forment des deux côtés de grands murs de pierre dont la couleur ressemble à celle du fer. On y a établi des portes à deux battants, qu'on a consolidées avec du fer. On a suspendu aux battants une multitude de sonnettes en fer; et comme ce passage est difficile et fortement défendu, on lui a donné le nom qu'il porte aujourd'hui[1]. »

Les Portes de fer franchies, on entrait dans le royaume de *Tou-ho-lo*. C'est le *Toukhâra* de la géographie sanscrite, le *Tokharestân* des auteurs musulmans [2]. Ce nom s'appliquait à l'ensemble des hautes vallées de l'Oxus et de ses affluents, au-dessus de Termez; il devait comprendre, par conséquent, outre la province actuelle de Balkh, les provinces alpestres de Koundouz, de Hissâr, de Vokhân, de Bolor et de Badakchân. A l'époque où Hiouen-thsang le traversa, ce pays était occupé par les *Yé-tha* ou *Yué-tchi*. Les Yé-tha sont une horde d'origine tibétaine, qui avait envahi la Transoxane par le nord-est et détruit le royaume gréco-bactrien dans les années 127-126 avant J. C. Maîtres des riches pays du nord et du sud de l'Oxus, les Yé-tha avaient atteint à un haut degré de puissance sous le célèbre Kanichka, dont la domina-

---

[1] *Si-yu-ki*, t. I, p. 23. Conf. Hoeï-li, p. 61.

[2] Le nom de *Toukhâra* s'applique, en sanscrit, à une région de glace et de frimas, selon la signification étymologique du mot (*touchâra*); il paraîtrait donc que c'était originairement une appellation géographique, et non un ethnique. C'est néanmoins dans cette dernière acception que le nom de *Tokhares* (Τοχαροί, *Tochari*) a été connu des auteurs occidentaux après l'expédition d'Alexandre et l'établissement du royaume grec de la Bactriane. Chez les auteurs musulmans des temps du khalifat, le nom de *Tokharestân* s'applique à la partie supérieure du bassin de l'Oxus; aujourd'hui ce nom a cessé d'être en usage. La dénomination de *Badakchân* l'a remplacé, mais avec une acception moins étendue.

tion s'étendit, peu d'années avant le commencement de notre ère, sur le Pendjab et le Kachmîr; mais leur empire éprouva de nombreuses vicissitudes. Refoulé par l'irruption, au sud du Jaxartes, d'un autre peuple de la haute Asie (les Jouan-jouan), le royaume Yé-tha dut alors se concentrer entre l'Oxus et l'Hindou-kôh; et lorsque les *Tou-kioue* (les Turcs), après avoir conquis la Transoxane sur les Jouan-jouan, en l'année 571, furent devenus à leur tour les dominateurs des immenses contrées qui s'étendent de l'Oxus à l'Altaï, les Yé-tha, affaiblis et morcelés, durent se reconnaître tributaires du grand khan, auquel l'empereur de Constantinople lui-même ne dédaignait pas (en 569) d'envoyer des ambassadeurs[1]. C'est dans cette situation, devenue très-précaire, que Hiouen-thsang trouva les Yé-tha de la Bactriane et du Toukhâra; ils n'y formaient pas alors moins de vingt-sept principautés sans aucun lien politique.

Après avoir traversé le fleuve *Po-tsou* (Vakchou ou Oxus)

[1] Cette chaîne d'événements, sur lesquels les historiens grecs, arméniens et persans n'ont eu que des notions très-incomplètes, nous est connue, au moins dans ses points essentiels, par les annalistes chinois. C'est à eux que nous devons d'être renseignés sur la date précise des grands faits et sur la nationalité aussi bien que sur les antécédents des peuples qui y figurent. L'obligeante érudition de M. Stanislas Julien nous a permis d'en présenter un aperçu suivi, puisé aux sources mêmes, dans notre Mémoire sur les Ephthalites, auquel nous devons renvoyer (*Études de géographie ancienne et d'ethnographie asiatique*, t. I, p. 260 et suiv. Paris, 1850). Les découvertes archéologiques qui ont été faites depuis vingt-cinq ans dans le nord du Pendjab et dans le royaume de Kaboul, en mettant entre les mains des numismates de nombreuses médailles qui appartiennent aux rois grecs de la Bactriane et aux princes de race Yétha, que les Grecs ont désignés sous l'appellation *Indo-Scythes*, ont fourni des dates de détail qui coïncident parfaitement avec les indications chinoises. Ainsi, le règne de Kanichka, qui tient une place notable dans l'histoire du bouddhisme de ces contrées du nord-ouest de l'Inde, et que les annalistes chinois mettent vers l'an 16 avant Jésus-Christ, tombe en effet, d'après les

à *Ta-mi* (Termez), Hiouen-thsang entre sur les terres du roi de *Houo*, qui était un prince de race turque, dont tous les petits chefs, au sud des Portes de fer, reconnaissaient l'autorité. Hoeï-li [1] nous a conservé ici, sur les marches de Hiouen-thsang, des indications plus circonstanciées que le texte même des Mémoires originaux; mais ceux-ci, à leur tour, nous donnent sur les cantons traversés par le voyageur de nombreux détails que l'historien du voyage a supprimés. C'est en rapprochant les deux documents et en combinant les indications de l'un avec les détails de l'autre, que nous avons pu reconstruire cette partie de l'itinéraire.

Il est présumable que la première intention de Hiouen-thsang avait été de traverser l'Hindou-kôh par la passe de Ghoûrbend ou d'Anderâb (route qu'il suivit à son retour, quinze ans plus tard); car nous le voyons arriver à la ville de *Houo*, résidence du roi, et l'ensemble des indications fournies, tant par cette partie du voyage que par la suite du journal, désigne indubitablement, pour l'emplacement de cette ville,

recherches basées sur les médailles qui portent son nom, à la fin du siècle qui a précédé notre ère. Une inscription tirée du grand tope de Manikhiala, dont l'érection paraît appartenir précisément à Kanichka, donne à ce prince le titre de chef de la tribu de *Gouchang*. Or, nous savons par les annalistes chinois que les Yé-tha de la Transoxane étaient partagés en cinq tribus, et que, de ces cinq tribus, celle de *Koueï-chouang*, dont Kanichka était le chef, avait subjugué ou détruit les quatre autres, ce qui fut l'origine du titre de *Kouei-chouang* donné au royaume. (Nos *Études* citées, p. 276.) C'est en effet sous le titre de *royaume des Kouchans* que Moïse de Khorèn et les autres anciens chroniqueurs de l'Arménie désignent cet État d'origine septentrionale, que les Grecs ont connu sous la dénomination moins précise de *royaume indo-scythique*. Quant à la nationalité des Yé-tha et à leurs rapports d'origine (aussi bien que de nom) avec les *Djats* du nord-ouest de l'Inde, nous renverrons encore le lecteur que ces questions intéressent à notre Mémoire déjà cité sur les Ephthalites (*Études*, etc. t. I, p. 285 et suiv.).

[1] P. 61 et suiv.

la place actuelle de *Ghoûr*, mentionnée par Baber[1]. Ghoûr (la *Ghôri* d'Elphinstone) est au pied septentrional des grandes montagnes, sur la route directe de Koundouz à Kaboul.

Hoeï-li nous fait connaître les circonstances qui ramenèrent Hiouen-thsang de *Houo* (Ghoûr) à *Po-ho-lo* (Balkh); et nous trouvons, en effet, dans les Mémoires la notice successive de trois royaumes (pour employer l'expression chinoise), *Po-kia-lang*, *He-lou-si-min-kien* et *Ho-lin*, que cette route traverse. *Po-kia-lang* se laisse aisément reconnaître dans le *Baghelân* actuel, entre Ghoûr et Koundez[2]. *He-lou-si-min-kien* doit répondre à *Sémengân*, lieu mentionné par Ibn-Haukal, entre Khoulm et Baghelân[3], et par Édrisi[4], sur la route à mi-chemin de Houlm à Talékan[5]. Enfin, la troisième station,

[1] *Memoirs*, p. 145.
[2] *L'Oriental Geography*, p. 223, écrit *Baghelân*; Wood (*Journey to the sources of the river Oxus*, p. 212), *Baghlan*. Hiouen-thsang donne au territoire de Po-kia-lang une étendue de 200 li du sud au nord, sur une largeur de 50 li environ, ce qui désigne clairement la vallée de la rivière de Ghoûr entre Baghelân et Khoundez.
[3] Dans l'*Oriental Geography*, p. 223.
[4] T. I, p. 475. L'indication de l'itinéraire rapporté par l'Édrisi nous conduit, d'après nos cartes, à Koundez ou aux environs. Il est à remarquer que les informations modernes (encore bien incomplètes, à la vérité) ne parlent plus de Sémengân, non plus que Baber, très-circonstancié cependant sur la géographie du Badakchân; tandis que Koundez (la *Keundouz* de nos cartes), souvent mentionnée dans Baber comme une place de note, n'est pas connue des géographes musulmans d'une époque antérieure. Faudrait-il en conclure que les deux noms se sont appliqués successivement à la même place, ou bien que Koundez, de fondation relativement récente, a succédé à Sémengân, qui aurait été ruinée? Que de recherches à faire pour les futurs explorateurs, et que de questions à résoudre!
[5] Non la Khoulm moderne, nommée proprement *Tâch-kourghân*, mais la vieille ville, dont les ruines sont à 5 milles de distance. (Wood, *Journey to the sources of the Oxus*, p. 405.) L'*Oriental Geography*, p. 230, écrit *Kholm*; l'Édrisi, t. I, p. 474, *Houlm*.

Ho-lin, est nécessairement *Khoulm*, à mi-chemin et sur la route directe de Sémengân ou de Koundez à Balkh. Entre toutes ces données l'accord est parfait.

Hiouen-thsang parle de *Po-ho-lo* (Balkh), cette antique métropole de l'empire bactrien, comme d'une ville bien fortifiée, mais de grandeur médiocre et faiblement peuplée [1]. On peut remarquer que la transcription chinoise du nom de *Balkh* est tout à fait analogue à la forme arménienne *Pahl*. Le bouddhisme était florissant dans toutes ces contrées.

Pendant son séjour à Balkh, Hiouen-thsang vit arriver plusieurs personnages envoyés par les rois de *Jouï-mo-tho* et de *Hou-chi-kien*, pour obtenir de lui qu'il vînt à leur cour. Il se rendit, quoique à regret, à ces invitations honorables, et ce fut pour lui une occasion de recueillir sur ces pays des renseignements qu'il a consignés dans ses Mémoires [2]. *Jouï-mo-tho* était un petit pays (100 li du nord au sud, sur une largeur de 50 à 60 li, 7 lieues sur 5 environ) situé dans la montagne vers le sud-ouest de Balkh ; *Hou-chi-kien*, État beaucoup plus important (500 li de l'est à l'ouest, 1,000 li du sud au nord), était au sud-ouest de Jouï-mo-tho. Vers le nord-ouest de Hou-chi-kien on arrivait à *Ta-la-kien*, pays qui confinait au royaume de *Po-la-sse*, c'est-à-dire à la Perse.

Le dernier terme de cette chaîne de territoires nous conduit indubitablement à la *Talekân* du Ghardjistân, ville située à trois petites journées au-dessus de Méroû-er-Roûd, dans la direction de Hérat [3]. *Hou-chi-kien* nous paraît devoir se

---

[1] Comp. Elphinstone, *Account of the kingdom of Caubul*, p. 464, in-4°; et Burnes, *Voyage en Boukharie*, trad. franç. t. II, p. 226.

[2] Hoeï-li les a supprimés.

[3] *Oriental Geography*, p. 220; Édrisi, t. I, p. 468 et 478; Abou'lféda, trad. lat. de Reiske, dans le *Magazin* de Büsching, t. V, p. 346.

rapporter au district de *Djouzdján* (nom que les Persans prononcent aussi *Djouzkán*), entre Balkh et le district de Méroû-er-Roûd. On peut voir les éclaircissements instructifs que Silvestre de Sacy a donnés sur le nom et la situation de ce district dans son *Mémoire sur deux provinces de la Perse orientale* [1]. Nous ne trouvons ni dans les auteurs musulmans, ni dans les sources plus modernes, aucune indication qui nous puisse fournir la synonymie du nom de *Jouï-mo-tho*.

D'autres pays situés au nord de l'Oxus, vers le nord-est de Balkh, sont aussi mentionnés dans cet endroit des Mémoires, qui leur consacrent de courtes notices, quoique Hiouenthsang n'y eût pas pénétré.

Le royaume de *Tchi-'go-yen-na*, qui confine, à l'est (plus exactement au nord-est), au territoire de *Ta-mi* (Termez), se reconnaît dans la *Chéghanián* des auteurs orientaux, place importante, capitale d'une grande province de cette région [2].

Hou-lo-mo, entre *Tchi-'go-yen-na* (Chéghanián) et *Souman*, n'a pas dans nos documents de correspondance aussi certaine. Nous ne voyons que *Chadoumân*, ville plus connue sous la dénomination de *Hissar* «le château», qui, par son importance et sa situation aux confins du territoire de Chéghanián, puisse convenablement répondre au *Hou-lo-mo* du *Si-yu-ki*.

Sou-man confinait à Hou-lo-mo. Le nom se retrouve identiquement dans les géographes arabes. *Soumân*, dans l'Édrisi [3], est un district qui confine au sud avec le vaste territoire d'Os-

[1] Tiré des *Mines de l'Orient* et reproduit dans les *Annales des Voyages*, 1813; le passage que nous citons est à la page 35 du tirage à part.

[2] *Oriental Geography*, p. 277. L'Édrisi (t. I, p. 480) écrit *Saghanián*. On trouve aussi *Djéghanián*.

[3] T. II, p. 203.

roûchnâ, que la province de Chéghaniân limite au sud-ouest. Soumân, d'après cette indication, doit donc se trouver au sud-est de Chéghaniân, ce qui est conforme aux notations astronomiques d'Albiroûni dans Abou'lféda [1]. Ibn-Haukal met Choumân à deux journées de Chéghaniân, sur la route de Vaschghird [2]. Aucun voyageur européen n'a jusqu'à présent visité ces parties intérieures de la haute Transoxane.

Kio-ho-yen-na, ou plutôt *Kio-li-yen-na* (le mot est aussi écrit sous cette forme), royaume qui confine à *Sou-man*, ne peut être que *Karatéghîn*, district montagneux que la branche septentrionale de l'Oxus traverse au-dessus de Soumân et de Vaschghird, et que de rudes montagnes séparent du Ferghana [3].

Hou-cha, au delà de *Kio-li-yen-na* (Karatéghîn), nous porte au territoire d'*Oûsch*, partie sud-est du Ferghana, qui confine au sud avec les vallées du haut Oxus [4].

Kho-tou-lo, à l'est de Hou-cha (la direction véritable est au sud), est la province de *Kotl* ou *Kotlân* des auteurs musulmans, au voisinage des sources de la branche septentrionale de l'Oxus [5].

Kiu-mi-tho, grande vallée située au centre des monts Tsoun-ling, n'a pas de correspondance qui nous soit connue; Édrisi lui-même, plus circonstancié qu'aucun autre géo-

---

[1] *Chorasmiæ et Mavaralu. Descr.* p. 38.
[2] Dans l'*Oriental Geography*, p. 277.
[3] Baber's *Memoirs*, p. 125 et p. xxxiv de l'Introduction.
[4] *Mésalek-alabsar*, dans les *Not. et Extr.* t. XIII, p. 261; Baber's *Memoirs*, p. 2; Édrisi, t. 1, p. 488. C'est l'*Awesch* de l'*Oriental Geography*, p. 271.
[5] *Mésalek-alabsar*, dans les *Notices et Extraits des manuscrits*, t. XIII, p. 233; Ibn-Haukal, dans l'*Oriental Geography*, p. 239 et 276; Hadji-Khalfa, c. xvi, trad. manusc. d'Armain. C'est le *Chottal* d'Abou'lféda, entre le Ouakchab et la rivière de Badakchân (Abou'lféda de Reiske dans le *Magazin* de Büsching, t. V, p. 347).

graphe musulman sur ces parties montagneuses de Mavar-en-Nahar [1], ne nous fournit aucune dénomination analogue. Une circonstance notée dans le *Si-yu-ki* peut cependant servir à déterminer la position de *Kiu-mi-tho* d'une manière au moins très-approximative. Il est dit qu'au sud-est ce royaume touchait au fleuve *Po-tsou* (Oxus), et qu'au sud il confinait à *Chi-khi-ni*. Ces indications nous placent dans la partie droite de la vallée du Pendj (nom que porte dans le pays la branche méridionale du haut Oxus), aux confins nord-est du Badakchân; car nous savons, par la relation du lieutenant Wood, que *Chaghnân*, nom dans lequel on ne peut méconnaître *Chi-khi-ni*, est une des vallées de la droite de l'Oxus, au-dessous du pays de Vakhân [2]. Quant à *Kiu-mi-tho*, M. Al. Cunningham [3] rapproche le nom de celui des *Comedi* de Ptolémée [4] (*Vallis Comedorum*); mais la synonymie actuelle nous reste ignorée.

L'itinéraire reprend à *Po-ho-lo* (Balkh), où nous avons laissé Hiouen-thsang, et continue de nous conduire au sud.

Il compte 900 li dans cette direction, en partie à travers de rudes défilés et des montagnes neigeuses, jusqu'à *Fan-yen-na*, grande ville bouddhique assise au milieu d'une vallée entourée de hautes montagnes, et qui était remarquable par les gigantesques statues du Bouddha Çâkyamouni qu'on avait taillées dans le flanc d'une montagne voisine. La description du site de Fan-yen-na et de ses statues colossales est tout à fait conforme à celle que les explorateurs contemporains

---

[1] T. I, p. 474 à 489.

[2] Wood, *Journey to the sources of the river Oxus*, p. 378. C'est le *Saknia* de l'Édrisi, t. I, p. 483.

[3] *Journal of the As. Soc. of Beng.* vol. XVII, 1848, p. 15.

[4] Lib. VI, c. XII.

nous ont donnée de *Bamyân*[1]. Entre *Po-ho-lo* (Balkh) et *Fan-yen-na* (Bamyân), au tiers à peu près de la distance qui sépare ces deux villes, et avant d'entrer dans les montagnes neigeuses, Hiouen-thsang mentionne le royaume de *Kie-tchi*, qui a, dit-il, 500 li de l'ouest à l'est sur une largeur de 300 li. Quoique nous possédions plusieurs itinéraires modernes très-circonstanciés de la route même suivie par Hiouen-thsang entre Balkh et Bamyân[2], aucun nom n'y rappelle le *Kie-tchi* de notre document chinois, non plus que dans les descriptions des géographes arabes.

§ 4. — De Bamyân au passage du Sindh.

Notre voyageur, en quittant *Fan-yen-na* (Bamyân), traverse de très-hautes montagnes qu'il nomme *He-ling*, ou les Montagnes noires[3], et, après une marche d'environ 200 li, il arrive à une petite vallée arrosée par des sources limpides et où de frais ruisseaux s'épanchaient d'un beau lac. Ce tableau ressemble trait pour trait à celui que Burnes fait de la vallée de Djelraïz, à la source de la rivière de Kaboul, qui

---

[1] Principalement Burnes, *Voyage en Boukharie*, t. II, p. 172 de la traduction française.

[2] Itinéraire d'un marchand boukhâre, dans Meyendorf, *Voyage à Boukhara*, traduct. franç. p. 136 et suiv. Itinéraire de Burnes, *Voyage en Boukharie*, t. II, p. 178 et suiv. Itinéraire du lieutenant Wood, *Journey to the sources of the river Oxus*, p. 196 et suiv. etc.

[3] La passe franchie par Hiouen-thsang, entre Bamyân et le haut de la vallée de Ghoûrbend, a été décrite par Burnes (*Voyage*, t. II, p. 166 à 172 de la trad. franç.). Le col, qui reçoit successivement (en venant de Bamyân) les noms de *Hadjigak* et d'*Ouna*, est à 11,000 pieds environ au-dessus du niveau de la mer; le massif que cette passe traverse est le prolongement du Kôh-i-Baba, montagne énorme que couronnent les plus hauts pics de cette région alpine.

sort des flancs du Kôh-i-Baba[1]. Après avoir cheminé à travers de nouvelles montagnes en se dirigeant à l'est, Hiouen-thsang arrive au royaume de *Kia-pi-ché*.

Kia-pi-ché était un grand royaume qui n'avait pas moins de 4,000 li de tour[2], et que de hautes montagnes entouraient de tous côtés. Au nord, il s'adossait aux Montagnes neigeuses (le Hindou-kôh ou Hindou-kousch); des trois autres côtés il était borné par les Montagnes noires. *Kia-pi-ché* était le nom de la capitale.

Nos documents classiques nous avaient déjà fait connaître dans ces cantons l'existence d'une ville de *Capissa*, que nous retrouvons dans la *Kia-pi-ché* de notre voyageur. Faute de moyens suffisants de comparaison, ce point de l'ancienne géographie du bassin du Kophès est resté, jusqu'à présent, très-confus et très-obscur; si l'itinéraire de Hiouen-thsang, avec les détails que le *Si-yu-ki* renferme, ne fixe pas encore d'une manière précise le site de *Capissa*, il nous permettra du moins d'en circonscrire le territoire avec certitude, ce qu'on n'aurait pu faire avec les renseignements antérieurs. Ces renseignements sont, à la vérité, bien précaires. Une ligne de Pline et autant de Ptolémée, c'est tout. *Capissene habuit Capissam urbem, quam diruit Cyrus*, dit le premier[3]; et le second nomme seulement Κάπισα dans sa liste des villes

---

[1] Burnes, *loco cit.* p. 164. Conf. Baber's *Memoirs*, p. 147.

[2] L'ensemble des notions que le *Si-yu-ki* renferme sur le royaume de Kia-pi-ché montre que ce chiffre comprend les territoires voisins jusqu'à l'Indus, qui reconnaissaient, au nombre d'une dizaine, la suzeraineté du roi de Kia-pi-ché.

[3] Lib. VI, c. xxv, Hardouin. Sillig (t. I, p. 435, c. xxiii) adopte la leçon *Capisene* et *Capisa*, qui rend moins exactement la prononciation sanscrite *Kapiça*. Nous ne comptons pas Solin (c. liv), qui n'a fait ici que copier Pline, et dont les anciens manuscrits portent pour la plupart *Caphusa* ou *Caphisa*. (Salm. *ad h. l.* p. 827.)

des *Paropanisadæ*[1]. Il ne faudrait pas demander une désignation précise aux signes numériques qui, dans la Table de Ptolémée, sont censés déterminer la situation du lieu en latitude et en longitude : dans le plus grand nombre de cas, et dans celui-ci en particulier, ces notations n'ont absolument aucune valeur, soit par l'altération des signes numériques dans les manuscrits et dans les éditions, soit par suite de la méthode même de déduction employée par le géographe alexandrin pour les obtenir. Et nous n'entendons pas seulement parler de la valeur *absolue* de ces notations astronomiques comparées aux résultats des observations modernes, mais aussi de leur valeur *relative*, c'est-à-dire de celle qui pourrait indiquer la position d'un lieu par rapport à un lieu voisin. Ainsi, par exemple, si nous voulons mettre en rapport, dans le cas actuel, la position bien connue de *Kaboura* (Kaboul) avec celle de Kapisa, nous trouvons :

Pour la première 35° 0′ lat. 118° 0′ long.
Pour la seconde 37° 30′ lat. 118° 40′ long.

c'est-à-dire que Κάπισα est mise à 2 degrés et demi au nord de Καβούρα, avec une différence en longitude de 40 minutes en plus vers l'est; tandis que, en réalité, quel que soit l'emplacement précis du site de l'ancienne *Capissa*, il ne saurait y avoir au plus, entre ce site et la position de Kaboul, qu'un arc de 50 minutes d'un grand cercle, probablement dans la

---

[1] Lib. VI, c. xviii. Beaucoup de manuscrits et d'anciennes éditions donnent la leçon corrompue Κάπισα, que Nobbe a introduite dans son texte. Quand le temps sera-t-il venu de doter la science d'une édition correcte du géographe alexandrin ? œuvre herculéenne, où l'habileté de l'helléniste n'est que la moindre des conditions nécessaires, et à laquelle suffirait à peine aujourd'hui la vie tout entière d'un géographe consommé. De bonnes études monographiques sur les différentes parties de l'ouvrage de Ptolémée conduiront seules, avec le temps, à une restitution complète.

296 MÉMOIRE ANALYTIQUE SUR LA CARTE

direction du nord-est, ainsi qu'on va le voir. Il y a donc ici en excès, dans la Table de Ptolémée, une distance de plus d'un degré et demi, c'est-à-dire d'une quarantaine de nos lieues communes. Qu'on juge, par ce seul exemple, de quelle utilité les notations astronomiques de Ptolémée peuvent être dans la recherche des anciens sites!

Donc, en définitive, nos informations se bornent à ceci, qu'une ville de *Capissa*, avec un territoire du même nom (*Capissene*), existait autrefois dans la région qui avoisine au sud la chaîne neigeuse de l'Hindou-kousch (*Paropamisus*); tout au plus peut-on conclure des indications de Ptolémée que cette ville et ce canton se trouvaient sous une latitude plus septentrionale que Kaboul. Quant aux sources sanscrites (à celles du moins qui nous sont jusqu'à présent connues), ni la ville ni le pays de *Kapiça* n'y sont mentionnés. Seulement, comme le nom se retrouve en d'autres parties de la péninsule, et qu'il appartient ainsi bien réellement à la nomenclature sanscrite, nous sommes fixé par là sur la véritable orthographe[1].

Avant les publications de M. Stanislas Julien sur le Voyage de Hiouen-thsang, ce qu'on en connaissait se bornait à l'analyse de M. Landresse à la suite du *Foe-kouc-ki*[2]. Ces maigres indications étaient tout à fait insuffisantes pour asseoir une discussion géographique; il n'y a donc pas à s'étonner que M. Lassen et M. Wilson, ces deux maîtres de l'érudition sanscrite, n'en aient tiré que des conclusions inexactes. M. Wilson, dans la carte qui accompagne son *Ariana an-*

[1] On peut se rappeler notre remarque précédente (page 278, note) sur l'extension de la nomenclature sanscrite dans tout le bassin de la rivière de Kaboul.
[2] P. 378 et 385.

tiqua, met Kapiça sur l'emplacement actuel d'Istalif, à une huitaine de lieues dans le nord de Kaboul[1]; d'autres ont identifié *Capissa* et *Kaboul*[2], hypothèse dont M. Lassen a bien montré l'impossibilité[3]. M. Lassen lui-même, et après lui M. Alex. Cunningham, ont porté la ville de Kapiça dans la vallée de Ghoûrbend, au nord-ouest du village de Houpiân[4]. L'itinéraire de Hiouen-thsang, qui revit ce canton à quinze ans d'intervalle lors de son retour de l'Inde, montre que cette localisation est inexacte, et nous conduit vers le site véritable; car ce n'est qu'après avoir quitté Houpiân (qui est mentionnée dans l'itinéraire ainsi que nous le verrons plus tard) que le voyageur, marchant à l'est ou au nord-est, arrive bientôt après à la frontière de *Kia-pi-ché*. Il n'est donc plus permis de reporter cette dernière position à l'ouest, ni même au sud de Houpiân, puisque la plaine de Béghram, théâtre des grandes découvertes numismatiques de M. Masson, faisait nécessairement partie du royaume de Houpiân, auquel, comme nous le verrons, le territoire de Kaboul appartenait. Il ne faut qu'avoir la carte sous les yeux pour comprendre la nécessité de ces connexions territoriales. L'examen du local tel que la carte le représente nous montre aussi qu'il n'y a là qu'une seule limite possible entre les territoires de *Hou-pi-na* (Houpiân) et de *Kia-pi-ché* (Kapiça); cette limite, c'était la rivière de Pantchîr, depuis le coude

---

[1] M. Wilson a même omis de discuter cette position. (Voyez p. 181 et suiv. de l'*Ariana*.)

[2] Nous ne parlons pas de la conjecture de Forbiger, qui porte *Capissa* à Peichavèr (*Handbuch der Alten Geogr.* t. II, p. 542. Leipzig, 1844)!

[3] *Zeitschr. für die Kunde des Morgenl.* t. II, 1839, p. 56 et suiv.

[4] A. Cunningham, dans le *Journal of the As. Soc. of Beng.* vol. XVII, 1848, p. 482; Lassen, *Zur Geschichte der griechischen und indoskyth. Kœnige*, p. 149. Bonn, 1838, et la carte de M. Kiepert pour les *Ind. Alterthumsk.* 1853.

qu'elle décrit aux confins de la plaine de Tchârikar jusqu'à sa jonction avec la rivière de Kaboul. Du côté de l'est, le territoire de Kia-pi-ché confinait au *Lan-po*, qui est le *Lampá* ou *Lampâka* de la géographie sanscrite, et le *Lamghán* de nos cartes actuelles. Toute cette géographie n'a pas changé depuis les temps anciens; et à défaut de reconnaissances modernes aussi complètes qu'on pourrait le désirer, nous avons les excellentes et minutieuses descriptions que nous en a laissées l'empereur Baber dans ses Mémoires. Ce que dit le *Si-yu-ki*, que le royaume (c'est-à-dire le territoire proprement dit) de Kia-pi-ché était enveloppé par les Montagnes noires (*He-ling*) là où il n'était pas couvert par les Montagnes neigeuses (l'Hindou-kousch), est aussi d'une remarquable exactitude; car une chaîne de hauteurs qui court au sud et à peu de distance de la rivière de Kaboul ou ancien Kophès, entre Kaboul et Djellàlabad, et qui, à ses deux extrémités, envoie des rameaux vers le nord, de l'autre côté de la rivière, cette chaîne de hauteurs, disons-nous, dont la ceinture enveloppe au sud-est, au sud et à l'est ce qui devait former l'ancienne *Capissene*, à l'ouest du Lampâka, est encore appelée communément, dans le pays, *Siâh-kôh* ou la *Montagne noire*[1]. D'après ces indications, la *Capissene*, ou territoire propre de *Kia-pi-ché*, devait répondre à ce qui forme, dans la description de Baber, les toumâns ou districts de Nidjraoû et de Pendjhîr[2].

[1] Le capitaine Mac-Gregor, d'après un rapport officiel du lieutenant Wood (l'auteur du Voyage aux sources de l'Oxus), et surtout M. Masson, dans la relation de ses courses en Afghanistan, ont très-bien décrit le Siâh-kôh. (Mac-Gregor, *A geographical Notice of the Valley of Jullalabad*, dans le *Journal of the Asiat. Soc. of Beng.* vol. XIII, 1844, p. 868; Ch. Masson, *Journeys in Balochistan*, etc. vol. I, p. 182; et III, p. 151, 190 et 285. Londres. 1844.)

[2] Baber's *Memoirs*, p. 144 et suiv.

Quant à l'emplacement même de la ville de *Kapiça*, nous manquons actuellement de données pour le déterminer. La ville, si elle n'a pas pris un autre nom, est sûrement ruinée depuis longtemps; mais nous ignorons si quelque localité encore inexplorée en garde les traces. Ces traces, si elles existent, devront sûrement se chercher soit aux environs de Nidjraoû, soit un peu plus à l'orient, dans la vallée de la Tagaô, où de nombreux monticules artificiels (*tumuli*) attestent l'existence de sites anciens[1]. Ce territoire, quoique très-voisin de Kaboul, est du reste une des parties les plus imparfaitement connues de cette région. Nous voyons par un passage d'Albiroûni, que M. Reinaud a cité dans son *Mémoire sur l'Inde antérieurement à la conquête musulmane*, que, dès la première moitié du xie siècle, moins de quatre cents ans après le passage de Hiouen-thsang, le nom de *Kapiça* avait cessé d'être en usage comme désignation territoriale, quoiqu'il ne fût pas encore oublié[2]. Il n'en est plus fait aucune mention dans les Mémoires de Baber.

Le *Si-yu-ki* donne sur le territoire de *Kia-pi-ché* (Kapiça) des détails topographiques dont le manque absolu de renseignements actuels ne nous permet pas de hasarder l'application, mais qu'une exploration exacte de ce canton permettra peut-être d'identifier. A 4o li de Kia-pi-ché (sans indication de direction), il y avait une ville dont le nom chinois *Si-pie-*

[1] Masson, *Narrative of various Journeys*, vol. III, p. 168, et dans l'*Ariana antiqua* de M. Wilson, p. 117.

[2] « Les montagnes qui avoisinent le pays de *Kabisch*, appelé maintenant pays de *Kaboul*, donnent naissance à une rivière nommée *Ghorband*, » dit l'auteur arabe. (Reinaud, *Mémoire cité*, p. 276.) Les renseignements fournis par l'ouvrage d'Albiroûni sur la région nord-ouest de l'Inde sont curieux et importants, et il serait bien à désirer qu'on nous en donnât une traduction complète.

to-fa-la-sse pourrait représenter le sanscrit *Çvétaváras*. A une trentaine de li, au midi de Si-pic-to-fa-la-sse, s'élevait une montagne nommée *'O-lou-nao* (peut-être *Arouṇa*, la [montagne] Rouge), surmontée de pics escarpés d'une hauteur surprenante. Voici ce que Hiouen-thsang raconte au sujet de cette montagne, d'après les gens du pays : « Chaque année, le pic du mont *'O-lou-nao* croît en hauteur de quelques centaines de pieds; puis, lorsqu'il égale et regarde le mont *Souna-hi-lo* du royaume (limitrophe) de *Tsao-kiu-t'o* [1], il s'écroule subitement. » Ces circonstances locales pourront servir aux futurs explorateurs. Au sud-ouest de la ville royale s'élevait le mont *Pi-lo-so-lo* (sanscrit *Pilousâra* « solide comme un éléphant [2] »). La ville de Kia-pi-ché avait été autrefois la résidence du puissant roi *Kia-ni-se-kia* (Kanichka); une foule d'inscriptions et de monuments du culte bouddhique, dont ce prince avait été un zélé sectateur, gardaient son souvenir [3].

Entre *Kia-pi-ché* (Kapiça) et la partie du cours de l'Indus où vient déboucher la rivière de Kaboul, l'itinéraire de Hiouen-thsang descend la vallée de cette dernière rivière. De Kia-pi-ché, sa première station est au royaume de *Lan-po*, transcription du *Lampá* ou *Lampáka* de la nomenclature sanscrite, nom qui se retrouve aussi dans la contrée des *Lampagæ* de Ptolémée [4], et qui a pris, dans l'usage actuel des populations

---

[1] Il sera question plus tard de ce pays.

[2] Voyez, sur ce mot, Lassen, *Zur Gesch. der gr. u ud indosk. Kœn.* p. 150.

[3] Sur Kanichka (le Kanerki des médailles) et l'étendue de ses conquêtes, on peut voir les *Indische Alterthumskunde* de M. Lassen, t. II, p. 829 et 852 et suiv. 1852, et Alex. Cunningham, *The Bhilsa Topes*, p. 128 et suiv. London, 1854. Le règne de ce prince célèbre se place, selon M. Lassen, entre les années 10 et 40 de notre ère. (*Op. laud.* p. 413, et Beil. p. xxx; conf. Cunningham, *Bhilsa Topes*, p. 130.)

[4] *Geogr. lib.* VI, c. 1, 42, Nob. La leçon commune des imprimés est *Lam-*

musulmanes, la forme tout à fait corrompue de *Lâghman*[1]. Les 600 li que l'itinéraire de Hiouen-thsang compte depuis Kapiça jusqu'à *Lan-po* (Lampâka) supposent, si le point de départ est le territoire de Nidjraoû, comme nous l'avons pensé, que le voyageur aura fait un assez long détour dans l'intérieur du pays. Aucun indice particulier ne nous renseigne sur le site de la capitale du Lan-po, si ce n'est ce qui est dit «que de cette ville Hiouen-thsang fit une centaine de li dans la direction du sud-est pour arriver à Na-kie-lo-ho (dont nous allons reconnaître la situation), après avoir franchi une passe de montagne et traversé une grande rivière.» Ces circonstances de l'itinéraire ne semblent pouvoir se rapporter qu'à *Mandrâour*[2], dans l'angle occidental que forment à leur jonction la rivière d'Alîngâr et le Kophès ou rivière de Kaboul. La rivière traversée est le Kophès, et la passe de montagne peut être la remarquable coupure que forme la chaîne des Montagnes noires (le Siâh-kôh) au point où elle livre passage à la rivière de Kaboul, qui s'échappe ici de la vallée de Lâghman pour entrer dans la plaine de Djellâlabad[3].

batæ, altération qui s'explique par la facile confusion du T et du Γ dans l'écriture onciale des anciens manuscrits.

[1] Baber, dont les Mémoires renferment une excellente description de ces contrées, écrit moins incorrectement *Lamghân*. Le Lamghân proprement dit se compose, au rapport du royal auteur (p. 142), des trois toumâns ou districts d'Alichèng, d'Alîngâr et de Mendrâour, c'est-à-dire du bassin des deux rivières d'Alîngâr et d'Alichèng, dont les eaux réunies vont se jeter dans la rivière de Kaboul au-dessous de Mendrâour. M. Charles Masson est, jusqu'à présent, le seul voyageur qui ait visité les vallées du Lâghman. (*Journeys in Balochistan*, etc. vol. III, p. 285 et suiv. Comp. Elphinstone, *Caubul*, p. 98, in-4°.)

[2] M. Masson (*Journeys*, t. III, p. 195) écrit *Mandarávar*.

[3] Masson, *loco cit.* p. 285. Cet actif et heureux explorateur a suivi sur ce point précisément la même ligne que Hiouen-thsang, mais en sens inverse.

Na-kie-lo-ho, où Hiouen-thsang arrive en quittant le Lampâka, a été reconnu depuis longtemps dans la *Nanghenhar* ou *Nanghéhar* de Baber et des Chroniques musulmanes[1]; mais cette identification incontestable demande à être mieux précisée qu'elle ne l'a été jusqu'à présent.

On a cherché le site de *Na-kie-lo-ho* sur le Sourkh-roûd inférieur, près du village actuel de Balabâgh, à 13 milles à l'ouest de la ville moderne de Djellâlabad[2]; il y a là une erreur que l'étude attentive de l'itinéraire de Hiouen-thsang suffira seule à rectifier.

Remarquons d'abord que dans Baber (au commencement du xvie siècle), non plus que dans les relations d'une date plus moderne, *Nanghenhar* n'est pas le nom d'une ville, mais bien de la province[3]. A l'époque de Baber, ainsi que dans les temps antérieurs, la ville capitale de Nanghenhar était *Adinapour*, en sanscrit *Oudyânapoura* «la ville du Jardin»; mais, par un usage très-ordinaire, on donnait aussi à la ville le nom de la province. Cet usage d'un double nom est très-ancien; car nous en pouvons suivre la trace jusqu'à des temps antérieurs à notre ère. En sanscrit, la dénomination locale de *Nanghenhar* avait pris la forme de *Nagarahâra*, que mentionne

---

[1] Benfey, *Indien*, p. 108.
[2] *Idem, ibidem;* Lassen, *Zur Geschichte der griechen und indoskyth. Kœnige*, p. 147, 1838.
[3] Baber's *Memoirs*, p. 141; *Ayeen Akb.* vol. II, p. 165, in-8°; Elphinstone, *Caubul*, p. 120; Wood, *Journey to the riv. Oxus*, p. 166; etc. Ce qui paraît prouver que le nom appartient bien originairement au territoire, c'est sa dérivation étymologique très-vraisemblable; *Nanghenhar* (qui se prononce aussi *Nangnéhar*) signifie en pouchtou les *Neuf-Rivières* (Elphinstone, p. 120); et on compte en effet dans le district neuf cours d'eau principaux qui vont se réunir à la rivière de Kaboul. (Baber's *Memoirs*, p. 142; comp. Mac-Gregor, *Geographical Notice of the Valley of Jullalabad*, dans le *Journal of the As. Soc. of. Bengal*, 1844, p. 869.)

la géographie pouranique [1] et qui se lit aussi dans une inscription bouddhique du Béhar [2]; c'est cette forme sanscrite, ou sa prononciation vulgaire *Nékerhâr*, usitée, dit Baber, dans beaucoup d'histoires [3], que reproduit le *Na-kie-lo-ho* de Hiouen-thsang [4]. La Ναγάρα que Ptolémée place dans ces cantons [5] est indubitablement la *Nagarahâra* sanscrite, comme l'a bien pensé M. Lassen [6]; et quand le géographe alexandrin dit que cette ville de Nagara était aussi nommée *Dionysopolis*, ἡ καὶ Διονυσόπολις, on ne peut guère méconnaître dans ce dernier nom une altération singulière du nom local *Oudyânapoura*, altération que la complaisante imagination des Grecs avait tirée tout à la fois et d'une certaine analogie dans les sons, et des légendes rapportées de ces contrées du Paropanisus par les compagnons d'Alexandre. Le nom tronqué de *Dionysopolis* se lit sur une médaille de Dionysios, un des rois grecs qui ont possédé les provinces de l'Afghanistan actuel au IIe siècle avant l'ère chrétienne [7].

Voilà pour la synonymie; nous arrivons maintenant à l'emplacement.

L'*Adinapour* de Baber était sur les bords du Sourkh-roûd, à quelque distance au-dessus de l'embouchure de ce cours

---

[1] *Brahmânda Pourâna* cité par Wilford, *Asiat. Res.* t. VIII, p. 243.
[2] *Journal of the Asiatic Society of Bengal*, 1848, p. 494 et 499. Le major Kittoe, dans ses remarques sur cette inscription (p. 496), croit pouvoir la rapporter au IXe siècle.
[3] Baber, p. 141.
[4] Dans les Annales des Song (960-1278), le nom se trouve écrit *Nan-'go-lo-ho-lo*, qui rend exactement le *Nanghenhar* ou *Nangherhar* afghan. Dans Fa-hian, au contraire (*Foe-kouc-ki*, p. 85), le mot est fautivement contracté en *Na-kie*.
[5] Lib. VII, c. 1, § 43.
[6] *Zur Geschichte*, etc. p. 139, et *Ind. Alterth.* t. II, p. 335.
[7] Lassen, *Indische Alterth.* t. II, p. 335, et Append. p. xxv.

d'eau dans la rivière de Kaboul[1]; M. Masson en a reconnu les restes, assez peu remarquables, près du village de Balabâgh, à 13 milles anglais environ à l'ouest de Djellâlabad[2]. Cependant cette position ne saurait convenir à la *Na-kie-lo-ho* (Nagarahâra) du voyageur.

Nous avons à cet égard une indication précise.

Hiouen-thsang nous dit qu'à 30 li dans le sud-est de *Na-kie-lo-ho*, on arrivait à une ville appelée *Hi-lo*, près de laquelle il y avait plusieurs *Stoûpas* où étaient déposés les os du crâne du Bouddha Çâkyamouni et d'autres reliques vénérées. La ville de Hi-lo était en grand renom de sainteté dans tout le nord-ouest de l'Inde, et c'était un grand but de pèlerinage. Fa-hian, qui mentionne aussi cette place[3], la met à 1 yôdjana de Na-kie, ce qui revient assez exactement aux 30 li de Hiouen-thsang (un peu plus de 2 lieues). Or, Hi-lo existe encore; c'est le village de *Hidda*[4], une des localités de la plaine de Djellâlabad les plus riches en topes et en antiquités bouddhiques[5]. Mais Hidda, située à environ 5 milles anglais vers

---

[1] Baber's *Memoirs*, p. 142.
[2] *Various Journeys*, vol. III, p. 186.
[3] *Foe-koue-ki*, p. 85 sq.
[4] Le nom de *Hidda* s'écrivait sûrement avec le ḍ cérébral de l'alphabet sanscrit, dont la prononciation se rapproche beaucoup de l'r (comme *Drâviḍa* pour *Drâvira*, *Gaouḍa* pour *Gaoura*, etc.), ce qui explique la transcription chinoise, dont la correspondance régulière serait *Hira*.
[5] Le docteur Honigberger, vers la fin de 1833, et, quelques mois plus tard, M. Charles Masson, ont fait des fouilles dans les topes de Hidda. (Voyez la Notice de M. Jacquet sur les découvertes archéologiques faites dans l'Afghanistan par le docteur Honigberger, *Nouveau Journal asiatique*, t. VII, 1839, p. 338 et suiv. C. Masson, *Various Journeys*, vol. III, p. 254 et suiv. Wilson, *Ariana antiqua*, p. 43 et p. 105 et suiv.) L'identité de *Hidda* avec le *Hi-lo* des relations chinoises n'avait pas échappé à la sagacité de Jacquet (*loco cit.* p. 386, note); malheureusement, la mort prématurée qui vint interrompre les nombreux travaux de ce jeune orientaliste ne lui permit pas d'aborder ce point de

le sud de Djellâlabad[1], se trouve à 14 ou 15 milles au sud-est de Balabâgh (site de l'*Adinapour* de Baber, sur le Sourkh-roûd), ce qui équivaut à plus de 65 li chinois au lieu de 30. La sainteté du lieu le recommandait d'une manière trop spéciale à l'attention du pèlerin bouddhiste, et la distance était d'ailleurs trop faible, pour que l'on puisse admettre une erreur de plus de moitié dans les mesures indiquées par Hiouen-thsang, et avant lui par Fa-hian.

Évidemment il nous faut trouver pour l'ancienne Nagarahâra (*Na-kie-lo-ho*) un autre site que l'*Adinapour* du temps de Baber, quoique cette dernière place conservât l'antique dénomination d'*Oudyânapoura*, qui avait aussi appartenu à Nagarahâra.

Ce site, nous ne le chercherons pas à Djellâlabad (capitale actuelle de la province), dont la fondation ne date que de 1570[2]. Dans ces contrées, les métropoles se succèdent et se remplacent aisément. De même que la fondation de Djellâlabad a dû précipiter la ruine de l'Adinapour du Sourkh-roûd, celle-ci aura sans doute plus anciennement succédé à l'Oudyânapour ou Nagarahâra visitée par Hiouen-thsang au VIIe siècle, et qui probablement avait été détruite dans une des invasions musulmanes. L'emplacement que nous cherchons est d'ailleurs parfaitement indiqué par l'examen des localités.

A moins de 2 milles anglais à l'ouest de Djellâlabad, sur un ruisseau qui se perd un peu plus bas dans la rivière de

---

géographie comparée, non plus que beaucoup d'autres qu'il avait entrevus, avec les développements qu'il s'était promis d'y apporter.

[1] Masson, dans l'*Ariana antiqua*, p. 105.

[2] Les détails en sont rapportés par M. Mac-Gregor dans sa Notice géographique sur la vallée de Djellâlabad (*Journal of the As. Soc. of Bengal*, vol. XIII, 1844, p. 874).

Kaboul, le nom de *Bégrâm*, qui dans toute l'étendue du bassin du Kophès s'applique à différents sites de villes ruinées, dénote l'existence d'une ancienne cité[1]. Au rapport de M. Masson, qui a examiné et fouillé tout ce territoire, la tradition locale affirme qu'il y a eu là autrefois une ville du nom d'*Adjoûna*, souvenir confus de l'*Oudyâna* des anciens temps. Le lieu est à 2 lieues environ au nord-est de Hidda, précisément les 30 li de notre itinéraire, et un village contigu y garde encore le nom de l'ancienne cité dans sa dénomination actuelle de *Nagarak*[2]. Il n'est pas permis de conserver le moindre doute sur l'exactitude de cet emplacement de *Nagarahâra*.

De *Na-kie-lo-ho* (Nagarahâra), Hiouen-thsang fait environ 500 li dans la direction du sud-est pour arriver à *Pou-lou-cha-pou-lo*, grande ville de 40 li de circuit (3 lieues), capitale du royaume de *Kien-tho-lo*, c'est-à-dire du *Gandhâra*. *Pou-lou-cha-pou-lo* est la transcription exacte de *Pouroucha-poura*[3], nom sanscrit de la ville de *Peïchavèr*, à 3 lieues au

[1] Masson, *Various Journeys*, vol. III, p. 164; et sur l'application multiple du nom de *Bégrâm*, ibid. p. 165 et suiv. La même dénomination se rencontre dans le haut Pendjab. (*Journal of the Asiatic Society of Bengal*, vol. V, 1836, p. 471.)

[2] On peut voir l'esquisse archéologique des environs de Djellâlabad par M. Masson, dans l'*Ariana antiqua* de M. Wilson (p. 118). Ajoutons que la dénomination de *jardin*, exprimée par l'*Oudyâna* sanscrit, est restée commune dans les environs. Tout près de la Bégrâm de Djellâlabad et du village de Nagrak, un lieu est encore nommé *Tcharbâgh* « le Grand Jardin », de même que *Balabâgh* a succédé à l'Adinapour du Sourkh-road, où l'empereur Baber avait fait planter un vaste jardin (*tcharbâgh*) qu'il nomma *Baghi-Vafâ* « le Jardin de la Fidélité ». (*Memoirs*, p. 141; cp. Masson, *Various Journeys*, t. I, 181.) Le nom ici est en quelque sorte de tradition.

[3] Dans la relation de Fa-hian, le nom est transcrit *Foe-leou-cha*. (*Foe-koue-ki*, p. 76.) Abel-Rémusat (*ibid.* p. 78) croyait y reconnaître « la plus ancienne mention du nom des Béloutches », erreur signalée depuis longtemps par

sud de la rivière de Kaboul, ou, moins incorrectement, *Perchavèr*, comme écrivent les plus anciens auteurs musulmans[1]. Les 500 li de Hiouen-thsang répondent à 37 de nos lieues communes de 25 au degré[2]. La distance mesurée au perambulator, telle que la donne la carte de Walker, est de 103 milles anglais, qui font exactement 37 lieues françaises. Le pays de *Gandhâra*, célébré dès les premiers âges de l'antiquité indienne, était plus vaste qu'aucun de ceux que le voyageur a déjà traversés depuis son passage au sud de l'Hindou-kôh; il embrassait le territoire qui s'étend, principalement au nord du Kophès, depuis le Sindh jusqu'à la grande rivière de Kounèr, ou même jusqu'aux hauteurs qui séparent la vallée inférieure de cette rivière de celle de l'Alingar. Le Gandhâra avait été un des centres les plus florissants du bouddhisme, et un nombre immense de *Stoûpas* et de *Vihâras* ou couvents y avait témoigné du zèle religieux d'Açôka et de quelques-uns de ses successeurs[3]; mais au temps de notre voyageur la plupart de ces monuments et de ces pieuses retraites n'offraient plus que des ruines. Un des plus grands

M. Wilson dans son analyse critique de l'itinéraire de Fa-hian (*Journal of Royal Asiatic Soc.* vol. V, 1839, p. 118).

[1] Baber (*Memoirs*, p. 157, 264, 292, etc.) désigne habituellement Peïchavèr sous le nom de *Béghram*. Dans l'*Ayïn-Akbéri* (vol. II, p. 165, in-8°), la dénomination de *Béghram* (ou, plus correctement, *Bégrâm*) est appliquée au district dont Peïchavèr est la capitale. Sur le nom de *Bégrâm*, voyez Masson, *Various Journeys,* vol. III, p. 165, et notre remarque de la page précédente.

[2] Fa-hian (*Foe-koue-ki*, p. 85) marque 16 yeou-yan (yôdjana) entre *Foe-leou-cha* (Pouroucha) et *Hi-lo* (Hidda). 16 yôdjanas font 64 kôs; et comme le kôs de ces provinces du nord-ouest peut s'évaluer à 40 au degré environ, le chiffre de Fa-hian se trouve à très-peu près identique à celui de Hiouen-thsang.

[3] C'est dans le pays de Gandhâra qu'a été trouvée l'inscription de Kapourdighiri, une de celles que le roi Açôka, au milieu du IIIe siècle avant l'ère chrétienne, fit graver simultanément en diverses parties de son empire, sur des colonnes ou sur des rochers.

Stoûpas de cette partie de l'Inde avait été élevé, ainsi qu'un vaste *Vihâra*, à moins d'une lieue (8 ou 9 li) vers le sud-est de Pourouchapoura [1], par le roi Kanichka, dont la conversion au bouddhisme fut marquée par le zèle ardent d'un néophyte [2].

Du couvent de Kanichka aux portes de Pourouchapoura, le voyageur se dirige au nord-est; il passe un grand fleuve (la rivière de Kaboul), et, après une marche de 50 li environ (moins de 4 lieues), il arrive à une autre ville nommée *Pou-se-kia-lo-fa-ti*. C'est Pouchkalavatî, une des plus anciennes cités du Gandhâra, mentionnée aussi par les historiens des marches d'Alexandre sous le nom de *Peukélaôtis*. Le nom a depuis longtemps disparu de la nomenclature locale, et l'emplacement de l'antique cité n'est plus connu. La distance et la direction notées par l'itinéraire de Hiouen-thsang nous portent à la *Nicetta* ou *Nisattha* des cartes anglaises, lieu situé sur la rive gauche ou septentrionale de la rivière de Kaboul, un peu au-dessous du confluent de la Landî ou rivière de Svat, position qui s'accorderait assez avec les indications des historiens d'Alexandre [3]. Nous ne donnons pas, cependant, cette identification comme positive, mais seulement comme une approximation qui ne saurait s'éloigner beaucoup de la vérité.

[1] Au lieu de 8 ou 9 li, le texte de Hoeï-li (p. 83) porte fautivement 80 ou 90 li.

[2] Voyez ci-dessus, p. 300. Le couvent de Kanichka, visité par Hiouen-thsang, et, avant lui, par Fa-hian (*Foe-koue-ki*, p. 77), est mentionné dans une inscription du Béhar déjà citée (ci-dessus, p. 303, note 2). Il est aussi mentionné comme existant par Abou-Rihân-Albiroûni, qui vivait dans le Gandhâra au commencement du XIe siècle. (Voyez les *Fragments arabes et persans relatifs à l'Inde,* publiés par M. Reinaud, Paris, 1845, in-8°, p. 149.)

[3] La position de Haschtnagar, à un peu plus de 2 lieues vers le nord-ouest de Nisattha, a été proposée pour le site de *Peukélaôtis*; et on y voit en effet des ruines considérables, *vast ruins,* dit M. Court (*Journal of the Asiatic Society of*

Le pays de Gandhâra, malgré l'état de désolation où les invasions étrangères l'avaient réduit, offrait encore une foule de localités que la curiosité de notre pieux pèlerin ne pouvait négliger; aussi la relation originale y indique-t-elle un assez grand nombre de courses en diverses directions, qui toutes avaient pour but ou des monuments religieux, ou des lieux consacrés par des légendes. Malheureusement nous sommes ici sur un terrain dont l'exploration archéologique est à peine entamée. En nous guidant néanmoins sur la carte récente qui accompagne le *Ladâk* de M. Al. Cunningham [1], nous y pouvons reconnaître l'exactitude générale du journal de Hiouen-thsang. Un lieu nommé *Po-lou-cha*, à 250 li (19 lieues) de Pouchkalavatî, nous paraît devoir répondre au *Barotch* de la carte de Cunningham, à la même distance environ dans le nord-est de Nisattha. Il est vrai que la direction n'est pas d'accord avec le *Si-yu-ki*, dont le texte semblerait devoir nous porter vers l'est ou le sud-est, et non dans le nord-est de *Pou-se-kia-lo-fa-ti*, c'est-à-dire vers le confluent de la rivière de Kaboul et du Sindh; mais ce qui montre avec évidence qu'en ce point le texte est fautif, c'est que l'itinéraire marque ensuite 50 li au nord-est (moins de 4 lieues) de Po-lou-cha jusqu'à un temple consacré à Mahê-

---

Bengal, vol. V, 1836, p. 394; comp. p. 479). Mais, pour que cette position de Pouchkalavatî puisse se concilier avec les données précises de notre itinéraire, il faudrait admettre que l'enceinte de la vieille cité s'étendait jusqu'aux approches de Nisattha, où il y a aussi des vestiges d'antiquité. Toutes ces localités demandent à être examinées. (Comp. Raverty, dans les *Transact. of Bombay Geogr. Soc.* vol. X, 1851, p. 28, et notre premier Mémoire *sur la géographie grecque et latine de l'Inde*, p. 36 et suiv.)

[1] Les cartes de M. Court, données dans le vol. V, 1836, p. 468, et dans le vol. VIII, 1839, p. 304, du *Journal of the Asiatic Society of Bengal*, ne sont que des esquisses, encore intéressantes à consulter, cependant, pour la nomenclature.

çvara, et 150 li (11 lieues) de ce temple en se portant *au sud-est* vers Ou-to-kia-han-t'cha, sur le Sindh, ville dont le site est parfaitement déterminé, ainsi qu'on va le voir. Or, ces deux dernières indications, absolument incompatibles avec l'emplacement de Po-lou-cha vers l'est ou le sud-est de Pouchkalavatî, se lient au contraire de la manière la plus exacte avec la position de Barotch.

L'identification d'*Ou-to-kia-han-t'cha*, place que nous venons de mentionner, est d'un plus grand intérêt. La méthode de transcription établie par M. Stanislas Julien sur des règles fixes et rigoureuses ramène ce groupe chinois à la forme sanscrite *Outakhanda*. Le nom a été identifié avec *Attok*[1]; mais des raisons très-fortes, ou pour mieux dire absolument décisives, s'élèvent contre cette identification, malgré la convenance partielle des noms. Ce n'est pas seulement parce que les historiens attribuent expressément la fondation d'Attok au célèbre Akbar (de 1570 à 1581), car il est assez fréquent que la restauration ou l'agrandissement d'une place déjà existante ait été qualifié de fondation ; mais d'une part on ne trouve aucun indice antérieur de l'existence d'une ville sur ce point du fleuve, ni dans les historiens d'Alexandre, ni dans les Mémoires de Baber ; et d'autre part, les indications fournies par les anciens auteurs musulmans prouvent avec évidence que la ville d'*Outakhanda*, qui fut pendant longtemps la capitale du Gandhâra, était en effet située au-dessus de l'emplacement d'Attok, sur la rive droite ou occidentale du fleuve, tandis qu'Attok est sur la rive orientale. Le témoignage d'Albiroûni, historien du commencement du XI° siècle, dont M. Reinaud a publié d'intéressants extraits,

---

[1] Benfey, *Indien*, p. 115; Bœhtlingk, dans la préface de son édition de Pânini, p. IX; Lassen, *Ind. Alterthumsk.* t. II, p. 472.

est formel à cet égard[1]. Le texte de l'auteur arabe porte *Ouayhend;* mais il suffit du déplacement d'un des points qui dans l'écriture arabe marquent la prononciation, pour ramener le nom à sa véritable forme, *Outakhanda,* donnée par Hiouen-thsang, quoiqu'il soit bien possible, après tout, que la leçon *Ouayhend* représente une prononciation altérée qui aurait remplacé la forme classique. A ces informations fournies par les auteurs, viennent d'ailleurs se joindre les indices non moins décisifs qui se tirent de l'examen du local. A 7 lieues environ au-dessus d'Attok, sur la rive occidentale du Sindh, il existe un village dont le nom d'*Ohind* rappelle immédiatement à l'esprit l'*Ouayhend* d'Albiroûni[2]. Ce village est sur la rive droite ou occidentale du Sindh, au-dessus des rapides d'Attok, à 7 lieues environ plus haut sur le fleuve que cette dernière place. Tout y révèle le site d'une ville considérable. M. Alex. Cunningham, que nous avons cité dans la note précédente, dit expressément qu'Ohind est une des plus anciennes places du pays[3]; M. Court, qui avait visité le site douze ans avant l'archéologue anglais, avait déjà exprimé une opinion analogue. « Les ruines de Hound, dit-il dans son Mémoire sur les marches d'Alexandre[4], sont extrême-

---

[1] *Fragments arabes et persans inédits relatifs à l'Inde,* p. 114; et du même savant, *Mémoire sur l'Inde antérieurement au XIe siècle,* p. 276 et suiv.

[2] *Ohind* paraît bien être le véritable nom actuel de cette localité. C'est celui que donnent les notes et la carte de M. Al. Cunningham, qui a visité en 1847 cette partie du cours du Sindh; c'était aussi, avec une légère variation (*Ouhind*), l'orthographe de la carte persane suivie par Rennell dans la construction de la carte du Pendjab qui accompagne son Mémoire sur l'Inde. D'autres relations ont employé une forme moins fidèle. M. Court, dans ses mémoires et dans ses cartes, écrit *Hound;* d'autres cartes anglaises, *Hund* (pour *Hend* ou *Hand*).

[3] *Journal of the As. Soc. of Bengal,* vol. XVII, 1848, p. 130.

[4] *Ibid.* vol. V, 1836, p. 395; ou dans le *Nouveau Journal asiatique* (où le

ment frappantes; on y trouve des blocs de marbre avec des inscriptions dont les caractères sont inconnus aux habitants. » Une copie de deux de ces inscriptions fut apportée à Burnes, lors de son second voyage, en 1837; et James Prinsep, à qui ces copies furent envoyées, a cru pouvoir, d'après la forme des caractères sanscrits, les attribuer au VIIe ou au VIIIe siècle. Les inscriptions se rapportent à une victoire qui avait été remportée sur les Tourouchka, c'est-à-dire, selon toute probabilité, sur quelque tribu turque des montagnes du nord[1]. Le nom de la ville ne s'y trouve pas; mais des recherches plus étendues le feront sûrement connaître sous sa vieille forme sanscrite. En attendant, nous avons tout lieu de croire que la transcription de Hiouen-thsang, restituée en *Outakhanda*, la reproduit exactement; et il n'est pas non plus douteux que le site de cette vieille capitale du Gandhâra ne se retrouve dans l'*Ohind* actuel.

A 20 li (1 lieue et demie) vers le nord-est d'*Ou-ta-kia-han-t'cha* (Outakhanda), un lieu que la relation de Hiouen-thsang nomme *Po-lo-tou-lo* était célèbre pour avoir vu naître Pânini (*Po-ni-ni*), le législateur de la langue sanscrite. La véritable forme de ce nom, que les commentateurs de l'ouvrage de Pânini nous ont fait connaître, est *Çalâtoura*[2].

Avant de traverser le Sindh et d'entrer dans l'Inde proprement dite, Hiouen-thsang visite encore plusieurs contrées situées à l'occident du fleuve, au-dessus (c'est-à-dire au nord) du Gandhâra. Une marche de 600 li (plus de 40 lieues),

mémoire est imprimé en français, avec des notes de Jacquet), t. IV, 1837, p. 393.

[1] Al. Burnes, *Cabool*, p. 120 et suiv.

[2] Bœhtlingk, préface de son édition de Pânini, p. IX. Pânini était contemporain de l'expédition d'Alexandre dans l'Inde. (Lassen, *Indische Alterthumsk.* t. II, p. 475.)

partie en remontant la vallée de l'Indus, partie en traversant une longue suite de montagnes et de vallées, le conduit d'abord au royaume d'*Oudyâna*, nom sanscrit [1] dont la transcription chinoise, dans le *Si-yu-ki*, est *Ou-tchang-na* [2]. Cette marche du voyageur nous conduit au milieu des vallées alpestres qui couvrent au nord les plaines de Haschtnagar, et au-dessus desquelles s'élèvent les cimes neigeuses de l'Hindou-kôh. Ces vallées, ainsi que la plaine inférieure, sont aujourd'hui occupées par les belliqueuses tribus des Yâzofzaïs [3]. Le nom d'*Oudyâna*, comme celui de *Gandhâra*, a disparu depuis longtemps de l'usage et de la tradition. La rivière *Sou-p'o-fa-sou-tou*, qui arrosait le pays d'Ou-tchang-na, est le sanscrit *Çoubhavastou*, et désigne la rivière de *Svat* de nos

---

[1] Qui signifie *le jardin, le parc,* sans doute par allusion à la beauté de ces fraîches vallées.

[2] Fa-hian écrit moins correctement *Ou-tchang* (*Foe-koue-ki,* p. 45). Abel-Rémusat, dans son commentaire sur ce chapitre de la relation de Fa-hian, a réuni une suite intéressante de notices chinoises de différentes époques sur le pays d'Oudyâna.

[3] Malgré la forme demi-musulmane et demi-juive du nom des Yâzofzaïs (*Youzouf,* ou *Yâzof,* est la forme orientale du nom de *Joseph,* et *zaïs* est un mot afghan qui signifie *tribu*), nous ne serions pas éloigné de reconnaître, sous cette transformation moderne, un nom jadis célèbre dans ce canton, celui des *Açvakas* « les Cavaliers », nom que les Grecs ont parfois traduit en Ἱππάσιοι, et d'autres fois changé en Ἀσπάσιοι et en Ἀσσακηνοί, l'ethnique sanscrit prenant lui-même, dans l'usage vulgaire, la forme adoucie *Assaka*. Le nom de *Yâzof* n'est pas plus éloigné d'*Açva,* que celui d'*Afghans,* avec une acception plus générale, ne diffère d'*Açvaka*. Ces altérations multiples se seront introduites d'autant plus aisément dans l'usage vulgaire, que le nom d'*Açvaka,* d'où elles sont toutes sorties, n'était lui-même qu'une appellation indienne étrangère aux tribus indigènes, celles-ci ne reconnaissant d'autre nom national que celui de *Paktou* ou *Pouhtoûn*, qui fut connu en Perse cinq cents ans avant notre ère, après le voyage de Scylax et l'expédition de Darius, puisqu'on le trouve déjà dans Hérodote sous la forme exactement transcrite de Πακτυϊκή.

cartes actuelles, ou du moins une de ses branches supérieures. Le Çoubhavastou (nom qui, par une contraction usuelle, devient Soubhastou) figure aussi dans les documents grecs postérieurs à l'expédition d'Alexandre, sous la double forme de Soastos et Souastos[1].

Le royaume d'Ou-tchang-na (Oudyâna) avait une étendue considérable. Hiouen-thsang lui donne 5,000 li de tour (370 lieues). Ce n'était, dit notre auteur, qu'une succession de plaines et de vallées, de rivières et de montagnes, où la production des grains était médiocre, mais qui se couvraient partout de belles forêts, de fleurs et de fruits. De là sûrement l'appellation sanscrite d'*Oudyâna* « le Jardin » appliquée à cette région dès les plus anciens temps[2]. Les deux rives du fleuve *Sou-p'o-fa-sou-tou* (Çoubhavastou) avaient été autrefois couvertes d'un nombre immense de couvents bouddhiques, dont notre voyageur ne trouva plus que les ruines. On comptait dans le pays quatre ou cinq villes fortifiées; *Mong-kie-li* était celle où les rois faisaient leur résidence la plus habituelle.

L'exactitude de cette relation est confirmée par ce que l'on sait aujourd'hui du pays traversé par la rivière de Svat. Au rapport du seul Européen qui nous en ait donné, jusqu'à présent, quelques notions un peu circonstanciées, on y voit encore de nombreux restes de pyramides et de coupoles bouddhiques[3]. *Mong-kie-li* se retrouve dans *Manglavor* (en sanscrit *Mañgala-poura*, nom commun dans la nomenclature géo-

---

[1] Arrian. *Ind.* c. 11; Ptol. VII, 1. Dans la relation de Fa-hian, la vallée du Soubhastou, ou rivière de Svat, est spécialement désignée sous le nom de pays de *Sou-ho-to* (*Foe-koue-ki*, p. 64), qui répond à la *Souastène* de Ptolémée.

[2] On la trouve déjà dans les *itihasas* du *Mahâbhârata*. (Lassen, *Indische Alterth.* t. I, p. 587.)

[3] Court, *Journal of the As. Soc. of Bengal*, vol. VIII, 1839, p. 311 et suiv.

graphique de l'Inde), ville située près de la rive gauche de la rivière de Svat, et qui a été longtemps, au rapport des indigènes, la capitale du pays. L'explorateur qui pourra étudier ces localités son Hiouen-thsang à la main, y retrouvera sûrement encore quelques-uns des *Stoûpas* que le pèlerin bouddhiste mentionne aux environs de la ville. Il faudra rechercher aussi, en remontant aux sources de la rivière de Svat que notre relation met à 250 ou 260 li (moins de 20 lieues) au nord-est de Mong-kie-li, si quelque tradition locale rappelle la légende du dragon Apalâla, gardien de ces sources. Toute la région du Kophès, de même que les hautes terres du Pendjab, était autrefois remplie de légendes où se perpétuait le souvenir du culte des serpents, dont le bouddhisme n'avait pu effacer les traces [1].

Le mont *Lan-po-lou*, théâtre d'une de ces légendes, à 450 li dans le nord-est de Mong-kie-li, se retrouve sûrement dans les montagnes de *Laspoûr* [2] que les informations récentes nous indiquent entre la rivière de Tchitral et la vallée de la Tal. Dans cette dernière vallée, un lieu du nom d'*Outchan*, qui est encore un but de pèlerinage pour les Hindous du nord-ouest [3], indique qu'une ville de ces hautes vallées a dû autrefois porter comme le pays le nom d'*Oudyâna*. On serait tenté d'identifier cette vallée de la *Tal* avec la vallée de *Ta-li-lo*, où Hiouen-thsang arrive après avoir fait environ 1,000 li depuis Mong-kie-li, et où avait été autrefois,

[1] Il y a dans Strabon (livre XV, p. 698, t. V, p. 36 de la trad. franç.) un passage curieux emprunté aux Mémoires d'Onésicrite, un des compagnons d'Alexandre, qui rappelle tout à fait les légendes recueillies par Hiouen-thsang. (Conf. Lassen, *Ind. Alterth.* t. I, p. 706.)

[2] Le *Laspissor* de la carte de Court (*Journal of the Asiatic Society of Bengal*, VIII, p. 312).

[3] Court, *loco cit.*

dit-il, la résidence des rois d'Oudyâna, si les circonstances de la route notées par l'itinéraire ne semblaient plutôt devoir nous porter sur l'Indus même. Dans ce cas, la vallée de Ta-li-lo pourrait se retrouver, comme l'a pensé M. Alexandre Cunningham [1], dans le territoire de *Darèl*, un des cantons du pays de Darda que le Sindh traverse. Le royaume de *Po-lou-lo*, au-dessus de Ta-li-lo vers l'est, est le pays de *Bolor* ou *Balti*[2], qui confine au nord-est du pays de Darda, et qui a pour capitale la ville de Skardo.

Il est, au reste, aisé de voir que nous marchons ici sur un terrain moins ferme. En même temps que pour un pays reculé, où il n'est même pas bien sûr que Hiouen-thsang ait pénétré de sa personne [3], la relation devient plus concise et les indications plus vagues, les informations modernes nous font aussi défaut. Les notions que nous possédons sur les hautes vallées du pays des *Yâzofzaïs* (l'Oudyâna), aussi bien que sur la partie correspondante de la vallée du Sindh, sont des plus restreintes. Nous ne pouvons prétendre ici à rien de plus qu'à des indications sommaires et à des approximations. Mais, en franchissant le Sindh pour entrer dans le Pendjab, notre marche va bientôt devenir aussi assurée et nos identifications aussi certaines qu'elles l'ont été jusqu'à la cité d'Outakhanda.

[1] *Journal of the Asiatic Society of Bengal*, vol. XVII, 1848, p. 19. L'auteur a répété cette opinion dans son récent ouvrage (*Ladák*, p. 2, London, 1854, in-8°).

[2] Les deux noms sont synonymes. (Al. Cunningham, *Ladák*, p. 46 et suiv.

[3] Hoeï-li ne mentionne pas l'excursion du pays de Ta-li-lo au royaume de Bolor. (Voyez la page 88.)

§ 5. — Depuis le Sindh jusqu'à Mathourâ.

Revenu à *Ou-ta-kia-han-t'cha* (Outakhanda) après son excursion aux pays d'Oudyâna et de Bolor, Hiouen-thsang passe le Sindh à Outakhanda même (qui est, au rapport de M. Alex. Cunningham[1], un des principaux gués du fleuve, *capital ferry*), et il arrive à la ville de *Ta-tcha-chi-lo*, la *Takchaçilâ* des sources sanscrites[2], la *Taxila* des historiens d'Alexandre.

La détermination précise du site de *Taxila* est restée jusqu'à présent un des *desiderata* de l'ancienne géographie du nord de l'Inde. On voit clairement par les textes, soit indiens, soit étrangers, que la cité de *Takchaçilâ*, dont la fondation remonte à une époque très-ancienne, devait être située entre le Sindh et la *Vitastâ* (le Djélam), à peu près à la hauteur du confluent de la rivière de Kaboul; mais, parmi les nombreux sites de cette partie du Pendjab où l'on trouve des ruines, les explorateurs n'ont pas encore découvert une seule inscription qui puisse faire reconnaître avec certitude l'emplacement de la vieille cité. Il est vrai que jusqu'ici les recherches ont été plutôt accidentelles que régulières, et qu'elles sont loin d'avoir embrassé dans toute son étendue le champ où elles devraient s'étendre. Maintenant que l'ancien royaume de Taxila est devenu un territoire anglais, il est à espérer que les investigations archéologiques y seront reprises avec plus d'ensemble, et qu'il en sortira des résul-

---

[1] *Journal of the As. Soc. of Bengal*, vol. XVII, 1848, p. 130.
[2] Dans la langue parlée, le nom prenait la forme de *Takkasila*; l'inscription d'Açôka à Dhaouli porte *Takhasila*. La forme palie, dans les livres de Ceylan, est *Taksala* (*Radjavali*, dans la collection d'Upham, vol. II, p. 146), ce qui revient exactement au *Taxila* des Grecs.

tats importants pour l'histoire et pour la géographie des anciens temps.

L'itinéraire de Hiouen-thsang, qui plus d'une fois nous a mis à même de rectifier ou de préciser les autres indications, ne nous fournit ici, malheureusement, aucune lumière. Le journal se borne à dire que, « après avoir passé le fleuve, on arrive au royaume de *Ta-tcha-chi-lo* », sans marquer ni direction ni distance. La phrase de Hiouen-thsang implique le voisinage du fleuve, rien de plus. La mention de Fa-hian, deux cent trente et un ans avant notre voyageur, est encore plus vague [1]. De tous les documents anciens, un seul apporte dans la question un élément d'un caractère un peu précis; il est dû à l'expédition d'Alexandre, et c'est Pline qui nous l'a conservé. Les *mensores* qui accompagnaient l'armée macédonienne, chargés de déterminer l'étendue exacte et la situation des pays où pénétrait l'expédition, avaient mesuré la route suivie par le corps principal que conduisait Alexandre jusqu'aux bords de l'Hyphasis (*Vipâçâ*, aujourd'hui le *Bïas*), où il s'arrêta. Nous ignorons par quel moyen les ingénieurs macédoniens procédaient à leur opération [2]; mais les portions que nous en pouvons vérifier nous montrent qu'elle avait été faite avec soin, et que les résultats en étaient sinon rigoureux, du moins d'une exactitude satisfaisante, eu égard à l'immense étendue des espaces mesurés. Nous avons montré ailleurs par une discussion étendue (*Mémoire sur la géographie grecque et latine de l'Inde*, et

---

[1] *Foe-koue-ki*, p. 74. Le nom y est transcrit fautivement *Tchu-cha-chi-lo*.

[2] Probablement ils se servaient de la chaîne ou de la canne, comme les arpenteurs employés par l'empereur Akbar au mesurage de la même route lors de son expédition au Kaboul. (Journal manuscrit du P. Monserrat, qui accompagnait l'empereur dans cette expédition, cité par Wilford, *Asiat. Res.* t. IX, p. 57.)

en particulier sur *l'Inde de Ptolémée, dans ses rapports avec la géographie sanscrite*, dans le Recueil de l'Académie des Inscriptions, Mémoires des savants étrangers, tome V), que la désignation des *mensores* d'Alexandre, conservée par Pline, porte nécessairement aux environs de la ville actuelle de Hassan-Abdal (vulgairement *Hassan-abad*), canton d'ailleurs remarquable par les *Stoûpas* et les autres restes d'antiquités qu'il renferme. C'est une des parties les mieux arrosées et les plus agréables du nord du Pendjab, ce qui répond bien à la peinture que fait Houen-thsang du territoire de *Ta-tcha-chi-lo*[1]. Aussi le contraste de ce territoire frais et fertile avec la nature aride et nue de la plus grande partie de la Pentapotamie, lui avait-il fait appliquer dans les anciens temps la dénomination sanscrite d'*Oudyâna*, « le jardin », qui fut aussi donnée, par une raison analogue, à un autre canton à l'ouest du Sindh[2]. Hassan-Abdal a été longtemps, à cause de l'agrément de sa situation, une des résidences d'été des empereurs de Dehli, et l'on y voit encore les restes d'un palais qu'Akbar y fit élever[3]. Un ancien site, qui se trouve à 7 ou 8 milles de Hassan-Abdal, dans la direction de l'est ou du sud-est, site qui a été plutôt aperçu qu'examiné, mais qui est signalé comme très-riche en médailles et en débris enfouis sous le sol[4], donnera peut-être le mot définitif de cette énigme depuis longtemps cherchée, et les indications de Hiouen-

---

[1] Strab. XV, p. 698.
[2] Ci-dessus, p. 313.
[3] Court, *Memoir on a Map of Peshâwar and the country of Taxila*, dans le *Journal of the As. Soc. of Bengal*, vol. V, 1836, p. 474.
[4] Mohan-Lal, *Travels in the Punjab*, p. 362 et suiv. Londres, 1846, in-8°. Conf. Burnes, *Voyage à Boukh.* t. II, p. 67, traduction française; *Journal of the Asiatic Society of Bengal*, vol. II, 1833, p. 309; et G. Gerard, *ibid.* vol. III, 1834, p. 321.

thsang, quant à la situation de plusieurs *Stoûpas* des environs, pourront servir utilement à cette vérification.

De *Ta-tcha-chi-lo* (Takchaçilâ), Hiouen-thsang fait une excursion dans la direction du sud-est, et, à la distance de 700 li (64 lieues), il arrive à la capitale du royaume de *Seng-ho-pou-lo*. Ce mot se ramène régulièrement au sanscrit *Siñhapoura*. Hiouen-thsang parle de ce royaume comme d'un assez grand territoire s'appuyant d'un côté (à l'ouest) sur le Sindh, et de l'autre aux montagnes, et de la ville comme d'une place fortement assise dans une situation élevée. Nos sources sanscrites ne mentionnent que très-vaguement ce royaume de *Siñhapoura* [1], qui dépendait, dit notre voyageur, du royaume de Kachmîr. Nous sommes donc réduit, pour la recherche que nous en devons faire, aux seules indications de l'itinéraire chinois. Ces indications, tant de direction que de distance, nous conduisent sur la Vitastà (l'*Hydaspes* des Grecs, le Djélam actuel) à peu près au point où la voie royale coupe le fleuve, les 125 milles anglais que l'on compte entre le site de Takchaçilâ (à une douzaine de milles au nord-ouest de Raval-Pindî) et la ville de Djélam au passage de la rivière, répondent à environ 620 li. A 10 milles au sud-ouest de la ville de Djélam, non loin de la droite de la Vitastà, la carte qui accompagne la relation récente de M. Al. Cunningham [2] marque une loca-

---

[1] Il est nommé, dans le *Mahâbhârata*, à côté d'Abisârî et d'Ouragâ (pour *Ouraçâ*), parmi les royaumes qu'Ardjouna soumet à ses armes dans son expédition vers les contrées du Nord. Ce curieux morceau a été traduit et commenté par M. Lassen dans le *Zeitschrift für die Kunde des Morgenlandes*, t. II, 1839; voyez les p. 45 et 52. C'est probablement aussi à ce royaume de *Siñha* que se rapporte un passage du VI° livre du *Râdjataranghinî* (çl. 176). Cette dernière mention appartient au x° siècle.

[2] *Ladák*. London, 1854, in-8°.

lité dont le nom de *Sangohi*[1] conserve assez d'analogie avec *Siñha* pour que la dénomination actuelle puisse être regardée comme une altération du nom ancien. La distance totale jusqu'à ce lieu, à partir du point où nous plaçons Takchaçilâ, est de 135 milles anglais, qui répondent à plus de 660 li. Sangohi est située dans un canton où les ruines abondent, et les futurs explorateurs trouveront peut-être, pour l'identification précise du site, des indications utiles dans la mention que fait Hiouen-thsang de plusieurs *Stoûpas* avoisinants. Dans tous les cas, il est certain que le royaume de *Siñhapoura* devait être renfermé entre le Sindh et la Vitastâ, ayant au nord le territoire de Takchaçilâ, dont il était peut-être séparé par la rivière de Souan (*Souvarṇa* ou *Souvanna*).

De *Seng-ho-pou-lo* (Siñhapoura), Hiouen-thsang revient à Takchaçilâ, et, après une nouvelle pointe à l'ouest du Sindh, probablement dans le territoire qui s'étend au sud de Pourouchapoura (Peïchavèr), il revient à l'orient du grand fleuve, fait 500 li (45 lieues) dans la direction du nord-est[2] pour arriver au royaume d'*Ou-la-chi*, poursuit de là sa route dans la même direction, et, après une marche de 1,000 li (90 lieues), il arrive à la capitale du *Kia-chi-mi-lo* (le Kachmîr, en sanscrit *Kâçmîra*).

Ou-la-chi est le pays d'Ouraçâ de la Chronique kachmirienne[3], territoire du nord du Pendjab que Ptolémée a aussi connu sous le nom grécisé d'Ἄρσα ou Οὔαρσα, entre

[1] Le *Sengouian* de la carte de Court (*Journal of the As. Soc. of Bengal*, vol. V, 1836, p. 468).

[2] Le texte porte fautivement *sud-est*.

[3] Dans le *Mahâbhârata*, le nom est écrit *Ouragâ*, probablement par une mauvaise leçon, le g et le ç sanscrits pouvant aisément se confondre sous le kalam des copistes.

l'Indus et l'Hydaspes, aux confins de Taxila[1]. Hiouen-thsang distingue la *nouvelle* capitale (qui est la Srinagar actuelle, Çrînagara) d'une autre capitale plus ancienne, ce qui est confirmé par la Chronique du Kachmîr[2].

Pour sortir du Kachmîr, où il avait séjourné deux années entières, Hiouen-thsang se dirige au nord-ouest, et à 145 li environ de la capitale (de 10 à 11 lieues) il rencontre une grande rivière (la Vitastâ, au-dessous du lac de Valar), d'où il pénètre bientôt dans les montagnes, pour arriver, en se dirigeant au sud-ouest, au royaume de *Pouan-nou-tso*[3]. Cet ensemble d'indications montre clairement que Hiouen-thsang sort de la vallée par la grande passe de Baramoula (la *Vârahamoûla* du *Râdjataranghinî*), d'où il redescend à la ville de *Pounatch* (le nom est aussi écrit *Pountch*), qui est sa *Pouan-nou-tso*. Le journal compte 700 li de la capitale du Kachmîr à cette dernière place. La distance prise au compas

---

[1] Ptolémée, lib. VII, c. 1, 45.

[2] L'ancienne Çrînagara avait été bâtie au temps du célèbre Açôka (*Râdjataranghinî*, t. I, 104), par conséquent environ deux cent quarante ans avant notre ère. Cinq siècles plus tard, le roi Pravaraséna (qui, d'après la chronologie réformée de M. Lassen, *Indische Alterthumskunde*, t. II, Append. p. xxiv, doit avoir régné au milieu du iiie siècle de l'ère chrétienne, 241-266) éleva une nouvelle capitale dont la fondation est le sujet d'une légende qu'on trouve racontée dans la Chronique kachmirienne (*Râdjatar.* III, 336 à 357). Cette nouvelle cité royale est regardée comme la Srinagara actuelle. (Conf. Wilson, *On the Hindu History of Cashmir*, Asiat. Researches, vol. XV, p. 19, et Lassen, *Ind. Alt.* t. II, p. 914.) M. Alex. Cunningham, qui a exploré le Kachmîr en 1848, retrouve l'ancienne Çrînagara dans le village actuel de *Pandrethân* (corruption de *Pourânadhichthâna* « la vieille résidence », à 1 mille et demi au sud-est du Tâkht-i-Soulimân (*Journal of the Asiat. Soc. of Bengal*, vol. XVII, 1848, p. 21 et 283).

[3] Hoeï-li, p. 96, écrit *Pouan-nou-tsie*. L'omission d'un détail essentiel rapporté par le *Si-yu-ki* (la marche de 140 à 150 li au *nord-ouest* de Çrînagara jusqu'à la Vitastâ) pouvait faire croire que Hiouen-thsang était sorti du Kachmîr par la passe de Pir-Pandjal.

sur la carte n'est que de 65 milles anglais (325 li), différence qui s'explique par la nature très-montagneuse et très-difficile de la route[1].

A 400 li vers le sud-ouest[2] de *Pouan-nou-tso* (Pounatch). Hiouen-thsang arrive à la capitale du royaume de *Ho-lo-che-pou-lo*. Malgré l'insertion de la syllabe initiale[3], on ne peut méconnaître dans ce nom la ville de *Râdjapoura* de la Chronique du Kachmîr, qui est la *Radjavar*, ou *Radjaor*, de nos cartes actuelles. Le compas, qui ne tient pas compte des sinuosités et des inégalités de la route, toujours très-considérables dans un pays de montagnes tel que celui-ci, ne mesure que 19 lieues (257 li) entre Pounatch et Radjavar[4]. Déjà cette identification et la précédente avaient été reconnues par M. Alex. Cunningham, dans un travail très-estimable sur l'itinéraire de notre voyageur[5].

La suite des marches de Hiouen-thsang dans le Pendjab nous fournit encore des renseignements neufs et d'utiles

---

[1] Le royaume de *Panoutcha* de notre voyageur n'est pas mentionné dans les sources indigènes, à moins qu'il n'y faille reconnaître le pays de *Pantchasattra*, nommé dans un endroit de la Chronique du Kachmîr (*Râdjatar.* liv. V, 155), et peut-être aussi le *Pantcha-Râchtra* de la grande Chronique singhalaise (*Mahavanso*, trad. par Turnour, p. 74).

[2] Hoeï-li, p. 96, dit fautivement *à l'est*. Ces indications n'ont au reste qu'une valeur très-générale.

[3] Voici ce que M. Stanislas Julien dit à ce sujet dans une note du livre XII : «Dans le chinois bouddhique, le signe *ho*, qui représente ordinairement *a* dans mon alphabet, se met en tête des mots indiens qui commencent par un *r*, et ne se prononce pas. Ainsi l'on écrit *Ho-lo-che-pou-lo* (a*Râdjapoura*) pour *Râdjapoura*, *a Roûpya* pour *Roûpya*, argent, etc.»

[4] M. Al. Cunningham a constaté, par des mesures et des comparaisons répétées, que, dans les pays de montagnes, la distance linéaire (c'est-à-dire celle qui se prend au compas sur la carte) était habituellement d'un tiers moindre que la distance réelle (*Ladák*, p. 158. Londres, 1854, in-8°).

[5] *Journal of the Asiat. Soc. of Bengal*, vol. XVII, 1848, p. 22.

indications, dont une surtout nous paraît fixer d'une manière définitive un point de géographie longtemps controversé : nous voulons parler du site de la ville de *Sangala*, ville qui joue un rôle éminent dans l'histoire des expéditions d'Alexandre, ainsi que dans plusieurs épisodes de la grande épopée hindoue. Il est inutile de rappeler toutes les hypothèses dont l'emplacement de cette cité a été l'objet. Les autorités qu'Arrien a suivies dans la rédaction de son histoire[1] mettent expressément cette ville à trois marches de l'*Hydraotès* (l'*Iravatî* de la géographie sanscrite, le *Ravi* des cartes actuelles), et cela nécessairement sur la grande route, la *route royale*, de Taxila à l'Inde gangétique. L'Hydraotès ne peut ainsi avoir été coupé par l'armée macédonienne qu'au passage actuel de Lahôr ou à celui de Mianî, plus probablement au premier[2]. Ici les données de l'historien grec et celles du voyageur chinois se complètent réciproquement. Arrien nous indique d'une manière précise le territoire; Hiouen-thsang va nous désigner la localité.

Il y a toutefois dans cette partie des Mémoires du voya-

[1] Arrian. *Exped. Alex. Mag.* V, c. 22.

[2] Arrien nomme, entre l'Hydraotès et Sagala, à deux marches du fleuve et à une seulement de la cité royale, une ville de *Pinprama* dont la place actuelle de Bhéranah, à 8 ou 9 lieues dans la direction du sud-est, pourrait bien avoir gardé le nom. Pinprama, dit l'historien, était dans le territoire des *Adraïstæ* (Ἀδραῖσται, ou Ἀδρησταί); ce nom nous paraît une altération de l'appellation indigène *Airâvata*, qui, dans Hêmatchandra (943, p. 176, Bœhtl.), est donnée comme nom de pays, et que l'on trouve aussi dans la liste du *Varâha-Sanhita*, où il est écrit *Raivâtaka*, parmi les peuples du Pendjab. (*Asiat. Res.* t. VIII, p. 346. Lond. in-4°.) M. Lassen, qui, dans sa monographie *De Pentapotamia indica* (p. 22) avait songé aux *Aratta* du *Mahâbhârata* (conjecture adoptée par M. Benfey, *Indien*, p. 52), est revenu lui-même sur ce rapprochement, par cette considération qu'il ne paraît pas que l'appellation générique d'*Aratta* se soit jamais appliquée à une peuplade particulière (*Indische Alterth.* t. II, p. 159).

DE L'ASIE CENTRALE ET DE L'INDE.   325

geur, non en ce qui touche à la localité même de Sangala, mais dans l'indication de la route qui y conduit depuis Râdjapoura, il y a, disons-nous, dans cette partie des Mémoires un désordre et des omissions évidentes. Il est dit dans le *Si-yu-ki*, à la fin de l'article *Ho-lo-che-pou-lo* (Râdjapoura), qu'en sortant de ce royaume dans la direction du sud-est le voyageur descendit une montagne, qu'il passa un fleuve, et qu'après avoir fait environ 700 li, il arriva au royaume de *Tse-kia*. Ainsi qu'on le verra clairement tout à l'heure, le royaume de *Tse-kia* (en sanscrit *Tchéka*, ou *Tchaka*) était situé entre l'Iravatî (le Ravi) et la Vipâçâ (Beïah). Dans la transcription de ce passage, Hoeï-li [1] a mis fautivement 200 li au lieu de 700; mais d'un autre côté, revenant un peu après sur le même trajet [2], l'historien du voyage y a consigné des détails qu'on ne trouve pas dans le *Si-yu-ki*. « Deux jours après avoir quitté le royaume de *Ho-lo-che-pou-lo* (Râdjapoura), dit cette fois Hoeï-li [3], (Hiouen-thsang) passa le fleuve *Tchen-ta-lo-p'o-kia*, et arriva à la ville de *Che-ye-pou-lo*..... Le lendemain il arriva à la ville de *Che-kie-lo*..... » Les lois de transcription solidement établies par le savant traducteur ramènent le premier de ces trois noms au sanscrit *Tchandrabhâga* (qui est le nom classique de notre Tchénab actuel); le second représente *Djayapoura*, et le troisième *Çâkala*, qui est la *Sangala* des historiens d'Alexandre, entre l'Hydraotès ou Ravi et l'Hyphasis ou Vipâçâ (la Beïah, affluent du Satledj). Mais ce qui montre, comme nous l'avons dit, qu'un certain désordre s'est glissé dans cette partie des Mé-

---

[1] *Histoire des voyages de Hiouen-thsang*, p. 96.
[2] *Ibid.* p. 97.
[3] Ou peut-être plutôt Yen-thsong, son continuateur. (Voyez la préface de M. Stanislas Julien en tête de sa traduction de Hoeï-li, p. LXXVIII.)

moires, c'est l'insuffisance des distances indiquées. Ni les trois journées marquées par Hoeï-li, ni même les 700 li (52 lieues) notés dans les mémoires personnels du voyageur, ne suffisent à représenter la longueur réelle de la route. Il y a eu là indubitablement soit un chiffre omis, soit une altération dans le chiffre total. De Râdjapoura (Radjavar) jusqu'au site de Çâkala, il faudrait compter, par la route la plus courte, au moins 65 lieues (près de 900 li); et l'indication de la ville intermédiaire de *Djayapoura* nécessite très-probablement, comme nous allons voir, une déviation de la ligne directe, qui porte ce chiffre à plus de 1,100 li. Il faut donc laisser de côté ces chiffres fautifs ou insuffisants, que nous n'avons nul moyen de restituer d'une manière certaine, et nous en tenir aux indications topographiques de l'itinéraire.

Celles-là du moins sont conformes aux autres données, soit grecques, soit indiennes, que nous en pouvons rapprocher, aussi bien qu'aux positions de la carte actuelle. Entre Râdjapoura (Radjavar) et la Tchandrabhâga (le Tchénab), la route traverse un pays très-accidenté par lequel on descend les derniers échelons de la région subalpine (le Kohistan) conduisant aux plaines inférieures. Il y a deux passages principaux de la Tchandrabhâga (l'*Akésinès* des Grecs), celui de Vazîrabad, qui est le plus rapproché de Radjavar, et, plus bas à l'ouest, celui de Ramnagar. Le premier est à 30 ou 32 lieues de Radjavar (plus de 400 li), le second à 36 lieues environ, ou à peu près 500 li. Djayapoura (*Che-ye-pou-lo*), où Hiouen-thsang arrive après le passage de la Tchandrabhâga, nous paraît se retrouver à *Djabhèr*, place située entre le Tchénab et le Ravi, à 23 lieues de Vazîrabad vers le sud-ouest, et à 11 lieues environ au sud de Ramnagar[1]; la distance totale depuis Râdjapoura jusqu'à ce lieu peut donc être de 650 à 700 li. On mesure environ 32 lieues, c'est-à-dire de 400 à 450 li, depuis Djabhèr jusqu'au site de l'ancienne Çâkala, en marchant au sud-est et à l'est.

Au rapport de Hiouen-thsang, ou plutôt des matériaux indiens qui formèrent la base de sa relation, le royaume de *Tse-kia* (Tchêka) avait environ 10,000 li de tour. A l'est, il s'appuyait sur la rivière *Pi-po-che* (Vipâçâ, la Beïah de nos cartes); à l'ouest, il s'approchait du fleuve *Sin-tou*, c'est-à-dire du Sindh[2]. « La circonférence de la capitale est d'environ 20 li, ajoute le voyageur. A 14 ou 15 li de cette ville, on arrive à l'ancienne ville de *Che-kie-lo*. Quoique les murs soient détruits, les fondations sont encore solides. Cette place pouvait avoir une vingtaine de li de circonférence. Au centre on a construit une petite ville qui a 6 ou 7 li de tour..... C'était autrefois la capitale du royaume. » Il résulte de ces indications précieuses que l'antique cité de *Çâkala*, souvent mentionnée dans le *Mahâbhârata* comme la capitale des Madra, entre la Vipâçâ et l'Irâvatî, était à 1 lieue environ de la ville plus récente de *Tchêka*, devenue la capitale du royaume après la chute de la précédente[3]. Que la *Çâkala* des livres sanscrits, la *Sangala* ou *Sagala* des auteurs grecs[4] et la *Che-*

---

[1] Nous ne trouvons cette *Djayapoura* mentionnée dans aucune de nos sources sanscrites.

[2] On voit qu'ici le voyageur comprend, dans les limites du royaume de Tchêka, le royaume tributaire de Moultân, qui est mentionné à part dans un autre endroit de la relation. Le chiffre de 10,000 li de circuit (près de 800 lieues) n'en serait pas moins prodigieusement exagéré; c'est à peine si le Pendjab tout entier a cette étendue.

[3] Alexandre, au rapport d'Arrien, avait fait raser la ville au niveau du sol; mais elle avait été relevée par un des rois grecs de la Bactriane, qui lui avait donné le nom d'*Euthydemia*, en l'honneur de son père.

[4] C'est sous le nom de *Sagala*, avec le surnom d'*Euthydemia* (et non *Euthyme-*

328 MÉMOIRE ANALYTIQUE SUR LA CARTE

kie-lo, ou Çâkala de la relation chinoise, ne soient qu'une seule et même place, c'est ce qui ne saurait être l'objet du moindre doute. D'abord, il s'agit dans les trois cas d'une ville ancienne et célèbre, métropole d'un grand État; et, en second lieu, toutes les données sanscrites, de même que les indications très-précises d'Arrien et l'ensemble de l'itinéraire de Hiouen-thsang, concourent à placer cette ville, ainsi que le royaume dont elle était la capitale, dans le douab formé par le Çatadrou (le Satledj) et l'Irâvatî (le Ravi). D'un autre côté, les traditions et les chroniques locales nous apprennent qu'Amritsar, la capitale du ci-devant royaume des Seïkhs (Lahôr n'y avait plus que le second rang), portait originairement le nom de *Tchèk*, avant qu'un des rois du pays, dans la seconde moitié du XVIe siècle, y eût fait creuser un magnifique étang qui fut nommé *Amritasara* « le lac de l'Immortalité », d'où la ville a pris sa dénomination moderne [1]. C'est la *Tse-kia* de la relation, et cette identification fixe la position de *Çâkala*. La nouvelle carte du Pendjab [2] indique sur ce territoire un village de *Sanga* qui semblerait avoir conservé

---

dia, ou même *Eudymedia*, comme portent la plupart des imprimés), qu'elle est mentionnée dans Ptolémée (VII, c. 1, 46 Nobbe). M. Lassen, s'attachant aux notations astronomiques de la Table de Ptolémée, croit voir deux villes distinctes dans la *Sangala* d'Arrien et la *Sagala Euthydemia*; mais cette distinction, que déjà Mannert avait cru pouvoir faire (*Geographie der Griechen und Römer*, V, 1, p. 143), n'est certainement pas fondée. Nous avons déjà vu par un exemple (ci-dessus, p. 295 et suiv.), et l'ouvrage tout entier du géographe alexandrin en fournit une multitude d'autres, combien ces prétendues notations astronomiques méritent peu de confiance et d'attention. Sur l'origine du nom d'*Euthydemia*, tous les critiques modernes ont adopté l'opinion de Bayer, *Hist. regni Græco-Bactr.* p. 233.

[1] Tieffenthaler, *Descr. de l'Inde*, t. I, p. 109, Berlin, 1791, in-4°; Malcolm, *Sketch of the Sikhs*, dans les *Asiat. Res.* vol. IX, p. 211; Hamilton, *Descr. of Hind.* vol. I, p. 495.

[2] Jointe à la relation de M. Alex. Cunningham (*Ladák*, Londres, 1854).

le nom de la vieille cité; mais ce village est à 4 lieues au sud-ouest d'Amritsar. C'est aux archéologues à compléter, par leurs investigations locales, les indications de notre auteur; mais il est bien certain dès à présent que Çâkala était à l'orient de Lahôr, non loin de la ville moderne d'Amritsar [1].

Le désordre que nous avons remarqué dans la relation chinoise avant l'arrivée de Hiouen-thsang à *Che-kie-lo* (Çâkala), se continue en quelques points de l'itinéraire entre *Che-kie-lo* et le passage du Çatadrou (le Satledj). L'histoire du voyage écrite par Hoeï-li et Yen-thsong renferme ici de nombreux détails qu'on ne retrouve pas dans le *Si-yu-ki* (c'est-à-dire dans les mémoires personnels du voyageur); et

[1] On a supposé que Çâkala tirait son nom des Çâka (les *Sacæ* ou Scythes des auteurs grecs), dont elle aurait été un établissement. (Burnouf, *Introd. à l'hist. du Buddhisme*, p. 622; Lassen, *Ind. Alterth.* t. I, p. 652; A. Weber, *Die neuesten Forschungen auf dem Gebiete des Buddhismus*, 1853, p. 76.) Le mot, qui peut signifier « demeure des Çâka », semblerait bien, en effet, dénoter cette origine. Le nom de *Tchéka* (ou plus correctement *Tchaka*), que nous voyons plus tard appliqué au même territoire, remonterait-il à la même source, ou se rattacherait-il à la dénomination des anciens *Takcha* (vulgairement *Taka* ou *Tak*) qui a tenu jadis une grande place dans l'ethnologie du nord-ouest de l'Inde? Ce sont là des questions qu'il serait trop long d'examiner ici. Ce qui est certain, c'est que la tribu de Tchaka joue un assez grand rôle du xiv⁰ au xvii⁰ siècle dans l'histoire du Kachmîr (*Râdjatar.* VIII, 1100; Ferichta, transl. by J. Briggs, vol. IV, p. 454 et 486; Newall, *Sketch of the Mahomedan History of Cashmere*, dans le *Journal of the As. Soc. of Bengal*, vol. XXIII, 1854, p. 410, 416, 420, 431, 436); et nous voyons par le Lexique d'Hématchandra de Boethl. (p. 179, n⁰ 50), source précieuse pour la synonymie géographique de l'Inde, que les Bâhîkâs, c'est-à-dire le peuple dont Çâkala était la capitale, étaient aussi appelés *Takvas*, leçon qui doit sûrement se corriger en *Takkas*, le *k* et le *v* sanscrits ne différant que par un simple trait. (Conf. le *Râdjataranghinî*, V, 151, et VIII, 1100.) Il ne faut pas oublier que les prononciations provinciales s'éloignaient souvent beaucoup des formes pures du sanscrit littéral. Il y a encore des *Chekhs* dans les districts montagneux situés entre la Djemna et le Satledj. (J. D. Cunningham, *History of the Sikhs*, p. 9.)

330 MÉMOIRE ANALYTIQUE SUR LA CARTE

à côté de noms dont l'identification est certaine, noms qui nous fournissent heureusement quelques jalons sûrs auxquels les autres peuvent se rattacher, nous en rencontrons aussi qu'il est difficile d'ajuster dans l'ensemble de la route. Mais, afin de procéder plus clairement, nous allons tirer d'abord, tant du *Si-yu-ki*[1] que de Hoeï-li[2], toute la partie de l'itinéraire qui de Çâkala nous conduit au sud du Satledj.

« De *Che-kie-lo*, Hiouen-thsang visita la ville de *Na-lo-seng-ho* (Narasiṅha[3]).

« De là, se dirigeant vers l'orient, il arriva le lendemain à la frontière orientale du royaume de *Tse-kia* (Tchêka), et entra dans une grande ville[4].

« De cette ville, où il séjourna un mois, il fit 500 li dans la direction de l'est, et arriva au royaume de *Tchi-na-po-ti* (Tchînapati)[5].

« A 500 li au sud-est de la capitale, il arriva au couvent (*Sañghârâma*) de *Ta-mo-sou-fa-na* (Tâmasavana)[6]. Les environs étaient couverts de *Stoûpas* avec des reliques du Bouddha.

« De là il fit 145 li au nord-est, et arriva au royaume de *Che-lan-t'o-lo* (Djâlandhara).

« Partant de ce royaume dans la direction du nord-est, il franchit des sommets élevés, traversa des vallées profondes,

---

[1] *Mémoires sur les contrées occidentales*, t. I, p. 198 et suiv.

[2] *Histoire de la Vie de Hiouen-thsang*, etc. p. 97 à 103.

[3] Les correspondances que nous ajoutons ici entre parenthèses ne sont que la transcription sanscrite des groupes chinois, abstraction faite de toute synonymie fournie par les autres données historiques ou topographiques.

[4] Ces derniers détails, et d'autres qui s'y rattachent, ne sont pas dans le *Si-yu-ki*.

[5] Le *Si-yu-ki* fait partir ces 500 li d'un *Stoûpa* situé à 10 li au nord-est de la ville de *Tse-kia* (Tchêka).

[6] Hoeï-li marque 50 li au lieu de 500, et il semble les faire partir de la *grande ville* située près de la frontière orientale du royaume de *Tse-kia*.

marcha pendant longtemps dans des chemins semés de précipices, et, après avoir fait environ 700 li, il arriva au royaume de *Kio-lou-to* (Koulouta). Une ceinture de montagnes enveloppe les quatre frontières de ce pays.

« En sortant de ce royaume dans la direction du nord, au bout de 1,900 li que l'on fait par des chemins remplis de précipices, on franchit des montagnes, on traverse des vallées, et l'on arrive au royaume de *Lo-ho-lo*.

« A environ 2,000 li au nord de ce dernier royaume, on traverse des chemins âpres et difficiles, on est assailli par un vent glacial et par des tourbillons de neige, et l'on arrive au royaume de *Mo-lo-so* (ou *Mo-lo-p'o*), qu'on appelle aussi *San-po-ho*[1].

« En sortant du royaume de *Kio-lou-to*, Hiouen-thsang fit environ 700 li dans la direction du sud; il franchit de hautes montagnes, passa un grand fleuve, et arriva au royaume de *Che-to-t'ou-lo* (Çatadrou). »

Arrêtons-nous ici pour tâcher d'appliquer sur la carte cette suite d'indications.

Ni le nom de *Narasiñha* (*Na-lo-seng-ho*), ni celui de *Tchînapati* (*Tchi-na-po-ti*), n'ont de correspondance connue dans nos sources sanscrites, à moins que l'on n'adopte pour le premier de ces deux noms la suggestion de M. Théodor Benfey, qui croit y retrouver le *Nr̆isiñhavana* du *Varâha-Mihira-Sanhita*[2]. Mais l'emplacement précis reste toujours indéterminé.

[1] Il est dit dans un autre endroit du *Si-yu-ki* (liv. IV, t. I, p. 232) que le royaume de *San-po-ho* confinait à l'ouest au royaume de *Sou-fa-la-na-kiu-to-lo* (Souvarṇagôtra, ou le royaume de l'Or, appelé aussi le royaume des Femmes), royaume qui lui-même touchait du côté de l'est au pays des Toufan (le Tibet), et du côté du nord au royaume de *Yu-tien* (Khotan).

[2] Th. Benfey, dans les *Götting. Gelehrten Anzeigen*, a. 1854, p. 24. Cette con-

Quant à *Tchînapati*, la direction et la distance indiquées par rapport au territoire de Tse-kia nous conduisent, malgré le vague du point de départ, vers le pays de Katotch, situé entre la Beïah supérieure et le Ravi. Ce qui donne une valeur particulière à cette localisation, c'est que les traditions rattachaient le nom du célèbre Kanichka aux anciens souvenirs du pays de Tchînapati[1], et que Râdjagrîha, où il semble que Kanichka eût une résidence[2], était située dans le pays de Katotch, où la place, mentionnée par Albiroûni au commencement du xe siècle[3], existe encore sous le même nom à une vingtaine de milles anglais dans le sud-est de Kangra[4]. Klaproth a déjà fait remarquer que dans l'historien mongol Ssanang-Ssetsen, Kanichka est appelé roi de Gatchou[5]; et M. Alex. Cunningham, qui reconnaît dans ce mot le nom altéré de Katotch, confirme ce rapprochement par une inscription qui se trouve encore dans la ville de Kan-

---

jecture est moins improbable qu'un autre rapprochement déjà proposé par M. Benfey à propos du même nom (*Indien*, p. 92). Nr̂isiñhavana est mentionné dans les extraits de l'ouvrage de Varâha-Mihira rapportés par Wilford au VIIIe volume des *Asiatic Researches* (p. 346), et par M. Weber, dans son Catalogue allemand des manuscrits sanscrits de la bibliothèque de Berlin (p. 241, art. 22).

[1] Ce nom, dont le *Si-yu-ki* explique l'origine (t. I, p. 199), ne fut sans doute qu'une dénomination accidentelle qui n'aura pu prévaloir sur le nom indigène.

[2] *Si-yu-ki*, l. III, t. 1, p. 174.

[3] Reinaud, *Fragm. arabes et persans relatifs à l'Inde*, p. 113.

[4] Cette ville de Râdjagrîha est mentionnée dans le *Râmâyana* comme la résidence du roi des Kêkaya, et sa situation au nord de la Vipâçâ est bien déterminée par les indications du poëme. Le château, qui a conservé le nom antique, a été visité il y a quelques années par un officier du corps des ingénieurs anglais, pendant une excursion géologique dans cette partie du Kohistan. (*Journal of the Asiat. Soc. of Beng.* vol. XVIII, 1849, p. 404.)

[5] Klaproth, dans ses notes sur Fa-hian (*Foe-koue-ki*, p. 248); Ssanang-Ssetsen, *Gesch. der Ost-Mongolen, aus dem Mongolischen übersetzt*, von J. J. Schmidt.

gra (la capitale actuelle du pays), où le royaume est nommé *Gatchtchhé-Radj* [1].

L'emplacement approximatif du couvent de *Tâmasavana*, ou de la Forêt sombre, est bien indiqué par la situation à 145 li (un peu plus de 10 lieues) vers le sud-ouest de la place bien connue de Djâlandhara (*Che-lan-t'o-lo*). Cette indication nous place au confluent même de la Vipâçâ (Beïah) et du Çatadrou (Satledj); peut-être les djangles épaisses qui couvrent encore tout ce canton cachent-elles les restes de quelques-uns des nombreux *Stoûpas* que Hiouen-thsang y mentionne. La distance de 500 li (35 lieues) marquée par le *Si-yu-ki* depuis le royaume de Tchînapati est assez exacte; seulement la direction est au *sud-ouest*, et non au *sud-est* comme le dit le texte.

Il n'y a pas de doutes pour l'identification du royaume de *Kio-lou-to*, à 700 li dans le nord-est de Djâlandhara; c'est le pays de *Koulou* formé par la vallée supérieure de la Vipâçâ, depuis ses sources jusqu'au confluent de la Saïndj [2].

S‍t-Pétersb. 1829, in-4°, p. 17. Ce qui achève de démontrer l'exactitude du rapprochement, c'est que l'auteur mongol, conjointement avec le royaume de Gatchou, parle d'un couvent bouddhique de *Djâlandhara*, le même probablement que nous voyons désigné dans Hiouen-thsang sous le nom de *Tâmasavana*. Un soûtra mongol, cité par M. Schmidt dans ses notes sur Ssanang-Ssetsen (*Gesch. der Ost-Mongolen*, p. 315), rapporte que le synode bouddhique qui eut lieu sous le roi Kanichka (le troisième selon les bouddhistes du Nord, le quatrième en réalité : voyez l'*Indische Alterthumskunde* de Lassen, t. II, p. 9 et 860), se tint dans ce couvent de Djâlandhara, situé, dit l'auteur mongol, dans le royaume de *Kechméri*, expression qui ne désigne pas ici le Kachmîr proprement dit, mais l'empire dont, sous Kanichka, le Kachmîr était devenu le centre.

[1] *Journal of the Asiat. Soc. of Bengal*, vol. XVII, 1848, p. 23.

[2] *Koulouta* figure parmi les peuples et les contrées du Nord dans les textes géographiques déjà cités du *Varâha-Sanhita*, ouvrage d'un astronome célèbre qui vivait au commencement du vi⁰ siècle. (*Asiat. Res.* t. VIII, p. 347.)

Le royaume de *Lo-ho-lo*, au-dessus de Kio-lou-to vers le nord, se retrouve également dans le pays de *Lahoul*, qui confine à la vallée de Koulou vers le nord et le nord-est, et où les deux branches supérieures qui forment la Tchandrabhâga (Tchénab) ont leurs sources[1]. Le pays de Tchamba, sur la frontière nord-ouest du Lahoul, dans la direction du Kachmîr, paraît devoir répondre au *San-po-ho* du *Si-yu-ki*. *San-po-ho* représente sûrement *Tchampâka*, qui est la forme sanscrite du nom de *Tchamba*. La connexion géographique de ces trois provinces, qui se suivent du sud-est au nord-ouest depuis le Satledj supérieur jusqu'à la frontière du Kachmîr, de même que les trois noms de *Kio-lou-to*, *Lo-ho-lo* et *San-po-ho* dans les Mémoires du voyageur, ne laisse pas de doutes sur leur identification. Quant à l'autre nom du royaume de Lahoul, qui se lit dans le chinois *Mo-lo-so* et *Mo-lo-p'o*, il semblerait nous reporter, sous cette dernière forme, aux anciens *Mâlava* du Pendjab, peuple jadis renommé de cette région du nord-ouest, où il est mentionné par le *Mahâbhârata*[2] et par le grammairien Pânini, qui vivait trois siècles et demi avant notre ère[3]. Les Macédoniens d'Alexandre le trouvèrent parmi leurs plus rudes antagonistes, et il est cité encore[4], au ve siècle de l'ère chrétienne, dans une des inscriptions (celle de Samoudragoupta) gra-

---

[1] La contrée de Lahoul, de même que toutes les vallées de cette région subalpine, est un pays foncièrement tibétain, quoique avec un fort mélange de l'élément hindou. M. Al. Cunningham (*Ladák*, p. 24) explique le nom par le tibétain *Lho-youl*, pays du sud.

[2] Dans le *Digvidjaya* ou expédition victorieuse d'Ardjouna, épisode que M. Lassen a traduit et commenté dans son *Zeitschrift für die Kunde des Morgenlandes*, t. III, 1840, p. 185 et 196.

[3] Pânini, V, III, 114, cité par Lassen, *ibid.* p. 197.

[4] Arrian. *Anab.* VI, ch. v et suiv. Quint. Curt. l. IX, 4 et suiv.

vées sur le pilier d'Allahabad [1]. Les *Malli* ou *Málava* de l'histoire habitent, il est vrai, dans le Pendjab occidental, près du confluent de l'Akésinès (Asiknî) et de l'Hydraotès (Irâvatî), où selon toute probabilité ils ont laissé leur nom au Moultân (Mallasthâna); mais rien n'est plus commun, dans l'ethnologie du nord de l'Inde, que le déplacement des tribus ou leur fractionnement en plusieurs branches.

De *Kio-lou-to* (Koulouta) Hiouen-thsang revient vers le sud; après avoir traversé un pays de montagnes et franchi un grand fleuve (qui ne peut être que le Satledj), il arrive au royaume de *Che-to-t'ou-lo*, transcription qui se ramène au sanscrit *Çatadrou*. *Çatadrou* est le nom sanscrit de la rivière dont une corruption vulgaire, non moins barbare que la prononciation chinoise, a fait le nom actuel de *Satledj*; nous ignorions qu'un État soumis à un prince particulier eût porté la même dénomination. La distance notée est de 700 li, qui reviennent à 52 de nos lieues communes (non compris la réduction nécessaire pour les inégalités et les détours de la route). Cette distance, et la direction indiquée, nous amènent dans le bassin de la Sarsouti (l'ancienne Sarasvatî); toutefois, l'application du nom est sujette à des difficultés. La géographie sanscrite ne fournit dans cette région aucune synonymie qui puisse répondre au mot chinois. Nous avions pensé à *Sadhourèh*, un des chefs-lieux de districts de la province de Dehli dans l'*Ayîn-Akbéri*[2]; mais la position ne s'accorde pas avec l'ensemble des distances de l'itinéraire [3], no-

[1] *Journ. of the As. Soc. of Beng.* vol. VI, 1837, p. 973.

[2] T. II, p. 257, in-8°. Cette place est très-ancienne; car c'est là qu'avait été placée l'inscription d'Açôka qui a été depuis transportée à Dehli, où elle est connue sous le nom de *colonne de Firouz-Châh*.

[3] *Sadhourèh* est assise au pied des hauteurs, près d'un des cours d'eau qui forment la Sarsouti, à une quarantaine de milles (anglais) au nord-est de Thanésar.

tamment avec la station suivante, pour laquelle nous avons des données moins incertaines. A ne considérer que ces distances, nous devrions nous placer vers Sirtah, à l'ouest de Thanésar[1]. En ceci néanmoins, nous ne pouvons aller au delà d'une indication tout à fait générale, jusqu'à ce que de nouveaux textes, ou quelque heureuse découverte archéologique, nous viennent apporter sur ce point des directions moins vagues.

La situation du royaume où Hiouen-thsang se rend ensuite, et celle de sa capitale, nous sont indiquées en quelque sorte par une désignation trigonométrique. D'une part, le voyageur compte 800 li, au sud-ouest (60 lieues), de *Che-to-t'ou-lo* à *Po-li-ye-to-lo*; d'une autre part, il compte 500 li (37 lieues), en se portant à l'est, de *Po-li-ye-to-lo* à *Mo-thou-lo*, qui est la célèbre *Mathourâ*, sur la Yamounâ. Comme nous sommes ici dans un pays de plaines, il suffit de retrancher un huitième ou un dixième de ces chiffres pour les convertir en distances linéaires[2]. Or, si nous cherchons sur la carte le point d'intersection des deux distances données, nous nous trouvons placés au milieu de l'ancien pays de *Virâta*, célèbre dans les légendes épiques de l'Inde, et dont le nom, dans les dialectes populaires, se changeait en *Baïratha*[3].

---

[1] Que la route de Hiouen-thsang ait dû passer à l'ouest de cette localité célèbre dans les traditions héroïques et religieuses de l'Inde ancienne, c'est ce que prouve l'itinéraire du voyageur, qui revient la visiter après être descendu jusqu'à Mathourâ, en faisant un coude très-considérable vers l'ouest. La vue du tracé de la route sur la carte fera mieux comprendre notre observation que les plus longues explications.

[2] Voyez notre remarque à ce sujet en ce qui touche aux pays de montagnes, ci-dessus, p. 323.

[3] Voyez le *Nouv. Journal asiat.* t. III, 1844, p. 371. Le pays de Virâta était occupé, aux temps héroïques de l'Inde, par la grande tribu des *Matsya*, dont la ville de Matchéry, capitale actuelle de la province, a conservé le nom (dérivé

DE L'ASIE CENTRALE ET DE L'INDE.   337

La transcription régulière de *Po-li-ye-to-lo* donne *Pâriyâtra*; mais ce nom, qui dans l'ancienne géographie sanscrite appartient à la partie occidentale des monts Vindhya, est absolument étranger à la contrée où la marche du voyageur nous amène, et le mot *Baïratha* présente assez d'analogie avec *Pâriyâtra* pour qu'on puisse admettre dans la transcription chinoise une de ces inexactitudes dont on aurait à citer de nombreux exemples. Ce reproche, si c'en est un, est d'ailleurs commun aux voyageurs de toutes les nations et de tous les siècles, sans en excepter nos explorateurs modernes, qui ont fait souvent subir aux noms étrangers les transformations les plus bizarres. La ville de *Bîrat* (c'est indubitablement la *Virâta* de l'ancienne géographie sanscrite, résidence du roi des Matsya), qui nous paraît devoir s'identifier avec la capitale du royaume de *Po-li-ye-to-lo*, est à 36 ou 37 lieues à l'ouest de Mathourâ, ce qui nous donne environ 490 li chinois; nous avons vu que dans l'itinéraire cette distance est marquée 500 li. D'un autre côté, les 800 li comptés depuis *Che-to-t'ou-lo* jusqu'à *Po-li-ye-to-lo* ne peuvent partir, ainsi que nous l'avons dit, que des environs de la Sarsouti.

§ 6. — De Mathourâ à l'extrémité du Magadha.

En touchant à la ville de Mathourâ (*Mo-thou-lo*), le voyageur nous fait pénétrer dans le bassin du Gange, que l'itinéraire va sillonner dans toutes les directions. Cette terre consacrée par les plus vieilles légendes religieuses des Brâh-

probablement de *Matsyavara*). Le pays a reçu dans les temps modernes le nom de *Chékavati*. Il y a aussi une Matchîvara près de la gauche du Satledj, à l'est de Loudhyana.

manes et par les traditions héroïques du peuple indien, était aussi le berceau du bouddhisme. C'était là que le Bouddha Çâkyamouni était né, et que sa parole avait jeté les germes féconds de sa doctrine; c'était là qu'il était mort, après une vie partagée entre la contemplation et la lutte [1]. Une foule de localités des provinces centrales gardaient la tradition légendaire des courses du grand Réformateur et de ses prédications; et dans le temps où l'Inde du nord avait été soumise à la glorieuse dynastie des Goupta [2], fervents propagateurs de la doctrine bouddhique, d'innombrables monuments avaient en quelque sorte marqué pas à pas sur le sol de l'Inde chaque action et chaque parole de Çâkyamouni. La réaction brâhmanique avait détruit plus tard une partie de ces monuments; beaucoup néanmoins existaient encore à l'époque du voyage de Hiouen-thsang, et le souvenir des autres s'était perpétué dans les traditions locales. L'itinéraire les fait tous connaître. On voit que le pieux voyageur s'était imposé la loi de les visiter tous, malgré les périls, les difficultés et les distances, comme au moyen âge les dévots pèlerins de la terre sainte suivaient de station en station les lieux consacrés par la vie et la mort du Rédempteur. Nous retrouvons dans le journal de Hiouen-thsang (comme avant lui, mais avec beaucoup moins de

---

[1] On sait que la mort (le *Nirvâṇa*) de Çâkyamouni est devenue l'ère fondamentale de la plupart des peuples bouddhistes. Les travaux de la critique contemporaine, et à leur tête ceux d'Eugène Burnouf, ont démontré que cette époque mémorable, plus ou moins déplacée par les bouddhistes du nord, ne s'était conservée avec exactitude que dans les livres des bouddhistes de Ceylan, et qu'elle tombe à l'année 543 avant l'ère chrétienne. Cette date est un phare lumineux au milieu de l'obscurité des antiquités hindoues.

[2] Depuis l'an 315 jusqu'en l'année 178 avant notre ère, d'après les tables de M. Lassen.

détails, dans celui de Fa-hian) les différents lieux mentionnés dans les documents originaux arrivés jusqu'à nous[1]; et notre itinéraire nous apporte un secours précieux, le seul à peu près que nous ayons aujourd'hui, pour éclaircir et fixer sur la carte cette topographie sacrée des livres bouddhiques.

Personne n'ignore que l'antique cité de *Mathourâ* existe encore, sous le nom de *Matra*, sur la rive droite ou occidentale de la Djemna (Yamounâ). De cette ville, le voyageur retourne au nord pour visiter *Sa-t'a-ni-chi-fa-lo*. L'alphabet harmonique de M. Stanislas Julien ramène cette transcription chinoise au mot sanscrit *Sthânêçvara*, et la légende que rapporte notre auteur, d'une grande bataille qui fut livrée en ce lieu dans les temps antiques, ne permet pas de douter qu'il ne s'agisse en effet de la *Sthânêçvara* des traditions épiques, théâtre du combat gigantesque entre les Kourous et les Pandous, qui fait le fond et le nœud du *Mahâbhârata*. Le point de départ et le point d'arrivée étant ainsi parfaitement assurés, nous sommes à même de reconnaître que la relation chinoise appelle ici une grave correction. Le *Si-yu-ki*, de même que Hoeï-li, compte 500 li de *Mo-thou-lo* (Mathourâ) à *Sa-t'a-ni-chi-fa-lo* (Sthânêçvara), en se portant au nord-est; or, la distance réelle entre Matra et *Thanésar* (c'est la forme que le nom de Sthânêçvara a prise dans l'usage vulgaire) est de 68 lieues, mesurées au compas

---

[1] Notamment dans la *Vie du Bouddha*, écrite au temps du troisième synode bouddhique, sous le règne du roi Açôka, sur des traditions et des souvenirs encore vivants. Cette biographie, qui porte en sanscrit le titre de *Lalitavistâra*, s'est conservée jusqu'à nos jours non-seulement dans l'original sanscrit, mais dans des traductions tibétaines et chinoises; elle a été traduite en français par M. Édouard Foucaux sur la version tibétaine (Paris, 1848, in-4°).

sur la carte, ce qui suppose au moins 75 lieues de marche effective sur le terrain; et 75 lieues répondent à plus de 1,000 li (1,013), c'est-à-dire au double précisément du chiffre donné par l'itinéraire. En outre, la direction par rapport à Mathourâ est non pas au *nord-est*, mais au *nord*, en inclinant même un peu à l'ouest. La route passe par Dehli et longe constamment la rive occidentale de la Yamounâ. Peut-être cette différence de 500 li à 1,000 doit-elle s'expliquer par une omission. Si l'on fait attention que l'ancienne *Indraprastha* (la Dehli actuelle), ville qui a toujours tenu un rang considérable dans cette partie de l'Inde, se trouve à mi-chemin environ de ce trajet (à 34 lieues ou 460 li de Matra, et à 41 lieues ou 553 li de Thanésar), on pourra supposer, sans trop d'invraisemblance, que le voyageur, qui pour les grandes lignes s'en tient communément aux nombres ronds, avait noté originairement deux distances de 500 li chacune, de Mathourâ à Indraprastha et d'Indraprastha à Sthânêçvara, et que l'un de ces deux chiffres aura disparu dans la rédaction définitive des Mémoires du voyageur.

De *Sa-t'a-ni-chi-fa-lo* (Sthânêçvara ou Thanésar) le voyageur vient à *Sou-lou-k'in-na*, après une marche de 400 li vers l'est. Le groupe chinois représente le sanscrit *Sroughna*. Ce royaume, dit l'auteur, était voisin, à l'est, du fleuve *King-kia* (Gañgâ, le Gange); au nord, il s'adossait à de hautes montagnes, et la Yamounâ (*Yen-meou-na*) le coupait en deux parties [1]. La capitale, située près de la rive droite ou occidentale de la Yamounâ, était alors tout à fait déserte; ses ruines seules en marquaient l'emplacement. Les environs étaient néanmoins couverts d'un grand nombre de

[1] Littéralement : la rivière *Yen-meou-na* coule au milieu de ses frontières.

temples brâhmaniques (*Dévâlayas*), et il y avait aussi cinq couvents bouddhiques (*Sañghârâmas*). Près de la ville, à l'ouest de la Yamounâ, s'élevaient des *Stoûpas*, au nombre de plusieurs dizaines, érigés en mémoire des conférences dans lesquelles les maîtres des çâstras (bouddhiques) avaient autrefois confondu les Brâhmanes. La distance indiquée, en remontant la droite de la Yamounâ, conduit au pied des premiers gradins de l'Himâlaya, au-dessous du confluent de la Ghirri. Le sircar de *Schrana*, *Sehranpour*, un des arrondissements de la province de Dehli, répond par sa situation à ce pays de *Sroughna* de notre voyageur, et les noms eux-mêmes présentent une évidente analogie ; mais Sehranpour, la capitale actuelle, est à 4 lieues à l'est de la Yamounâ, et non plus sur le côté occidental. Dans la liste géographique du *Varâha-Sanhita*[1] on trouve un pays de *Sroughna* parmi d'autres noms qui appartiennent à la région supérieure du Çatadrou, et qui peut-être ne diffère pas du *Sroughna* de la relation chinoise, quoiqu'on puisse penser aussi à la ville de *Soungnam* du Bissahir, sur la droite du haut Satledj.

Parti de *Sou-lou-k'in-na* (Sroughna), Hiouen-thsang fait 800 li à l'est de la Yamounâ, jusqu'à la source du Gange[2]. Il est plus que probable que par cette expression, *la source du Gange*, il faut entendre *Gangaoutri*, que les Brâhmanes regardent en effet comme la véritable source du fleuve sacré. Les 800 li représentent à peu près 60 de nos lieues communes, ce qui est bien en effet la distance indiquée par

[1] *Asiat. Res.* vol. VIII.
[2] Cette indication de la *source* du Gange n'est que dans *Hoeï-li* (p. 105), elle nous paraît devoir être exacte, eu égard à la distance indiquée, quoique le *Si-yu-ki* dise seulement que le voyageur arriva « au Gange ».

nos meilleures cartes à partir du site présumé de Sroughna. Seulement, lorsque le *Si-yu-ki* dit que près de la source la largeur du fleuve est de 3 à 4 li, il y a là plus qu'une exagération : il y a une confusion évidente.

Le voyageur redescend vers les plaines entre la Yamounâ et le Gange ; et, traversant ce dernier fleuve, il arrive au royaume de *Mo-ti-pou-lo*, sans indiquer ni direction ni distance. *Mo-ti-pou-lo* représente le sanscrit *Matipoura*. La suite du journal montre clairement que Hiouen-thsang nous a conduits dans le Rohilkand actuel (la partie nord-ouest de l'ancien Kôçala), entre le Gange et la Ramagañgâ. La géographie sanscrite ne connaît pas dans cette région de ville de Matipoura ; nous allons voir tout à l'heure quelle peut être, d'après nos sources d'informations actuelles, la signification historique du nom. Mais avant d'entrer dans cette recherche, il est nécessaire d'examiner quelles données le journal nous fournit pour rapporter à la carte cette portion de l'itinéraire.

Pour plusieurs des positions qui se suivent à partir de la source du Gange, et pour Matipoura elle-même, ces données sont extrêmement incertaines. Le journal marque 400 li au sud-est (30 lieues) de Matipoura à *Kiu-pi-choang-na*; 40 li (3 lieues), également au sud-est, de *Kiu-pi-choang-na* à *'O-hi-tchi-to-lo*; 265 li au sud-ouest (près de 20 lieues) de *'O-hi-tchi-to-lo* à *Pi-lo-chan-na*, ayant le Gange à traverser pour arriver à ce dernier lieu ; 200 li au sud-est (15 lieues) de *Pi-lo-chan-na* à *Kie-pi-tha*, nommée aussi *Seng-kia-ché*; 200 autres li, également au sud-est [1], jusqu'à *Kie-jo-kio-ché*.

---

[1] Le texte porte au *nord-ouest*, par une erreur évidente, ainsi que nous le verrons tout à l'heure.

Ce dernier nom, qui répond au sanscrit *Kanyâkoubdja* (la *Canoge* actuelle), nous donne un point de repère certain.

Des autres places nommées dans cette route, deux seulement ont une correspondance connue : *Seng-kia-ché*, qui est le *Sañkâçya* des sources sanscrites, et dont le site, qui garde encore le nom de *Samkassa*, a été retrouvé de nos jours sur la gauche de la Kalinadî, à 18 lieues (245 li) au nord-ouest de Canoge; et *Pi-lo-san-na*, qui doit indubitablement répondre à la *Karsanah* de nos cartes actuelles[1], à 16 lieues (216 li) au nord-ouest de Samkassa. Ces deux positions, Samkassa et Karsanah, sont situées dans le Douab, c'est-à-dire dans la vaste mésopotamie formée par le Gange et la Yamounâ. A partir de *Pi-lo-san-na* (Karsanah), en remontant vers la source du Gange, les autres noms de l'itinéraire (au moins les deux premiers) ne trouvent plus de synonymies sur la carte. Nous nous bornons donc ici à y pointer les positions au compas d'après les distances et les directions indiquées[2]. *'O-hi-tchi-ta-lo* tombe ainsi, en passant à l'orient du Gange, à 3 ou 4 lieues vers le nord-est de Bisaolî; *Kiu-pi-choang-na*, à environ 3 lieues à l'est de Tchandaousî; et enfin *Mo-ti-pou-lo*, un peu au-dessus de *Sahanpour*. Or, à 3 lieues de cette dernière place, et à une heure du bord oriental du Gange, nous trouvons un ancien site, depuis longtemps ruiné, dont le nom de *Madaouvar*, que nous donne Tieffenthaler[3], nous paraît avoir conservé l'antique dénomination. *Madaouvar*, selon toute apparence, vient directement du sanscrit *Madhouvara;* mais *Madhouvara*

---

[1] Le groupe chinois donne le sanscrit *Viraçana*.

[2] Avec une faible réduction sur les distances (nous sommes ici en pays de plaines), pour les inégalités et les sinuosités de la route.

[3] *Descript. de l'Inde*, t. I, p. 143. Berlin, 1786, in-4°.

et *Matipoura* ont très-bien pu n'être que deux formes d'un seul et même nom, *Mati*, ainsi qu'on le verra tout à l'heure, étant une prononciation locale du sanscrit *Mathou*. Il est dit que de *Mo-ti-pou-lo* (Matipoura) Hiouen-thsang, faisant 300 li au nord (22 lieues), arriva au royaume de *Po-lo-hi-mo-pou-lo*, qui est représenté comme un pays que des montagnes entourent de tous côtés. Cette indication s'accorde bien avec notre site de *Matipoura*, à une faible distance des premiers gradins de l'Himâlaya inférieur. Les 300 li indiqués, pris de Madaouvar en se portant au nord, nous amènent précisément à *Srinagar*, la capitale du Garhvâl, que déjà M. Alex. Cunningham avait supposé pouvoir répondre au *Po-lo-hi-mo-pou-lo* (Brahmapoura) de la relation chinoise[1].

Dans l'*Hitopadésa*[2], *Brahmapoura* est une ville située au milieu des montagnes saintes (*Çriparvata*), dénomination qui pouvait s'appliquer convenablement à une région consacrée par une foule de légendes religieuses, et où se trouvent les sources sacrées du Gange. Un passage du *Râdjataranghini*[3] prouve en effet que cette appellation de *Çriparvata*, qui se rencontre en plusieurs localités de la péninsule, existait aussi dans l'Himâlaya occidental.

Le nom de *Matipoura*, ainsi que nous l'avons dit, ne se rencontre pas dans nos sources sanscrites; mais des témoignages positifs prouvent que le nom de *Mati* ou *Matha* a été appliqué autrefois à une partie considérable du pays compris entre le Gange et l'Himâlaya. Ce nom était originairement celui d'une grande tribu aborigène, les *Mâthava*

---

[1] *Journal of the As. Soc. of Bengal*, vol. XVII, 1848, p. 26.
[2] II, 5, 86.
[3] III, 267.

ou *Mâdhava*, appelée aussi *Madhou*[1], qui fonda Mathourâ sur la Yamounâ, et dont les établissements s'étendirent, à l'orient de la Gandakî, jusqu'au pays de Vidêha, nommé d'après eux *Maïthilâ* ou *Mithilâ*[2]. Dans un hymne du *Yadjourvéda*, il est dit : « La Sadânîrâ est encore aujourd'hui la limite du Kôçala et du Vidêha, qu'occupent les descendants de *Mâthava*[3]. » Mégasthène, qui résida plusieurs années à la cour de Tchandragoupta (environ trois cents ans avant notre ère), et qui avait écrit des mémoires sur l'Inde dont il ne nous reste malheureusement que de trop courts fragments, Mégasthène nommait parmi les affluents du Gange l'*Érinésés*, qui arrosait, disait-il, le pays des Mathæ[4]. L'Érinésès se retrouve dans la *Varânasî* des sources sanscrites, qui tombe dans le Gange à Bénarès, et la contrée des *Mathæ* qu'elle arrose répond conséquemment à la partie méridionale du Kôçala[5]. Il est dit aussi, dans le Catalogue des patriarches bouddhiques tiré par Abel-Rémusat de la grande Encyclopédie japonaise, que le dix-septième patriarche Sañ-

---

[1] M. Weber, s'appuyant sur les vieux documents de la littérature oupavédique, regarde la forme *Mâthava* comme la plus ancienne (*Indische Studien*, t. I, p. 70, note, et p. 178), et les indications postérieures qui s'y rapportent dans Mégasthène, dans les écrits bouddhiques et dans notre auteur, montrent que c'était bien en effet la forme usuelle. La forme *Madhou* est dans le *Bhâgavata-Pourâna*, t. I, p. 135, et t. III, p. 575.

[2] Weber, *l. c.* p. 178. *Maïthilâ* signifie littéralement *demeure des Maïthi*.

[3] Cet hymne, déjà traduit par M. Weber, se retrouve dans un des articles consacrés à la littérature védique par M. Barthélemy Saint-Hilaire, *Journal des Savants*, octobre 1853, page 621. Le nom de *Sadânîrâ* paraît s'être appliqué successivement à plusieurs rivières au nord du Gange, à mesure que les établissements brâhmaniques s'étendaient vers l'Orient, une vieille légende l'ayant désignée comme formant la dernière limite de la terre sainte ou des Âryas.

[4] Ἐρινέσης ἐν Μάθαις. Dans Arrien, *Indica*, ch. IV.

[5] Lassen, *Ind. Alt.* t. II, p. 691.

ghanandi, originaire de Çrâvastî [1], désigna son successeur Gayaçâta (en l'année 74 avant J. C.) dans le pays de *Mati* [2]. Cette suite de témoignages accidentels que nous rencontrons encore dans les sources anciennes, prouve donc surabondamment que sous le nom de royaume de *Matipoura*, auquel il donne une grande étendue [3], Hiouen-thsang a désigné sinon la totalité, du moins une partie considérable du Kôçala [4].

Notre auteur mentionne dans le même pays deux autres localités, dont l'emplacement, facile à reconnaître, confirme d'autant plus celui qui se trouve indiqué d'après l'itinéraire du voyageur pour le site de Matipoura. Voici le passage du *Si-yu-ki*: «Sur le rivage oriental du fleuve *King-kia* (Gañgâ), à la frontière nord-ouest de ce royaume, on voit la ville de *Mo-yo-lo*, qui a 20 li de tour. Sa population est fort nombreuse, et des courants d'eau pure l'entourent comme d'une ceinture..... A une petite distance de la ville, et tout près du Gange, il y a un grand temple des dieux [5] où éclatent beaucoup de prodiges... Les habitants des cinq Indes appellent ce temple la Porte du Fleuve (*Gañgâdvâra*). Dans ce lieu on obtient le bonheur et l'on efface ses crimes.

---

[1] Ville du Kôçala dont il sera question bientôt dans l'itinéraire de notre voyageur.

[2] Abel-Rémusat, *Sur la succession des patriarches bouddhiques*, dans ses *Mélanges Asiat.* t. I, p. 123, et Lassen, *Indische Alterth.* t. II, append. p. VI, où la liste d'Abel-Rémusat est reproduite avec des rectifications fournies en partie par M. Stan. Julien.

[3] Le royaume de *Mo-ti-pou-lo*, selon notre auteur (ou plutôt selon les ouvrages sanscrits qui lui servaient de guide), avait 6,000 li de tour.

[4] Il y a encore dans la province de Gorakpour (partie orientale de l'ancien Kôçala) une tribu qui garde le nom de *Méthiya*. (Francis Buchanan, dans l'*Eastern India* de Montg. Martin, t. II, p. 463.)

[5] C'est-à-dire un temple brâhmanique, en sanscrit *Dêvâlaya*.

En tout temps les hommes des pays éloignés s'y réunissent par centaines de mille pour s'y baigner...» On ne saurait mieux déterminer le célèbre lieu de pèlerinage situé au point même où le fleuve sort de la montagne pour entrer dans les plaines, lieu que les livres sanscrits désignent en effet souvent sous le nom de *Gañgâdvâra* «la Porte du Gange», quoique le nom de *Hardvar* (Hâridvâra) soit seul resté en usage. La ville de *Mayoûra* (c'est le nom que représente le groupe chinois *Mo-yo-lo*), qui devait être sur la rive orientale du fleuve vis-à-vis de Hardvar, ou peut-être un peu plus bas vis-à-vis de Kankhal [1], ne paraît pas y avoir laissé de vestiges; mais elle n'est pas inconnue dans les sources indiennes. Selon les chroniques singhalaises, *Moriyanagara* fut fondée dans l'Himâlaya au temps de Çâkyamouni [2]; elle est quelquefois citée comme la capitale des princes de la race des *Moriya*, qui lui avaient donné leur nom [3]. On trouve également le nom de *Mayoûra* rangé parmi les royaumes du nord dans une carte hindoue annexée à un ancien traité de géographie pouranique, et dont M. Francis Buchanan a donné une copie qui a été publiée par M. Montgomery Martin dans son *Eastern India* [4]. Peut-être, cependant, la *Moriyanagara* des Maouriya s'identifierait-elle plus convenablement encore avec l'*Amrouïèh* de l'*Ayîn-Akbéri* (l'*Amrouah* des cartes anglaises), à 9 lieues au nord de Sambhal et à 28 lieues au sud de Hardvar.

[1] Dans le *Méghadoûta* de Kâlidâsa, le saint tîrtha est désigné sous le nom de *Kankhala*.
[2] Turnour, *Mahavanso*, Introd. p. xxxix.
[3] *Idem, ibid.* Index géographique, au mot *Moriya.* Tchandragoupta, qui fit de Pâṭalipoutra sa capitale, était de cette race, qui a joué un grand rôle dans l'ancienne histoire de l'Inde.
[4] T. II, p. 19. London, 1838, in-8°.

Nous n'avons rien à dire de *Kiu-pi-choang-na*, nom qui paraît représenter le sanscrit *Gôviçâna*, d'ailleurs inconnu. Mais *'O-hi-tchi-to-lo*, dont la transcription sanscrite donne *Ahikchêtra*, rappelle un nom qui figure dans les plus vieilles traditions épiques de l'Inde; dans les sources sanscrites, c'est une ville et un royaume situés au nord des Pañtchâla (le Douab actuel), dont il était séparé par le Gange [1], position que confirme notre itinéraire.

Nous avons vu que de *'O-hi-tchi-to-lo* (Ahikchêtra), une marche de 265 li vers le sud-ouest conduisait le voyageur à une place du nom de *Pi-lo-chan-na*. Le sanscrit *Víraçâna*, que représente le groupe chinois, ne se trouve pas dans nos sources anciennes; mais la place nous paraît s'identifier avec la *Karsanah* de nos cartes actuelles, non-seulement par la convenance des noms, mais surtout par le rapport de position avec la station suivante (*Seng-kia-ché*), dont l'identification est certaine. Le nom de *Sañkâçya*, qui répond au mot chinois, est bien connu par les sources sanscrites. Dans le *Râmâyana*, un frère de Djanaka, roi de Mithilâ et de la race illustre d'Ikchvakou, fonde la ville de *Sañkâçya* « que la rivière Ikchoumatî arrose de ses eaux [2] ». Or, il est dit expressément, dans un passage du *Mahâbhârata* [3] que l'Ikchoumatî arrose le Kouroukchêtra; de même que dans Mégasthène, transcrit par Arrien, la rivière Ὀξύματις (véritable leçon, pour Ὀξύμαγις que portent toutes les

---

[1] Lassen, *Ind. Alterth.* p. 602. On trouve aussi l'orthographe *Ahitchêtra*, qui se rapproche encore plus étroitement de la transcription chinoise. Cette ville est notée dans les Tables de Ptolémée, où le nom est corrompu en Ἀδισδάρα (VII, ch. 1, 53).

[2] *Râmây.* 1, 70, 3, Schleg.

[3] Th. Pavie, *Fragments du Mahâbhârata*, p. 18; Lassen, *Ind. Alt.* t. I, p. 602, note.

éditions[1]) coule dans le pays des Παζᾶλαι, c'est-à-dire chez les Pañtchâla, qui occupaient en effet, entre le Gange et la Yamounâ, l'ancien territoire des Kourous. L'itinéraire de Hiouen-thsang est bien conforme à ces données, puisque, venant du nord-est, il passe le Gange pour arriver à Sañkâçya. Déjà cette dernière place avait été mentionnée, et sa position bien déterminée, dans l'itinéraire de Fa-hian. Ce dernier, allant directement de Mathourâ à Kanyâkoubdja à travers le Douab, compte pour la distance d'une de ces deux villes à l'autre 25 yôdjanas, et il trouve la ville de *Seng-kia-chi* (Sañkâçya) à 18 yôdjanas de la première de ces deux villes et à 7 de la seconde[2]. Cette indication précise ne laissait pas de doute sur l'emplacement, au moins très-approximatif, du lieu mentionné. Aussi un investigateur habile et zélé des antiquités de l'Inde du nord, le lieutenant Alex. Cunningham, du corps des ingénieurs, a-t-il été assez heureux pour retrouver, en 1842, le site ancien où le nom de *Samkassa* se conserve encore dans la tradition locale[3], et où des ruines considérables marquent l'emplacement d'une antique cité[4]. Le site est près d'Aghat-

---

[1] Cette altération de la leçon véritable s'explique aisément, ainsi que Schwanbeck en a déjà fait la remarque après Wilford, par le facile changement, dans quelque ancien manuscrit, du Τ en Γ.

[2] *Foe-koue-ki*, p. 124.

[3] C'est aussi sous la forme *Samkassam*, ou *Samkassa*, que le *Sañkâçya* de l'épopée sanscrite est mentionné dans les livres palis. (Voy. Burnouf, dans les notes sur Fa-hian, *Foe-koue-ki*, p. 128, et *Introduction à l'histoire du Buddhisme*, p. 170.)

[4] La relation que M. Cunningham a donnée de sa découverte est dans le *Journ. of the Roy. Asiat. Soc.* vol. VII, 1843, p. 241 et suiv. (Cf. quelques observations de feu M. H. Elliot dans son *Supplementary Glossary of the Indian terms*, p. 154, Calcutta, 1849.) Ajoutons que le nom de *Samkassa* ne se trouve pas sur la grande carte trigonométrique de la Compagnie des Indes (feuille 68), ce qui

Séraï, à 18 lieues au nord-ouest de Canoge (Kanyâkoubdja), sur la rive gauche de la Kalandrî-naddî ou Kalinadî (d'où il suit que cette rivière est l'*Ikchoumatí* du *Râmâyana* et de Mégasthène), qui vient déboucher dans le Gange un peu au-dessous de l'ancienne Kanyâkoubdja, après avoir arrosé une partie considérable du Douab.

Il était nécessaire de bien établir ce point important, parce que les données de l'itinéraire de Hiouen-thsang, moins précises en cet endroit que celles de Fa-hian, viennent s'y appuyer avec certitude, et qu'il en ressort une correction évidente dans le texte de notre auteur, qui met *Kié-jo-kio-ché* (Kanyâkoubdja) au *nord-ouest* de *Seng-kia-ché* (Sañkâçya), au lieu du *sud-est* qu'il faut lire.

En quittant Kanyâkoubdja, Hiouen-thsang vient visiter une ville nommée *Na-po-ti-p'o-kiu-lo*, remarquable par de beaux édifices religieux, et située à une centaine de li vers le sud-est, sur la rive orientale du Gange. La restitution sanscrite du nom chinois donne *Navadêvakoula*. Un lieu que nous trouvons sur la carte précisément à la distance et dans la position indiquées (2 lieues ouest de Bangermow) pourrait bien conserver, dans son nom actuel de *Nohbatgang*, l'ancienne dénomination mentionnée par notre voyageur. Encore un site qui appelle l'examen d'un explorateur archéologue. Le bois de *Ho-li* mentionné par Fa-hian à sa sortie de Kanyâkoubdja[1] devait être voisin de Navadêva. C'est la même distance (3 yôdjanas, qui répondent à 7 ou 8 lieues) et la même direction.

---

montre combien les cartes les plus détaillées sont encore insuffisantes, dans des recherches de cette nature, pour suppléer aux investigations locales d'un explorateur.

[1] *Foe-koue-ki*, p. 167.

De ce point, l'itinéraire marque environ 600 li jusqu'à la cité royale d'*O-yu-t'o*. C'est *Ayodhyâ*, l'antique métropole de la dynastie Solaire. La distance, à l'ouverture du compas, est de 45 lieues, ce qui suppose au moins 50 lieues (675 li) de marche effective. Nous ferons remarquer que la *Sarayoû*, qui baigne Ayodhyâ, est toujours désignée dans la relation sous l'appellation générique de Gañgâ (*King-kia*).

D'*O-yu-t'o* (Ayodhyâ), Hiouen-thsang descend le cours de la Sarayoû (*King-kia*), et, après une marche de 300 li vers l'est, il arrive à '*O-yé-mou-khié*, sur la rive nord de la rivière. Ces indications nous conduisent vers Soradjpour. Le mot chinois représente le sanscrit *Hayamoukha*, nom inconnu dans nos sources actuelles de la vieille géographie sanscrite [1].

De là, une marche de 700 li environ [1] conduit le voyageur à *Po-lo-yé-kia*, ville située au confluent de deux fleuves. C'est *Prayâga* (nom qui sous le règne d'Akbar a été changé en *Allahabad*), au confluent du Gange et de la Yamounâ. Du site présumé de Hayamoukha (ou des Ayoumoukhîya), la route, en passant par Djoûnpour, mesure environ 50 lieues, qui répondent à 675 li [2].

La mention qui suit est moins facile à identifier. « De Prayâga, dit le *Si-yu-ki* [3], en marchant au sud-ouest, on

---

[1] M. Benfey (*Gœtting. Gelehrten Anz.* 1854, p. 24) croit reconnaître dans le '*O-yé-mou-khié* de notre voyageur le territoire des *Ayoumoukhîya*, cité dans le scholiaste de Pánini, et qui tirait son nom du mont *Ayoumoukha* qu'on trouve mentionné dans le *Harivansa* (t. II, p. 401). Ce rapprochement peut être fondé, et il fixerait l'orthographe sanscrite du nom; mais il n'ajoute rien à l'indication de notre voyageur quant à la situation du lieu.

[2] Hoeï-li (p. 120) indique la direction au sud-est; elle est nécessairement au sud-ouest.

[3] M. H. Elliot, dans son *Supplem. Glossary of the Indian terms*, p. 396 et suiv.

352 MÉMOIRE ANALYTIQUE SUR LA CARTE

entre dans une grande forêt infestée de bêtes féroces et d'éléphants sauvages... Après avoir fait 500 li, il (Hiouen-thsang) arriva au royaume de *Kiao-chang-mi*[1]. » Ce nom est la transcription du sanscrit *Kâuçâmbî*[2]. Il est clair, par la configuration de cette extrémité du Douab, qu'après l'avoir contournée intérieurement, le voyageur dut remonter au nord-ouest. Kâuçâmbî était une des plus anciennes villes de cette région, et il en est souvent question dans les plus vieux documents brâhmaniques; mais l'emplacement n'en a pas encore été retrouvé d'une manière certaine. Celui qu'a suggéré M. Alex. Cunningham[3], et que M. Lassen paraît avoir adopté, a pour lui le nom de *Kousia* que portent deux villages voisins de Karra sur la rive occidentale du Gange, et les ruines qu'on voit à Karra même[4]; mais la distance donnée par Hiouen-thsang n'y concorde pas, car la place n'est qu'à 14 lieues d'Allahabad, ce qui ne représente qu'une marche de 190 li. Les 500 li indiqués nous porteraient beaucoup plus haut dans le nord-ouest, vers la ville de Fattèhpour. Dans l'état de nos notions actuelles, nous ne pouvons nous prononcer d'une manière absolue.

Les incertitudes sont plus grandes encore pour la portion

discute cette question s'il y avait à Prayâga une ville proprement dite, avant qu'Akbar y eût fondé Allahabad. A défaut d'autres témoignages, la question serait résolue par celui de notre voyageur, qui nous apprend que la ville de Prayâga avait une vingtaine de li, c'est-à-dire 4 milles anglais, de circonférence.

[1] Cf. Hoeï-li, p. 121, où il y a une erreur de distance à corriger.

[2] On trouve aussi l'orthographe *Kâuçâmbhî*. Dans le pali des livres bouddhiques, le nom prend la forme *Kosambi*.

[3] *Journal of the Asiat. Soc. of Bengal*, vol. XVII, 1843, p. 28.

[4] Il paraît que dans une inscription déterrée parmi ces ruines, Kaṭa (Karra) est désigné comme appartenant au district (*Maṇḍala*) de Kâuçâmba (*Asiatic Res.* t. IX, p. 433, d'après le *Quarterly Oriental Magaz.* de Calcutta, t. I, p. 67. 1824). Ceci impliquerait au moins le voisinage de l'antique cité.

de l'itinéraire qui coupe le Kòçala. A partir de Kâuçâmbî, nous voyons d'une manière générale que la route, après avoir traversé le Gange, s'élève au nord-est pour aller passer entre Ayodhyâ et la montagne, et qu'elle se porte ensuite à l'est et au sud-est pour venir aboutir aux ruines de Kouçinagara, dans le voisinage de la Gandakî, d'où le voyageur revient au sud-ouest vers Vârâṇâsî (Bénarès). Or, sur cette courbe immense, qui présente un développement de plus de 3,000 li de Kâuçâmbî à Vârâṇâsî, nous n'avons qu'une seule position, Kouçinagara, que nous puissions regarder comme déterminée avec quelque certitude; la correspondance des points intermédiaires est ou très-douteuse, ou absolument inconnue. Les distances et les directions fournies par notre itinéraire sont le seul guide sur lequel nous puissions nous appuyer dans cette partie du tracé de la route; et malheureusement les indications de cette nature, lorsqu'elles embrassent de longues distances, laissent toujours, nous le savons, un grand vague sur la détermination finale. Il est vrai qu'ici l'ensemble des mesures données par l'itinéraire, avec les directions approximatives, s'ajustent assez bien au cadre général qui les circonscrit; mais ce qui n'en reste pas moins très-incertain, c'est la place plus ou moins septentrionale de la partie de la route qui va de Çrâvastî à Kapilavastou, et l'emplacement précis de la plupart, sinon de tous les autres sites. Nous devrons donc nous borner aux indications données par la relation, laissant aux recherches futures des explorateurs et des antiquaires la tâche de retrouver sur le terrain même des positions dont l'insuffisance de nos données actuelles ne nous permet de hasarder l'identification qu'avec de grandes réserves. Ce qui du reste rend très-douteux le résultat même de ces investigations locales, c'est que, dès le temps de notre voyageur, la plupart des villes auxquelles touche l'itinéraire dans cette partie de sa route étaient déjà ruinées et désertes, notamment Çrâvastî, Kapilavastou et Kouçinagara.

L'itinéraire, en partant de Kâuçâmbî, compte environ 700 li au nord (52 lieues) jusqu'à *Kia-ché*, et de là 170 ou 180 li (13 lieues) dans la même direction, jusqu'à *Pi-so-kia*[1]. *Kia-ché* représente le sanscrit *Kaça*, et *Pi-so-kia* donne *Vaïsâka*. Le premier nom ne se trouve pas dans nos sources indiennes, mais le second n'y est pas inconnu. Il nous est donné sous la forme palie *Bhésakala* (qui suppose également le sanscrit *Vaïsâka* ou *Vaïçâka*) par un curieux passage du *Bouddhavansa* cité par M. Turnour[2], parmi les stations successives de Çâkyamouni dans sa vie de prédication et d'enseignement; dans ce passage, le nom est appliqué non à une ville, mais à une solitude, *the wilderness of Bhesakala*. On peut songer à Bisvah, entre la Gagra et la Goumtî, à une quinzaine de lieues au nord de Laknô, ou mieux encore à Biseïpour, près du bord oriental de la Gagra, à 7 lieues environ vers le sud-ouest de Baraïtch. Bisvah est à une cinquantaine de lieues dans le nord de Karra, par la route la plus directe; la distance jusqu'à Biseïpour, en inclinant au nord-est, est à peu près la même. Cette assimilation, qui paraît au moins très-probable, placerait *Kia-ché* (Kaçapoura) à la hauteur de Laknô et de Massoli[3].

---

[1] Hoeï-li (p. 122) ne mentionne pas la station de *Kia-ché*, et ne marque que 500 li *à l'est* de Kâuçâmbî à Pi-so-kia.

[2] *Examination of the Pali Buddhistical Annals*, dans le *Journal of the As. Soc. of Bengal*, vol. VII, 1838, p. 790.

[3] Dans le *Foe-koue-ki* (p. 167, 170) Kaça (*Cha-tché*) est indiqué à 13 yôdjanas (52 kôs, ou 520 li, voy. la note suiv.) de Kanyâkoubdja dans la direc-

De *Pi-so-kia* (Vaïçâka), l'itinéraire marque 500 li au nord-est jusqu'à *Chi-lo-fa-si-ti*, la Çrâvastî ou Çarâvatî des sources sanscrites. Cette indication est tout à fait opposée à celle de Fa-hian, qui met Çrâvastî à 8 yôdjanas (à peu près 300 li) vers le *sud* de Cha-tchi, ou Kaçapoura [1]. Entre ces deux données contradictoires, nous restons forcément dans le doute; il est certain toutefois que la direction donnée par Hiouen-thsang cadre mieux que celle de Fa-hian avec la suite de l'itinéraire. Si nous nous reportons en effet à la position de Kouçinagara, qui était à l'orient de Gorakpour, et à celle de Kapilavastou qui doit se chercher entre Gorakpour et les montagnes du Népâl, la ville de Çrâvastî, que les deux voyageurs s'accordent à placer vers le nord-ouest de Kapilavastou à la distance d'environ 500 li, devait être quelque part aux environs de la Raptî supérieure, dans la partie du pays qui avoisine le pied de la montagne [2]. Cette

---

tion du *sud-ouest*. Ce gisement est évidemment erroné; la vraie leçon pourrait être *sud-est*.

[1] *Foe-koue-ki*, p. 171. On sait que la mesure indienne nommée *yôdjana* comprend 4 kôs. La valeur du kôs est très-variable; mais en rapprochant l'ensemble des indications itinéraires de Fa-hian des indications parallèles du *Si-yu-ki*, on voit que le kôs était pris en général comme équivalant à 10 li. Les 8 yôdjanas ou 31 kôs de Fa-hian répondraient donc à 320 li, au lieu de 500. Dans la relation de Fa-hian, le nom de Çrâvastî est écrit *Che-wei*, mot qui représente en les mutilant, les formes pracrites ou vulgaires (*Savatthi* ou *Sâvat*) du nom sanscrit. Fa-hian met Çrâvastî dans le royaume de Kôçala (*Kiu-sa-lo*), ce qui est exact; mais il ne dit pas, comme le suppose Klaproth dans ses notes sur ce passage, qu'elle en fût la capitale.

[2] M. Alex. Cunningham, dans son étude sur l'itinéraire de Hiouen-thsang (dont il ne connaissait que l'analyse, d'ailleurs exacte, qui en a été traduite à la suite du *Foe-koue-ki*), identifie Çrâvastî avec Ayodhyâ (*Journ. of the As. Soc. of Beng.* vol. XVIII, 1848, p. 28). Le texte de notre voyageur, où les deux villes sont nettement distinguées, suffit pour repousser cette assimilation. M. Henry Elliot, de son côté, croit retrouver l'ancienne Çrâvastî dans un village qui,

position a l'avantage de se lier assez bien avec le site probable de Vaïçâka (Bisçïpour). Toutefois, nous le répétons, ces combinaisons reposent sur des données trop vagues et trop peu certaines pour que nous les présentions autrement que comme des déterminations tout à fait provisoires.

L'emplacement de l'ancienne cité royale de *Kapilavastou*, où naquit Çâkyamouni (le nom est transcrit *Kie-pi-lo-fa-sou-tou* dans Hiouen-thsang, et moins exactement *Kia-weï-lo-weï* dans Fa-hian), cet emplacement, avons-nous dit, doit se chercher entre Gorakpour et le pied des montagnes. C'est, en effet, ce qui ressort des différents textes que Klaproth a réunis dans son Commentaire sur Fa-hian [1], quoique les indications qui en résultent soient loin d'être précises. Les livres bouddhiques du Tibet placent cette ville tantôt sur la Bhâghîrathî, c'est-à-dire sur une des branches du Gange supérieur, tantôt sur la Rôhinî, rivière qui descend des montagnes du Népâl et qui vient se réunir à la Raptî, un peu au-dessus de Gorakpour [2]. Tout cela n'a rien de bien précis.

dit-il, garde presque le même nom, à 8 milles vers l'ouest de Faïzabad, ville moderne qui s'est élevée près des ruines d'Ayodhyâ (*Supplement. Glossary of the Indian terms,* p. 446). Si cette identification s'appuyait sur des données plus sûres qu'une simple analogie de noms, il faudrait sans doute que les indications des voyageurs chinois, lors même qu'elles semblent nous porter dans une direction différente, se pliassent à un fait incontestable, et ce serait un grand service rendu à la géographie comparée du Kôçala ; mais dans l'état actuel de nos informations, l'induction qui se tire de l'ensemble des deux itinéraires pour assigner à Çrâvastî une position plus septentrionale, entre Ayodhyâ et les montagnes, nous paraît encore l'autorité dominante. Ajoutons que la Raptî paraît garder la trace du nom de *Çarâvatî*, nouvelle raison de supposer que cette ville était située sur ses bords.

[1] *Foe-koue-ki,* p. 199 et suiv.

[2] Csoma de Körös, *Abstract of the Dul-va, or first portion of the Kah-gyur, Journal of the Asiat. Soc. of Bengal,* vol. I, 1832, p. 7 ; Klaproth, notes du *Foe-koue-ki,* p. 201.

Klaproth, et M. Lassen après lui, ont accepté la position de la Rôhinî, vers laquelle en effet les itinéraires de nos voyageurs paraissent conduire; mais l'examen que l'on a fait de la vallée que cette rivière arrose n'y a fait découvrir aucun vestige d'antiquités[1]. Les indications les plus sûres, ou si l'on veut les moins incertaines, pour la détermination approximative du site de Kapilavastou, nous sont encore données par la partie de notre itinéraire qui relie cette ville à Kouçinagara[2]. Hiouen-thsang y compte 300 li directement à l'est, puis de 180 à 190 li au sud-est, jusqu'au *Stoûpa du Partage des Reliques*, en tout 485 li environ, plus une portion de route indéterminée, mais de 2 ou 3 li au plus, depuis le *Stoûpa du Partage* jusqu'à Kouçinagara[3]; Fa-hian compte 12 yôdjanas, qui reviennent à 480 li[4] : l'accord ne saurait être plus parfait. Cet accord n'a, du reste, pas lieu de nous étonner, dans un canton où chaque pas était en

[1] M. Francis Buchanan a exploré, vers 1809 ou 1810, toute la vallée de la Rôhinî au-dessus de Gorakpour sans y rien découvrir qui dénotât un ancien site. (Voyez l'*Eastern India* de M. Montgomery Martin, t. II, p. 401.) Toute cette contrée appellerait du reste une exploration nouvelle, maintenant que l'attention est éveillée sur son importance archéologique.

[2] Il faut ici rapprocher l'itinéraire de Hiouen-thsang de celui de Fa-hian, qui avait visité les mêmes lieux et suivi précisément la même ligne deux cent quarante ans auparavant. (*Foe-koue-ki*, p. 227 et suiv.)

[3] Les chiffres de Hoeï-li (p. 128 et suiv.) sont ici fautifs et incomplets.

[4] Voy. ci-dessus, p. 355, note 1. Fa-hian marque, après les 12 yôdjanas qui répondent aux 480 li de Hiouen-thsang, une autre station de 12 yôdjanas, qui n'est évidemment que la récapitulation des stations antérieures introduite par erreur dans le texte comme la mesure d'une marche distincte. L'examen attentif du *Foe-koue-ki*, rapproché du *Lalitavistâra* où se trouvent déposées, dans leur rédaction primitive, les traditions légendaires retrouvées sur les lieux dix à douze siècles plus tard par les pèlerins chinois, cet examen suffit déjà seul pour reconnaître cette interpolation : le rapprochement de la relation de Hiouen-thsang, dans le *Si-yu-ki*, lui donne une complète évidence. Hiouen-thsang, dans sa description des *Stoñpas* élevés aux environs de Kouçinagara,

quelque sorte marqué par un monument religieux ou par une légende, et dont les distances, de station en station, devaient être consacrées dans la tradition locale. Ce sont sûrement ces distances indiquées par les habitants, que les deux voyageurs ont textuellement reproduites, l'un, dans les mesures mêmes du pays (en *kôs* ou en *yôdjanas*), l'autre, en les réduisant en *li* suivant la proportion reçue [1]. Maintenant, les 485 li du *Si-yu-ki* nous donneraient 36 lieues, qui peuvent sûrement se réduire à une distance linéaire de 25 ou 30 lieues, si l'on tient compte de la courbe plus ou moins prononcée que décrivait la route, et de ses inégalités de détail. Or, une ouverture de compas de 25 lieues (pour s'en tenir à la distance la plus courte) portée du site de Kouçinagara dans la direction de la Rôhinî, nous conduit encore à 12 lieues au moins à l'ouest de cette rivière. Il résulterait donc de ces données que Kapilavastou devait être située à une vingtaine de lieues au-dessus de Gorakpour, probablement dans la direction du nord-ouest. C'est la position approximative que nous lui avons assignée sur la carte, et c'est à cette position, ainsi que nous l'avons dit plus haut, que nous avons rattaché celle de Çrâvastî.

Toute cette combinaison repose sur l'emplacement assigné à la ville de *Kouçinagara*, près d'une rivière connue sous le nom de *petite Gandaki*, à 50 milles anglais environ (à peu près 18 de nos lieues communes) est-sud-est de

---

mentionne de nouveau le *Stoûpa du Partage des Reliques*, et on voit alors qu'il ne pouvait être à plus de 2 ou 3 li de la ville, du côté de l'ouest.

[1] La proportion déjà indiquée de 10 li au kôs ou 40 li pour un yôdjana, indique un kôs de 33 ou 34 au degré. Ce chiffre s'accorde assez bien avec la valeur connue du kôs dans ces plaines du Gange. Le P. Tieffenthaler, qui dans sa longue étude topographique du nord de l'Inde avait donné à cet objet une attention particulière, compte ici le kôs à raison de 32 au degré.

Gorakpour. Dans un canton nommé *Kousiah*, près d'une petite ville ou plutôt d'un village du même nom, on a trouvé des ruines remarquables d'origine évidemment bouddhique. C'est ce lieu, déjà signalé et décrit par M. Francis Buchanan dans ses rapports officiels de 1810 [1], et que M. Liston a visité de nouveau en 1837 [2], que l'on a identifié avec la cité sainte de Kouçinagara, consacrée par la mort (le *Nirvâṇa*) du fondateur de la loi bouddhique. Le nom traditionnel de la localité, la nature de ses ruines, et enfin sa position, rendent en effet cette identification très-probable [3]. L'itinéraire de Fahian, qui rattache Kouçinagara à Vaïçâlî (dont la position sur la Gandakî inférieure est bien connue, comme on le verra bientôt), met la première de ces deux villes à l'ouest de la seconde, en inclinant au nord, ce qui est bien conforme au gisement des deux sites; seulement il fait la distance trop forte. Il y compte, en deux stations, 25 yôdjanas, qui répondent à 1,000 li ou 74 lieues, tandis que la route ne mesure guère que 37 lieues. Le chiffre de la première de ces deux stations, qui est de 20 yôdjanas ou 800 li, est manifestement erroné, comme l'était aussi le chiffre de 12 yôdjanas marqué pour la station précédente dans le même itinéraire [4].

[1] *The History, Antiquities, etc. of Eastern India*, published by Montg. Martin, t. II, p. 357 sqq. London, 1838.
[2] *Journal of the Asiat. Soc. of Bengal*, t. VI, 1837, p. 477.
[3] La réduction de la valeur du li telle que nous l'avons déterminée dans le premier paragraphe de ce mémoire, et le changement notable qui en résulte dans l'appréciation des distances, ont tout à fait modifié l'opinion que nous avions émise à ce sujet dans un premier travail sur l'itinéraire de Hiouenthsang (*Nouvelles Annales des Voyages*, juillet 1853, p. 119 et suiv.). Dans des recherches telles que celles-ci, dont les données fondamentales sont d'une nature si peu précise, on est souvent condamné à de longs tâtonnements avant d'arriver à la solution la plus probable.
[4] Voyez notre remarque sur ce point, ci-dessus, p. 357, note 4.

Sur ce dernier point, le journal de Hiouen-thsang ne nous fournit pas le moyen de contrôler celui de son prédécesseur. Au lieu de poursuivre sa route à l'est vers la Gandakî et le Magadha, notre voyageur revient au sud-ouest visiter *Vârânâsî* (la *Bénarès* actuelle), qui possédait des monuments et des écoles célèbres. De Kouçinagara à Vârânâsî, le voyageur compte 700 li en deux stations vers le sud-ouest; la route mesure sur la carte 48 lieues au compas, qui en représentent de 52 à 54 pour la marche effective dans cette contrée de plaines, c'est-à-dire de 700 à 720 li. La première station de 200 li, qui aboutit à une grande ville dont on ne donne pas le nom, pourrait conduire à Radjapore, au confluent de la Gagra et de la Rapti.

Vârânâsî était une cité riche et populeuse. Renommée de toute antiquité comme un des principaux centres de l'enseignement brâhmanique, cette ville ne comptait qu'un petit nombre de sectateurs de la loi du Bouddha. C'était cependant une des places que Çâkyamouni avait personnellement visitées, et nombre de *Stoûpas* élevés dans les environs de la ville consacraient le souvenir de sa présence et de ses actes. Il y avait aussi à l'orient de la rivière *Po-lo-ni-ssé* (Vârânâsî), dans un bois appelé en sanscrit *Mrĭgadâva*, ou le Bois des cerfs, un magnifique couvent bouddhique où demeuraient quinze cents religieux. Les restes de cet édifice ont été retrouvés de nos jours à *Sârnâth*[1], lieu situé à 4 milles anglais de Bénarès vers le nord-est. Les fouilles que le major Kittoe y a faites en 1851 ont révélé la démons-

---

[1] M. Al. Cunningham (*Journal of the Asiat. Soc. of Beng.* vol. XVIII, 1848, p. 31) conjecture que *Sârnâth* est une contraction populaire de *Sârañganâthu* « le maître des cerfs ». La légende relative à ce nom est rapportée par Hiouen-thsang.

tration matérielle des violentes persécutions que les sectateurs de Çâkyamouni eurent à subir à l'époque où le bouddhisme fut expulsé du nord de l'Inde. «Tout a été saccagé et brûlé, écrivait le major au sujet de ses fouilles de Sârnâth; prêtres, temples et idoles, tout a été détruit à la fois. En plusieurs endroits et à diverses reprises, j'ai trouvé par larges masses, mêlés et confondus, des ossements, du fer, du bois et des pierres [1].» M. Alex. Cunningham regarde le VIIIe siècle comme l'époque probable de ces persécutions brâhmaniques et de l'extinction du bouddhisme dans les pays du Gange.

La *Varânasî* est une petite rivière qui débouche dans le Gange, immédiatement au-dessous de Bénarès; le nom classique a pris dans l'usage vulgaire la forme *Barna*. Quelques Pourânas, et beaucoup d'auteurs modernes, ont dit et répété que la ville de *Vârânâsî* (anciennement appelée *Kâçî*) avait pris son nom de deux ruisseaux qui viennent y déboucher dans le fleuve, l'un au nord (la *Varânâ*), l'autre au sud (l'*Asî*). Cette assertion ne paraît pas exacte. Il n'y a pas, sur nos cartes les plus détaillées, trace de cours d'eau au sud de la ville. Mais comme la Barna se forme de la réunion de deux ruisseaux à quelques lieues au-dessus de Bénarès, il serait très-possible que l'un de ces ruisseaux se fût nommé *Asî*, et qu'après sa réunion à la Varânâ, la petite rivière eût pris le nom composé de *Varânasî* qu'elle aurait communiqué à la ville.

Après avoir visité les établissements religieux des environs de Vârânâsî, Hiouen-thsang fait 300 li vers l'est en

---

[1] Les notes du major Kittoe sur ses fouilles de Sârnâth n'ont pas été publiées. On peut voir à ce sujet une communication de M. E. Thomas, qui a repris, en 1853, la suite des excavations commencées par le major Kittoe (*Journ. of the As. Soc. of Beng.* vol. XXIII, 1854, p. 469).

suivant le cours du Gange, et arrive à un royaume désigné sous le nom de *Tchen-tchou-koue*. Par une exception unique dans la relation, l'orthographe indienne du nom n'est pas figurée en caractères phonétiques. Les trois caractères chinois signifient *Royaume du maître des combats*; on trouve aussi *Royaume du roi des combats*. Ce serait en sanscrit, dans le premier cas, *Youddhapatipoura*, et dans le second, *Youddharâdjapoura*; mais aucune ville de ce nom n'est mentionnée dans nos sources sanscrites. La distance indiquée depuis Bénarès nous porte à Ghazipour, sur la rive gauche du fleuve. La place est certainement ancienne, quoiqu'on ne la voie figurer dans aucun document indien antérieur à la conquête musulmane, et que son nom actuel, dont nous ignorons l'origine, représente peut-être une forme sanscrite, *Kâçipoura*[1].

Ce qui suit dans l'itinéraire présente quelques incertitudes de rédaction, et nous serions disposé à y soupçonner quelque lacune; néanmoins l'ensemble ne laisse pas de doutes, parce que les deux stations principales qui s'y trouvent mentionnées sont d'une identification certaine. De la capitale du royaume de *Tchen-tchou* (Youddhapati), Hiouen-thsang fait 200 li à l'est (environ 15 lieues) jusqu'à un couvent appelé *A-pi-to-kie-la-na-seng-kia-lan* (en sanscrit *Aviddhakarṇa Sanghârâma*), littéralement le Couvent de ceux qui n'ont pas les oreilles percées. Cette indication, si la distance est exacte,

---

[1] Cette partie du Kôçala fut occupée originairement par une population aborigène, dont le nom de *Kaçi* a eu, depuis les plus anciens temps jusqu'à nos jours, une très-grande extension dans la région himalayenne, et diverses localités y ont gardé leur nom. (Lassen, *Ind. Alterth.* t. I, p. 599, et Beil. p. xxix sqq.) On sait que Vârâṇâsî (Bénarès) se nommait primitivement *Kâçi*; la relation même de notre voyageur nous a fait connaître une autre ville du même nom, plus au nord dans l'intérieur du pays. (Ci-dessus, p. 354.)

nous porterait aux environs du confluent de la Sardjou (Sarayoû) dans le Gange. De là, poursuit le texte, le Maître fit environ 100 li, et, après avoir passé le Gange, il arriva à la ville brâhmanique de *Mo-ho-so-lo*. Il est impossible de ne pas reconnaître cette ville dans une localité dont le village actuel de *Masar* marque le site, à 2 lieues au sud-ouest d'Arah, au-dessus du confluent du Gange et de la Çôṇa. Ce lieu a été signalé par M. Francis Buchanan, dans son exploration archéologique du district de Chahabad, comme très-remarquable par des ruines de constructions religieuses qui portent le cachet d'une grande antiquité [1]. L'ancien nom sanscrit a dû être *Mahâsâra;* c'est à cette forme que se ramène la transcription chinoise. Mais la distance depuis le confluent de la Sarayoû est de 14 à 15 lieues, c'est-à-dire de 200 li précisément, au lieu de 100 li que porte le texte. La distance marquée pour la station suivante, de *Mo-ho-so-lo* (Mahâsâra) à *Feï-che-li* (Vaïçâlî), est également trop faible. Elle est indiquée de 140 à 150 li au nord-ouest en repassant le Gange. Cette direction est exacte, ainsi que le passage du fleuve; mais la distance depuis Masar jusqu'au site de Vaïçâlî est de 18 lieues environ ou 245 li, au lieu de 145 li indiqués.

Quant à l'emplacement de *Vaïçâlî*, il ne saurait y avoir aucun doute. Les nombreuses indications qui se tirent des livres bouddhiques concourent toutes à la placer au nord du Gange, à une faible distance de la rive gauche ou orientale de la Gandakî, et la suite de l'itinéraire de notre voyageur, se rendant de cette ville au Magadha, marque à peu près 130 li en trois stations entre Vaïçâlî et le Gange[2]. 130 li

---

[1] Dans l'*Eastern India* de M. Montg. Martin, I, p. 413.
[2] De Vaïçâlî à un grand *Stoûpa* situé au sud-est de la ville, marquant l'en-

répondent à un peu moins de 10 lieues; cette distance (9 lieues et demie) est précisément celle que l'on compte depuis le fleuve, en remontant la rive orientale de la Gandakî, jusqu'à un ancien site où des ruines étendues révèlent l'existence d'une grande cité. Ce site, qui a été décrit il y a vingt ans [1], est voisin de la petite ville de Bakhra, et un village contigu semble garder dans son nom de *Bassar* la trace de la dénomination ancienne [2]. Bassar conservait encore au XVIe siècle quelque chose de son ancienne importance, puisque dans l'*Ayîn-Akberi* [3] elle figure comme la capitale du district actuel de Bakhra. Ce point est un de ceux dont l'identification est maintenant hors de discussion. Çvêtapoura, à 30 li du confluent de la Gandakî et du Gange (un peu plus de 2 lieues), serait conséquemment à 1 lieue au nord de la ville actuelle de Hadjipour [4].

Le royaume dont *Vaïçâlî* était la capitale avait, selon notre voyageur, un pourtour de 5,000 li; mais il y a, en général, peu de fond à faire sur ces sortes de mesures du cir-

droit où s'était tenue une grande assemblée de sages, cent dix ans après le *Nirvâṇa* (en l'année 433 av. J. C.), de 14 à 15 li; de ce *Stoûpa* à la ville de *Chi-fei-to-pou-lo* (Çvêtapoura?) où il y avait un grand couvent, 80 à 90 li; de Çvêtapoura au Gange, 30 li. Hoeï-li (p. 136) marque en nombre rond 100 li de Vaïçâlî à Çvêtapoura. Fa-hian marque 4 yôdjanas (16 kôs) de Vaïçâlî au Gange (*Foe-koue-ki*, p. 250).

[1] J. Stephenson, *Excursion to the ruins and site of an ancient city near Bakhra*, dans le *Journal of the As. Soc. of Bengal*, vol. IV, 1835, p. 128.

[2] *Bassar*, pour *Bassal* ou *Vassal*.

[3] T. II, p. 198, édit. de Londres, in-8°.

[4] Fa-hian (*Foe-koue-ki*, p. 252) désigne la partie du Gange où débouche la Gandakî sous le nom de *Réunion des cinq rivières*. Le sanscrit était peut-être *Pañtchanada*. Cette partie du cours du fleuve présente en effet un remarquable agroupement d'affluents considérables : au nord, la Gandakî, au sud, la Çôṇa, divisées l'une et l'autre en plusieurs bras, dont l'ensemble, avec le cours même du fleuve, pouvait bien justifier l'appellation de *Cinq rivières*.

cuit de chaque État que donne Hiouen-thsang. Ce sont des indications qui, de leur nature, ne pouvaient être que fort incertaines, et dont le chiffre est presque toujours exagéré. Le royaume de Vaïçâlî était formé, selon toute apparence, de ce que l'ancienne géographie sanscrite connaît sous le nom de *Mithilâ*, et la géographie plus moderne sous celui de *Tirhout*, c'est-à-dire, à prendre ce nom dans sa plus grande extension, le pays compris entre la Gandakî, la Kouçikî, les montagnes du Népâl et le Gange, région dont le périple ne présente qu'un développement de deux cents et quelques lieues, ou environ 3,000 li. Vaïçâlî, à l'époque où Hiouen-thsang la visita, n'était plus qu'un monceau de ruines, dont l'enceinte, encore reconnaissable aux anciennes fondations, n'avait pas moins de 60 à 70 li d'étendue (5 lieues). Cette ruine complète avait dû s'accomplir dans l'intervalle qui sépare la visite de Fa-hian de celle de Hiouen-thsang; car le premier parle de Vaïçâlî comme d'une place encore florissante.

Hoeï-li, l'historien de Hiouen-thsang, nous conduit immédiatement du pays de Vaïçâlî dans le Magadha, dont le voyageur, à Çvêtapoura, ne se trouvait plus guère séparé que par la largeur du Gange. Il est, en effet, plus que probable que ce fut là l'itinéraire. Néanmoins, on trouve dans le *Si-yu-ki*, entre la description du royaume de Vaïçâlî et l'entrée dans le Magadha, la mention de deux autres pays, celui des *Vridjis* et le *Népâl*, dont il est parlé comme ayant été visités personnellement par le voyageur. Si Hiouen-thsang a fait cette excursion, ce qui après tout est possible, elle a dû avoir lieu dans le temps où il se trouvait au pays de Vaïçâlî, et avant que de cette ville il redescendît vers le Gange.

La capitale du royaume de *Vridji* (dans la transcription

chinoise le nom est écrit *Fo-li-chi*) était à 500 li (37 lieues) de Vaïçâlî, vers le nord-est. Ce royaume pouvait avoir 4,000 li de tour; il était allongé de l'est à l'ouest et resserré du sud au nord. La capitale s'appelait *Tche-thou-na*; elle était en partie ruinée. Le pays était arrosé par un grand fleuve.

Les *Vridjis* sont mentionnés fréquemment dans les livres bouddhiques, où leur nom est écrit *Vaddji*, qui est la forme palie du mot[1]. Au temps du Bouddha, c'est-à-dire au milieu du VIe siècle avant notre ère, ils étaient maîtres de tout le pays de Vaïçâlî jusqu'au Gange, et le roi de Magadha fut obligé d'élever un fort sur la rive droite du fleuve, dans le village de *Pâṭali* (qui devint plus tard la célèbre cité de *Pâṭalipoutra*, la *Palibothra* des Grecs), pour se défendre de leurs attaques[2]. Dans une légende bouddhique rapportée par M. Burnouf[3], on trouve ces mots : « Elle est belle, ô Ananda, la ville de Vaïçâlî, la terre des *Vridjis!* » On ne nous apprend rien sur leur origine et sur leur histoire antérieure; ce qui résulte seulement de nos données, c'est que les *Vaddjis* étaient une tribu puissante qui dominait sur la contrée comprise entre le Gange et les montagnes, à l'orient de la Gandakî. Ce pays est celui qui, dans les sources anciennes de la géographie brâhmanique, est connu sous le double nom de *Vidêha* et de *Mithilâ*[4], et qui plus tard a pris celui de *Tira-*

---

[1] Burnouf, *Introd. à l'hist. du Buddh.* p. 57; Turnour, *Examination of the Pali Buddh. Annals*, dans le *Journ. of the As. Soc. of Beng.* t. VII, 1838, p. 922.

[2] Turnour, *l. c.* p. 998.

[3] *Introd. à l'hist. du Buddh.* p. 74. On peut comparer un passage de M. Lassen dans ses *Indische Alterthumskunde*, t. II, p. 80.

[4] La synonymie, outre qu'elle résulte d'une foule de passages des grands Poëmes, est positivement indiquée dans le Lexique d'Hêmatchandra (IV, 41). Sur le nom de *Mithilâ*, on peut voir nos remarques précédentes, ci-dessus, p. 345.

bhoukti, dont l'usage vulgaire a fait *Tirahout* ou *Tirhout*[1]. On voit aussi que les *Vaddjis* comptaient un certain nombre de chefs formant une sorte de fédération[2]. Du reste, quoique *Vaddji* soit souvent pris pour le territoire même de Vaïçâlî, sans doute parce que cette ville leur avait été soumise, il en est cependant parlé plus souvent encore comme de deux choses distinctes et séparées[3]; de même que plus anciennement les légendes héroïques du *Mahâbhârata* et du *Râmâyana* mentionnent simultanément le royaume de Vaïçâlî et celui de Vidêha, dont Mithilâ était la capitale. Si l'on veut bien faire attention que la contrée dont il s'agit peut représenter, en étendue, une superficie égale à six de nos départements, on comprendra que, sans avoir pu former deux états bien puissants, les royaumes de Vidêha et de Vaïçâlî, de même que plus tard ceux de Vaïçâlî et de Vaddji, représentaient deux principautés encore assez respectables, et telles que de tout temps l'Inde en a compté un si grand nombre.

La notice de Hiouen-thsang prouve qu'au milieu du viie siècle les *Vaddji* avaient été refoulés loin de Vaïçâlî dans la zone septentrionale du Mithilâ, sur les confins de la mon-

---

[1] Un dictionnaire sanscrit que cite M. Lassen, le *Trikândaçêcha* (Lassen, *Ind. Alterth.* t. I, p. 138, n.), donne comme synonymes les trois noms géographiques de *Vidêha*, *Nitchavi* et *Tirabhoukti*. *Nitchavi* est ici une altération du nom des Litchhavi, la tribu kchatriyâ qui dominait à Vaïçâlî au temps de Çâkyamouni, et à laquelle appartenait la famille de Çâkya, dont le réformateur bouddhique est issu. Le *Liñga-Pourâṇa*, allégué par M. Wilson (*Vishnu Pur.* p. 422), identifie aussi le Tirahout avec Vidêha. Au reste, cette identité de l'antique contrée de Mithilâ ou Vidêha avec le Tirhout actuel est une notion encore vivante dans le pays, ainsi que nous l'apprend le savant explorateur des basses provinces gangétiques, M. Francis Hamilton (dans l'*East. India* de M. Montg. Martin, t. III, p. 36).

[2] Turnour, dans le *Journ. of the Asiat. Soc. of Beng.* t. VII, 1838, p. 994.

[3] *Idem, l. c.* p. 929; *Mahavanso*, trad. par le même, c. iv, p. 15, etc.

tagne. Ils y occupaient alors la bande de pays boisé connue aujourd'hui sous le nom de *Makvâni*. Deux choses établissent cette identification, le nom de la capitale des Vaddjis et la distance indiquée depuis Vaïçâlî. Cette distance, nous l'avons vu, est de 500 li, qui répondent à 37 lieues; la direction est au nord-est. Ce chiffre, réduit d'un sixième selon la proportion ordinaire dans un pays médiocrement accidenté, pour le reporter à la carte, revient à 31 lieues environ; et à 31 lieues précisément vers le nord-est du site de Vaïçâlî, le compas vient tomber à *Djanekpour*, village auquel se rattachent d'antiques souvenirs traditionnels comme l'ancienne capitale du pays, et qui est encore pour les Hindous du Tirhout un but de pèlerinage très-fréquenté[1]. *Djanaka*, dans les livres sanscrits, est le chef de l'antique dynastie des rois de Vidêha[2], et leur capitale reçut d'eux leur nom, *Djanakapoura*. Quoique la fin du nom soit altérée et mutilée dans la transcription chinoise, *Tche-chou-na* ou *Tchen-chou-na*, les traces de la dénomination indigène s'y peuvent encore reconnaître. Plusieurs rivières qui descendent des montagnes pour aller se réunir au Gange traversent le pays. La plus considérable est la Bagmatti (la *Bhagavatî* des sources

[1] Fr. Buchanan Hamilton, *Account of the Kingdom of Nepal*, p. 45 et 161. M. Francis Hamilton est le même qui fut chargé plus tard (sous le nom de Francis Buchanan qu'il portait encore) de l'exploration d'une partie du Béhar et du Bengale, exploration dont les rapports, longtemps enfouis dans les archives de la Compagnie des Indes, ont fourni, en 1838, à M. Montgomery Martin la matière exclusive des trois gros volumes qu'il a publiés (sans y mettre le nom de M. Buchanan) sous le titre de *History, antiquities, topography, and statistics of Eastern India*. — Le P. Tieffenthaler, dans sa *Description de l'Hindoustan* (t. I, p. 421), avait déjà mentionné *Djanakpour* comme un lieu fameux dans cette partie de l'Inde.

[2] Lassen, *Ind. Alterth.* t. I, Beil. p. xiii; Weber, dans les *Indische Studien*, t. I, p. 172.

sanscrites); c'est sûrement le grand fleuve dont parle Hiouen-thsang dans sa notice. Hiouen-thsang ajoute que pour aller du pays des Vridjis au Népâl on avait à parcourir une distance de 1,500 li au nord-ouest, à travers des montagnes. Il n'est pas douteux que la dénomination de *Népâla* ne se doive appliquer ici à la vallée de Khatmandou, qui est le Népâl proprement dit et le siége de la culture intellectuelle de la région himalayenne. Khatmandou est, en effet, au nord-ouest du pays des Vridjis; seulement la distance de 1,500 li (110 lieues) paraît trop considérable, bien que dans des pays de montagnes, tels que celui-ci, les intervalles mesurés sur la carte s'augmentent sur le terrain dans une proportion très-forte.

Une dernière remarque. Hiouen-thsang dit que, parmi les Indiens du nord, les Vridjis étaient aussi connus sous le nom de *San-fa-chi*. Les règles de transcription de M. Stanislas Julien ramènent ce groupe au sanscrit *Samvadji*. Nous ne trouvons ce mot ni dans les sources sanscrites ni dans les livres bouddhiques; mais quand on se rappelle cette particularité notée dans les chroniques, que les Vaddjis obéissaient à un certain nombre de petits chefs réunis en une sorte de confédération[1], on est tenté de voir dans la dénomination mentionnée par le voyageur l'expression de ce fait, *sam* en sanscrit, de même que le σὺν des Grecs, exprimant la réunion de plusieurs choses en une. *Samvadji* serait la *Confédération* des Vridjis ou Vaddjis. Nous rappellerons à ce sujet, au moins comme une coïncidence assez curieuse, que, dès une haute antiquité, les rois du Prâtchya en général (c'est-à-dire des provinces *orientales* de l'Inde gangétique),

---

[1] Turnour, dans un passage déjà cité de son *Examen des chroniques bouddhiques* (*Journal of the As. Soc. of Beng.* t. VII, 1838, p. 994).

et en particulier ceux de Vidêha, ont porté le titre honorifique de *Samrâdj*, qui équivalait presque à celui de *roi des rois*[1].

§ 7. — Le Magadha[2].

Le royaume de Magadha, où le voyageur nous fait maintenant pénétrer, forme une division très-importante de la relation de Hiouen-thsang. Cette terre où s'était élevé, douze siècles peut-être avant l'ère chrétienne, un des premiers royaumes âriens du bassin du Gange, et qui joue un rôle éminent dans les traditions héroïques de la grande épopée hindoue, dut au bouddhisme une nouvelle consécration, et elle en a gardé une célébrité historique plus grande encore et plus générale. Le *Magadha* est la terre sainte des bouddhistes. C'est là que leur prophète, le Bouddha Çâkyamouni, s'éleva par la méditation et les austérités au degré de sainteté qui fait participer la nature humaine à la sagesse divine; c'est là qu'il commença ses prédications et forma ses premiers disciples; ce fut là qu'après sa mort eurent lieu plusieurs assemblées solennelles, où furent débattus et mis par écrit les dogmes et l'Évangile de la loi nouvelle. Aussi tout le pays s'était-il couvert, dès les premiers siècles de la réforme bouddhique, d'un nombre infini de monuments religieux, et il s'y était élevé une multitude de couvents (*Vihâras*) où se pressaient les religieux voués à la vie ascétique. Ces maisons de retraite y étaient si nombreuses, que

[1] Extrait de l'*Aitaréya-Brâhmana*, donné par Colebrooke dans son *Essai sur les Védas* (*Asiatic Res.* t. VIII, p. 409, édit. de Londres, in-4°). On peut voir sur ce titre Lassen, *Ind. Alterth.* t. I, p. 809, et Weber, *Ind. Stud.* t. I, p. 172.

[2] Les détails très-circonstanciés de cette partie de la relation ont nécessité, pour le tracé de l'itinéraire, une carte supplémentaire à une échelle beaucoup plus grande que celle de la carte générale.

le Magadha en reçut, selon toute apparence, la dénomination de *Terre des Vihâras*, d'où s'est formé le nom vulgaire de *Béhar* qui lui est resté[1]. Un des objets principaux du voyage de Hiouen-thsang dans l'Inde, comme avant lui de celui de Fa-hian, était de visiter en détail cette terre consacrée; aussi en voit-il tous les lieux que signalaient des constructions religieuses et où se perpétuaient les traditions des origines bouddhiques. Ces traditions, bien altérées sans doute par le cours des siècles et plus encore par le retour de la prépondérance brâhmanique, n'y sont pas éteintes, même aujourd'hui; le Magadha continue encore d'être une contrée sainte entre toutes, où afflue chaque année une multitude de pèlerins[2]. De nos jours, ce pays a commencé à éveiller l'intérêt des explorateurs, et plusieurs anciens sites ont été reconnus et décrits[3]; mais un plus grand nombre encore

---

[1] *Béhar* et *Bahar* sont des corruptions musulmanes passées dans l'usage européen. Le véritable nom de la province et de sa ville capitale est *Vihar*, l'usage vulgaire supprimant dans la prononciation l'*a* final du sanscrit. (Fr. Buchanan, dans l'*Eastern India* de Montg. Martin, t. I, p. 89.)

[2] On n'y compte pas, au rapport de M. Francis Buchanan, moins de quatre-vingt-six lieux de pèlerinage. (*Eastern India* de Montg. Martin, t. I, p. 57.)

[3] Le Béhar méridional, c'est-à-dire l'ancien Magadha, a été étudié et décrit par M. Francis Buchanan (1810), que nous venons de citer dans la note précédente (voy. aussi la note de la p. 368); mais sa description, malheureusement abrégée en beaucoup d'endroits par l'éditeur de ses Rapports officiels (M. Montgomery Martin), laisse encore à désirer tant pour les détails géographiques que pour la partie archéologique. Sous ce dernier rapport, un officier de l'armée des Indes, le major Kittoe, a déjà comblé quelques lacunes dans plusieurs notices publiées par le *Journal de la Soc. Asiat. de Calc.* et plus anciennement (en 1820) le hasard avait fait retrouver le site le plus curieux peut-être de tout le Magadha, au moins par l'antiquité de ses légendes historiques, celui de Ghirivradja, cette antique résidence des premiers rois du pays dont la tradition épique nous ait transmis le souvenir. Mais, au total, il reste encore beaucoup à faire dans ce champ si riche en vieux monuments et en vieilles traditions. Une bonne carte topographique est aussi un *desideratum* que nous avons vive-

reste à reconnaître et à décrire. Ici, comme pour le reste de l'Inde, l'étude sérieuse du pays et de ses monuments commence à peine, de même que celle de ses populations et de son passé historique. La publication des documents anciens, tels que la relation de notre pèlerin bouddhiste, fera beaucoup pour les progrès de cette étude, en provoquant et en dirigeant tout à la fois les investigations locales.

La première ville que voit Hiouen-thsang, après avoir passé le fleuve, est *Pâṭalipoutra* (*Po-to-li-tseu-tch'ing*). Cette ville est la moins ancienne de toutes les métropoles de l'Inde gangétique; mais elle est pour nous la plus célèbre, à cause de l'illustration que lui a donnée la relation de Mégasthène. La ville était située sur la rive droite ou méridionale du Gange, vis-à-vis du débouché de la Gandakî et au confluent même de la Çôṇa, qui s'est déplacé depuis et s'est porté à 7 lieues plus à l'ouest[1]. *Pâṭalipoutra*, lorsque Fa-hian la visita deux cent trente et un ans avant Hiouen-

---

ment senti dans le cours de cette partie de notre travail. Dans beaucoup de cas, les indications du voyageur chinois auraient certainement suffi pour nous faire retrouver les sites qu'il mentionne, si nous avions eu pour point de comparaison une carte plus complète que celle du *Bengal Atlas*, du major Rennell, et la carte du Bengal et du Béhar de Tassin (Calcutta, 1841).

[1] C'est ce déplacement de l'embouchure de la Çôṇa qui a si longtemps jeté de l'incertitude sur la situation de l'ancienne *Palibothra*, dans l'embarras où l'on était d'accorder les indications précises de Mégasthène, témoin oculaire, avec l'état des lieux si différent aujourd'hui. Le major Rennell le premier signala les changements que cette partie de la vallée du Gange a éprouvés (*Memoir on a Map of Hindoostan*, p. 53, 1793), et ses informations furent confirmées plus tard (1810) par celles que M. Francis Buchanan recueillit sur les lieux (Montg. Martin, *Eastern India*, t. I, p. 11). On trouve à ce sujet des détails encore plus précis dans un Mémoire spécial de M. Ravenshaw, publié en 1845 et accompagné d'une esquisse où l'on voit tracé l'ancien cours de la Çôṇa (*Journal of the Asiat. Soc. of Bengal*, vol. XIV, 1845, p. 137). Il paraît que la formation du nouveau lit de la Çôṇa inférieure date de l'année 1379.

thsang, était encore en pleine prospérité; notre voyageur, lui, n'y trouva plus que des ruines. Un quartier d'un millier de maisons s'était seul maintenu sur la rive du fleuve, et composait alors toute la ville : l'emplacement de cette *petite ville*, ainsi que le voyageur la distingue, nous est sûrement indiqué par celui de la *Patna* actuelle, seul vestige de l'ancienne Pâṭalipoutra[1]. On pouvait encore reconnaître les restes des anciens remparts qui avaient, au rapport de Hiouen-thsang, 70 li de tour, c'est-à-dire plus de 5 de nos lieues ordinaires. Hiouen-thsang sait que le nom originaire de Pâṭalipoutra avait été *Kousoumapoura*, la ville des fleurs (*Keou-sou-mo-pou-lo*), notion confirmée par nos documents sanscrits, aussi bien que par les sources bouddhiques.

De Pâṭalipoutra, Hiouen-thsang se dirige vers *Gayâ*, lieu particulièrement sanctifié par le long séjour et les mortifications de Çâkyamouni. La ville existe toujours sous le même nom, et elle n'a pas cessé d'être un objet de profonde vénération pour les Hindous. Elle est à 22 lieues environ au sud de Patna (par la route directe), en inclinant un peu vers l'ouest. Hiouen-thsang compte, en six stations, 485 li (36 lieues), chiffre qui suppose des changements de direction et de grands détours dans la montagne. Le *Vihâra* de *Tilaçâkya* (*Ti-lo-chi-kia* dans la transcription chinoise), et celui de *Çîlabhadra* (*Chi-lo-po-to-lo*), deux des stations mentionnées par l'itinéraire entre Pâṭalipoutra et Gayâ[2], ont pu

---

[1] *Patna*, forme vulgaire du sanscrit *Pattana*, signifie simplement « la ville ».
[2] Voici le résumé de l'itinéraire :

De Pâṭalipoutra à un *Vihâra* ruiné, au sud-ouest........................	200 li.
De ce couvent au *Vihâra* de Tilaçâkya, au sud-ouest....................	100
A une grande montagne, au sud-ouest..................................	90
Au couvent de Gounamati, au nord-ouest...............................	30
Au couvent de Çîlabhadra, bâti sur une montagne, au sud-ouest...........	20
A la ville de Gayâ, après avoir passé la rivière de Nâirañdjanâ, au sud-ouest..	40 à 50
Environ...............	485

laisser leurs noms aux villages de *Thélari* et de *Bhadéra*, situés à peu près aux points où conduisent les distances et les directions indiquées par rapport à Gayâ.

Une certaine confusion s'est introduite dans les notices relatives à cette dernière ville. On a voulu distinguer deux *Gayâ*, une *Gayâ* hindoue, qui serait la ville actuelle, sur la gauche de la Phalgou, et une *Gayâ* plus ancienne, dont il n'existerait plus que des ruines informes, plus haut dans la plaine; cette dernière serait la *Gayâ* des légendes bouddhiques et des inscriptions, et on la distinguerait de la précédente par la dénomination de *Bouddha-Gayâ*[1]. La vérité est qu'il n'y a jamais eu deux villes de Gayâ. La *Gayâ* actuelle, que les gens du pays appellent la *vieille ville* pour la distinguer d'un quartier nouveau construit par les soins d'un résident anglais[2], et que l'on nomme *Sahebgandj* (*Sahîbgrâma* «la ville du Lord»); la *Gayâ* actuelle, disons-nous, est bien la ville des vieilles légendes, celle que vit Çâkyamouni et que visitèrent Fa-hian et Hiouen-thsang. Elle est située sur une éminence rocheuse, à l'extrémité nord-est d'une montagne connue dans les légendes sous le nom de *Gayâçiras* ou *Gayâçircha* (aujourd'hui *Gayasir*), à une petite distance de la rive gauche ou occidentale de la Phalgou; Sahîbgrâma est au bas de cette éminence, entre la vieille *Gayâ* et la rivière. Les termes bien précis de la relation de Hiouen-thsang et de celle de Fa-hian, rapprochés de la description détaillée que l'on doit à M. Francis Buchanan, ne laissent aucune incertitude. A 6 li au sud-ouest de la ville de Gayâ (un peu moins d'une demi-lieue)

---

[1] Walter Hamilton, *Descr. of Hind.* t. I, p. 267, 1820; Klaproth, notes sur le *Foe-koue-ki*, p. 277.

[2] Francis Buchanan, dans l'*Eastern India*, t. I, p. 48 et suiv.

s'élevait le sommet de la montagne divine, que couronnait un *Stoûpa* construit par le roi Açôka. A 17 ou 18 li de la ville, dans la direction du sud-ouest (une lieue et quart), on arrivait au *Bôdhivrĭkcha*, ou Arbre de l'Intelligence, qu'entourait une enceinte de murailles dont la porte orientale faisait face à la rivière *Nâirañdjana*, à la distance de 2 à 3 li (environ dix minutes de marche). Un peu plus haut, la Nâirañdjanâ reçoit par sa droite ou à l'orient un autre torrent, la *Mahî* (*Mo-ho*) ou *Mahânada*, et les deux rivières réunies forment la *Phalgou*, qui passe sous la ville de Gayâ et continue de là son cours au nord vers le Gange. Le nom de la Phalgou n'est, du reste, prononcé ni par Hiouen-thsang, ni par Fa-hian; il semble que pour eux la rivière de Gayâ ait gardé le nom de *Nâirañdjanâ*[1]. Le lieu où s'élevait l'Arbre de l'Intelligence était une terre particulièrement sainte; c'était là que le Bouddha Çâkyamouni avait séjourné six ans au milieu des méditations et d'une austère pénitence; là aussi s'étaient accomplies la plupart des actions consacrées par la tradition, et dont un grand nombre de *Stoûpas* ou colonnes pyramidales ont marqué la place[2]. Aussi, selon les expressions de Hiouen-thsang, « on n'y voyait partout, sur une étendue d'un yôdjana, que des monuments sacrés. » C'est précisément cette masse de monuments de toute sorte, *Stoûpas*, temples, *Vihâras* ou couvents, saccagés par le zèle de la réaction brâhmanique ou ruinés depuis tant de siècles

---

[1] Dans les cartes anglaises, le cours supérieur de la Phalgou, au-dessus de Gayâ, porte encore le nom de *Niladjan*, ou *Niladjni*. La prononciation locale est *Niringtchya*. (Francis Buchanan, dans l'*East. India*, t. I, p. 14.)

[2] Cette partie de la *Vie du Bouddha* forme les chapitres XVII à XXV du *Lalita vistâra*, traduit en français, sur la version tibétaine, par M. Éd. Foucaux, p. 236 et suiv. Le chapitre XIX (p. 262 et suiv.) est en partie consacré au *Bôdhimaṇḍa*, ou Siége de l'Intelligence. (Voy. Burnouf, trad. du *Lotus*, p. 349.)

par l'action destructive des éléments, qui a couvert la plaine, à la distance de 2 à 3 lieues au sud de Gayâ, de ces monceaux de débris informes qu'on a désignés sous le nom de *Gayâ de Bouddha* ou *Gayâ des Bouddhistes*, *Bouddha-Gayâ*. Au reste, cette dénomination de *Bouddha-Gayâ*, si elle n'appartient pas aux temps où la religion de Çâkyamouni florissait dans le Magadha, remonte cependant encore assez haut, puisqu'on la trouve dans une inscription du x° siècle copiée dans ces ruines, en 1785, par Wilmot, et traduite par M. Wilkins[1]. L'Arbre de l'Intelligence existe toujours, pour la plus grande sanctification des fidèles[2], ainsi que l'empreinte du pied de Bouddha mentionnée par les voyageurs chinois; seulement cette empreinte est aujourd'hui attribuée au dieu Vichnou, dont le Bouddha Çâkyamouni, selon la doctrine brâhmanique, n'aurait été qu'une incarnation[3]. Dans ce pays de ferveur religieuse, c'est ainsi que les croyances se succèdent et s'absorbent, plutôt qu'elles ne se détruisent.

Au bord oriental de la *Mahânada* et de la *Phalgou*, à

---

[1] *Asiat. Res.* t. I, p. 286, édit. de Londres, in-4°. M. Fr. Buchanan a des doutes sur l'authenticité de l'inscription (*Eastern India*, t. I, p. 70); cette incertitude même confirme d'autant plus l'origine relativement moderne du nom de *Bouddha-Gayâ* appliqué à ce site.

[2] Francis Buchanan dans l'*Eastern India*, t. I, p. 75. Une inscription bouddhique a été copiée, près de l'arbre sacré, en 1833, et publiée dans le troisième volume du *Journal de la Société Asiatique de Calcutta*, p. 214. Cette inscription avait été d'abord rapportée au commencement du xiv° siècle de notre ère, et Klaproth, qui a donné, dans ses notes sur Fa-hian (p. 278), une version française de l'inscription, avait adopté cette date; mais une traduction plus exacte, publiée par le colonel Burney dans le vingtième volume des *Asiatic Researches*, a fait voir qu'elle est en réalité de deux siècles plus ancienne (de l'année 1106).

[3] On nomme actuellement cette empreinte *Vichnoupada*. (*Eastern India*, t. I, p. 57 et suiv. et p. 65.)

l'opposite de la ville de Gayâ et de son territoire consacré, commence une chaîne de montagnes granitiques qui s'étend dans la direction du nord-est en un arc de 13 à 14 lieues de développement[1]. Cette chaîne, ou plutôt ce groupe de montagnes, forme comme le noyau du Magadha, dont il occupe le centre. Des pics élancés le couronnent, de sombres vallées en occupent les mystérieuses profondeurs, et sur leurs pentes ombragées de forêts épaisses la nature déploie tour à tour les sites les plus grandioses ou les aspects les plus sauvages. De tels lieux sont tout à la fois une défense et une retraite. Aussi les plus anciens rois du pays y avaient-ils établi leur capitale au fond d'une vallée presque inaccessible, et les grottes s'étaient peuplées de pieux solitaires. Çâkyamouni, pendant son séjour dans le Magadha, avait porté ici ses prédications; après sa mort, il s'y était élevé de nombreux *Vihâras*. Hiouen-thsang ne pouvait manquer de les visiter. Il est difficile d'identifier les détails de sa route, tels que les donne le *Si-yu-ki*, à cause du défaut d'une bonne carte topographique de cette partie du Béhar; quelques points, cependant, se peuvent reconnaître et fixent d'autant mieux la direction générale de l'itinéraire[2].

Il est aisé de voir que cette partie de l'itinéraire longe ou

[1] Fr. Buchanan, *l. c.* p. 251.

[2] Ainsi que nous l'avons fait pour la route de Pâtalipoutra à Gayâ, nous allons transcrire ici la route de Gayâ à Râdjagrîha, avec les directions et les distances, telles que les donne la relation originale :

A l'est (plus exactement sud-est) de l'Arbre de l'Intelligence, on passe la rivière Nâirañdjanâ.

Plus loin, à l'est, on passe la rivière *Mo-ho* (Mahi ou Mahânada).

On entre dans une grande forêt, et après une centaine de li à travers des déserts, on arrive à la montagne *Kiu-kiu-to-po-to-chan* (Koukkoutapadaghiri, ou la Montagne du pied du Coq), qu'on appelle aussi *Keou-lou-po-to-chan* (Gouroupadaghiri) la Montagne du pied du Gourou.

sillonne la chaîne de montagnes dont nous avons donné tout à l'heure une idée générale. Du point de départ au point d'arrivée, c'est-à-dire de Gayâ au site de Kouçâgâra, la direction générale est au nord-est. Les chiffres partiels de la route donnent au total environ 300 li (22 lieues); mesurée au compas sur la carte, la ligne est de 16 lieues, différence qui est bien en rapport avec la nature montagneuse du pays. Des différentes localités mentionnées, les seules qui aient été vues de nos jours par des Européens, et que nous puissions identifier d'une manière certaine, sont celles qui avoisinent la ville même que la relation nomme *Kouçâgâra*. Ce nom n'est pas connu dans nos sources sanscrites[1]; dans celles-ci la place est mentionnée sous deux autres noms, *Ghirivradja* et *Râdjagriha*. La première de ces deux appellations, qui se trouve déjà dans le *Râmâyana* et dans les *itihasas* du *Mahâbhârata*, remonte à une haute antiquité; la seconde est une dénomination postérieure. Hiouen-

De là à la montagne *Fo-to-fa-na-chan* (Bouddhavauaghiri) la Montagne de la forêt du Bouddha, vers le nord-est, 100 li.

De là à la forêt *I-se-tchi-lin* (Yachtivana), où il y a un *Stoûpa* bâti par le roi Açôka, vers l'est, 30 li. A une dizaine de li au sud-ouest de la forêt, au midi d'une grande montagne, il y a deux sources d'eau chaude.

De Yachtivana à une grande montagne au sud-est, 6 à 7 li. A 3 ou 4 li, au nord de cette montagne, il y a une autre montagne isolée. C'était là que le Rïchi Vyâsa vivait jadis dans la retraite. A 4 ou 5 li au nord-est de la montagne de Vyâsa, il y a une autre petite montagne, également isolée, dans les flancs de laquelle on a creusé des chambres où mille hommes pourraient se tenir assis. A l'angle sud-ouest de cette montagne creusée, il y a une autre montagne, également percée de grottes, que les Indiens appellent le *palais des Asouras*.

Du milieu de la grande montagne située au sud de la montagne de Vyâsa, à la ville de Kouçâgâra, vers l'est, 60 li.

[1] Dans la légende épique de l'origine de Ghirivradja, Vasou, fondateur de la ville et du royaume de Magadha, était fils de Kouça. (*Râmâyana*, I, 34 et suiv. Schleg. Cf. Lassen, *Ind. Alterth.* t. I, p. 604.)

DE L'ASIE CENTRALE ET DE L'INDE. 379

thsang sait que, dès les plus anciens temps, Kouçâgâra avait été la résidence des rois du Magadha; lorsqu'il la vit elle était entièrement ruinée, et les ruines couvraient une étendue considérable. Fa-hian, deux siècles et demi auparavant, en parle aussi comme d'une place déserte et inhabitée [1].

Ce dernier voyageur indique bien la situation de l'ancienne *Râdjagrïha* «au milieu de cinq montagnes». Dans les livres sanscrits, les cinq montagnes de Ghirivradja sont souvent mentionnées comme une localité célèbre dans les vieilles légendes [2]. Ce site, non moins remarquable par sa disposition naturelle que par ses légendes héroïques ou religieuses et par ses souvenirs historiques, n'est pas resté inconnu aux explorateurs modernes. Le P. Tieffenthaler le signalait déjà, au milieu du dernier siècle (1765), dans sa Description de l'Hindoustan [3]; en 1820, il a été vu et décrit par un djaïna au service du colonel Mackenzie. La notice

---

[1] *Foe-koue-ki*, p. 262 et suiv.

[2] Dans le *Mahâbhârata*, les cinq montagnes de Ghirivradja sont nommées *Vaîhâra*, *Varâha*, *Vrichabha*, *Richighiri* et *Tchaïtyaka*. (Voy. Lassen, *Ind. Alterth.* t. II, p. 79.) Dans les sources bouddhiques, ces noms ne présentent pas seulement une certaine modification de forme par suite de leur transcription palie; deux d'entre eux sont tout à fait différents. M. Turnour les donne ainsi dans son *Examen des Annales bouddhiques* (*Journal of the As. Soc. of Bengal*, t. II, p. 927) : *Jighili*, *Vibhâro*, *Vépoutto*, *Pandavo* et *Ghedjhakato*. Ce dernier nom est manifestement le Gridhrakoûṭa, dont il sera question tout à l'heure. Le Pandâva, où le Bouddha Çâkyamouni avait choisi sa retraite, est toujours nommé, dans le *Lalitavistâra*, le roi des Monts (*Lalitav.* p. 228, 229, 230). Voyez, sur la carte, l'esquisse topographique que nous avons tracée de cette vallée fameuse et de sa ceinture de montagnes, d'après les indications combinées des sources anciennes et des explorateurs contemporains.

[3] T. I, p. 437 : «Radjghir est à 6 milles sud de Béhar, à 3 (milles) sud-ouest de Pavapour. Ici s'élèvent cinq montagnes sur lesquelles on voit des monuments des Sarauguos (Bouddhistes), parce que Mahabir (Çâkyamouni) mena sur ces montagnes une vie austère.»

que cet indigène en a donnée est curieuse; nous en citons seulement un passage : « Marchant au milieu des montagnes de Râdjghiri, y est-il dit, j'arrivai à une place découverte, semée de ruines dans une étendue d'environ 4 milles du sud au nord et de 2 milles de l'est à l'ouest. Aux quatre points cardinaux de cette ville ruinée sont quatre collines : à l'orient, le mont *Oudayatchala*, au sud *Manikyaghiri*, à l'ouest *Souvarnaghiri*, au nord *Vipoulaghiri*. Ce fut au milieu de ces quatres collines que Srénika Mahârâdja [1] fonda sa capitale, à laquelle il donna le nom de *Râdjagrïha* ou *Ghiripoura* (Ghirivradja), nom qui s'est modifié par la suite en *Râdjghiri*. » Vingt-six ans plus tard, le major Kittoe a exploré de nouveau ces localités et en a tracé un relevé topographique qui aide beaucoup à se reconnaître dans les descriptions antérieures [2]; selon sa notice, les cinq sommets les plus apparents du pourtour de la vallée sont actuellement désignés sous les noms de *Ratnaghiri, Biplaghiri, Baïbharghiri, Sonaghiri* et *Oudayaghiri*[3]. Nous n'avons pas besoin de faire remarquer dans ces cinq noms ceux qui se rapportent aux dénominations antérieures et ceux qui en diffèrent. Les ruines de l'antique Râdjagrïha occupent le centre de la vallée; elles sont connues dans le pays sous le nom de *Hansataour*[4].

Hiouen-thsang mentionne dans la vallée de *Kouçâgâra*, aux alentours mêmes de la ville, plusieurs *Stoûpas* élevés

[1] Vimbisâra.
[2] *Journal of the Asiat. Soc. of Beng.* vol. XVI, 1847, p. 958 et suiv. Il est singulier que M. Francis Buchanan, dans son exploration de l'ancien Magadha, n'ait pas eu connaissance de la vallée de Ghirivradja, quoiqu'il ait parlé des montagnes qui la couvrent au nord. (*Eastern India*, t. 1, p. 78 et 259.)
[3] Kittoe, *l. c.* p. 958.
[4] C'est du moins ainsi que le nom se lit dans la *Notice* du major Kittoe.

en mémoire des différents faits de la vie du Bouddha; puis il visite successivement les points les plus remarquables de la vallée. Il mentionne le mont Gr̆idhrakoûṭa, ou le Pic du Vautour (*Ki-li-to-lo-kiu-to*), à 14 ou 15 li au nord-est de la ville, ce qui est exact[1]; le mont Vipoula (*Pi-pou-lo*) vers le nord-ouest[2], où il y avait autrefois cinq cents sources d'eau chaude, dont il ne reste plus que quelques dizaines, circonstance confirmée par les explorateurs contemporains[3].

La nouvelle *Râdjagr̆iha*, fondée par le roi Vimbisâra, prédécesseur d'Adjâtaçatrou contemporain du Bouddha Çâkyamouni (la fondation date conséquemment de six cents ans environ avant J. C.), était située dans la plaine, à l'issue même du défilé qui donne accès de ce côté à la vallée des Cinq Montagnes. Au temps de Hiouen-thsang, la ville était habitée par des Brâhmanes, auxquels, selon la tradition locale, Açôka en avait fait don[4]. Aujourd'hui ce n'est plus qu'un village, qui a gardé le nom de *Radjghir*, à une quinzaine de milles anglais au sud-ouest de la ville de Béhar; mais les ruines considérables qu'on y voit encore, et surtout les vestiges de l'ancienne enceinte qu'on y peut

---

[1] Voyez, sur la carte, le plan particulier de la vallée de Ghirivradja. Fa-hian (p. 269), écrit *Khi-tché*, et il dit que ces pics sont les plus élevés des cinq montagnes.

[2] A l'ouest de la porte boréale de la ville, dit le texte. Suivant l'esquisse du major Kittoe, qui a servi de base à la nôtre, la direction du Vipoula, par rapport au site ruiné de l'ancienne ville, est nord-nord-ouest.

[3] M. Francis Buchanan (dans l'*Eastern India*, t. I, p. 257) donne des détails circonstanciés sur les sources chaudes du mont Vipoula. Il y a des sources thermales en d'autres endroits de la montagne, notamment au pied du Vaïbhara. Ces dernières sont connues sous le nom de *Tapoban*. (*East. Ind.* t. I, p. 78 et 253; cf. *Journal of the As. Soc. of Beng.* t. III, p. 366.)

[4] Açôka, selon les Tables de M. Lassen, occupa le trône du Magadha depuis 263 avant notre ère, jusqu'en 226. Le règne d'Açôka est une époque de splendeur dans l'histoire du bouddhisme de l'Inde.

suivre, et que M. Francis Buchanan a décrits[1], annoncent assez l'importance passée de cette capitale du Magadha.

En partant de Râdjagrïha, Hiouen-thsang fait une trentaine de li au nord et arrive au couvent de *Na-lan-to* (Nâlanda Vihâra). Six anciens rois du Magadha avaient bâti successivement en ce lieu six maisons religieuses, et ces six couvents, réunis plus tard dans une enceinte commune, avaient formé ce vaste et magnifique *Vihâra* de Nâlanda, où résidaient en tout temps dix mille religieux. L'Inde n'en possédait pas de plus riche ni de plus célèbre. Fa-hian, qui avait aussi visité Nâlanda (dont il écrit le nom *Na-lo*) le met à 1 yôdjana (4 kôs) à l'est de la nouvelle Râdjagrïha[2].

Des ruines très-considérables que l'on trouve à 7 milles (anglais) au nord de Radjghir, nous paraissent indubitablement indiquer le site de *Nâlanda*. Sept grandes cours quadrangulaires qui s'y reconnaissent encore marquent sûrement l'emplacement des édifices particuliers que l'on avait réunis dans une enceinte commune[3]. Ces ruines sont contiguës à un village dont le nom même de *Baragong*[4], qui représente le sanscrit *Vihâragrâma*, indique, en effet, la proximité d'un

---

[1] Montg. Martin, *Eastern India*, t. I, p. 86. Dès le temps de Hiouen-thsang ces murailles étaient délabrées ; mais on en pouvait reconnaître la trace dans une étendue d'une vingtaine de li (environ une lieue et demie, ou près de 4 milles anglais). *Si-yu-ki*, t. II, p. 38.

[2] *Foe-koue-ki*, p. 262.

[3] Ces ruines ont été décrites par M. Francis Buchanan (*Eastern India* de Montg. Martin, t. I, p. 95 et suiv.), et plus récemment par le major Kittoe dans ses notes sur les places de la province de Béhar mentionnées par Fa-hian (*Journal of the Asiat. Soc. of Beng.* vol. XVI, 1847, p. 955). Elles sont à distance à peu près égale (7 milles) de Radjghir (la nouvelle Râdjagrïha) et de la ville de Béhar, vers l'ouest de cette dernière place et au nord de la première.

[4] M. Kittoe écrit *Bargaon* ; *Gaon* et *Gong* sont les formes que le sanscrit *Grâma* (bourg ou village) a prises dans la prononciation vulgaire.

DE L'ASIE CENTRALE ET DE L'INDE.   383

couvent bouddhique. Il paraît, au surplus, qu'avant la construction successive des six couvents dont la réunion forma le *Vihâra* de Nâlanda, il y avait là un village de ce nom (probablement le *Barangong* actuel); car il en est question dans les documents singhalais relatifs à la vie de Çâkyamouni[1]. Hoeï-li (p. 149), et le *Si-yu-ki* (t. II, p. 41) rapportent une légende sur l'origine de ce nom.

Hiouen-thsang séjourna cinq années entières dans l'établissement de Nâlanda, « où chaque jour une centaine de chaires étaient occupées, et où des milliers de disciples suivaient, sans interruption, les leçons de leurs maîtres. » Hiouen-thsang, pendant ce long séjour, y fit une étude approfondie de la langue brâhmanique. C'est ce qui explique l'exactitude générale des transcriptions phonétiques des mots indiens dans la relation, aussi bien que des traductions qu'il donne en même temps de chaque nom (toujours significatif en sanscrit); et c'est aussi ce qui a permis à M. Stanislas Julien (à la condition, il est vrai, d'avoir parcouru à son tour le cercle tout entier des études bouddhiques et sanscrites du docteur chinois) de restituer avec une certitude absolue la forme sanscrite des noms propres répandus dans la relation.

Enfin le voyageur se remet en route. A 8 ou 9 li (moins de 3 kilomètres) vers le sud-ouest, il arrive à la ville de *Kieou-li-kia* (Koulikâ?), au centre de laquelle on voyait un

[1] Turnour, *Examination of the Pali Buddhistical Annals, Journal of the As. Soc. of Bengal*, t. VII, 1838, p. 998. C'est à tort que M. Burnouf (*Introd. à l'hist. du Buddh. ind.* p. 49) a regardé Nâlanda, dont le pali fait *Nalada*, comme le même lieu qu'un bourg de Nâla, cité aussi parmi les lieux visités par le Bouddha Çâkyamouni (Turnour, *ibid.* p. 790). Ce bourg de Nâla, dont parle Fa-hian, qui écrit *Ni-li* (*Foe-koue-ki*, p. 255), était situé aux portes de Pâṭaliputra, du côté du sud-est.

Stoûpa érigé par Açôka. A 20 ou 22 li de cet endroit, vers le sud-est (un peu plus de 4 milles anglais, une et demie de nos lieues communes), Hiouen-thsang mentionne une autre ville sous le nom de *Kia-lo-pi-na-kia*, dont la transcription sanscrite doit être *Kalapinaka*. Une bonne carte topographique du territoire de la ville de Béhar permettrait peut-être d'y retrouver ces deux localités. A 35 li environ dans la direction de l'est, le voyageur arrive à une montagne appelée *In-to-lo-chi-lo-kiu-ho-chan*, nom dans lequel les règles de transcription de M. Stanislas Julien font retrouver l'appellation sanscrite d'*Indraçâilagouhá* « la Grotte du Rocher d'Indra ». Sur la croupe orientale de ce rocher il y avait un *Vihâra* appelé *Seng-so-kia-lan* (Hañsa Sañghârâma), ou le « Couvent de l'Oie ». Klaproth[1] a identifié cette localité avec celle que Fa-hian mentionne sous la dénomination chinoise de *Siao-kou-chi-chan*, c'est-à-dire la Petite montagne du Rocher isolé, à 1 yôdjana au nord-est de Nâlanda[2]; et les remarques du major Kittoe tendent à faire retrouver le site dans le rocher remarquable couronné aujourd'hui d'une chapelle musulmane, qui s'élève près du fort de la ville de Béhar[3]. Les distances données par Hiouen-thsang peuvent en effet s'y accorder, aussi bien que celle que marque Fa-hian.

Après avoir quitté le couvent d'Indraçâilagouhâ, Hiouen-thsang porte ses pas au nord-est, dans la direction du Gange. Il mentionne successivement le Couvent de la Colombe (*Kapôtika Sañghârâma*) à 150 ou 160 li vers le

---

[1] *Foe-koue-ki*, p. 263.
[2] *Ibid.* p. 262.
[3] Notes déjà citées sur les localités du Béhar mentionnées dans l'itinéraire de Fa-hian, *Journ. of the As. Soc. of Beng.* vol. XVI, 1847, p. 954.

nord-est[1], lieu près duquel, à 2 ou 3 li au sud, il y avait une montagne isolée surmontée d'un *Vihâra*; puis, à 40 li au sud-est, un couvent voisin d'un grand *Stoûpa*; puis à 70 li, au nord-est, près des bords du Gange, un grand et populeux village, également voisin d'un *Stoûpa*; puis enfin, à une centaine de li, vers l'est (la direction véritable de cette dernière marche, indiquée par le cours même du Gange, est au sud-est), le village de *Lo-in-ni-lo* (Rôhinilâ), avec un couvent. Tout ce que nous pouvons dire de ces dernières stations, c'est qu'on y voit d'une manière générale que la route du voyageur fait plusieurs crochets à travers l'angle nord-est du Magadha, avant d'atteindre le village de *Rôhinilâ* que nous retrouvons dans le *Roynallah* de la carte de Rennell, lieu situé sur la rive droite ou méridionale du Gange près de Balgada, à l'extrémité la plus orientale de la province de Béhar.

§ 8. — Depuis la sortie du Magadha jusqu'à la côte du Drâvira, point le plus méridional des courses de Hiouen-thsang dans l'Inde.

A partir de Rôhinilâ, la route du voyageur se porte à l'est comme le cours du Gange. Hiouen-thsang compte 200 li (15 lieues) de Rôhinilâ à la capitale du royaume de *I-lan-na-chân* (Hiraṇya-Parvata). Les circonstances qui accompagnent, dans la relation, la mention du royaume d'Hiraṇya sont caractéristiques. La capitale, que le voyageur ne nomme pas, ou plutôt qu'il semble désigner sous le nom même du pays (ce qui lui est très-habituel), était située sur le Gange, et près de là une montagne vomissait de la fumée.

[1] Nous soupçonnons qu'il y a faute dans ce chiffre, et que le nombre vrai devrait être de 50 à 60 li.

La place que Hiouen-thsang a ainsi désignée ne peut être que *Monghir*. Une rangée de hauteurs vient du sud s'y terminer au Gange, et ces hauteurs renferment, dans une étendue de 20 à 25 milles anglais, à partir de Monghir, une chaîne continue de sources thermales qui indiquent assez la nature volcanique du sol [1]. Ce sont évidemment les *Hiranya-Parvata* ou Montagnes d'Or du voyageur. Monghir est, d'ailleurs, d'une haute antiquité; elle est mentionnée dans le *Mahâbhârata* sous le nom de *Môdâghiri*, comme la capitale d'un royaume contigu à ceux de Banga et de Tâmralipta, c'est-à-dire aux parties inférieures du Bengale actuel [2]. Les 200 li du voyageur équivaudraient à 42 milles anglais; la distance effective de Rôhinilâ à Monghir, par la route directe, n'est que de 32 à 33 milles. Quant aux empreintes attribuées au Bouddha, la légende a laissé des traces dans la tradition locale [3]. De Monghir à *Tchen-po* (Tchampâ), où le voyageur arrive ensuite, on ne compte aussi que 35 milles, en longeant la droite du Gange; le journal y marque 300 li, qui vaudraient plus de 60 milles. La route de Hiouenthsang aura fait sûrement un détour dans l'intérieur, où il avait à visiter des reliques du Bouddha. Hiouen-thsang mentionne, à 140 ou 150 li au-dessous de Tchampâ, une île sur le Gange où l'on avait construit un temple au sommet d'une montagne escarpée. La distance indiquée répond à 30 milles anglais, et cette distance nous amène précisément au rocher de *Patarghât*, qui répond bien à la des-

---

[1] Montg. Martin, *East. India*, t. II, p. 196 à 200, add. p. 172.

Dans Lassen, *Ind. Alt.* t. I, p. 556. Postérieurement, l'usage paraît avoir introduit la forme *Moudgaghiri*, ainsi que le nom se lit dans la célèbre inscription de Monghir (*As. Res.* t. I, p. 125), et les pandits n'ont pas manqué d'en rattacher l'origine au mouni Moudgala.

[3] Fr. Buchanan (Hamilton), dans l'*East. India*, t. II, p. 56.

cription du voyageur, et qui a été de tout temps un but de pèlerinage [1].

A 400 li de Tchampâ, le voyageur arrive à un royaume dont le nom, dans sa forme chinoise, est *Kie-tchou-ou-ki-lo*, qui répond au sanscrit *Kadjoûghira;* une variante chinoise (*Kie-ching-kie-lo*) donne *Kadjiñgara*. Or, la grande carte du cours du Gange de Rennell indique, à 2 milles au-dessous de Farrakabad, précisément en face des ruines de Goûr qui s'étendent sur la rive opposée du fleuve, un village sous le nom de *Kadjéri* qui présente une analogie remarquable avec le *Kadjoûghira* de la relation chinoise. Le lieu est à 92 milles (460 li) du site de Tchampâ, en longeant la rive du Gange, et à 85 milles seulement (425 li) si l'on coupe le contour assez profond que décrit le fleuve. Il y a toute apparence que nous retrouvons ici le site oublié d'une ancienne ville royale. Le petit royaume dont Hiouen-thsang nous fait connaître la situation n'est pas d'ailleurs absolument ignoré dans les sources hindoues. La liste géographique du *Mahâbhârata* mentionne un pays de *Kadjiñgha* parmi les peuples de l'Inde orientale [2], mais sans désignation plus précise; et dans un traité de géographie qui ouvre une des chroniques singhalaises, la ville de *Kadjanghélé-Niyangamé* est citée comme se trouvant dans la région orientale du Djamboudvîpa [3].

[1] Fr. Buchanan (Hamilton), dans l'*East. India*, vol. II, p. 7 et 63 sq. Il y a des détails circonstanciés sur cette remarquable localité de Patarghât, avec des extraits d'un *Pourâna* local, dans les *Recherches* de W. Francklin sur le site de Palibothra (*Inquiry*, etc. 1re part. p. 54 sq. p. 58 et p. 62. Lond. 1815, in-4°). On ne lit pas non plus sans intérêt la description qu'en a donnée l'évêque Heber, *Journey through the upper provinces of India*, t. I, p. 264 et suiv. Lond. 1828, in-8°.

[2] *Vishnu Purâna*, p. 196, note 163.

[3] *Sacred and historical Books of Ceylan*, édités par Upham, t. II, p. 144. *Niyangamé* nous paraît représenter le sanscrit *Nârâyanagrâma;* mais nous n'o-

Nous n'avons pas besoin de faire remarquer que le *Ka djanghélé* du chroniqueur bouddhiste est absolument identique, sauf la modification que subissent les mots sanscrits en passant dans les idiomes vulgaires, au *Kadjiñgara* du voyageur chinois. Quant au site de *Kadjéri*, il ne paraît pas avoir attiré jusqu'à présent l'attention des voyageurs. Les rapports de M. Francis Buchanan, très-succincts sur cette partie du Bengale, ne le mentionnent pas. C'est un point que nous signalons, parmi tant d'autres, aux explorateurs futurs.

De Kadjiñgara, Hiouen-thsang continua d'avancer à l'est, dit la relation, « et, après avoir fait environ 600 li, il arriva au royaume de *Poan-na-fa-t'an-na* ». Ce groupe chinois est la transcription régulière de *Poundra-Varddhana*, et le *Varddhana* sanscrit est un territoire bien connu de la contrée des Poundra, c'est-à-dire du Bengale intérieur, dont la ville de Bardvân, au nord-ouest de Calcutta, conserve le nom aisément reconnaissable. Bardvân, il est vrai, est au sud de Kadjéri, et non pas à l'est; mais la route du voyageur avait gardé d'abord, en continuant de descendre le cours du Gange, sa direction générale au sud-est, et nous savons, par une foule d'exemples analogues que fournit l'itinéraire, qu'il est très-habituel au voyageur de se contenter de noter la direction initiale, sans tenir compte des changements ultérieurs. La distance marquée est d'ailleurs suffisamment exacte. De Kadjéri à Bardvân on compte environ 135 milles anglais, qui feraient 650 li.

Ce qui suit dans l'itinéraire est d'une identification beau-

---

sons hasarder aucune conjecture sur l'application de cette partie du nom pali. Le sens serait-il *Náráyanagráma du pays de Kadjñgara*, ou les deux mots ne forment-ils qu'un nom?

coup moins certaine, ou du moins plus vague; il y a même désaccord entre la relation personnelle de Hiouen-thsang et son historien Hoeï-li[1]. Le voyageur dit que de Pouṇḍra-Varddhana il fit 900 li à l'est jusqu'au royaume de *Kia-mo-leou-po* (Kâmaroûpa), d'où il revint au sud vers le royaume de *San-mo-ta-tch'a* (Samôtaṭa), à 1,200 ou 1,300 li du précédent, puis à l'ouest jusqu'à *Ta-mo-li-ti* (Tâmralipti), 900 li; que de là, tournant au nord-ouest, il fit 700 li jusqu'au pays de *Kie-lo-na-sou-fa-la-na* (Karṇa-Souvarṇa); et enfin, que revenant au sud-est, il arriva, après une marche de 700 li, au royaume d'Outch'a (qui est le pays d'*Outkala* des livres sanscrits, et l'*Orissa septentrional* de la géographie actuelle). Tel est le récit du voyageur. Son historien lui fait suivre un itinéraire notablement différent. Il le conduit de Pouṇḍra-Varddhana au pays de *Karṇa-Souvarṇa*, 900 li au sud-est; de là, dans la même direction, mais sans marquer la distance, au pays de *Samôtaṭa;* de cette dernière contrée à *Tâmralipti*, comme dans le *Si-yu-ki*, 900 li à l'ouest; puis, de Tâmralipti au pays d'*Outch'a*, 700 li au sud-ouest. Entre cette rédaction et celle du *Si-yu-ki* il n'y a pas à hésiter un instant, non-seulement parce qu'une relation originale est toujours préférable à un récit de seconde main, mais aussi parce que la version du *Si-yu-ki* est plus complète et mieux liée que celle de Hoeï-li.

La situation du pays de Kâmaroûpa est bien connue; dans son application la plus ordinaire, et certainement dans celle qu'en fait notre relation, c'est la partie occidentale de l'Assam, au nord et à l'ouest du grand coude du Brahmapoutra. La direction générale, par rapport à Bardvân ou Varddhana, est le nord-est, et les 900 li indiqués nous

[1] Cf. le *Si-yu-ki*, t. II, p. 76 et Hoeï-li, p. 180 et suiv.

conduisent seulement à l'entrée du Kâmaroûpa. Il ne paraît pas, d'après cela, que Hiouen-thsang s'y soit beaucoup avancé ; ce qui n'a pas lieu d'étonner, puisqu'au rapport même du voyageur la loi de Bouddha n'avait pas pénétré dans le Kâmaroûpa, et qu'il n'y existait pas un seul *Vihâra*. Il faut dire toutefois que la distance de 900 li depuis Varddhana se concilie assez mal avec les 1,200 ou 1,300 li de la position suivante, distance qui semblerait devoir être plus courte que la précédente, et non plus longue. Nous ne serions pas éloigné de croire qu'il y a une faute dans le premier nombre. Heureusement cette incertitude sur un point où aucune ville n'est nommée importe peu à l'ensemble de notre étude, et ne trouble pas les positions générales, les seules que nous ayons à fixer ici.

Pour déterminer l'emplacement au moins approximatif du royaume de Samôtaṭa, nous avons une double indication : il était au sud du Kâmaroûpa, à la distance de 1,200 à 1,300 li, et à l'est de Tâmalitti (dont le site est bien connu), à la distance de 900 li. Cette dernière base, combinée avec la première, nous place nécessairement vers l'embouchure commune du Brahmapoutra et de la branche orientale du Gange. Il est dit en effet que le pays était voisin de la mer, et que le sol en était bas et humide. Ce royaume comprenait peut-être la province actuelle de Dakka, entre le Gange oriental et le Brahmapoutra, et certainement une grande partie, sinon la totalité du delta du Gange, ce qu'on nomme les *Sanderbands*. En dehors de la relation de Hiouen-thsang nous avons rencontré le nom peu connu de Samôtaṭa dans deux documents indiens : d'abord dans l'inscription de Samoudragoupta (sur le pilier d'Allahabad) où le royaume vassal de Samata figure dans le même groupe que le pays de Kâmaroûpa[1]; et, en second lieu, dans la liste géographique du *Varâha-Sanhita*, ouvrage des premières années du vi[e] siècle[2]. Dans ce catalogue, le nom est écrit *Samâtaṭa*.

Parmi plusieurs noms de peuples ou de pays, voisins de cette frontière de l'Inde, que mentionne Hiouen-thsang, celui de *Chi-li-tcha-ta-lo*, entre Samâtaṭa et le Kâmaroûpa, nous paraît devoir répondre au pays de Silhet, en sanscrit *Çrîhatta*, quoique la transcription régulière du groupe chinois soit *Çrîkchatra*, ou peut-être plutôt *Çrîkchêtra*. *Çrîhatta* n'est pas donné par d'anciens textes, que nous sachions, et ce pourrait être la forme maintenant consacrée d'une altération vulgaire. Nous ne nous arrêterons pas aux autres noms, qui n'appartiennent pas à l'Inde, et sur lesquels nous n'aurions à donner que des conjectures.

La ville de Tâmalitti, où Hiouen-thsang arrive après avoir quitté le royaume de Samôtaṭa, est un de ces points d'une identification évidente qui permettront tout d'abord de déterminer au moins la direction générale et les grands contours de l'itinéraire, et qui aident à retrouver les points intermédiaires. Il est déjà question du pays de *Tâmralipta* dans les légendes épiques, et la capitale, mentionnée fréquemment dans les livres bouddhiques sous la forme palie de *Tâmalitti* (qui a fourni également la transcription chinoise *Ta-mo-li-ti*), est restée jusqu'au xiiie siècle au moins le principal entrepôt commercial et un des ports les plus

---

[1] *Journ. of the As. Soc. of Beng.* t. VI, 1837, p. 979. Le règne de Samoudragoupta appartient à la première moitié du iiie siècle de notre ère. Dans l'inscription de Samoudragoupta, la vraie lecture est *Samataṭa*, selon la remarque de M. Lassen (*Ind. Alt.* t. III, p. 681). *Samataṭa* signifie «bas pays littoral».

[2] *Asiat. Res.* t. XIV, p. 425.

importants de l'Inde orientale. L'ancien nom, altéré par l'usage vulgaire depuis l'arrivée des musulmans dans le Bengale, se prononce aujourd'hui *Tamlouk;* la place est sur une large rivière qui se réunit bientôt après au vaste estuaire de la Hougli (le bras le plus occidental du Gange), à quelques lieues de la mer. C'est à Tâmalitti que Fa-hian s'était embarqué pour son retour en Chine; l'intention de Hiouenthsang avait été aussi d'y prendre passage sur un navire pour se rendre au royaume de *Siṅhala* (Ceylan), où il avait appris que la loi du Bouddha était en grand honneur. Un religieux de l'Inde lui persuada d'y aller plutôt par terre. « Vous éviterez ainsi, lui avait-il dit, les dangers d'une longue navigation, et vous pourrez visiter en chemin les monuments sacrés de l'*Oḍra* (l'Orissa) et des autres royaumes du sud. »

Mais avant de porter ses pas dans cette direction, Hiouenthsang fait une longue pointe au nord-ouest de Tâmalitti, jusqu'à un royaume dont le nom, dans l'orthographe chinoise, prend la forme de *Kie-lo-na-sou-fa-la-nou*. Cette transcription cache les deux mots sanscrits *Karṇa-Souvarṇa*, et la distance de 700 li, dans la direction indiquée, nous porte vers une rivière connue dans l'ancienne géographie sanscrite sous le nom de *Souvarṇarékha* (la *Sabanrika* des cartes anglaises), et de là au cœur même d'un territoire dont le nom actuel de *Singboûm* a conservé sans trop d'altération le sanscrit *Siṅhabhoûmi* « la terre des Lions ». Or, comme nous savons d'ailleurs que les Karṇa sont un des peuples aborigènes de l'Inde orientale, qu'ils ont dominé longtemps sur la partie sud-ouest de notre Bengale actuel, à l'orient du Magadha, et que des tribus de ce nom se trouvent encore dans les cantons montueux qui s'étendent depuis le Béhar méridional jusqu'à la Godâvarî, nous nous expliquons sans peine l'existence d'un royaume de Karṇa arrosé par la Souvarṇa. Si, comme il y a de fortes raisons de le croire, le territoire de Siñhabhoûmi, qui pouvait être compris dans le royaume de Karṇa-Souvarṇa, est le même pays que la contrée de *Laṭa* ou *Lala*, qui avait eu jadis pour capitale une ville nommée *Siñhapoura*, et qui est célèbre dans les chroniques bouddhiques de Ceylan comme la terre natale de Vidjaya, premier colonisateur hindou de l'île de Laṅkâ [1], on comprendra mieux cette longue excursion de notre voyageur au fond d'un pays à demi sauvage situé en dehors des routes battues [2].

De Karṇa-Souvarṇa Hiouen-thsang fait 700 li au sud-est

[1] M. Lassen, l'illustre auteur des Antiquités de l'Inde, reporte, nous le savons, cette terre de Lala, patrie originaire de Vidjaya, à l'autre extrémité de l'Inde centrale, et l'identifie avec le *Lada* ou *Lar* du Sourâchtra, connu des Grecs sous le nom de *Lariké* (*Indische Alterth.* t. II, p. 97 et 101); mais cette concordance nous paraît absolument incompatible avec les différents textes des chroniques singhalaises où il est question de la patrie originaire de Vidjaya. D'abord, il serait assez malaisé de comprendre comment une nombreuse colonie, qui serait partie de la *Lariké* du Goudjerât, sur la mer occidentale, aurait traversé sans nécessité la largeur tout entière de l'Inde, c'est-à-dire quelque chose comme 600 à 700 lieues de chemin à travers les contrées sauvages du Gondvana, pour venir chercher un port d'embarquement (Tâmalitti) sur la côte orientale. En second lieu, plusieurs passages des livres palis montrent clairement que cette terre de Lala, où Vidjaya était né, confinait au pays de Vanga, c'est-à-dire au Bengale (*Radja Ratnacari*, dans la *Collection* d'Upham, t. II, p. 27; Turnour, *Examination of the Pali Buddh. Annals*, dans le *Journal of the As. Soc. of Beng.* t. VII, 1838, p. 932, etc.). Enfin, pour nous en tenir à un texte décisif, il résulte expressément d'un passage du *Mahavanso*, que la terre de Lala était entre le pays de Vanga et le Magadha (*Mahav.* c. VI, p. 43). Nous n'affirmons pas d'une manière absolue que le canton de Singhoûm ou Siñhabhoûmi soit le *Lala* de Vidjaya, qui avait Siñhapoura pour capitale; mais il est certain du moins qu'il répond à toutes les conditions exigées par les textes, et que la pointe qu'y fait Hiouen-thsang, sans raison apparente, est une présomption de plus.

[2] Les cantons montagneux qui couvrent au sud le Béhar et Baghalpour,

pour arriver au royaume d'*Ou-tch'a* (dans la transcription chinoise). C'est le pays d'*Outkala* des livres sanscrits, l'*Oûriya* ou *Orissa* de la géographie actuelle. Ce royaume était vaste, car le voyageur lui donne 7,000 li de tour, qui répondent à 500 lieues[1]. La capitale était dans une situation élevée. Hiouen-thsang ne la nomme pas; mais on voit par les chroniques locales que la dynastie des Kéçari, qui régnait sur l'Oûryadêça au viie siècle, faisait sa résidence à *Djadjpour* (Djâdjapoura), ville qui existe encore sous le même nom sur la droite de la Bitaranî[2]. La frontière sud-est du royaume touchait à une grande mer; et il y avait là une ville importante nommée *Tché-li-ta-to-tch'ing* (Tcharitra-poura), nom qui signifie la *ville du Départ*. C'était un lieu d'embarquement très-fréquenté.

La distance marquée par le voyageur, prise depuis Siñhapoura, nous amène précisément à Djadjpour. Quant au port de *Tcharitra*, c'est peut-être la *Tchatta* mentionnée dans les chroniques locales comme une des anciennes résidences des rois du pays; mais le site ne nous en est pas connu.

Les premières stations, à partir du royaume d'Outkala, sont fort incertaines. Hiouen-thsang compte d'abord 1,200 li (89 lieues) vers le sud-ouest jusqu'à un pays maritime qu'il appelle *Kong-yu-tho*; puis de 1,400 à 1,500 li dans la même direction (107 lieues) jusqu'au royaume de *Ka-ling-kia*

renferment encore de nombreux vestiges du culte bouddhique. (Heber, *Narrative of a Journey through the upper provinces of India*, t. I, p. 284, London, 1828, in-8°.)

[1] Sur les limites et l'étendue de l'Outkaladêça ou Orissa, à diverses époques, comp. Stirling, *An Account of Orissa*, dans les *Asiat. Res.* t. XV, 1825, p. 163 et suiv.

[2] Stirling, *l. c.* p. 268. Cf. Hamilton, *Descr. of Hind.* t. II, p. 46.

DE L'ASIE CENTRALE ET DE L'INDE.   395

(Kaliṅga). La correspondance de *Kong-yu-tho* nous est tout à fait inconnue; seulement la mention d'un «confluent de deux mers» doit nous placer au voisinage du vaste lac Tchilka, qui est comme une mer intérieure à côté de la mer du Bengale. La distance indiquée paraît trop forte, ainsi que la suivante, qui nous amène, selon toute apparence, à *Kaliṅgapattana* (*Kalingapatnam* de nos cartes); mais nous ignorons quels circuits intérieurs la route a pu décrire, outre que, dans les contrées telles que celles-ci, où les communications intérieures sont peu faciles, les chiffres notés par le voyageur se trouvent toujours plus élevés que ne l'indiquerait la carte.

De Kaliṅga, Hiouen-thsang note un parcours de 1,900 li vers le nord-ouest (140 lieues environ) jusqu'au royaume de *Kiao-sa-lo* (Kôçala); et de là, revenant au sud, il fait environ 900 li (67 lieues) jusqu'à *Ping-ki-lo*, capitale du royaume d'*An-ta-lo* (Andhra). Nous réunissons ces deux stations, parce que si la première est d'une identification très-vague, la seconde nous conduit enfin à un point que nous regardons comme assuré. Le nom d'*Andhra* a joué un grand rôle dans ce qu'on peut nommer le moyen âge hindou. Dans les temps voisins de notre ère, les rois d'Andhra étendirent au loin par les armes leur puissance et leurs conquêtes, et une dynastie de cette race régna jusque dans le Magadha. Mais la patrie native du peuple andhra était le haut pays qui domine le Télingana ou Kaliṅga méridional, notamment la région comprise entre la Krichṇâ et la Godâvarî. C'était là le berceau et le siége principal de la race; c'était là qu'était située Varangal, la capitale de leurs princes. C'est là aussi que se place le royaume d'*An-ta-lo* de notre voyageur, et le nom même de *Varangal* se devine aisément, malgré la mutilation que la transcription chinoise semble avoir éprouvée, dans le *Ping-ki-lo* de Hiouen-thsang. Quant au Kòçala, on sait que ce nom s'est appliqué dans l'Inde ancienne à deux contrées distinctes : le Kôçala du nord (Outtarakôçala), entre le Gange et l'Himâlaya, et le Kôçala du sud (Dakchiṇakòçala), au midi du mont Vindhya, comprenant ce qu'on nomme aujourd'hui le Gondvana et le Bérar. L'existence du Kôçala du sud comme royaume est attestée par le *Mahâbhârata*, par les documents pouraniques et par les inscriptions du Dékhan; nous avons à peine besoin d'ajouter que c'est vers celui-ci que nous conduit Hiouen-thsang. La double distance indiquée depuis Kaliñgapoura jusqu'au Kôçala, et du Kôçala à la capitale du pays d'Andhra, semblerait devoir nous placer vers le confluent de la Venvâ et de la Varadâ, qui vont grossir de leurs eaux réunies la gauche de la Godâvarî; mais c'est une estime qui reste forcément très-vague. On s'aperçoit que nous touchons ici à un sol que nos explorateurs ont à peine abordé, et dont les antiquités sont encore à peu près inconnues; et dans l'absence d'indications tant soit peu précises, nous voulons éviter les conjectures sans base.

Partant de *Ping-ki-lo* (Varangal), et prenant, dit la relation, la direction du sud à travers des forêts et des plaines désertes, Hiouen-thsang arrive au royaume de *To-na-kie-tse-kia*, qu'on appelait aussi le *grand An-ta-lo*.

Le premier des deux noms sous lequel le voyageur désigne ce royaume revient au sanscrit *Dhanakatchéka*, dénomination qui nous est d'ailleurs inconnue. Nous soupçonnerions que le nom de *Dandaka* s'y trouve caché. On sait quelle a été autrefois la célébrité légendaire de ce nom dans tout le sud de la péninsule; dans son application plus strictement territoriale, les documents tamouls le font commencer à la Godâvarî, là précisément où la relation chinoise nous place en ce moment. La seconde appellation donnée par Hiouen-thsang, celle de *Grand An-ta-lo*, est indubitablement *Mahândhra*, pour *Mahá Andhra*; et il ne peut s'agir que de la ville royale de Mahêndrî, la *Râdjamahêndrî* des chroniques tamoules, place ancienne, située dans une position magnifique sur la rive droite de la Godâvarî, à une dizaine de lieues de la mer. Râdjamahêndrî a été pendant plusieurs siècles la capitale des rois tchaloukyas du Télingana [1]. Cette ville est au sud-est de Varangal et non au sud; mais, outre que ces grandes directions générales se confondent souvent dans la relation, il peut se faire que la route du voyageur se soit portée d'abord directement au sud vers la Krichṇâ, avant de tourner à l'est pour se rapprocher de la côte. Les 1,000 li indiqués s'appliquent convenablement à la distance réelle, en tenant compte des détours; l'ouverture du compas donne directement 55 lieues ou près de 750 li.

De Mahêndrî, Hiouen-thsang compte un millier de li (environ 75 lieues) jusqu'à un royaume dont le nom est transcrit en chinois *Tchou-li-yé*. De là, toujours au sud, par un pays de forêts et de plaines sauvages, le voyageur arrive au royaume de *Ta-lo-pi-tch'a* (Drâviḍa), dont la capitale se nomme *Kien-tchi-pou-lo* (Kâñtchîpoura). Depuis le royaume de *Tchou-li-yé* jusqu'à cette dernière ville, la distance est de 1,500 à 1,600 li [2], qui répondent à 115 environ de nos lieues communes.

L'emplacement de Kâñtchîpoura est bien connu; c'est la

---

[1] Wilson, *Mackenzie Collect.* t. I, introd. p. cxvii et suiv.
[2] De 1,400 à 1,500, dans Hoeï-li.

Kondjévéram de nos cartes actuelles. La ville a été comptée de tout temps au nombre des places les plus saintes du Dékhan, et son territoire, aujourd'hui comme autrefois, se nomme le *Drâvira*. De Râdjamahêndrî à Kondjévéram, la distance mesurée est d'environ 185 lieues : c'est exactement, à 4 ou 5 lieues près, celle que marque la relation. Il peut seulement y avoir quelque difficulté quant à la dénomination appliquée par Hiouen-thsang au territoire que sa route traverse entre Mahêndrî et Kâñtchîpoura. Le groupe chinois *Tchou-li-yé* donne en sanscrit *Tchouriya* ou *Tchouliya* : or, ce nom ne peut se rapporter qu'à celui de *Tchôla*, qui est, en effet, un État puissant de cette région du sud. Mais le pays de Tchôla, dans ses limites naturelles, soit politiques, soit ethnographiques, est situé au sud, non au nord du Drâvira. Supposer, avec le savant auteur des Antiquités de l'Inde[1], qu'il y a ici une transposition, dans le texte du voyageur, entre les noms de *Tchou-li-yé* et de *Ta-lo-pi-tch'a*, est un accommodement qui nous paraît difficilement admissible. Tout est trop bien lié dans la relation. Une remarque que l'étude des documents tamouls relatifs à ces royaumes du sud a suggérée à M. Wilson, dans son précieux Catalogue de la collection du colonel Mackenzie, nous fournit une explication beaucoup plus naturelle : c'est que dans les chroniques locales, et même dans les inscriptions, le nom de *Tchôla* est souvent étendu fort au delà de son application légitime, et qu'on le voit adopté par des princes dont les territoires étaient très-éloignés du Tchôla proprement dit. « Il semble, ajoute M. Wilson, que la renommée des rois de Tchôla ait poussé les râdjas de diverses autres provinces à prendre le même titre. On trouve à Râdjama-

---

[1] Lassen, *Indische Alterthumsk.* t. I, p. 265, n. 2.

hêndrî, ainsi que dans les Circars du Nord, de nombreuses concessions de terres dans l'acte desquelles les princes de qui elles émanaient sont qualifiés de tchôlas, et cela sans titre réel, selon toute probabilité [1]. » C'est par suite de cette extension du nom de Tchôla en dehors de ses limites propres, qu'une portion considérable de la côte orientale du Dékhan a pris la dénomination de *Tchôla-Maṇḍalam*, qui est devenue pour nous le *Coromandel*. La double distance indiquée par Hiouen-thsang place son royaume de Tchouliya dans le Teliñgana, à peu près à mi-chemin entre la Krichṇâ inférieure et la Pennar. Ajoutons que la forme sanscrite *Tchâula* pour *Tchôla*, qu'on trouve dans le *Bhâgavata-Pourâṇa*, est tout à fait identique au *Tchouliya* de notre voyageur.

Hiouen-thsang ne dépassa pas, au sud, la ville de Kâñtchîpoura. Les troubles dont l'île de Siñhala (Ceylan) était agitée le firent renoncer à la pensée de visiter cette île. Avant de retourner vers le nord, le voyageur consigne dans ses notes quelques informations assez vagues qu'il avait recueillies sur l'extrémité de la péninsule. Il avait entendu parler d'un royaume de *Mo-lo-kiu-tch'a* (Malakoûṭa), qui ne peut être que le pays de Malâya, sur la mer occidentale. Le nom de *Tchi-mo-lo*, qu'on lui dit s'appliquer à la même contrée, pourrait bien n'être autre chose que le Koumârî, promontoire célèbre qui termine au sud la péninsule hindoue, et où commence le territoire de Malâya (le *Malabar* de la nomenclature musulmane). Dans la langue des marins de l'Europe, *Koumârî* est devenu le cap *Comorin*. Dans les auteurs musulmans du xe siècle, *Komar* est aussi le nom du pays le plus méridional de l'Inde.

---

[1] H. Wilson, *Descriptive Catalogue of the Mackenzie Collection*, t. 1, introd. p. LXXXI et suiv. Calc. 1828, in-8°.

§ 9. — Retour du voyageur, depuis le Drâvira jusqu'au Hindou-kôh, dernière limite de l'Inde au nord-ouest.

En quittant Kâñtchîpoura et le Drâvira, Hiouen-thsang se dirige au nord-ouest, vers l'intérieur de la péninsule; puis, à l'approche de la barrière de montagnes et d'escarpements qui se dresse entre le plateau du Dékhan et la côte occidentale, il tourne au nord, traverse une vaste étendue de pays couverte en partie de forêts, et atteint la Narmadâ inférieure là où elle débouche dans le golfe profond auquel la ville de Cambaye a depuis donné son nom. Moins les contrées que traverse cette portion de l'itinéraire sont connues, plus on voudrait trouver dans la relation des détails dont le voyageur est malheureusement trop avare. Il ne nomme que trois stations dans cette route de 500 lieues : le Kôñkaṇa, le Mahârâchṭra et le pays de Vâroukatchêva, son point d'arrivée. Du Drâvira au Kôñkaṇa (*Kong-kien-na-pou-lo*, Kôñkaṇâpoura), il compte 2,000 li au nord-ouest; de Kôñkaṇâpoura au Mahârâchṭra, environ 2,450 li également au nord-ouest (la vraie direction générale est au nord); du Mahârâchṭra au pays de Vâroukatchêva, après avoir traversé la Narmadâ, 1,000 li au nord-est (la vraie direction est nord-ouest). Vâroukatchêva, ou, dans une forme plus pure, Vârikatcha, est la ville de Barotch et son territoire, sur la rive droite de la Narmadâ inférieure. Le nom de *Barygaza*, sous lequel les anciens ont connu cette place d'après le rapport des marchands alexandrins, reproduit fidèlement la dénomination sanscrite. Les trois distances marquées par la relation de Kâñtchî à Vârikatcha forment une somme totale de 5,450 li, qui répondent, en nombre rond, à 400 de nos lieues communes. Mesuré au compas sur la carte, cet intervalle donne, à vol d'oiseau, une distance de 350 lieues, à laquelle il faut ajouter les détours de la route. L'accord est donc satisfaisant.

Le premier chiffre de 2,000 li au nord-ouest, en partant de Kântchîpoura (environ 150 lieues), nous conduit dans le bassin supérieur de la Toungabhadrâ. Une ville de cette région, Banavasi (ou, selon la forme sanscrite pure, Vânavâsa), tient une place éminente dans l'histoire des anciens rois kadamba du Kônkana, dont elle fut longtemps la capitale; il est donc naturel de supposer que la dénomination de *Kônkanâpoura* s'applique à cette ville.

Il est moins facile de déterminer quelle est la place que Hiouen-thsang désigne comme la capitale du Mahârâchtra. Les 2,450 li indiqués, qui répondent à 180 lieues, conduisent (avec la réduction nécessaire pour convertir la distance linéaire en distance effective) au bassin supérieur de la Godâvarî, où il existe deux villes, Pratichthâna (Païthan) et Dêvaghiri (Déoghir, appelée aussi *Daoulatabâd*), auxquelles le rang de capitale du Mahârâchtra peut également convenir. La distance suivante, de la ville du Mahârâchtra à Vârikatcha, s'accorderait peut-être mieux avec l'emplacement de Dêvaghiri. Toutes les deux sont fort anciennes, et elles ont l'une et l'autre une vieille illustration historique. Les deux villes, n'étant d'ailleurs éloignées l'une de l'autre que d'une douzaine de lieues, peuvent également s'accorder avec les indications de distances données par notre relation. L'origine historique du Grand-Royaume (c'est la signification littérale du sanscrit *Mahârâchtra*, dont les dialectes vulgaires font *Mahratta*) est inconnue; mais il est certain qu'elle est fort ancienne. On le trouve déjà mentionné, au milieu du iii° siècle avant notre ère, parmi les pays où des missionnaires bouddhistes répandirent la loi nouvelle. Le *Si-yu-ki* donne sur le Mahârâchṭra des détails historiques d'un grand intérêt.

Le royaume de Vâroukatchêva était une contrée d'une étendue considérable, de 2,400 à 2,500 li de tour, dit le voyageur (environ 180 lieues). Il nous paraît assez probable que ce territoire s'étendait principalement au midi de la basse Narmadâ, sur la zone littorale, et qu'il allait au sud confiner au Kôñkaṇa; il répondrait ainsi à la partie principale du pays de Lâr, qui est la *Lariké* des auteurs grecs.

Ici commence, sous le rapport de la géographie, une partie toute nouvelle de la relation. Hiouen-thsang va sillonner en différents sens toute la région occidentale de l'Inde moyenne, depuis le Mâlava jusqu'au bas Indus, et depuis le Sourâchṭra jusqu'au cœur du Pendjab. La plupart des pays où cette longue suite de courses va le conduire ne sont connus, même aujourd'hui, que d'une manière très-imparfaite; les relations en sont beaucoup moins nombreuses que pour les autres régions de l'Inde, et les cartes surtout sont fort insuffisantes. La relation de Hiouen-thsang participe à cette infériorité générale. Par une fatalité dont on ne voit pas bien la cause, il règne ici, dans les indications de l'itinéraire, un désordre tout particulier. Beaucoup de distances sont singulièrement exagérées, les directions sont faussées ou interverties, et même, sur plusieurs points, il y a désaccord entre la relation originale et l'histoire du voyageur. Nous allons essayer, autant que le permettront nos moyens de restitution fort imparfaits, de ramener dans ce chaos un peu d'ordre et de clarté.

Le premier royaume où arrive Hiouen-thsang en quittant

Vâroukatchêva, est celui de *Mo-la-p'o* (Mâlava). Ici l'identification n'est pas douteuse; seulement la relation met le pays à 2,000 li dans le nord-ouest de Vâroukatchêva (150 lieues environ), ce qui nous jetterait bien loin de sa situation réelle, qui est au nord-est. Hiouen-thsang dit que la capitale était vers le sud-est de la *Mo-ho* (Mahî); cette indication doit se rapporter à la ville de *Dhâra*, qui a été en effet pendant bien des siècles, antérieurement à l'invasion musulmane, la résidence des rois pramara de cette partie du Râdjasthân. Mais Dhâra n'est qu'à 75 lieues au plus de Barotch, dans la direction de l'est-nord-est, et 75 lieues ne représentent qu'un chiffre de 1,000 li. Il faut très-probablement corriger le texte d'après cette double donnée. A 20 li au nord-ouest de la capitale (1 lieue et demie), Hiouen-thsang mentionne un autre lieu qu'il nomme la *ville des Brâhmanes*. Ce serait en sanscrit *Brâhmaṇapoura;* mais peut-être cette désignation n'est-elle pas un nom propre.

La relation ajoute : «De là, se dirigeant au sud-ouest, Hiouen-thsang arriva au confluent de deux mers (littéralement à un point où deux mers se joignent); puis, se dirigeant au nord-ouest, il fit de 2,400 à 2,500 li, et arriva au royaume d'*A-tch'a-li*. A 300 li plus loin dans le nord-ouest, il arriva au royaume de *Kha-tch'a*[1]. »

Nous avons eu déjà une fois occasion, dans la région maritime de l'Inde orientale, de remarquer cette expression singulière de Hiouen-thsang, *confluent de deux mers*. Ici elle nous paraît ne pouvoir s'appliquer qu'au fond du golfe de Katch, où le Rann vient confiner à l'Océan. Il y a toute apparence que dans le groupe chinois *A-tch'a-li* il faut recon-

---

[1] Hoeï-li (p. 205) a fait ici une suppression qui altère complétement la valeur géographique de ce passage.

naître le *Thal* ou *Thar* des tribus indigènes de l'ouest, nom sous lequel elles désignent la région en partie déserte, en partie semée d'oasis, qui est comprise entre les monts Arâvalî et le bas Indus. C'est là aussi que Pline connaît ses *Dari*. Dans ce cas, le *Thal* ici mentionné ne serait pas le grand désert qui se déroule au nord du Rann (le *Marousthala* des livres sanscrits), mais seulement la partie qui est à l'orient des lagunes, là où se trouve la ville d'Anhalvâra, qui a joué un assez grand rôle dans l'histoire des invasions musulmanes. Les 2,400 li doivent se compter de la capitale du Mâlava. Ce chiffre est un peu fort; mais un détour aura pu l'augmenter. Le pays de *Kha-tch'a*, où le voyageur arrive après une nouvelle traite de 300 li (un peu plus de 20 lieues), est indubitablement la presqu'île de *Katcha* (vulgairement *Katch*), entre le Rann et le golfe qui la sépare du Goudjérat.

« De là, poursuit la relation, il fit 1,000 li *au nord*, et arriva au royaume de *Fa-la-pi*. » Ici encore nous avons un point de reconnaissance certain. Le royaume de *Vallabhî* nous est très-bien connu, géographiquement et historiquement. Il était situé dans la partie orientale de la grande péninsule que nos cartes désignent sous le nom de *Goudjérat*. Hiouen-thsang dit que le royaume de *Vallabhî* portait aussi le nom de *Pé-lo-lo*, c'est-à-dire *Lo-lo* du nord. *Lo-lo* est le *Lala* des sources sanscrites, où le nom est écrit aussi *Laṭa* et *Laḍa*, avec l'articulation cérébrale de la dernière syllabe qui en rapproche la prononciation de celle de l'*r*; c'est le *Lâr* des chroniques radjpoutes et la *Larikê* des auteurs grecs. Cette distinction d'un *Lâra* du nord se rapporte à l'application continentale du nom, qui descendait assez loin au sud entre la côte et les Ghâts, et que nous avons déjà mentionnée en parlant du royaume de Vâroukatchêva. Les 1,000 li comptés depuis le Katch peuvent être exacts; seulement il faut renverser la direction, qui, du Katch à Vallabhî, est au sud (ou plutôt sud-est), et non pas au nord. Ceci est une correction capitale, qui affecte et rectifie toute la suite de l'itinéraire.

Le *Sou-la-tch'a*, où Hiouen-thsang arrive à 500 li de Vallabhî vers l'ouest[1], nous conduit à un territoire consacré dans les traditions hindoues, et que signalent à l'attention de l'antiquaire, comme à celle du pieux pèlerin, les monuments et les inscriptions bouddhiques de Ghirnar. Ce canton occidental portait en effet le nom particulier de *Sourâchtra*, qui s'y est conservé jusqu'à nos jours sous la forme vulgaire de *Sourât*. Il faut donc bien distinguer ce *Sourâchtra* intérieur de l'application beaucoup plus étendue que le nom a reçue dans l'histoire, et que représente la Συραστρήνη des Grecs d'Alexandrie, ainsi que ce canton actuel de *Sourât* de la ville du même nom située en dehors de la péninsule, près de l'embouchure de la Tâptî. Le royaume de *Sourâchtra* s'étendait jusqu'à la *Mahî*, enveloppant ainsi le royaume de Vallabhî du côté du nord. La capitale était voisine du mont *Yeou-chen-to*, qui est l'*Oudjdjayanta* de la géographie sanscrite. Les grands poëmes et les légendes religieuses nous montrent cette montagne dans l'intérieur de la presqu'île de Goudjérat, au voisinage de la célèbre Dvârakâ, la ville de Krĭchṇa. La ville ici désignée comme la capitale du Sourâchtra pourrait donc être *Yavanagara*, la *Djoânagar* actuelle, que l'Oudjdjayanta enveloppe au nord d'une ceinture de pics sourcilleux, et où des grottes analogues à

[1] De 35 à 40 lieues. Hoeï-li (p. 207) fait partir fautivement ces 500 li d'Ânandapoura, dont il va être question tout à l'heure.

celles de Nâsikâ gardent les traces du culte bouddhique [1].

Il paraît que de Vallabhî Hiouen-thsang fit une pointe sur *O-nan-to-pou-lo* (Ânandapoura), place ancienne et renommée, située en dehors de la presqu'île. Les Soûtras djaïns citent cette ville comme un de leurs anciens foyers d'instruction religieuse, et ils l'identifient avec la *Bârnagar* actuelle, à 23 lieues environ au nord d'Ahmedabâd, et à 12 ou 13 lieues d'Ahmednagar vers le nord-ouest [2].

Il est probable que cette excursion précéda celle du Sourâchtra; autrement Hiouen-thsang eût sans doute poursuivi sa route vers le nord, au lieu de partir de Vallabhî comme le *Si-yu-ki* le dit expressément. Cette route au nord est de 1,800 li (134 lieues), et elle conduit le voyageur à un royaume de *Kiu-tché-lo*, dont la capitale se nomme *Pi-lo-mo-lo*. Le premier de ces deux noms se ramène au sanscrit *Goudjara*; mais il est bien clair qu'il ne peut s'agir ici de la grande presqu'île à laquelle la géographie européenne applique aujourd'hui ce nom, puisque c'est de là, au contraire, que part le voyageur. Ce que nous savons de l'histoire et de l'ethnographie du nord-ouest de l'Inde, explique ce qui pourrait autrement nous paraître une anomalie ou une erreur. Les *Goudjèrs* sont une des grandes tribus indi-

[1] Sur Djounagar et ses ruines, on peut voir l'intéressant rapport du lieutenant Postans, avec les remarques de James Prinsep, dans le *Journal of the As. Soc. of Beng.* t. VII, 1838, p. 870 et suiv. et le *Journal of Bombay As. Soc.* t. III, 1850, p. 75. M. Lassen croit retrouver dans le nom de la ville de *Djoûnagar*, qu'il restitue en *Yavanâgara*, la trace de l'ancienne domination de la dynastie grecque d'Apollodote et de Ménandre dans la Syrastrène. (*Zeitschr. für die Kunde des Morgenl.* t. IV, 1842, p. 150, et *Ind. Alterth.* t. II, 1852, p. 218.) Les traditions locales donnent au nom une autre origine. (*History of Gujarat*, transl. from Ali-Mohammed-Khan by J. Bird, p. 420; Lond. 1835, in-8°.)

[2] Voyez le *Kalpa Sútra*, trad. du magadhi par le Rév. Stevenson, p. 2 et 15; London, 1848, in-8°.

gènes de la région comprise entre l'Indus, l'Himâlaya et la Yamounâ, et plusieurs de leurs clans habitent encore différentes parties du haut Pendjab. Déplacé et refoulé par les événements successifs qui depuis la haute antiquité ont causé tant de fluctuations dans les populations pastorales de ces plaines, le gros des Goudjèrs s'est porté du nord au sud par un mouvement progressif, jusqu'à ce qu'ils soient venus se fixer dans l'ancien Sourâchṭra, auquel ils ont un moment donné leur nom, nom que les Portugais trouvèrent en usage au xvi° siècle et que l'usage européen lui a conservé. On n'a donc pas lieu d'être surpris de trouver le nom des Goudjèrs appliqué à un territoire du Marousthala, entre le Rann et le Satledj. Quant à la situation précise de ce territoire, le nom de la capitale nous y conduit. Ce nom, ainsi que nous l'avons dit, est écrit dans notre auteur *Pi-lo-mo-lo*. M. Reinaud a déjà signalé la ressemblance du *Pi-lo-mo-lo* de notre relation avec le nom de *Pahlmal*, mentionné par Albiroûni comme celui d'une ville importante entre Moultân et Anhalvâra [1]. La ressemblance ici va jusqu'à l'identité, et, de plus, la situation indiquée par l'écrivain arabe répond parfaitement à celle qui résulte des Mémoires de Hiouen-thsang. D'ailleurs la ville de *Pahlmal* existe toujours : c'est la *Balmaïr* ou *Bharmaïr* du Marvar, à une trentaine de lieues au sud de Djesselmîr. La mesure directe entre Vallabhî et Balmaïr donne au compas près de 100 de nos lieues communes, mesure à laquelle il faut ajouter, pour avoir la distance vraie, les inégalités du chemin et les détours de la route, qui n'est pas une ligne mathématique. Les 1,800 li

---

[1] Reinaud, *Mémoire sur l'Inde antérieurement au xi° siècle*, p. 337. M. Reinaud ne se fondait que sur l'indication donnée dans l'appendice du *Foe-koue-ki*, p. 393.

408 MÉMOIRE ANALYTIQUE SUR LA CARTE

de l'itinéraire se peuvent ainsi justifier sans trop d'exagération.

Par un de ces brusques retours qui ne sont pas rares dans la relation de Hiouen-thsang, l'itinéraire revient au sud-est vers l'intérieur du Mâlava, et s'avance jusqu'à *Ou-ché-yèn-na* (Oudjdjayinî), l'*Oudjeïn* actuelle. De là il redescend au nord-est, et à la distance de 1,000 li (75 lieues) il arrive au royaume de *Tchi-tchi-to* ou *Tchi-ki-to*. La distance et la direction nous conduisent à un territoire mentionné par Albiroûni sous le nom de *Djadjahouti*[1], dont la capitale, nommée *Kadjourâhah* dans l'ouvrage du géographe arabe, est encore marquée sur nos cartes sous le nom de *Khadjarî*, à 25 lieues au sud-sud-ouest de Goualiâr. A 900 li plus loin, dans la même direction, le voyageur voit une autre capitale, dont le nom de *Ma-hi-chi-fa-lo* nous paraît devoir se rapporter à *Matchéri*, ou, selon la forme sanscrite, *Matchivâra*, place autrefois importante et capitale d'un état du même nom, à 35 lieues d'Agra, vers l'ouest. Le voyageur se trouvait ici revenu à une très-petite distance de la ville de *Virâta*, qu'il avait visitée à son arrivée dans les pays gangétiques de l'Inde[2].

De Matchivâra, Hiouen-thsang revient à l'ouest et traverse une seconde fois le pays des *Kiu-tché-lo* (Goudjèrs), d'où il poursuit sa route dans la direction du nord, à travers les plaines arides du Marousthala. Il gagne ainsi le *Sin-tou* (Sindh), passe le fleuve, et arrive à la capitale du royaume

---

[1] Dans les *Fragments arabes et persans relatifs à l'Inde*, publiés par M. Reinaud, p. 106. Cette identification a déjà été signalée par M. Alex. Cunningham, *Journal of the Asiatic Soc. of Bengal*, vol. XVII, 1848, p. 487. Cf. H. Elliot, *Bibliographical Index to the historians of Muhammedan India*, p. 37; Calcutta, 1849, in-8°.

[2] Ci-dessus, p. 336.

de *Sindhou*[1], ville qui est désignée dans les mémoires du voyageur sous le nom de *Pi-chen-p'o-pou-lo*.

Au temps où Hiouen-thsang visitait la vallée du Sindh, en l'année 644, la capitale du pays était *Alôr*, ville dont les ruines existent encore non loin de Bakkar; c'est ce que nous apprennent les relations des premières conquêtes arabes dans la vallée du fleuve, au commencement du viiie siècle[2]. Il y a donc tout lieu de penser que c'est à cette antique métropole que s'applique la désignation du voyageur. C'est aussi dans cette direction que porte l'indication *au nord* donnée par rapport au Bharmaïr ou Pahlmal, et la distance de 900 li, marquée plus loin de *Pi-chen-p'o-pou-lo* à Moultân, tendrait plutôt à nous placer un peu au-dessus d'Alôr qu'à nous faire chercher plus bas l'emplacement de cette ville[3]. Quant au nom que Hiouen-thsang donne à la capitale, nous ne pouvons lui trouver d'autre analogie que celui de *Vitcholo*, sous lequel la partie moyenne du Sindhi est désignée dans l'usage local[4]; ce serait une simple appel-

[1] Le royaume du Sindh, à l'époque de la conquête arabe, au commencement du viiie siècle de notre ère, était un pays presque entièrement bouddhique (Reinaud, *Mémoire sur l'Inde*, p. 148 et 176), ce qui explique cette partie de l'itinéraire de Hiouen-thsang, le voyageur s'étant imposé le devoir de visiter toutes les contrées bouddhiques de l'Inde.

[2] Béladori, dans les *Fragments arabes et persans relatifs à l'Inde*, publiés par M. Reinaud, p. 182 et suiv. et *Mémoire sur l'Inde antérieurement au* xie *siècle*, p. 183 et suiv.

[3] Cette distance de 900 li est trop faible d'un quart environ, comparée à la distance réelle d'Alôr à Moultân; mais comme il n'existe pas dans l'intervalle d'autre place qui ait eu à aucune époque le rang de capitale, il est évident que le chiffre de la relation est fautif.

[4] Burton, *Sindh*, p. 4. — Le pays est partagé en trois divisions générales: Lâr, ou le Sindh inférieur (le Delta); Vitcholo, ou le Sindh moyen (du sanscrit *Vitchâla*, qui a en effet cette signification); Siro, ou le Sindh du nord. Dans l'usage actuel, la dénomination de *Vitcholo* est restreinte à la province d'Haï-

410 MÉMOIRE ANALYTIQUE SUR LA CARTE

lation désignant seulement la capitale du Sindhou central, *Vitchâlapoura*. Nous n'affirmons pas que cette conjecture soit fondée; mais c'est la seule qui pour nous puisse expliquer l'origine du nom, d'ailleurs inconnu, employé par le voyageur.

Il paraît résulter du texte trop peu explicite du *Si-yu-ki*, que de la capitale du Sindhou Hiouen-thsang fit une excursion dans l'intérieur du Pendjab jusqu'à la ville de *Po-fa-to*, en passant par *Meou-lo-san-pou-lo* (Moultân), transcription du sanscrit *Moûlasthânîpoura*; et que, revenu de nouveau dans le Sindhou, il descendit au sud jusqu'aux provinces maritimes situées à l'ouest du fleuve, avant de remonter la partie droite ou occidentale de la vallée dans son retour définitif vers l'Asie intérieure et la Chine.

La ville de *Po-fa-to*, indiquée par le voyageur à la distance de 700 li (environ 50 lieues) vers l'est ou le nord-est de Moultân, est tout à fait inconnue. Cette place devait cependant être un lieu notable, puisque Hiouen-thsang y passa plusieurs mois en société de savants docteurs. La transcription sanscrite régulière serait *Parvata*.

Si nous avions une conjecture à hasarder à ce sujet, ce serait que la ville actuelle de *Fattèhpour*, sur la gauche du Ravi, entre Moultân et Lahôr, garderait la trace de l'ancien nom dans sa dénomination actuelle, malgré sa physionomie musulmane. Du moins la distance et la direction, par rapport à Moultân, répondent aux indications du voyageur.

L'historien du voyageur, Hoeï-li[1], dit que de *Po-fa-to* (qu'il écrit *Po-fa-to-lo*) Hiouen-thsang rentra une seconde fois dans

derabâd; mais, d'après sa signification même, le nom a dû avoir autrefois une beaucoup plus grande extension.

[1] A la page 211. *Po-fa-to-lo* est une transposition, pour *Po-lo-fa-to*.

l'intérieur de l'Inde du nord, et qu'il visita de nouveau le Magadha et le pays de Kâmaroûpa avant de reprendre le chemin de la frontière de l'ouest. Cette nouvelle excursion, après le très-long séjour que Hiouen-thsang avait déjà fait dans ces contrées, serait déjà une circonstance assez extraordinaire; le silence absolu des mémoires personnels du voyageur (le *Si-yu-ki*) sur ce second voyage, achève de le rendre plus que suspect. Il y a donc grande apparence que cette partie de l'ouvrage de Hoeï-li n'est qu'une répétition erronée des notices antérieures, d'autant plus que les routes par lesquelles il ramène Hiouen-thsang jusqu'au pays de Lampâka, dans le bassin de la rivière de Kaboul, rentrent toutes dans les itinéraires précédents. La préface de M. Stanislas Julien a d'ailleurs fait connaître la cause des altérations que quelques parties du livre de Hoeï-li ont éprouvées.

Nous revenons donc au texte des Mémoires, qui nous ramènent, ainsi que nous l'avons dit, de *Po-fa-to* à la capitale du Sindhou.

Deux pays situés à l'occident du bas Indus sont mentionnés comme ayant été visités par Hiouen-thsang. Le premier, à 1,500 ou 1,600 li au sud-ouest de *Pi-chen-p'o-pou-lo* ou Vitchâlapoura (Alôr), avait pour capitale *Khie-tsi-chi-fa-lo*, mot dont la transcription littérale donne *Katchéçvara*. C'était une ville riche et commerçante assise au bord de la mer, non loin du Sindh : à ces indications, aussi bien qu'au nom lui-même, on ne saurait guère méconnaître le port aujourd'hui désigné sous le nom de *Karatchi*[1]. Hiouen-thsang donne au pays le nom d'*A-tièn-p'o-tchi-lo*, que M. Sta-

[1] C'est aussi le sentiment de M. Lassen (*Zeitschr. für die Kunde des Morgenl.* t. IV, 1842, p. 107), qui explique *Katchéçvara* par *maître du Rivage*, en rapportant ce nom à un temple de Çiva dont Hiouen-thsang fait mention.

nislas Julien rend par *Adhyavakîla*[1]. A près de 2,000 li plus loin dans l'ouest était le pays maritime de *Lang-kie-lo*, qui avait pour capitale *Sou-neou-li-chi-fa-lo* (Soûnourîçvara). La contrée répond à la partie orientale du Mékran. *Lang-kie-lo* doit être *Langala*, le canton des *Langga*, grande tribu dans le Pendjab occidental et dans le Tharr[2], et dont une branche, sous le nom de *Langhaou*, existe encore aujourd'hui dans le nord-est du Balouchistân, près du Katch-Gandava[3]. Le nom des *Langalas* est dans la liste géographique du VIe livre du *Mahâbhârata*[4].

Du pays d'*A-tièn-p'o-tchi-lo* (Karatchi), le voyageur revient au royaume de Sindhou (Alôr) par une route à la fois plus occidentale et plus courte que celle qu'il avait suivie (sûrement en longeant le fleuve) lorsqu'il était descendu vers la côte. Il ne compte cette fois, au lieu de 1,900 li, que 1,700 li en trois stations (à peu près 125 lieues). La première station (700 li au nord = 52 lieues) le conduit au territoire de *Pi-to-chi-lo*; la seconde (300 li au nord-est = 22 lieues), au pays d'*A-fan-tch'a*; la troisième, de 700 li comme la première, mais en revenant à l'est (ou plutôt au nord-est), au royaume de Sindhou. Le *Si-yu-ki* paraît mettre *A-fan-tch'a* beaucoup plus haut dans le nord. Nos moyens d'étude actuels ne nous fournissent pour ces noms aucun terme de comparaison.

Ajoutons que toute cette partie des mémoires du voyageur présente une grande confusion. Ni l'itinéraire ni les chiffres

---

[1] Les conjectures de M. Al. Cunningham n'éclaircissent rien, même en faisant violence au texte. (*Journal of the Asiatic Society of Bengal*, vol. XVII, 1848, p. 50.)

[2] Tod, *Rajasthán*, I, p. 97; II, p. 237, etc.

[3] Masson, *Various Journeys*, vol. IV, p. 343.

[4] *Vishnu Purâna*, p. 192.

ne sont identiques dans le *Si-yu-ki* et dans la biographie de Hoeï-li. L'état très-incomplet de nos connaissances actuelles sur la région montagneuse qui domine à l'ouest le bassin de l'Indus, depuis la rivière de Kaboul jusqu'à la côte gédrosienne, ajoute encore à l'obscurité de cette partie heureusement peu étendue et peu importante de la relation. Sans essayer de concilier des contradictions manifestes, de fixer des positions tout à fait vagues, ni de corriger arbitrairement des chiffres évidemment fautifs, nous allons nous borner à signaler les points pour lesquels on entrevoit une synonymie au moins probable, jusqu'à ce que l'itinéraire soit revenu sur un terrain plus ferme.

Tout ce que l'on peut conclure d'une manière à peu près certaine des indications fournies par les Mémoires, c'est que Hiouen-thsang aurait remonté, après sa visite au pays de Sindhou, la partie droite ou occidentale de la vallée de l'Indus (ce qu'on nomme aujourd'hui le *Damân*) jusqu'à la vallée de la Gomal; et que là, tournant à l'ouest par la route qui pénètre avec cette dernière vallée dans les parties intérieures du Rohistân ou Arokhadj, il serait ainsi arrivé à la cité de Ghazna. Sur cette longue ligne, on ne trouve mentionné que le seul pays de *Fa-la-na* (mot qui paraît être la transcription de *Varaṇa*), à 900 li vers le nord d'*A-fan-tch'a*[1], et à quinze journées vers le sud du pays bien connu de *Lan-po* (Lampâka), dans le bassin de la rivière de Kaboul[2]. Cette dernière indication, fournie par Hoeï-li[3], nous conduit vers la partie moyenne de la rivière de Gomal, là où nos informations modernes nous font con-

---

[1] Une autre lecture bien certainement fautive donne seulement 90 li.
[2] Ci-dessus, p. 300.
[3] Page 265.

naître un pays de *Vanèh* qui pourrait bien répondre au *Varaṇa* de la relation. D'un autre côté, le *Si-yu-ki* marque 2,000 li, en montant au nord-ouest, depuis *Fa-la-na* jusqu'à *Ho-si-na* (Ghazna), ce qui peut également s'accorder avec l'emplacement du territoire de *Vanèh*. La vallée de la Gomal est une des grandes voies de communication entre Ghazna et l'Indus. Un explorateur moderne, le docteur Honigberger, a précisément suivi cette ligne en se rendant, comme Hiouen-thsang, de la vallée du Sindh à Ghazna. Le *Si-yu-ki* mentionne encore un pays de *Ki-kiang-na* comme étant limitrophe à l'ouest de celui de *Fa-la-na*, ce qui nous place au milieu des montagnes dans le sud de Ghazna. Cette dénomination paraît se rapporter, comme l'ont pensé M. Reinaud et M. Henry Elliot, au pays de *Kykânân* ou *Kykân* des anciens chroniqueurs arabes[1]; malheureusement l'emplacement du pays de Kykânân (que nous ne retrouvons plus dans la nomenclature actuelle) n'est pas non plus bien clairement indiqué par les écrivains musulmans. M. Elliot, qui a consacré plusieurs pages à cette recherche dans ses fragments sur le Sindh des Arabes[2], n'a pu arriver à rien de précis. On voit seulement que ce territoire devait se trouver vers la frontière commune du Mékran, du Sindhi et de l'Arokhadj, vers la province actuelle de Châl, au nord de la passe de Bolân, ce qui, du reste, répond d'une manière générale à l'indication du *Si-yu-ki*. Il n'en faut pas demander plus.

Mais nous arrivons sur un terrain mieux connu. La ville

---

[1] Béladori, dans les *Fragments arabes et persans* de M. Reinaud, p. 184 à 186, et p. 214; add. le *Mémoire sur l'Inde*, du même savant, p. 176.

[2] H. Elliot, *Appendix to the Arabs in Sind*, p. 209 à 212; Cape Town, 1853, in-8°.

de *Ho-si-na*, capitale du royaume de *Tsao-kiu-tch'a* ou *Tsao-kiu-to*, est indubitablement *Ghazna;* et dans le nom de *Tsao-kiu-to* on a cru reconnaître [1], non sans beaucoup de probabilité, l'ancienne appellation des *Arôkhotes* [2], dont plus tard les Arabes ont fait *Arokhadj*. La notice du *Si-yu-ki* fait mention d'une seconde capitale appelée *Ho-sa-lo*, et d'une vallée de *Lo-mo-in-tou*. Nous croyons reconnaître dans ce dernier nom celui de l'*Helmend;* mais nous ne voyons pas aussi clairement quelle correspondance assigner à *Ho-sa-lo*. Le mot semble devoir se transcrire *Hasara*. Aurait-il quelque rapport avec le nom des *Hazarèh*, qui occupaient sûrement, alors comme aujourd'hui, une étendue considérable du haut pays? Il y a dans la province plusieurs localités de ce nom, notamment un *Assaïa-Hazarèh*, entre Ghazna et Kandahar, sur la droite de la Tarnak [3]; mais nous ignorons si le lieu peut avoir quelque titre historique à la qualification de seconde capitale.

L'itinéraire compte 500 li, dans la direction du nord, de Ghazna au royaume de *Fo-li-chi-sa-t'ang-na*, qui avait pour capitale *Hou-pi-na*. La distance, aussi bien que la direction, nous conduit au nord de Kaboul, vers le pied méridional de l'Hindou-kôh, où la ville mentionnée par Hiouen-thsang existe encore sous le nom de *Houpiân* [4], près du site de l'A-

[1] Al. Cunningham, dans le *Journ. of the Asiat. Soc. of Bengal*, vol. XVII, 1848, p. 52.

[2] Le nom des Ἀραχωτοί, dans les auteurs grecs, est la transcription assez exacte d'une dénomination indigène, qui se lit *Haraqaïti* dans les textes zends, et *Harakatta* dans l'inscription de Bisoutoun.

[3] Hough, *Narrative of the march and operations of the army of the Indus*, p. 429; London, 1841, in-8°.

[4] C'est à M. Masson que sont dues la découverte et l'exploration archéologique de ce site important (*Narrative of various Journeys in Balochistan, Afghanistan*, etc. t. III, p. 126 et 161; Lond. 1844).

lexandria ad Caucasum, qui est l'*Alexandria Opiana* d'Étienne de Byzance et de quelques manuscrits de Pline [1]; et quant au nom du pays que le chinois rend par *Fo-li-chi-sa-t'ang-na*, nous y retrouvons le sanscrit *Vardasthâna*, pays des Vardaks. Les Vardaks sont une des grandes tribus de la nation afghane, et ils ont eu, en effet, à différentes époques, la domination souveraine du pays, comme aujourd'hui les Dourânis; ils habitent encore près de Kaboul [2]. Ce rapprochement nous conduit de plus à l'explication et à l'origine, en vain cherchée jusqu'ici, du nom d'*Ortospana*, que Ptolémée donne comme synonyme de *Kaboura* ou Kaboul [3]. Il est clair que le mot Ὀρτοσπάνα est une forme légèrement altérée pour Ὀρτοσ]άνα (le *Vardasthâna* sanscrit), ainsi que l'avait déjà pressenti M. Wilson, qui donne du nom une étymologie conjecturale maintenant sans objet [4].

Le voyageur va quitter ici les derniers territoires qui soient encore attribués à l'Inde, et redescendre dans les froides vallées du Tokharestân, après avoir franchi la grande chaîne de montagnes neigeuses que les anciens ont connue sous la double appellation de *Paropamisus* et de *Caucase indien* (le Hindou-kôh actuel ou Hindou-kousch). La passe que Hiouen-thsang traverse est celle de Khévâk, à la tête de l'étroite et longue vallée de la Pendjchîr; cette passe est celle qu'avait autrefois franchie Alexandre lorsqu'il vint de la Drangiane dans la Bactriane, et de nos jours elle a été

---

[1] L'identité du site de Houpiân avec l'Alexandrie du Caucase a été démontrée dans notre travail sur l'ancienne géographie du bassin du Kophès, imprimé dans le Recueil de l'Académie des Inscriptions, *Mémoires des savants étrangers*, t. V, 1858, p. 22 et suiv.

[2] Elphinstone, *Caubul*, p. 315, etc.

[3] Ptolem. *Geogr.* lib. VI, ch. xviii, 5, et VIII, xxv, 7.

[4] *Ariana antiqua*, p. 176.

DE L'ASIE CENTRALE ET DE L'INDE. 417

décrite par un explorateur anglais, le lieutenant Wood, dans son Voyage de l'Oxus [1]. Le premier lieu que l'on rencontre à la descente, du côté du Tokharestàn [2], est la ville d'*Anderâb*, l'*Adrapsa* des historiens grecs, l'*An-ta-lo-po* de la relation chinoise.

§ 10. — Depuis le Hindou-kôh jusqu'à la rentrée en Chine.

Après Anderâb, la route suivie par Hiouen-thsang remonte les vallées des hauts affluents de l'Oxus jusqu'à la chaîne neigeuse qui sépare le bassin de l'Oxus de celui de la rivière de Yarkand. Cette route ne diffère pas de celle que suivit Marco-Polo dans la seconde moitié du XIIIe siècle; aussi la comparaison des deux relations fournit-elle d'intéressants rapprochements, que complètent les géographes arabes, et que l'exploration du lieutenant Wood achève d'éclairer d'une lumière nouvelle. Nous allons suivre une à une, dans la forme la plus brève, les stations successives mentionnées par notre relation.

D'Anderâb au royaume de *Kouo-si-to* [3], 400 li (30 lieues) au nord-ouest. C'est le territoire de Khost, mentionné par Baber et par Abou'lféda, à côté de celui d'Anderâb [4]. La

---

[1] *Journey to the sources of the river Oxus*, p. 412 à 421; London, 1841.
[2] Voyez ci-dessus, p. 285, note 2.
[3] Nous avons eu déjà plus d'une occasion de remarquer que la dénomination constamment appliquée par Hiouen-thsang, de même que par les autres relations chinoises, aux circonscriptions politiques ou géographiques, est celle de royaume (*Koue*), qu'il s'agisse d'un grand État, d'une province, ou même d'une simple localité. Le sens qu'il faut attacher à cette expression est donc seulement, en beaucoup de cas, celui d'un territoire distinct et indépendant, abstraction faite de son étendue.
[4] Abou'lféda, trad. de Reiske, dans le *Magazin* de Büsching, t. V, p. 346 et 348; Baber's *Memoirs*, p. 151 et 270.

véritable direction doit avoir été plutôt au nord-est qu'au nord, et les 400 li, dans ce pays de vallées et de montagnes, doivent se réduire à 20 lieues au plus mesurées à vol d'oiseau. Le lieu est cité aussi dans l'*Oriental Geography* [1]; mais il n'est pas mentionné dans nos relations modernes.

De Khost au royaume de Houo on compte environ 300 li dans la direction du nord-ouest. Cette désignation du *nord-ouest* est très-probablement fautive; on va voir tout à l'heure que la direction générale de la route, combinée avec les distances indiquées, nous porte nécessairement au nord-est. Mais ici une difficulté se présente. Une première excursion de Hiouen-thsang dans ces montagnes, lors de son arrivée aux frontières de l'Inde, nous a déjà conduit vers ce royaume de Houo; et comme nous avons pu reconnaître sans aucune hésitation les trois stations notées par le voyageur entre Houo et Balkh [2], nous avons été amené à identifier également, sans aucun doute possible, la ville de Houo avec Ghoûr. Mais la position bien connue de Ghoûr, à une douzaine de lieues vers l'ouest d'Anderâb, ne saurait s'accorder avec l'indication actuelle, qui mettrait Houo à 700 li, c'est-à-dire à une cinquantaine de lieues d'Anderâb, dans une direction tout à fait différente. Faut-il admettre que, dans cette seconde mention, le nom de *Houo* a une signification autre que dans la première, ou que le nom même aurait été inexactement rapporté? Dans l'ouvrage de Hoeï-li (p. 268) il faut lire *Houo*, et non *Kouo*. Il y a une autre solution qui concilie ces difficultés et permet de respecter le texte. Hiouen-thsang lui-même nous apprend que le chef turc de Ghoûr étendait son autorité sur une grande partie des vallées circonvoisines; dès

---
[1] Pages 199 et 231.
[2] Ci-dessus, p. 288.

lors ne peut-on pas admettre que, dans la mention actuelle, le nom de *Houo* désigne non plus la ville même de Ghoûr, mais seulement un territoire de sa juridiction? Quoi qu'il en soit, les doutes que nous venons d'exposer, quant au nom, n'affectent pas la position générale de la station, que désigne suffisamment l'ensemble de l'itinéraire.

De Houo au royaume de *Moung-kièn*, 100 li à l'est. *Moung-kièn* est évidemment la ville ancienne de Moungan, que l'on voit marquée sur un itinéraire employé par le lieutenant Mackenzie dans sa construction de la carte jointe à la relation d'Elphinstone, à une douzaine de lieues vers le sud de Djerm. Cette position est parfaitement d'accord avec les indications qui se peuvent tirer des géographes musulmans[1], aussi bien qu'avec celle de notre relation.

De Moungan au royaume de *Ki-li-se-mo*, 300 li vers l'est, à travers des montagnes difficiles et de profondes vallées. Ici enfin nous trouvons une place dont la position a été fixée, au moins approximativement, par un explorateur européen; car on n'y saurait méconnaître l'*Ishkeschm* du lieutenant Wood, place importante de ces hautes régions, située près de la gauche de la rivière de *Sir-i-kol* (le bras méridional du haut Oxus), à l'entrée de la longue vallée de Vakhan, que cette rivière arrose[2]. La carte du lieutenant Mackenzie écrit le nom *Ishkascham*. Marco-Polo a aussi vu cette ville, et il la décrit sous le nom de *Scassem*[3].

---

[1] L'Istakhri, dans la version allemande de Mordtmann, p. 120 et 135; *Oriental Geography*, p. 224 et suiv. Édrisi, t. I, p. 479. L'Istakhri écrit *Mounk*; l'*Oriental Geography*, *Mank*; l'Édrisi, *Menk*.

[2] *Journey to the sources of the river Oxus*, p. 315. La latitude d'Ischkeschm, d'après les observations du lieutenant Wood, est de 36° 42′ 32″. (*Ibid.* p. 331.)

[3] Au chapitre XLVI de l'édition de la Société de Géographie, chapitre XXIV du premier livre dans l'édition italienne de Ramusio, chapitre XXV dans la ver-

Ce point de repère, le premier, après Anderâb, dont la position nous soit donnée directement par un explorateur européen, fournit une utile vérification de la partie déjà parcourue de l'itinéraire de Hiouen-thsang depuis l'Hindou-kôh. Si nous prenons la carte du lieutenant Wood ou celle de Kiepert[1], que nous y traçions approximativement la ligne de route de notre voyageur, d'après les indications de Hoeï-li et du *Si-yu-ki*, et que nous mesurions cette route au compas, la distance trouvée d'Anderâb à Ischkeschm est de 60 à 62 lieues. En augmentant ce chiffre d'un tiers, proportion reconnue nécessaire pour obtenir la distance effective dans un pays très-accidenté tel que celui-ci[2], on arrive à une distance réelle de 80 lieues au moins, qui répondent à 1,100 li de Hiouen-thsang. Or, ce chiffre de 1,100 li est précisément celui que donne la relation chinoise, en quatre stations, d'*An-ta-lo-po* à *Ki-li-se-mo*. C'est un accord bien remarquable, et qu'on ne pouvait guère espérer dans une contrée sur laquelle nos informations topographiques sont encore si incomplètes. Il en résulte que les trois positions intermédiaires ne sauraient différer notablement de l'emplacement que nous leur avons donné sur la carte.

Hiouen-thsang mentionne en passant deux autres noms de vallées (de royaumes, selon son expression habituelle), non comme les ayant vues personnellement, mais comme étant voisines de sa route. Le premier est le royaume d'*O-li-ni*, au nord de *Moung-kièn* ou Moungan, sur les deux bords du *Po-ts'ou* (le Vakch ou Oxus); le second est le

---

sion de Marsden. Tous les manuscrits français donnent *Casem*; les manuscrits italiens et latins *Scassem*. D'Anville écrit *Keshem*.

[1] *Turan, oder Turkistan*, 1852. Voyez ci-dessus, p. 254.
[2] Voyez ci-dessus, p. 323, note 4.

royaume de *Ho-lo-hou*[1], à l'orient d'*O-li-ni* et sur la rive méridionale du fleuve. L'un et l'autre de ces deux territoires pouvaient avoir, au rapport du voyageur, 300 li de tour, ce qui suppose pour chacun une vallée de 8 à 9 lieues de long. La position des deux vallées est assez bien déterminée par les indications du voyageur; mais nos renseignements actuels ne nous fournissent pas de synonymies certaines, à moins que le nom d'*O-li-ni* ne se puisse rapporter au *Waleïn* de l'*Oriental Geography*[2]. Ce qui nous fait hésiter sur le rapprochement, c'est moins parce que le mot est écrit *Varavalin* dans la Géographie de l'Istakhri[3] que parce que la position paraît trop occidentale. Néanmoins, pour tous les cantons (et celui-ci est du nombre) dont la position n'a pas été déterminée par un explorateur européen, on ne saurait se prononcer d'une manière définitive. Il ne serait pas impossible que *Ho-lo-hou* se rapportât à la vallée de *Rochan* de Wood, l'*Oroschan* du P. d'Arocha[4].

Du territoire de *Ki-li-se-mo* (Ischkeschm), Hiouen-thsang, continuant de remonter la vallée de l'Oxus dans la direction du nord-est, arrive au royaume de *Po-li-ho*. La distance n'est pas indiquée. C'est une vallée d'une centaine de li (7 lieues)

---

[1] Voyez ci-dessus, p. 323, la note relative à la valeur phonétique de *ho*.

[2] Page 230. Le même nom est écrit *Zualeïn*, à la p. 223.

[3] *Das Buch der Länder*, p. 122. La même forme du nom (*Warvalîn*) se retrouve dans l'Édrisi, t. I, p. 474. C'est sûrement aussi le *Walwaleg* d'Abou'lféda (trad. de Reiske, dans le *Magazin* de Büsching, t. V, p. 352). M. Al. Cunningham n'hésite pas dans l'identification de Valeïn avec 'O-li-ni (*Journal of the As. Soc. of Beng.* vol. XVII, 2, 1848, p. 54).

[4] *Journey*, p. 377 (Sur le nom chinois, voyez l'observation de M. Stanislas Julien, Hoeï-li, p. 269, note); d'Arocha, dans les *Mémoires sur les Chinois*, t. I, p. 293, in-4°. D'après la détermination du P. d'Arocha, le village d'Oroschan est par 36° 49′ de latitude, 68° 36′ est de Paris. D'après la carte de Wood, le chiffre de la latitude serait fautif; c'est 37° 49′ qu'il faudrait lire.

de l'ouest à l'est, sur une longueur trois fois plus grande du nord au sud. Cette localité, pour le nom et pour la position, nous paraît répondre au *Po-lo-culh* du P. Félix d'Arocha, savant missionnaire jésuite, qui fut chargé par l'empereur Khien-loung, en 1759, d'établir les bases astronomiques d'une carte des contrées nouvellement annexées à l'Empire sur la frontière de l'ouest, et qui détermina, par une série d'observations, la position de quarante-trois points dans le Turkestan et la petite Boukharie [1]. *Po-lo-culh*, ou Bolor, un de ces points [2], est placé, dans la table du P. d'Arocha, par 37° de latitude et 70° 29′ à l'est du méridien de Paris, position qui se lie parfaitement avec la carte du lieutenant Wood, et qui se trouve à 22 lieues environ ou 300 li de *Ki-li-se-mo*, dans la direction marquée par le voyageur.

Il nous paraît que, dans quelques-uns des noms qui suivent, il s'est glissé un peu de désordre quant aux directions indiquées et aux positions relatives; du moins les indications nous semblent-elles s'accorder difficilement avec ce que nous avons de notions positives sur la topographie de cette haute vallée de l'Oxus et de ses embranchements directs. Il faut dire, toutefois, que ces notions, dues presque uniquement à la relation du lieutenant Wood, sont encore bien incomplètes, son exploration n'ayant pas dévié de la

---

[1] *Mémoires concernant les Chinois*, t. I, p. 393; *Lettres édifiantes*, t. XXIV, p. 27; cf. p. 483, édit. de 1781. Sur les déterminations astronomiques du P. d'Arocha et des deux jésuites astronomes qui l'accompagnaient dans cette mission, on peut voir les judicieuses remarques de M. Alexandre de Humboldt, *Asie centrale*, t. II, p. 380 et suiv. La position de Bolor a été indûment déplacée sur la carte de M. Kiepert.

[2] Qu'il ne faut pas confondre avec la province du même nom, appelée aussi *Balti*, que le Sindh traverse directement au nord du Kachmîr, et qui a pour capitale Skardo. (Voyez ci-dessus, p. 316.)

DE L'ASIE CENTRALE ET DE L'INDE.   423

vallée principale du fleuve. On ne peut donc pas dire que des renseignements plus circonstanciés sur les nombreuses vallées qui viennent y déboucher à droite et à gauche, sur leurs dispositions relatives et leurs communications, n'expliqueront pas des indications qui nous semblent, quant à présent, difficiles à comprendre. C'est déjà beaucoup que, sauf un très-petit nombre, tous les noms donnés par la relation chinoise se retrouvent aujourd'hui encore dans l'usage actuel. Nous allons donc nous borner à récapituler ces noms dans l'ordre où Hiouen-thsang les mentionne, après *Po-li-ho* ou le Bolor de l'Oxus.

Hi-mo-ta-la. 300 li à l'est de *Po-li-ho* (Bolor). Confine à l'ouest avec *Ki-li-se-mo* (Ischkeschm). Inconnu. Hoeï-li, page 269, compte les 300 li à partir de *Moung-kièn* (Moungan), ce qui s'accorderait mieux avec la station suivante.

Po-to-tchoang-na. 200 li à l'est d'*Hi-mo-ta-la*. Le groupe chinois est la transcription évidente du nom de *Badakchân*. Le nom de *Badakchân* est très-ancien dans ces hautes vallées; on le trouve déjà dans Strabon et dans Ptolémée, sous les formes un peu altérées de *Bandobene* et de *Vandabanda*. Il a pris une plus grande importance, et peut-être aussi une acception plus étendue, depuis que la vieille appellation de *Toukhâra* ou *Tokharestân* est tombée en désuétude. Les géographes arabes et persans mentionnent une ville du même nom, qui en était la capitale, à sept journées de Taïkhan ou Talékan et à treize journées de Balkh, sur la rivière de Khariâb, qui est, disent-ils, le plus considérable des affluents de la gauche (ou du côté sud) de l'Oxus ou Djihoûn, non loin des mines célèbres de lapis-lazuli [1]. Le P. d'Arocha en

---

[1] Istakhri, *Das Buch der Länder*, p. 125; *Oriental Geography*, p. 225 et 230; l'Édrisi, t. I, p. 475 et 478; Abou'lféda, trad. de Reiske, dans le *Magazin de*

a déterminé la position, en 1759, à 36° 23' de latitude, par 70° 12' à l'est de Paris [1], position qui s'accorde bien avec la distance indiquée par rapport à Talékan. Postérieurement à cette époque, le rang de capitale de la province a été transféré à Faïzabâd, et, plus récemment, à Djerm [2]. Hiouen-thsang dit que la ville était située sur une montagne escarpée : c'est une particularité que nous ne pouvons vérifier, attendu qu'aucun Européen, jusqu'à présent, n'a été à Badakchân [3]. La place n'est même pas marquée sur la carte de Wood ni sur celle de M. Kiepert, quoique la détermination du P. d'Arocha ne soit contredite par aucune autre donnée.

In-po-kiën [4], à 200 li au sud-est de *Po-to-tchoang-na* (Badakchân). C'est le Vakhan, partie supérieure de la vallée de l'Oxus, mentionnée par les anciens géographes musulmans et reconnue, en 1838, dans toute son étendue par le lieutenant Wood [5]. Au lieu de *sud-est* dans le texte chinois, il faut lire *nord-est*.

Khiu-lang-na, à 300 li de Vakhan, au sud-est, à travers un pays de montagnes et de précipices. Ce nom a de l'analogie avec celui de Garana, canton où sont situées les mines de lapis-lazuli, dans la montagne, non loin de Badakchân [6];

Büsching, t. V, p. 351 et suiv. Le Badakchân est une des provinces vues et décrites par Marco-Polo.

[1] Dans les *Mémoires concernant les Chinois*, t. I, p. 393.
[2] Wood, *Journey*, p. 251 et suiv.
[3] Sauf le P. Benedict Goës, en l'année 1603 (apud Trigaut, *De christiana expeditione apud Sinas*, p. 536; Lugduni, 1616); mais ce que nous avons de son journal apporte peu de lumière à la géographie.
[4] Hoeï-li, p. 270, écrit *Kie-po-kiën*.
[5] L'Istakhri, p. 126; Édrisi, t. I, p. 483 et 490; Wood, p. 319 et suiv. et 369 et suiv. Marco-Polo le décrit, ainsi que le Badakchân.
[6] Al. Burnes, *Voy. à Boukh.* t. I de la trad. franç. p. 161.

peut-être ce nom s'étend-il plus haut, vers les sources du fleuve. Nous ignorons si le nom de *Kourana*, cité par M. Reinaud d'après le *Merassid-al-itthila* [1], s'applique aux mêmes localités.

Ta-mo-si-t'ie-ti, à 500 li de *Khiu-lang-na* vers le nord-est, par un pays hérissé de montagnes et rempli de précipices. Le pays porte en outre le nom de *Tchin-kan*, et les habitants le nomment aussi *Hou-mi*. La capitale est appelée *Hoen-t'o-to*. Ce dernier nom existe encore dans celui de Kandat, résidence actuelle d'un des chefs de la vallée de Vakhan, sur la rive gauche de l'Oxus, à une cinquantaine de milles (17 lieues ou 230 li) au-dessus d'Ischkeschm [2]. Quant au nom de *Ta-mo-si-t'ie-ti*, nous croyons le retrouver dans celui de *Matotch*, qui désigne un grand embranchement de la vallée de l'Oxus, un peu au-dessus de Kandat [3]. La vallée de Matotch, qui n'a pas encore été reconnue, se porte en remontant vers le sud, dans la direction de Tchitral, avec lequel elle est en communication habituelle par plusieurs cols de l'Hindou-kôh. Dans la relation chinoise, *Ta-mo-si-t'ie-ti* est une vallée dont la longueur est de 1,500 à 1,600 li (115 lieues environ), sur une largeur qui varie depuis 100 jusqu'à 400 et 500 li. Il doit y avoir quelque méprise, ou au moins quelque malentendu dans la longueur attribuée à la vallée.

Hiouen-thsang mentionne ici, parmi les États ou territoires situés au nord de la route qu'il suivait en remontant le Vakhan, le royaume de *Chi-khi-ni*, que nous savons répondre à la vallée de Chaghnân, et dont la situation nous

---

[1] *Mémoire sur l'Inde*, p. 163.
[2] Wood, *Journey*, p. 323 et suiv.
[3] *Ibid.* p. 332.

426 MÉMOIRE ANALYTIQUE SUR LA CARTE

est déjà connue[1]. Il mentionne aussi, au sud de *Ta-mo-si-t'ie-ti*, le royaume de *Chang-mi*, dont l'emplacement paraît devoir se chercher dans le Tchitral, au sud du Hindou-kôh.

Continuant de monter au nord-est, Hiouen-thsang arrive, après une marche très-pénible de 700 li[2], à la vallée de *Po-mi-lo*, longue passe à travers des montagnes neigeuses, qui n'a pas moins de 1,000 li de l'ouest à l'est, et dont la largeur varie depuis 10 li (3 kilomètres) jusqu'à 100 li (environ 7 lieues). Un grand lac en occupe le centre. *Po-mi-lo* est la transcription de *Pamir*, nom que Marco-Polo a rendu célèbre dans la géographie de l'Asie centrale[3]. Le lac dont parle Hiouen-thsang est celui de *Sir-i-kol* d'où sort l'Oxus, et qui a été reconnu par le lieutenant Wood dans sa pénible exploration de cette région glacée[4]. Marco-Polo, comme Hiouen-thsang, mentionne le pays de Bolor (*Po-lo-lo* dans la transcription chinoise), qui confine vers le sud-est à la haute région de Pamir[5].

Du milieu de la vallée de Pamir, c'est-à-dire du lac *Sir-i-kol*, la route de Hiouen-thsang se porte au sud-est; et, après une marche que le voyageur évalue à 500 li, au milieu d'un pays tout coupé de précipices et couvert de neige, il arrive royaume de *Khie-p'an-t'o*. La direction et la distance nous portent à une ville dont le nom, dans la bouche des Kirghiz, est *Kartchou*. La rivière qui passe à Kartchou est une des

---

[1] Voyez ci-dessus, p. 292.

[2] Ces 700 li paraissent devoir se compter depuis Kandat (*Houen-t'o-to*).

[3] Voyages de Marco-Polo, ch. L de l'édition de la Société de Géographie; t. I, ch. xxix de la trad. de Marsden. Sur le plateau de Pamir, on peut voir l'*Asie centrale* de M. de Humboldt, t. II, p. 389; Paris, 1843.

[4] *Journey to the river Oxus*, p. 354 et suiv.

[5] Voyez ci-dessus, p. 316.

DE L'ASIE CENTRALE ET DE L'INDE.   427

principales branches supérieures de la rivière de Yarkand; dans la relation chinoise elle est nommée *Si-to*.

De *Khie-p'an-t'o* (Kartchou) à *Kie-cha*, qui est notre *Kachgar*[1], Hiouen-thsang compte 1,300 li (96 lieues) en deux stations. La distance mesurée au compas sur la grande carte de l'Asie centrale de Klaproth est de 70 lieues environ, chiffre auquel il faut ajouter les détours et les accidents du chemin dans un pays de montagnes pour avoir la distance effective, c'est-à-dire un tiers environ de la distance linéaire donnée par la carte. L'indication de Hiouen-thsang s'accorde donc très-convenablement avec la distance réelle. *Ou-cha*, que le journal chinois met à 800 li de *Khie-p'an-t'o* (Kartchou), à la sortie des monts *Tsong-ling*, et à 500 li de *Kie-cha* (Kachgar), doit répondre, d'après cette triple indication, à la ville actuelle d'Inggachar.

De Kachgar (*Kie-cha*), Hiouen-thsang se dirige au sud-est; il traverse, à la distance de 500 li (37 lieues), une rivière à laquelle il applique le nom de *Si-to* (Sîtâ), comme à la rivière de Kartchou, et arrive de là à *Tcho-kiu-kia*; c'est le nom ancien de la ville de Yarkiang.

La station suivante est la célèbre cité de Khotan (*Kiu-sa-tan-na*, transcription du sanscrit *Koustana*, qui signifie « mamelle de la terre »); mais la distance de 800 li (60 lieues) notée par le voyageur, est de beaucoup inférieure à celle que nos cartes indiquent. La distance réelle, mesurée sur la grande carte de l'Asie centrale de Klaproth, est au moins de 110 lieues effectives, qui équivalent à 1,500 li.

[1] La transcription du mot chinois donne seulement *Khaça*; *gar* est la terminaison commune d'une foule de noms de lieux dans les dialectes du nord de l'Inde, avec la signification de ville. Il y a longtemps qu'on a remarqué que Kachgar et son territoire répondent à la *Casia regio Scythiæ* de Ptolémée.

428   MÉMOIRE SUR LA CARTE, ETC.

Hiouen-thsang mentionne plusieurs localités du territoire de Koustana : *Po-kia-i*, à 300 li, vers l'ouest; *Pi-mo*, à une distance un peu moindre, dans la même direction [1]; et enfin *Ni-jang*, entre Khotan et *Pi-mo* [2]. La carte de Klaproth marque un lieu du nom de *Pialma*, à peu près à la distance et dans la direction indiquées par le *Si-yu-ki*. Nous y voyons également une bourgade appelée *Pichiya*; mais elle est au sud de Khotan et à 200 li au plus.

C'est à Khotan que se termine, à bien dire, la relation de Hiouen-thsang; pour le surplus de la traversée du grand désert jusqu'à la frontière chinoise, le voyageur se borne à noter en quelques mots rapides trois des territoires qu'il eut à traverser. Le premier est l'ancien royaume de *Tou-ho-lo*, à 400 li (30 lieues) de Koustana (Khotan); le second, le pays de *Ni-mo*, plus anciennement appelé *Tché-mo-t'o-na*, à 600 li de *Tou-ho-lo* vers l'est; le troisième enfin, est le royaume de *Na-po-po*, appelé aussi *Leou-lan*, à 1,000 li de *Ni-mo* vers le nord-est. Le pays de *Leou-lan*, qui a porté aussi le nom de *Chèn-chèn*, répond, suivant l'ouvrage chinois *Sin-kiang-tchi-lio* [3], à ce qu'on nomme aujourd'hui le désert de Makhaï, à une soixantaine de lieues dans le sud-ouest de *Cha-tcheou*.

---

[1] La rédaction de Hoeï-li, p. 288, la mettrait à l'est, non à l'ouest de Khotan.
[2] Dans Hoeï-li, p. 289, *Ni-jang* aurait une tout autre position par rapport à Khotan.
[3] Livre I, f° 19.

INDEX

DES MOTS SANSCRITS-CHINOIS[1].

Le chiffre I se rapporte à l'*Histoire de la vie et des voyages de Hiouen-thsang*; les chiffres II, III indiquent le 1er et le 2e volume des *Mémoires sur les contrées occidentales*.

A

ABHAYA ('O-po-ye), en chinois *Wou-weï*, exempt de crainte, II, 300.

ABHAYADAṄÇHṬRA ('O-po-ye-teng-sse-tche-lo), en chinois *Wou-weï-ya*; nom d'un religieux, I, 192.

ABHAYAGIRIVÂSINAS ('O-po-ye-k'i-li-tchou-pou), nom d'une école schismatique, III, 141.

ABHIDHARMAÇÂSTRA ('O-pi-ta-mo-lun), en chinois *Touï-fa-lun*; nom d'ouvrage, I, 8, 102, 115, 261.

ABHIDHARMADJÑÂNAPRASTHÂNA ('O-pi-ta-mo-fa-tchi-lun), ouvrage de Kâtyâyana, I, 102, 109; II, 201.

ABHIDHARMAKÔCHAÇÂSTRA ('O-pi-ta-mo-kiu-che-lun), ouvrage de Vasoubandhou, I, 11, 93, 107, 115, 164; II, 223, 225.

ABHIDHARMAKÔCHA KARAKÂ ÇÂSTRA? (Kiu-che-po-lun), ouvrage de Sañghabhadra, I, 108; II, 223.

ABHIDHARMAPIṬAKA ('O-pi-ta-mo-thsang), le recueil de la métaphysique, formé sous la direction du grand Kâçyapa, I, 95, 158; II, 177; III, 36.

ABHIDHARMA PRAKÂÇA SÂDHANA ÇÂSTRA? ('O-pi-ta-mo-ming-tching-lun), nom d'un ouvrage, II, 122.

ABHIDHARMA PRAKARAṆA ÇÂSANA ÇÂSTRA (Hien-tsong-lun), nom d'un ouvrage, I, 102.

---

[1] Cet Index offre, en général, les mots indiens suivis de la transcription phonétique et des sons de la traduction chinoise, qui peuvent servir à retrouver les signes originaux dans le deuxième et le troisième Index; mais, dans un certain nombre de cas, par suite du silence des écrivains bouddhistes, on n'a pu en donner que la transcription ou les sons chinois. Pour ne pas trop multiplier les tables, on a fondu dans cet Index un certain nombre de noms géographiques, mongols, arabes, persans, turcs, grecs et latins, tirés du Mémoire de M. Vivien de Saint-Martin.

ABHIDHARMA PRAKARAṆA PÂDA ÇÂSTRA, en chinois *Tchong-sso-fen-'o-pi-ta-mo-lun;* ouvrage de Vasoumitra, II, 119.

ABHIDHARMA VIBÂCHÂ ÇÂSTRA ('O-pi-ta-mo-pi-p'o-cha-lun), nom d'un ouvrage, I, 95; II, 177.

ABHIDHARMA VIDJÑÂNAKÂYAPÂDA ÇÂSTRA ('O-pi-ta-mo-chi-chin-tso-lun), ouvrage de Dévaçarma, I, 123; II, 291.

ÂÇÂLINÎ DHARMAÇÂLÂ, nom d'un couvent; en chinois *K'i-te,* unique, sans égal, I, 50; II, 7. Voyez 'O-CHE-LI-NI.

ÂCHÂḌHA ('An-cha-tch'a), un des mois indiens, II, 63.

ACHTÂU VIMÔKCHAS (Pa-kiaï-t'o), les huit moyens de délivrance, II, 114, 168; III, 7.

AÇMAGARBHA, II, 482. Voyez MA-NAO.

AÇMAKOÛṬA (Tsi-chi); monceau de pierres, II, 388.

AÇÔKA ('O-chou-kia), en chinois *Wou-yeou;* nom de roi, I, 76 et passim. — Nom d'arbre, I, 116; II, 323.

ÂÇRAVAKCHAYA (Leou-tsin). Sens de ce mot, III, 35.

AÇVADJIT. On écrit phonétiquement 'An-pi, 'O-choue-chi, 'O-choue-chi-to, et plus correctement 'O-chi-po-chi-to; en chinois *Ma-ching;* nom d'homme, I, 134, 153; II, 356; III, 17, 55.

AÇVAGHÔCHA, en chinois *Ma-ming;* nom d'homme, I, 272; II, 436, 437, 438; III, 52, 214.

AÇVAKAS, ou ASSAKAS, ancien peuple du nord-ouest, les Ἱππάσιοι, Ἀσπάσιοι et Ἀσσακηνοί des Grecs, les Afghans actuels, III, 313.

AÇVAKÂYA, cavalerie, en chinois *Ma-kiun,* II, 82.

AÇVAPATI (Ma-tchou), le maître des chevaux, II, 75.

ÂÇVAYOUDJA ('An-chi-po-yu-che), nom d'un mois indien, II, 63, 492.

ADBHOUTÂÇMASTOÛPA? (Ho-pou-to-chi-sou-tou-po), le Stoûpa de pierre extraordinaire (K'i-te-chi); nom d'un Stoûpa, I, 87; II, 140.

ADBHOUTADHARMAS (Les) ('O-feou-ta-mo), en chinois *Weï-tseng-yeou;* l'une des sections des livres du Bouddha, II, 78.

ADHYÂTMAVIDYÂ (Neï-ming), nom d'un ouvrage, I, 95; II, 174.

ADINAPOUR, nom de ville, III, 302.

ÂDITYA, l'un des noms du dieu Soleil adoré dans le royaume de *Moûltân.* En chinois *Ji-t'ien,* le dieu du soleil, I, 210, 255; III, 173.

ADJÂTAÇATROU ('O-che-to-che-tou-lou), en chinois *Weï-seng-youen;* nom de roi, I, 153, 155, 160; III, 16, 31. D'après une légende chinoise, ce nom signifie « ennemi avant d'être né », sens remarquable qui manque dans les dictionnaires.

ADJITAVATÎ ('O-chi-to-fa-ti), en chinois *Wou-ching;* nom de rivière, I, 130; II, 334, 344.

ÂDJÑÂNA KÂUṆḌINYA, leçon du *Lalita vistâra,* pour Âdjñâta kâuṇḍinya, II, 356, 364, 480.

ÂDJÑÂTA KÂUṆḌINYA ('O-jo-kiao-tch'in-jou), nom d'homme, II, 356, 364, 480.

INDEX DES MOTS SANSCRITS-CHINOIS. 431

Ἀδραΐσ7αι, ou Ἀδρυσ7αι. Voyez Αἰnἀ-vata.

Adrapsa. Voyez Anderâd.

Afghans. Le nom indigène de leur pays est Paktou, le Pactuice d'Hérodote. Ce sont les Açvakas de la géographie sanscrite, les Assaceni des Grecs, III, 313.

Âgamas (Les quatre). Voyez Sse-hah.

Agni? ('O-ki-ni), nom de royaume, I, 46; II, 1.

Agnidhâtou samâdhi, en chinois *Ho-kiaï-ting*, l'extase du monde du feu, II, 339.

Ahikchètra ('O-hi-tchi-ta-lo), ville du nord, I, 110; II, 234; III, 342, 348.

Ahôrâtra (I-ji-i-ye), un jour et une nuit, nom d'une division du temps, II, 61.

Aïrâvata, pays du nord-ouest, Ἀδραΐσ7αι des Grecs, III, 324.

Akésinès (L') des Grecs, rivière; la Tchandrabhâgâ de Hiouen-thsang, III, 326.

Akhsikèt, nom de ville, III, 279.

Akiñtchavyâyatana, l'état extatique où l'on est dégagé de tout (Wou-so-yeou-tchou-ting), II, 368.

Aksou, pays de la Petite-Boukharie, III, 265.

Aksou-gool, nom local de la rivière *Po-chouï*, II, 15.

Alexandria ad Caucasum ou Alexandria Opiana. Voyez Houpiân.

Allahabâd. Voyez Prayâga.

Alni? ('O-li-ni), nom de royaume, I, 269; II, 28; III, 195.

Alôr, ancienne capitale du royaume du Sindh, III, 409.

Altaï (Les monts), III, 266.

Amalâ.('O-mo-lo), II, 91, ligne 29, nom d'arbre. C'est ainsi qu'il faut lire au lieu de 'O-mo-lo (Âmra).

Âmalaka ('O-mo-lo-kia), nom d'arbre, emblic myrobolan, II, 428.

Amalakarka, vase pur, en chinois *P'ao-p'ing*. Voyez p. 464, note 1.

Âmla ('An-mi-lo), nom d'arbre, le tamarin, II, 91.

Amol ou Amouï, nom d'une ancienne ville sur l'Oxus, III, 282.

Amoû-dèria, fleuve. Voyez Vakchâb, III, 274.

Âmra ('An-mo-lo), nom d'arbre, en chinois *Naï*, I, 78, 99; II, 228, 388.

Âmradârikâ ('An-lo-niu et 'An-mo-lo-nin), la fille de l'Âmra, I, 135; légendes sur la fille de l'Âmra, II, 388.

Âmradârikâ soûtra (Naï-niu-king), nom d'un ouvrage, II, 388.

Âmrapâlî (Naï-chou-cheou-bou), la gardienne des Âmras; on l'appelle aussi Âmradârikâ, la fille de l'Âmra, I, 135; légende, II, 388.

Amrita, l'ambroisie, en chinois *Kan-lou*, I, 283; II, 48; III, 56.

Amrîtôdana râdjâ (Kan-lou-fan-wang), nom de roi, II, 364. Voyez le mot chinois.

Amritsar, ville, III, 328.

Amrouïèh. Voyez Môriya nagara.

Anâgâmins (Les), sens de ce mot, II, 432.

Ânanda ('O-nan et 'O-nan-t'o), nom d'homme, I, 95, 131; II, 208.

Ânandapoura ('O-nan-t'o-pou-lo), nom de royaume, I, 207; III,

28.

164; ville de l'Inde occidentale, aujourd'hui Barnagar, III, 406.

ANÂTHAPIṆḌADA ou ANÂTHAPIṆḌIKA, en chinois *Ki-kou-to*; nom d'homme, I, 113, 124; II, 295, 296, 304.

ANÂTMÂ « vide ». Ce sens est emprunté à un passage du *Lotus*, p. 371, ligne 20. Dans l'*Introduction au Bouddhisme*, p. 462, E. Burnouf le développe en disant que Anâtmâ ou plutôt Anâtmakam, en chinois *Wou-'go*, est l'annihilation du principe vital, II, 160, 443.

ANÂTMAKA ou ANÂTMAKAM. Voyez ANÂTMÂ.

ANAVATAPTA ('O-neou, 'O-ncou-ta et 'O-na-p'o-ta-to), en chinois *Wou-je-nao*; nom d'un lac, I, 271, 273; II, 298; III, 23; nom d'un roi de dragons, c'est-à-dire le roi des dragons du lac précité, II, 348.

AÑÇOUVARMA (Yang-chou-fa-mo), en chinois *Kouang-tcheou*; nom de roi, II, 408.

ANDEDJÂN, nom de ville, III, 277.

ANDÉRAB (Antarava), nom de pays, I, 268; II, 28; III, 191; ville, l'Adrapsa des Grecs, III, 417.

ANDHRA ('An-ta-lo), nom de royaume (Inde du sud), I, 187; III, 105, 395.

AÑGOULIMÂLINAS, même mot que Añgoulimâlyas.

AÑGOULIMÂLYAS (Les). Voyez YANG-KIU-LI-MO-LO, en chinois, *Tchi-man*, I, 124; II, 294.

AÑGOULIPARVA, jointure de doigt, en chinois *Tchi-tsie*; nom d'une mesure, 24ᵉ partie de la coudée (Hasta), II, 60.

ANIROUDDHA ('O-ni-liu-t'o), nom d'homme, II, 342.

ANITYA, sens du mot, II, 160, 415.

AṆOU ('O-ncou), en chinois *Si-tch'in*, atome, II, 6c.

ANOUPASAMPANNA, sens du mot, II, 209; III, 44.

ANOUTTARA BÔDHI (Wou-chang-teng-k'io), l'intelligence sans supérieure, I, 141.

ANOUTTARA DHARMA, en chinois *Wou-chang-fa*, la loi sans supérieure, I, 69; III, 7.

ANOUTTARA SAMYAK SAMBÔDHI, en chinois *Wou-chang-teng-tching-k'io*, l'intelligence complète, sans supérieure, I, 277.

ANTARAVA ('An-ta-lo-p'o), nom de royaume (Andérab), I, 268; II, 28; III, 191, 417.

AOUDE (Ayôdhyâ), nom de royaume, I, 114; II, 267.

APALÂLA ('O-po-lo-lo), nom d'un dragon, I, 86; II, 133, 147.

APARAÇÂILA SAÑGHÂRÂMA, le même que Avaraçâila sañghârâma.

ÂPTANÈTRAVANA? en chinois *Te-yen-lin*, la forêt des yeux recouvrés, II, 308.

ÂRÂḌA KÂLÂMA ('O-lan-kia-lan), nom d'homme, II, 368.

ARAṆYA ('O-lien-jo), sens de ce mot, II, 250.

Ἀραχωτοί. Voyez AROKHADJ.

ARHÂN ou ARHAT ('O-lo-han), homme d'un rang élevé dans la hiérarchie bouddhique, I, 104, 156; II, 14, 54; III, 37 et passim.

INDEX DES MOTS SANSCRITS-CHINOIS.

Arni? ('O-li-ni), nom de royaume, I, 269; II, 28; III, 195.

Arokhadj, pays de l'Irân oriental dans les auteurs arabes, Haraqaïti des textes zends, Harakatta de Bisoutoun, Arachosia des Grecs, Tsao-kiu-tch'a de Hiouen-thsang; aujourd'hui province de l'Afghanistan, III, 415.

Arouṇa ('O-lou-nao), nom de montagne, II, 46; III, 188, 300.

Aroûpadhâtou, en chinois *Wou-se-kiaï*, le monde sans formes. Voyez San-kiaï, II, 74.

Ἄρσα ou Οὔαρσα. Voyez Ouraça.

Artha, sens du mot, II, 160, 416.

Ârya bhagavatî bhéchadja gourou poûrva praṇidhâna mahâyânasoûtra, en chinois *Yo-sse-jou-laï-pen-youen-kong-te-king*; nom d'un ouvrage, I, 341.

Âryadâsa ('O-li-ye-t'o-so), en chinois *Ching-sse*; nom d'homme, I, 69.

Âryapârçvika (Hie-t'sun), nom d'homme. Voyez le nom chinois.

Ârya satyâni, les vérités saintes, en chinois *Sse-ti*, les quatre vérités, II, 443.

Âryasèna ('O-li-ye-sse-na), en chinois *Ching-kiun*; nom d'un religieux, I, 69.

Âryasthaviras (Les), même nom que Sthaviras, en chinois *Ts'un-chang-tso-pou* ou *Ching-chang-tso-pou*; nom d'une école schismatique. Ching signifie « saint », et Ts'un « vénérable ». Voyez Sthaviras.

Âryavarma, en chinois *Ching-tcheou*; nom d'un religieux, I, 72, 113.

Asaṁkhya ('O-seng-k'i), pour Asaṁkhyêya, un nombre infini, I, 76. (*Fan-i-ming-i-tsi*, l. VIII, fol. 14.)

Asaṁkhyêya ('O-seng-k'i), I, 76. Voyez Asaṁkhya et l'*Introduction au Bouddhisme* de Burnouf, p. 191.

Asañga ('O-seng-kia), en chinois *Wou-tcho*; nom d'homme, I, 83, 114, 122; II, 105, 269, note 2. Voyez ce mot.

Asie centrale, traversée dans toute son étendue par Hiouen-thsang, III, 251. Double itinéraire de Hiouen-thsang dans l'Asie centrale, étudié et expliqué par la géographie musulmane, la géographie actuelle et les autres documents chinois, 261 à 316, 413 à 428.

Asita ('O-sse-to), nom d'un Ri̇chi qui tira l'horoscope du prince royal, fils de Çouddhôdana, I, 127; II, 311.

Asmagarbha. Voyez Ma-nao.

Asoura ('O-sou-lo), sorte de démon, III, 14, 114.

Ἀσπάσιοι (Aspasii). Voyez Açvakas.

Assakas. Voyez Açvakas.

Ἀσσακηνοί (Assaceni). Voyez Açvakas.

Aṭali ('O-tch'a-li), nom de royaume, I, 205; III, 160. Voyez Thar, III, 404.

Âtchâra ('O-tche-lo), en chinois *So-hing*; nom d'homme, I, 187; III, 106, 152.

Âtharvana ou Atharvavêda ('O-ta-p'o-na), en chinois *Tcheou-chou*, *Jang-tsaï* et *Chou-lun*; l'un des Védas, II, 75. Voyez Wéï-t'o.

Âtmamada, l'orgueil du moi, en chinois *'O-man*, I, 107; II, 222.

ÂTMANÊPADAM ('O-ta-mo-ni), nom d'une conjugaison, I, 167.
ATTOK, nom de ville, III, 310.
ATYANVAKÊLA? ('O-tien-p'o-tchi-lo), pays de l'Inde occidentale, I, 207; III, 175, 411.
AVADÂNAS ('O-po-to-na), en chinois *Pi-yu;* l'une des douze sections des livres bouddhiques, II, 78.
AVAKAN ('O-po-kien). Voyez K'IE-PO-KIEN.
AVALÔKITÊÇVARA BÔDHISATTVA ('O-folou-tchi-ti-chi-fa-lo-pou-sa), en chinois *Kouan-tseu-tsaï,* et incorrectement *Kouan-chi-in, Kouan-chi-tseu-tsaï, Kouang-chi-in;* nom d'un Bôdhisattva, I, 88, 141, 146, 163, 172; II, 45, 141, 182, 249.
AVALÔKITÊÇVARA SOÛTRA, en chinois *Kouan-chi-in-king,* I, 28.
AVANDA ('O-fan-tch'a), nom de royaume, I, 209; III, 182, 412, 413.
AVARAÇÂILA SAÑGHÂRÂMA ('O-fa-lochi-lo-seng-kia-lan), en chinois *Si-chan-sse,* I, 188; III, 111.
AVIDDHAKARNA SAÑGHÂRÂMA ('O-pit'o-kie-la-na-seng-kia-lan), en chinois *Pou-tchoang-eul-kia-lan;* nom d'un couvent, II, 378; III, 362.
AVILÔMA (Yang-mao), poil de mouton. Voyez les divisions du Yôdjana, II, 59, 60.
AVÎTCHI (Wou-kien-yo), nom d'un enfer, II, 230, 303.
AYAMOUKHA ('O-ye-mou-k'ie), nom de royaume, I, 116. J'avais lu (II, 274) Hayamoukha, leçon que peuvent fournir aussi les signes phonétiques; mais M. Vivien de Saint-Martin propose Ayoumoukha, d'après M. Théodore Benfey. Voyez III, 351.
AYANA (Hing), sens de ce mot, II, 62.
AYÔDHYÂ ('O-yu-t'o), nom de royaume, I, 114; II, 267; III, 351.
AYOUMOUKHA, mont, III, 351.
AYOUMOUKHÎYA, peuple au nord du Gange, III, 351.
ÂYOURVÊDA ('O-yeou), en chinois *Ming-lun* et *Cheon-lun,* l'un des Védas, II, 74.

B

BADAKCHÂN, ville et territoire du haut Oxus; la Bandobène de Strabon, le Vendabanda de Ptolémée, le Po-to-tchoang-na de Hiouenthsang, III, 423; cf. I, 269; III, 198.
BAGHELÂN ou BAGHLAN (Fo-kia-lang), canton au nord de l'Oxus, II, 28; III, 288.
BAGLAN (Fo-kia-lang). Voy. BAGHELÂN.
BAÏ, nom de ville, anciennement Potou-kia (Bâloukâ), II, 10.
BAÏBHARGHIRI. Voyez VAÏHÂRA.
BAÏKAL, lac, III, 266.
BAÏRATA. Voyez VAÏRÂTA, III, 336, 337.
BAKTRA (Fo-ho et Fo-ho-lo), nom de ville. Voyez BALK.
BÂLÂDITYA (P'o-lo-'o-t'ie-to), en chinois *Ycou-ji:* nom de roi, I, 148, 150, 160; II, 191; III, 43.
BÂLAPATI? (Po-lo-po-ti), nom de royaume, I, 211.
BALK (Po-ho-lo), ville de l'ancienne

INDEX DES MOTS SANSCRITS-CHINOIS. 435

Bactriane, I, 64, 66, 67; II, 29; III, 289.
BALMAÏR, nom de ville, III, 407 et suiv. Voyez PI-LO-MO-LO.
BÂLOUKÂ? (Pa-lou-kia), nom de pays, I, 53; II, 40; III, 265.
BALTI. Voyez BOLOR.
BAMYÂN (Fan-yen-na), ville de la Perse orientale, I, 68; II, 36; III, 293.
BANAVASI. Voyez VÂNAVÂSA.
BANDOBÈNE. Voyez BADAKCHÂN.
BARAMOÛLA (Po-lo-mo-lo), nom d'une passe de montagne, III, 101, 322.
BARAMOÛLAGIRI, nom actuel de la montagne appelée Po-lo-mo-lo-k'i-li (Paramalagiri), en chinois He-foug, III, 101.
BARANGONG, nom de lieu, III, 383.
BARDVÂN. Voyez VARDDHANA.
BARNA, rivière. Voyez VÂRÂNAÇÎ.
BÂRNAGAR. Voyez ÂNANDAPOURA.
BARÔTCH, localité de l'ancien Gândhâra, III, 309. Voyez VÂRIKA-TCHA.
BAROUKATCHÊVA (Po-lou-kie-tch'en-p'o), nom de royaume, I, 204; III, 153.
BARYGAZA, le Barôtch des cartes, répond à Po-lou-kie-tch'en-p'o (Baroukatchêva), nom de royaume, I, 204; III, 153, 400. Voyez VÂRIKATCHA.
BASSAR, site de l'antique Vâiçâlî, III, 364.
BEDELIK, nom de pays, II, 16.
BÉGRÂM, plusieurs localités de ce nom dans le nord-ouest de l'Inde; dénote un ancien site, III, 306.
BÉHAR, comprend l'ancien Maga-

dha; origine de ce nom, III, 371 et suiv.
BEÏAH, rivière, la Vipâçâ de Hiouenthsang, III, 327.
BÉNARÈS. Voyez VÂRÂNAÇÎ.
BÉTIK, nom de lieu, III, 282.
BHADRA (Po-t'o), en chinois Hien « sage »; nom d'un religieux, I, 332; nom d'arbre (P'o-ta-lo), II, 91.
BHADRAKALPA (Hien-kie), le Kalpa des sages, I, 126, 190; II, 100.
BHÂDRAPADA (P'o-ta-lo-po-t'o), nom d'un mois indien, II, 63.
BHADRAROUTCHI (Po-t'o-lo-leou-tchi), en chinois Hien-'aï; nom d'homme, I, 211, 212; III, 158, 175.
BHADRAVIHÂRA (P'o-ta-lo-pi-ho-lo), en chinois Hien-sse; nom d'un couvent, I, 113.
BHADRIKA (Po-ti-li-kia), nom d'homme, second fils du roi Amrĭtôdanarâdja (Kan-lou-fan-wang); cf. Fo-tsou-toug-ki, II, 19. Burnouf, Introduction au Bouddhisme, p. 157, le qualifie de « fils aîné du roi Amitôdana » (lisez Amrĭtôdana), I, 134; II, 356, 364.
BHAGAÎ? (P'o-kia-i), nom de ville, III, 230.
BHAGAVÂN ou BHAGAVAT (Po-kia-p'o), un des noms du Bouddha, I, 310.
BHAGAVATÎ, rivière, III, 368.
BHÂGÎRATHÎ, fleuve, III, 356.
BHANI (P'o-ni), en chinois Ming-liao et Pien-liao; nom d'homme, I, 112; II, 148.
BHARMAÏR ou BALMAÏR, ville du Thar, Inde occidentale; Pi-lo-mo-lo de

436 INDEX DES MOTS SANSCRITS-CHINOIS.

Hiouen-thsang, Palihmal des Arabes, III, 407.

Bhâskaravarma (P'o-se-kie-lo-fa-mo), en chinois *Ji-tcheou*; nom de roi, II, 463, note 1; III, 77, note 1.

Bhâvavivéka (P'o-pi-fcï-kia), en chinois *Thsing-pien*; nom d'homme, I, 189; III, 111.

Bhésakala, lieu au nord du Gange; en sanscrit Vâisâka; Pi-so-kia de Hiouen-thsang, probablement la Biseïpour actuelle, III, 354 et suiv. Cf. I, 123; II, 290.

Bhikchou (Pi-t'sou), un religieux mendiant, I, 128; II, 356; III, 183.

Bhikchouni (Pi-t'sou-ni), une religieuse mendiante, I, 218.

Bhîmâ (Pi-mo), nom de ville, I, 288; III, 243.

Bhîmâ (Pi-mo), nom d'une déesse, femme de Mahêçvara Dêva, II, 124.

Bhoûtas (Pou-to); sorte d'hérétiques, I, 224.

Bïas, fleuve. Voyez Hyphasis.

Bichbalik, nom de pays, II, 3.

Bimbisâra (P'in-pi-so-lo), nom de roi, I, 137. On écrit aussi Bimbasâra (P'in-po-so-lo), I, 414. Voyez P'in-pi-so-lo.

Bin-gheul, nom turc du pays des mille sources (Thsien-thsiouen), qui répond au mongol Ming-boulak, I, 59; II, 13; III, 194, 268, 272.

Biplaghiri. Voyez Vépoutto, III, 380; cf. III, 23.

Birat. Voyez Vaïrâta, III, 337.

Biseïpour. Voyez Bhésakala.

Bôdhidrouma (P'ou-ti-chou), en chinois *Tao-chou*, l'arbre de l'intelligence, I, 77, 139, 141, 161, 217; II, 33, 209; III, 50.

Bôdhila (Fo-ti-lo), nom d'homme, II, 186.

Bôdhimanda, sens de ce mot. En chinois *Tao-tch'ang*; sanscrit-chinois, P'ou-ti-tao-tch'ang, II, 456, note 1. Voyez Vadjrâsana.

Bôdhimêghêçvara (P'ou-ti-mi-ki-chifa-lo), en chinois K'io-tseu-tsaï-yun; nom d'un religieux, I, 192.

Bôdhiroutchi (P'ou-ti-lieou-tchi), nom d'un religieux, I, 301, 310, 333, 393.

Bôdhisañghârâma, lisez Bôdhidrouma sañghârâma (P'ou-ti-chou-kialan).

Bôdhisattva. Voyez P'ou-ti-sa-to.

Bôdhisattvapitaka (P'ou-sa-t'sangking), nom d'un recueil d'ouvrages, I, 136.

Bôdhivihâra (P'ou-ti-sse), nom d'un couvent célèbre, I, 216.

Bôdhivrikcha, synonyme de Bôdhidrouma, l'arbre de l'intelligence, I, 139; III, 375.

Bolor (Po-lou-lo) ou Balti, nom d'un pays situé au nord-ouest; c'est une localité du haut Oxus, Po-loueul des géographes chinois, Po-liho de Hiouen-thsang, I, 273; II, 150; III, 196, 316, 422, 426.

Bouddha (Fo-t'o), I, 288 et passim; trace de son pied, sa longueur et sa largeur, II, 6.

Bouddhabhadra (Fo-t'o-po-to-lo), en chinois K'io-hien; nom d'un religieux, I, 144.

INDEX DES MOTS SANSCRITS-CHINOIS.

BOUDDHABHOÛMI SOÛTRA (Fo-ti-king), nom d'un ouvrage, I, 304.

BOUDDHADÂSA (Fo-t'o-t'o-so), en chinois *Fo-sse* et *Khio-sse;* nom d'homme, I, 113; II, 276.

BOUDDHA-GAYÂ, ville, III, 376. Voyez GAYÂ.

BOUDDHAGOUPTA (Fo-t'o-kio-to), en chinois *K'io-mi* et *K'io-hou;* nom d'homme, I, 150; III, 42.

BOUDDHASIÑHA (Fo-t'o-seng-ho), en chinois *Sse-tseu-k'io;* nom d'un religieux, II, 270.

BOUDDHAVANA GIRI (Fo-t'o-fa-na-chan), nom de montagne, III, 9, 378.

BOUKHARA (Pou-ho), nom de ville et de royaume, I, 61; II, 21; III, 282.

BOUKHARIE, nom de pays, III, 274, note 1.

BOULOUNGHIR, rivière. Voyez HOU-LOU, I, 21; III, 262.

BRAHMÂ (Fan, Fan-t'ien, Fan-lan-mo, P'o-lo-hi-mo, et plus correctement P'o-lo-ho-mo), I, 110, 111, 165, 300; considéré comme l'inventeur de l'écriture indienne, II, 71, 120, 126, 258, 320.

BRAHMADATTA (Fan-cheou), nom de roi, II, 244.

BRAHMAKÂYIKAS (Fan-t'ien), les dieux de la suite de Brahmâ, II, 64.

BRÂHMAṆA (P'o-lo-men), un Brâhmane, I, 148 et passim.

BRAHMÂNANDITA ? (Fan-yu), nom de roi, II, 393.

BRÂHMAṆAPOURA, ville du Mâlava, III, 403.

BRAHMAPOURA (P'o-lo-hi-mo-pou-lo), nom de royaume et ville de l'Himâlaya, I, 110, 205; II, 231; III, 344.

BRAHMATCHÂRÎ (Fan-tchi), un jeune Brâhmane, en chinois *Tsing-i*, II, 127, 212.

C

ÇABDAVIDYÂÇÂSTRA (Ching-ming-lun), nom d'un ouvrage, I, 93, 95, 152, 164; son objet, II, 73, 174.

ÇAÇÂÑKA (Che-chang-kia), en chinois *Youeï;* nom de roi, I, 112, 235; II, 248, 349, 422.

ÇAÇARADJA, grain de poussière qu'on voit sur un poil de lièvre, II, 60 (Divisions du Yôdjana).

ÇAÇÎ, l'un des noms de la lune; origine de ce nom, II, 376.

ÇAÇÔRNA (T'ou-hao), poil de lièvre. Voyez les divisions du Yôdjana, II, 60.

ÇÂKALA (Che-kie-lo), ancienne ville du nord-ouest, la Sangala des historiens d'Alexandre, Sagala Euthydemia de Ptolémée, I, 97; II, 190; III, 327 et suiv.

ÇAKRA (Chi), l'un des noms du dieu Indra, I, 110; II, 303, 375.

ÇAKRADÊVÊNDRA, en chinois *T'ien-ti-chi*, Çakra, le roi des Dêvas; on trouve plus souvent *Ti-chi*, Çakra, le roi, I, 110; II, 138, 258, 320, 471, 478.

ÇAKRÂDITYA (Cho-kia-lo-'o-t'ie-to), en chinois *Ti-ji;* nom de roi, I, 150; III, 42.

ÇAKYABÔDHISATTVA (Chi-kia-p'ou-sa),

438 INDEX DES MOTS SANSCRITS-CHINOIS.

nom d'un Bôdhisattva, I, 76, 127; II, 97, 310.

ÇÂKYABOUDDHA (Chi-kia-fo), nom d'un Bouddha, I, 208; II, 37.

ÇÂKYADHARMA (Chi-kia-fa), la loi de Çâkya ou du Bouddha, II, 34.

ÇÂKYAMOUNI (Chi-kia-meou-ni), l'un des noms du Bouddha, II, 358 et passim.

ÇÂKYAMOUNI BOUDDHA (Chi-kia-wen-fo), un des noms du Bouddha, I, 276.

ÇÂKYAS (Massacre des filles des), II, 306; massacre des Çâkyas, II, 317.

ÇÂKYATATHÂGATA (Chi-kia-jou-laï), l'un des noms du Bouddha, I, 102; II, 152; III, 219.

ÇALÂTOURA (P'o-lo-tou-lo — sic), ancienne ville du Gândhâra, sur le Sindh, patrie de Pâṇini, I, 165; II, 125; III, 312.

ÇÂMBÎ (Chang-mi), pays du haut Oxus, I, 271; III, 206, 426.

ÇAṆAKA (Che-no-kia), nom d'une plante textile, II, 39.

ÇAṆAKAVÂSA (Chang-no-kia-fo-so), nom du troisième patriarche bouddhique. On écrit aussi Çaṇavâsa (Chang-no-fo-so), et moins correctement Çaṇavasou (Chang-no-ho-sicou), I, 70; II, 39.

ÇAṆAVÂSA (Chang-no-fo-so). Voyez ÇAṆAKAVÂSA.

ÇANÇOUṆA? (Chen-chou-na), nom de royaume, II, 403.

CANOGE, ville, la Kanyâkoubdja de Hiouen-thsang, III, 343.

CAPISSA et Κάπισα. Voyez KAPIÇA.

CAPISSÈNE, contrée. Voyez KAPIÇA.

ÇARADÂ (Ching-je), sens de ce mot, II, 62.

ÇARAKOÛPA (Tsicu-thsiouen), la source de la flèche, II, 322.

ÇARAṆA, refuge, en chinois I-kouei, II, 382.

ÇARÂVATÎ. Voyez ÇRÂVASTÎ.

ÇÂRIPOUTTRA (Che-li-fo et Che-li-tseu), en chinois Tsicou-tseu et Chin-tseu; nom d'homme, I, 103, 126, 153; II, 208, 296, 304.

ÇARÎRAS (Che-li), reliques, I, 84, 216 et passim.

CARTES qui ont été consultées pour l'étude et la restitution géographique de l'itinéraire de Hiouen-thsang, III, 254 et suiv.

ÇÂSTÂ DÊVAMANOUCHYÂNÂM (T'ien-jin-se), le maître des dieux et des hommes, II, 483.

ÇÂSTRAS (Les), traités philosophiques, en chinois Lun, II, 77.

ÇATAÇÂSTRA (Pe-lun), nom d'un ouvrage, I, 99, 101, 164, 218.

ÇATAÇÂSTRA VÂIPOULYAM (Kouang-pe-lun), nom d'un ouvrage, I, 99, 101, 118, 191; II, 277.

ÇATADROU (Che-to-t'ou-lou), nom d'un pays du nord-ouest et d'un fleuve, aujourd'hui le Setledje, I, 103; II, 205; III, 331, 335 et suiv.

ÇATROUGHNA, nom de ville, III, 278, note 1.

CEYLAN (Siṅhala), en chinois Sse-tseu-koue et Tchi-sse-tseu-koue; nom de royaume. Voyez SENG-KIA-LO.

CHAḌABHIDJÑÂS, les six facultés surnaturelles, en chinois Lou-chin-thong, I, 156, 185; II, 168; III, 7.

INDEX DES MOTS SANSCRITS-CHINOIS.

CHADOUMÂN. Voyez HOU-LO-MO.
CHADPÂDÂBHIDHARMA, en chinois *Lou-tso-'o-pi-ta-mo;* nom d'un ouvrage, I, 67, 164.
CHAGHNÂN (Chi-khi-ni), canton de la haute vallée de l'Oxus, I, 270; II, 27; III, 205, 292, 425.
CHANMOÛKA? (Chang-mou-kia), nom d'homme, II, 121.
CHANMOUKHÎ DHÂRANÎ SOÛTRA (Lou-men-t'o-lo-ni-king), nom d'un ouvrage, I, 304.
CHARAKA? (Cha-lo-kia), nom d'un couvent, I, 71.
CHÂSCH. Voyez TASCHKEND.
CHAYAR-DÉRIA, nom de rivière, III, 265.
CHÉGHANIÂN (Tchi-'go-yen-na), ville et province, II, 25; III, 290.
CHOTTAL, nom de pays; le même que Kotl ou Kotlân (K'o-tou-lo), II, 27; III, 291.
CHOUMÂN (Sou-man), canton du Mavar-en-nahar. Voyez SOU-MAN, II, 26; III, 290.
ÇIGHRABOUDDHA? (Ming-min), nom d'un religieux, III, 47.
ÇILABHADRA (Chi-lo-po-t'o-lo), en chinois *Kiaï-hien;* nom d'un religieux, I, 144, 146, 152, 163, 215; II, 451; III, 47, 78. — Couvent de Çilabhadra, III, 373.
ÇILÂDITYA (Chi-lo-'o-t'ie-to), en chinois *Kiaï-ji;* nom de roi, I, 161, 206, 215; II, 251; III, 156, 163.
ÇILPASTHÂNA VIDYÂ (Kong-ming), nom d'un ouvrage, I, 95; son objet, II, 73, 174.
ÇIVIKA (Chi-pi-kia), en chinois *Yu;* nom de roi, II, 137.

ÇMAÇÂNAM, un cimetière, I, 159.
COMEDI, ancien peuple du haut Oxus, III, 292.
ÇÔNA, rivière; déplacement de son embouchure, III, 273.
ÇOUBHAVASTOU (Sou-p'o-fa-sou-tou), rivière du Gândhâra; Soastos ou Souastos des Grecs, Çvêtî de l'ancienne géographie védique, aujourd'hui rivière de Svat, I, 86; II, 132, 133; III, 313, 314.
ÇOUDDHAVÂSADÊVA (Tsing-kiu-t'ien), sens de cette expression, II, 331, 458.
ÇOUDDHÔDANARÂDJA (Tsing-fan-wang), nom de roi, I, 127, 282; II, 310, 364.
ÇOÛDRA (Chou-t'o-lo), homme de la quatrième caste, II, 80, 106; III, 170.
ÇOUKLAPAKCHA (Pe-fen), sens de ce mot, II, 61.
ÇOUKLÔDANARÂDJA (Pe-fan-wang), nom de roi, II, 400.
ÇOÛNYA (K'ong), le vide; une des quatre réalités, II, 443.
ÇOUNYAPOUCHPAS? en chinois, *Kong-hoa-waï-tao;* sorte d'hérétiques, I, 220.
ÇRAMANA (Cha-men), religieux bouddhiste, I, 62 et passim.
ÇRÂMANÊRA (Cha-mi), un jeune religieux, novice, I, 40, 128, 280; II, 48, 183.
ÇRÂMANÊRA SANGHÂRÂMA, le couvent du novice, I, 129.
ÇRÂVAKA, en chinois *Ching-wen,* auditeur, I, 65.
ÇRÂVANA (Chi-lo-fa-na), nom d'un mois indien, II, 63, 492.

INDEX DES MOTS SANSCRITS-CHINOIS.

Çnâvastî (Chi-lo-fa-si-ti) ou ÇaRâ-vatî, ville du nord, Savatthi ou Sâvat des livres palis, Che-weï de Fa-hien, I, 224, 310; II, 115, 292; III, 355 et suiv.

Çrèçuṭṇi (Chang-tchou), le chef d'une compagnie de marchands, II, 474.

Çrîgoupta (Chi-li-kio-to), en chinois Ching-mi; nom d'homme, I, 154; III, 17.

Çriñatta. Voy. Çrîkchêtra, III, 391.

Çrîkchêtra (Chi-li-tch'a-ta-lo), pays de l'Inde orientale, peut-être Silhet, Çrîhatta, I, 182; III, 82, 391.

Çrîkrîtatî, nom de ville (Kachgar), I, 63, 272, 277, 285; III, 219.

Çrîlabdha (Chi-li-lo-to), en chinois Ching-cheou; nom d'homme, II, 269.

Çrîmâlâdêvî siṅhanâda soûtra, en chinois Ching-man-king; nom d'ouvrage, I, 81.

Çrînagara, ancienne capitale du Kachmir, III, 322; n'occupe pas le site de la Srinagar actuelle, ibid.

Çrîparvata, montagne, III, 344.

Çrîrîddha, transcription thibétaine de Chi-li-lo-to, qui, d'après la traduction chinoise, Ching-cheou, et les signes phonétiques (lo-to), répond mieux à Çrîlabdha, nom d'homme, II, 269.

Çrôtâpanna, lisez Srôtâpanna, II, 432; III, 52, 56.

Çroutaviñçatikôti (Chi-leou-to-p'in-che-ti-keou-tchi), en chinois Wen-eul-pe-i; nom d'homme, III, 66, 67, 148.

Çrouti, l'équivalent de sept Anavas (atomes), II, 60.

Curcuma (Yo-kin-hiang), en sanscrit Kouñkouma; nom de plante, II, 40, 71, 131.

Çvêtapoura (Chi-feï-to-pou-lo), ville voisine de Vâiçâlî, I, 136; II, 399; III, 364.

Çvêtapoura saṅghârâma (Chi-feï-to-kia-lan); nom d'un couvent, II, 399.

Çvêtî, rivière du Gândhâra. Voyez Çoubhavastou.

D

Daçabala (Chi-li), doué de dix forces, II, 300.

Daçabala kâçyapa (Chi-li-kia-che), nom d'homme, t. I, p. 134; t. II, p. 364.

Daçabhoûmi soûtra (Chi-ti-king), nom d'un ouvrage, II, 273.

Dakchiṇakôsala, le Kôsala du sud, III, 396.

Dakchiṇâyana (Nan-hing), la marche au midi; sens de cette expression, II, 62.

Dânapati, en chinois Chi-tchou, le bienfaiteur (d'un couvent); on écrit incorrectement T'an-youeï, III, 45.

Danta (Double sens de), II, 156.

Dantakâchṭha (Tan-to-kia-se-tch'a), en chinois Tch'i-mo, un curedent, I, 123; II, 55; III, 49.

Dantalôka (Tan-to-lo-kia), nom d'une montagne, II, 122.

Daoulatabâd. Voyez Dêvaghiri.

Darèl (Ta-li-lo), canton du nord-ouest, sur le Sindh, I, 88; II, 149; III, 316.

DARI. Voyez THAR.

DÉOGHIR. Voyez DÉVAGHIRI.

DERBEND, nom persan des Portes de fer, III, 284.

DÉVA (Ti-p'o), en chinois T'ien; nom d'homme, I, 272; II, 432; III, 95, 96, 214.

DÉVABÔDHISATTVA (Ti-p'o-p'ou-sa), nom d'un religieux, I, 105, 118, 190; II, 218, 277; III, 95.

DÉVAÇARMMA (Ti-p'o-che-mo), nom d'homme, I, 193; II, 291. — M. Eug. Burnouf écrit Dêvasarman. Or la troisième syllabe *che* représente constamment श *ça*, et non स *sa*; elle nous montre que le second mot est Çarmma « bonheur ». Dêvaçarmma paraît signifier « bonheur des dieux ».

DÉVADATTA (Ti-p'o-ta-to), en chinois T'ien-cheou; nom d'homme, I, 125, 153, 181; II, 301, 313, 359, 360; III, 16.

DÉVAGHIRI, aujourd'hui Déoghir et Daoulatabâd, ville, III, 401.

DÉVÂLAYA (Tien-sse), temple brahmanique consacré à un Déva, II, 233; III, 72 et passim.

DÉVASÊNA (Ti-p'o-sse-na), nom d'homme, I, 106, 241; II, 221.

DÉVÈNDRA, le maître des dieux, en chinois T'ien-ti, II, 126, 478.

DHANAKATCHÉKA? (T'o-no-kie-tse-kia), pays de l'Inde du sud, I, 168; III, 110, 396.

DHANOU, arc, en chinois *Kong*; nom d'une mesure équivalente à quatre coudées, II, 60.

DHÂRA, ville du Mâlava, III, 403.

DHÂRAṆÎPIṬAKA, lisez Vidyâdharapiṭaka (Kin-tcheou-thsang), I, 159; III, 38.

DHARMA, loi, lois, en chinois *Fa*; acception remarquable de ce mot dans le style bouddhique, II, 159.

DHARMAÇÂLÂ (Ta-mo-che-lo), en chinois *Fo-che*, maison de bienfaisance, II, 190, 231; III, 174, 215.

DHARMAÇARÎRAS (Fa-che-li), sens de ce mot, III, 11.

DHARMAGOUPTAS (Les) (T'an-wou-te et T'an-mo-kio-to), nom d'une école schismatique, en chinois *Fa-mi-pou*, I, 85, 295; II, 132.

DHARMÂKARA (Ta-mo-kie-lo), en chinois *Fa-sing*; nom d'homme, I, 67; nom d'un Bouddha, II, 385.

DHARMAKÂYA (Fa-chin), sens de ce mot, I, 231; II, 241, note 1, 341, note 1.

DHARMANANDÎ (T'an-mo-nan-ti), en chinois *Fa-hi*; nom d'un religieux, I, 322.

DHARMAPÂLA (Ta-mo-po-lo), en chinois *Hou-fa*; nom d'homme, I, 123, 148, 190; II, 287, 452; III, 46, 112, 119.

DHARMAPRIYA (Ta-mo-pi-li), nom d'un religieux, I, 67.

DHARMARÂDJA « le roi de la loi », l'un des noms du Bouddha », en chinois *Fa-wang*, I, 230; III, 33.

DHARMASIÑHA (Ta-mo-seng-ho), nom d'homme, I, 63.

DHARMATCHAKRA « la roue de la loi ». Voyez FA-LUN, I, 283.

DHARMATRÂTA (Ta-mo-ta-la-to), en chinois *Fa-k'ieou*; nom d'un religieux, auteur du Samyouktâbhidharma çâstra, II, 105, 119.

DHRÏTARÂCHTRA (Ti-to-lo-tch'a), nom d'un des quatre rois du ciel, II, 319.

DHROUVAPATOU (T'ou-lo-p'o-po-tou), en chinois *Tch'ang-joui*; nom de roi, I, 206, 254, 260; III, 163.

DHYÂNA (Chen), la méditation, I, 103; III, 3.

DINABHA? (Ti-na-p'o), nom d'un dieu, III, 179.

DIONYSOPOLIS. Voyez OUDYÂNAPOURA.

DÎPAÑKARA BOUDDHA, nom d'un Bouddha, en chinois *Jen-teng-fo*, I, 67; II, 97.

DÎRGHABHÂVANA SAÑGHÂRÂMA (Ti-kia-p'o-po-na-seng-kia-lan), nom d'un couvent, III, 230.

DÎRGHANAKHA (Tch'ang-tchao), nom d'un Brâhmane, III, 57.

DJABHÈR, nom de ville. Voyez DJAYAPOURA, I, 97; III, 326-327.

DJADJAHOUTI, pays de l'Inde centrale, Tchi-tchi-to de Hiouen-thsang, III, 408; cf. III, 168.

DJADJAPOURA, ville de l'Outkala, III, 394.

DJÂLANDHARA (Che-lan-ta-lo), pays et ville du nord-ouest, aujourd'hui Djalandhar, I, 102, 261; II, 202; III, 330-333.

DJÂLIN, qui a les cheveux nattés, III, 53.

DJAMBALÂ (Tchen-pou-lo), nom d'arbre, limonier, citronnier, I, 148.

DJAMBOU (Tchen-pou), nom d'arbre, II, 330.

DJAMBOUDVIPA (Yen-feou-ti, et plus correctement Tchen-pou-tcheou), nom de pays, l'Inde, I, 110, 139, 232; II, 312.

DJANAKAPOURA, vulgairement Djanekpour, ancienne ville du Mithilâ, la Tch'en-chou-na de Hiouenthsang, II, 412; III, 368.

DJÂTAKAS, DJÂTAKAMÂLÂ, DJÂTAKASÊNA (Pen-seng et Pen-seng-sse). Ces trois mots désignent un même ouvrage, II, 78, 137, 197.

DJÂTI (Teou-keou), noix muscade, I, 148.

DJAYAGOUPTA (Che-ye-kio-to), nom d'un religieux, I, 105.

DJAYAPOURA (Che-ye-pou-lo), ancienne ville du nord-ouest, aujourd'hui Djabhèr, I, 97; III, 325-327.

DJAYASÊNA, en chinois *Ching-kiun*; nom d'un religieux, I, 212, 215; III, 11.

DJAYÊNDRAVIHÂRA (Che-ye-in-t'o-lo-sse), nom d'un couvent, I, 92.

DJÉLAM, nom de rivière; l'Hydaspes des Grecs, la Vitastâ des auteurs indiens, III, 317, 320.

DJELLÂLABÂD, ville du nord-ouest, III, 305.

DJÊTÂ (Chi-to), surnom du prince royal, fils du roi Prasênadjit; en chinois *Ching*, I, 124; II, 238, 295, 297, 304.

DJÊTAVANA (Chi-to-lin), en chinois *Ching-lin*, le bois du Vainqueur, nom d'un bois célèbre, I, 124; II, 238, 295, 297, 304.

DJIHOÛN, fleuve. Voyez VAKCHOU ou OXUS.

DJINA (Tch'in-na), nom d'homme, I, 187; III, 106, 153.

INDEX DES MOTS SANSCRITS-CHINOIS.

DJINABANDHOU (Chin-na-fan-t'ou), en chinois *Tsouï-ching-t'sin;* nom d'un religieux, I, 94.

DJINAMITRA, en chinois *Ching-yeou;* nom d'homme, III, 47.

DJINAPOUTTRA (Tch'in-na-fo-ta-lo), en chinois *Tsouï-ching-tseu;* auteur du Yôgâtchâryyabhoûmi çâstra kârikâ, I, 210; III, 175.

DJINATRÂTA (Chin-na-ta-lo-to), en chinois *Tchouï-ching-khieou;* nom d'un religieux, I, 94.

DJÎVAKA (Chi-po-kia), en chinois *Neng-houo* et *Kou-houo;* nom d'homme, I, 154; II, 389; III, 19.

DJÎVAKAHRADA? (K'ieou-ming-tch'i), nom d'un étang, II, 369.

DJÎVAÑDJÎVA (Ming-ming), nom d'un oiseau, II, 407.

DJÑÂNÂKARA, nom d'un Bouddha, II, 385.

DJÑÂNAPRABHA, en chinois *Tchikouang;* nom d'un religieux, I, 222, 319.

DJÑÂNATCHANDRA? (Tchi-youeï), nom d'un religieux, I, 52; II, 47.

DJOUDIÑGAS? Voyez DJOUṬIKAS?

DJOUNAGAR. Voyez YAVANAGARA.

DJOURYA (Tchou-li-ye), lisez Tchoulya, nom de pays, aujourd'hui Tchola, I, 189; III, 116.

DJOUṬIKAS? I, 224, lisez Djoudiñgas? (Tchou-tching-kia), sorte d'hérétiques.

DJOUZDJÂN ou DJOUZKÂN, province de la Perse orientale. Voyez HOU-CHI-KIEN.

DJYÂICHṬHA (Chi-se-tch'a), nom d'un mois indien, II, 63.

DJYÔTICHKA (Tchou-ti-se-kia), en chinois *Sing-li;* nom d'homme, I, 160; III, 41.

DOÛCHASANA? (T'o-che-sa-na), nom d'un couvent, I, 101.

DOUḤKHA (K'ou), misère, souffrance, une des quatre vérités ou réalités; en chinois *K'ou,* II, 160, 443.

DOURGÂ DÊVÎ (T'o-kia-t'ien-chin), nom d'une déesse, I, 116; II, 125.

DRÂVIḌA (Ta-lo-pi-tch'a), pays de l'Inde du sud, I, 90, 111, 118, 398.

DRÂVIRA, même nom que le précédent, Drâviḍa.

DRÔNA (Ho), mesure de capacité, II, 386, note 2.

DRÔNASTOÛPA (P'ing-sou-tou-po), nom d'un Stoûpa, II, 383, not. 1.

DRÔNÔDANARÂDJA (Ho-fan-wang), nom de roi, II, 301, 364.

DVÂRAPATI? (T'o-lo-po-ti), nom de royaume, I, 182; III, 83.

DZOÛNGARIE, nom de pays, III, 266.

E

ÊḌAKARADJA, grain de poussière qu'on voit sur un poil de mouton, une des divisions du Yôdjana, II, 60.

ÊKAÇRIÑGA? (To-kio-sien-jin), nom d'un Richi, II, 124.

ÊLÂPATRA (I-lo-po-ta-lo), nom d'un dragon et d'un arbre, II, 152, 348.

ERINESES. Voyez VÂRÂNAÇÎ.

ESPIDJAB, I, 59. Voyez ISFIDJAB, III, 274.

EUTHYDEMIA. Voyez ÇÂKALA.

F

FATTÉHPOUR. Voyez PO-FA-TO, III, 410; cf. I, 106, 210; III, 174.

FERGHANA (Feï-han), nom d'une province et d'une ville du Turkestan, II, 16; III, 274, 277.

G

GADJAPATI (Siang-tchou), le maître des éléphants, II, LXXV.

GAHAN (Ho-han), nom de royaume, I, 61; II, 20.

GAṆḌAKÎ, rivière, III, 358.

GANDHAHASTI (Hiang-siang), sorte d'éléphant, III, 1.

GANDHAMÂDANA (Hiang-chan), nom de montagne, II, LXXIV.

GÂNDHÂRA (Kien-tho-lo), contrée du nord-ouest, aujourd'hui le pays des Yâzofzaïs, I, 83, 115; II, 42, 103, 172; III, 306 et suiv.

GAÑGÂ (King-kia), le Gange, fleuve, II, 215; III, 346.

GAÑGADVÂRA (King-kia-ho-men), la porte du Gange, II, 230; III, 346.

GAÑGAOUTRÎ, lieu saint à la source du Gange, III, 341.

GAÑGÎ (King-k'i), nom d'un dragon, II, 133.

GARANA. Voyez KIU-LANG-NA.

GATCHI (Kie-tchi), nom de royaume, I, 68; II, 35; III, 293.

GATCHOU et GATCHTCHHÉ, noms du Katotch actuel, dans les anciens textes, III, 332.

GÂTHÂ (Kia-t'o). Voyez les mots chinois SONG et FONG-SONG; stance, II, 78, 136.

GÂTHÂS (Les), en chinois Fong-song, l'une des sections des livres bouddhiques, II, 78.

GÂUTAMA (Kiao-ta-mo), l'un des noms de Çâkyamouni, II, 301, 303, 338; III, 17.

GAYÂ (Kia-ye), ville, II, 455; III, 373. C'est à tort qu'on a voulu distinguer deux Gayâ, III, 374.

GAYÂÇIRAS ou GAYÂÇIRCHA, aujourd'hui Gayasir; hauteur, III, 374.

GAYÂKÂÇYAPA (Kia-ye-kia-che-po), nom d'homme, II, 457.

GÊYAS (K'i-ye), en chinois Tchong-song, l'une des sections des livres du Bouddha, II, 78.

GHAṆṬÂ (Kien-t'i), plaque sonore qui tient lieu de clochette, I, 143, 276; II, 48, 431; III, 218.

GHANTI, lisez Ghaṇṭâ, I, 143, etc.

GHARDJISTÂN, nom de pays, III, 289.

GHAZNA (Ho-si-na), ville de l'Afghanistan, III, 187, 413 et suiv.

GHÉDHAKATO. Voyez GRÎDHRAKOÛṬA.

GHIRIVRADJA. Voyez RÂDJAGRÎHA.

GHÔCHA (K'iu-cha), en chinois Miao-in; nom d'homme, II, 159.

GHÔCHIRA (K'iu-chi-lo), nom d'homme, I, 122, 260; II, 285.

GHOÛR ou GHOÛRI (Houo), ville de l'Oxus supérieur, I, 61, 268; II, 28; III, 193, 288, 418 et suiv.

GHOURBEND, nom d'une passe de montagne, III, 287.

GÔÇÎRCHATCHANDANA (Nicou-theou-

INDEX DES MOTS SANSCRITS-CHINOIS. 445

chen-t'an), espèce de santal, III, 9, 14.

GÔÇRIÑGA (Kiu-chi-ling-kia), en chinois *Nieou-kio*; nom de montagne, III, 229.

GÔDHANYA (K'iu-t'o-ni), nom de pays, II, LXXIII.

GÔKANDA SAÑGHÂRÂMA? (Kiu-hoen-tch'a-kia-lan), nom d'un couvent, II, 215.

GÔLÔMA (Nieou-mao), poil de vache. Voyez les divisions du Yôdjana, II, 60.

GÔPA (Kiu-po), nom d'homme, II, 291.

GÔPÂLA (Kiu-po-lo), nom d'un dragon, I, 78; II, 99; nom d'un Arhat, I, 123.

GÔPÂLÎ (Kiu-po-li) un des noms de Koukâlî, I, 125; II, 302. Voyez KIU-KA-LI.

GÔRADJA, grain de poussière qu'on voit sur un poil de vache, II, 60. Voyez les divisions du Yôdjana.

GOUCHANG, nom d'une tribu, III, 287, en note.

GOUDJÉRAT. Voyez SOURÂCHTRA.

GOUDJERS, grande tribu de l'Inde occidentale, III, 406.

GOUNABHADRA (Te-hien), nom d'un religieux, I, 74.

GOUNAMATI, en chinois *Te-hoeï*; nom d'homme, II, 442; III, 46, 164, 175.

GOUNAPRABHA (Kiu-na-po-la-p'o), en chinois *Te-kouang*; nom d'un religieux, I, 106, 211; II, 220; III, 175.

GOURDJDJARA (Kiu-tche-lo), pays de l'Inde occidentale, I, 207; III, 166, 406, 408.

GOUROUPÂDAGIRI (K'iu-lou-po-t'o), nom de montagne, la même que Koukkouṭa pâda giri, en chinois *T'sun-tso-chan*, III, 6.

GÔVIÇANA? (Kiu-pi-choang-na), nom d'un royaume de l'Inde du nord, II, 233; III, 342, 348.

GRÎCHMA (Tsien-je), explication de ce mot, II, 62.

GRÎDHRAKOÛṬA (Ki-li-t'o-lo-kiu-tch'a), en chinois *T'sieou-fong* et *T'sieou-t'aï*; Ghédjakato des livres palis. D'après une note du texte, il faut traduire le « Pic des Vautours », au lieu de « Pic du Vautour », I, 117, 154, 283; III, 20, 379, 381.

GṚIHAPATI, un maître de maison, en chinois *Tchang-tche*, I, 122, 260; II, 285.

H

HÂIMAVATAS (Les), en chinois *Siouc-chan-pou*; nom d'une école schismatique, II, 311.

HAMI, pays de la Petite-Boukharie. Voyez I-GOU.

HANDJNA? (Han-jo), nom de ville, II, 397.

HAÑSASAÑGHÂRÂMA (Keng-so-kia-lan), en chinois *Yen-kia-lan*, le couvent de l'Oie, I, 162; III, 59.

HARALI? (Ho-la-li), nom d'une espèce de tissu, I, 259; II, 68.

HARAQAÏTI ou HARAKATTA. Voyez AROKHADJ.

HARCHAVARDDHANA (Ho-li-cha-fa-t'an-na), en chinois Hi-tseng; nom de roi, I, 111; II, 247.
HARDVAR, nom actuel de Gañgâdvâra, la porte du Gange (King-kia-ho-men), II, 230; III, 347.
HARITÎ ou ARITÎ? (Ho-li-ti), nom de la mère des démons (Koueï-tseu-mou), II, 120, note 2.
HASARA (Ho-sa-lo), nom de ville, III, 187, 415.
HASCHTNAGAR, nom de lieu, III, 313.
HASSAN-ABDAL, vulgairement Hassanabâd, site de l'ancien Takchaçilâ, III, 319.
HASTA, coudée, en chinois Tcheou; nom d'une mesure, II, 60.
HASTIGARTA, la fosse de l'éléphant, en chinois Siang-t'o-kang, II, 314.
HASTIKÂYA, le corps des éléphants, dans l'armée indienne; en chinois Siang-kiun, II, 82; III, 81.
HAYAMOUKHA ('O-ye-mou-kie), nom de royaume, I, 116; II, 274. Voyez AYAMOUKHA.
HAZARÈH, nom de peuple, III, 415.
HELMEND, vallée. M. Vivien croit reconnaître le Lo-mo-in-tou de Hiouen-thsang, III, 187, 415.
HÉRAT, nom de pays, III, 289.
HÊTOUVIDYÂÇÂSTRA (In-ming-lun), nom d'un ouvrage, I, 93, 95, 152, 164; II, 73, 174; III, 106.
HIDDA, nom d'une localité, au sud du Kophès; Hi-lo des relations chinoises, III, 304.
HILA (Hi-lo), montagne, I, 87; II, 102, 135; III, 188; ville. Voyez HIDDA, III, 304.

HIMATALA (Hi-mo-to-lo), en chinois Sioue-chan-hia, canton voisin des sources de l'Oxus, I, 248, 269; II, 27, 28, 178; III, 197, 423.
HIMAVAT, en chinois Sioue-chan, les montagnes neigeuses, II, 34, 161, 465.
HÎNAYÂNA, le petit Véhicule, la doctrine du petit Véhicule; en chinois Siao-ching, I, 66 et passim.
HINDOUKOUSCH ou HINDOU-KÔH, montagne, le Paropamisus et le Caucase indien des anciens, II, 40; III, 296, 298, 416, 420.
HIÑGOU (Hing-kiu), nom de plante, l'assa fœtida, III, 187.
HIPPASII. Voyez AÇVAKAS.
HIRAṆYAPARVATA (I-lan-na-po-fa-to), nom d'une montagne et d'un royaume à l'ouest du Magadha, I, 171, 174, 177; III, 65, 385.
HIRAṆYAVATÎ (Hi-laï-na-fa-ti), en chinois Kin-ho et Yeou-kin-ho; la Gaṇdakî des modernes; ancien nom de la rivière appelée vulgairement Adjitavatî ('O-chi-to-fa-ti), I, 130; II, 334, 344.
HISSÂR, nom de pays, III, 285.
HÔMA? (Ho-mo), nom de ville, I, 208; III, 180.
HOSNA (Ho-si-na), nom de ville, Ghazna, suivant M. de Saint-Martin, III, 187, 414 et suiv.
HOUCHKARA? (Hou-se-kia-lo), nom d'un couvent, I, 90.
HOUDJIKAN (Hou-chi-kien). Voyez DJOUZDJÂN ou DJOUZKÂN. Nom de royaume, I, 67; II, 34; III, 289.
HOULOU, rivière de l'extrémité nord-ouest de la Chine, appelée Bou-

INDEX DES MOTS SANSCRITS-CHINOIS.

lounghir par les Mongols, III, 262; cf. I, 17, 21.
HOUMI, nom de pays, III, 201, 425.
HOUND. Voyez OHIND, III, 311, note 2.
HOUPIÂN (Hou-pi-na), localité du Kaboulistan; l'Alexandria Opiana, ou Alexandria ad Caucasum des anciens, III, 190, 415.

HROSMINKAN? (He-lou-si-min-kien), ville au delà du Djihoûn. Voyez SÉMENGHÂN. II, 28; III, 288.
HYDASPES (L') des Grecs, fleuve, la Vitastâ, III, 317, 320.
HYDRAOTES. Voyez IRÂVATÎ, III, 328.
HYPHASIS (L') des Grecs, fleuve, le Vipâçâ de Hiouen-thsang, aujourd'hui le Bïas, II, 189; III, 318.

I

IAXARTES, nom de fleuve, I, 59; II, 16. Voyez SIR-DÉRIA.
ÎÇÂNAPOURA (I-chang-na-pou-lo), nom de royaume, I, 182; III, 83.
ÎÇVARA (I-chi-fa-lo), en chinois Tseu-tsaï; nom d'un religieux, II, 122.
ÎÇVARADÊVA (Tseu-tsaï-t'ien), nom d'un dieu, I, 255; II, 122, 235.
I-'GOU, royaume et ville de l'Asie centrale, aujourd'hui Khamil ou Hami. C'est l'ancien pays des Ouïgours, III, 263; cf. I, 17.
IKCHOUMATÎ, rivière, l'Oxymagis des Grecs, la Kalinadî actuelle, III, 350 et suiv.
INDE. L'itinéraire de Hiouen-thsang est un document précieux pour la géographie de l'Inde au VIIe siècle, III, 251. — Pénurie de renseignements géographiques sur l'Inde pour les premiers siècles qui ont suivi notre ère, III, 252. — L'ancienne géographie sanscrite encore très-imparfaitement connue, *ibid.* — Itinéraire de Hiouen-thsang dans l'Inde étudié et expliqué, III, 261 à 416.
INDOU (l'Inde), en chinois *Youeï*, la lune, II, 57, Notice sur l'Inde.

INDRA (T'ien-ti-chi, Ti-chi, ou Chi), nom d'un dieu, I, 110; II, 138, 258, 320, 471; se métamorphose sous la forme d'un immense serpent, II, 138.
INDRAÇÂILAGOUHÂ (In-t'o-lo-chi-lo-kiu-ho), en chinois *Ti-chi-kh'o*, la grotte d'Indra, I, 161; III, 58. — Avec *chan*, montagne, INDRAÇÂILAGOUHÂ PARVATA, montagne du Magadha, III, 384.
INDRANÎLA, en chinois *Ti-tsing-tchou*; nom d'une pierre précieuse, I, 253.
INDUS (Sin-tou-ho, Sin-ho.—Sindhou et Sindh), nom de fleuve, I, 83, 263; II, 104, 149; III, 169.
INVAKAN (In-po-kien), nom de royaume, I, 270; II, 27; III, 199. Voyez VAKHAN, III, 424.
IRÂVATÎ, rivière du nord-ouest, l'Hydraotes des historiens grecs, Rhuadis de Ptolémée, aujourd'hui Ravi, III, 328.
ISCHKESCHM, ville du haut Oxus, le Ki-li-se-mo de Hiouen-thsang, le Scassem de Marco-Polo, III, 419; cf. I, 269; II, 28; III, 196.
ISFIDJAB ou ESPIDJAB, ville du Tur-

29.

kestan, en chinois *Pe-choui*, III, 274; cf. I, 59; II, 15.

Issikoul, nom turc du lac T'sing-tch'i, qui est plus connu sous les noms mongols de Temourtou et de Lop-noor, I, 54, 273, 286; II, 11; III, 194, 267.

Itivrïttakam, en chinois *Pen–sse*. Voyez ce mot.

Itivrïttikam. Voyez le mot I-ti-youk-to-kia, II, 78.

Itiyoukta. Eugène Burnouf (*Introduction au Bouddhisme*, p. 60) lit ainsi au lieu de Itivrïttakam (I-ti-youe-to-kia). Quelques auteurs écrivent Itivrïttikam. II, 78.

J

Jighili, montagne, III, 379.

K

Kabisch, III, 299. Voyez Kapiça.

Kâçâ (Kia-che), nom de plante, I, 65; II, 31; nom de ville. Voyez Kâçapoura.

Kaçanna? (Kie-choang-na), en chinois *Sse-koue*; nom de royaume, I, 61; II, 12, 22; aujourd'hui Kesch. Voyez ce nom, III, 283.

Kâçapoura (Kia-che-pou-lo), ville au nord du Gange, III, 354, 355; cf. II, 287.

Kachania. Voyez Koschaniéu.

Kachâya (Kia-cha), vêtement d'un religieux. Voyez Kia-cha, I, 70; II, 39; III, 218.

Kachgar (Kie-cha), ville du Turkestan chinois, I, 63, 272, 277, 285; III, 219, 427.

Kacumir. Voyez Kâçmîra.

Kâçî, ancien nom de la ville de Vârânaçî (Bénarès), III, 361.

Kâçmîra (Kia-chi-mi-lo), pays du nord-ouest, I, 90, 262; II, 162, 167; III, 227, 321.

Kâçyapa (Kia-che-po), nom d'homme, en chinois *In-kouang*.

Il présida le concile où furent composés les trois recueils (Tripiṭaka) des livres sacrés et fonda l'école des Kâçyapîyas. I, 85, 131; II, 174, 344, 483; III, 33.

Kâçyapabouddha (Kia-che-po-fo), nom d'un Bouddha, I, 66, 126, 133; II, 34, 309, 358.

Kâçyapanikâya ou Kâçyapîyas. Voyez Kia-che-pi-ye-pou et Chang-tso-pou.

Kâçyapa tathâgata (Kia-che-po-jou-laï), nom d'un Bouddha, I, 276; III, 218.

Kâçyapîyas (Les) (Kia-che-pi-ye-pou), en chinois *In-kouang-pou*; l'école de Kâçyapa, ou de ses sectateurs. Elle s'appelle aussi l'école des Sthaviras ou Âryasthaviras. I, 85, 127, 264, 295; II, 132.

Kadjanghélé. Voyez Kadjiñgha.

Kadjéri. Voyez Kadjiñgha.

Kadjiñgara (Kie-ching-kie-lo), nom de royaume, I, 179; III, 73. Voyez Kadjiñgha.

Kadjiñgha ou Kadjiñgara, ville et

pays de l'Inde gangétique, Kie-tchou-ouo-k'i-lo ou Kie-ching-kie-lo de Hiouen-thsang, Kadjanghélé des livres palis, le Kadjéri actuel, III, 387 et suiv.

KADJOÛGHIRA (Kia-tchou-ouo-k'i-lo), nom de royaume, I, 179, 237; II, 254; III, 73. Voyez plus haut KADJIÑGHA, III, 387 et suiv.

KADJOURÂHAH. Voyez KHADJARÎ.

KAKI (Pi-chi), nom d'un arbre fruitier, II, 92.

KALÂ (Chi), nom d'une division du temps, II, 61.

KALANTA (Kia-lan-t'o); lisez Karaṇḍa, I, 155. Voyez III, 29, note 1.

KALANTAKA. Voyez III, 29, note 1.

KÂLAPINÂKA (Kia-lo-pi-na-kia), ville du Magadha; sens de ce mot, III, 54, 384.

KÂLASOÛTRA (He-ching), nom d'un enfer, II, 230.

KALINADÎ. Voyez IKCHOUMATÎ.

KALIÑGA (Kie-ling-kia), nom de royaume (Inde orientale), I, 185; III, 92, 395.

KALIÑGAPATTANA, nom de pays, III, 395.

KALIRÂDJA (Kie-li-wang), en chinois Tcou-tseng-wang; nom d'un roi, I, 86; II, 133.

KÂMADHÂTOU (Yo-kiaï), le monde des désirs, II, 74, 245.

KÂMALAÑKÂ (Kia-mo-lang-kia), nom de royaume, I, 182; III, 82.

KÂMAROÛPA (Kia-mo-leou-po), nom de royaume (Inde orientale), I, 227; II, 254; III, 76, 389.

KAMBALA (Kien-po-lo), tissu de laine fine, II, 68.

KANAKA (Kie-ni-kia), nom d'arbre, I, 151, 153; III, 16.

KANAKAMOUNI (Kia-no-kia-meou-ni), nom d'un Bouddha, II, 316.

KANDAT (Hoen-t'o-to), ville du haut Oxus, I, 270; III, 202, 425.

KANICHKA (Kia-ni-se-kia), nom de roi, I, 84, 95; II, 42, 106, 172, 199. Forme, quatre cents ans après le Nirvâṇa du Bouddha, la collection des livres sacrés, II, 173; fait graver sur des feuilles de cuivre rouge les textes des trois recueils, II, 178; comble d'égards et de faveurs les otages chinois, II, 199.

KÂÑTCHANAMÂLÂ (Tchin-kin-man), nom de femme, II, 157.

KÂÑTCHIPOURA (Kien-tchi-pou-lo), ville de l'Inde du sud, aujourd'hui Kondjévéram, I, 190; III, 119, 397 et suiv.

KANYÂKOUBDJA et KÂNYAKOUBDJA, nom d'un royaume et de sa capitale. Voyez K'IO-NIU-TCH'ING, I, 111, 206, 242, 254; II 244; III, 163, 343.

KAPÂLADHÂRINAS, hérétiques Çivaïtes, I, 220, 224; II, 41, 69.

KÂPÂLIKAS, hérétiques Çivaïtes. Voyez le nom chinois LEOU-MAN-WAÏ-TAO.

KAPIÇA (Kia-pi-che), Capissa ou Κάπισα des Grecs, Kabisch des Arabes, ancienne ville au sud de l'Hindou-kôh, I, 58, 71, 79, 127, 264; II, 40, 95; III, 184, 294 et suiv.

KAPILAVASTOU (Kie-pi-lo-fa-sou-tou), nom de royaume (Inde du nord), I, 126; II, 309; III, 356.

KAPIÑDJALA (Kia-pin-che-lo), en chinois *Tch'i;* nom d'un oiseau, II, 335.

KAPITHA (Kie-pi-t'a), nom de royaume, I, 110; II, 237; III, 342. — Nom d'homme, II, 404.

KAPITTHA (Kie-pi-t'a), nom d'arbre, II, 91.

KAPÔTANA (Kie-pou-ta-na), nom de royaume, II, 19. Voyez KÉBOÛD ou KESCHBOÛD, III, 281.

KAPÔTIKA SAÑGHÂRÂMA (Ko-seng-kia-lan), nom d'un couvent, I, 171; III, 61.

KAPOURD-I-GHIRI, localité du Gândhâra où a été trouvée une inscription du roi Açôka, III, 307.

KARAṆḌA GṚIHAPATI (Kia-lan-t'o-tch'ang-tche), nom d'un maître de maison, III, 30.

KARAṆḌAHRADA (Kia-lan-t'o-tch'i), l'étang de Karaṇḍa, III, 38.

KARAṆḌANIVÂPA (Burnouf, *Introduct. au Bouddhisme,* p. 456); d'après le dictionnaire *Mahâvyoutpatti,* il faudrait lire Karaṇḍanivâsa, couvent construit dans le bois appelé Karaṇḍavênouvana, III, 31.

KARAṆḌANIVÂSA. Voyez KARAṆḌANIVÂPA.

KARAṆḌAVÊṆOUVANA. Voyez KIA-LAN-T'O-TCHOU-YOUEN. I, 155; III, 29.

KARATCHÎ, ville (voy. KMIE-TSI-CHI-FA-LO—KATCHTCHHÊÇVARA), III, 411.

KARATÉGHIN, province du Mavar-en-Nahar, la Kio-ho-yen-na de Hiouen-thsang, III, 291.

KARMMADÂNA (Kie-mo-t'o-na), le sous-directeur d'un couvent, en chinois *Cheou-sse,* I, 143.

KARṆASOUVARṆA (Kie-la-na-sou-fa-la-na), pays de l'Inde orientale, le même que le Laṭa des livres palis, en chinois *Kin-eul;* nom de royaume, I, 112, 180; II, 248; III, 84, 389, 392, 393.

KARPOÛRA (Kie-pou-lo), en chinois *Long-nao,* camphre, I, 148, 193; III, 123.

KARSANAH. Voyez PI-LO-CHAN-NA.

KARTCHOU, nom de pays; peut-être le K'ie-p'an-t'o (Khavandha?) de Hiouen-thsang, III, 426.

KÂRTIKA (Kia-la-ti-kia), nom d'un mois indien, I, 131; II, 63, 335.

KASCHKA, rivière, III, 283.

KATCH ou KATCHA (K'ie-tcha), pays de l'Inde occidentale, I, 206; III, 161, 404.

KATCHTCHHÊÇVARA (Khie-tsi-chi-fa-lo), ville du Sindh inférieur, aujourd'hui Karatchî, III, 411; cf. III, 175.

Κάτισα, leçon corrompue pour Κάπισα, III, 295, en note.

KATOTCH. Voyez TCHINAPATI et GATCHOU.

KATTIVAR. Voyez GOUDJÉRÂT et SOURÂCHTRA.

KÂTYÂYANA (Kia-t'o-yen-na), nom d'homme, I, 102; II, 201; III, 181.

KÂTYÂYANAKÔCHA (Kia-t'o-yen-na-kiu-che), nom d'un ouvrage expliqué ou composé par Kâtyâyana, I, 67.

KÂUÇÂMBÎ (Kiao-chang-mi), Kôsambi des livres palis; nom de royaume, I, 119, 260; II, 283; III, 243, 352 et suiv.

INDEX DES MOTS SANSCRITS-CHINOIS.

Kâuçêya (Kiao-che-ye), en chinois Sse-mien, de la soie, I, 253; II, 68, 189.

Kâundinya (Kiao-tch'in-jou), nom d'homme, I, 134; II, 164.

Kchana (T'sa-na), un moment, II, 61.

Kchântidêva, lisez Kchântirïchi, I, 86; II, 133.

Kchântirïchi (Jin-jo-sien), nom d'un Rïchi, I, 86; II, 133.

Kchântisinha (T'san-ti-seng-ho), nom d'un religieux, I, 174.

Kchattriya (T'sa-ti-li), un homme de la caste militaire, I, 185; II, 85.

Kchâuma (T'sou-mo), espèce de chanvre, II, 68.

Kchounadêva? (T'seou-na-t'ien), nom d'un dieu, III, 188.

Kchounahila? (T'seou-na-hi-lo), nom de montagne, II, 47. Ailleurs, III, 304, Hi-lo est identifié avec Hidda. Voyez ce mot.

Kéboûd, ville du Turkestan, Kie-pou-ta-na de Hiouen-thsang, II, 19; III, 281.

Keldiya, nom de pays, II, 27.

Kesch (Kie-choang-na), ville du Turkestan, III, 283; cf. I, 61; II, 12, 22.

Keschboûd, nom de pays, le même que Kéboûd, III, 281.

Khadira (K'ie-t'o-lo), nom d'arbre, II, 55.

Khadjarî, ville de l'Inde centrale, la Kadjourâhah des Arabes, III, 408.

Khadjîçvara? (K'ie-tsi-chi-fa-lo), nom de royaume, III, 175. M. Lassen lit Katchtchhêçvara, III, 411 en note. Voyez Karatchî.

Khakkharam, en chinois Si-tchang, le bâton d'un religieux, II, 33.

Khamil ou Hami, pays et ville de la Petite-Boukharie. Voyez I-'gou.

Kharachar, pays de la Petite-Boukharie. Voyez 'O-ki-ni.

Kharismiga (Ho-li-si-mi-kia), en chinois Ho-tsin. Voyez Kharizm.

Kharizm (Ho-li-si-mi-kia), nom de royaume, I, 61; II, 21; III, 196, 283.

Khavakan (K'ie-po-kien), le même que In-po-kien (Invakan); nom de pays, II, 27; III, 199. Voyez Vakhan, III, 424.

Khavandha? (K'ie-p'an-to), nom de royaume, I, 273; III, 209. Voyez Kartchou, III, 426.

Khiva (Khanat de), III, 274, not. 1.

Khodjend, nom de pays, III, 276.

Khokand, nom de ville, III, 277.

Khorasmia, le Kharizm des auteurs musulmans, III, 283.

Khost (K'ouo-si-to), territoire du haut Oxus, I, 268; II, 28; III, 192, 417.

Khotan (Kiu-sa-tan-na), en chinois Ti-jeou « mamelle de la terre », ville de l'Asie centrale, I, 63, 279; III, 232, 427.

Khoulm (Ho-lin), ville au nord du Djihoûn, II, 29; III, 288, 289.

Khousta (K'ouo-si-to), nom de royaume, I, 268; II, 28; III, 192. Voyez Khost, III, 417.

Kikanapoura (Ki-kiang-na-kouc), nom de pays. Voyez Kykânân ou Kykân, III, 185, 414.

Kinnara (Feï-jin), un musicien du ciel, II, 390.

452 INDEX DES MOTS SANSCRITS-CHINOIS.

Kôçala. Voyez Kôsala.

Kôchakaraka çâstra? en chinois *Kiu-che-po-lun;* nom d'un ouvrage, I, 108.

Kouloûgha, nom turc des Portes de Fer, III, 284.

Kokchèu, nom de l'une des branches de l'Oxus, III, 283.

Kolom (Ho-lo-mo), nom de royaume, II, 25.

Kondjévéram, ville. Voyez Kântchîpoura.

Kôṅkaṇa, nom de pays, III, 400.

Kôṅkaṇâpoura (Kong-kien-na-pou-lo), ville du sud, I, 201; III, 146, 400.

Kôṅyôdha? (Kong-yu-tho), nom de royaume; lieu maritime de l'Inde orientale, I, 184; III, 90. Voyez *ibid.* page 394.

Kophès, rivière de Kaboul, III, 278, 301.

Kòs (Krôça), mesure itinéraire de l'Inde; varie selon les provinces, III, 260.

Kôsala (Kiao-sa-lo), pays gangétique, I, 185; II, 397; III, 94, 355, 396.

Kôsambi. Voyez Kâuçâmbî.

Koschanièu ou Kachania (Kiu-choang-ni-kia), ville du Sogd, I, 60; II, 20; III, 281.

Kotch. Voyez Katch.

Kôṭi (Keou-tchi), nom de nombre, II, 420; III, 58.

Kotl ou Kotlân (K'o-tou-lo), pays de la haute vallée de l'Oxus; le Kotol des Arabes suivant M. Reinaud, II, 27; III, 291.

Kotol. Voyez Kotl.

Kouça (Kiu-che), en chinois *Chang-mao;* nom de plante, I, 153.

Kouçâgâra. Voyez Râdjagrîha.

Kouçâgârapoura (Kiu-che-kie-lo-pou-lo), en chinois *Chang-mao-kong-tch'ing;* nom de ville, I, 153; III, 15, 39, 378, 379 et suiv.

Kouçannika (Kiu-choang-ni-kia), nom de pays. Dans Hoeï-li, I, p. 60, ce nom est différent de Kie-choang-na. (Kaçana), III, p. 283, ligne 34, supprimez la note 3. Cf. II, 20.

Kouchans (Les), nom de peuple; en chinois *Kouei-choang,* III, 287.

Kouçinagara (Keou-chi-na-kie-lo), ville du nord, I, 130, 135; II, 147, 333, 345; III, 32, 358 et suiv.

Koukâli (Kiu-kia-li), nom d'homme, I, 125; II, 302. Voyez Kiu-kia-li.

Koukkoutapâdagiri (Kiu-kiu-tch'a-po-t'o-chan), en chinois *Khi-tso-chan;* nom de montagne, III, 6, 377.

Koukkoutapâda saṅghârâma, en chinois *K'i-tso-youen.* Voyez Koukkoutârâma, II, 428, note 1.

Koukkoutârâma, en chinois *K'i-youen,* le couvent du Coq, I, 139; II, 428. La forme correcte est Koukkoutapâda saṅghârâma (Kiu-kiu-tch'a-po-t'o-seng-kia-lan), II, 428, note 1; III, 6.

Koulika (Keou-li-kia), ville du Magadha, III, 51, 383.

Koulou. Voyez Koulouta.

Koulouta (Kiu-lo-tou), pays du nord-ouest, le Koulou actuel, I, 103; II, 203, 331, 334.

INDEX DES MOTS SANSCRITS-CHINOIS.

Koumâra (Keou-mo-lo), *vulgo* jeune homme, en chinois *Thong-tseu*, se prend pour le prince royal, l'héritier du trône (T'aï-tseu), III, 77. — Nom de roi, III, 254.

Koumâradatta, III, 106, note 2, lisez Koumâralabdha; nom d'homme. Cf. I, 89; II, 154.

Koumâradjîva (Keou-mo-lo-chi), en chinois *T'ong-cheou* (juvenis vita); nom d'un religieux, I, 89, 273, 274, 310, 322. Sa manière de traduire, 338.

Koumâralabdha (Keou-mo-lo-to), en chinois *T'ong-cheou* (a juvene receptus); nom d'homme, I, 89; II, 154.

Koumârarâdja (Keou-mo-lo-wang), nom de roi, I, 229; II, 254. Cette expression désigne tantôt le prince royal, l'héritier du trône (Wang-tseu), II, 251; tantôt le fils aîné de Çouddhôdana avant qu'il eût embrassé la vie religieuse et fût devenu Bouddha, I, 127.

Koumâri, extrémité de l'Inde du sud, III, 399.

Koumbhîra (Kin-pi-lo), un crocodile, II, 359.

Koumidha (Kiu-mi-t'o), pays voisin des sources de l'Oxus, II, 27. Voyez Comedi, III, 292.

Kounâla (Keou-na-lang et Keou-na-lo), nom d'homme, II, 154.

Koundez ou Koundouz, ville au nord de l'Oxus, III, 288.

Koundikâ (Kiun-tch'i-kia), en chinois *Tsao-kouan* et *Tsao-p'ing*, pot à eau, I, 175; II, 31; III, 70.

Koundouz, nom de pays, III, 288.

Kouñkouma (Curcuma), en chinois *Yo-kin-hiang*; nom de plante. Son usage, II, 40, 51, 131.

Kouñkouma stoûpa (Yo-kin-hiang-sou-tou-po), nom d'un Stoûpa, II, 474.

Koûpa (Tsing), un puits, II, 285.

Kourana (Kiu-lang-na), canton du haut Oxus, I, 270; II, 27; III, 200. Voyez Garana, III, 424.

Kourou (Keou-lou), nom de pays, II, lxxiii.

Kouroukchêtra, nom de pays, II, 215.

Kourous et des Pandous (Bataille des), II, 214.

Kouryana? (Kio-li-yen-na), nom de royaume, II, 26.

Kousian. Voyez Kouçinagara.

Kousoumapoura (Keou-sou-mo-pou-lo-tch'ing), un des noms de Pâtalipouttra, en chinois *Hoa-kong*, *Hoa-kong-tch'ing* et *Hiang-hoa-kong-tch'ing*; nom de ville, I, 137; II, 244, 419; III, 373.

Koustana (Kiu-sa-tan-na), en chinois *Ti-jeou* « mamelle de la terre »; nom de royaume, aujourd'hui Khotan, I, 63, 279; II, 232; III, 223, 427.

Koutché, nom actuel du royaume de Kieou-tseu, et plus correctement Kiu-tchi, I, 40, 48, 285; II, 3.

Kouvayana (Kio-ho-yen-na), nom de royaume, II, 26. Voyez Karatégin, III, 291.

Krakoutchtchhanda (Kia-lo-kieou-tch'un-t'o), nom d'un Bouddha, II, 315.

KRICHNAPAKCHA (He-fen); sens du mot, II, 62; III, 22.
KRITIYAS (Ki-li-to), en chinois Maï-te « (hommes) achetés », I, 248; II, 170.
KROÇA (Keou-lou-che), mesure qui équivaut à 500 arcs (Kong), en sanscrit Dhanavas, suivant le Si-yu-ki, et à 100 arcs suivant le Lalita vistâra, II, 60 (divisions du Yôdjana). Voyez Kôs, III, 260.
KYKÂNÂN ou KYKÂN, pays de l'Arokhadj dans les auteurs arabes, Ki-kiang-na de Hiouen-thsang, III, 414.

L

LADA. Voyez LÂR et LATA, III, 154, 393, 404.
LÂGHMAN, III, 301, note 1. Voyez LAMGHÂN.
LAHOUL (Lo-hou-lo), vallée du haut Pendjab, III, 331, 334.
LALA, LATA ou LADA. Voyez LÂR et LATA, III, 162, 393, 404.
LAMBATÆ, leçon vicieuse. Voyez LAMPAGÆ.
LAMBHARA ou LAMBOURA (Lan-p'o-lo), nom de montagne, II, 141.
LAMBINÎ (Lan-pi-ni). Voyez LA-FA-NI, II, 321.
LAMGHÂN, territoire au sud de l'Hindou-kôh, le Lampâ de la géographie sanscrite, Lampagæ des Grecs, Lan-po de Hiouen-thsang, Lâghman des cartes actuelles, I, 73, 96, 264; II, 95; III, 300.
LAMPÂ (Lan-po). Voyez LAMGHÂN.
LAMPAGÆ. Voyez LAMGHÂN.
LAMPÂKA, même pays que Lampâ. Voyez LAMGHÂN.
LAÑGALA (Lang-kie-lo), nom de pays, I, 208; III, 177, 412. — Les Langalas, nom de peuple, ibid.
LAÑKÂ (Ling-kia-chan), nom de montagne, I, 200; III, 144.

LAÑKÂVATÂRA soûtra (Ling-kia-king), nom d'ouvrage, I, 201; III, 144.
LÂR méridional (Le), Nan-lo, nom de royaume, III, 154.
LÂR, la Larice des Grecs, pays de l'Inde occidentale, III, 404. Voyez LATA.
LÂRA (Lo-lo du nord), nom de pays, le La-la des textes indiens, qu'on écrit aussi Lata et Lada, I, 204; III, 162, 404.
LARICE. Voyez LÂR, III, 393, 404.
LASPOÛR (Lan-po-lo), montagne du nord-ouest, II, 141; III, 315.
LATA ou LALA, pays de l'Inde orientale, distinct du Lata ou Lârika de l'ouest, III, 162, 393 et 404. Voyez KANYASOUVARNA.
LAVA (La-fo), nom d'une division du temps, II, 51.
LAVANI. Voyez LA-FA-NI, II, 321.
LI, mesure itinéraire des Chinois; a varié de longueur selon les époques, III, 256; valeur exacte du li de Hiouen-thsang, 258 et suiv.; correspond en général à une marche de quatre à cinq minutes, III, 259.
LIECHÂ, une tente, en chinois Ki;

INDEX DES MOTS SANSCRITS-CHINOIS.   455

fraction minime parmi les mesures de longueur, II, 60.

LIMBINÎ (Lin-wei-ni). Voyez LA-FA-NI.

LITCHHAVAS (Les) (Li-tch'e-p'o), E. Burnouf écrit « les Litchhavis », nom d'une tribu, II, 396, 407.

LITCHHAVIS (Les). Même nom que Litchhavas; nom d'une tribu, II, 396, 407.

LOHARA (Lo-hou-lo), nom de pays. Voyez LAHOUL, II, 204; III, 331, 334.

LÔHITAKASTOÛPA (Lou-hi-ta-kia-sou-tou-po), nom d'un Stoûpa, I, 87; II, 140.

LOHOUL (Lo-hou-lo), nom de pays, II, 204. Voyez LAHOUL.

LÔKADJYÊCHTHA, en chinois *Chi-thsun;* l'un des noms du Bouddha, III, 157.

LÔKÂYATAS (Les hérétiques), en chinois *Chun-chi-wai-tao*, I, 223.

LÔKÔTTARAVÂDINAS (Les), en chinois *Chou-tch'ou-chi-pou;* nom d'une école schismatique, I, 69; II, 37.

LOP-NOOR, un des noms mongols du lac Thsing-tch'i. Voyez ce mot, et JE-HAÏ, I, 54, 273, 286.

LOUMBINÎ (Loung-mi-ni). Voyez LA-FA-NI.

M

MADAOUVAR. Voyez MO-TI-POU-LO, III, 343, 344.

MÂDHAVA (Mo-t'a-p'o), nom d'homme, II, 442; ancienne tribu de l'Inde gangétique. Voy. MÂTHAVA, III, 345.

MADHOUKA (Mo-tou-kia), arbre, II, 91.

MADHYADÊÇA, la région centrale, en chinois *Tchong-koue*, le royaume du milieu. Cette expression, qui désigne ordinairement la Chine, s'applique ici à l'Inde centrale. Voyez cette expression dans le Dictionnaire de Wilson. II, 168.

MADHYÂNTAVIBHÂGA ÇÂSTRA, en chinois *Tchong-pien-fen-pie-lun;* nom d'un ouvrage de Vasoubandhou, I, 115; II, 269.

MADHYÂNTIKA (Mo-tien-ti-kia), nom d'homme, I, 88, 95; II, 149, 168.

MAGADHA (Mo-kie-t'o), nom de royaume, I, 136; II, 409-493; III, 1-64, 370 et suiv.

MÂGHA (Mo-kie), nom d'un mois indien, II, 64.

MAHÂBHADRÂ, l'un des noms du Gange; son eau s'appelle *Fo-choui*, « l'eau du bonheur ». Origine de ce nom, II, 217.

MAHÂBÔDHI SANGHÂRÂMA (Mo-ho-p'ou-ti-seng-kia-lan), II, 487. Dans l'*Histoire de Hiouen-thsang*, I, 319, ce même couvent est appelé Mo-ho-p'ou-ti-sse. Ici il faut lire comme ci-dessus, au lieu de Mahâ-bôdhi vihâra.

MAHÂBRAHMÂ (Ta-fan-t'ien-wang), le grand roi Brahmâ, I, 110; II, 477.

MAHÂÇÂLI, sorte de riz, II, 409.

MAHÂDÊVA (Mo-ho-ti-p'o), en chinois *Ta-t'ien;* nom d'un religieux, II, 171; nom de roi, II, 397.

MAHÂKÂÇYAPA (Ta-kia-che-po), nom d'homme, II, 345; III, 7, 32.

MAHÂKÂLA, le grand (esprit) noir, en chinois *Chin-wang*, II, 43, en note.
MAHÂKÂTYÂYANA ('Ta-kia-to-yen-na), nom d'homme, I, 102, II, 201; III, 181.
MAHÂMÂITRÎ SAMÂDHI (Ta-tlise-ting), sorte de méditation, II, 487.
MAHÂMÂYÂ (Mo-ho-mo-ye), en chinois *Ta-chou*; nom de femme, la mère du Bouddha, II, 310.
MAHÂNADA, rivière, la même que Mahî (Mo-ho), III, 375.
MAHÂNÂMA, (Mo-ho-nan), nom d'homme. C'était le fils de Drônôdanarâdja (Ho-fan-wang), et le cousin germain de Çâkyamouni. I, 134; II, 356, 364.
MAHÂNDHRA (Ta-an-ta-lo), ou MAHÊNDRÎ, ville, appelée aussi Râdjamahèndrî, III, 110, 397.
MAHÂNÎLA (Mo-ho-ni-le), en chinois *Ta-tsing-tchou*; nom d'une pierre précieuse, I, 253.
MAHÂNIRVÂNA ('Ta-ni-p'an), le grand Nirvâna, le Nirvâna complet, définitif, III, 219.
MAHÂPOUROUCHA LAKCHANÂNI; sens de cette expression, en chinois *Siang-hao*, II, 99, 164; III, 82, 231.
MAHÂPRADJÂPATÎ (Mo-ho-po-lo-che-po-ti), nom de la tante du Bouddha, en chinois *Ta-seng-tchou*, I, 124; II, 230; III, 7.
MAHÂPRADJNÂPÂRAMITA SOÛTRA (Mo-ho-pou-jo-king), nom d'un ouvrage, I, 154.
MAHÂRÂCHTRA (Mo-ho-la-tch'a), royaume de l'ouest, pays des Mahrattes, I, 202; III, 149, 401.
MAHÂRÂDJA (Ta-wang), grand roi, titre qu'on donne à un souverain, II, 250.
MAHÂRÂURAVA (Ta-kiao), nom d'un enfer, II, 230.
MAHÂSAÑGHANIKÂYA, l'école de la grande assemblée. Voyez MAHÂSAÑGHIKAS.
MAHÂSAÑGHIKAS (Les) (Mo-ho-seng-k'i-pou), nom d'une école schismatique, en chinois *Ta-chong-pou*, I, 69, 86, 94, 158; II, 132. — Ils forment la collection des livres sacrés, III, 37, 192.
MAHÂSÂRA (Mo-ho-sa-lo), nom de ville, II, 381. Voyez MASAR, III, 363.
MAHÂSATTVA (Mo-ho-sa-to), grand être, grande créature, I, 89, 162; III, 60.
MAHÂSATTVA KOUMÂRARÂDJA. Voyez MO-HO-SA-TO-WANG-TSEU.
MAHÂTAPANA (K'i-je), nom d'un enfer, II, 230.
MAHÂTÂRA, MAHÂTÂRAKA? Voyez MO-HO-TO-LO, I, 260.
MAHÂTCHAMPÂ (Mo-ho-tchen-po), en chinois *Lin-i*; nom de royaume, I, 182; III, 83.
MAHÂTCHÎNA, la Chine (Mo-ho-tchina), I, 91; II, 255; III, 79.
MAHÂVÂDÎ (Ta-lun-sse); sens de cette expression, II, 453.
MAHÂVANA SAÑGHÂRÂMA (Mo-ho-fana-kia-lan), le couvent de la grande forêt (*Ta-lin*), II, 136.
MAHÂVIBHÂCHÂ ÇÂSTRA (Ta-pi-p'ocha-lun), nom d'ouvrage, II, 276.
MAHÂVIHÂRAVÂSINAS (Les) (Mo-ho-

INDEX DES MOTS SANSCRITS-CHINOIS. 457

pi-ho-lo-tchou-pou), nom d'une école schismatique, III, 141.

MAHÂVRÏKCHA RICHI? (Ta-chou-sien), le Rïchi du grand arbre, II, 245.

MAHÂYÂNA (Ta-ching), la doctrine du grand Véhicule, III, 222.

MAHÂYÂNÂBHIDHARMA SAÑGÎTI ÇÂSTRA (Ta-ching-'o-pi-ta-mo-tsa-tsi-lun), nom d'un ouvrage, I, 304.

MAHÂYÂNADÊVA (Mo-ho-ye-na-ti-p'o), nom donné à Hiouen-thsang par les partisans du grand Véhicule, I, 223, 248.

MAHÂYÂNA SAMPARIGRAHA ÇÂSTRA (Che-ta-ching-lun), nom d'un ouvrage, I, 115, 217.

MAHÂYÂNA YÔGA ÇÂSTRA, en chinois, Ta-ching-yu-kia-lun; nom d'ouvrage, I, 51.

MAHÊÇVARA (Mo-hi-cheou-lo), nom d'un dieu, le même que Çiva; en chinois Ta-tseu-tsaï-t'ien, II, 124, 237, 264, 354; III, 157, 178.

MAHÊÇVARAPOURA (Mo-hi-chi-fa-lo-pou-lo), ville de l'Asie centrale, aujourd'hui Matchéri, I, 207; III, 169, 178, 408. Voyez MATCHI-VÂRA, ibid.

MAHÊNDRA (Mo-hi-in-t'o-lo), en chinois Ta-ti, frère cadet du roi Açôka, I, 198; II, 423; III, 121, 140.

MAHÎ (Mo-ho), rivière du Magadha, III, 3, 155, 375, 377. — Rivière du Sourâchtra, III, 403, 405.

MAHÎÇÂSAKAS (Les) (Mi-cha-se), nom d'une école schismatique, en chinois Hoa-ti-pou, I, 77, 85, 115, 295; II, 132, 170.

MAHÎÇÂSAKAVINAYA (Ou-fen-liu), nom d'un ouvrage, II, 431.

MAHIRAKOULA (Mo-hi-lo-kiu-lo), en chinois Ta-tso; nom de roi, II, 190.

MAHRATTA, forme vulgaire de Mahârâchtra, le pays des Mahrattes, I, 202; III, 149, 401.

MAÏTHILÂ. Voyez MÂTHAVA.

MAÎTRÊYA (Meï-ta-li-ye), en chinois T'se-chi; nom d'un Bôdhisattva, I, 18, 51, 88, 106, 114, 133, 146; II, 149, 152, 221, 358.

MAÎTRÎBALARÂDJA (Ts'e-li-wang), nom d'un roi, I, 87; II, 140; III, 99.

MAKHAÏ, nom d'un désert qui occupe aujourd'hui l'ancien pays de Leou-lan, le même que le royaume de Chen-chen, III, 247, 428.

MALAKOÛTA (Mo-lo-kiu-tch'a), pays de l'Inde du sud (Malaya), I, 193; III, 121, 399.

MALASA. Voyez MO-LO-SO.

MÂLAVA (Mo-la-p'o), aujourd'hui Malva, pays de l'Inde occidentale, I, 204; III, 154, 403.

MALAYA, le Malabar des auteurs musulmans, III, 399.

MALAYAGIRI (Mo-lo-ye-chan), nom d'une chaîne de montagnes, I, 193; III, 122.

MALLAS (Les) (Mo-lo), nom de peuple, en chinois Li-sse, II, 342.

MALVA. Voyez MÂLAVA (Mo-la-p'o).

MÂNAVA (Mo-na-p'o), un jeune homme, III, 54.

MAṆḌAKA (Men-tse-kia), nom d'une classe de mots dans Pânini, I, 166.

MAÑDJOUÇRÎ (Man-tchou-chi-li), en

chinois *Miao-ki-ts'iang*; nom d'homme, I, 103, 146, 214; II, 208; III, 108.

MANDRAOÛR, nom de ville, III, 301.

MAÑGALA, ville du Gândhâra, Mong-kie-li de Hiouen-thsang, aujourd'hui Manglavor, I, 86; II, 132; III, 314 et suiv.

MANGLAVOR. Voyez MAÑGALA.

MAṆI (Mo-ni), perle, I, 283; II, 330.

MANIKYAGHIRI, montagne du Béhar, III, 380.

MANÔDHÂTOU, en chinois *I-kiaï* « le monde de la pensée », I, 345.

MANÔDJÑAGHÔCHA (Jou-i-ching), nom d'un religieux, I, 72.

MANÔRHITA (Mo-nou-ho-li-ta), nom d'un religieux, auteur du *Vibhâchâçâstra*, I, 83; II, 105, 115, note 2. En chinois *Jou-i*, conforme (*hita*) à l'esprit (*manas*). Burnouf (*Introd. au Bouddhisme*, p. 567) aurait probablement écrit *Manôrhita* au lieu de *Manôrhata*, s'il eût connu l'explication chinoise de Hiouenthsang.

MANÔVIDJÑANADHÂTOU, en chinois *I-chi-kiaï*. Voyez le sens, I, 345.

MÂRA, le démon, I, 235; II, 374.

MÂRARÂDJA ou PÂPIYÂN, en chinois *Mo-wang*, le roi des démons, I, 136; II, 473; III, 21, 25.

MÂRGA; sens de ce mot, II, 443.

MÂRGAÇIRAS (Mo-kia-chi-lo), nom d'un mois indien, II, 63.

MARKAṬAHRADA (Mi-heou-tch'i), l'étang des singes et non l'étang du singe (erreur de Burnouf, *Introduction au Bouddhisme*, 74).

MAROUSTHALA. Voyez THAR.

MÂSA (Youeï), mois, II, 62.

MASAR, lieu voisin du Gange, le Mo-ho-so-lo de Hiouen-thsang, en sanscrit Mahîsâra, III, 363.

MASOÛRA SAÑGHÂRÂMA (Mo-sou-lo-kia-lan), en chinois *Teou-kia-lan*; nom d'un couvent, II, 136.

MATCHÉRI et MATCHÉRY; origine de ce nom, III, 336, 408. Voyez MATCHIVÂRA.

MATCHIVÂRA, ville de l'Inde centrale, Mo-hi-chi-fa-lo (Mahêçvara) de Hiouen-thsang, aujourd'hui Matchéri, III, 337, 408.

MATHA. Voyez MATI.

MATHAE. Voyez MÂTHAVA.

MÂTHAVA, MÂDHAVA ou MADHOU, ancienne tribu de l'Inde gangétique, III, 345; a donné son nom au Maïthilâ ou Mithila, et au pays de Matha du Kôçala, *ibid*.

MATHOURÂ (Mo-t'ou-lo), ville du nord, aujourd'hui Matra, I, 103; II, 207; III, 339.

MATI ou MATHA, pays au nord du Gange, III, 344 et suiv.

MATIPOURA (Mo-ti-pou-lo), ville du nord, I, 106; II, 219; III, 342. Voyez MADAOUVAR, III, 343.

MATOTCH, vallée du haut Oxus, Tamo-si-t'ie-ti de Hiouen-thsang, III, 425; cf. I, 270; II, 27; III, 201.

MATRA. Voyez MATHOURÂ.

MÂUDGALYÂYANA, même nom que Moudgalapouttra (Mo-te-kia-lo-tseu), en chinois *Teou-tseu*; nom d'homme, I, 103, 122; II, 208, 217, 284.

INDEX DES MOTS SANSCRITS-CHINOIS.

Mâuryas (Le descendant des), Açôka, II, 418.

Mavar-en-nahar, nom de pays, III, 274.

Mâyâ (Mo-ye), la mère de Çâkyamouni, I, 110, 127; II, 325, 343.

Mayoûra (Mo-yu-lo), ville du nord de l'Inde, II, 230; III, 347.

Mayoûrarâdja (K'ong-tsio-wang), le roi des Paons, II, 138.

Meïmorg, nom de localité (Turkestan), III, 280.

Mimaha (Mi-mo-ho), nom de pays (Turkestan), II, 19. M. de Saint-Martin (III, 280) pense que ce pays répond au Moughian actuel.

Ming-boulak, nom de lieu, I, 58; II, 13; III, 194, 268, 272. Voyez Tusien-thsiouen.

Mithilâ. Voyez Mâthava et Tirabhoukti.

Mitrasèna (Mi-to-lo-sse-na), nom d'un religieux, I, 108.

Mlêtchtchhas (Mie-li-tch'e), peuples barbares, I, 73, 230; II, 188.

Môdâgiri et Moudgagiri, noms sanscrits de Monghir, III, 386.

Môkchadêva, I, 248. Voyez Motcha-ti-p'o.

Môkcha mahâparichad (Wou-tcheta-hoeï), la grande assemblée de la délivrance, I, 113, 205; II, 38, 41, 252.

Môñgali (Moung-kie-li), nom de ville, I, 86; II, 132; III, 314 et suiv. Voyez Mañgala.

Môriyanagara, ville voisine de l'Himâlaya, probablement l'Amrouiћ actuelle, III, 347 et suiv.

Môtcha (Meou-tche), nom d'un arbre fruitier, I, 135; II, 92, 187.

Moudgagiri. Voyez Môdâgiri.

Moudgalapouttra (Mo-te-kia-lo-tseu), en chinois Tçou-tseu; nom d'homme, I, 103; II, 208, 217, 284.

Moughian, nom de localité (Turkestan), le Mi-mo-ho de Hiouenthsang, III, 280.

Mouhoûrta (Meou-hou-li-to), nom d'une division du temps, II, 61.

Moûlâbhidharmaçâstra (Ken-pen-'o-pi-ta-mo-lun), nom d'un ouvrage, I, 189, 211.

Moûlasambourou? (Meou-lo-san-pou-lou), nom de royaume, le Moûltân, I, 210; III, 173. Voyez Moûlasthânîpoura.

Moûlasthânîpoura, nom de ville, III, 410.

Moûltân (Meou-lo-san-pou-lou), nom de royaume, I, 210; III, 173, 410.

Moungan (Moung-kien). Voyez Mounkan.

Mounkan (Moung-kien), ville et territoire du haut Oxus, I, 269; II, 28; III, 194. Même pays que Moungan.

Moûrddhâbhichikta râdjâ, en chinois Houan-ting-wang, prince qui a reçu l'onction royale, I, 220.

Moûrddhadjarâdja, en chinois Ting-seng; nom de roi, I, 280.

Mousâragalva, en chinois Tch'e-kiu; nom d'une pierre précieuse, II, 482.

Mousour-aola, la montagne de glace, en chinois Ling-chan, I, 59.

460 INDEX DES MOTS SANSCRITS-CHINOIS.

Description de cette montagne, I, 53, 54; II, 11, 95. Conf. III, 266.

Mous-tagh, nom turc du mont Ling-chan, le même que Mousour-aola, montagne de l'Asie centrale, I, 52, 53, 54; II, 11, 95; III, 266.

Moutchilinda (Mou-tchi-lin-t'o), nom d'un roi des dragons, II, 348, 478.

Mrïgadâva, le bois des Antilopes, en chinois Lou-ye et Lou-yoüen, I, 132, 283; II, 355; III, 360. Origine de ce nom, II, 363.

Mrïgarâdja (Lou-wang), un roi des cerfs, I, 134.

N

Nadîkâçyapa (Naï-ti-kia-che-po), nom d'homme, II, 457.

Nâgahrada, en chinois Long-tch'i, un étang de dragons, I, 95, 128; II, 4, 141.

Nagara. Voyez Nanghenhar.

Nagaradhana sañghârâma (Na-kie-lo-t'o-na-sse), nom d'un couvent, I, 102.

Nâgarâdja (Long-wang), un roi des dragons, I, 95; II, 235.

Nagarahâra (Na-kie-lo-ho-lo), ville et province du bassin du Kophès, I, 76, 294; II, 96. Voyez Nanghenhar, III, 302 et suiv.

Nagarak, nom qui rappelle le Nagarahâra de Hiouen-thsang, III, 306.

Nâgârdjouna (Na-kia-'o-la-chou-na), l'orthographe la plus ordinaire est Long-chou ou Long-meng, nom d'homme, I, 99, 186, 272; II, 432; III, 95, 214.

Naïrañdjanâ (Ni-lien-chen-na), en chinois Pou-lo-tcho-ho; nom d'une rivière, aujourd'hui Niladjan, I, 140; II, 367, 455; III, 375.

Naïvasañdjñâ samâdhi (Feï-siang-ting), sorte de méditation, II, 367.

Nâlanda (Na-lan-t'o), en chinois Chi-wou-ye; nom d'un dragon, I, 149; III, 41.

Nâlandagrâma (Na-lan-t'o-t'sun), nom d'un village où était le couvent de Nâlanda, I, 143.

Nâlandavihâra (Na-lan-t'o-sse), en chinois Chi-wou-ye-sse; nom d'un couvent célèbre, I, 143, 160, 163, 211; II, 244, 452; détails intéressants sur ce couvent et les religieux qui y résidaient, III, 45 et suiv. ibid. 382.

Nanda (Nan-t'o), nom d'un dragon, II, 323; nom de roi, II, 427; abréviation de Soundarananda, nom d'homme, II, 313.

Nanghenhar, Nanghéhar ou Nékerhâr, ville et province du bassin du Kophès, le Na-kie-lo-ho-lo de Hiouen-thsang, la Nagara de Ptolémée, III, 302 et suiv.

Narapati (Jin-tchou), le maître des hommes, II, LXXV.

Narasañghârâma (Jin-kia-lan), nom d'un couvent, II, 42.

Nârasiñha, lisez Narasiñha (Na-lo-seng-ho), ville du nord-ouest, I, 97; III, 330, 331.

INDEX DES MOTS SANSCRITS-CHINOIS.

NÂRÂYANADÊVA (Na-lo-yen-t'ien), nom d'un docteur, I, 83; nom d'un dieu, II, 105, 381; III, 77, 157.

NÂRIKÊLA (Na-li-ki-lo), nom d'arbre, II, 92.

NÂRÎKÊLADVÎPA, nom d'une île, I, 201; III, 144. Voyez NA-LO-KI-LO-TCHEOU, faute pour Na-li-ki-lo-tcheou.

NARMMADÂ (Naï-mo-t'o), nom de rivière, I, 203; III, 153.

NAVADÊVAKOULA (Na-fo-ti-p'o-kiu-lo), ville du nord, II, 265; III, 350.

NAVAPA (Na-fo-po ou Leou-lan), contrée de l'Asie centrale, appelée aussi Chen-chen; c'est une partie du désert de Makhaï, III, 428; cf. I, 290; III, 247.

NAVASANGHÂRÂMA (Na-fo-seng-kia-lan), nom d'un couvent, I, 65; II, 30.

NÂYAKA DÊVAMANOUCHYÂNÂM (T'ien-j'in-tao-sse), le maître qui guide les dieux et les hommes, le Bouddha, II, 347.

NÉKERHÂR. Voyez NANGHENHAR.

NÉPÂLA (Ni-po-lo), nom de pays, II, 407; III, 369.

NICHTAPANA (Ni-t'ie-pan-na), l'action de brûler, consumer (un cadavre), *crematio*, en chinois *Fen-chao*, II, 342.

NIDÂNAS (Ni-t'o-na), en chinois *In-youen;* l'une des sections des livres du Bouddha, II, 78; les Nidânas, les (douze) causes de l'existence, II, 161.

NIKÂYA, multitude, en chinois *Pou;* mot qui termine les noms indiens de chacune des dix-huit écoles schismatiques, II, 204.

NILADJAN. Voyez NÂIRAÑDJANÂ.

NÎLAPIṬA ou NÎLAPIṬAKA (Ni-lo-pi-tch'a), en chinois *Tsing-thsang;* nom d'un recueil d'Annales, II, 72.

NIRGRANTHAS (Ni-kien), en chinois *Li-hi* et *Lou-hing;* hérétiques qui vont nus, I, 224, 228; II, 41, 354; III, 42, 93.

NIRMÂNAKÂYA, en chinois *Hoa-chin;* définition de ce mot, I, 231.

NIRÔDHA; sens de ce mot, II, 443.

NIROUKTI, la connaissance distincte des explications (Burnouf, *Introduction au Bouddhisme*, p. 360), II, 416.

NIRVÂNA (Nie-p'an), la mort, dans le langage bouddhique, I, 130; II, 147. Récit du Nirvâna du Bouddha, II, 340 et suiv. Dates de différents auteurs, II, 335. Les passages qui suivent semblent montrer que le Nirvâna n'est point la destruction des éléments de l'existence, II, 24 et 341, l. 19. On lit dans le Diction. bouddhique *Fan-i-ming-i-tsi*, liv. XII, fol. 5 : « Quoique le Bouddha ait cessé de briller (soit mort) entre deux arbres Sâlas, son intelligence divine subsiste éternellement. Quoique son corps ait été brûlé, le corps de la loi (*fa-chin*), c'est-à-dire sa nature spirituelle, immatérielle et subtile comme l'éther (II, 241, note 1) existe perpétuellement. » On peut ajouter ce passage de Burnouf (*Introduction au Bouddhisme*, p. 531) : « Les Dêvas comprennent ce que c'est que l'intelligence suprême d'un Bouddha parfaitement accompli. Ils disent qu'un Bouddha n'entre pas dans le Nirvâṇa complet, que sa loi ne périt pas et que son corps est un corps éternel. »

NIRVÂṆA SOÛTRA (Ni-p'an-king), le livre du Nirvâṇa; nom d'un ouvrage, I, 5.

NIVARTTANASTOÛPA (Hoeï-kia-sou-toupo); sens de cette expression, II, 330.

NIVÂSANA (Ni-fo-so-na et Ni-fa-sanna), en chinois Kiun; sorte de vêtement, II, 69, 70.

NOUCHIDJAN, nom arabe du royaume de Nou-tchi-kien, suivant M. Reinaud, I, 59; II, 15. Voy. NOUDJKETH ou NOUDJKEND, ville du Turkestan.

NOUDJKETH ou NOUDJKEND, ville du Turkestan, en chinois Nou-tchikien, III, 276.

NOUTCHIKAN (Nou-tchi-kien), Nouchidjan en arabe, suivant M. Reinaud; nom de pays, I, 59; II, 15. Voyez NOUDJKEND ou NOUDJKETH, ville du Turkestan, III, 276.

NRÏSIÑHAVANA, ville du nord-ouest, III, 331.

NYAGRÔDHA (Ni-keou-liu-t'o), nom d'arbre, I, 134; II, 244.

NYÂYADVÂRA TÂRAKA ÇÂSTRA (Inming-tching-li-men-lun), nom d'ouvrage, I, 188, 191.

NYÂYÂNOUSÂRA ÇÂSTRA (Chun-tchingli-lun), ouvrage de Vasoubandhou, I, 93, 108, 164, 174; II, 183, 227.

NYÂYAPRAVÊÇA TÂRAKA ÇÂSTRA (Inming-ji-tching-li-men-lun), nom d'un ouvrage, I, 102.

O

OCH (Ou-cha), ville de l'Asie centrale, I, 275; II, 26; III, 194, 216. Voyez OÛSCH, III, 291, 427.

ODRA. Voyez ORISSA.

OHIND, localité du nord-ouest. Voyez OUDAKHÂṆḌA, III, 311.

OÏGOURS, nom de peuple, I, 48, 85.

OPIANA. Voyez ALEXANDRIA AD CAUCASUM.

ORISSA, nom de pays. Voyez OUTCH'A et OUTKALA, I, 184, 220; III, 88, 394.

OROSCHAN. Voyez ROCHAN.

Ὀρτοσπάνα. Voyez VARDASTHÂNA.

OSROUCHNA, nom de pays; le même que Soutrîchna (Sou-tou-li-se-na), I, 59; II, 17. Voyez SATROUCHNA, III, 278 et suiv.

OTRAR, nom de ville, III, 273.

Οὔαρσα. Voyez OURAÇA.

OUAYHEND. Voyez OUDAKHÂṆḌA.

OUCHNÎCHA, en chinois Fo-ting-ko; os du sommet de la tête du Bouddha, I, 77; pieux moulage de cet os, II, 102.

OUCHNÎCHAPOURA (Fo-ting-kotch'ing), nom de ville, I, 77; II, 49.

OUḌA (Ou-tch'a), nom de royaume, aujourd'hui Orissa, I, 184, 220; III, 88, 394.

OUDAGAYANA, la marche au nord (Peling); sens de ce mot, II, 62.

OUDAKHÂṆḌA (Ou-to-kia-han-tch'a), ancienne capitale du Gândhâra, sur le Sindh; Ouayhend des auteurs

INDEX DES MOTS SANSCRITS-CHINOIS.

arabes, aujourd'hui Ohind, I, 85; II, 125, 151; III, 310 et suiv.

OUDÂNAS (Les), en chinois *Tseu-choue;* l'une des sections des livres du Bouddha, II, 78.

OUDAYA, montagne du Béhar, III, 380.

OUDÂYANA (Ou-to-yen-na et Yeou-tien), en chinois *Tch'ou-'aï;* nom de roi, I, 121, 125, 294; II, 283; III, 243.

OUDITA (Ou-ti-to), nom de roi, I, 259.

OUDJANTA et OUDJDJANTA (Yeou-chen-to), montagne du Sourâchtra. Voyez OUDJDJAYANTA, III, 166, note 1, 405.

OUDJDJAYANA (Ou-che-yen-na), ville de l'Inde occidentale, Ozène de Ptolémée, aujourd'hui Oudjeïn, I, 207; III, 167, 408.

OUDJDJAYANÎ et OUDJDJAYINÎ, même ville que Oudjdjayana.

OUDJDJAYANTA, nom de montagne; Yeou-chen-to (Oudjdjanta) de Hiouen-thsang, III, 166, note 1, 405.

OUDJEÏN, ville de l'Inde occidentale. Voyez OU-CHE-YEN-NA (Oudjdjayanî et Oudjdjayinî).

OUDJIYANA? (Ou-ki-yen-na), nom de roi, II, 393.

OUDOUMBARA (Wou-t'an-po-lo), nom d'arbre, II, 92, 187.

OUDRAKA RÂMA POUTTRA. Voyez le mot YO-THEOU-LAN-TSE, II, 367; III, 3.

OUDRA RÂMA POUTTRA. Voyez le mot YO-THEOU-LAN-TSE, II, 367; III, 3.

OUDYÂNA (Ou-tchang-na), pays du nord-ouest, I, 85; II, 131, 149; III, 313.

OUDYÂNAPOURA, ville. Voyez ADÎNAPOUR, III, 302.

OUÏGOURS ou OÏGOURS (Hoeï-hou), nom d'une grande tribu turque, I, 48, 85; III, 263.

OUKIAT, nom de rivière, III, 265.

OULAK (Ou-lo-ma), mot turc-oïgour, un cheval (*ma*) de poste, I, 163.

OUNÂDI (Ouo-na-ti), nom d'une classe de mots dans la grammaire indienne, I, 166.

OUPADÊÇAÇÂSTRA (Ou-po-ti-cho-lun), nom d'un ouvrage, I, 96; II, 177.

OUPADÊÇAS (Les), en chinois *Lun-i;* l'une des sections des livres du Bouddha, II, 78.

OUPÂDIIYÂYA, en chinois *Ho-chang;* un précepteur spirituel, I, 145.

OUPAGOUPTA (Ou-po-kio-to et Yeou-po-kioue-to), en chinois *Kin-hou;* nom d'homme, I, 104; II, 210, 418; III, 171.

OUPÂLI (Yeou-po-li), nom d'homme, I, 103; II, 208.

OUPANANDA, nom d'un dragon, II, 323.

OUPÂSAKA (Ou-po-so-kia), un bouddhiste laïque, un des fidèles, I, 218; III, 7.

OUPASAMPANNA, en chinois *Kiu-kiaï;* sens de ce mot, II, 222.

OUPÂSIKÂ (Ou-po-sse-kia), féminin du mot *Oupâsaka*, I, 218; III, 7. Voyez Burnouf (*Introduction au Bouddhisme*, I, 279).

OURAÇA, pays du nord-ouest, l'Arsa ou Ouarsa des Grecs, même nom que Ouraçî, I, 90; II, 166; III, 321.

OURAÇÎ (Ou-la-chi), pays du nord-ouest, I, 90; II, 166; III, 321.

OURATIPPA, même ville que Ouratoupa, III, 279.

OURATOUPA, ville du Turkestan, III, 279.

OÛRIYA, même pays que Orissa, III, 394.

OUROUVILVÂKÂÇYAPA (Yeou-leou-p'in-lo-kia-che-po), nom d'homme, II, 483.

OÛSCH (Ou-cha), pays du Ferghana, I, 275; II, 26; III, 194, 216, 291.

OUSROÛCHNA, même ville que Osrouchna, III, 279.

OUTKALA, même pays que Ou-tch'a de Hiouen-thsang, l'Orissa actuel, I, 184, 220; II, 88, 395.

OUTTARA (Ouo-ta-lo), en chinois *Chang;* nom d'un religieux, I, 190; III, 117.

OUTTARÂCHÂDHA (Ouo-ta-lo-cha-tch'a), nom d'un mois indien, I, 127; II, 311.

OUTTARAKÔSALA, le Kôsala du nord, III, 396.

OUTTARAKOUROU (Pe-keou-lou), nom de pays, II, LXXIII.

OUTTARÂSANGA (Yo-to-lo-seng-kia), nom d'un vêtement, II, 33.

OUTTARASÊNA (Chang-kiun), nom de roi, II, 139, 146.

OXUMAGIS et OXUMATIS. Voy. IKCHOUMATÎ, III, 348.

OXUS (Fo-t'sou — Vakchou), nom de fleuve, I, 61, 272; II, 23; III, 195. Voyez VAKCHÂB.

P

PACHÂNDA (Waï-tao), hérétique, I, 242.

PÂÇOUPATAS (Po-chou-po-to). Voyez ce dernier mot.

PACTUICE. Voyez PAKTOU.

PADASTHÂNA? (Po-to-tchoang-na), nom de royaume, I, 269; II, 27; III, 198. Voyez BADAKCHAN.

PADMARÂGA (Po-t'an-mo-lo-kia), sorte de pierre précieuse, en chinois *Tch'i-tchin-tchou,* I, 199; II, 482; III, 141.

PADMAVARNÂ, en chinois *Lien-hoa-se;* nom d'une religieuse, II, 240.

PADMAVATÎ (Lien-hoa), nom de femme, II, 155.

PAHLMAL. Voyez BHARMAÎR.

PAÏTHAN. Voyez PRATICHTHÂNA.

PAKTOU ou POUKTOÛN, nom indigène du pays des Afghans, Πακτυϊκή d'Hérodote, Patan des musulmans, III, 313.

PALÂÇA (Po-lo-che), nom d'arbre, I, 97.

PALIBOTHRA. Ce nom, employé par les auteurs grecs, répond à Pâtalipouttra (*quod vide*), capitale du Magadha. I, 137, 160; II, 414; III, 372, 373.

PÂÑÇOUPATAS (Les). Voyez PO-CHOU-PO-TO.

PAMIRA (Po-mi-lo), Pamir, vallée célèbre; description, I, 271; III, 206-207, 426.

PANASA (Pa-na-so), nom d'arbre, II, 92; III, 75.

INDEX DES MOTS SANSCRITS-CHINOIS.

PANDAVO, mont, III, 379.

PÂṆINI (Po-ni-ni), nom d'un grammairien célèbre, I, 165. Légendes sur Pâṇini, II, 125 et suiv.

PANOUTCHA (Pouan-nou-t'so), nom de royaume, I, 96; II, 187.

PAÑTCHÂBHIDJÑÂS (Ou-chin-t'ong), les cinq facultés divines, I, 185; III, 3.

PAÑTCHALA, pays qu'habitaient les Pazalæ des Grecs, III, 349.

PAÑTCHÂÑGA; sens de cette expression, II, 86; III, 48, 98.

PAÑTCHAPARICHAD, nom d'une assemblée quinquennale qu'on appelait aussi Môkcha mahâparichad (Wou-tche-ta-hoeï), I, 113, 205; II, 6, 38, 41, 252.

PAÑTCHARÂGUṬRA. Voyez POUNATCH.

PAÑTCHASATTRA. Voyez POUNATCH.

PAÑTCHASKANDHAKA ÇÂSTRA KÂRIKÂ (Ou-wen-lun-chi), nom d'un ouvrage, I, 101.

PAÑTCHASKANDHAS (Ou-in), les cinq aggrégats, II, 385.

PAÑTCHAVARCHÂ PARICHAD et PAÑTCHAVARCHIKÂ PARICHAD, assemblée quinquennale, II, 6, note 3.

PÂPIYÂN (Po-pi-ye), le roi des démons, en chinois Mo-wang, I, 136; II, 473; III, 25.

PARAMABÔDHI (Po-lo-mo-p'ou-ti), en chinois Tching-k'io, l'intelligence supérieure, I, 190; II, 357.

PARAMALAGIRI (Po-lo-mo-lo-k'i-li), en chinois He-fong, nom de montagne, aujourd'hui Baramoûlagiri, III, 100.

PARAMÂṆOU, atome très-subtil (K'i-si-tch'in), II, 60.

PARAMÂRTHASATYA ÇÂSTRA, en chinois Ching-i-ti-lun, ouvrage de Chi-thsin (Vasoubandhou), I, 97; II, 197.

PÂRAMITAS (Les six), les six moyens de délivrance, I, 57. Voyez PO-LO-MI-TO (LOU).

PARASMAIPADAM (Pan-lo-sa-mi), nom d'une conjugaison indienne, I, 167.

PÂRÇVA (Po-li-chi-fo), pour Pârçvika, en chinois Hie-ts'un; nom d'homme, I, 83, 95; II, 105, 113, 172. Étymologie de ce mot, II, 114, note 1.

PARINIRVÂṆA (Pan-ni-p'an); sens de cette expression, II, 390; III, 52.

PAROPAMISUS, ou mieux, PAROPANISUS, montagne. Voyez HINDOU-KOUSCH.

PARSA (Po-la-sse), la Perse, I, 198, 208; II, 106; III, 131, 178.

PARVATA (Po-fa-to et Po-lo-fa-to), ville de l'Inde du nord, I, 106, 210; III, 174, 410.

PÂRYÂTRA (Po-li-ye-to-lo), ville et royaume de l'Inde du nord, vulgo Baïrata, aujourd'hui Bîrat, I, 103; II, 206; III, 336 et suiv. Cf. VAÏRÂTA.

PÂṬALI (Po-tch'a-li), nom d'arbre, I, 137, 160; II, 409.

PÂṬALIPOUTRA (Po-tch'a-li-tseu-tch'ing), capitale du Magadha, le Palibothra des Grecs, la moderne Patna, III, 372 et suiv. — Se nommait aussi Kousoumapoura (Keou-sou-mo-pou-lo), en chinois Hoa-chi-tch'ing, I, 137, 160; II, 409; III, 40, 373.

PATANS. Voyez PAKTOU.
PATARGHÂT, lieu saint sur le Gange, III, 386.
PATNA, III, 373. Voyez PÂTALIPOUTRA.
PÂTRA (Po-to-lo), le vase dans lequel un religieux reçoit les aumônes, II, 33.
PATTIKÂYA, infanterie, en chinois *Pou-kiun*, II, 82.
PÂUCHA (Pao-cha), nom d'un mois indien, II, 64.
Παζᾶλαι. Voyez PAÑTCHALA.
PEÏCHAVÈR, nom actuel de l'ancienne Pourouchapoura.
PENDJ, branche méridionale du haut Oxus, III, 292.
PERCHAVÈR des auteurs musulmans, le Peïchavèr actuel, Pourouchapoura de Hiouen-thsang, III, 307.
PEUKELAÔTIS, nom de ville, Pouchkalâvatî de Hiouen-thsang, III, 308.
Φάγυτρα. Voyez KONG-YU-TO, III, 395.
PHALGOU, rivière, III, 376.
PHÂLGOUṆA (P'o-le-kiu-na), nom d'un mois indien, II, 64.
PIDJAN, ville de la Petite-Boukharie, III, 264.
PÎLOUSÂRA (Pi-lo-so-lo), en chinois *Siang-kien-chan*, nom d'une montagne. Pîlousâra était le nom de l'esprit de cette montagne, II, 54.
PÎLOUSÂRASTOÛPA (Siang-kien-sou-tou-po), nom d'un Stoûpa, II, 54.
PINPRAMA, III, 324.
PIPPALA (Pi-po-lo), l'arbre de l'intelligence, I, 83, 141; II, 106, 458, 461.
PITÂÇILÂ (Pi-to-chi-lo), pays de l'Inde occidentale, I, 208; III, 180, 412.
PORTES DE FER (Transoxane), en persan *Derbend*, en turc *Kohloûgha*, en chinois *T'ie-men*, I, 62; II, 23; III, 284.
PÔTALAKA (Pou-ta-lo-kia), nom d'une montagne, III, 123.
POUCHKALAVATÎ (Pou-che-kio-lo-fa-ti), la Peukelaôtis des Grecs, vers le site de la Hachtnagar actuelle, I, 84; II, 119; III, 308.
POUCHPAGIRI SAÑGHÂRÂMA (Pou-se-po-k'i-li-seng-kia-lan), III, 89.
POUDJASOUMILA ou POUDJASOUMIRA? (Fou-che-sou-mi-lo), nom d'homme, II, 397.
POÛGA, noix d'arec, en chinois *Pin-lang*, I, 148.
POUKTOÛN. Voyez PAKTOU.
POULAKÊÇA (Pou-lo-ki-che), nom de roi, III, 150.
POUNATCH ou POUNTCH, ville du Pendjab, I, 96; II, 187; III, 322. — Peut-être le Pañtchasattra du Râdjataranghinî et le Pañtcharâchtra de la Chronique singhalaise, III, 323. Cf. I, 96; II, 187.
POUṆḌARÎKAVARṆÂ (lisez PADMAVARṆÂ), en chinois *Lien-hoa-se;* nom d'une religieuse, II, 240.
POUṆḌRAVARDDHANA (Pun-na-fa-t'an-na), pays de l'Inde orientale, I, 180; III, 74, 388.
POUNTCH. Voyez POUNATCH.
POUṆYAÇÂLÂ (Pun-jang-che-lo), en chinois *Fo-che*, maison de se-

INDEX DES MOTS SANSCRITS-CHINOIS. 467

cours, maison de bienfaisance, II, 190, 231; III, 174, 215.

POÛRNA (Pou-la-na), en chinois *Youen-mouan;* nom d'un religieux, II, 186.

POÛRNAMAÎTRÂYAṆÎPOUTTRA (Pou-la-na-meï-ta-li-yen-ni-fo-ta-lo), en chinois *Mouan-t'se-tseu;* nom d'homme, I, 103; II, 208.

POÛRNAVARMA (Pou-la-na-fa-mo), en chinois *Mouan-tcheou;* nom de roi, I, 161, 212; II, 463; III, 50.

POUROUCHAPOURA (Pou-lou-cha-pou-lo), ville du nord-ouest, I, 83; II, 103; III, 306.

POÛRVAÇÎLASAÑGHÂRÂMA (Fo-p'o-chi-lo-seng-kia-lan), en chinois *Tong-chan-sse;* nom d'un couvent, I, 188; III, 110.

POÛRVÂRÂMA, nom d'un couvent, II, 305.

POÛRVAVIDÊHA (Fo-p'o-pi-ti-ho), nom de pays, II, LXXIII.

POUTCHÊKAGIRI? (Pou-tse-kia-chan), nom de montagne, I, 163.

POUTTRA (Tseu), nom de famille d'un Brâhmane, II, 279.

PRABHÂKARAVARDDHANA (Po-lo-kie-lo-fa-t'an-na), en chinois *Tso-kouang-tseng;* nom de roi, I, 111; II, 247.

PRABHAMITRA (Kouang-yeou), nom d'un religieux, III, 47.

PRABHÂPÂLABÔDHISATTVA ? en chinois *Hou-ming-p'ou-sa;* nom d'un Bôdhisattva, I, 133; II, 358.

PRABHÂRATNA? (Po-p'o-lo-na), nom d'un religieux, I, 323.

PRADAKCHIṆA; sens de ce mot, II, 86, 476, note 1.

PRADJÂPATÎ (Po-lo-che-po-ti), en chinois *Seng-tchou;* nom de la tante du Bouddha, I, 124; II, 230, 294; III, 7.

PRADJÑÂBHADRA (Pan-jo-p'o-t'o-lo), nom d'un religieux, I, 211.

PRADJÑÂDÊVA? (Hoeï-t'ien), nom d'un religieux, I, 319.

PRADJÑÂGOUPTA (Pan-jo-kio-to), en chinois *Hoeï-hou;* nom d'homme, I, 220.

PRADJÑÂKARA (Pan-jo-kie-lo), en chinois *Hoeï-sing;* nom d'un religieux, I, 66, 72.

PRADJÑÂPÂRAMITÂ SOÛTRA (Pan-jo-po-lo-mi-to-king, et, en abrégé, Pan-jo-king), nom d'ouvrage, I, 15.

PRÂGBÔDHI (T'sien-tching-k'io), nom de montagne, I, 293; II, 457.

PRAKARAṆAPÂDA VIBHÂCHÂ ÇÂSTRA, I, 102; II, 184. Lisez Vibhâchâ prakaraṇa pâda çâstra. En chinois *Tchong-sse-fen-pi-p'o-cha-lun.*

PRAṆYAMOÛLA ÇÂSTRA ṬÎKÂ, en chinois *Tchong-lun;* nom d'un ouvrage, I, 99, 164, 218.

PRASÊNADJIT (Po-lo-sse-na-chi-to), en chinois *Ching-kiun;* nom de roi, I, 124, 125; II, 293, 308, 317.

PRATÂPANA, nom d'un enfer. Voyez MAHÂTÂPANA.

PRATIBHÂNA; sens du mot, II, 416.

PRATICHṬHÂNA, aujourd'hui Païthan, ville, III, 401. Voyez PRAYÂGA.

PRATYÊKABOUDDHA (Pi-le-tchi-fo, et, plus rarement, Pi-le-tchi-ti-kia-fo). Voyez ce dernier mot. En chinois *To-khio,* I, 70; II, 38, 356; III, 94.

PRAYÂGA (Po-lo-ye-kia), ville, l'antique Pratichṭhâna, aujourd'hui Allahabâd, III, 351. Cf. I, 118, 252, 260; II, 276.

R

RÂDJAGRÎHA (Ho-lo-che-ki-li-hi), ville du Magadha, appelée aussi Ghirivradja, et, par Hiouen-thsang, Kouçâgâra, I, 137, 153, 159, 160; II, 174, 350, 356; III, 38 (origine de ce nom, 40), 378 et suiv. (aujourd'hui Radjghir, 381, 382).

RÂDJAGRÎHA (La nouvelle), aujourd'hui Radjghir, III, 381-382.

RÂDJAMAHÊNDRÎ. Voyez MAHÂNDHRA.

RADJAOR ou RADJAVAR. Voyez RÂDJAPOURA.

RÂDJAPOURA (Ho-lo-che-pou-lo), ville du nord-ouest, aujourd'hui Radjavar ou Radjaor, I, 96; II, 188; III, 323.

RÂDJAVARDDHANA (Ho-lo-che-fa-t'an-na), en chinois Wang-tseng, I, 112; II, 247.

RADJGHIR. Voyez RÂDJAGRÎHA.

RÂHOULA (Lo-heou-lo et Lo-hou-lo), nom d'un fils du Bouddha, I, 103, 160; II, 208. Nom d'un ministre (Ho-lo-hou-lo), II, 45, 314.

RAKCHAS et RÂKCHASA (Lo-t'sa), sorte de démon, I, 198.

RÂKCHASÎ (Lo-t'sa-niu), féminin du mot précédent, II, 131.

RAKTAVITISAÑGHÂRÂMA (Lo-to-wei-tchi-seng-kia-lan). Weï-tchi (Viṭi) répond au mot chinois Ni « argile ». Nom d'un couvent, I, 181; III, 85.

RÂMAGRÂMA (Lan-mo), nom de royaume, I, 128; II, 325.

RATHAKÂYA, les chars de guerre, littéralement le corps des chars, en chinois Tch'e-kiun, II, 82.

RATNADVÎPA, en chinois P'ao-tchou, l'île des choses précieuses, l'un des noms de Ceylan, I, 194; III, 125.

RATNAGHIRI, montagne du Béhar, III, 380.

RATNÂKARA (P'ao-tsi), nom d'homme, I, 135; II, 385.

RATNAKOÛṬASOÛTRA (P'ao-tsi-king), nom d'une section des livres bouddhiques, I, 341; II, 388.

RATNAMÊGHASOÛTRA (P'ao-yun-king), nom d'un ouvrage, II, 456.

RATNATRAYA, en chinois San-P'ao « les trois Précieux », I, 119, 204; II, 152, 423. On dit aussi Triratna.

RÂURAVA (Hao-kiao), nom d'un enfer, II, 230.

RAVI, III, 324, 328. Voyez IRÂVATÎ.

RÊVATA (Li-pa-to), nom d'homme, II, 397. Voyez le Journal des savants, juin 1858, p. 333.

RHDADIS, nom de rivière. Voyez IRÂVATÎ, III, 328.

RICHI (Sien-jin); procédés magiques pour devenir un Richi, II, 370.

RICHIGHIRI, montagne, III, 379.

RIGVÊDA (Tsan-song), l'un des Védas, II, 75.

ROCHAN ou CROSCHAN. Voyez HO-LO-HOU.

RÔHINÎ, rivière, III, 356.

INDEX DES MOTS SANSCRITS-CHINOIS. 469

Rôhinilâ (Lo-in-ni-lo), village du Magadha, aujourd'hui Roynallah, III, 64, 385.

Rôhitakastoûpa (Lou-hi-ta-kia-soutou-po), nom d'un Stoûpa. *Rôhitaka* répond à *Tch'i* « rouge ». I, 87; II, 140.

Rohou — Roh. Voyez Ho-lo-hou.

Roudraka râma pouttra. Voyez le mot Yo-theou-lan-tse, II, 367; III, 3.

Roûpa (Se); sens du mot, II, 385.

Roûpadhâtou (Se-kiaï), le monde des formes, II, 160, 320.

Roynallah. Voyez Rôhinilâ.

S

Sabanrîka. Voyez Souvarnarêka.

Sacrĭdâgâmins (Les); sens de ce mot, II, 432.

Saddharma parisañgraha çâstra? en chinois *Che-tching-fa-lun;* nom d'un ouvrage, I, 211.

Saddharmapoundarîka (Fa-hoa-king), en chinois *Tching-fa-hoa-king* et *Miao-fa-lien-hoa-king;* nom d'un ouvrage (*le Lotus de la bonne loi*), I, 154, 294; III, 21.

Sadvaha (So-to-p'o-ho), en chinois *In-tching* « celui qui conduit les bons », nom de roi, I, 186; III, 95, 98.

Sagala. Voyez Çâkala.

Sâgaramati, en chinois *Haï-hoeï*, I, 222.

Sahalôkadhâtou (So-ho-chi-kiaï), nom d'un monde, II, lxxii.

Saïram, nom de ville, III, 275.

Sâla (So-lo), nom d'arbre, *Shorea robusta*, I, 130; II, 148. — Le Bouddha arrive au Nirvâṇa entre deux arbres Sâlas, II, 343.

Salarîbhou? (So-lo-li-fo), nom d'homme, II, 397.

Samadjñasañgharâma (So-mo-jo-seng-kia-lan), en chinois *Ming-hien-sse;* nom d'un couvent, III, 235.

Samantamoukha dhâranî soûtra (Pou-men-t'o-lo-ni-king), nom d'ouvrage, II, 395.

Samarkand (Sa-mo-kien), ville du Turkestan, I, 59; II, 18; III, 279.

Samatata, Samata ou Samôtata (San-mo-ta-tch'a), pays du Gange inférieur, I, 181, 183; II, 452; III, 81, 391 et suiv.

Sâmavêda (So-mo), en chinois *Teng-lun, P'ing-lun* et *Ko-yong,* l'un des Vêdas, II, 74.

Sambhôga (San-p'ou-kia), nom d'homme, II, 397. Le Mahâvamsa donne *Samboûtta.* Voyez le Journal des Savants, juin 1858, p. 333.

Sambhôgakâya, en chinois *Pao-chin;* définition de ce mot, I, 231; II, 241.

Samdjiva (Teng-houo), nom d'un enfer, II, 230.

Sanghâta (Tchong-ho), nom d'un enfer, II, 230.

Samkâçya (Seng-kia-che), ville antique de l'Inde gangétique, Sam-

470 INDEX DES MOTS SANSCRITS-CHINOIS.

kassa des livres palis. Le site garde encore ce dernier nom. II, 236; III, 343, 349 et suiv.

SAMKASSA. Voyez SAṀKÂÇYA.

SAṀMATÎYAS (Tching-liang-pou); lisez ainsi, au lieu de *Sammitîyas*. II, 234, note 2.

SAMMITÎYAS (Tching-liang-pou). J'avais écrit ainsi (I, 123, 204, etc.) à cause de la transcription phonétique *San-mi-ti*, où l'on trouve le mot sanscrit *miti* «mesure», qui répond à *liang*; mais, d'après les listes indiennes de E. Burnouf et de Csoma de Körös, il paraît établi qu'on doit lire «l'école des Saṁmatîyas». II, 234, note 2.

SAMÒTATA (San-mo-ta-tch'a). Voyez SAMATATA.

SAMOUDAYA; sens du mot, II, 443.

SAMPAHA? (San-po-ho), nom de royaume, II, 205.

SAMVADJI (San-fa-chi), nom de royaume, II, 402; III, 366, 369. Voyez VRÎDJI.

SAMYAK SAṀBÔDHI (San-miao-sau-p'ou-ti), en chinois *Tching-pien-tchi*, l'intelligence accomplie, II, 109, 309, 312; III, 17.

SAMYOUKTÂBHIDHARMA CÂSTRA (Tsa-'o-pi-ta-mo-lun), ouvrage de Dharmatrâta, II, 119.

SAMYOUKTAPITAKA, III, 37. Lisez *Samyouktasañchaya pitaka*, en chinois *Tsa-tsi-t'sang*, recueil où l'on a réuni les mélanges, I, 159.

SAMYOUKTASAÑTCHAYA PITAKA, le recueil des mélanges, en chinois *Tsa-tsi-t'sang*, I, 159.

SAÑDJAYA (Chan-che-ye), nom d'homme, III, 52.

SAÑDJÑÂNA (Siang); sens de ce mot, II, 385.

SANGALA ou SAGALA. Voyez ÇÂKALA.

SAÑGHABHADRA (Seng-kia-p'o-to-lo), en chinois *Tchong-hien*; nom d'homme, I, 93, 102; II, 183, 222.

SAÑGHÂRÂMAS (Seng-kia-lan et Kia-lan), couvents; leur construction, II, 66 et *passim*.

SAÑGHÂTI (Seng-kia-tchi), nom d'un vêtement, I, 70, 78; II, 33, 343.

SANGOHI, site probable de Siṅhapoura, III, 321.

SANIRÂDJÂ (Chan-ni-lo-che-tch'ouen), nom d'une vallée, II, 137.

SAÑKAKCHIKÂ (Seng-k'io-k'i), nom d'un vêtement, II, 33. — Son usage et sa coupe, 69.

SAÑKHYA, nom d'un système philosophique (Seng-k'ie), en chinois *Sou-lun*, I, 225; II, 442.

SAÑSKÂRA (Hing); sens de ce mot, II, 385.

SAÑVARTTAKALPA, en chinois *Hoaï-k'ie*, le Kalpa de la destruction, I, 76.

SARAYOÛ, rivière, appelée King-kia (Gaṅgâ) par Hiouen-thsang, III, 351.

SARCHAPA (Kiaï-tseu), grain de sénevé, II, 60. (Divisions du Yô-djana.)

SÂRNÂTH, lieu remarquable par des antiquités bouddhiques, près de Bénarès, III, 360.

SARPAHRÎDAYA TCHANDANA, nom d'une espèce de santal, III, 122.

SARPÂUCHADHI SAÑGHÂRÂMA (Sa-pao-cha-ti-kia-lan), en chinois *Che-yo-kiu-lan*, II, 137.
SARVADA (Sa-fo-ta), en chinois *I-tsie-chi*; nom de roi, II, 136.
SARVADJÑÂ (I-tsie-tchi), la connaissance universelle, III, 18.
SARVÂRTHASIDDHA (Sa-po-ho-la-t'a-si-t'o); on dit aussi, en abrégé, *Siddhârtha*, en chinois *I-tsie-i-tch'ing*; nom de Çâkyamouni, lorsqu'il était encore prince royal, I, 201, 282; II, 312, 321, 364; III, 147.
SARVÂSTIVÂDAS, nom d'une école schismatique, en chinois *Choue-i-tsie-yeou-pou* ou *I-tsie-yeou-pou*, I, 85, 94, 132, 174, 185; II, 2, 232, 200.
SATROUCHNA ou OSROUCHNA, ancienne ville du Turkestan, Sou-tou-li-se-na de Hiouen-thsang, III, 278 et suiv.
SÂUTRÂNTIKAS (L'école des), en chinois *King-pou*, I, 89, 104, 106, 272; II, 154; III, 214.
SÂVAT. Voyez ÇRÂVASTÎ.
SAVATTHI. Voyez ÇRÂVASTÎ.
SCASSEM. Voyez ISCHKESCHM.
SEHRANA et SEHRANPOUR. Voyez SOU-LOU-K'IN-NA.
SÉMENGHÂN, ville au nord du Djihoûn, He-lou-si-min-kien de Hiouen-thsang, III, 288. Cf. II, 28.
SETLEDJE, synonyme actuel de Çatadrou, nom de fleuve, I, 103; II, 205.
SETROUCHTÈN, nom de ville, III, 278, note 1, 279, note 1.
SIÂH-KÔH, la Montagne noire (He-ling et He-chan du Si-yu-ki), à l'ouest de Kaboul, III, 298.
SIDDHA, abréviation de Sarvârthasiddha. Voyez ce mot.
SIDDHAKALPA? en chinois *Tch'ing-k'ie*, le Kalpa complet, I, 165.
SIDDHÂRTHA, synonyme de Sarvârthasiddha, en chinois *I-tsie-i-tch'ing*; nom de Çâkyamouni, lorsqu'il était encore prince royal (Koumârarâdja). Voyez SARVÂRTHASIDDHA.
SIDDHAVASTOU. Voyez SI-T'AN-TCHANG.
SIHOÛN, nom de fleuve (Iaxartes), I, 59. Voyez SIR-DÉRIA.
SILHET. Voyez CHI-LI-TCH'A-TA-LO.
SIMOUR. Voyez TCHI-MO-LO.
SINDH (Le) ou SINDHI (Sin-tou), nom de royaume, I, 209; III, 169.
SINDH (Le) ou Indus (Sin-tou-ho et Sin-ho), fleuve, I, 83, 263; II, 104, 148; III, 169.
SINGBOÛM. Voyez SIÑHABHOÛMI.
SIÑHA (Seng-kia), nom d'homme, III, 132.
SIÑHABHOÛMI, pays de l'Inde orientale, aujourd'hui Singboûm, III, 392.
SIÑHALA (Seng-kia-lo), en chinois *Sse-tseu-kouc* et *Tchi-sse-tseu-kouc*; nom de royaume (Ceylan), I, 183, 194; II, 218; III, 124, 125. — Nom d'homme, I, 198; III, 132.
SIÑHAPOURA (Seng-ho-pou-lo), ancienne ville du nord-ouest, I, 89; III, 320, 393. Nom de royaume, I, 261; II, 162.
SIÑHARAÇMI? en chinois *Sse-tseu-kouang*: nom d'un religieux, I, 218, 261.

472 INDEX DES MOTS SANSCRITS-CHINOIS.

Siñhâsana, le siége du lion, en chinois *Sse-tseu-tchoang* et *Sse-tseu-tchi-tso*, pour dire «le trône du roi», II, 67, 193, 250.

Siñhatchandra, nom d'un religieux, I, 261. Voyez Sse-tseu-youeï.

Sir-déria, nom de fleuve, le même que le Sihoûn des Arabes, le Iaxartes des Grecs et le Che-ho du Si-yu-ki, I, 59; II, 16.

Sir-i-kol, lac d'où sort l'Oxus, III, 426.

Sîtâ (Si-to), lisez Çîtâ; rivière, I, 272, 277; III, 208, 427.

Sîtavana, lisez Çîtavana; en chinois *Han-lin*, un cimetière, I, 159.

Skandhila (So-kien-ti-lo), nom d'un religieux, auteur du Vibhâchâ prakaraṇa pâda çâstra, II, 184.

Soanus, fleuve. Voyez Souvarṇa.

Soastus ou Suastus, rivière. Voyez Çoubhavastou.

Sogd, la Sogdiane de la géographie classique, III, 279.

Sonaghiri. Voyez Souvarṇaghiri.

Souan. Voyez Souvarṇa.

Souastos, fleuve. Voyez Çoubhavastou.

Soubanta. Voyez Sou-man-ta.

Soubhadra (Sou-po-t'o-lo), en chinois *Chen-hien*; nom d'homme, II, 337.

Soubhavastou (Sou-p'o-fa-sou-tou), II, 133. Lisez Çoubhavastou.

Soubhoûti (Sou-p'ou-ti), en chinois *Chen-hien*; nom d'un religieux, I, 189; II, 240.

Soudâna (Sou-ta-na), en chinois *Chen-yu*, suivant le Dictionnaire *Fan-i-ming-i-tsi* (liv. V, fol. 14); c'est une faute pour *Sou-ta-to* (Soudatta), nom d'homme, II, 122.

Soudatta (Sou-ta-to), en chinois *Lo-chi* et *Chen-chi*; nom d'homme, I, 113, 124; II, 294, 296, 304.

Soudjâtâ, nom de femme, II, 365.

Sougata (Sieou-kia-to), en chinois *Chen-chi* «celui qui est bien parti». On lit dans le Dictionnaire Fan-i-ming-i-tsi, liv. I, fol. 13 r°: «Il est monté le premier au ciel, pour toujours, et n'en reviendra plus; voilà pourquoi on l'appelle Sougata.» Burnouf (*Introd. au Bouddhisme*, p. 626) a adopté le sens de *bien venu*, que la note ci-dessus ne permet point d'admettre. En effet, cette épithète, appliquée aux Bouddhas, est l'opposé de *Jou-laï* (Tathâgata) «celui qui a suivi la vraie voie et est venu pour obtenir l'intelligence complète». (*Dict. Fan-i-ming-i-tsi*, liv. I, fol. 9 r°.) III, 99.

Sougatamitra (Sou-kia-to-mi-to-lo), nom d'un religieux, I, 94.

Sougandhika, sorte de riz, II, 409.

Soughna, pays de l'Inde du nord, III, 341.

Soûma (Sou-mo), eau, II, 138.

Souman, nom de pays, II, 26.

Soumêrou (Sou-mi-lou), nom de montagne, I, 14, 76.

Soundarananda (Nan-t'o), nom d'homme, II, 313.

Soûnourîçvara (Sou-neou-li-chi-fa-lo), nom de ville, III, 177.

Soupanta. Voyez Sou-man-ta.

Sourâchtra (Sou-la-tch'a), contrée

de l'Inde occidentale, la Syrastrène des Grecs, aujourd'hui le Goudjérât ou Kattivar, où il y a encore un canton de Sourât, I, 207; III, 165, 405.

SOURASTHÂNA (Sou-la-sa-t'ang-na), nom de ville, III, 178.

SOURÂT, forme vulgaire de SOURÂCUTRA, canton du Goudjérât, III, 405.

SOURI? (Sou-li), nom de pays, II, 12.

SOÛRYA (Sou-li-ye), en chinois Ji «soleil»; nom d'un religieux, I, 189.

SOÛRYADÊVA (Sou-li-ye-ti-p'o), en chinois Ji-t'ien, le dieu du soleil, III, 67. — Nom d'homme, I, 94.

SOÛTRÂLAṄKÂRAṬÎKÂ (Ta-ching-tchoang-yen-king-lun), le même que Tchoang-yen-king-lun, nom d'un ouvrage, I, 115, 214; II, 269.

SOÛTRAPIṬAKA (Sou-ta-lan-ts'ang), le recueil des Soûtras, formé sous la direction d'Ânanda, I, 95, 157; II, 177; III, 36.

SOÛTRAS (Les) (Sieou-to-lo, et, plus correctement, Sou-ta-lan), les livres sacrés, l'une des sections des livres de Bouddha, II, 78.

SOUTRÎCHṆA (Sou-tou-li-se-na), pays connu sous le nom d'Osrouchna, I, 59; II, 17.

SOUVARṆA, pièce de monnaie indienne, III, 29.

SOUVARṆA ou SOUVANNA, rivière du nord-ouest, le Soanus des auteurs classiques, aujourd'hui Souan ou Swan, III, 321.

SOUVARṆAGHIRI ou SONAGHIRI, montagne du Béhar, III, 380.

SOUVARṆAGÔTRA (Sou-fa-la-na-kiu-ta-lo), en chinois Kin-chi, contrée du nord, II, 232; III, 331.

SOUVARṆARÊKA, rivière de l'Inde orientale, aujourd'hui Sabanrîka.

SOUVARṆATCHAKRA (Kin-lun), la roue d'or, III, 48.

SOUVARṆATCHAKRA RÂDJÂ. Voyez KIN-LUN-WANG.

SOUVARṆATCHAKRAVARTTÎ RÂDJÂ, en chinois Kin-lun-wang, un roi (qui fait tourner) la roue d'or, un monarque universel, I, 70; II, LXXIII, ligne 7, et II, 38.

SPHÂṬIKA (P'o-tchi), cristal de roche, II, 482; III, 179.

SPHÎTAVARAS? (Si-pi-to-fa-la-sse), nom de ville, II, 46, 300.

SRINAGAR. Voyez ÇRÎNAGARA.

SRÔTÂPANNA. Voyez SSE-KO, III, 53.

SROUGHNA (Sou-lou-k'in-na), ville et pays de l'Inde du nord; répond, par sa situation, au Sircar de Sehrana et à sa capitale Sehranpour, I, 105; II, 215; III, 340, 341.

STHÂNÊÇVARA (Sa-t'a-ni-chi-fa-lo), lieu célèbre dans les antiquités de l'Inde, aujourd'hui Thanésar, I, 104; II, 211; III, 339.

STHAVIRA (Chang-tso), le président d'une assemblée, II, 177, 430.

STHAVIRANIKÂYA (Chang-tso-pou). On appelle ainsi l'école des Kâçyapîyas, parce que Kâçyapa en avait été le président. I, 127, 158, 185; II, 311; III, 36.

STHAVIRAS (Les), école schismatique (Chang-tso-pou), I, 127, 158, 185;

474 INDEX DES MOTS SANSCRITS-CHINOIS.

II, 311; III, 36. Voyez Kâçyapîyas et Chang-tso-pou.

Sthiramati (Kien-hoeï), nom d'un religieux, III, 46, 164.

Sthitakalpa, lisez Sthâvarakalpa? en chinois *Tchou-k'ie*, le Kalpa stationnaire, I, 165.

Sthitamati? en chinois 'An-*hoeï*; nom d'un religieux, I, 212.

Stoûpa, haut de trois pieds, construit par un jeune pâtre, II, 107. — Premiers Stoûpas élevés en l'honneur de la loi, II, 34. — Les quatre-vingt-quatre mille Stoûpas bâtis, au lieu de quatre-vingt-quatre mille édits de la loi promulgués, par le roi Açôka ; note importante au sujet de cette correction, II, 417-418.

Suastus. Voyez Soastus.

Συραστρήνη. Voyez Sourâchtra.

Svat, rivière. Voyez Çoubhavastou, III, 313-314.

Swan. Voyez Souvarṇa.

T

Tadjiks (T'iao-tchi), nom de peuple, I, 272.

Tagara, en chinois *Hiau-lou*, sorte de parfum, I, 206; III, 161.

Tâilaparṇika, santal blanc, nom d'arbre, I, 193.

Taka ou Tâk. Voyez Takcha.

Takcha, vulgairement Taka et Tâk, ancienne tribu du nord-ouest, III, 329.

Takchaçilâ, ancienne ville du nord-ouest de l'Inde, Takhasila et Taksala dans les dialectes vulgaires, la Taxila des Grecs, près du site actuel de Hassan-Abdal, I, 89, 262; II, 151; III, 214.

Takchaçira ; sens du mot, II, 154.

Takchaṇa (Ta-t'sa-na), espace de temps équivalent à cent vingt kchaṇas, II, 61.

Takhasila. Voyez Takchaçilâ.

Takht-Soleyman (Ou-cha — Och), nom de pays, I, 275; II, 26; III, 194, 216, 291, 427.

Taksala. Voyez Takchaçilâ.

Tâla (To-lo), III, 148. Lisez Tala.

Tala ou Târa bôdhisattva (To-lo-p'ou-sa), nom d'homme, II, 440; III, 51.

Talas (Ta-lo-sse), ville du Turkestan, I, 59; II, 14; III, 268, 272, 273. Cf. Si-yu-thong-wen-tchi, I, 38.

Talas, nom de rivière, III, 270.

Talekân (Ta-la-kien), canton et ville de la Perse orientale, II, 35; III, 289.

Talila (Ta-li-lo), nom d'une vallée, I, 88; II, 149. Voyez Darèl.

Talkan (Ta-lɛ-kien). Voyez Talékân.

Tâmalipti (Tan-mo-li-ti et Ta-mo-li-ti), le Târalitti des livres palis; on écrit aussi Tâmralipta et Tâmralipti; ville et pays du Gange inférieur, aujourd'hui Tamlouk, I, 183; II, 83; III, 390, 392 et suiv.

Tâmasavana (Ta-mo-sou-fa-na), nom d'une forêt, I, 102; II, 200; III, 333.

Tâmasavana sañghârâma (Ta-mo-sou-fa-na-seng-kia-lan), nom d'un couvent situé vers le confluent de la Vipâçâ et du Çatadrou, en chinois

'An-lin-seng-kia-lan, I, 102; II, 200; III, 333.

Tamastutti? (Ta-mo-si-t'ie-ti), nom de royaume, I, 270; II, 27; III, 201. Voyez Matotch, III, 425.

Tamlouk. Voyez Tâmalipti.

Tâmralipti. Voyez Tâmalipti.

Tâmrâpa? (T'ong-choui), eau de cuivre. Voyez les divisions du Yôdjana, II, 60.

Tâpana (Yen-je), nom d'un enfer, II, 230.

Taras ou Talas (Ta-lo-sse), ville du Turkestan, II, 14; III, 268, 272, 273.

Tarim-gool, nom de rivière, répondant, suivant Klaproth, à Si-to (Çitâ), III, 216.

Tartachidaba, nom local des monts Tsong-ling, II, 11.

Taschkend, en chinois Chi-koue, ville du Turkestan, appelée aussi Tchâsch, Tchadj (phonétiquement Tche-chi) et Châsch, I, 59; II, 16; III, 276.

Tathâgata (Ta-t'a-kie-to), en chinois Jou-laï; un des noms du Bouddha, I, 110 et passim. — Nom de roi, I, 150.

Tathâgatagoupta, en chinois Jou-laï-hou et Jou-laï-mi; nom de roi, III, 43. — Nom d'un religieux, I, 174.

Tathâgatakoûpa (Jou-laï-tsing), le puits du Bouddha, II, 285.

Tattvasatya çâstra (Ta-to-san-ti-cho-lun), en chinois Pien-tchin-lun, ouvrage de Gounaprabha, I, 106; II, 220.

Taxila. Voyez Takchaçilâ.

Tchadj (Tche-chi). Voyez Taschkend.

Tchagayana? (Tch'i-'go-yen-na), Tchâgânian, suivant Alex. Cunningham. Voyez Chéghanian, III, 298.

Tchaïtra (Tchi-ta-lo), un des mois indiens, II, 63.

Tchaïtyaka, nom d'une montagne du Magadha, III, 379.

Tchaka. Voyez Tchêka, III, 327, 329, note 1.

Tchakas? (Les) (Tche-kie), nom de peuple, II, 19.

Tchakchourdhâtou, en chinois Yen-kiaï, le monde des yeux, I, 345.

Tchakchourvidjñâna dhâtou, en chinois Yen-chi-kiaï (quod vide), I, 345.

Tchakouka (Tcho-keou-kia), nom de pays, aujourd'hui la ville de Yerkiang, I, 277; III, 221, 427.

Tchakra (Lun), roue. Empreinte d'une roue (à mille rais) sous chaque pied du Bouddha, II, 421. Voyez p. 101, note 1.

Tchakravarttî râdjâ, en chinois Tch'ouen-lun-wang ou Lun-wang, un monarque universel, I, 282; II, 240, 312, 367.

Tchamadhana (Tche-mo-t'o-na), pays de l'Asie centrale, I, 290; III, 247, 428.

Tchamba. Voyez Tchampâka.

Tchampâ (Tchen-po), ville et royaume de l'Inde gangétique, I, 176; III, 71, 386.

Tchampaka (Tchen-po-kia), nom d'arbre, I, 118; II, 277.

Tchampâka, canton du haut Pendjab,

aujourd'hui Tchamba, le Sanpo-ho de Hiouen-thsang, III, 331, 334.

TCHANÇOUNA? (Tchen-chou-na), nom de ville, II, 402.

TCHAÑÇTCHA (Tchen-tche), nom d'homme, I, 125; II, 302.

TCH'ANDAKA (Tchen-to-kia), nom du cocher du prince royal, fils de Çouddhôdana, I, 129; II, 313, 330.

TCHANDÂLA. Voyez TCHEN-TA-LO, II, 157.

TCHANDANA (Tchen-t'an), bois de santal, I, 193; II, 71.

TCHANDANÊVA (Tchen-t'an-i-p'o), nom d'arbre, I, 193; III, 122.

TCHANDRABHÂGÂ (Tchen-tan-lo-p'o-kia), rivière du nord-ouest; l'Akésinès des Grecs, I, 97; III, 325, 326.

TCHANDRAGOUPTA, nom de roi, III, 347.

TCHANDRAKÂNTA, en chinois Youeï-'aï-tchou; a fabulous gem (Wilson, Sanscrit Dictionary), III, 145.

TCHANDRAPÂLA (Hou-youeï), nom d'un religieux, III, 46.

TCHANDRAPRABHA (Tchen-ta-lo-po-la-p'o), en chinois Youeï-kouang; nom de roi, I, 89, 262; II, 154; III, 100.

TCHANDRASIÑHA (Tchen-ta-lo-seng-ho), en chinois Youeï-sse-tseu; nom d'un religieux, I, 219.

TCHANDRAVARMA (Tchen-ta-lo-famo), en chinois Youeï-tchou; nom d'un religieux, I, 102.

TCHARITRA (Tche-li-ta-lo), nom de ville, port de l'Outkala, en chinois Fa-hing, I, 184; III, 90, 124, 394.

TCHÂSCH ou TCHADJ. Voyez TASCHKEND.

TCHATOURABHIDJNÂS (Sse-chin-tso); sens de cette expression, II, 390.

TCHATOURAÑGABALAKÂYA, en chinois Sse-p'ing; sens de cette expression, III, 128.

TCHATOURDVÎPAS, les quatre continents de l'Inde, en chinois Sse-tcheou, I, 282.

TCHATTA, ville de l'Oûriya, III, 394.

TCHATVÂRASOÛRYAS, les quatre Soleils, nom qu'on donnait à quatre religieux célèbres, I, 272; III, 214.

TCHÉHARDJOUÎ, nom de ville, III, 282, note 1.

TCHÈK, ancien nom d'Amritsar, III, 328. Voyez TCHÉKA.

TCHÉKA (Tse-kia), ancien pays du Pendjab, I, 66, 96; II, 189, 325, 330. Voyez AMRITSAR, III, 328.

TCHÉNAB, nom de rivière, la Tchandrabhâgâ de Hiouen-thsang, III, 326.

TCHHATRAPATI, le maître des parasols; en chinois P'ao-tchou «le maître des choses précieuses», II, LXXV.

TCHIKDHA? (Tchi-ki-t'o), pays de l'Inde centrale. Voyez DJADJAHOUTI.

TCHIKITSÂVIDYÂ, en chinois I-fang-ming; nom d'un ouvrage, I, 95, 152, 212; II, 73, 174.

TCHINA (Tchina), la Chine, I, 128; III, 43.

TCHINADÊVAGÔTRA (Tchi-na-ti-p'o-

INDEX DES MOTS SANSCRITS-CHINOIS.

kiu-ta-lo), en chinois *Han-ji-t'ien-tchong*, I, 273 (voyez II, 211, note 2); III, 210.

TCHINÂNI (Tchi-na-ni); sens de ce nom. En chinois *Han–tchi–laï*. II, 200.

TCHÎNAPATI (Tchi–na–po–ti), petit royaume du nord-ouest, le Katotch actuel, II, 199; III, 330, 332.

TCHÎNARÂDJAPOUTTRA (Tchi-na-lo-che-fo-ta-lo), en chinois *Han-wang-tseu*, nom donné au poirier, II, 200.

TCHÎNA SOÛRYADÊVA GÔTRA? nom de roi, I, 273; III, 210, note 2.

TCHINKAN, nom de pays, III, 201.

TCHÎVARA, vêtement de religieux. Voyez KIA-CHA, I, 70; II, 39, 101; III, 218.

TCHOLA. Voyez TCHOU–LI–YE, pays de l'Inde du sud, I, 189; III, 116, 398 et suiv.

TCHOUÏ, rivière de l'Asie centrale, III, 271.

TCHOULYA (Tchou-li-ye), nom de pays, aujourd'hui Tchola, I, 89; III, 116, 398 et suiv.

TCHOUNDA (Chun-t'o), nom d'homme, I, 130; II, 333.

TÉMOURTOU, l'un des noms mongols du lac T'sing-tch'i, I, 54, 273; III, 194, 267.

TENGHIZ, lac, III, 266.

TERMED ou TERMEZ (Ta-mi), ville de l'Oxus, II, 25; III, 287.

TERMEZ. Voyez TERMED.

THAL (Le), nom de pays (Aṭali), III, 160, 403, 404.

THANÉSAR. Voyez STHÂNÊÇVARA.

THAR, pays de l'Inde occidentale,

contrée des Dari dans Pline, A-tch'a-li (Aṭali) de Hiouen-thsang, III, 404.

TICHYARAKCHITÂ (Ti-chi-lo-tch'a), nom de femme, II, 156.

TILAÇÂKYA? (Ti-lo-chi-kia), nom d'un couvent, I, 139; II, 439; III, 373. On lit aussi *Ti–lo–tse–kia* (Tiladhâka?), I, 211. Voyez TI-LO-TSE-KIA.

TILADHÂKA? (Ti-lo-tse-kia), nom d'un couvent, I, 211. Voyez TI-LO-TSE-KIA.

TIÑANTA. Voyez TI-YEN-TO, I, 166.

TINDOUKA (Tchin-t'ou-kia), nom d'arbre, II, 91.

TIRABHOUKTI, nom de pays, vulgairement Tirahout ou Tirhout, l'ancienne Mithilâ, III, 367.

TIRAHOUT ou TIRHOUT. Voyez TIRABHOUKTI.

TÎRTHAKAS (Les), III, 188. Ce mot est donné, par le Dictionnaire *Mahâvyoutpatti*, comme répondant à *Waï-tao* (les hérétiques, les Brâhmanes). La forme la plus usitée est *Tîrthyas*, ascètes brâhmaniques.

TÎRTHYAS. Voyez TÎRTHAKAS.

TOCHARI, Τοχαροί. Voyez TOUKHÂRA.

TOKHARES (Les), nom de peuple; Τοχαροί, Tochari. III, 285.

TOKHARESTÂN. Voyez TOUKHÂRA.

TOKSOUN, ville. Voyez TO-T'SIN.

TOUCHITAS (Tou-chi-to), les dieux du septième étage des cieux superposés, I, 88, 106; II, 149, 221.

TOUKHÂRA (Tou-ho-lo), nom d'un

pays du nord dans la géographie sanscrite, pays des Τοχαροί des Grecs, le Tokharestân des Arabes, partie du Badakchân actuel, III, 285, 423. Cf. I, 61, 68; II, 23, 178; III, 193.

Tour de pierre (La), λίθινος πύργος, place de la Transoxiane, dans Ptolémée, III, 276.

Tourfan, nom de pays et de ville. Voyez Kao-tchang.

Trayastriñças (To-lo-ye-teng-ling-che), les trente-trois dieux du cinquième étage des cieux superposés (voyez Burnouf, Introd. au Bouddh. p. 202), I, 110; II, 238, 296.

Triçarana, le triple refuge, en chinois San-kouei. Voyez I, p. 468.

Trikâlavit; sens du mot, II, 160.

Tripitaka, les Trois Recueils des livres sacrés, en chinois San-t'sang, I, 95; II, 174.

Triratna, en chinois San-p'ao, les trois Précieux, I, 119, 204; II, 152, 423.

Trividyâ, la triple science ou les trois sciences, en chinois San-ming-tchi, I, 156; II, 114, 161.

Tryanta. Voyez Ti-yen-to.

Tsâukoûta? (Tsao-kiu-tch'a), nom de royaume, I, 265; III, 185. Voyez Arokhadj, III, 415.

Turcs, adorateurs du feu, I, 56 et suiv. III, 269.

Turkestan, nom de pays, III, 274, note 1.

Tyâgihrada? (Lie-sse-tch'i), nom d'un étang, II, 369.

V

Vâchpa (Po-fou), nom d'homme, II, 356.

Vaçibhasañghârâma? (Po-chi-p'o-seng-kia-lan), nom d'un couvent, I, 180; III, 75.

Vaddjis. Voyez Vrîdji.

Vadi ou Vati (Fa-ti), pays de la Transoxiane, I, 61; II, 21; III, 282.

Vadjra (Fa-che-lo), en chinois Kin-kang; nom de roi, I, 150; III, 44; nom d'un hérétique, I, 228.

Vadjradhyâna, III, 108. Lisez Vadjrasamâdhi.

Vadjrapâṇi (Tchi-kin-kang-chin), génie armé d'une massue de diamant, II, 134; III, 114. (On trouve aussi Kin-kang pour Tchi-kin-kang, II, 319.)

Vadjrapâṇidhâraṇî (Tchi-kin-kang-t'o-lo-ni), sorte de prières magiques, III, 114.

Vadjrasamâdhi, en chinois Kin-kang-san-meï et Kin-kang-ting, l'extase de diamant, I, 140; II, 457; III, 108.

Vadjrâsana (Kin-kang-tso), le trône de diamant. Ce mot est synonyme de Bôdhimaṇḍa (Burnouf, Introd. au Boudda. p. 387, en note). I, 139, 140, II, 456, note 1, 458, 460.

Vadjratchtchhêdikâ pradjñâ pâramitâ soûtra (Neng-touan-kin-kang-pan-jo-king), nom d'un ouvrage, I, 310.

Vâibhâchikas (Les), les maîtres qui expliquent le Vibhâchâçâstra, II, 223.

INDEX DES MOTS SANSCRITS-CHINOIS. 479

VÂIÇAKA (Pi-so-kia), pays au nord du Gange. Voyez BHÊSAKALA, III, 354 et suiv. Cf. I, 123; II, 290.

VÂIÇÂKHA (Feï-che-k'ie), nom d'un mois indien, I, 131; II, 63, 323.

VÂIÇÂLÎ (Feï-che-li), nom de ville, I, 135, 160; II, 384; III, 363.

VÂIÇRAVAṆA (Pi-cha-men), nom d'un des quatre rois du ciel, I, 279; II, 30, 319; III, 224.

VÂIÇYA (Feï-che), homme de la troisième caste, II, 80.

VÂIDOÛRYA (Lieou-li), lapis-lazuli, I, 145; II, 482.

VAÏHÂRA, montagne du Magadha, en pali Vibhâro, III, 379; aujourd'hui Baibharghiri, III, 380.

VÂIPOULYAS ou VÂIPOULYASOÛTRAS (Les), en chinois *Fang-kouang*; l'une des sections des livres du Bouddha, II, 78.

VAÏRÂTA, ville et royaume de l'Inde du nord, *vulgo* Baïrata, Po-li-yeto-lo de Hiouen-thsang, aujourd'hui Bîrat, III, 336 et suiv. Cf. I, 103, 206.

VÂIRÔTCHANA (Pi-lou-tche-na), en chinois *Pien-tchao*; nom d'un religieux, I, 282; III, 227.

VAKCHÂB ou VAKCHOU, rivière du Badakchan, le Vanksou de la géographie sanscrite, l'Oxus des Grecs, le Fo-t'sou des Chinois, l'Amoûdéria des Mongols, le Djihoûn des Turcs, I, 61, 272; II, 23; III, 195, 283.

VAKCHOU (Fo-t'sou), l'Oxus, fleuve, I, 61, 272; II, 23; III, 195, 283. Voyez VAKCHÂB.

VAKHAN, vallée du haut Oxus, In-pokien de Hiouen-thsang, K'ie-pokien et 'O-po-kien de Hoeï-li, III, 424.

VAKOULA (Po-keou-lo), nom d'un démon, I, 175; III, 70.

VALLABHÎ (Fa-la-pi), ville du Sourâchṭra, appelée aussi Pe-lo-lo, Lala ou Lâra du nord. Voyez LÂRA, I, 206; III, 162, 404.

VALVALEG. Voyez 'O-LI-NI.

VÂNAVÂSA, aujourd'hui Banavasi. Voy. KONG-KIEN-NA-POU-LO, III, p. 401 et suiv.

VANDABANDA. Voyez BADAKCHÂN.

VANÊII. Voyez FA-LA-NA, III, 415. Cf. I, 265; III, 183.

VANKSOU, fleuve. Voyez VAKCHOU.

VAPÛRA, montagne du Magadha, III, 379.

VÂRAHAMOÛLA, nom d'une passe de montagne, appelée aussi Baramoûla (Po-lo-mo-lo de Hiouenthsang), III, 322.

VARAṆA (Fa-la-na), pays à l'ouest du Sindh, peut-être Vanêh, I, 265; III, 183, 414.

VÂRÂṆAÇÎ (Po-lo-ni-sse), ville du nord, aujourd'hui Bénarès, I, 83, 132; II, 353, 361.

VÂRÂṆAÇÎ, rivière, aujourd'hui Barna, l'Erinésès des Grecs, III, 345, 361.

VARANGALA, ville de l'Inde méridionale, P'ing-k'i-lo, III, 395 et suiv. Cf. III, 105.

VARASÊNA (P'o-lo-si-na), nom de montagne, III, 190.

VARAVALIN. Voyez 'O-LI-NI.

VARCHÂS (Yu-chi), la saison des pluies, II, 62, 253, 459.

VARCHAVÂSANA (Yu-'an-kiu). Explica-

31.

tion de ce mot, II, 641; III, 36.
VARDAKS, peuple du Kaboulistan. Voyez VARDASTHÂNA.
VARDASTHÂNA, pays des Vardaks, Ὀρτοσπάνα (pour Ὀρτοσλάνα) de Ptolémée, Fo-li-chi-sa-t'ang-na de Hiouen-thsang, le Kaboulistan actuel, III, 416. Cf. I, 165; III, 190.
VARDDHANA. Voyez POUNDRAVARDDHANA.
VÂRIKATCHA, ville de l'Inde occidentale, la Barygaza des Grecs, aujourd'hui Barôtch, III, 400 et suiv.
VAROUCHA ? (Po-lou-cha), nom de ville, II, 122.
VAROUKATCHÊVA. Voyez VÂRIKATCHA.
VASOUBANDHOU (Fa-sou-pouan-tou), en chinois Chi-thsin; nom d'homme; auteur de l'Abhidharmakôcha çâstra, I, 83, 93, 97, 114; II, 115, 269, 271, 273. On ne doit pas, comme l'a fait E. Burnouf (Lotus, p. 359), confondre cet écrivain avec Vasoumitra.
VASOUDÊVA (Po-sou-t'ien), nom d'un dieu, III, 157.
VASOUMITRA (P'o-sou-mi-to-lo et Fa-sou-mi-ta-lo), en chinois Chi-yeou; nom d'un religieux, auteur de l'Abhidharmaprakaranapadaçâstra, I, 94, 95; II, 119. Voyez plus haut les trois dernières lignes de l'article Vasoubandhou.
VÂTÂYANARADJA, en chinois Hi-tch'in. Voyez les divisions du Yôdjana, II, 59, 60.
VATSARA (Souï), année, II, 62.
VÊDANA (Cheou); sens du mot, II, 385.
VÊDAS (Les), nom d'ouvrages (voyez FEÏ-T'O), I, 99, 151; II, 71, 74.

VÊNOUVANA, en chinois Tchou-lin et Tchou-youen; nom d'un bois ou parc, II, 351; III, 32.
VÊPOUTTO, montagne, III, 379; aujourd'hui Vipoula ou Biplaghiri, III, 381.
VIBHÂCHÂ (Pi-p'o-cha), nom d'un ouvrage, I, 63, 64, 106, 164.
VIBHÂCHÂÇÂSTRA (Pi-p'o-cha-lun), nom d'un ouvrage composé par Manôrhita (Mo-nou-ho-li-t'a), I, 50, 67, 164, 174; II, 115. Voyez note 2, ibid.
VIBHÂCHÂ PRAKARANA PADA ÇÂSTRA, nom d'un ouvrage de Skandhila, en chinois Tchong-sse-fen-pi-p'o-cha-lun, I, 102; II, 184.
VIBHÂRO, montagne. Voyez VAÏHÂRA.
VIÇÂKHÂ (Pi-che-k'ie), nom de femme, II, 305.
VIÇOUDDHASINHA (Pi-chou-t'o-sengho), nom d'un religieux, I, 94.
VIDÊHA (Pi-ti-ho), nom de pays, II, LXXIII; III, 366.
VIDJÑÂNA (Chi); sens de ce mot, II, 385.
VIDYÂBHADRA, I, 245; lisez Samadjña, en chinois Ming-hien; nom d'un religieux. Cf. III, 235.
VIDYÂDHARA PIṬAKA, le recueil des formules mystiques, en chinois Kin-tcheou-thsang, I, 159; III, 38.
VIDYÂMÂTRASIDDHI (Weï-ti-ya-ma-ti-la-si-ti), en chinois Weï-chi-lun; ouvrage de Vasoubandhou, I, 115, 122, 191, 218, 261; II, 286.
VIDYÂMÂTRASIDDHI TRIDAÇA ÇÂSTRA KÂRIKÂ ? (Weï-chi-san-chi-lun-chi), nom d'un ouvrage, I, 101, 115, 122, 191, 218, 261.

VIHÂRA, en chinois *T'sing-liu* et *T'sing-che*, un couvent, I, 220.
VIKRAMÂDITYA (Pi-ki-lo-mo-'o-t'ie-to), en chinois *Tchao-ji*; nom de roi, II, 115.
VIKRÎTAVANA SANGHÂRÂMA? le couvent de la forêt vendue (Maï-lin-kia-lan), II, 186.
VIMALAKÎRTTI (Pi-mo-lo-kie), en chinois *Wou-heou-tch'ing*; nom d'un religieux, I, 135, 232.
VIMALAKÎRTTI SOÛTRA (Pi-mo-lo-kie-king), nom d'un ouvrage, I, 135; II, 385.
VIMALAMITRA (Pi-mo-lo-mi-to-lo), en chinois *Wou-heou-yeou*, l'ami sans tache; nom d'un religieux, I, 108; II, 228.
VIMBASÂRA (P'in-po-so-lo), même nom que Bimbasâra. Voyez P'IN-PI-SO-LO.
VIMBISÂRA, nom de roi. Voyez P'IN-PI-SO-LO.
VIÑÂ (Kong-heou), instrument de musique, II, 158.
VINAYA (Pi-naï-ye), les règles de la discipline, I, 104, 155; II, 77.
VINAYA PIṬAKA (Pi-naï-ye-thsang), le recueil de la Discipline, formé sous la direction d'Oupâli, I, 95, 157; II, 177; III, 36.
VINAYA VIBHÂCHÂ ÇÂSTRA (Pi-naï-ye-pi-p'o-cha-lun), nom d'un ouvrage, I, 95; II, 177.
VIÑGILA (P'ing-k'i-lo), nom de ville, III, 105. Voyez VARANGALA, III, 396 et suiv.
VINÎTAPRABHA (Pi-ni-to-po-la-p'o), nom d'un religieux, I, 101.
VIPÂÇÂ (Pi-po-che), nom de rivière,

l'Hyphasis des Grecs, aujourd'hui le Bïas, II, 189.
VIPOULA (Pi-pou-lo), montagne du Magadha, III, 23. Voyez VÉPOUTTO et BIPLAGHIRI, III, 379, 380.
VIPOULABOUDDHI (Kouang-hoeï), doué d'une vaste intelligence, II, 271. Voyez KOUANG-HOEÏ.
VIRASANA? (Pi-lo-chan-na), ville du nord, dans la position de la Karsanah actuelle, I, 110, 260; II, 235; III, 343.
VIRÂTA, nom de pays, le même que Baïrâta, III, 336.
VIROÛDHAKA (Pi-lou-se-kia), nom de roi, II, 141, 305; nom d'un des quatre rois du ciel, II, 319.
VÎRYASÊNA (Pi-li-ye-sse-na), nom d'un religieux, I, 113.
VITASTI (K'ie-cheou), un empan (division du Yôdjana), I, 60.
VITCHÂLAPOURA, III, 411.
VITCHAVAPOURA? (Pi-tchen-p'o-pou-lo), nom de ville, III, 170.
VOKHÂN. Voyez VAKHAN.
VRÏCHABHA, mont, III, 379.
VRÏDJI (Fo-li-chi), royaume au nord du Gange (Vaddji des livres palis), II, 402; III, 366. — Nommé aussi San-fa-chi (Samvadji), III, 369.
VRÏDJISTHÂNA (Fo-li-chi-sa-t'ang-na), nom de royaume, I, 265; III, 190, 416.
VYÂKARAṆAM (Pi-kia-lo, et plus correctement Pi-ye-kie-la-nan), en chinois *Ching-ming, Ching-ming-lun, Ching-ming-ki-lun* et *Ki-lun*; traité de grammaire, I, 165; II, 125, 127.
VYÂKARAṆAS (Les), en chinois *Cheou-*

482 INDEX DES MOTS SANSCRITS-CHINOIS.

ki; l'une des sections des livres sacrés, II, 78.

VYÂSA (Pi-ye-so), Le Richi Vyâsa, auteur des quatre Védas; en chinois *Kouang-po-sien-jin*; I, 151. Voyez WEÏ-T'O, III, 13.

W

WALEÏN. Voyez 'O-LI-NI.

Y

YAÇADA (Ye-che-t'o); le Mahâvamsa donne Yasa, *Journal des Savants*, juin 1858, p. 333; nom d'homme, II, 397.

YACHTIVANA (Ye-se-tchi-lin), en chinois *Tchang-lin*; nom d'une forêt, I, 212; III, 10, 378.

YACHTIVANAGIRI (Ye-se-tchi-lin-chan), en chinois *Tchang-lin-chan*; nom d'une montagne, II, 408.

YAÇÔDHARÂ (Ye-chou-t'o-lo), nom de femme, II, 314.

YADJOURVÉDA (Ye-tchou), en chinois *Tsi-sse*; l'un des Védas', II, 74.

YAK (Mao-nieou), espèce de bœuf à longs poils, II, 407.

YAKCHA (Yo-tch'a), sorte de démon, I, 87, 95; III, 70.

YAMANADVÎPAPOURA (Yen-mo-na-tcheou-koue), nom de royaume, I, 182; III, 83.

YAMOUNÂ (Yen-meou-na), nom de rivière, I, 105, 118, 252; II, 216; III, 340.

YAVA, grain d'orge. Ce mot est mal rendu en chinois par *me* (blé); septième partie d'un *tchi-tsie*, jointure de doigt (Angouliparva), II, 60.

YAVANAGARA, ville du Sourâchtra, aujourd'hui Djoûnagar, III, 406.

YAVANAS (Les) (Ye-meï-ni), nom de peuple, III, 83.

YAZOPZAÏS, peuple du nord-ouest, dans l'ancien Gândhâra, III, 313.

YENGHI, nom de pays, III, 275.

YERKIANG, ville de l'Asie centrale (Tchakouka dans le Si-yu-ki), I, 277; III, 221, 427.

YÔDHAPATIPOURA, en chinois *Tchen-tchou-koue*, le royaume du maître des guerriers. Si l'on rendait *tchen* par *combat*, il faudrait écrire Youddhapatipoura. On écrit aussi *Tchen-wang-koue*, le royaume du roi des guerriers ou des combats, Yôdharâdjapoura ou Youddharâdjapoura. I, 134; II, 377; III, 362.

YÔDJANA (Yu-chen-na), mesure itinéraire, I, 91, 176; sa valeur, ses divisions jusqu'à l'atome, II, 59.

YÔGA (Yu-kia); sens de ce mot, III, 110, note 1.

YÔGAÇÂSTRA (Yu-kia-lun), nom d'un ouvrage, I, 144.

YÔGÂTCHÂRYABHOÛMI ÇÂSTRA (Yu-kia-sse-ti-lun), nom d'un ouvrage, I, 13, 118, 232; III, 109.

YÔGÂTCHÂRYABHOÛMI ÇÂSTRA KÂRIKÂ (Yu-kia-sse-ti-chi-lun), ouvrage de Djinapoutra, I, 211; III, 175.

YOUDDHAPATIPOURA, voyez YÔDHAPATIPOURA.

YOÛKA (Se), un pou, fraction minime d'une mesure de longueur, II, 60.

INDEX

DES MOTS CHINOIS-SANSCRITS.

A

'An-hoeï [1] (Sthitamati), nom d'un religieux, 1, 212.

'An-lin-seng-kia-lan [2] (Tâmasavana sañghârâma).

C

Chan-tch'ing [3] (Kouçâgârapoura).
Chang [4] (Outtara).
Chang-kiun [5] (Outtarasêna).
Chang-mao [6] (Kouça).
Chang-mao-kong-tch'ing [7] (Kouçâgârapoura).
Chang-tchou [8] (Çrèchṭhî).
Chang-tso [9] (Sthavira), II, 177, 430.
Chang-tso-pou [10] (Sthaviranikâya).
Che-ta-ching-lun [11] (Mahâyâna samparigraha çâstra).

Che-tching-fa-lun [12] (Saddharma samparigraha çâstra?).
Che-yo-kia-lan [13] (Sarpâuchadhi sañghârâma).
Chen [14] (Dhyâna).
Chen-chi [15] (Soudatta).
Chen-chi [16] (Sougata).
Chen-hién [17] (Soubhoûti).
Chen-hién [18] (Soubhadra).
Chen-ki [19], traduction inexacte de Soubhoûti.
Chen-laï [20] (Svâgata) «bien venu»,

[1] 安慧 [2] 闇林僧伽藍 [3] 山城 [4] 上 [5] 上軍 [6] 上茅 [7] 上茅宮城 [8] 商主 [9] 上座 [10] 上座部 [11] 攝大乘論 [12] 攝正法論 [13] 蛇藥伽藍 [14] 禪 [15] 善施 [16] 善逝 [17] 善現 [18] 善賢 [19] 善吉 [20] 善來

II, 271. Sougata (voyez ce mot), que j'avais écrit par erreur (III, 99) comme répondant à Chen-chi, signifie «bien parti, heureusement parti».

CHEN-YU [1] (Soudâna).
CHEOU [2] (Vêdana).
CHEOU-KI [3] (les Vyâkaraṇas).
CHEOU-LUN [4] (Âyourvêda).
CHEOU-SSE [5] (Karmmadâna).
CHÎ [6] (Kâla).
CHĬ [7] (Vidjñâna).
CHI-CHIN-TSO-LUN [8], même ouvrage que 'O-pi-ta-mo-chi-chin-tso-lun.
CHI-KIN-KANG [9] (Vadjrapâṇi).
CHI-KIN-KANG-T'O-LO-NI [10] (Vadjrapâṇidhâraṇî).
CHI-KIN-KANG-CHIN [11] (Vadjrapâṇi).
CHI-LI [12] (Daçabala).
CHI-LI-KIA-CHE [13] (Daçabala Kâçyapa).
CHI-LOU-LIN [14] (Mrĭgadâva).
CHI-SSE-TSEU-KOUE [15] (Siñhala).
CHI-TCHOU [16] (Dânapati).
CHI-TI-KING [17] (Daçabhoûmi soûtra).

CHI-TSEU-TSAÏ [18] (Daçavaçitâ), les dix facultés victorieuses, I, 156; II, 174. Le mot sanscrit est tiré du dictionnaire Mahâvyoutpatti, fol. 37.
CHI-TSI-TI-LUN [19], même ouvrage que Yu-kia-sse-ti-lan.
CHI-TSIN [20] (Vasoubandhou).
CHI-T'SUN [21] (Lôkadjyêchṭha).
CHI-WOU-YE [22] (Nâlanda).
CHI-WOU-YE-SSE [23] (Nâlanda sañghârâma).
CHI-YEOU [24] (Vasoumitra).
CHIN-T'ONG [25]. Voyez LOU-CHIN-T'ONG.
CHIN-TSEU [26], traduction inexacte de Çâripouttra.
CHIN-WANG [27] ou TA-CHIN-WANG (Mahâkâla).
CHING [28] (Djêtâ).
CHING [29] (Eul), les deux Véhicules, Mahâyâna et Hinayâna.
CHING-CHANG-TSO-POU [30] (Âryasthaviranikâya). Voyez STHAVIRAS et KÂÇYAPÎYAS.
CHING-CHEOU [31] (Çrîlabdha).

---

[1] 善與 [2] 受 [3] 授記 [4] 壽論 [5] 授事 [6] 時 [7] 識 [8] 識身足論 [9] 執金剛 [10] 執金剛陀羅尼 [11] 執金剛神 [12] 十力 [13] 十力迦葉 [14] 施鹿林 [15] 執師子國 [16] 施主 [17] 十地經 [18] 十自在 [19] 十七地論 [20] 世親 [21] 世尊 [22] 施無厭 [23] 施無厭寺 [24] 世友 [25] 神通 [26] 身子 [27] 神王 [28] 勝 [29] 二乘 [30] 聖上座部 [31] 勝受

INDEX DES MOTS CHINOIS-SANSCRITS. 485

CHING-I-TI-LUN [1] (Paramârtha satya çâstra?).
CHING-JE [2] (Çaradâ).
CHING-KIUN [3] (Âryasêna).
CHING-KIUN [4] (Djayasêna). Ce mot répond aussi à Prasênadjit.
CHING-LIN [5] (Djêtavana).
CHING-LUN-WAÏ-TAO [6] (les Vâiçêchikas).
CHING-MAN-KING [7] (Çrîmâlâdêvi siñhanâda soûtra).
CHING-MI [8] (Crîgoupta), nom d'homme, I, 154; III, 17.
CHING-MING-LUN [9] ou CHING-MING (Çabdavidyâ çâstra et Vyâkaraṇam).
CHING-MING-KI-LUN [10], même ouvrage que Ching-ming-lan, répondant à Vyâkaraṇam.

CHING-MING-TSA-LUN [11] (Çabdavidyâsamyouktaçâstra?).
CHING-SSE [12] (Âryadâsa).
CHING-TCHEOU [13] (Âryavarmma).
CHING-WEN [14] (Çrâvaka).
CHING-YEOU [15] (Djinamitra).
CHOU-LUN [16] (Atharvavêda ou Atharvaṇa).
CHOU-SOU [17] (Çilpasthâna vidyâ).
CHOUE-I-TSIE-YEOU-POU [18] (les Sarvâstivâdas).
CHOUE-TCH'OU-CHI-POU [19] (Lôkôttaravâdinas).
CHOUÏ-TCH'ANG [20] (Sphâṭika).
CHUN-CHI-WAÏ-TAO [21] (Les Lôkâyatas).
CHUN-TCHING-LI-LUN [22] (Nyâya anousâra çâstra). Ouvrage de Chi-t'sin (Vasoubandhou). I, 93, 108, 164, 174; II, 183, 227.

F

FA [23] (Dharma).
FA-'AÏ [24] (Dharmapriya).
FA-CHE-LI [25] (Dharmaçarîras).
FA-CHIN [26] (Dharmakâya).

FA-III [27] (Dharmanandi).
FA-HING-TCHING [28] (Tcharitra).
FA-HOA ou FA-HOA-KING [29] (Saddharma pouṇḍarîka).

---

[1] 勝義諦論 [2] 盛熱 [3] 聖軍 [4] 勝軍 [5] 勝林
[6] 勝論外道 [7] 勝鬘經 [8] 勝密 [9] 聲明論
[10] 聲明記論 [11] 聲明雜論 [12] 聖使 [13] 聖冑
[14] 聲聞 [15] 勝友 [16] 術論 [17] 術數 [18] 說一切有部 [19] 說出世部 [20] 水昌 [21] 順世外道
[22] 順正理論 [23] 法 [24] 法愛 [25] 法舍利 [26] 法身 [27] 法喜 [28] 發行城 [29] 法華經

486 INDEX DES MOTS CHINOIS-SANSCRITS.

Fa-lun [1] (Dharmatchakra).
Fa-k'ieou [2] (Dharmatrâta).
Fa-mi-pou [3] (les Dharmagouptas).
Fa-sing [4] (Dharmakara).
Fa-tsang [5] (les Dharmagouptas).
Fa-wang [6] (Dharmarâdja).
Fang-kouang [7] (les Vâipoulyas ou les Vâipoulyasoûtras).
Feï-jin [8] (Kinnara).
Feï-siang-ting [9] (Nâivasañdjñâ samâdhi).
Feï-t'ien [10] (Les Asouras).
Fen-chao [11] (Nichṭapana), l'action de brûler, consumer, *crematio*, II, 342.
Fou-che [12] (Dharmaçâlâ).
Fong-song [13] (les Gâthâs).

G

'Gan-kiu [14] (Varchavâsana).
'Go-man [15] (Âtmamada).

H

Haï-hoeï [16] (Sâgaramati?).
Han-ji-t'ien-tchong [17] (Tchina dêvagôtra).
Han-lin [18] (Çîtavana).
Han-tchi-laï [19] (Tchinâni).
Han-wang-tseu [20] (Tchinarâdja pouttra), fils du roi de la Chine. Nom donné au poirier, II, 200.
Hao-kiao [21] (Râurava).
He-ching [22] (Kâlasoûtra).
He-fen [23] (Kṛĭchṇapakcha).
He-fong [24] (Paramalagiri).
Hi-tseng [25] (Harchavarddhana).
Hi-tchin [26] (Vâtâyanarâdja).
Hiang-chan [27] (Gandhamâdana).
Hiang-hoa-kong-tch'ing [28] (Kousoumapoura).
Hiang-siang [29] (Gandhahastî).
Hie-ts'un [30] (Âryapârçvika).
Hien [31] (Bhadra).
Hien-'aï [32] (Bhadraroutchi).
Hien-k'ie [33] (Bhadrakalpa).

[1] 法輪 [2] 法救 [3] 法密部 [4] 法性 [5] 法藏 [6] 法王 [7] 方廣 [8] 非人 [9] 非想定 [10] 非天 [11] 焚燒 [12] 福舍 [13] 諷頌 [14] 安居 [15] 我慢 [16] 海慧 [17] 漢日天種 [18] 寒林 [19] 漢持來 [20] 漢王子 [21] 號叫 [22] 黑繩 [23] 黑分 [24] 黑峯 [25] 喜增 [26] 隙塵 [27] 香山 [28] 香花宮城 [29] 香象 [30] 脇尊 [31] 賢 [32] 賢愛 [33] 賢劫

INDEX DES MOTS CHINOIS-SANSCRITS.

Hien-sse [1] (Bhadravihâra).
Hien-tsong-lun [2] (Abhidharma prakarana çâsana çâstra).
Hien-yu [3] (Damamoûka, au lieu de Damamoûrkha), II, 200.
Hien-yu-in-youen [4], nom chinois de l'ouvrage indien *Damamoûka*, que J. Schmidt a publié sous le titre de *Der Weise und der Thor*.
Hing [5] (Sañskâra).
Hing [6] (Ayana).
Hiun-lou-hiang-chou [7], en sanscrit *Tagara*, suivant le *Pen-thsaò-kang-mo*.
Ho [8] (Drôna).
Ho-chang [9] (Oupâdhyâya).
Ho-fan-wang [10] (Drònòdana râdjà).
Ho-kiaï-ting [11] (Agnidhâtou samâdhi).

Hoa-chi-tching [12] (Pâtalipouttra poura).
Hoa-chin [13] (Nirmânakâya).
Hoa-kong [14] (Kousoumapoura).
Hoa-kong-tching [15] (Kousoumapoura).
Hoa-ti-pou [16] (les Mahîçâsakas).
Hoaï-k'ie [17] (Samvarttakalpa).
Hoeï-hou [18] (Pradjñâgoupta).
Hoeï-kia-sou-tou-po [19] (Nivarttanastoûpa).
Hoeï-sing [20] (Pradjñâkara).
Hoeï-t'ien [21] (Pradjñâdêva).
Hou-fa [22] (Dharmapâla).
Hou-ming-p'ou-sa [23] (Prabhâpâla Bôdhisattva).
Hou-youeï [24] (Tchandrapâla).
Houan-ting-wang [25] (Moúrddhâbhichikta râdjà).

I

I-fang-ming [26] (Tchikitsavidyâ çâstra).
I-ji-i-ye [27] (Ahôrâtra).
I-kiaï [28] (Manôdhâtou), le monde de la pensée.

I-chi-kiaï [29] (Manôvidjñânadhâtou), le monde de la connaissance qui naît de la pensée, I, 345.
I-kouei [30] (Çarana).

---

[1] 賢寺 [2] 顯宗論 [3] 賢愚 [4] 賢愚因緣 [5] 行
[6] 一行 [7] 蕙陸香樹 [8] 斛 [9] 和尚 [10] 斛飯王
[11] 火界定 [12] 華氏城 [13] 化身 [14] 花宮 [15] 花宮城 [16] 化地部 [17] 壞劫 [18] 慧護 [19] 回駕窣堵波 [20] 慧性 [21] 慧天 [22] 護法 [23] 護明菩薩
[24] 護月 [25] 灌頂王 [26] 醫方明 [27] 一日一夜
[28] 意界 [29] 意識界 [30] 依歸

488 INDEX DES MOTS CHINOIS-SANSCRITS.

I-tsie-chi [1] (Sarvada).
I-tsie-i-tching [2] (Sarvârthasiddha).
I-tsie-tchi [3] (Sarvadjñâ).
I-tsie-yeou-pou [4] (les Sarvâstivâdas).
In-chen [5] (Sadvaha).
In-kouang [6] (Kâçyapa).
In-kouang-pou [7] (les Kâçyapîyas).
In-ming [8] (Hêtouvidyâ).

In-ming-ji-tching-li-men-lun [9] (Nyâyapraveça târaka çâstra).
In-ming-tching-li-men-lun [10] (Nyâyadvâra târaka çâstra).
In-tching [11], même nom que In-chen (Sadvaha).
In-youen [12] (Les Nidânas).
Ing-chin [13] (Nirmânakâya).
Ing-kien [14] (Vimbasâra et Vimbisâra).

J

Jang-tsaï [15] (Atharvavêda).
Jen-teng-fo [16] (Dîpañkara Bouddha).
Ji [17] (Soûrya).
Ji-tcheou [18] (Bhâskaravarmma).
Ji-t'ien [19] (Soûryadêva et Âditya).
Jin-jo-sien [20] (Kchântirïchi).
Jin-kia-lan [21] (Narasañghârâma).
Jin-tchou [22] (Narapati).
Jin-wang-pan-jo-king [23] (Kârounikarâdja pradjñâpâramitâ soûtra?).
Jou-i [24] (Manôrhita).
Jou-i-ching [25] (Manôdjñaghôcha).

Jou-kie [26] (Ouchnîcha). Ce n'est que dans les écrivains bouddhistes qu'on trouve le sens donné à Jou-kie (Ouchnîcha), III, 142, not. 2. Conf. *Fan-i-ming-i-tsi*, liv. XIII, fol. 20.
Jou-laï [27] (Tathâgata).
Jou-laï-hou [28] (Tathâgatagoupta).
Jou-laï-mi [29] (Tathâgatagoupta).
Jou-laï-tsing [30] (Tathâgatakoûpa).
Jou-laï-yeou [31] (Sougatamitra).

---

[1] 一切施 [2] 一切義成 [3] 一切智 [4] 一切有部 [5] 引善 [6] 飲光 [7] 飲光部 [8] 因明 [9] 因明入正理門論 [10] 因明正理門論 [11] 引正 [12] 因緣 [13] 應身 [14] 影堅 [15] 禳災 [16] 然燈佛 [17] 日 [18] 日胄 [19] 日天 [20] 忍辱仙 [21] 人伽藍 [22] 人主 [23] 仁王般若經 [24] 如意 [25] 如意聲 [26] 肉髻 [27] 如來 [28] 如來護 [29] 如來密 [30] 如來井 [31] 如來友

INDEX DES MOTS CHINOIS-SANSCRITS. 489

K

Kan-lou [1] (Amrĭta).
Kan-lou-fan-wang [2] (Amrĭtôdana râdjâ).
Ken-pen-'o-pi-ta-mo-lun [3] (Moûlâbhidharma çâstra).
Ki [4], pour Cheou-ki (Vyâkaraṇa).
Ki [5] (Likchâ).
Ki-je [6] (Mahâtapana). Burnouf écrit Pratâpana.
Ki-kou-to [7] (Anâthapiṇḍika et Anâthapiṇḍada).
Ki-kou-to-youen [8], le parc d'Anâthapiṇḍika ou Anâthapiṇḍada).
Ki-lun [9], abréviation de Ching-ming-ki-lun (Vyâkaraṇam).
K'i-si-tch'in [10] (Paramâṇou).
K'i-te [11] (Âçâlin).
K'i-te-chi-sou-tou-po [12] (Adbhoutâçma stoûpa?).
K'i-te-sse [13] (Âçâlini dharmaçâlâ).
K'i-tso-chan [14] (Koukkouṭa pada giri).
K'i-tso-youen [15] (Koukkouṭa pada sañghârâma).

K'i-youen [16] (Koukkouṭârâma).
Ki-youen [17], nom d'un jardin célèbre, appelé en sanscrit Djêtavana, ou « le bois du vainqueur ». Le nom chinois signifie « le jardin de celui qui donne ». Ki est l'abréviation de Ki-kou-to (Anâthapiṇḍika ou Anâthapiṇḍada), I, 42, 124; II, 296.
Kiaï-hien [18] (Çîlabhadra).
Kiaï-ji [19] (Çîlâditya).
Kiaï-tseu [20] (Sarchapa).
Kiao-ming [21] (Çilpasthânavidyâ).
K'ie-cheou [22] (Vitasti).
Kien-hoeï [23] (Sthiramati).
K'ieou-ming-tch'i [24] (Djîvakahrada?).
Kin-chan [25] (Soumêrou).
Kin-chi [26] (Souvarṇagôtra).
Kin-eul [27] (Karṇasouvarṇa).
Kin-ho [28] (Hiraṇyavatî).
Kin-hou [29] (Oupagoupta).
Kin-kang [30] (Vadjra), nom de roi, I, 150; III, 44. Kin-kang « diamant », s'emploie aussi pour Tchi-kin-kang

[1] 甘露 [2] 甘露飯王 [3] 根本阿毘達磨論
[4] 記 [5] 蝋 [6] 極熱 [7] 給孤獨 [8] 給孤獨苑 [9] 記
論 [10] 極細塵 [11] 奇特 [12] 奇特石窣都波
[13] 奇特寺 [14] 鶏足山 [15] 鶏足園 [16] 鶏園
[17] 給園 [18] 戒賢 [19] 戒日 [20] 芥子 [21] 巧明 [22] 搩
手 [23] 堅慧 [24] 救命池 [25] 金山 [26] 金氏 [27] 金
耳 [28] 金河 [29] 近護 [30] 金剛

490 INDEX DES MOTS CHINOIS-SANSCRITS.

(Vadjrapâni) «génie armé d'une massue de diamant», II, 319.

Kin-kang-pan-jo-king [1] (Vadjratchtchhêdikâ pradjñâ pâramitâ soûtra).

Kin-kang-san-meï et Kin-kang-ting [2] (Vadjrasamâdhi).

Kin-kang-tso [3] (Vadjrâsana).

Kin-lun [4] (Souvarṇatchakra).

Kin-lun-wang [5] (Souvarṇatchakra râdjâ et Souvarṇatchakravarttî râdjâ).

Kin-sse-nan [6] (Oupâsaka).

Kin-sse-niu [7] (Oupâsikâ).

Kin-tcheou-thsang [8] (Vidyâdhara piṭaka).

King [9] (Soûtra).

King-pou [10] (les Saûtrântikas).

K'io-hien [11] (Bouddhabhadra).

K'io-hou [12] (Bouddhagoupta).

K'io-mi [13] (Bouddhagoupta).

K'io-niu-koue [14] (Kanyâkoubdja poura).

K'io-niu-tch'ing [15] (Kanyâkoubdja poura).

K'io-sse [16] (Bouddhadâsa).

K'io-tseu-tsaï-yun [17] (Bôdhimêghêçvara).

Kiu-kiaï-pi-t'sou [18] (Oupasampanna bhikchou).

Kiun [19] (Nivâsana).

Ko-kia-lan [20] (Kapôtika sañghârâma).

Ko-yong [21] (Sâmavêda).

Kong [22] (Dhanou), un arc, mesure de longueur, II, 60.

K'ong [23] (Çounya).

Kong-heou [24] (Vîṇâ).

Kong-hoa-waï-tao [25] (Çounyapouchpas?).

Kong-kiao-lun [26] (Çilpasthâna vidyâ çâstra).

Kong-ming [27] (Çilpasthâna vidyâ).

Kong-tch'ing [28] (Âgâra), le palais du roi, I, 160.

Kong-tsio-wang [29] (Mayoûrarâdja).

K'ou [30] (Douḥkha).

Kou-houo [31] (Djîvaka).

Kouan-chi-in-king [32] (Avalôkitêçvara soûtra). Kouan-chi-in est une faute pour Kouan-tseu-tsaï.

---

[1] 金剛般若經 [2] 金剛三昧 [3] 金剛座 [4] 金輪 [5] 金輪王 [6] 近事男 [7] 近事女 [8] 禁呪藏 [9] 經 [10] 經部 [11] 覺賢 [12] 覺護 [13] 覺密 [14] 曲女國 [15] 曲女城 [16] 覺使 [17] 覺自在雲 [18] 具戒苾芻 [19] 裓 [20] 鴿伽藍 [21] 歌詠 [22] 弓 [23] 空 [24] 箜篌 [25] 空花外道 [26] 功巧論 [27] 功明 [28] 宮城 [29] 孔雀王 [30] 苦 [31] 故活 [32] 觀世音經

INDEX DES MOTS CHINOIS-SANSCRITS. 491

Kouan-tseu-tsaï-p'ou-sa [1] (Avalôkitêçvara Bôdhisattva).
Kouang-hoeï [2] (Vipoulabouddhi).
Kouang-pe-lun [3] (Çataçástra vâipoulyam).

Kouang-po-sien-jin [4] (le Rĭchi Vyâsa).
Kouang-tcheou [5] (Ançouvarmma).
Kouang-yeou [6] (Prabhamitra).
Koueï-tseu-mou [7] (Hâritî ou Aritî?).

L

Leou-man [8] (Kapâlikas ou Kapâladhârinas).
Leou-tsin [9] (Âçravakchaya).
Li-hi [10] (Les Nirgranthas).
Li-sse [11] (les Mallas).
Lie-sse-tch'i [12] (Tyâgîhrada).
Lien-hoa [13] (Padmavatî).
Lien-hoa-se [14] (Padmavarṇâ).
Lo-chi [15] (Soudatta).
Long-chou [16] (Nâgârdjouna).
Long-meng [17], synonyme de Long-chou.
Long-nao-hiang [18] (Karpoûra).
Long-t'chi [19] (Nâgahrada).
Long-wang [20] (Nâgarâdja).
Lou-chin-t'ong [21] (Chaḍabhidjñâs).

Lou-hing-waï-tao [22] (les Nirgranthas).
Lou-men-t'o-lo-ni-king [23] (Chaṇmoukhîdhâraṇî soûtra).
Lou-tso-'o-pi-ta-mo [24] (Chadpadâbhidharma).
Lou-wang [25] (Mrĭgarâdja).
Lou-ye [26] (Mrĭgadâva).
Lou-youen [27], synonyme de Lou-ye (Mrĭgadâva).
Lun [28] (Çâstra), un traité philosophique, II, 77 et passim.
Lun [29] (Tchakra).
Lun-i [30] (Oupadêçâ).
Lun-wang [31], roi de la roue ; même expression que Tch'ouen-lun-wang (Tchakravartti râdjâ), II, LXXIII.

¹觀自在 ²廣慧 ³廣百論 ⁴廣博仙人
⁵光冑 ⁶光友 ⁷鬼子母 ⁸髏鬘 ⁹漏盡 ¹⁰離
繫 ¹¹力士 ¹²烈士池 ¹³蓮華 ¹⁴蓮華色
¹⁵樂施 ¹⁶龍樹 ¹⁷龍盂 ¹⁸龍腦香 ¹⁹龍池
²⁰龍王 ²¹六神通 ²²露形外道 ²³六門陀
羅尼經 ²⁴六足阿毗曇摩 ²⁵鹿王 ²⁶鹿野
²⁷鹿苑 ²⁸論 ²⁹輪 ³⁰論義 ³¹輪王

M

Ma-ching [1] (Açvadjit).
Ma-kiun [2] (Açvakâya).
Ma-ming [3] (Açvaghôcha).
Ma-nao [4], cornaline. Le dictionnaire *Mahâvyoutpatti*, fol. 209, donne *Ma-nao* comme synonyme d'*Asmagarbha* qui manque dans les dictionnaires. Le dictionnaire *Fan-i-ming-i-tsi* (liv. VIII, fol. 11) dit que le *Ma-nao* à veines rouges et blanches s'appelle *Mousalagarbha*, II, 482.
Ma-sse [5] (Açvadjit).
Ma-tchou [6] (Açvapati).
Maï-lin-kia-lan [7] (Vikritavana sañghârâma?).
Maï-te [8] (les Krĭtiyas).
Me [9], grain de blé. Synonyme inexact du sanscrit *yava* «orge», II, 60.

Mi-heou-tch'i [10] (Markaṭahrada).
Miao-fa-lien-hoa-king [11] (Saddharma poundarîka).
Miao-in [12] (Ghôcha).
Miao-kao-chan [13] (Soumêrou).
Miao-ki-t'siang [14] (Mañdjouçrî).
Miao-te [15], traduction fautive de Mañdjouçrî.
Ming-hien-sse [16] (Samadjña sañghârâma).
Ming-liao [17] (Bhanî?).
Ming-lun [18] (Âyourvêda).
Ming-min [19] (Çîghrabouddha?).
Ming-ming [20] (Djîvañdjîva).
Mo-wang [21] (Pâpîyân).
Mouan-t'se-tseu [22] (Poûrṇamâitrâyaṇipouttra).
Mouan-tcheou [23] (Poûrṇavarmma).

N

Naï [24] (Âmra).
Naï-chou-cheou-hou [25] (Âmrapâlî).
Naï-niu [26] (Âmradârikâ).
Naï-niu-king [27] (Âmradârikâ soûtra).
Naï-youen [28] (Âmravana).
Nan-hing [29] (Dakchiṇâyana).

---

[1]馬勝 [2]馬軍 [3]馬鳴 [4]馬瑙 [5]馬師 [6]馬主 [7]買林伽藍 [8]買得 [9]麥 [10]獼猴池 [11]妙法蓮華經 [12]妙音 [13]妙高山 [14]妙吉祥 [15]妙德 [16]明賢寺 [17]明了 [18]命論 [19]明敏 [20]命命 [21]魔王 [22]滿慈子 [23]滿冑 [24]奈 [25]奈樹守護 [26]奈女 [27]奈女經 [28]奈園 [29]南行

INDEX DES MOTS CHINOIS-SANSCRITS.

*Nan-lo [1], le Lâra (Lâr) méridional.
Neï-ming [2] (Adhyâtmavidyâ).
Neng-houo [3] (Djîvaka).
*Neng-touan-kin-kang-pan-jo-king [4] (Vadjratchtchhêdikâ pradjñâ pâramitâ soûtra).

*Nieou-cheou-chen-t'an [5] (Gôçîrchatchandana).
Nieou-kio [6] (Gôçrĭñga), nom de montagne, III, 229.
Nieou-mao [7] (Gôlôma).
Niu-si-chou [8] (Pâṭali).

O

'O-chi-tche [9] (Koukâlî).
'O-man [10] (Âtmamada).
Ou-chin-t'ong [11] (Pañtchâbhidjñâs).
Ou-fen-liu [12] (Mahîçâsakavinaya).

Ou-in [13] (Pañtchaskandhas).
Ou-wen-lun-chi [14] (Pañtchaskandhaka çâstra kârikâ), nom d'un commentaire, I, 101.

P

Pa-kiaï-t'o [15] (Achṭâu vimôkchas).
P'ao-chin [16] (Sambhôga kâya).
P'ao-p'ing [17] (Amalakarka).
P'ao-tchou [18] (Ratnadvîpa).
P'ao-tchou [19] (Tchhatrapati).
P'ao-tsi [20] (Ratnâkara).
P'ao-tsi-king [21] (Ratnakoûṭa soûtra).
P'ao-yun-king [22] (Ratnamêgha soûtra), nom d'un ouvrage.
Pe-fa-ming-men-lun [23] (Çatadharmaprabhâvatî dvâra çâstra?).

Pe-fan-wang [24] (Çouklôdana râdjâ).
Pe-fen [25] (Çouklapakcha).
Pe-hing [26] (Oudagayana), la marche au nord. Sens de cette expression, II, 62.
Pe-lun [27] (Çataçâstra).
Pen-sse [28], Itivṛittakam, d'après le dictionnaire *Mahâvyoutpatti*, f. 61, et le dictionnaire *Fan-i-ming-i-tsi*, liv. IX, fol. 14. Quelques auteurs écrivent Itivṛittikam.

---

[1] 南羅 [2] 內明 [3] 能活 [4] 能斷金剛般若經
[5] 牛首旃檀 [6] 牛角 [7] 牛毛 [8] 女婿樹 [9] 惡
時者 [10] 我慢 [11] 五神通 [12] 五分律 [13] 五陰
[14] 五蘊論釋 [15] 八解脫 [16] 報身 [17] 寶瓶 [18] 寶
洲 [19] 寶主 [20] 寶積 [21] 寶積經 [22] 寶雲經
[23] 百法明門論 [24] 白飯王 [25] 白分 [26] 北行
[27] 百論 [28] 本事

494 INDEX DES MOTS CHINOIS-SANSCRITS.

Pen-seng[1] et Pen-seng-sse (les Djâtakas).
Pi-yu[2] (les Avadânas).
Pien-ki[3] (les Sâñkhyikas).
Pien-liao[4] (Bhaṇi?).
Pien-tchao[5] (Vâirôtchana).
Pien-tchin-lun[6] (Tattvasatyaçâstra).
Pin-lang[7] (Poûga), nom d'arbre, I, 148.

P'ing-lun[8] (Sâmavêda).
*P'ing-sou-tou-po[9] (Drôṇastoûpa).
Pou[10] (Nikâya).
Pou-kiun[11] (Pattikâya).
Pou-lo-tcho-no[12] (Nâirañdjanâ).
*Pou-men-t'o-lo-ni-king[13] (Samantamoukha dhâraṇî soûtra).
*Pou-tchoang-eui-kia-lan[14] (Aviddhakarṇa sañgl ârâma).

S

San-chi-san-t'ien[15] (Trayastriñças).
San-kiaï[16] (Trilôka), I, 156.
San-kouëï[17] (Triçaraṇa), J, 468.
San-ming[18] (Trividyâ).
San-ming-tchi[19] (Trividyâ).
San-p'ao[20] (Triratna).
San-tusang[21] (Tripiṭaka).
San-ts'ien-ta-ts'ien-kouë-t'ou[22] (Trisahasra mahâsahasrôlôkadhâtou), les trois mille grands Chiliocosmes, II, LXXII.
Se[23] (Yoûka).
Se[24] (Roûpa).

Se-kiaï[25] (Roûpadhâtou).
Seng-tchou[26] (Pradjâpati).
Si-chan-sse[27] (Avaraçâilasañgbârâma).
Si-tchang[28] (Khakkbaram).
Si-tch'in[29] (Aṇou).
Siang[30] (Sañdjñâna).
Siang-hao[31] (Mahâpouroucha lakchaṇâni).
Siang-kien-chan[32] ((Pilousâragiri).
*Siang-kien-sou-tou-po[33] (Pilousârastoûpa).
Siang-kiun[34] (Hastikâya).

[1] 本生。本生事 [2] 譬喻 [3] 遍計 [4] 辯了 [5] 遍照 [6] 辯眞論 [7] 檳榔 [8] 平論 [9] 瓶窣都波 [10] 部 [11] 步軍 [12] 不樂著河 [13] 普門陀羅尼經 [14] 不穿耳伽藍 [15] 三十三天 [16] 三界 [17] 三歸 [18] 三明 [19] 三明智 [20] 三寶 [21] 三藏 [22] 三千大千國土 [23] 螆 [24] 色 [25] 色界 [26] 生主 [27] 西山寺 [28] 錫杖 [29] 細塵 [30] 想 [31] 相好 [32] 象堅山 [33] 象堅窣都波 [34] 象軍

INDEX DES MOTS CHINOIS-SANSCRITS. 495

Siang-t'o-k'ang [1] (Hastigarta).
Siang-wang [2] (Gadjapati).
Siao-ching [3] (Hînayâna).
*Siao-ching-'o-pi-ta-mo [4] (Hînayânâbhidharma), I, 67.
Sien-jin [5] (Rĭchi).
Sin-sse-nan [6] (Oupâsaka).
Sing-li [7] (Djyôtichka).
Sioue-chan [8] (Himavat).
Sioue-chan-hia [9] (Himatala).
Sioue-chan-pou [10] (les Hâimavatas).
So-hing [11] (Âtchâra).
Song [12] (Gâthâ).
Sou-lun [13] (Sâṅkhya).
Sou-lun-waï-tao [14] (les Sâṅkhyikas).
Souï [15] (Vatsara).
Souï-fa-tchi-lun [16] (Abhidharmadjñâna prasthâna çâstra).

Sse-chin-tso [17] (Tchatourabhidjñâs).
*Sse-fo [18] (Kouo-k'iu), les quatre Bouddhas passés. Voyez Fo (Kouok'iu-sse) dans l'Index des mots phonétiques.
Sse-han [19], les quatre Âgamas.
Sse-ji [20] (Tchatvârasoûryas).
Sse-mien [21] (Kâuçêya).
Sse-p'ing [22] (Tchatourañgabalakâya.)
Ssse-tcheou [23] (Tchatourdvîpas).
Sse-ti [24] (Âryâni satyâni).
Sse-tseu-jin [25] (Kchântisiñha).
Sse-tseu-k'io [26] (Bouddhasiñha).
Sse-tseu-kouang [27] (Siñharaçmi).
Sse-tseu-koue [28] (Siñhala — Ceylan).
Sse-tseu-tchi-tso [29] (Siñhâsana).
Sse-tseu-tchoang [30] (Siñhâsana).
Sse-tseu-youeï [31] (Siñhatchandra).

T

Ta-'aï-tao [32] (Mahâpradjâpatî).
*Ta-'an-ta-lo [33] (Mahândhra).
Ta-chin-wang [34] (Mahâkàla).
Ta-ching [35] (Mahâyâna).

---

[1] 象墮阮 [2] 象王 [3] 小乘 [4] 小乘阿毗達磨
[5] 仙人 [6] 信士男 [7] 星曆 [8] 雪山 [9] 雪山下
[10] 雪山部 [11] 所行 [12] 頌 [13] 數論 [14] 數論外
道 [15] 歲 [16] 隨法智論 [17] 四神足 [18] 過去四
佛 [19] 四含 [20] 四日 [21] 系綿 [22] 四兵 [23] 四洲
[24] 四諦 [25] 師子忍 [26] 師子覺 [27] 師子光 [28] 師
子國 [29] 師子之座 [30] 師子牀 [31] 師子月
[32] 大愛道 [33] 大安達邏 [34] 大神王 [35] 大乘

496 INDEX DES MOTS CHINOIS-SANSCRITS.

* Ta-ching-'o-pi-ta-mo-tsa-tsi-lun [1] (Mahâyânâbhidharma sañgîti çâstra).

Ta-ching-tchoang-yen-king-lun [2] (Soûtrâlañkâraṭikâ).

* Ta-ching-yu-kia-lun [3] (Mahâyâna yôga çâstra).

Ta-chou [4] (Mahâmâyâ).

Ta-chou-sien [5] (Mahâvṛĭkcha Rĭchi?).

* Ta-fan-t'ien-wang [6] (Mahâbrahmâ).

* Ta-kia-che-po [7] (Mahâ Kâçyapa).

* Ta-kia-to-yen-na [8] (Mahâ Kâtyâyana).

Ta-kiao [9] (Mahârâurava).

* Ta-lin-kia-lan [10] (Mahâvana sañghârâma), nom d'un couvent, II, 136.

Ta-lun-sse [11] (Mahâvâdî).

* Ta-nie-p'an [12] (Mahânirvâṇa).

* Ta-pan-jo-king [13] (Mahâpradjñâ pâramitâ soûtra).

Ta-p'ao-tsi-king [14] (Ratnakoûṭa soûtra).

* Ta-pi-p'o-cha-lun [15] (Mahâvibhâchâ çâstra).

Ta-seng-tchou [16] (Mahâpradjâpatî).

Ta-tchong-pou [17] (les Mahâsañghikas).

Ta-ti [18] (Mahêndra).

Ta-t'ien [19] (Mahâdêva).

Ta-tse-ting [20] (Mahâmâitrî samâdhi).

Ta-tseu-tsaï-t'ien [21] (Mahêçvaradêva).

Ta-tsing-tchou [22] (Mahânîla).

Ta-tso [23] (Mahârakoula).

Ta-wang [24] (Mahârâdja).

T'aï-tseu [25] (Kaumârarâdja).

Tao-chou [26] (Bôdhidrouma).

Tao-tch'ang [27] (Bôdhimaṇḍa).

Tch'ang-joui [28] (Dhrouvapaṭou).

Tchang-lin [29] (Yachṭivana).

Tchang-lin-chan [30] (Yachṭivanagiri).

Tchang-tchao [31] (Dîrghanakha).

Tchang-tche [32] (Gṛĭhapati).

Tchao-ji [33] (Vikramâditya).

[1] 大乘阿毗達摩雜集論 [2] 大乘莊嚴經論 [3] 大乘瑜伽論 [4] 大術 [5] 大樹仙 [6] 大梵天王 [7] 大迦葉波 [8] 大迦多衍那 [9] 大叫 [10] 大林伽藍 [11] 大論師 [12] 大涅槃 [13] 大槃若經 [14] 大寶集經 [15] 大毘婆沙論 [16] 大生主 [17] 大眾部 [18] 大帝 [19] 大天 [20] 大慈定 [21] 大自在天 [22] 大青珠 [23] 大族 [24] 大王 [25] 太子 [26] 道樹 [27] 道場 [28] 常睿 [29] 杖林 [30] 杖林山 [31] 長爪 [32] 長者 [33] 超日

INDEX DES MOTS CHINOIS-SANSCRITS. 497

Tchʼe-kʼiu [1] (Mousâragalva).
Tchʼe-kiun [2] (Rathakâya).
Tchen-tchou-koue [3] (Youddhapatipoura ou Yôdhapatipoura).
Tchen-wang-koue [4] (Youddharâdjapoura ou Yôdharâdjapoura), même royaume que Tchen-tchou-koue.
Tcheou [5] (Hasta).
Tcheou [6], casque. Dans *Pou-la-na-fa-mo* (poûrṇavarmma), ce mot répond imparfaitement à *varmma*, qui signifie « armure », II, 463.
Tcheou-chou [7] (Atharvaṇa ou Atharvavêda).
Tchi [8], *vulgo* faisan. Suivant le dictionnaire *Fan-i-ming-i-tsi*, liv. VI, fol. 16, ce mot répond à Kia-pʼinche-lo (Kapiñdjala), perdrix du genre francolin, II, 335.
Tchʼi [9] (Lôhitaka ou Rôhitaka).
Tchi-man [10] (les Aṅgoulimâlyas).
Tchʼi-mo [11] (Dantakâchṭha).
*Tchʼi-ni-kia-lan [12] (Raktaviṭi saṅghârâma).
*Tchi-sing-pʼo-lo-men [13] (Ṛĭdjoubhâva brâhmaṇa?).

Tchʼi-ta [14] (Rôhitaka stoûpa ou Lôhitaka stoûpa).
Tchi-tsie [15] (Aṅgouliparva).
Tchʼi-tchin-tchou [16] (Padmarâga).
Tchi-youeï [17] (Djñânatchandra).
Tchin-kin-man [18] (Kâñtchanamâlâ).
Tchʼing-chi-lun [19] (Satyasiddha vyâkaraṇa çâstra).
Tching-fa-hoa-king [20] (Saddharma poundarîka).
*Tchʼing-kie [21] (Siddhakalpa?).
Tching-kio [22] (Bôdhi, II, 457, et Paramabôdhi, II, 357).
Tching-liang-pou [23] (l'école des Saṁmatîyas).
Tching-pien-tchi [24] (Samyak sambôdhi).
Tchoang-yen-king-lun [25] (Soûtrâlaṅkâra ṭîkâ).
Tchong-hien [26] (Saṅghabhadra).
Tchong-ho [27] (Saṁghâta).
Tchong-koue [28] (Madhyadêça).
Tchong-lun [29] (Prâṇyamoûlaçâstraṭîkâ).
Tchong-pien-fen-pie-lun [30] (Madhyânta vibhâga çâstra).

---

[1] 車渠 [2] 車軍 [3] 戰主國 [4] 戰王國 [5] 肘 [6] 冑 [7] 呪術 [8] 雉 [9] 赤 [10] 指鬘 [11] 齒木 [12] 赤泥 [13] 直性婆羅門 [14] 赤塔 [15] 指節 [16] 赤眞珠 [17] 智月 [18] 眞金鬘 [19] 成實論 [20] 正法華經 [21] 成劫 [22] 正覺 [23] 正量部 [24] 正徧知 [25] 莊嚴經論 [26] 衆賢 [27] 衆合 [28] 中國 [29] 中論 [30] 中邊分別論

498 INDEX DES MOTS CHINOIS-SANSCRITS.

Tchong-song [1] (les Gêyas).

*Tchong-sse-fen-’o-pi-ta-mo-lun [2] (Abhidharma prakaraṇa pâda çâstra).

*Tchong-sse-fen-pi-p’o-cha-lun [3] (Vibhâchâ prakaraṇa pâda çâstra).

Tchong-tchou [4] (Pradjâpatî ou Mahâpradjâpatî).

Tchou-’aï [5] (Oudayanarâdja).

Tchou-chi-choue-pou [6] (les Lôkôttaravâdinas).

*Tchou-k’ie [7] (Sthâvarakalpa?).

Tchou-lin [8] (Vêṇouvana).

Tchou-lin-tsing-sse [9] (Vêṇouvana vihâra).

Tchou-youen [10], synonyme de Tchou-lin (Vêṇouvana).

Tchou-youen-thsing-sse [11], même couvent que Tchou-lin-thsing-sse.

Tch’ouen-lun-wang [12] (Tchakravarttî râdjâ), II, LXXIII.

Te-hien [13] (Gouṇabhadra).

Te-hoeï [14] (Gouṇamati).

Te-kouang [15] (Gouṇaprabha).

Te-yen-lin [16] (Âptanêtravana?).

Teng-houo [17] (Saṁdjîva), nom d'un enfer, II, 230.

Teng-kouang-tching [18] (Pradîpaprabhâpoura), I, 78.

Teng-lun [19] (Sâmavêda).

Teou-keou [20] (Djâti).

*Teou-kia-lan [21] (Masoûra saṅghârâma).

Teou-tseu [22] (Moudgalapouttra).

Teou-tseng-wang [23] (Kalirâdja).

*Ti-chi [24] (Indra).

*Ti-chi-kho [25] (Indraçâilagouhâ).

Ti-jeou [26] (Koustana).

Ti-ji [27] (Çakrâditya).

Ti-tsing-tchou [28] (Indranîla).

T'iao-fo-kouang [29] (Vinîtaprabha).

T'ien [30] (Dêva).

T'ien-cheou [31] (Dêvadatta).

T'ien-jin-sse [32] (Çâstâ dêvamanouchyânâm).

T'ien-jin-tao-sse [33] (Nâyaka dêvamanouchyânâm).

---

[1] 重頌 [2] 衆事分阿毗達磨論 [3] 衆事分毗婆沙論 [4] 衆主 [5] 出愛王 [6] 出世說部 [7] 住劫 [8] 竹林 [9] 竹林精寺 [10] 竹苑 [11] 竹苑精寺 [12] 轉輪王 [13] 德賢 [14] 德慧 [15] 德光 [16] 得眼林 [17] 等活 [18] 燈光城 [19] 等論 [20] 豆蔲 [21] 豆伽藍 [22] 豆子 [23] 鬪諍王 [24] 帝釋 [25] 帝釋窟 [26] 地乳 [27] 帝日 [28] 帝青珠 [29] 調伏光 [30] 天 [31] 天授 [32] 天人師 [33] 天人導師

INDEX DES MOTS CHINOIS-SANSCRITS. 499

T'ien-kiun [1] (Dêvasêna).
T'ien-mo [2] (Pâpiyân).
T'ien-sse [3] (Dêvâlaya).
T'ien-ti [4] (Dêvêndra).
* T'ien-ti-chi [5] (Çakra dêvêndra).
T'ien-ts'in [6], faute de quelques auteurs pour Chi-thsin (Vasoubandhou).
Ting-ko [7] (Ouchnîcha).
Ting-seng [8] (Moûrddhadjarâdja).
To-k'io [9] (Pratyêkabouddha).
To-kio-sien-jin [10] (Êkaçrĭñga Rĭchi?).
Tong-chan-sse [11] (Poûrvaçàila sañghârâma).
T'ong-cheou [12] (Koumâralabdha).
T'ong-cheou [13] (Koumâradjîva).
T'ong-choui [14] (Tâmrâpa?).
T'ong-tseu [15] (Koumâra).
T'ou-hao [16] (Çaçôrna).
T'ou-hoeï-waï-tao [17] (les Pâçoupatas).
Voyez la note sur Po-chou-po-to.
Touï-fa [18] et Touï-fa-lun (Abhidharma çâstra).

* Tsa-'o-pi-ta-mo-lun [19] (Samyouktâbhidharma çâstra), II, 119.
* Tsa-sin-kiu-che [20] (Samyouktabrĭdaya kôcha).
* Tsa-tsi-thsang [21] (Samyoukta piṭaka?).
Tsan-song [22] (Rig Vêda).
Tsao-kouan [23] (Kouṇḍikâ).
Tsao-p'ing [24] (Kouṇḍikâ).
Tseu [25] (Pouttra).
* Ts'e-chi-p'ou-sa [26] (Mâitrêya Bôdhisattva).
Tseu-choue [27] (les Oudânas).
Ts'e-li-wang [28] (Mâitrîbalarâdja).
Tseu-tsaï [29] (Îçvara).
Tseu-tsaï-t'ien [30] (Îçvaradêva).
Tsi-chi [31] (Âçmakoûṭa?).
Tsi-sse-lun [32] (Yadjourvêda).
Tsi-tchin-lun [33] (Tattvasañtchaya çâstra?).
Tsien-je [34] (Grîchma).
T'sien-tching-kio [35] (Prâgbôdhi).
T'sien-t'siouen [36] (Çarakoûpa).

[1] 天軍 [2] 天魔 [3] 天祠 [4] 天帝 [5] 天帝釋 [6] 天親 [7] 頂骨 [8] 頂生 [9] 獨覺 [10] 獨角仙人 [11] 東山寺 [12] 童授 [13] 童壽 [14] 銅水 [15] 童子 [16] 冤毫 [17] 塗灰外道 [18] 對法論 [19] 雜阿毘達磨論 [20] 雜心俱舍 [21] 雜集藏 [22] 讚誦 [23] 澡罐 [24] 澡瓶 [25] 子 [26] 慈氏菩薩 [27] 自說 [28] 慈力王 [29] 自在 [30] 自在天 [31] 積石 [32] 祭祠論 [33] 集眞論 [34] 漸熱 [35] 前正覺 [36] 箭泉

TSIEOU-FONG [1] (Grĭdhrakoûṭa).
TSIEOU-TAÏ [2] (Grĭdhrakoûṭa).
T'SIEOU-TSEU [3] (Çâripouttra).
TSIN-LEOU [4] (Açravakchaya).
TSING [5] (Koûpa). — JOU-LAÏ-TSING [6] (Tathâgata koûpa).
T'SING-CHE [7] (Vihâra).
TSING-FAN-WANG [8] (Çouddhôdanarâdja).
T'SING-I [9] (Brahmatchârî).
TSING-HING [10], sens de cette expression, II, 445, note 1.
TSING-KIU-T'IEN [11] (Çouddhavâsa dèva).
T'SING-PIEN [12] (Bhâvavivêka).

TS'ING-LIU [13] (Vihâra).
TSING-SSE-TSEU [14] (Viçouddhasiñha).
TSING-THSANG [15] (Nîlapiṭa, ou plutôt Nîlapiṭaka).
TSO-KOUANG-TSENG [16] (Prabhâkara-varddhana).
TSOUÏ-CHING-KHIEOU [17] (Djinatrâta).
TSOUÏ-CHING-TSEU [18] (Djinapouttra).
TSOUÏ-CHING-T'SIN [19] (Djinabandhou).
TSUN-CHANG-TSO-POU [20] (Âryasthaviranikâya).
TSUN-TSO-CHAN [21] (Gouroupadagiri), même montagne que Koukkouṭapadagiri).

W

WAÏ-TAO [22] (Brâhmaṇa). Le dictionnaire *Mahâvyoutpatti* donne Tîrthaka, qu'on écrit plus souvent Tirthya.
WANG-CHE-TCH'ING [23] (Râdjagrĭhapoura).
WANG-TSEU [24] (Koumârarâdja).
WANG-TSENG [25] (Râdjavarddhana).

WEÏ-CHI-LUN [26] (Vidyâ mâtra siddhi).
WEÏ-CHI-SAN-CHI-LUN-CHI [27] (Vidyâ mâtra siddhi tridaça çàstra kârikâ).
WEÏ-SENG-YOUEN [28] (Adjâtaçatrou).
WEÏ-TSENG-YEOU [29] (les Adbhoutadharmas).
WEN-EUL-PE-I [30] (Çroutaviñçatikôṭi).

---

[1] 鷲峯 [2] 鷲臺 [3] 鷲子 [4] 盡漏 [5] 井 [6] 如來井 [7] 精舍 [8] 淨飯王 [9] 淨裔 [10] 淨行 [11] 淨居天 [12] 清辯 [13] 精廬 [14] 淨師子 [15] 青藏 [16] 作光增 [17] 最勝救 [18] 最勝子 [19] 最勝親 [20] 尊上座部 [21] 尊足山 [22] 外道 [23] 王舍城 [24] 王子 [25] 王增 [26] 唯識論 [27] 唯識三十論釋 [28] 未生怨 [29] 未曾有 [30] 聞二百億

INDEX DES MOTS CHINOIS-SANSCRITS. 501

Wou-chang-fa [1] (Anouttara dharma).
Wou-chang-teng-k'io [2] (Anouttara-bôdhi).
Wou-chin-t'ong [3] (Chadabhidjñâs).
Wou-ching [4] (Adjitavati).
Wou-'go [5] (Anâtmâ ou Anâtmaka).
Wou-heou-tching [6] (Vimalakîrtti).
Wou-heou-yeou [7] (Vimalamitra).
Wou-je-nao [8] (Anavatapta).
Wou-kien-yo [9] (Avîtchi).
Wou-se-kiaï [10] (Aroûpadhâtou).
Wou-so-yeou-tchou-ting [11] (Akiñtchavyâyatana).

Wou-tch'ang [12] (Anitya), II, 260.
Wou-tcho [13] (Asañga).
Wou-tcho-ho [14] (Nâirañdjanâ).
Wou-weï [15] (Abhaya).
Wou-weï-chan-tchou-pou [16] (les Abhayagirivâsinas).
Wou-weï-ya [17] (Abhayadañchtra).
Wou-yeou-chou [18] (Açôka), nom d'arbre.
Wou-yeou-wang [19] (Açôka), nom de roi.
Wou-yu-tsi-mie [20] (Parinirvâna), le Nirvâna complet.

Y

Yang-mao [21] (Avilôma).
Ye-t'san-sse [22] (Kâuçêya).
Yen-chi-kiaï [23] (Tchakchourvidjñâna dhâtou).
Yen-je [24] (Tapana).
*Yen-kia-lan [25] (Hañsasañghârâma).
Yen-kiaï [26] (Tchakchourdhâtou).

Yeou-ji [27] (Bâlâditya).
Yeou-kin-ho [28] (Hiranyavati).
Yo-kiaï [29] (Kâmadhâtou).
Yo-kin-hiang [30] (Kouñkouma).
*Yo-kin-hiang-sou-tou-po [31] (Kouñkouma stoûpa).
Yo-sse-jou-laï-pen-youen-kong-te-

---

[1] 無上法 [2] 無上等覺 [3] 五神通 [4] 無勝 [5] 無我 [6] 無垢稱 [7] 無垢友 [8] 無熱惱 [9] 無間獄 [10] 無色界 [11] 無所有處定 [12] 無常 [13] 無著 [14] 無著河 [15] 無畏 [16] 無畏山住部 [17] 無畏牙 [18] 無憂樹 [19] 無憂王 [20] 無餘宋滅 [21] 羊毛 [22] 野蠶絲 [23] 眼識界 [24] 炎熱 [25] 鴈伽藍 [26] 眼界 [27] 幼日 [28] 有金河 [29] 欲界 [30] 鬱金香 [31] 鬱金香窣都波

502 INDEX DES MOTS CHINOIS-SANSCRITS.

king [1] (Ârya bhagavatî bhêchadja gourou poûrva praṇidhâna nâma mahâyâna soûtra).

Youeï [2], en chinois *Lune* (Indou), l'Inde. — Çaçâñka, nom de roi. — Mâsa « un mois ».

Youeï-'aï-tchou [3] (Tchandrakânta).

Youeï-fen [4] (Tchandrabhâgâ).

Youeï-kouang [5] (Tchandraprabha), nom de roi, I, 89, 262; II, 154; III, 100.

Youeï-sse-tseu [6] (Tchandrasiñha).

Youeï-tcheou [7] (Tchandravarmma).

Youeï-wang [8] (Çaçâñka râdjâ).

Youen-mouan [9] (Poûrṇa).

Yu [10] (les Avadânas).

Yu-chi [11] (Varchâs).

Yu-'an-kiu [12] (Varchavâsana).

[1] 藥師如來本願功德經 [2] 月 [3] 月愛珠 [4] 月分 [5] 月光 [6] 月獅子 [7] 月胄 [8] 月王 [9] 圓滿 [10] 諭 [11] 雨時 [12] 雨安居

INDEX
DES MOTS SANSCRITS
FIGURÉS PHONÉTIQUEMENT.

Le signe * indique les mots composés d'éléments sanscrits et chinois, comme *Chi-to-lin* (Djétavana), où *Chi-to* est la transcription du mot indien *Djétá* «vainqueur», et *lin* le mot chinois «bois, forêt», en sanscrit *vana*. La même observation doit s'appliquer, en sens inverse, à l'Index chinois-sanscrit, où l'on a inséré, en les faisant précéder d'un *, un certain nombre de mots composés d'éléments chinois et sanscrits.

On a admis, dans le présent Index, quelques mots phonétiques étrangers au sanscrit, qui n'étaient pas assez nombreux pour mériter une place à part.

A

'An-cha-tcha[1] (Âchâḍha).
'An-chi-fo-yu-che[2] (Âçvayoudja).
'An-mi-lo[3] (Âmla).
'An-mo-lo[4] (Âmra).
*'An-mo-lo-ko[5], un fruit d'Âmra, manguier. C'est ainsi qu'il faut lire, II, 91, 187, 207, au lieu de *Amaluka*. P. 207, supprimez la note 2.
*'An-mo-lo-niu[6] (Âmradârikâ).
'An-ta-lo[7] (Andhra).
'An-ta-lo-fo[8] (Antarava).

C

Cha-lo-kia[9] (Charaka?).
Chan-che-ye[10] (Sañdjaya).
*Chan-ni-lo-che-tch'ouen[11], la vallée de Sanirâdjâ, II, 137.
Chang-mi[12] (Çâmbî).
Chang-mou-kia[13] (Chaṇmoûka?).
Che-chang-kia[14] (Çaçâñka).
Che-kie-lo[15] (Çâkala).

---

[1]頞沙荼 [2]頞溼縛庾闍 [3]菴別羅 [4]菴摩羅 [5]菴摩羅果 [6]菴摩羅女 [7]案達羅 [8]安旦羅縛 [9]沙落迦 [10]珊闍邪 [11]珊尼羅闍川 [12]商彌 [13]商莫迦 [14]設賞迦 [15]奢羯羅

504   INDEX DES MOTS SANSCRITS

Che-lan-ta-lo [1] (Djâlandhara).
Che-li [2] (Çariras).
*Che-li-tseu [3] (Çâripouttra).
Che-no-kia [4] (Çanaka).
Che-no-kia-fo-so [5] (Çanakavâsa).
Che-to-kia [6] (les Djâtakas).
Che-to-tou-lou [7] (Çatadrou).
*Che-ye-in-t'o-lo-sse [8] (Djayêndravihâra).
Che-ye-kio-to [9] (Djayagoupta).
Che-ye-pou-lo [10] (Djayapoura).
Che-ye-si-na [11] (Djayasêna).
Chi-fan [12] (Indra et Brahmâ).
Chi-feï-to-pou-lo [13] (Çvêtapoura).
Chi-feï-to-pou-lo-kia-lan [14] (Çvêtapoura sañghârâma).
Chi-fo-kia [15] (Djîvaka).
Chi-k'i-ni [16] (Chaghnân).
*Chi-kia-fa [17] (Çâkyadharma).
Chi-kia-fo [18] (Çâkyabouddha).
*Chi-kia-jou-laï [19] (Çâkyatathâgata).
Chi-kia-meou-ni [20] (Çâkyamouni).
Chi-kia-p'ou-sa [21] (Çâkyabôdhisattva), I, 76, 127; II, 97, 310.
Chi-leou-to-p'in-che-ti-keou-tchi [22] (Çroutaviñçatikôṭi).
Chi-li-ki-li-to-ti [23] (Çrîkrîtati).
Chi-li-kio-to [24] (Çrîgoupta).
Chi-li-lo-to [25] (Çrîlabdha), nom d'homme, II, 269. Eug. Burnouf (Lotus, p. 358) avait cru que c'était la transcription de Çrîlabha.
Chi-li-tch'a-ta-lo [26] (Çrîkchêtra).
Chi-lo-fa-na [27] (Çrâvaṇa).
Chi-lo-fa-si-ti [28] (Çrâvastî).
Chi-lo-mo-ni-lo [29] (Çrâmaṇêra).
Chi-lo-'o-t'ie-to [30] (Çîlâditya).

[1] 闍爛達羅 [2] 舍利 [3] 舍利子 [4] 設諾迦 [5] 設諾迦縛娑 [6] 闍多伽 [7] 設多圖盧 [8] 闍耶因陀羅寺 [9] 闍耶毱多 [10] 闍耶補羅 [11] 闍邪犀耶 [12] 釋梵 [13] 溼吠多補羅 [14] 溼吠多補羅伽藍 [15] 時縛迦 [16] 尸棄尼 [17] 釋迦法 [18] 釋迦佛 [19] 釋迦如來 [20] 釋迦牟尼 [21] 釋迦菩薩 [22] 室纜多頻設底拘胝 [23] 室利訖栗多底 [24] 室利毱多 [25] 室利邏多 [26] 室利差呾羅 [27] 室羅伐拏 [28] 室羅伐悉底 [29] 室羅末尼羅 [30] 尸羅阿迭多

FIGURÉS PHONÉTIQUEMENT. 505

Chi-lo-po-t'o-lo [1] (Çilabhadra).
*Chi-men [2], l'école de Çâkya, c'est-à-dire l'école où l'on reçoit l'enseignement bouddhique, I, 12.
Chi-pi-kia [3] (Çivika).
Chi-se-tchpa [4] (Djyâichṭba).
*Chi-to (T'aï-tseu [5]) (Djêtâ — koumârarâdja).
*Chi-to-lin [6] (Djêtavana).

*Chi-to-youen [7], synonyme de Chi-to-lin (Djêtavana).
Chin-na-fan-t'ou [8] (Djinabandhou).
Chin-na-ta-lo-to [9] (Djinatrâta).
Cho-kia-lo-'o-t'ie-to [10] (Çakrâditya).
Chou-t'o-lo [11] (Çoûdra).
Chun-t'o [12] (Tchounda), nom d'homme, I, 130; II, 333.

F

Fa-che-lo [13] (Vadjra).
Fa-la-na [14] (Varaṇa).
Fa-la-pi [15] (Vallabhî).
Fa-sou-mi-ta-lo [16] (Vasoumitra).
Fa-sou-p'an-tou [17] (Vasoubandhou).
Fa-ti [18] (Vadi ou Vati).
*Fan-cheou [19] (Brahmadatta).
*Fan-chou [20] (Brahmâkcharas), les caractères de l'écriture indienne, inventée par Fan, c'est-à-dire Fan-lan-mo (Brahmâ), I, 165.
Fan-lan-mo [21] (Brahmâ).

*Fan-tchang [22] (Brahmavastou). Voy. *Si-t'an-tchang.
*Fan-tchi [23] (Brahmatchârî).
*Fan-t'ien [24] (Brahmâ).
*Fan-t'ien-wang [25], le roi des Brahmakâyikas.
*Fan-wang [26], le même que Fan-t'ien (Brahmâ).
Fan-yen-na [27] (Bayana), nom du royaume de Bamyân.
*Fan-yu [28] (Brahmânandita?).
Feï-che [29] (Vâiçya).

---

[1] 尸羅跋陀羅 [2] 釋門 [3] 尸毗伽 [4] 逝瑟吒
[5] 太子逝多 [6] 逝多林 [7] 逝多苑 [8] 辰那飯
荼 [9] 辰那多羅多 [10] 鑠迦羅阿逸多 [11] 戍
陀羅 [12] 準陀 et 純陀 [13] 伐闍羅 [14] 伐剌拏
[15] 伐臘毘 [16] 伐蘇蜜呾羅 [17] 伐蘇槃度
[18] 伐地 [19] 梵授 [20] 梵書 [21] 梵覽磨 [22] 梵章
[23] 梵志 [24] 梵天 [25] 梵天王 [26] 梵王 [27] 梵衍那
[28] 梵豫 [29] 吠奢

Feï-che-k'ie[1] (Vâiçâkha).
Feï-che-li[2] (Vâiçâlî).
Feï-han[3] (Ferghana).
*Feï-t'o-lun[4] (les Vèdas). Voyez Weï-t'o.
Feou-thou[5] (un Stoûpa). Ce mot est une altération de *Fo-tho* (Bouddha). On lit dans *Ma-tou'an-lin*, liv. CCCXXXVIII, fol. 15 : « Le peuple de l'Inde suit la doctrine de *Feou-thou* (Bouddha). » *Ibid.* « L'empereur *Heng-ti* offrait souvent des sacrifices à *Feou-thou* (Bouddha) et à *Lao-tseu*. »
Fo-cha[6]. Dans le dictionnaire *Fan-i-ming-i-tsi*, l. I, fol. 17, ce mot, dont l'orthographe est donnée comme incorrecte, répond à *Pouchya*, nom d'un astérisme composé de trois étoiles. *Ibid.* liv. XIV, fol. 18, c'est le nom même du Rĭchi cité dans le *Si-yu-ki*, II, 75, note 1.
Fo-ho[7]. Voyez ci-dessous Fo-ho-lo.
Fo-ho-lo[8] (Balkh).
*Fo-in[9] (Bouddhatchhâyâ), l'ombre du Bouddha ; grotte ou caverne de l'*Ombre du Bouddha*, I, 80, 81, 82 ; II, 100.
Fo-kia-lang[10] (Baglan).
*Fo-ko[11] (Bouddhaphalam), le fruit du Bouddha (la dignité d'Arhat), II, 16.
Fo-li-chi[12] (Vrĭdji).
Fo-li-chi-sa-t'ang-na[13] (Vrĭdjisthâna).
Fo-p'o-chi-lo-seng-kia-lan[14] (Poûrvaçâila sañghârâma).
Fo-p'o-pi-ti-ho[15] (Poûrvavidêha).
*Fo-sse[16] (Bouddhadâsa).
*Fo-ti-king[17] (Bouddha bhoûmi soûtra).
Fo-ti-lo[18] (Bŏdhila).
*Fo-ting-ko[19] (Bouddhôchnîcha), os du sommet du crâne du Bouddha ; pieux moulage de cet os, II, 102.
*Fo-ting-ko-tch'ing[20] (Bouddhôchnîchapoura), nom de ville, I, 77 ; II, 49.
Fo-t'o[21] (Bouddha), II, 282 et passim.
*Fo-t'o-fa-na-chan[22] (Bouddhavanagiri).
Fo-t'o-kio-to[23] (Bouddhagoupta).

---

[1] 吠舍佉 [2] 吠舍釐 [3] 怖捍 [4] 伏陀論 [5] 浮圖 [6] 弗沙 [7] 縛喝 [8] 縛喝羅 [9] 佛影 [10] 縛伽浪 [11] 佛果 [12] 弗栗恃 [13] 佛栗恃薩儻那 [14] 弗婆勢羅僧伽藍 [15] 弗婆毗提訶 [16] 佛使 [17] 佛地經 [18] 佛地羅 [19] 佛頂骨 [20] 佛頂骨城 [21] 佛陀 [22] 佛陀伐那山 [23] 佛陀毱多

FIGURÉS PHONÉTIQUEMENT.

Fo-t'o-po-t'o-lo[1] (Bouddhabhadra).
Fo-t'o-seng-ho[2] (Bouddhasiñha).
Fo-t'o-t'o-so[3] (Bouddhadâsa).

Fo-t'sou[4] (Vakchou).
Fou-che-sou-mi-lo[5] (Poûdjasoumira?).

H

Han-jo[6] (Handjna?).
He-lou-si-min-kien[7] (Hrosminkan?).
Hi-laï-na-fa-ti[8] (Hiranyavatí).
Hi-lo[9] (Hila?).
Hi-mo-ta-lo[10] (Himatala).
Hing-kiu[11] (Hiûgou).
Ho-han[12] (Gaban, suivant Klaproth), canton de la Boukharie, I, 61; II, 20; III, 281.
Ho-kia-lo[13] (les Vyâkaranas).
Ho-la-li[14] (Haralí?).
Ho-lao-lo-kia[15], nom de ville, I, 289; III, 243.
Ho-li-cha-fa-tan-na[16] (Harchavarddhana).
Ho-li-si-mi-kia[17] (Kharismiga?).
Ho-li-ti[18] (Arití?).

Ho-lin[19] (Khoulm).
Ho-lo-che-fa-t'an-na[20] (Râdjavarddhana).
Ho-lo-che-ki-li-hi[21] (Râdjagrĭha).
Ho-lo-che-pou-lo[22] (Râdjapoura).
Ho-lo-hou[23] (Rohou, Roh?). Voyez Rochan, III, 195.
Ho-lo-hou-lo[24] (Râhoula).
Ho-lou-mo[25], pays au nord de l'Oxus. M. Saint-Martin croit que le Chadoumân actuel répond à Ho-loumo, mais M. Reinaud voit dans ce nom le Kolom des Arabes. II, 25; III, 270.
Ho-mo[26] (Homa), nom de ville.
* Ho-pou-to-chi-sou-tou-po[27] (Adbhoutâçmastoûpa?).

---

[1] 佛陀跋多羅 [2] 佛陀僧訶 [3] 佛陀馱索
[4] 縛芻 [5] 富闍蘇彌羅 [6] 韓若 [7] 紇露悉泯
健 [8] 叨賴拏伐底 [9] 醯羅 [10] 呬摩怛羅 [11] 興
瞿 [12] 喝捍 [13] 和伽羅 [14] 褐剌縛 [15] 曷勞落
迦 [16] 曷利沙伐彈那 [17] 貨利習彌迦 [18] 阿
利底 [19] 忽懍 [20] 曷邏闍伐彈那 [21] 曷羅
闍姞利呬 [22] 曷羅闍補羅 [23] 曷羅胡 [24] 曷
邏怗邏 [25] 忽露摩 [26] 鶴秣 [27] 遏部多石
窣都波

508 INDEX DES MOTS SANSCRITS

Ho-sa-lo [1] (Hasara?).
Ho-si-na [2] (Ghazna).
Hoen-t'o-to [3] (Kaudat).
Hou-cha [4] (Och ou Oûsch).
Hou-chi-kien [5] (Oudjikan).

Hou-mi [6] (Heumi). Voyez Matotch.
Hou-pi-na [7] (Houpian). Voyez ce dernier nom, III, 191, 417.
Hou-se-kia-lo [8] (Houchkara?).
'Houo-koue [9] (Ghoûr).

I

I-chang-na-pou-lo [10] (Îçânapoura).
I-chi-fa-lo [11] (Îçvara).
I-lan-na-po-fa-to [12]. Voyez Hiraṇya-parvata.
I-lo-po-ta-lo [13] (Êlâpatra).
I-ti-youe-to-kia [14] (Itivṛittakam), en chinois Pen-sse; c'est l'une des douze sections des livres bouddhiques, II, 72, 78. Eug. Burnouf (Intr. au Bouddh. I, 160) écrit: les Itiyouktas, et j'avais adopté ce mot, II, 78; mais je préfère aujourd'hui suivre le Mahâvyoutpatti et le dictionnaire Fan-i-ming-i-tsi (liv. IX, fol. 14). Seulement, dans ce dernier ouvrage, on a écrit, par suite d'une légère erreur, 目 mo, au lieu de 日 youeï, qui figure vi, et vri après l'intercalation de l'r. Voyez Itivṛittakam et Itivṛittikam.

In-po-kien [15] (Invakan). Hoeï-li écrit K'ie-po-kien (Khavakan) et 'O-po-kien (Avakan). Voyez Vakhan, III, 424.

In-te-kia [16] (Indica regio).
In-t'o-lo-chi-lo-kiu-ho [17] (Indra-çâila gouhâ).
In-tou [18] (Indou).
'In-tou-ki [19], Mémoires sur l'Inde, II, 198, 378.

J

Jouï-mo-t'o [20], nom d'un pays du Khoraçan. Les deux dernières syllabes se prononcent mada ou madha; mais comme la première a plusieurs

[1]鶴薩羅 [2]鶴悉那 [3]昏馱多 [4]鑊沙 [5]胡寔健 [6]護蜜 [7]護苾那 [8]護瑟迦羅 [9]活國 [10]伊賞那補羅 [11]伊溼伐羅 [12]伊爛拏鉢伐多 [13]瑿羅鉢呾羅 [14]伊帝曰多伽 [15]淫薄健 [16]印特伽 [17]因多陀羅勢簍訶 [18]印度 [19]印度記 [20]銳末陀

FIGURÉS PHONÉTIQUEMENT. 509

sens (*joui*, *youei*, *toui* et *taï*), il m'est impossible d'en déterminer la transcription, I, 67; II, 34; III, 289.

K

Keng-so-kia-lan [1] (Hañsa sañghârâma).
Keou-chi-na-kie-lo [2] (Kouçinagara).
Keou-li-kia [3] (Koulika).
Keou-lou-che [4] (Krôça).
*Keou-lou-tcheou [5] (Kouroudvîpa). Le nom complet est Outtara kourou, répondant à Pe-keou-lou, le Kourou du nord. Nom de pays, II, LXXIII.
Keou-mo-lo [6] (Koumâra).
Keou-mo-lo-lo-to [7] (Koumâralabdha).
Keou-na-lang, même nom que *Keou-na-lo* (Kounâla).
Keou-na-lo [8] (Kounâla).
*Keou-sou-mo-pou-lo-tch'ing [9] (Kousouma poura).
Keou-tchi [10] (Kôṭi).
K'i-k'i-lo [11] (Khakkharam).
Ki-kiang-na [12] (Kikaṇa).

Ki-li-se-mo [13] (Ischkeschm).
Ki-li-to-lo-kiu-tch'a [14] (Grĭdhrakoûṭa).
*Ki-li-to-tchong [15], la race des Kritiyas.
K'i-ye [16], les Gèyas.
K'ia-cha [17], Kachgar.
Kia-cha [18], nom d'un vêtement. Ce mot paraît figurer *Kachâya* « brun ». Le dictionnaire *Mahâvyoutpatti* donne pour synonyme *Tchîvara* « vêtement de religieux », I, 70; II, 39, 101; III, 218.
Kia-che [19] (Kâçâ).
Kia-che-fo [20] (Kâçyapa Bouddha).
*Kia-che-pi-ye-pou [21] (Kâçyapîyanikâya). L'école des Kâçyapîyas.
Kia-che-po [22] (Kâçyapa).
*Kia-che-po-jou-laï [23] (Kâçyapa Tathâgata).
Kia-che-pou-lo [24] (Kâçapoura).

---

[1] 亙娑伽藍 [2] 拘尸那揭羅 [3] 拘理迦 [4] 拘盧舍 [5] 拘盧洲 [6] 拘摩羅 [7] 拘摩羅遜多 [8] 拘挐羅 [9] 拘蘇摩補羅城 [10] 拘胝 [11] 隙棄羅 [12] 稽薑邢 [13] 訖栗瑟摩 [14] 姞栗陀羅矩吒 [15] 訖利多種 [16] 祇夜 [17] 佉沙 [18] 袈裟 [19] 迦奢 [20] 迦葉佛 [21] 迦葉臂耶部 [22] 迦葉波 [23] 迦葉波如來 [24] 迦奢布羅

KIA-CHI-MI-LO [1] (Kâçmîra).
KIA-LA-TI-KIA [2] (Kârtika).
KIA-LAN-T'O [3] (Karaṇḍa), I, 155; III, 29, note 1.
*KIA−LAN−T'O−TCH'I [4] (Karaṇḍa-hrada).
*KIA-LAN-T'O-TCHOU-YOUEN [5] (Karaṇḍa vêṇouvana), nom d'un jardin, I, 155. J'avais lu d'abord *Kalanta vêṇouvana*, et cette leçon se trouve confirmée par le dictionnaire *Mahâvyoutpatti*, § 187 (*Kalantakanivâsa*). Mais, d'après l'explication du dictionnaire *Fan-i-ming-i-tsi* (liv. VI, fol. 14), *Kia-lan-t'o* est le nom d'un oiseau qui vit dans les bois de bambous. Il faut donc reconnaître ici le mot *Karaṇḍa vêṇouvana*. Ce mot *Karaṇḍa* est devenu plus tard le nom d'un maître de maison dont il est ici question, III, 29. (Conf. Burnouf, *Introduction au Bouddhisme*, p. 456.)

KIAO-LO-KIEOU-TCH'UN-T'O [6] (Krakoutchtchhanda).
KIA-LO-PI-NA-KIA [7] (Kâlapinâka).
KIA-MO-LANG-KIA [8] (Kâmalañkâ).
KIA-MO-LEOU-PO [9] (Kâmaroûpa).
KIA-NI-SE-KIA [10] (Kanichka).
KIA−NO−KIA−MEOU−NI [11] (Kanakamouni).
KIA-PI-CHE [12] (Kapiça).
KIA-P'IN-CHE-LO [13] (Kapiñdjala).
KIA-PO-LI [14] (les Kapâlikas).
KIA-POU-TE-KIA-KIA-LAN [15] (Kapôtikasañghârâma).
KIA-T'O [16] (Gâthâ).
KIA-TO-YEN-NA [17] (Kâtyâyana).
KIA-YE [18] (Gayâ).
KIA-YE-KIA-CHE-PO [19] (Gayâkâçyapa).
KIAO-CHANG-MI [20] (Kâuçâmbî).
KIAO-CHE-YE [21] (Kâuçêya).
KIAO-SA-LO [22] (Kôsala).
KIAO-TA-MO [23] (Gâutama).
KIAO-TCH'IN-JOU [24] (Kâuṇḍinya).
KIE-CHING-KIE-LO [25] (Kadjiñgara).

[1] 迦濕彌羅 [2] 迦剌底迦 [3] 迦蘭陀 [4] 迦蘭陀池 [5] 迦蘭陀竹園 [6] 迦羅鳩村馱 [7] 迦羅臂挐迦 [8] 迦摩浪迦 [9] 迦摩縷波 [10] 迦膩色迦 [11] 迦諾迦牟尼 [12] 迦畢試 [13] 迦頻闍羅 [14] 迦波釐 [15] 迦布德迦伽藍 [16] 伽陀 [17] 迦多衍那 [18] 伽邪 [19] 伽邪迦葉波 [20] 憍賞彌 [21] 憍奢耶 [22] 憍薩摩 [23] 喬荅摩 [24] 憍陳如 [25] 羯鼮揭羅

FIGURÉS PHONÉTIQUEMENT. 511

KIE-CHOANG-NA [1] (Kaçaṇa).
KIE-JO-KIO-CHE [2] (Kanyâkoubdja).
*KIE-LI-WANG [3] (Kalirâdja).
KIE-LING-KIA [4] (Kaliñga).
KIE-LO-NA-SOU-FA-LA-NA [5] (Karṇasouvarṇa).
KIE-MO-T'O-NA [6] (Karmmadâna).
KIE-NI-KIA [7] (Kanaka).
K'IE-P'AN-T'O [8] (Khavandha?).
KIE-PI-LO-FA-SOU-TOU [9] (Kapilavastou).
KIE-PI-T'A [10] (Kapitha).
K'IE-PO-KIEN [11] (Khavakan), nom de pays, I, 265, 270. Ce mot s'écrit encore 'O-po-kien (Avakan), I, 265, et dans le *Si-yu-ki* (II, 27; III, 199) *In-po-kien* (Invakan). Voyez VAKHAN, III, 199, 424.
*KIE-POU-LO-HIANG [12] (Karpoûra).
KIE-POU-TA-NA [13] (Kapôtana).
K'IE-TCH'A [14] (Katcha — Katch).
KIE-TCHI [15] (Gatchi).

KIE-TCHOU-OUO-K'I-LO [16] (Kadjoûghira).
K'IE-T'O-LO [17] (Khadira), nom d'arbre, II, 55.
K'IE-TSI-CHI-FA-LO [18] (Khadjîçvara?). M. Lassen lit *Katchtchhêçvara* « maître du rivage ». (Voyez III, 411 et 175.) Suivant M. de Saint-Martin, c'est aujourd'hui la ville de *Karatchi*.
K'IEN-PO-LO [19] (Kambala).
*KIEN-TCHI-TCH'ING [20] (Kâñtchîpoura).
KIEN-TCHI-POU-LO [21] (Kâñtchîpoura).
KIEN-TCHOUÏ [22], prononcez *Kien-ti* (Ghaṇṭâ).
KIEN-T'I [23] (Ghaṇṭâ).
KIEN-T'O-LO [24] (Gândhâra).
KIEOU-MO-LO-CHI [25] (Koumâradjîva).
*KIEOU-MO-LO-WANG [26] (Koumârarâdja).
KIEOU-NA-PO-T'O-LO [27] (Gouṇabhadra).
KIN-PI-LO [28] (Koumbhîra).

---

[1] 羯霜邢 [2] 羯若鞠闍 [3] 羯利王 [4] 羯餕伽 [5] 羯羅拏蘇伐剌邢 [6] 羯磨陀邢 [7] 羯尼迦 [8] 朅盤陀 [9] 劫比羅伐窣都 [10] 劫比他 [11] 劫薄健 [12] 羯布羅香 [13] 劫布呾邢 [14] 契吒 [15] 揭職 [16] 羯殊嗢祇羅 [17] 朅陀羅 [18] 朅麟溼伐羅 [19] 頰鉢羅 [20] 建志城 [21] 建志補羅 [22] 犍槌 [23] 揵稚 et 犍稚 [24] 健馱邏 [25] 鳩摩羅什 [26] 鳩摩羅王 [27] 求邢跋陀羅 [28] 金毘羅

INDEX DES MOTS SANSCRITS

King-k'i [1] (Gañgî).
King-kia [2] (Gañgâ).
*King-kia-ho-men [3] (Gañgâdvâra).
Kio-ho-yen-na [4] (Kouvayana).
Kio-li-yen-na [5] (Kouryana).
K'iu-cha [6] (Ghôcha).
Kiu-che [7] (Kouça).
Kiu-che-kie-lo-pou-lo [8] (Kouçâgarapoura).
*Kiu-che-po-lun [9] (Abhidharma kôcha karakâ çâstra?).
K'iu-chi-ling-kia [10] (Gôçṛiñga).
Kiu-chi-lo [11] (Ghôchira).
Kiu-choang-ni-kia [12] (Kouçannika).
Kiu-hoen-tch'a-kia-lan [13] (Gôkantha sañghârâma?), nom d'un couvent. Lisez comme ci-dessus (II, 215), au lieu de *Kin-min-tch'a* (Gôminda), et effacez la note 1.
Kiu-kia-li [14] (Koukâlî), frère de Dêvadatta. Je le lis ainsi d'après le dictionnaire *Fan-i-ming-i-tsi*, liv. V, fol. 20, qui explique ce mot par 'O-chi-tche «celui qui a le temps (kâla) mauvais (kou)». Burnouf (*Lotus*, p. 788) lit *Gôkâlî*, et voit dans ce personnage, non le frère cadet, mais le père de Dêvadatta. I, 125; II, 302.
Kiu-kiu-tch'a-'o-lan-mo [15] (Koukkountârâma).
*Kiu-kiu-tch'a-po-to-chan [16] (Koukkouta pada giri).
Kio-kiu-tch'a-po-to-seng-kia-lan [17] (Koukkouta pada sañghârâma).
Kiu-lang-na [18] (Kourana).
*Kiu-lou-po-to-chan [19] (Gourou pada giri).
Kiu-lou-sa-pang [20] (Grôsapam?), nom de ville, I, 266.
Kiu-lou-to [21] (Koulouta).
Kiu-mi-to [22] (Koumidha).
Kiu-na-mo-ti [23] (Gounamati).
Kiu-na-po-la-p'o [24] (Gounaprabha), nom d'homme.
Kiu-pi-choang-na [25] (Gôviçana?).

[1] 兢祇 [2] 兢伽 [3] 兢伽河門 [4] 鞠和衍那
[5] 鞠利衍那 [6] 瞿沙 [7] 矩奢 [8] 矩奢揭羅補羅 [9] 俱舍電論 [10] 瞿室餕伽 [11] 具史羅 et 瞿史羅 [12] 屈霜你迦 [13] 俱昏茶伽藍 [14] 俱迦利 [15] 屈屈吒阿濫摩 [16] 屈屈吒波陀山 [17] 屈屈吒波陀僧伽藍 [18] 屈浪那 [19] 簒盧播陀 [20] 瞿盧薩謗 [21] 屈露多 [22] 拘謎陀 [23] 瞿那末底 [24] 瞿挐鉢剌婆 [25] 瞿毗霜那

FIGURÉS PHONÉTIQUEMENT.   513

Kiu-po [1] (Gôpa).
Kiu-po-li [2] (Gôpâlî).
Kiu-po-lo [3] (Gôpâla).
Kiu-sa-tan-na [4] (Koustana).
Kiu-tche-lo [5] (Gourdjdjara).
Kiu-tchi [6], nom de pays, aujourd'hui Koutché, I, 40, 48, 285; II, 3; III, 265.
K'iu-t'o-ni [7] (Gôdhanya).
Kiun-tch'i-kia [8] (Koundikâ).
K'o-han [9], le Khan (des Turcs), I, 32.

K'o-ho-tun [10], Kho, *Katoun*. En turc et en mongol, *Katoun* signifie « reine et princesse », I, 62.
K'o-tou-lo [11] (Kotoula). Voyez Kotol et Kotl.
Kong-kien-na-pou-lo [12] (Kôṅkaṇâpoura).
Kong-yu [13].
Kong-yu-t'o [14] (Kôñyòdha?).
K'ouo-si-to [15] (Khousta).

L

La-fa-ni [16] (Lavanî), nom d'un jardin. Dans le dictionnaire *San-thsang-fa-sou*, liv. XXXI, fol. 5 v°, ce jardin est appelé *Lun-min*, *Longmi-ni* (Loumbinî), *Lan-pi-ni* (Lambinî), et ailleurs *Lin-weï-ni* (Limbinî). Le *Lalita vistâra*, p. 83, donne *Loumbinî*.
La-po [17] (Lava).
Lan-mo [18] (Râmagrâma).
Lan-pi-ni [19] (Lambinî), II, 321. Voy. La-fa-ni.

Lan-po [20] (Lampâ).
Lan-po-lo [21] (Lamboura), nom de montagne, II, 41. Voyez Laspoûr, III, 315.
Lang-kie-lo [22] (Laṅgala).
Li-po-to [23] (Rêvata).
Li-tchue-p'o [24] (les Litchhavas).
Lin-weï-ni [25] (Limbinî). Voyez La-fa-ni.
Ling-kia [26], même nom que le suivant.
Ling-kia [27] (Laṅkâ).

[1] 瞿波 [2] 瞿波利 [3] 瞿波羅 [4] 瞿薩怛那
[5] 瞿折羅 [6] 屈支 [7] 瞿陀尼 [8] 捃稚迦 [9] 可汗
[10] 可賀敦 [11] 珂咄羅 [12] 恭建那補羅 [13] 恭
御 [14] 恭御陀 [15] 闊悉多 [16] 臘伐尼 [17] 臘縛
[18] 藍摩 [19] 嵐毗尼 [20] 濫波 [21] 藍勃羅 [22] 狼
揭羅 [23] 釐波多 [24] 栗呫婆 [25] 林徵尼 [26] 楞
伽 [27] 驂伽

514 INDEX DES MOTS SANSCRITS

*Ling-kia-king [1] (Lañkâvatârasoûtra).
*Lo [2] (Nan), le Lâr ou Lâra du midi; nom que l'on donnait au royaume de Malva, III, 154.
Lo-heou-lo [3] (Râhoula).
Lo-hou-lo [4] (Lôhara).
Lo-hou-lo [5] (Râhoula).
Lo-in-ni-lo [6] (Rôhinilâ?).
Lo-lo [7] (Pe), le Lâra, Lâr du nord. Voyez Lâra et Vallabhî.
Lo-mo-in-tou [8]. M. Vivien de Saint-Martin identifie ce mot avec le Hel-mend actuel. Voyez III, 415. Conf. III, 187, ligne 15, où il faut effacer Ramendou.
Lo-to-weï-tchi-seng-kia-lan [9] (Raktaviṭi sañghârâma).
Lo-t'sa [10] (Rakcha).
*Lo-t'sa-niu [11] (Râkchasî).
Long-mi-ni [12] (Loumbinî). Voyez La-fa-ni.
Lou-hi-ta-kia-sou-tou-po [13] (Lôhitaka stoûpa).

M

Man-tchou-chi-li [14] (Mañdjouçrî). Voyez ce nom.
Man-tchou-chi-li [15] (Mandjouçrî), même nom que le précédent.
Meï-ta-li-ye [16] (Mâitrêya).
Men-tse-kia [17], nom d'une classe de mots dans Pâṇini. Ce mot, que je n'avais pu transcrire d'abord, et qui avait échappé à Burnouf lui-même, me paraît être évidemment maṇḍaka, lecture qui a été approuvée par l'habile indianiste M. Spiegel, d'Erlangen, I, 166.
Meou-hou-li-to [18] (Mouhoûrta).
Meou-lo-san-pou-lou [19] (Moûlasambouroa? — Moûltan), nom de royaume, I, 210; III, 173. M. de Saint-Martin propose Moûlasthânîpoura, III, 410.
Meou-tche [20] (Môtcha).
*Mi-cha-se-pou [21] (les Mahîçâsakas).
Mi-mo-ho [22] (Mimaha).

[1] 駿伽經 [2] 南羅 [3] 羅睺羅 [4] 洛護羅 [5] 羅怙羅 [6] 洛殷膩羅 [7] 羅羅 [8] 羅摩印度 [9] 絡多未知僧伽藍 [10] 羅刹 [11] 羅刹女 [12] 龍彌你 [13] 盧醯呾迦窣都波 [14] 曼殊室利 [15] 曼殊尸利 [16] 梅怛麗邪 [17] 門擇迦 [18] 牟呼栗多 [19] 茂羅三部盧 [20] 茂遮 [21] 彌沙塞部 [22] 弭秣賀

FIGURÉS PHONÉTIQUEMENT.

Mi-to-lo-sse-na[1] (Mitrasêna).
Mie-li-tche[2] (Mlêtchtchhas).
Mo-hi-cheou-lo[3] (Mahêçvara).
Mo-hi-chi-fa-lo-pou-lo[4] (Mahêçvara poura).
Mo-hi-in-to-lo[5] (Mahêndra).
Mo-hi-lo-kiu-lo[6] (Mahirakoula).
Mo-ho[7] (Mahî).
Mo-ho-fan-na-kia-lan[8] (Mahâvana sañghârâma).
Mo-ho-kia-che-po[9] (Mahâkâçyapa).
Mo-ho-la-t'cha[10] (Mahârâchtra).
Mo-ho-mo-ye[11] (Mahâmâyâ).
Mo-ho-nan[12] (Mahânâma).
Mo-ho-ni-lo[13] (Mahânîla).
*Mo-ho-pan-jo-king[14] (Mahâpradjñâ pâramitâ soûtra).
*Mo-ho-pi-ho-lo-tchou-pou[15] (les Mahâvihâravâsinas).
Mo-ho-po-lo-che-po-ti[16] (Mahâpradjâpati). En chinois Ta-seng-tchou et Ta-'aï-tao, nom de la tante du Bouddha. On écrit, en abrégé, Po-che-po-ti (Pradjâpati); en chinois Seng-tchou et Tchong-tchou, I, 124; II, 230, 294, 320; III, 7.
*Mo-ho-p'ou-ti-sse[17] (Mahâbôdhi sañghârâma).
Mo-ho-sa-to[18] (Mahâsattva).
*Mo-ho-sa-to-wang-tseu[19] (Mahâsattva koumâra râdjâ), titre qu'on donnait au fils de Çouddhôdana avant qu'il fût devenu Bouddha, I, 89; III, 164.
*Mo-ho-seng-k'i-pou[20] (Les Mahâsañghikas).
Mo-ho-so-lo[21] (Mahâsâra).
Mo-ho-ta-lo[22] (Mahâtâraka). Ce mot paraît signifier « un guide, un conducteur officiel ». Târaka signifie, d'après Wilson, « one who causes or enables to pass », I, 260.
Mo-ho-tchen-po[23] (Mahâtchampâ).
Mo-ho-tchi-na[24] (Mahâtchîna).

---

[1] 蜜多羅斯邪 [2] 蔑戾車 [3] 魔醯首羅 [4] 摩醯溼伐羅補羅 [5] 摩醯因陀羅 [6] 摩醯邏矩羅 [7] 莫訶 [8] 摩訶伐那伽藍 [9] 摩訶迦葉波 [10] 摩訶剌佗 [11] 摩訶摩邪 [12] 摩訶男 [13] 摩訶尼羅 [14] 摩訶般若經 [15] 摩訶毘訶羅住部 [16] 摩訶波羅闍波提 [17] 摩訶菩提寺 [18] 摩訶薩埵 [19] 摩訶薩埵王子 [20] 摩訶僧祇部 [21] 摩訶婆羅 [22] 摩訶怛羅 [23] 摩訶瞻波 [24] 摩訶至那

Mo-ho-ti-p'o [1] (Mahâdèva).
Mo-ho-ye-na-ti-p'o [2] (Mahâyânadèva).
Mo-ho-yen [3], aujourd'hui le désert de Makhaï, I, 17, 28; III, 428.
Mo-kia-chi-lo [4] (Mârgaçiras).
Mo-k'ie [5] (Mâgha).
Mo-kie-lo [6] (Makara).
Mo-kie-t'o [7] (Magadha).
Mo-la-p'o [8] (Mâlava), aujourd'hui Malva.
Mo-lo [9] (les Mallas).
Mo-lo-kiu-tch'a [10] (Malakoûṭa?).
Mo-lo-so [11] (Malasa?), vallée montagneuse du haut Pendjab, p. 331, 334; conf. II, 204; appelée aussi San-po-ho. Voyez TCHAMPÂKA.
*Mo-lo-ye-chan [12] (Malayagiri).
Mo-na-p'o [13] (Mânava).
Mo-ni [14] (Maṇi).

Mo-nou-ho-li-t'a [15] (Manôrhita).
Mo-nou-jo-k'iu-cha [16] (Manôdjñaghôcha).
Mo-sou-lo-kia-lan [17] (Masoûra sañghârâma).
Mo-t'a-p'o [18] (Mâdhava), nom d'homme, II, 442.
Mo-tch'a-kio-to [19] (Môkchagoupta).
Mo-tch'a-ti-p'o [20] (Môkchadèva).
*Mo-te-kia-lo-tseu [21] (Moudgalapoutra).
Mo-ti-pou-lo [22] (Matipoura).
Mo-t'ien-ti-kia [23] (Madhyântika).
Mo-t'ou-kia [24] (Madhouka).
Mo-t'ou-lo [25] (Mathoûrâ).
Mo-ye [26] (Mâyâ).
Mo-yu-lo [27] (Mayoûra).
Mou-tchi-lin-t'o [28] (Moutchilinda).
Moung-kie-li [29] (Môñgali).
Moung-kien [30] (Mounkan).

---

[1] 摩訶提婆 [2] 摩訶邪那提婆 [3] 莫賀延 [4] 末伽始羅 [5] 磨袪 [6] 摩竭羅 [7] 摩揭陀 [8] 摩臘婆 [9] 末羅 [10] 秣羅矩吒 [11] 秣羅娑 [12] 摩羅耶山 [13] 摩邪婆 [14] 摩尼 [15] 末笯曷利他 [16] 秣奴若瞿沙 [17] 摩愉羅伽藍 [18] 摩沓婆 [19] 木叉鞠多 [20] 木叉提婆 [21] 沒特伽羅子 [22] 秣底補羅 [23] 摩田底迦 [24] 末杜迦 [25] 秣菟羅 [26] 摩耶 [27] 摩裕羅 [28] 目支鄰陀 [29] 瞢揭釐 [30] 瞢健

FIGURÉS PHONÉTIQUEMENT.   517

N

Na-fo-po [1] (Navapa).
Na-fo-sang-kia-lan [2] (Nava sañghârâma).
Na—fo—ti—p'o—kiu—lo [3] (Navadêva koula).
Na-kia-lo-t'o-na [4] (Nagaradhana).
Na—kia—'o—la—chou—na [5] (Nâgârdjouna).
Na-kie-lo-ho-lo [6] (Nagarabâra).
Na—lan—t'o [7] (Nâlanda), I, 149; III, 41.
*Na-lan-to-ts'un [8] (Nâlandagrâma).
Na-li-ki-lo [9] (Nârîkêla).
Na-lo-ki-lo-tcheou [10], III, 144. L'auteur écrit plusieurs fois *Na-lo-ki-lo*, au lieu de *Na-li-ki-lo* (Nârîkêla) « cocotier », II, 92. Je crois qu'il faut adopter cette dernière leçon, et lire *Nârîkêladvîpa* « l'île des cocotiers », sens justifié par ce fait que les habitants ne se nourrissent que de noix de coco. (*Ibid.* ligne 27.)

En conséquence, aux lignes 23, 29, il faut mettre entre parenthèses *Nârîkêla dvîpa*, au lieu de *Naralîra*.
Na-lo-seng-ho [11] (Narasiñha).
*Na-lo-yen-t'ien [12] (Nârâyana dêva).
Na-mi [13], nom de rivière, la même que *Sou-che-choui*, suivant Klaproth, I, 55; II, 12.
Naï-mo-t'o [14] (Narmmadâ).
Naï-ti-kia-che-po [15] (Nadîkâçyapa).
Nan-t'o [16] (Nanda).
Nang-'go-lo-ho-lo [17] (Nagarabâra).
Ni-fa-san-na [18] (Nivâsana).
Ni-fo-sie-na [19] (Nivâsana).
Ni-jang [20] (Ninya?), ville de l'Asie centrale, I, 289; III, 246, 428. Je propose *Ninya*, parce que le groupe phonétique du signe *jang* se prononce *nya* dans *Pun-jang-che-lo*, pour *Pounyaçâlâ*.
Ni-keou-liu-t'o [21] (Nyagrôdha).

---

[1] 納縛波 [2] 納縛僧伽藍 [3] 納縛提嬰矩羅 [4] 那伽羅馱那 [5] 那伽閼剌樹那 [6] 那揭羅喝羅 [7] 那爛陀 [8] 那爛陀村 [9] 那利劍羅 [10] 那羅稽羅洲 [11] 那羅僧訶 [12] 那羅延天 [13] 那密 [14] 耐秣陀 [15] 捺地迦葉波 [16] 難陀 [17] 曩哦囉賀囉 [18] 泥伐散那 [19] 泥縛些那 [20] 泥壤 [21] 尼拘律陀

518 INDEX DES MOTS SANSCRITS

NI-KIEN-T'O [1] (les Nirgranthas).
NI-LI, leçon de Fa-hien, pour Nâla, nom d'un bourg, III, 383.
NI-LIEN-CHEN-NA [2] (Nâirañdjanâ).
NI-LO-PI-TCH'A [3] (Nilapita, ou plutôt Nîlapiṭaka).
NI-PO-LO [4] (Nêpâla).
NI-MO [5] ou TCHE-MO-T'O-NA, pays de l'Asie centrale, III, 428.

NIE-P'AN [6] (Nirvâṇa).
'NIE-P'AN-KING [7] (Nirvâṇa soûtra).
NIE-T'IE-PAN-NA [8]. Une note du texte (liv. VI, fol. 16) explique ce mot par l'action de brûler, consumer (*crematio*). Il paraît répondre au mot sanscrit *Nichṭapana*, II, 342.
NI-T'O-NA [9] (les Nidânas).
NOU-TCH'I-KIEN [10] (Noutchikan.)

O

*'O-CHE-LI-NI-SSE [11] (Âçâlinî dharmaçâlâ?), nom d'un couvent. Comme le mot *sse* « couvent » répond ordinairement à *sañghârâma*, qui est masculin, je proposerais *Dharmaçâlâ*, dont le genre peut s'accorder avec *Âçâlinî*, I, 50; II, 7.
'O-CHE-TO-CHE-TOU-LOU [12] (Adjâtaçatrou).
'O-CHI-P'O-CHI [13] (Açvadjit).
'O-CHI-PO-KIU-CHA [14] (Açvaghôcha).
'O-CHI-TO-FA-TI [15] (Adjitavatî).
'O-CHI-TO-PO-TI [16] (Adjitavatî).

'O-CHOU-KIA [17] (Açôka).
'O-FA-LO-CHI-LO-SENG-KIA-LAN [18] (Avaraçâila sañghârâma).
'O-FAN-TCH'A [19] (Avaṇḍa).
'O-FEOU-TA-MO [20] (Adbhoutadharmas).
'O-FO-LOU-TCHI-TO-I-CHI-FA-LO-P'OU-SA [21] (Avalôkitêçvara Bôdhisattva).
'O-FOU-SSE-TS'IOUEN [22], la source du maître A-fou, I, 46, 47.
'O-HI-TCHI-TA-LO [23]. Voyez AHIKCHÊTRA.

[1] 尼乾陀 [2] 尼連禪那 [3] 尼羅蔽茶 [4] 尼波羅 [5] 涅末 [6] 涅槃 [7] 涅槃經 [8] 涅疊般那 [9] 尼陀那 [10] 篏赤建 [11] 阿奢理兒寺 [12] 阿闍多設咄路 [13] 阿溼婆恃 [14] 阿溼縛窶沙 [15] 阿恃多伐底 [16] 阿恃多跋提 [17] 阿輸迦 [18] 阿伐羅勢羅僧伽藍 [19] 阿犎茶 [20] 阿浮達磨 [21] 阿嚩盧枳多伊溼伐羅菩薩 [22] 阿父師泉 [23] 阿醯掣怛羅

FIGURÉS PHONÉTIQUEMENT. 519

'O-JO-KIAO-TCH'IN-JOU [1] (Âdjñâta kâuṇḍinya).
'O-KI-NI [2] (Agni?).
'O-LAN-KIA-LAN [3], transcription incomplète et fautive de Ârâḍa kâlâma, dont je ne trouve nulle part l'orthographe correcte, II, 368.
'O-LI-NI [4] (Alni ou Arni).
'O-LI-YE-FA-MO [5] (Âryavarma).
'O-LI-YE-SSE-NA [6] (Âryasêna).
'O-LI-YE-T'O-SO [7] (Âryadâsa).
'O-LIEN-JO [8] (Araṇya).
'O-LO-HAN [9] (Arhan ou Arhat).
*'O-LO-HAN-KO [10], le fruit, c'est-à-dire la dignité d'Arhat, III, 53.
'O-LOU-NAO [11] (Arouṇa).
'O-MO-LO [12] (Amalâ), II, 92. C'est ainsi qu'il faut lire, au lieu de Âmra.
'O-MO-LO-KIA [13] (Âmalaka).
'O-MO-LO-KIA-KO [14]. Conjecture singulière de l'éditeur chinois sur cette expression, qui doit signifier « le fruit d'Âmalaka »; II, 464, note 1.
'O-NA-P'O-TA-TO [15] (Anavatapta).
'O-NAN-T'O [16] (Ânanda).
'O-NAN-T'O-POU-LO [17] (Ânanda poura).
'O-NEOU [18] (Aṇou).
'O-NI-LIU-T'O [19] (Anirouddha).
'O-PI-TA-MO [20] (Abhidharma).
*'O-PI-TA-MO-CHI-CHIN-TSO-LUN [21] (Abhidharma vidjñâna kâya pâda çâstra).
*'O-PI-TA-MO-FA-TCH1-LUN [22] (Abhidharma djñâna prasthâna).
*'O-PI-TA-MO-KIU-CHE-LUN [23] (Abhidharma kôcha çâstra).
*'O-PI-TA-MO-MING-TCHING-LUN [24] (Abhidharma prakâça sâdhana çâstra).
*'O-PI-TA-MO-PI-P'O-CHA-LUN [25] (Abhidharma vibhâchâ çâstra).

[1]阿若憍陳如 [2]阿耆尼 [3]阿藍迦藍 [4]阿利尼 [5]阿梨耶伐摩 [6]阿黎耶斯邢 [7]阿梨耶䭾婆 [8]阿練若 [9]阿羅漢 [10]阿羅漢果 [11]阿路猱 [12]阿末羅 [13]阿摩落果 [14]阿摩落伽果 [15]阿邢嬰答多 [16]阿難陀 [17]阿難陀補羅 [18]阿耨 [19]阿泥律陀 [20]阿毗達磨 [21]阿毗達磨識身足論 [22]阿毗達磨發智論 [23]阿毗達磨俱舍論 [24]阿毗達磨明證論 [25]阿毗達磨毗婆沙論

'O-PI-TA-MO-TS'ANG [1] (Abhidharma piṭaka).
'O-PI-T'O-KIE-LA-NA-SENG-KIA-LAN [2] (Aviddhakarṇa sañghârâma).
'O-PO-KIEN [3] (Avakan).
'O-PO-LO-LO [4] (Apalâla).
'O-PO-TO-NA [5] (Avadâna).
'O-PO-YE-K'I-LI-TCHOU-POU [6] (Abhayagirivâsinas).
'O-PO-YE-TENG-SE-TCHE-LO [7] (Abhayadanchṭra).
'O-SENG-KIA [8] (Asañga). En chinois Wou-tcho «qui n'a pas d'attachement». C'est ainsi qu'il faut écrire ce mot, au lieu d'*Asañgha*, que j'avais adopté d'après Eug. Burnouf.
'O-SOU-LO [9] (Asoura).
*'O-SSE-T'O-SIEN [10] (Asita).
'O-TA-MO-NI [11] (Âtmanêpadam).
'O-T'A-P'O-NA [12] (Atharvaṇa ou Atharvavêda).
'O-TCH'A-LI [13] (Aṭali).
'O-TCHE-LO [14] (Âtchâra).
'O-YE-MOU-K'IA [15] (Ayamoukha).
'O-YEOU [16] (Âyourvêda).
'O-YU-T'O [17] (Ayôdhyâ).
OU-CHA [18] (Oucha).
OU-CHE-YEN-NA [19] (Oudjjayana).
OU-KI-YEN-NA [20] (Oudjiyana?).
OU-LA-CHI [21] (Ouraçi).
OU-LO [22] (Ou.ak).
OU-PO-KIO-TO [23] (Oupagoupta).
OU-PO-KIO-TO [24] (Oupagoupta).
OU-PO-SO-KIA [25] (Oupâsaka).
OU-PO-SSE-KIA [26] (Oupâsikâ).
*OU-PO-TI-CHG-LUN [27] (Oupadêça çâstra).
OU-TCH'A [28] (Ouḍa).
OU-TCHANG-NA [29] (Oudyâna), pays du nord-ouest.

[1] 阿毗達磨藏 [2] 阿避陀羯刺拏僧伽藍 [3] 阿薄健 [4] 阿波邏羅 [5] 阿波陀那 [6] 阿跋邪祇釐住部 [7] 阿跋耶登瑟唎羅 [8] 阿僧伽 [9] 阿素洛 [10] 阿私陀仙 [11] 阿答末埵 [12] 阿闥婆拏 [13] 阿吒利 [14] 阿折羅 [15] 阿耶穆佉 [16] 阿由 [17] 阿踰陀 [18] 烏鍛 [19] 鄔闍衍那 [20] 烏者延那 [21] 烏刺尸 [22] 烏落 [23] 烏波毱多 [24] 鄔波毱多 [25] 鄔波索迦 [26] 鄔波斯迦 [27] 烏波第鑠論 [28] 烏茶 [29] 烏杖那

FIGURÉS PHONÉTIQUEMENT.   521

Ou-ti-to [1] (Oudita).
Ou-to-kia-han-tch'a [2] (Oudakhânda).
Ou-t'o-yen-na [3] (Oudayana).
Ouo-na-ti [4] (Ounâdi).
Ouo-ta-lo [5] (Outtara).
Ouo-ta-lo-'an-cha-tch'a [6] (Outtarâchâdha).
Ouo-ta-lo-keou-lou [7] (Outtarakourou).
Ouo-ta-lo-si-na [8] (Outtarasêna).
'O-tien-p'o-tchi-lo [9] (Atyanvakêla?).

P

Pan-jo-kie-lo [10] (Pradjñâkara).
Pan-jo-kio-to [11] (Pradjñâgoupta).
*Pan-jo-po-lo-mi-to-king [12] (Pradjñâpâramitâ soûtra).
Pan-jo-p'o-t'o-lo [13] (Pradjñâbhadra).
Pan-lo-sa-mi [14] (Parasmaipadam).
Pan-na-so [15] (Panasa).
Pan-nie-pan [16] (Parinirvâna).
Pan-t'o [17] (Bandha).
Pao-cha [18] (Pâucha).
Pi-cha-men [19] (Vâiçravana).
Pi-che-k'ie [20] (Viçâkhâ).
Pi-chou-t'o-seng-ho [21] (Viçouddhasinha), I, 94.
Pi-fo-lio [22], les Vâipoulyas ou Vâipoulyasoûtras.
Pi-ki-lo-mo-'o-t'ie-to [23] (Vikramâditya).
Pi-k'ieou-ni [24] (Bhikchounî).
Pi-le-tchi-ti-kia [25] (Pratyêkaboudha).
Pi-li-ye-si-na [26] (Vîryasêna).
Pi-lieou-po-tch'a [27] (Viroûpâkcha).
Pi-lo-chan-na [28] (Virasana).

[1] 烏地多 [2] 烏鐸迦漢茶 [3] 鄔陀衍那 [4] 嗢那地 [5] 嗢呾囉 [6] 嗢怛羅頞沙茶 [7] 嗢呾羅拘盧 [8] 嗢呾羅犀那 [9] 阿點婆翅羅 [10] 般若羯羅 [11] 般若毱多 [12] 般若波羅蜜多經 [13] 般若跋陀羅 [14] 般羅颯迷 [15] 般橠娑 [16] 般涅槃 [17] 槃陀 [18] 報沙 [19] 毘沙門 [20] 毘舍佉 [21] 毗戍陀僧訶 [22] 毗佛略 [23] 毗訖羅摩阿迭多 [24] 比丘尼 [25] 畢勒支底迦 [26] 毘離耶犀那 [27] 毘流波叉 [28] 毘羅刪拏

Pɪ-ʟo-mo-ʟo [1] (Pilamala?), III, 166. Voyez Balmaïr.
*Pɪ-ʟo-so-ʟo-chan [2] (Pilousâra).
Pɪ-ʟou-tche-na [3] (Vâirôtchana).
Pɪ-ʟou-tse-kɪa [4] (Viroudhaka).
Pɪ-mo [5] (Bhîmâ).
Pɪ-mo [6] (Bhîmâ).
Pɪ-mo-ʟo-kɪe [7] (Vimalakîrtti).
*Pɪ-mo-ʟo-kɪe-kɪng [8] (Vimalakîrtti soûtra).
Pɪ-mo-ʟo-mɪ-to-ʟo [9] (Vimalamitra).
*Pɪ-naï-ye [10] (Vinaya).
*Pɪ-naï-ye-pɪ-p'o-cha-ʟun [11] (Vinaya vibhâchâ çâstra).
*Pɪ-naï-ye-tsang [12] (Vinayapiṭaka).
Pɪ-nɪ-to-po-ʟa-p'o [13] (Vinîtaprabha), nom d'un religieux, I, 101.
*Pɪ-p'o-cha [14] (Vibhâchâ).
*Pɪ-p'o-cha-ʟun [15] (Vibhâchâ çâstra).
Pɪ-po-che [16] (Vipâçâ).

Pɪ-po-ʟo [17] (Pippala).
Pɪ-pou-ʟo [18] (Vipoula).
Pɪ-so-kɪa [19] (Vâisâka).
Pɪ-tchen-p'o-pou-ʟo [20] (Vitchavapoura?).
Pɪ-tchɪ-fo [21], transcription fautive de Pratyêkabouddha.
Pɪ-tɪ-ho [22] (Videha ou Poûrvavidêha), II, LXXIII.
Pɪ-t'o [23] (les Vêdas).
Pɪ-to-chɪ-ʟo [24] (Pitâçilâ?).
Pɪ-to-k'ɪa [25] (Vâitraka?), II, 55. Cure-dent.
Pɪ-to-k'ɪa-seng-kɪa-ʟan [26] (Vâitraka saṅghârâma?).
Pɪ-tsou [27] (Bhikchou), I, 128; II, 356; III, 83.
Pɪ-tsou-nɪ [28] (Bhikchouṇî).
Pɪ-ye-kɪe-ʟa-nam [29] (Vyâkaraṇam).
*Pɪ-ye-so-sɪen-jɪn [30] (Vyâsa Ṛichi).

[1] 毘羅摩羅 [2] 比羅娑洛山 [3] 毘盧折那 [4] 毘盧擇迦 [5] 毘摩 [6] 媲摩 [7] 毘摩羅詰 [8] 毘摩羅詰經 [9] 毘末羅蜜多羅 [10] 毘奈耶 [11] 毘奈耶毘婆娑論 [12] 毘奈耶藏 [13] 毘膩多鉢臘婆 [14] 毘婆沙 [15] 毘婆沙論 [16] 毘播奢 [17] 畢鉢羅 [18] 毘布羅 [19] 鞞索迦 [20] 毘苫婆補羅 [21] 辟支佛 [22] 毘提訶 [23] 鞞陀 [24] 箅多勢羅 [25] 鞞鐸佉 [26] 鞞鐸佉僧伽藍 [27] 苾芻 [28] 苾芻尼 [29] 毘耶羯剌諵 [30] 毘耶娑仙人

P'in-pi-so-lo [1] (Bimbisâra ou Vimbi-sâra), nom de roi. On écrit aussi P'in-po-so-lo (Bimbasâra ou Vimbasâra), orthographe qu'une note du texte présente comme incorrecte. Le traducteur a dû écrire tantôt Bimbisâra, tantôt Bimbasâra, suivant qu'il rencontrait la première ou la seconde transcription.

P'in-p'o-so-lo [2] (Bimbasâra ou Vimbasâra). Voyez P'in-pi-so-lo.

P'ing-x'i-lo [3] (Viñgila?).

Ping-yu [4], en turc Bin-gheul. Voyez Ming-boulak.

Po-chi-p'o-seng-kia-lan [5] (Vaçibha sañghârâma?).

Po-chou-po-to [6]. J'avais d'abord écrit les Pâçoupatas (Followers or Whorshippers of Çiva, Wilson), d'après le dictionnaire que je citerai plus bas. Plus tard, entraîné par l'autorité d'Eug. Burnouf, j'ai adopté la leçon Pâm̃çoupatas; mais, quoique ces deux mots soient évidemment la même origine et ne diffèrent que par la nasale, je suis obligé de reconnaître que la première orthographe n'avait pas besoin d'être corrigée. Voici, en effet, ce qu'on lit dans le dictionnaire I-tsie-king-in-i (liv. XXII, fol. 20), rédigé par Hiouen-ing, qui fut l'un des collaborateurs de Hiouen-thsang : « Po-chou-po-to (Pâçoupatas) est le nom des T'ou-hoci-waï-tao, hérétiques qui se frottent de cendres. Ils s'en couvrent tout le corps, et tantôt rasent, tantôt conservent leurs cheveux. Ils portent des habits sales et usés, qui diffèrent seulement de ceux des autres en ce qu'ils ne sont pas rouges. Ces sectaires adorent le dieu Mo-hicheou-lo (Mahêçvara). » Or, tout le monde sait que Mahêçvara est précisément Çiva. On peut rapprocher de cette note le passage suivant de notre voyageur, t. II, p. 124 : « Au bas de la montagne, on voit le temple du dieu Ta-tseu-tsaï, ou Grand-Maître (Mahêçvara). Les hérétiques qui se frottent de cendres (les Pâçoupatas) viennent avec respect y faire des sacrifices. »

La nécessité de conserver Pâçoupatas se trouve, ce semble, parfaitement démontrée. I, 203; II, 41, 202, 235; III, 123.

Po-fa-to [7] (Parvata), et plus correctement Po-lo-fa-to.

Po-fou [8] (Vâchpa).

Po-keou-lo [9] (Vakoula).

Po-kia-fan [10] (Bhagavân).

---

[1] 頻毗娑羅 [2] 頻婆娑羅 [3] 瓶耆羅 [4] 屏律
[5] 跋始纓僧迦藍 [6] 波輸鉢多 [7] 鉢伐多
[8] 婆敷 [9] 薄句羅 [10] 薄伽梵

Po-kia-i [1] (Bhagaï?).
Po-la-na-sse [2] (Vârânasî).
Po-la-sse [3] (Parsa).
P'o-le-kiu-na [4] (Phâlgouṇa).
Po-li [5] (Pali?), I, 66; II, 32.
Po-li-chi-fo [6] (Pârçva ou Pârçvika).
Po-li-ho [7], I, 269; II, 28; III, 196, 423.
Po-li-sse [8], III, 210.
Po-li-ye-to-lo [9] (Pâryâtra).
Po-lo-che [10] (Palâça).
Po-lo-che-po-ti [11] (Pradjâpati).
Po-lo-fa-to [12] (Parvata).
Po-lo-hi-mo [13] (Brahmâ).
P'o-lo-hi-mo-pou-lo [14] (Brahmapoura).
P'o-lo-ho-mo [15] (Brahmâ).
Po-lo-kie-lo-fa-t'an-na [16] (Prabhâkaravarddhana).
Po-lo-k'ie-p'ou-ti [17] (Prâgbôdhi).
P'o-lo-men [18] (Brâhmaṇa).
* Po-lo-men-i [19] (Brâhmaṇa poura).
* Po-lo-men-koue [20] (Brâhmaṇarâchtra), l'Inde, I, 15; II, 58.
Po-lo-mi-to (lou) [21], les six Pâramitas ou moyens de délivrance.
Po-lo-mo-lo-ki-li [22] (Paramalagiri).
Po-lo-mo-p'ou-ti [23] (Paramabôdhi).
Po-lo-ni-sse [24] (Vârânaçî).
Po-lo-o-t'ie-to [25] (Bâlâditya).
Po-lo-po-ti [26] (Bâlapati?).
P'o-lo-si-na [27] (Varasêna?).
Po-lo-si-na-chi-to [28] (Prasênadjit).
Po-lo-ye-kia [29] (Prayâga).
Po-lou-cha [30] (Varoucha?).
Po-lou-kia [31] (Bâloukâ?).

[1] 勃伽夷 [2] 波刺那斯 [3] 波刺斯 [4] 頗勒窶拏 [5] 波利 [6] 波栗溼縛 [7] 鉢利曷 [8] 波利斯 [9] 波里夜多羅 [10] 波羅奢 [11] 鉢邏闍鉢底 [12] 鉢羅伐多 [13] 婆羅吸摩 [14] 婆羅吸摩補羅 [15] 婆羅賀磨 [16] 波羅羯邏伐彈那 [17] 鉢羅笈菩提 [18] 婆羅門 [19] 婆羅門邑 [20] 婆羅門國 [21] 六波羅蜜多 [22] 跋邏末羅耆釐 [23] 鉢羅摩菩提 [24] 婆羅疪斯 [25] 嬰羅阿送多 [26] 簿羅鉢底 [27] 嬰羅犀那 [28] 鉢羅犀那恃多 [29] 鉢羅耶伽 [30] 跋盧沙 [31] 跋祿迦

FIGURÉS PHONÉTIQUEMENT. 525

Po-lou-kie-tch'e-p'o [1] (Baroukatchêva).
Po-lo-eul [2] (Bolor).
Po-lou-lo [3] (Bolor).
Po-mi-lo [4] (Pamira).
P'o-ni [5] (Bhanî?).
Po-ni-ni [6] (Pânini).
P'o-pi-feï-kia [7] (Bhâvavivêka).
Po-pi-ye [8] (Pâpiyân).
P'o-p'o-lo-na [9] (Prabhâratna).
P'o-se-kie-lo-fa-mo [10] (Bhâskaravarma).
P'o-sou-mi-to-lo [11] (Vasoumitra). On écrit plus correctement Fa-sou-mi-to-lo.
P'o-sou-p'an-teou [12] (Vasoubandhou).
*P'o-sou-t'ien [13] (Vasoudêva).
Po-ta-lo [14] (Bhadra).
P'o-ta-lo-pi-ho-lo [15] (Bhadravihâra).
P'o-ta-lo-po-t'o [16] (Bhâdrapada).
Po-t'an-mo-lo-kia [17] (Padmarâga).
Po-tch'a-li [18] (Pâṭali).
*Po-tch'a-li-tseu-tch'ing [19] (Pâṭalipouttra).
P'o-tchi [20] (Sphâṭika).
Po-ti-li-kia [21] (Bhadrika).
Po-t'o [22] (Bhadra).
Po et Po-to-lo [23] (Pâtra).
Po-to-lo-leou-tchi [24] (Bhadraroutchi).
Po-to-tchoang-na [25] (Pâḍastbâna?). Voyez III, 198.
Pou-ho [26] (Boukhara).
Pou-kie [27] (Boukhara).
Pou-la-na [28] (Poûrṇa).
Pou-la-na-fa-mo [29] (Poûrṇavarma).
Pou-la-na-meï-ta-li-yen-ni-fo-ta-lo [30] (Poûrṇamâitrâyaṇî pouttra).
Pou-lo-ki-che [31] (Poulakêça).

---

[1] 跋祿羯呫婆 [2] 鉢露兒 [3] 鉢露羅 [4] 波謎羅 [5] 婆尼 et 婆尼 [6] 波你尼 [7] 婆毗吠伽 [8] 波卑夜 [9] 波頗羅那 [10] 婆塞羯羅伐摩 [11] 婆蘇蜜多羅 [12] 婆藪槃豆 [13] 婆藪天 [14] 跋達羅 [15] 跋達羅毘訶羅 [16] 婆達羅鉢陀 [17] 鉢曇摩羅伽 [18] 波吒釐 [19] 波吒釐子城 [20] 頗胝 [21] 跋提梨迦 [22] 跋陀 [23] 鉢多羅 [24] 跋陀羅樓支 [25] 鉢鐸創那 [26] 捕喝 [27] 捕揭 [28] 布剌拏 [29] 補剌拏伐摩 [30] 補剌那梅咀麗衍尼弗咀羅 [31] 補羅稽舍

Pou-lou-cha-pou-lo [1] (Pouroucha poura).

*P'ou-sa-t'sang-king [2] (Bôdhisattva piṭaka).

Pou-se-kie-lo-fa-ti [3] (Pouchkalavatî).

Pou-se-po-k'i-li-seng-kia-lan [4] (Pouchpagiri sañghârâma).

Pou-ta-lo-kia [5] (Pôtalaka).

*P'ou-ti-chou [6] (Bôdhidrouma).

*P'ou-ti-chou-kia-lan [7] (Bôdhidrouma sañghârâma).

P'ou-ti-lieou-tchi [8] (Bôdhiroutchi).

P'ou-ti-mi-k'i-chi-fa-lo [9] (Bôdhimêghêçvara).

P'ou-ti-sa-to [10] (Bôdhisattva). On appelle ainsi l'être qui n'a plus qu'une existence humaine à parcourir avant de devenir Bouddha. (Burnouf, *Introduction au Bouddhisme*, p. 81.)

*Pou-ti-sse [11] (Bôdhi sañghârâma), le couvent de l'intelligence.

*Pou-ti-tao-tch'ang [12] (Bôdhimaṇḍa).

Pou-to [13] (les Bhoûtas).

*Pou-tse-kia-chan [14] (Poutchêkagiri?).

Pouan-nou-tso [15] (Pounatcha).

Pun-jang-che-lo [16] (Pouṇyaçâlâ).

Pun-na-fa-t'an-na [17] (Poundravarddhana).

S

Sa-po-ta [18] (Sarvada).
Sa-mo-kien [19] (Samakan).
Sa-pao-cha-ti-kia-lan [20] (Sarpânchadhi sañghârâma).
Sa-p'o-ho-la-t'a-si-t'o [21] (Sarvârthasiddha).
Sa-p'o-to-pou [22] (les Sarvâstivâdas).
Sa-t'a-ni-chi-fa-lo [23] (Sthânêçvara).

[1]布路沙布羅 [2]菩薩藏經 [3]布色羯邏伐底 [4]補澀波祇釐僧伽藍 [5]布呾洛迦 [6]菩提樹 [7]菩提樹伽藍 [8]菩提流支 [9]菩提迷祇濕伐羅 [10]菩提薩埵 [11]菩提寺 [12]菩提道場 [13]鋪多 [14]補磔迦山 [15]半笯嗟 [16]奔攘舍羅 [17]奔那伐彈那 [18]薩縛達 [19]颯秣建 [20]薩裒殺地伽藍 [21]薩婆曷剌他悉陀 [22]薩婆多部 [23]薩他泥濕伐羅

FIGURÉS PHONÉTIQUEMENT. 527

SAN-FA-CHI [1] (Samvadji).
SAN-MI-TI-POU [2] (les Sañmatîyas).
SAN-MIAO-SAN-P'OU-TI [3] (Samyak sambôdhi).
SAN-MO-TA-TCH'A [4] (Samataṭa).
SAN-PO-HO [5] (Sampaha), canton du haut Pendjab, II, 205; III, 331, 334.
SAN-P'OU-KIA [6] (Sambhôga).
SE-P'O-TCHI-KIA [7] (Sphâṭika).
SENG-HO-POU-LO [8] (Siñhapoura).
SENG-KIA [9] (Siñha), nom d'homme, III, 132. Sañgha « l'assemblée des religieux », I, 204.
SENG-K'IE [10] (Sâñkhya).
SENG-KIA-CHE [11] (Sañkâçya).
SENG-KIA-LAN [12] (Sañghârâma).
SENG-KIA-LO [13] (Siñhala).
SENG-KIA-PO-T'O-LO [14] (Sañghabhadra).
SENG-KIA-TCHI [15] (Sañghâṭi).
SENG-KIO-KI [16], transcription fautive de Sañkakchikâ.
SENG-KIO-TCH'A [17], synonyme de Seng-kio-ki.

SI-PI-TO-FA-LA-SSE [18] (Sphîtavaras?).
* SI-T'AN-TCHANG [19] (Siddhavastou), nom du premier chapitre du Fan-tchang, sorte de syllabaire en douze parties, attribué à Fan ou Fan-lan-mo (Brahmâ). Le mot Si-t'an, expliqué par Tch'ing-tsieou « parfait », répond au mot sanscrit Siddha, qui a le même sens, II, 72, note 3.
SI-TO [20] (Çîtâ), rivière de l'Asie centrale, le Tarim-gool, suivant Klaproth. E. Burnouf (Introduction au Bouddhisme, p. 540) l'identifie avec le Sihoûn.
SIEOU-KIA-T'O [21] (Sougata).
SIEOU-TO-LO [22] (Soûtra).
* SIN-TOU-KOUE [23] (Sindhou), royaume.
* SIN-TOU-HO [24] (Sindhou), fleuve.
SIU-TA-NA [25] (Soudâna).
* SO-HO-CHI-KIAÏ [26] (Sahalôkadhâtou), le monde des êtres patients, II, LXXII.
SO-KIEN-TI-LO [27] (Skandhila).
SO-LO [28] (Sâla), shorea robusta.

[1] 三伐恃 [2] 三彌底部 [3] 三藐三菩提 [4] 三摩呾吒 [5] 三波訶 [6] 三菩伽 [7] 塞頗胝迦 [8] 僧訶補羅 [9] 僧伽 [10] 僧佉 [11] 僧迦舍 [12] 僧伽藍 [13] 僧伽羅 [14] 僧伽跋陀羅 [15] 僧伽胝 [16] 僧腳崎 [17] 僧腳差 [18] 窣蔽多伐剌祠 [19] 悉曇章 [20] 徙多 [21] 修伽多 [22] 修多羅 [23] 信度國 [24] 信度河 [25] 須達拏 [26] 索訶世界 [27] 索建地羅 [28] 娑羅

So-lo-li-fo [1] (Salarîbhou?).
So-mo [2] (Sâmavêda).
So-mo-jo-seng-kia-lan [3] (Samadjña saṅghârâma).
So-to-po-ho [4] (Sadvaha).
Sou-fa-la-na-kiu-ta-lo [5] (Souvarṇagôtra).
Sou-kia-to-mi-to-lo [6] (Sougatamitra).
Sou-la-sa-t'ang-na [7] (Sourasthâna).
Sou-la-tchi'a [8] (Sourâchṭra).
Sou-le [9], ancien nom du royaume de Kie-cha (Kachgar).
Sou-li [10] (Souri?).
Sou-li-ye [11] (Soûrya).
Sou-li-ye-ti-po [12] (Soûryadêva).
Sou-lou-k'in-na [13] (Sroughna).
Sou-man [14] (Souman). Voyez Chou-mân.
*Sou-man-to-ching [15]. J'avais lu d'abord, d'après M. Burnouf, Sou-panta, nom d'une classe de mots dans Pâṇini. M. Max Müller préfère lire Soubanta, et cette lecture est confirmée par le Nan-haï-k'i-koueï-neï-fa-tch'ouen, liv. IV, fol. 9.
*Sou-mi-lou-chan [16] (Soumêrou).
*Sou-mo-che [17] (Soûma sarpa), II, 138.
Sou-neou-li-chi-fa-lo [18] (Soûnourîçvara?).
*Sou-p'o-fa-sou-tou-ho [19] (Çoubhavastou).
Sou-po-to-lo [20] (Soubhadra), nom d'homme, II, 337.
Sou-p'ou-ti [21] (Soubhoûti).
*Sou-ta-lan-tsang [22] (Soûtrapiṭaka).
Sou-ta-na [23] (Soûdâna).
Sou-ta-to [24] (Soudatta).
Sou-tou-li-se-na [25] (Soutrîchṇa).

---

[1] 娑羅梨弗 [2] 娑磨 [3] 娑摩若僧伽藍 [4] 娑多婆訶 [5] 蘇伐剌拏瞿呾羅 [6] 蘇伽多蜜多羅 [7] 蘇剌薩儻那 [8] 蘇剌吒 [9] 疏勒 [10] 窣利 [11] 蘇利耶 [12] 蘇利耶提婆 [13] 窣祿勤那 [14] 愉漫 [15] 蘇漫多聲 [16] 蘇迷盧山 [17] 蘇摩蛇 [18] 窣㮈黎濕伐羅 [19] 蘇婆伐窣都河 [20] 蘇跋陀羅 [21] 蘇部底 [22] 素呾覽藏 [23] 蘇達拏 [24] 蘇達多 [25] 窣都利瑟那

FIGURÉS PHONÉTIQUEMENT. 529

T

Ta-la-kien [1] (Talkan).
Ta-li-lo [2] (Talila).
Ta-lo-pi-tch'a [3] (Drâviḍa).
*Ta-lo-sse-tch'ing [4], la ville de Talas.
Ta-mi [5] (Termed ou Termez).
Ta-mo [6] (Dharma), nom d'un religieux, I, 19. Sens remarquable de Dharma, II, 159.
Ta-mo-che-lo [7] (Dharmaçâlâ).
Ta-mo-kie-lo [8] (Dharmakara).
Ta-mo-li-ti [9] (Tâmalipti, on écrit aussi Tâmralipti), nom de royaume, I, 183; III, 83.
Ta-mo-pi-li [10] (Dharmapriya).
Ta-mo-po-lo [11] (Dharmapâla).
Ta-mo-seng-kia [12] (Dharmasiñha).
Ta-mo-si-t'ie-ti [13] (Tamasthiti?).
Ta-mo-sou-fa-na-seng-kia-lan [14] (Tâmasavana sañghârâma).
Ta-mo-ta-lo-to [15] (Dharmatrâta).
Ta-t'a-kie-to [16] (Tathâgata).
Ta-t'a-kie-to-kio-to [17] (Tathâgatagoupta).
Ta-tch'a-chi-lo [18] (Takchaçîlâ).
*Ta-to-san-ti-yo-lun [19] (Tattvasatya çâstra).
Ta-ts'a-na [20] (Takchaṇa).
Tan-mo-kio-to [21] (Dharmagoupta).
Tan-mo-li-ti [22] (Tâmalipti).
T'an-mo-nan-ti [23] (Dharmanandî).
*T'an-te-chan [24], faute pour Tan-to-lo-kia-chan (Dantalôkagiri).
Tan-to-kia-se-tch'a [25] (Dantakâchṭha).
Tan-to-lo-kia [26] (Dantalôka).
Tchao-hou-li [27].
Tche-chi [28] (Tchadj).
Tche-kie [29] (Les Tchakas?).

[1] 呾剌健 [2] 達麗羅 [3] 達羅毗荼 [4] 呾邏斯城 [5] 呾蜜 [6] 達磨 [7] 達摩舍羅 [8] 達摩羯羅 [9] 呾摩栗底 [10] 達摩畢利 [11] 達摩波羅 [12] 達摩僧伽 [13] 達摩悉鐵帝 [14] 荅秣蘇伐那僧伽藍 [15] 達磨呾邏羅多 [16] 呾他揭多 [17] 呾他揭多毱多 [18] 呾叉始羅 [19] 呾埵三第鑠論 [20] 呾刹那 [21] 曇磨毱多 [22] 毻摩栗底 [23] 曇摩難提 [24] 檀特山 [25] 憚哆家瑟詫 [26] 彈多落迦 [27] 昭怙釐 [28] 赭時 [29] 赭羯

INDEX DES MOTS SANSCRITS

Tche-li-ta-lo [1] (Tcharitra).
Tche-mo-t'o-na [2] (Tchamadhana?).
Tchen-chou-na [3] (Tchançouna?).
Tchen-po [4] (Tchampâ).
Tchen-po-kia [5] (Tchampâka).
Tchen-pou [6] (Djambou).
Tchen-pou-lo [7] (Djambalâ).
*Tchen-pou-tcheou [8] (Djamboudvîpa). L'île ou continent du sud (II, LXXIII); se prend souvent pour l'Inde entière.
Tchen-ta-lo-fa-mo [9] (Tchandravarma).
Tchen-ta-lo-p'o-kia [10] (Tchandrabhâgâ).
Tchen-ta-lo-po-la-p'o [11] (Tchandraprabha).
Tchen-ta-lo-seng-ho [12] (Tchandrasiṅha).
Tchen-t'an [13] (Tchandana).
Tchen-t'an-ni-p'o [14] (Tchandanêva).
Tchen-tch'a-lo [15] (Tchaṇḍâla), homme d'une condition abjecte,

qu'on charge quelquefois des actes les plus ignobles ou les plus barbares, II, 157.
Tchen-tche [16] (Tchañçtcha).
Tchen-to-kia [17] (Tch'aṇḍaka).
Tchi-go-yen-na [18] (Tchagayana).
Tchi-ki-t'o [19] (Tchikdha?), pays de l'Inde centrale, III, 168. Voyez Djadjahouti, III, 408.
Tchi-mo-lo [20] (Tchimala), Simour, suivant M. Reinaud.
Tchi-na [21] (Tchîna).
Tchi-na-lo-chê-fo-ta-lo [22] (Tchîna râdja pouttra).
Tchi-na-ni [23] (Tchînâni); sens de ce nom, II, 200.
Tchi-na-po-ti [24] (Tchînapati), petit royaume du nord-ouest.
Tchi-na-ti-p'o-kiu-ta-lo [25] (Tchîna dêva gôtra).
Tchi-ta-lo [26] (Tchâitra).
Tchin-k'an. Voyez Ta-mo-si-t'ie-ti.
Tch'in-na [27] (Djina).

---

[1] 折利怛羅 [2] 折摩馱那 [3] 占戍拏 [4] 瞻婆 [5] 瞻博迦 [6] 贍部 [7] 擔步羅 [8] 瞻部洲 [9] 旃達羅伐摩 [10] 旃達羅婆伽 [11] 戰達羅鉢剌婆 [12] 旃陀羅僧訶 [13] 旃檀 [14] 旃檀你婆 [15] 旃荼羅 [16] 戰遮 [17] 闡鐸迦 [18] 赤鄂衍那 [19] 擲枳多 [20] 枳秣羅 [21] 支那 [22] 至那羅闍弗呾羅 [23] 至那你 [24] 至那僕底 [25] 指那提婆瞿怛羅 [26] 制呾邏 [27] 陳那

FIGURÉS PHONÉTIQUEMENT. 531

Tchin-na-fo-ta-lo [1] (Djina pouttra).
Tchin-t'ou-kia [2] (Tindouka).
Tcho-keou-kia [3] (Tchakouka).
Tchou-li-ye [4] ('Tchoulya).
Tchou-tching-kia [5] (les Djoutingas?).
Tchou-ti-se-kia [6] (Djyòtichka).
Ti-chi-lo-tch'a [7] (Tichyarakchitâ).
Ti-kia-p'o-fo-na-seng-kia-lan [8] (Dîrghabhâvana sañghârâma?).
Ti-lo-chi-kia [9] (Tilaçâkya?).
Ti-lo-tse-kia [10] (Tiladhâka), nom d'un couvent, I, 211. On lit aussi *Ti-lo-chi-kia*, que j'ai transcrit par *Tilaçâkya?* (I, 139; II, 439.) Mais peut-être que dans ce mot, où *chi* (ça) a le même groupe phonétique que *tse* (dha), il faut reconnaître la transcription fautive de *Tiladhâka*.
Ti-na-p'o [11] (Dinabha?), nom d'un dieu, III, 179.
Ti-p'o [12] (Dêva).
Ti-p'o-che-mo [13] (Dêvaçarma).

Ti-p'o-pou-sa [14] (Dêva Bôdhisattva).
Ti-p'o-si-na [15] (Dêvasêna).
Ti-p'o-ta-to [16] (Dêvadatta).
Ti-to-lo-tch'a [17] (Dhrĭtarâchtra).
Ti-yen-to-ching [18]. J'avais lu *Tryanta* (I, 166). M. Max Müller voit dans cette expression la classe des mots appelée *Tiñanta* dans Pâṇini. Cette lecture est confirmée par les sons *Ting-'an-to* du *Nan-haï-k'i-kouci-neï-fa-tch'ouen*, liv. IV, fol. 9.
To-che-sa-na-sse [19] (Doûchasana?).
*T'o-kia-tp'en-chin [20] (Dourgâ).
To-lo [21] (Tala).
T'o-lo-po-ti [22] (Dvârapati?).
To-lo-p'ou-sa [23] (Tala ou Târa Bôdhisattva).
To-lo-ye-teng-lin-che [24] (Trayastriñças).
T'o-na-kie-tse-kia [25] (Dhanakatchêka).
T'o-ts'in [26] (Toksoun), ville de Mongolie, I, 45; III, 264.

---

[1] 慎那弗呾羅 [2] 鎮杜迦 [3] 斫句迦 [4] 珠利耶 [5] 殊徵伽 [6] 殊底色加 [7] 帝失羅叉 [8] 地迦婆縛那僧伽藍 [9] 低羅釋迦寺 [10] 低羅擇迦 [11] 提那婆 [12] 提婆 [13] 提婆設摩 [14] 提婆菩薩 [15] 提婆犀那 [16] 提婆達多 [17] 提多羅吒 [18] 底彥多聲 [19] 突舍薩那寺 [20] 突迦天神 [21] 多羅 [22] 墮羅鉢底 [23] 多羅菩薩 [24] 多羅夜登陵舍 [25] 駄那羯磔迦 [26] 篤進

Tou-chi-to [1] (les Touchitas).
Tou-ho-lo [2] (Toukhâra).
Tou-kioue [3], les Turcs.
T'ou-lou-p'o-po-tou [4] (Dhrouvapa-tou).
Ts'a-na [5] (Kchana).
Ts'a-ti-li [6] (Kchattriya).
Ts'an-ti-seng-ho [7] (Kchântisiñha).

Tsao-kiu-tch'a [8] (Tsâukoûṭa).
Tse-kia [9] (Tchêka).
*T'seou-na [10] (Kchouṇa dêva?).
T'seou-na-hi-lo [11] (Kchouṇa hila?).
*Tseou-na-t'ien-chin [12] (Kchouṇa dêva?).
T'sou-mo [13] (Kchâuma).

W

Weï-chi-sse [14] (les Vâiçêchikas).
Weï-ti-ya-ma-ti-la-si-ti [15] (Vidyâmâtrasiddhi).
Weï-t'o [16], les Vêdas. Voici leurs noms chinois, d'après le dictionnaire *I-tsie-king-in-i*, liv. XVIII, fol. 8 : « 1° *O-yeou* (Âyourvêda); 2° *Ye-tchou* (Yadjourvêda); 3° *So-mo* (Sâmavêda); 4° *O-ta-p'o-na* (Atharvaṇa ou Atharvavêda). Ces quatre ouvrages ont été exposés par Brahmâ. A l'âge de sept ans, tout jeune Brâhmane va les étudier chez un maître. Quand il a terminé ses études, il devient un maître du royaume, et il obtient les respects des hommes et des rois. On en attribue la rédaction au vénérable Richi *Pi-ye-so* (Vyâsa), qui était neveu de *Fan-t'ien* (Brahmâ). » I, 99; II, 75.
Wen-lin [17], faute pour *Mou-tchi-lin-t'o* (Moutchilinda).
Wen-tchou-sse-li [18], faute pour *Man-tchou-chi-li* (Mañdjouçrî).
Wou-pouan [19], ville de la Mongolie, I, 45; III, 264.
Wou-t'an-p'o-lo [20] (Oudoumbara).
*Wou-tche-ta-hoeï [21] (Môkcha mahâparichad).

---

[1] 觀史多 [2] 都貨羅 [3] 突厥 [4] 杜魯婆跂吒
[5] 刹那 [6] 刹帝利 [7] 羼底僧訶 [8] 漕矩吒 [9] 磔
迦 [10] 稌那天 [11] 稌那呬羅 [12] 稌那天神
[13] 菆摩 [14] 衛世師 [15] 尾底牙磨佐囉悉底
韋陀 [17] 文鄰 [18] 文殊師利 [19] 無半 [20] 烏曇
跂羅 [21] 無遮大會

Y

Yang-chou-fa-mo [1] (Âñçouvarma).
Yang-k'iu-li-mo-lo [2] (les Añgoulimâlyas).
Ye-che-t'o [3] (Yaçada).
Ye-chou-t'o-lo [4] (Yaçôdharâ).
Ye-meï-ni [5] (les Yavanas?).
*Ye-se-tchi-lin [6] (Yachṭivana).
Ye-tha ou Youe-tchi, peuple du nord, III, 285.
Ye-tchou [7] (Yadjourvêda).
Yen-meou-na [8] (Yamounâ).
Yen-mo-na-tcheou-koue [9] (Yamana dvîpa poura?).
Yeou-chen-to [10] (Oudjdjanta). Voyez Oudjdjayanta.
Yeou-leou-p'in-lo-kia-che-po [11] (Ourouvilvâkâçyapa).
Yeou-po-kioue-to [12] (Oupagoupta), faute pour Ou-po-kio-to.
Yeou-po-li [13] (Oupâli).
Yeou-p'o-ti-che [14] (Oupadêça).

*Yeou-po-ti-che-lun [15] (Oupadêça çâstra), nom d'un ouvrage.
Yeou-to-lo-seng-kia [16] (Outtarâsañga).
Yeou-t'o-na [17] (les Oudânas).
Yo-tch'a [18] (Yakcha).
*Yo-to-lo-mo-tseu [19] (Oudra Râma pouttra). Voyez II, 367, note 1.
Youeï-chi [20] (lisez tchi), I, 43; III, 285.
Yu-chen-na [21] (Yôdjana).
*Yu-kia-nie [22], la pratique du Yôga. Voyez III, 110, note 1.
*Yu-kia-lun [23], abréviation de Yu-kia-sse-ti-lun. Voyez ce mot.
*Yu-kia-kioue-chi-lun [24], nom d'un ouvrage, I, 261.
*Yu-kia-sse-ti-lun [25] (Yôgâtchâryya bhoûmi çâstra).
*Yu-kia-sse-t'i-chi-lun [26] (Yôgâtchâryya bhoûmi çâstra kârikâ).

---

¹鶩輸伐摩 ²鶩襃利魔羅 ³邪舍陀 ⁴耶輸陀羅 ⁵野寐尼 ⁶洩瑟知林 ⁷夜殊 ⁸閻牟那 ⁹閻摩那洲國 ¹⁰郁鄟多 ¹¹優婁頻螺迦葉波 ¹²優波掬多 ¹³優波離 ¹⁴優婆提舍 ¹⁵優波提舍論 ¹⁶郁多羅僧伽 ¹⁷優陁那 ¹⁸藥叉 ¹⁹鬱陀羅摩子 ²⁰月氏 ²¹踰繕那 ²²瑜伽業 ²³瑜伽論 ²⁴瑜伽決釋論 ²⁵瑜伽師地論 ²⁶瑜伽師地釋論

INDEX
DES MOTS CHINOIS.

C

CHA-HO [1], le Fleuve de Sable. Nom que les anciens livres chinois donnent au désert qui borde la frontière nord-ouest de la Chine, appelé plus tard *Mo-kia-yen*, III, 428.

CHA-TCHEOU [2], ville. Voy. TUN-HOANG, I, 25, 288, 290.

CHA-TCHI. Voyez KIA-CHE.

CHEN-CHEN [3], même pays que Leoulun, le *Na-fo-po* (Navapa) de Hiouenthsang, I, 43, 285, 290; III, 247, 428.

CHI-KOUE [4] (Tchadj), I, 59; II, 16; III, 276.

CHI-MI [5], sucre cristallisé (*Peï-wenyun-fou*, liv. XCIII [b], fol. 13), I, 57.

CHIN-TCHEOU [6], l'arrondissement divin. Nom élégant de la capitale, I, 11.

CHING [7], mesure de capacité (1 litre, 04, d'après M. Natalis Rondot), II, 168.

CHING-KIAO-YAO-CHI-LUN [8], nom d'ouvrage, I, 123.

CHOU-TSIAO [9], I, 206.

CHUN-FONG [10], II, 72.

F

FA-HIEN [11], nom du voyageur bouddhiste, auteur du *Fo-koue-ki*, I, 13.

FA-LIN [12], III, 3.

FAN-HIOUEN-LING [13], nom d'un ministre qui fut chargé de recevoir Hiouen-thsang au moment où il arrivait de l'Inde. Suivant l'inscription de Si-'an-fou, ce fut le

---

[1] 沙河 [2] 沙州 [3] 鄯善 [4] 石國 [5] 石蜜 [6] 神州
[7] 升 [8] 聖敎要實論 [9] 蜀椒 [10] 淳風 [11] 法顯
[12] 法林 [13] 房玄齡

même personnage qui alla au-devant de O-lo-pen, chef des moines nestoriens qui entrèrent et s'établirent vers la même époque dans la capitale de l'ouest, I, 290.
Fo-chouï [1], II, 217.

Fo-lin [2], nom de royaume, III, 180.
Fo-ling [3], III, 75.
Fo-po [4], III, 89.
Fo-seng [5], I, 285.
Fong-fan [6], III, 117.
Fong-yeou [7], II, 278, note 1.

H

He-chan [8]. Voyez He-ling, I, 71.
He-ling [9], synonyme de He-chan « les montagnes noires », au sud de Bamyân, III, 293, 298; à l'ouest et au sud de Kia-pi-che. Voyez le mot Siâh-kòh, qui signifie aussi « montagne noire », III, 298.
Heou-kong [10], III, 137; conf. II, 8, note 1.
Heou-t'ing [11], II, 9, note 1.
Hi-sou [12], II, 26.
Hia [13], été, pris pour année, II, 65.
Hien-yang-ching-kiao-lun [14], I, 115, 122, 164.
Hien-youen [15], II, lxx.
Hing-tao [16], II, 326.
Hiouen-ing [17], nom d'un religieux, collaborateur de Hiouen-thsang, auteur d'une compilation lexicographique appelée I-tsie-king-in-i « les sons et le sens de tous les livres sacrés », en 25 livres. Cet ouvrage est parvenu jusqu'à nous, I, 303.
Hiouen-tou [18], I, 44.
Ho-fan-wang [19], II, 301, 364.
Ho-koue [20], I, 60; II, 20.
Ho-tchou [21], II, 167.
Ho-wang, abréviation de Ho-fan-wang.
Hoeï-li [22], nom du premier rédacteur de l'Histoire de Hiouen-thsang, I, 303.
Hoeï-tsong-lun [23], I, 219.
Hoang-ho [24], I, 273.
Hou-lou [25], I, 17, 21; III, 262.
Hou-tsiao [26], I, 206; III, 161.

---

[1] 福水 [2] 拂林 [3] 伏苓 [4] 覆鉢 [5] 伏生 [6] 風範
[7] 風猷 [8] 黑山 [9] 黑嶺 [10] 後宮 [11] 後庭 [12] 奚素
[13] 夏 [14] 顯揚聖教論 [15] 軒轅 [16] 行道 [17] 玄應
[18] 懸度 [19] 斛飯王 [20] 何國 [21] 火珠 [22] 慧立
[23] 會宗論 [24] 黃河 [25] 瓠䗬 [26] 胡椒

INDEX DES MOTS CHINOIS. 537

I

I[1], écran, II, p. 252, note 2; effacez la note où se trouve ce mot, et laissez i « médicaments », dans le texte. L'expression *Tchi-i-yo* signifie des « médicaments pour les maladies des yeux »; littéralement : des médicaments (*yo*) pour arrêter (*tchi*) les taies sur les yeux (*i*).

I-MEN[2], porte, II, 79.
I-TCHI[3], II, 413.
I-YEN[4], II, 252.
IN-MING-TCHOU-KIAÏ[5], I, 321.
IN-YANG[6], II, 61.
ING-K'O[7], la caverne de l'ombre (du Bouddha), I, 80, 81, 82; II, 100.

J

JE-HAÏ[8], I, 54, 286; III, 194.

JIN-T'IEN[9], II, 200, note 3.

K

KAO-TCH'ANG[10], I, 48, 85, 285; III, 263.
KE-PING[11], II, 75.
KENG-T'AO[12], II, 3.
KI-CHI[13], II, 159.
K'I-MOU[14], II, 59.
KI-SANG[15], II, 86.
KIAÏ-T'O[16], II, 341.
K'IANG-KOUE-WANG[17], III, 198.
KIAO-CHI-LUN[18], I, 211.
KIAO-HO-HIEN[19], nom chinois de la ville de Tourfan, III, 264.

KING-HING[20], II, 198, 358.
KIO-WEN-T'AÏ[21], I, 32.
Ko[22], fruit. *Fo-ko*, le fruit du Bouddha (la dignité d'Arhat), II, 176. *Thsou-ko*, le fruit initial, la dignité de *Srótâpanna*, II, 432; III, 52.
KO-JIN[23], III, 222.
KONG-TA-JIN-MI[24], I, 148.
KOU-ME[25], I, 53; II, 10; III, 265.
KOUA-TCHEOU[26], ville de l'extrémité nord-ouest de la Chine, III, 262. Conf. I, 17.

---

[1] 翳 [2] 義門 [3] 異志 [4] 義筵 [5] 因明注解 [6] 陰陽 [7] 影窟 [8] 熱海 [9] 人天 [10] 高昌 [11] 刻氷 [12] 稉稻 [13] 繼室 [14] 繼母 [15] 稽穎 [16] 解脫 [17] 強國王 [18] 教實論 [19] 交河縣 [20] 經行 [21] 麴文泰 [22] 果 [23] 果人 [24] 供大人米 [25] 姑墨 [26] 瓜州

538 INDEX DES MOTS CHINOIS.

L

La[1] (acception bouddhique du mot), II, 65.
Leou-lan[2], I, 290; III, 247, 428.
Liang-tcheou[3], ville de l'extrémité nord-ouest de la Chine, III, 261. Rendez-vous de commerce pour les marchands des contrées extérieures, III, 262. Conf. I, 15.
Lieou-li[4], I, 145; II, 482.
Lin-i[5], III, 83.
Lin-tse[6], II, 477, note 1.
Ling-chan[7], I, 53, 54; II, 11, 95; III, 266.
Ling-kien[8], II, 106.
Lo-yang[9], I, 3, 25, 290.
Long-kong[10], II, LXIII, note 79.
Lou-che-seng-kia-lan[11], III, 237.
Lou-chi[12], les six saisons, II, 62.

Lou-p'an[13], II, 54.
Lou-tou[14], les six moyens de délivrance. Voyez Po-lo-mi-to (lou), I, 57.
Lou-ts'iu[15], les six conditions, les six états où peuvent passer les hommes par l'effet de la transmigration, III, 17.
Lou-tso-niu[16], la fille aux pieds de biche, mère de mille fils; légende, II, 393.
Lun-siang[17], la figure de deux roues (sous la plante des pieds du Bouddha), II, 101. La coupole d'un Stoûpa. On dit aussi Siang-lun, II, 363.
Lun-to[18], II, 363, synonyme de Lun-siang ou Siang-lun.

M

Mao-nieou[19] (le Yak), II, 407.
Mi-koue[20], II, 19.
Mo-yu[21], le poisson de bois. Instrument sonore ayant la forme d'un poisson; on le frappe avec un petit bâton, II, 48.

N

Neï-pa[22], II, 159.

---

[1] 臘 [2] 樓蘭 [3] 涼州 [4] 琉璃 [5] 林邑 [6] 鱗次 [7] 冷山 [8] 靈鑑 [9] 洛陽 [10] 龍宮 [11] 鹿射僧伽藍 [12] 六時 [13] 露盤 [14] 六度 [15] 六趣 [16] 鹿足女 [17] 輪相 [18] 輪鐸 [19] 犛牛 [20] 米國 [21] 木魚 [22] 內法

INDEX DES MOTS CHINOIS.

O

Ouang-lo [1], III, 87.
Ou-fen-fa-chin [2], II, 427.
Ou-hu [3], l'Oxus des Grecs, III, 283.
Ou-lun [4], II, 86.
Ou-ming [5] et Ou-ming-lun, I, 95.

P

Pa-kiaï-lun [6], le Traité des huit limites (désinences), I, 166.
Paï-cheou [7], II, 86.
Paï-tch'ing [8], II, 10.
Pe-choui [9], II, 15.
Pe-choui-tch'ing [10], la ville de Pe-choui, ou de l'Eau blanche. Voyez Isfidjab.
Pe-li [11], I, 32; III, 264.
Pi-chi [12] (Kaki), II, 92.
Pien-ki [13], nom d'un religieux, collaborateur de Hiouen-thsang. Ce fut lui qui, en vertu d'un ordre impérial, fut chargé de la rédaction de ses Mémoires sur les contrées occidentales (Ta-thang-si-yu-ki), I, 303; II, XXIII.
P'ing-heng [14], II, 85.
P'ing-kong [15], II, 85.
P'o-o-kien-lun [16], I, 226.
Po-wang [17], I, 299.

S

San-chin [18], les trois corps, ou les trois états sublimes du Bouddha, I, 231, note 2; II, 241.
San-hio [19], les trois études ou sciences, savoir : la Vinaya (la discipline), la Dhyâna (la méditation), et la Pradjñâ (l'intelligence), I, 11.
San-hoang [20], II, LXIX.
San-kiaï [21], les trois mondes, II, 160, 320.
San-tch'ang-tchaï [22], II, 208.
Si-che-ho [23], nom de fleuve, l'Iaxartes des anciens, aujourd'hui appelé Sir-déria et Sihoun, I, 59. Voyez Sir-déria.
Si-fan [24], I, 15.

[1] 網羅 [2] 五分法身 [3] 烏滸水 [4] 五輪 [5] 五明 [6] 八界論 [7] 拜手 [8] 拜城 [9] 白水 [10] 白水城 [11] 白力 [12] 椑柿 [13] 辯機 [14] 平衡 [15] 平拱 [16] 破惡見論 [17] 博望 [18] 三身 [19] 三學 [20] 三皇 [21] 三界 [22] 三長齋 [23] 細葉河 [24] 西番

INDEX DES MOTS CHINOIS.

Si-niu-koue[1], le royaume des femmes d'Occident, I, 208.
Si-ta-niu-koue[2], le grand royaume occidental des femmes, III, 131.
Si-t'ien-niu-koue[3], le royaume des femmes d'Occident, I, 198.
Si-yu[4]. Cette expression, qui désigne particulièrement les pays situés à l'ouest de la Chine, s'applique aussi à ceux du nord-ouest, I, 20 et passim.
Siang-kiao[5], I, 467.
Siang-lun[6] ou Lun-siang, II, 363.
Siao-kou-chi-chan[7], nom de montagne. Localité citée dans le Fo-koue-ki, III, 384.
Sing-kien[8], la position des astérismes, II, 61.
Siouen-yao[9], tourner autour de quelqu'un ou d'un objet, en signe de respect, II, 476, note 1.
Sou-che-choui[10], I, 55; III, 268.
Sou-che-choui-tch'ing[11], II, 12; III, 267, 271.
Sse-che-hou[12], Sse, ayant le titre de Che-hou. C'était le fils du khan des Tou-kioue (Turcs), II, 30.
Sse-chi-eul-tchang-king[13], III, 59.
Sse-ko[14], I, 65; II, 432.
Sse-koue[15], I, 61; II, 12, 22.
Sse-seng[16], II, 170; III, 100.
Sse-sse-kong-yang[17], les quatre offrandes, I, 152; II, 8.
Sse-wou-i-pien[18] ou Sse-pien-wou-i, II, 159.

T

Ta-hia[19], I, 188.
Ta-kouan[20], un officier d'un rang élevé. En mandchou *Wesikhoun khafan*, I, 55, 260.
Ta-t'ang-si-yu-ki[21], Mémoires sur les contrées occidentales. Il semblerait, d'après Hoeï-li (I, 305), que le texte chinois a été composé par Hiouen-thsang; mais nous savons par le Catalogue de l'empereur Khien-long (II, xxiii), et surtout par l'éloge de la relation placé à la fin du *Si-yu-ki*, qu'un décret impérial en confia la rédaction à

[1] 西女國 [2] 西大女國 [3] 西天女國 [4] 西域
[5] 象教 et 像教 [6] 相輪 [7] 小孤石山 [8] 星建
[9] 旋繞 [10] 素葉河 [11] 素葉水城 [12] 肆葉護
[13] 四十二章經 [14] 四果 [15] 史國 [16] 四生 [17] 四事供養 [18] 四無礙辯 [19] 大夏 [20] 達官 [21] 大唐西域記

INDEX DES MOTS CHINOIS. 541

Pien-ki, religieux du couvent Ta-tsong-tchi.

TA-TE [1], un homme d'une grande vertu, un religieux, III, 79.

TA-T'SE-'EN-SSE [2], le couvent de la grande bonté, où demeura Hiouen-thsang, ce qui le fit nommer Ta-t'se-'en-sse-fa-sse « le Maître du couvent de la grande bonté », I, 312.

T'ANG-LI [3], I, 206; III, 161.

TCHAÏ [4], jeûne. Les trois longs jeûnes, II, 208, note 1. Les neuf jeûnes, II, 6, note 1.

TCHANG-'AN [5], I, 6; II, 286.

TCH'ANG-KIEN [6], II, 260.

TCHANG-KOUEÏ [7], II, 85.

TCHANG-LOUÏ [8], II, 419.

TCH'E-SSE [9], I, 43.

TCHEN-TCH'ING-T'AO [10], riz de Tsiampa, nom que les Chinois donnent au riz sec, II, 206.

TCHI-I-YO [11], médicament pour les maladies des yeux. Voyez plus haut (p. 537) le mot I « écran », II, 252.

TCHI-KO [12], II, 357.

TCHI-KOUANG [13], I, 222, 319.

TCHING-KO [14], II, 357.

TCHO-MO [15], III, 85.

TCHOANG-TSEU [16], I, 8.

TCHONG-IN [17], II, 373.

TCHONG-KONG [18], II, 8, note 1.

TCHOU-LI [19], *sortir et s'éloigner*, pour dire « échapper aux vicissitudes de la vie et de la mort, échapper à la loi de la transmigration », II, 185.

TCHOU-PEÏ [20], II, 94.

TCHOU-TCHIN [21], II, LXIX.

TCHOU'EN [22], vallée. Sens qui manque dans les dictionnaires, III, 207.

TCHOUÏ-I [23], II, LXX.

TSOU-CHI [24], II, 37, 189, 354.

TSOU-CHI-TSING-CHE [25], un Vihâra en cuivre, (probablement) revêtu de cuivre, I, 220.

TSING-TCH'I [26], lac de la Mongolie, appelé aussi Yen-tse, Je-haï, Te-mourtou, Lop-noor et Issikoul, I, 54, 273; II, 11.

TI-WEÏ [27], I, 65; II, 32.

TIAO-HIEOU [28], II, 75.

T'IAO-TCHI [29] (Tadjiks), I, 272.

T'IE-MEN [30], les Portes de fer. Description de cette passe célèbre

[1] 大德 [2] 大慈恩寺 [3] 棠梨 [4] 齋 [5] 長安 [6] 常見 [7] 長跪 [8] 障累 [9] 車師 [10] 占城稻 [11] 止翳藥 [12] 至果 [13] 智光 [14] 證果 [15] 琢磨 [16] 莊子 [17] 中陰 [18] 中宮 [19] 出離 [20] 珠貝 [21] 出震 [22] 川 [23] 垂衣 [24] 鍮石 [25] 鍮石精舍 [26] 清池 [27] 提謂 [28] 彫朽 [29] 條支 [30] 鐵門

dans l'histoire du Si-yu, I, 62; II, 23.

T'IEN-FOU[1], la capitale, II, LXXII.

T'IEN-JIN[2], les Dêvas; diffère de Jin-t'ien, II, 200, note 3.

T'IEN-TI[3], l'échelle du ciel, I, 44, 261.

T'IEN-TSEU[4], le Fils du ciel, l'empereur, II, 256. Un fils des dieux, II, 331. Cf. Fo-tsou-tong-ki, l. XXXI, fol. 23.

TONG-NIU-KOUE[5], le royaume des femmes d'Orient, II, 232.

TONG-TOU[6], la capitale de l'est (Loyang), I, 3.

T'OU-FAN[7], II, 232.

T'OU-KIOUE[8], I, 53; II, 5; III, 191.

T'OU-SIE[9], II, 469.

TSAO-KOUE[10], II, 79.

TSE-CHE[11], les mansions (du soleil et de la lune), II, 61.

TS'E-HOANG[12], III, 206.

TSE-SOU[13], les noirs et les blancs, c'est-à-dire les religieux et les laïques, II, 11.

T'SI-P'AO[14], les sept choses précieuses, II, 397.

TSIE-MO[15], I, 288.

TSIEN-KIAO[16], la doctrine graduelle, I, 162; II, 3, note 1.

T'SIEN-T'SIOUEN[17], ou les Mille sources, appelées aussi P'ing-yu. En mongol Ming-boulak, en turc Bingheul. Lieu de l'Asie centrale, III, 268. Il y a deux localités de ce nom qu'on a souvent confondues, I, 58; II, 13; III, 272.

TSING-I[18], II, 269, note 3.

TSIO-YANG-TCHI[19], branche d'osier que l'on mâche (Vaîtraka? « osier »). Voyez II, 55, en note. À l'époque où j'ai traduit le passage précité, je n'avais pas encore pu découvrir Vaîtraka? dans Pi-to-k'ia.

TSIOUE-HEOU[20], II, 439, note 1.

TSO-HIA[21], II, 65.

TSO-LA[22], II, 64.

TSONG-LING[23], chaîne de montagnes de l'Asie centrale, I, 15; III, 194, 266, 427.

TS'OU-FO (FAN)[24], II, 7, 80.

TUN-HOANG[25], ancienne ville de l'extrémité nord-ouest de la Chine, appelée plus tard Cha-tcheou, III, 262. Cf. I, 18, 288.

[1]天府 [2]天人 [3]天梯 [4]天子 [5]東女國 [6]東都 [7]土番 [8]突厥 [9]圖寫 [10]曹國 [11]玆舍 [12]雌黃 [13]緇素 [14]七寶 [15]且沫 [16]漸敎 [17]千泉 [18]講益 [19]嚼楊枝 [20]絶後 [21]坐夏 [22]坐臘 [23]蔥嶺 [24]返初服 [25]燉煌

INDEX DES MOTS CHINOIS.

W

Waï-fa [1], II, 160.
Weï-chi-kioue-chi-lun [2], I, 213, 217.
Wen-tsi [3], faute pour 瘟疾 « maladie épidémique », II, 24. Effacez la note 1.
Wen-kiaï-tchou-king [4], II, 236.
Wen-yen [5], les lettres et les mots, II, 127.

Wou-hio-tchi-ko [6] ou Wou-hio-ko, la dignité d'Arhat, II, 386. Voyez II, 173, note 1, et 415, note 2.
Wou-seng-ko [7], la dignité d'Arhat, III, 108.
Wou-ti [8], les cinq empereurs de la haute antiquité, II, lxix.
Wou-t'ong [9], I, 21.
Wou-weï [10], le non-agir, II, lxx.

Y

Ya-ching [11], III, 96.
Ye-ho [12], II, 142.
Yen-ki [13], I, 1; III, 264.
Yen-tse [14], I, 273.
Yeou-hio-jin [15], II, 174, en note.
Yeou-t'ou [16], II, 415.
Yu-lin [17], II, 112.

Yu-men-kouan [18]. Littéralement : la barrière de la porte de jade. Suivant l'auteur, c'était la clef des frontières de l'ouest. Sous les Han postérieurs, elle se trouvait dans le district de Tun-hoang, aujourd'hui Cha-tcheou. I, 17.

---

[1] 外法 [2] 唯識決釋論 [3] 温疾 [4] 蘊界住經
[5] 文言 [6] 無學之果 [7] 無生果 [8] 五帝 [9] 梧桐
[10] 無爲 [11] 亞聖 [12] 野合 [13] 馮耆 [14] 鹽澤 [15] 有學人 [16] 幽途 [17] 魚鱗 [18] 玉門關

INDEX

DES MOTS FRANÇAIS.

A

ABLUTIONS avant et après le repas, II, 70.
ADMINISTRATION, II, 90.
ADORATEURS DU FEU. Kâçyapa adorait le feu avant sa conversion, II, 483. Le *Si-yu-ki* cite aussi, *ibid.* Ourouvilvâkâçyapa et ses deux frères Gayâkâçyapa et Nadîkâçyapa.
AGRICULTURE, II, 91.
ALIMENTS PURS, I, 57; II, 24; aliments permis et défendus, II, 91.
ANNALES (Recueil d'), II, 72.
ANTILOPES (Le bois des), Mrĭgadâva, I, 132; II, 355. (Origine de ce nom, 363.)
ARBRE DE L'INTELLIGENCE (L'), Bôdhidrouma et Pippala', I, 77, 139, 161, 217.

ARC (Dhanou), en chinois *Kong*, mesure de longueur, II, 60.
ARMES DE GUERRE, II, 81.
ASSEMBLÉE (La grande), Mahâsañgha, en chinois *Ta-tchong*, I, 158.
ASSEMBLÉE QUINQUENNALE (Pañtchavarchâ et Pañtchavarchikâ); ces deux mots signifient seulement « la quinquennale », sous-entendu *parichad* « assemblée », II, 6.
ASTÉRISMES (Position des). Les Indiens en dérivent les noms de leurs mois, II, 61.
ASTRONOMIE, II, 61.
AUMÔNES (La plaine des), II, 280.
AUMÔNES (Distribution d'), appelée la grande distribution pour la délivrance, I, 265.
AUSTÉRITÉS EXTRAORDINAIRES DES BRÂHMANES, II, 280.

B

BACTRIANE (Ta-hia), nom de pays, I, 188.
BAINS, II, 70.

BALAI DU BOUDDHA (Le), conservé comme une relique à Balkh, I, 65.

INDEX DES MOTS FRANÇAIS.

Bâton (Le) d'un religieux (khakkharam), en chinois *Si-tchang*, II, 33. Le bâton de Jou-laï conservé comme une relique, II, 103.

Bénarès (Vârâṇaçî), nom de royaume, II, 353.

Biche (La fille aux pieds de), légende, II, 392.

Blé (Grain de), nom de mesure. Voyez Me, II, 60.

Bonnet tricorne des femmes mariées, III, 167.

Brâhmane (P'c-lo-men — Brâhmaṇa), I, 148 et passim.

Breuvages, II, 91.

C

Camphre (karpoûra), III, 123.

Canne à sucre (Jus de), boisson des Brâhmanes, II, 93.

Caractères de l'écriture, II, 71.

Cartes géographiques. Voyez ce mot dans l'Index sanscrit-chinois, p. 438.

Castes de l'Inde, II, 80.

Castration volontaire du frère du roi de Kiu-tchi (Koutché), II, 8; il rachète un troupeau de taureaux pour les préserver de la castration, II, 9. Résultat miraculeux de cette bonne action, II, 10.

Cauris (sorte de coquilles), employés comme moyen d'échange, II, 94.

Cavalerie (Açvakâya), II, 82.

Caverne ou grotte de l'ombre du Bouddha, I, 80, 81, 82; II, 100.

Cerfs apprivoisés du Khan des Tou-kioue (Turcs), II, 14.

Ceylan (Siṅhala), I, 183, 194; II, 218; III, 124, 125 et suiv.

Champ du bonheur (Cultiver le); sens de cette expression, II, 90.

Chanvre (kchâuma), II, 68.

Chars de guerre, l'une des quatre divisions de l'armée indienne (Rathakâya), en chinois *Tch'e-kiun*, II, 82.

Chauves-souris qui renaissent dans la classe des hommes (légende), II, 129.

Cimetière (Çmaçânam). Les Indiens emploient dans le même sens le mot Çitavana « forêt froide », en chinois *Han-lin*, I, 159.

Cinq agrégats (Les), Pañtchaskandhas, II, 385, note 2.

Cinq aliments purs (Les), II, 2.

Cinq défenses (Les), en chinois *Ou-kiaï*, I, 118; II, 33.

Cinq (Les) facultés divines ou surnaturelles (Pañtchâbhidjñâs), en chinois *Ou-chin-t'ong*, I, 185; III, 3.

Cinq éléments (Les) qui constituent la personne du Bouddha, II, 427.

Cinq membres (Les); jeter à terre ses cinq membres; sens de cette expression, II, 86; III, 48, 98.

Cinq parties arrondies (Les); sens de cette expression, II, 86.

Cinq sciences (Les traités des), I, 319; II, 71, 175.

Cinq véhicules (Les), II, 74.

Coiffure des hommes et des femmes, II, 68.

CONCILE DE LA GRANDE ASSEMBLÉE, c'est-à-dire de l'école des Mahâsañghikas (Ta-tchong-pou), I, 159. — Concile présidé par Kâçyapa pour la rédaction des trois Recueils sacrés, I, 156. Lieu où se tint ce concile, III, 32. Concile semblable convoqué par le roi Kanichka, II, 72 et suiv.

COUDÉE (Hasta), en chinois *Tcheou*, nom d'une mesure, II, 60.

COUVENTS (Sañghârâmas); leur construction, II, 66. — Couvent (Vihâra). Le directeur général s'appelle aujourd'hui, à Ceylan, Mahânâyaka, et le directeur-adjoint Anounâyaka. (*Journal des Savants*, juillet 1858, p. 444.)— Couvent (Le nouveau), Navasañghârâma, I, 65 ; II, 30. — Le couvent de l'Intelligence; lisez : le couvent de l'arbre de l'Intelligence (Bôdhidrouma sañghârâma), II, 159.

CRÂNE du Bouddha, II, 102 ; os du sommet du crâne (ouchṇîcha); pieux moulage de cet os. *Ibid.*

CRISTAL (Lentille de), II, 94. — Cristal de roche (Sphâṭika), II, 482.

CROCODILE (Koumbhîra), II, 359.

CURE-DENT (Dantakâchṭha), en chinois *Tch'i-mo*; forme et matière du cure-dent dont se servent les religieux, I, 123; II, 55.

D

DÉFENSES (Les cinq). Voyez OU-KIAÏ.

DÉLIVRANCE (La grande assemblée de la), Môkcha mahâparichad.

DEMEURES FIXES ('Gan-kiu); sens de cette expression, II, 64.

DENT du Bouddha, d'une longueur et d'une largeur démesurées, I, 65 ; II, 31.

DEUIL (Vêtements de), durée du deuil, II, 88.

DEUX ARBRES (Les), II, 3, note 1.

DIX FACULTÉS VICTORIEUSES (Les), I, 156; II, 174.

DEUX IMAGES (Les). Le soleil et la lune, I, 43.

DEUX ROUES (La figure de), sous la plante des pieds du Bouddha, II, 101, 345.

DEUX VÉHICULES (Les). La doctrine du grand et du petit Véhicule (Mahâyâna et Hînayâna), I, 11.

DIAMANT (Le trône de), en sanscrit *Vadjrâsana*; origine de ce nom, II, 460. Cité encore, I, 139, 140, 450, 458. Voyez le mot VADJRÂSANA.

DISCIPLINE (Le Recueil de la), Vinayapiṭaka, I, 157; II, 77.

DIX FORCES (Doué de), Daçabala, II, 300; la doctrine des dix forces, II, 398.

DIX-HUIT ÉCOLES SCHISMATIQUES (Les). Leur antagonisme, II, 77.

DIX-HUIT TÊTES (Poisson à), légende, II, 403.

DIX VERTUS (Les), en chinois *Chichen*, I, 57; II, 33.

DOCTRINE GRADUELLE (La), 1, p. 50. —La doctrine de l'éléphant (lisez, des images). Voyez I, 466.

DOULEUR (Marques de) dans les funérailles, II, 87.

548 INDEX DES MOTS FRANÇAIS.

Douze causes de l'existence (Les), en chinois *Chi-eul-in-youen* (Voy. In-youen), II, 161.
Douze collections (Les) des livres du Bouddha, II, 77.
Dragons (Nâgas). Dragons qui s'unissent à des juments, II, 5. — Dragons qui s'unissent à des femmes. Hommes de la race des dragons. *Ibid.* — La grotte des dragons, I, 193. La fille d'un dragon prend une forme humaine et épouse un descendant de Çâkya, II, 141.

E

Eau (Épreuve judiciaire par l'), II, 84.
Eau blanche (La rivière de l'), en chinois *Pe-choui*, II, 85.
Échelle du ciel (L'), I, 44, 261.
École (L') des montagnes neigeuses (les Hâimavatas), en chinois *Siouc-chan-pou*, II, 311. — L'école du président, Sthaviranikâya, ou l'école des Âryasthaviras, I, 58.
Écoles schismatiques (Les dix-huit). Leur antagonisme, II, 77.
Édifices publics, II, 66.
Édits de la loi (84,000). Lisez quatre-vingt-quatre mille Stoûpas. Voyez II, 417, 418, une note importante sur la nécessité de faire cette correction.
Éléphants (Le corps des) dans l'armée indienne (Hastikâya), en chinois *Siang-kiun*, II, 82.
Enfer, lieu de supplices, construit par Açôka, II, 414.
Enseignement, II, 71.
Épreuves judiciaires, II, 83.
Escaliers précieux (Les trois), I, 110.
Estrade de l'intelligence (L'), II, 460, en sanscrit *Bôdhimaṇḍa* et *Vadjrâsana*. Voyez ces mots.
Étang (L') des singes (Markaṭahrada), II, 387. M. Burnouf a écrit « l'étang du singe ».
Été (Le mot) pris pour année, II, 65.
Étoffes (Matière des), II, 68.
Études (Durée des), II, 71.
Exercice (Faire de l'), en chinois *King-hing*. Voyez II, 198, note 1. Pour marquer l'endroit où un Bouddha avait fait de l'exercice, on exhaussait le sol de quelques pieds sur une certaine étendue. Par exemple, liv. II, p. 358, l'auteur cite, à cette occasion, des assises de pierres bleues, hautes de sept pieds et longues de cinquante pas. C'est là, je crois, ce qu'il faut entendre lorsqu'on lit dans une multitude de passages : « On voit un endroit où le Bouddha a fait, où les quatre Bouddhas passés ont fait de l'exercice », II, 358.
Extase du diamant (L'), Vadjrasamâdhi, I, 140. L'extase du monde du feu, Agnidhâtou samâdhi, II, 457.

INDEX DES MOTS FRANÇAIS. 549

F

FAMILLE ROYALE, II, 81.
FEMMES (Le royaume des), II, 232; III, 131.
FEU (Épreuve judiciaire par le), II, 84.
FILLES BOSSUES (La ville des), Kanyâkoubdja, II, 247, 256.
FILS DU CIEL (Le), l'empereur (T'ien-tseu), II, 256.
FORMULES MYSTIQUES (Le Recueil des). Voyez RECUEIL, I, 159.
FOSSE DE L'ÉLÉPHANT (La), Hastigarta, II, 314.
FOURMIS DE COULEUR D'OR (sic), II, 109.

FRUIT DE LA SAINTETÉ (Le), Lisez : le saint fruit du Bouddha (la dignité d'Arhat), II, 32, 113, 405. Obtenir, voir le fruit, en chinois *Tching-ko*; obtenir la dignité d'Arhat, *ibid.* Voir face à face le fruit, signifie quelquefois devenir Bouddha, obtenir la dignité de Bouddha (Bouddhatvam), II, 358. L'expression voir face à face le fruit, qui répond à *Tching-ko*, est empruntée à Burnouf (*Introduct. au Bouddhisme*, p. 264).
FUNÉRAILLES (Diverses espèces de), II, 87.

G

GANGE (Gañgâ), nom de fleuve, II, 215. La porte du Gange (Gañgâ-dvâra), 230.
GÉNÉRAUX, II, 81.
GRAND ROI (Mahârâdja), titre qu'on donne à un souverain, en chinois *Ta-wang*, II, 250.
GROTTE de l'ombre du Bouddha, I, 80, 81, 82; II, 100.

H

HABITS des hérétiques et des religieux, des Kchattriyas et des Brâhmanes, II, 68.
HÉRÉTIQUES VÊTUS DE BLANC, II, 162; qui se frottent de cendres (Pâçoupatas), I, 203; II, 41.

HONORABLE DU SIÈCLE (L'), Lôkadjyêchṭha, le Bouddha, I, 122.
HUIT MOYENS (Les) de délivrance (Achṭâu vimôkchas), en chinois *Pa-kiaï-t'o*, II, 114, 168; III, 7.

I

ILE (L') des choses précieuses (Ratnadvîpa), en chinois *P'ao-tchou*; l'un des noms de Ceylan (Siñhala), I, 194.
IMPÔTS (Taxes et), II, 90.

INDE (Indou). Transcriptions différentes et incorrectes du mot Indou, II, 57; étendue et position de l'Inde; nature du climat et du sol, 58.

550 INDEX DES MOTS FRANÇAIS.

INDIENS (Mœurs et caractère des), II, 83.
INFANTERIE (Pattikâya); en chinois Pou-kiun, II, 82.
INTELLIGENCE SANS SUPÉRIEURE (L'), Anouttara bôdhi, I, 141.
INTELLIGENCE ACCOMPLIE (L'), Samyak sambôdhi, en chinois Tching-k'io, II, 309. Le Bouddha l'obtint à l'âge de trente ans, et, suivant quelques auteurs, à trente-cinq ans, 470.
INTELLIGENCE (L'arbre de l'). Voyez TAO-CHOU, FOU-TI-CHOU (Bôdhidrouma) et PIPPALA, I, 83, 141; II, 106, 458.
INTELLIGENCE (Le siége de l'); en sanscrit Bôdhimanda et Vadjrâsana, I, 139, 140, 141; II, 460.

J

JADE, II, 94.
JEÛNE (Les neuf jours de), époques de ces jeûnes, II, 6; les trois longs jeûnes, II, 208.

JOINTURE DE DOIGT (Añgouliparva), en chinois Tchi-tsie; nom du 24ᵉ de la coudée (Hasta), II, 60.

L

LAIT et beurre; défense d'en faire usage, I, 181.
LANGAGE, II, 71.
LENTE (Likchâ), en chinois Ki. Voyez les divisions du Yôdjana, II, 60.
LENTILLES DE VERRE (Ho-tchou), II, 167.
LETTRES DE L'ÉCRITURE INDIENNE; leur nombre, leur propriété, II, 72.
LIÈVRE DANS LA LUNE. Origine de cette croyance, II, 376.
LION (Le royaume du), en chinois Sse-tseu-koue et Tchi-sse-tseu-koue (Siñhala), l'île de Ceylan, I, 183, 201; II, 218; III, 124, 125 et suiv.
LIQUEURS (Vins et), II, 93.
LITS DE CORDE, II, 67.
LIVRES, II, 71; livres traduits par Hiouen-thsang, I, 304, 311, 321, 340.
LOI (La), mot consacré pour dire la doctrine du Bouddha, I, 65; lois, II, 83.

M

MAISONS; différentes de celles des Chinois, II, 66; une maison pure, un Vihâra, en chinois Thsing-che, II, 239; une maison du bonheur, ou, plus exactement, une maison de secours, de bienfaisance, I, 91; II, 190, 231; III, 174, 215.
MALADIES (Traitement des), II, 87.

MANGER (Manière de), II, 91.
MANSIONS (T'se-che) du soleil et de la lune, II, 61.
MARIAGE DES INDIENS, II, 80.
MÉDICAMENTS, II, 87.
MÈRE DES DÉMONS (La), en chinois Koueï-tseu-mou, II, 120, note 2.
MESURES de longueur, II, 59.

INDEX DES MOTS FRANÇAIS.

MÉTAUX PRÉCIEUX, II, 94.
MILLE FILS (Les) de la fille aux pieds de biche, légende, II, 392.
MOIS INDIENS (Noms des), II, 61.
MONDE (Le) des yeux, le monde de la pensée, le monde de la connaissance qui naît de la vue, le monde de la connaissance qui naît de l'esprit, I, 345.
MONNAIES D'OR ET D'ARGENT, II, 94.
MER CHAUDE, en chinois Jo-haï, Yen-tse et Thsing-tch'i. On l'appelle en mongol Temourtou, Issikoul, et Lop-noor ou lac Lop, I, 286; III, 194.
MÉTAPHYSIQUE (le Recueil de la), l'Abhidharmapiṭaka, I, 86.

MIEL EN PIERRE (Chi-mi), sucre solide ou cristallisé, II, 105.
MILLE SOURCES (Les), nom de pays, en chinois Thsien-thsiouen; en mongol Ming-boulak, I, 59; II, 13; III, 194.
MOI (L'orgueil du), en sanscrit Âtmamada, I, 107.
MONTAGNE DE GLACE (La), en mongol Mousour-aola, en chinois Ling-chan, II, 11.
MONTAGNE D'OR (La), le mont Soumérou, I, 81.
MONTAGNES NOIRES (Les), en chinois He-ling, I, 71; II, 40, 95.

N

NEUF SECTIONS DES LIVRES SACRÉS (Les), I, 67.
NOURRITURE HABITUELLE DES INDIENS, II, 91.
NOUVEAUX-NÉS. Les habitants du royaume de Kiu-tchi leur aplatissent la tête avec une planchette, II, 4.
NOVICE, jeune religieux (Çrâmaṇêra), I, 280.

O

OMBRE DU BOUDDHA. Caverne ou grotte de l'ombre; entrée de Hiouen-thsang dans cette grotte; apparition de l'ombre du Bouddha, I, 80, 81, 82; II, 100.
OREILLES NON PERCÉES (Le couvent des), c'est-à-dire des religieux qui n'ont pas les oreilles percées (Aviddhakarṇa sañghârâma); origine de ce nom, II, 380.
ORGE (Grain d'), en sanscrit Yava; les Chinois écrivent me « grain de blé ». C'est la 7ᵉ partie du tchitsie (Añgouliparva), II, 60.
OTAGES CHINOIS dans le royaume de Gândhâra, II, 42; dans le royaume de Tchînapati, 199.
OUVRAGES INDIENS rapportés par Hiouen-thsang, I, 295, 296.
OXUS (L'), en sanscrit Vakchou; nom de fleuve, I, 61, 272; II, 22.

P

Palais des dragons (Le), II, LXIII, note 79.

Palais intérieur (Le), en chinois *Tchong-kong* et *Heou-t'ing*; défini, II, 9, note 1.

Paon (Mayoûra). La ville du Paon, II, 230; le roi des Paons (Mayoûrarâdja), en chinois *Kong-tsio-wang*, II, 138.

Parc des Antilopes (Le), Mrĭgadâva, en chinois *Lou-ye* et *Louyouen*, I, 293.

Parfums, II, 70.

Perdrix du genre francolin (Kapiñdjala), II, 335.

Perles employées comme moyen d'échange, II, 94.

Perse (La) (Po-la-sse, Parsa), I, 198.

Pesage (Épreuve judiciaire par le), II, 84.

Plantes et arbres indigènes et exotiques, II, 91.

Pluies (Saison des), Varchâs, pendant laquelle les religieux se retirent dans des demeures fixes ('Gan-kiu), II, 64.

Poil de vache (Nieou-mao), en sanscrit *Gôlôma*. — Poil de mouton (Yang-mao), en sanscrit *Avilôma*. — Poil de lièvre (T'ou-hao), en sanscrit *Çaçôrṇa*. Voyez les divisions du Yôdjana, II, 60.

Poison (Épreuve judiciaire par le), II, 84.

Porte noire (La), un couvent, I, 300.

Portes de fer (Les), passe célèbre, située entre deux montagnes, en chinois *T'ie-men*, II, 23.

Portes des maisons, leur orientation, II, 67.

Pou (Yoûka), en chinois *Se*; fraction minime parmi les mesures de longueur, II, 60.

Poussière fine passant par un petit trou (Hi-tch'in), en sanscrit *Vâtâyanarâdja*. Voyez les divisions du Yôdjana, II, 60; poussière fine (Aṇou); poussière extrêmement fine (Paramâṇou). *Ibid.*

Prince royal (Koumârarâdja), en chinois *Wang-tsen* et *T'aï-tseu*, I, 127; II, 251.

Procédure criminelle, II, 83.

Propreté excessive des Indiens, II, 70.

Puits de Jou-laï (Le), Tathâgata koûpa, II, 235.

Q

Quadruple talent d'expliquer (Le); sens de cette expression, II, 159, note 3.

Quatre Bouddhas passés (Les), I, 83; II, 233. Ce sont : 1° Krakoutchtchhanda Bouddha; 2° Kanakamouni Bouddha; 3° Kâçyapa Bouddha; 4° Çâkyamouni Bouddha.

Quatre choses nécessaires (Les), I, 152.

Quatre classes d'êtres vivants (Les), en chinois *Sse-seng*, II, 170.

INDEX DES MOTS FRANÇAIS.

Quatre continents (Les). Voyez Sse-tcheou, I, 282; II, lxxiii.
Quatre corps d'armée (Les), en sanscrit *Tchatouraṅga bala kâya*, III, 128.
Quatre facultés surnaturelles (Les), II, 390.
Quatre fruits (Les). Voyez Sse-ko, I, 65; II, 32.
Quatre mers (Les), I, 239.
Quatre (Les) multitudes, I, 218.
Quatre naissances (Les), III, 101.
Quatre offrandes (Les), I, 152; II, 8, 173.
Quatre rois du ciel (Les), savoir : Viroûḍhaka, Viroûpâkcha, Dhrïtarâchṭra et Vâiçravaṇa, II, 319, 482, note 1.

Quatre soleils (Les), Tchatvârasoûryas; nom qu'on donnait à quatre religieux célèbres, I, 272; III, 214.
Quatre vérités (Les). Voyez Sse-ti, II, 344.
Quatre (Les) voies qui conduisent au Nirvâṇa, II, 432. Dans la note, les mots « premier rang » ne signifient point le rang supérieur, mais celui où l'on commence à entrer; c'est le moindre des quatre. On devient d'abord Srôtâpanna, ensuite Sacrïdâgâmin, puis Anâgâmin, enfin l'on arrive à la dignité d'Arhat, qui est la qualité suprême et indispensable pour obtenir la délivrance, ou le Nirvâṇa.

R

Rats (Les) auxiliaires du roi de Koustana (Khotan), légende, III, 234.
Recrutement militaire, II, 90.
Recueil (Le) des formules mystiques (Vidyâdhara piṭaka), I, 159. Le Recueil des mélanges (Samyoukta sañtchaya piṭaka?), *ibid.* Les trois Recueils. Voyez San-t'sang.
Refuge (Çaraṇa), II, 382. Les trois refuges, en chinois San-kouei. Voyez I, 468.
Reliques (Che-li — Çarîras), II, 139. Partage des reliques du Bouddha, II, 348.
Respect (Manières de témoigner le), II, 85.
Retour (Le Stoûpa du), Nivarttanastoûpa; sens de cette expression, II, 330.

Revenus des terres de la couronne. Emploi de ces revenus, II, 90.
Riz sec qu'on récolte au bout de soixante jours, II, 206.
Roi (Le) de la loi, Dharmarâdja, le Bouddha, I, 230.
Roi des esprits (Le), en sanscrit *Mahâkâla*, en chinois *Chin-wang*. Son rôle et sa figure sont décrits, t. II, p. 43, en note.
Roue à mille rais (Empreinte d'une) sous la plante des pieds du Bouddha, II, 101, note 1, et 421; III, 23.
Roue d'or (Roi qui tourne la), Souvarṇatchakravartî râdjâ, en chinois *Kin-lun-wang*, I, 70; II, lxxiii, 38.
Roue de la loi (Tourner la), c'est-

à-dire prêcher la doctrine du Bouddha, I, 132; II, 477.

Rubis (Po-ta-mo-lo-kia — Padmarâga), I, 199.

S

Saint (Le), le Bouddha, I, 41.
Saisons (Nom des), II, 61.
Salutation circulaire (Circumambulating salutation. — Wilson); manière de témoigner du respect à quelqu'un, appelée en sanscrit *Pradakchiṇa*, parce qu'on tourne autour de la personne en commençant par la droite (dakchiṇa), II, 86, 476, note 1.
Santal (Tchandana), I, 193. — Santal blanc (Tâilaparṇika), nom d'arbre, I, 193.
Sept choses précieuses (Les), II, 397.
Sept clartés (Les), I, 230.
Sept planètes (Les), II, 320.
Siége du lion (Siṁhâsana), nom du trône du roi, II, 67. — Siéges et lits, *ibid.*
Signes de beauté (Les), en chinois *Siang-hao*, II, 99, 164; III, 82, 231.
Six conditions (Les) ou états par où peuvent passer les hommes par l'effet de la transmigration, en chinois *Lou-t'siu*, III, 17, 100.
Six facultés surnaturelles (Les), Chaḍabbhidjñâs, en chinois *Lou-ching-thong*, I, 156, 168; III, 7.
Six moyens de délivrance (Les), I, 57. Voyez Po-lo-mi-to (Lou).
Six voies (Les). Voyez Les six conditions, III, 100.
Soldats, II, 81.
Soleil (Le dieu), Âditya; sa statue, I, 210, 255; temple du soleil, ou du dieu Soleil, II, 264.
Source de la flèche (La), Çarakoûpa, II, 322.
Statue du Bouddha. Sens de l'expression « faire marcher la statue », II, 7. — Statues rapportées par Hiouen-thsang, I, 293, 294. Statues colossales de Bamyan, II, 37.
Sucre cristallisé, I, 57. Voyez Chimi.
Suicide religieux des Indiens par immersion, II, 87, 280.
Supplices, II, 83.

T

Taxes et impôts, II, 90.
Temps (Divisions du), II, 60.
Traitements des ministres et des magistrats, II, 90.
Traités philosophiques (Les), en sanscrit *Çâstras*, en chinois *lun*, II, 77.
Transmigration (Échapper à la loi de la), II, 341.
Trente-deux (Les) signes caractéristiques d'un grand homme (Mahâpouroucha lakchaṇâni), II, 99.
Triple science (La), Trividyâ, en chinois *San-ming*; sens de cette

expression d'après Eug. Burnouf et le dictionnaire *San-thsang-fa-sou*, II, 160, 437.

TROIS ALIMENTS PURS (Les), I, 50; II, 2, note 2.

TROIS CLARTÉS (Les), I, 240.

TROIS DÉTROITS (Les). Voici leurs noms : Kouang-khi-hia, Ou-hia, Si-ling-hia. Ils se trouvent dans le voisinage de Pa-ling, pays de Thsou, I, 10.

TROIS ESCALIERS PRÉCIEUX (Les), I, 110; II, 238.

TROIS ÉTATS SUBLIMES (Les), I, 231.

TROIS ÉTUDES (Les). Voyez SAN-HIO, I, 11.

TROIS MONDES (Les). Voyez SAN-KIAÏ, I, 156. Le monde des désirs (Kâmadhâtou); le monde des formes (Roûpadhâtou); le monde sans formes (Aroûpadhâtou), II, 74, note 1.

TROIS PRÉCIEUX (Les), Triratna, en chinois *San-p'ao*, I, 119; II, 8, 152.

TROIS RECUEILS (Les), en chinois *San-thsang*, I, 95. Concile présidé par Kâçyapa pour la composition des trois Recueils (Tripitaka), I, 156; II, 174; lieu où se tint ce concile, III, 32.

TROIS REFUGES (Les). Voyez SAN-KOUEÏ.

TROIS SCIENCES (Les), Trividyâ, en chinois *San-ming*, I, 156.

TROIS VÉHICULES (Les); sens de cette expression, II, 436.

TROIS VOIES MALHEUREUSES (Les); sens de cette expression, II, 142, 214.

TRÔNE DU ROI, II, 67.

TROUPES (Corps de), II, 81.

TURCS (Tou-kioue). Le roi de Kiu-tchi (Koutché) les appelle à son secours, II, 5; adorateurs du feu, I, 56; réception de Hiouen-thsang par le Khan des Turcs, I, 55; leur musique, I, 57; leur nourriture, *ibid.*

U

USTENSILES DE CUISINE, II, 93.

V

VAINQUEUR (Le bois ou la forêt du), Djêtavana, I, 124; II, 238.

VASES EN ARGILE SÉCHÉE, II, 93; vases pour faire la cuisine, II, 91; pour manger, *ibid.*

VAUTOUR (Le pic du), Grĭdhrakoûṭa. D'après une note du texte, il faut lire le « Pic des vautours », I, 117, 154; II, 356.

VÊDAS (Les), I, 151; II, 74; noms chinois et indiens des Vêdas. Voyez WEÏ-T'O.

VÉHICULE, sens de ce mot, II, 74, note 1.

— Le grand Véhicule (Mahâyâna), I, 50 et passim.

— Le petit Véhicule (Hinayâna), I, 62 et passim.

— Le Véhicule du Bouddha, des Bôdhisattvas, des Youen-kio, ou des Pratyêkabouddhas, des Ching-wen, ou des Çrâvakas, des hommes purs, II, 74, note 1.

VÉHICULE (L'unique), III, 42.

VERS À SOIE (Graines de) et de mûriers, introduites secrètement dans le royaume de Koustana (Khotan), III, 238.

VÊTEMENTS, II, 68.

VILLE ROYALE (La petite), nom de Baktra (Balkh), I, 64; II, 29. — La ville de la maison du roi (Râdjagrîha). Voyez ce dernier nom.

VILLES ET VILLAGES (Maisons des), leur orientation, II, 66.

VINS ET LIQUEURS, II, 93.

LISTE
DES MOTS ABRÉGÉS OU CORROMPUS.

C

Cha-men [1], faute pour Che-lo-mo-na [2] (Çramaṇa).
Cha-mi [3], faute pour Che-lo-mo-ni-lo (Çrâmaṇêra).
Chang-na-ho-sieou [4], faute pour Che-no-kia-fo-so (Çaṇakavâsa).
Chang-no-fo-so [5] (Çanavâsa), abréviation de Chang-no-kia-fo-so (Çaṇakavâsa).
Chang-no-kia-fo-so [6], faute pour Che-no-kia-fo-so (Çaṇakavâsa).
Che-kiu-chan [7], faute pour Ki-li-t'o-lo-kiu-t'cha (Grîdhrakoûṭa).
Che-li-fo [8], faute pour Che-li-tseu (Çâripouttra).
Che-lun [9], abréviation de Che-ta-ching-lun.
Che-wang [10], le roi Djâ, abréviation de 'O-che-to-che-tou-lou (Adjâta-çatrou).
Che-weï [11], faute pour Chi-lo-fa-si-ti (Çrâvastî).
Chi [12], transcript. abrégée de Çakra.
Chi [13] (Dji), abréviation de Kieou-mo-lo-chi (Koumâradjîva).
Chi-kia-wen [14], faute pour Chi-kia-meou-ni (Çâkyamouni).
Chi-laï-na-fa-ti [15], faute pour Hi-laï-na-fa-ti (Hiraṇyavatî).
Chin-tou [16], faute pour In-tou.
Chin-tseu [17], faute pour Che-li-tseu (Çâripouttra).
Chou-ti-kia [18], faute pour Tchou-ti-se-kia (Djyôtichka).

[1] 沙門 [2] 舍羅摩拏 [3] 沙彌 [4] 商那和修 [5] 商諾縛娑 [6] 商諾迦縛娑 [7] 闍崛山 [8] 舍利弗 [9] 攝論 [10] 闍王 [11] 舍衛 [12] 釋 [13] 什 [14] 釋迦文 [15] 尸賴拏伐底 [16] 身毒 [17] 身子 [18] 樹提伽

F

Fan [1], abréviation de Fan-lan-mo (Brahmâ). On écrit aussi en abrégé Fan-mo.

Fo [2], faute pour Fo-t'o (Bouddha).

Fo-po-ti [3], faute pour Pi-ti-ho (Vidêha).

Fo-yu-taï [4], faute pour Pi-ti-ho (Vidêha).

H

*Heng-ho [5], faute pour King-kia (Gañgâ).

Heng-kia [6], même faute que ci-dessus.

*Hi-lien-fo-i [7], faute pour Po-tch'a-li-tseu-tch'ing (Pâṭalipouttra poura).

Hi-lien-chen [8], faute pour Ni-lien-chen-na (Nâirañdjanâ).

*Hi-lien-ho [9], faute pour Ni-lien-chen-na-ho (Nâirañdjanâ).

Hien-si-to [10], faute pour K'ouo-si-to (Khousta).

Hien-teou [11], faute pour In-tou (Inde).

Ho-siu-mi-to [12], faute pour Fa-sou-mi-ta-lo (Vasoumitra).

Ho-tan [13], faute pour Kiu-sa-tan-na (Koustana).

*Ho-wang [14], II, 301. Abréviation de Ho-fan-wang (Drôṇôdanarâdja).

Houan-na [15], faute pour Kiu-sa-tan-na (Koustana).

I

I-eul [16], faute pour Wen-eul-pe-i (Çroutaviñçatikôṭi).

I-lan-na [17], abréviation de I-lan-na-po-fa-to (Hiraṇyaparvata).

I-pou-se [18], faute pour Ou-po-sse-kia (Oupâsikâ).

I-ti-mo-to [19], faute pour I-ti-youe-to-kia (Itivṛïttakam).

J

Jou-cheou [20], faute pour Man-tchou-chi-li (Mañdjouçrî).

---

[1]梵 [2]佛 [3]弗婆提 [4]弗于逮 [5]恒河 [6]恒伽
[7]熙連弗邑 [8]希連禪 [9]希連河 [10]闍悉多
[11]賢豆 [12]和須蜜多 [13]齕旦 [14]斛王 [15]渙那
[16]億耳 [17]伊爛拏 [18]伊蒲塞 [19]伊帝目多
[20]濡首

LISTE DES MOTS ABRÉGÉS.   559

K

Keou-chi [1], abréviation de Keou-chi-na-kie-lo (Kouçinagara).

Keou-chi-na [2], abréviation de Keou-chi-na-kie-lo (Kouçinagara).

Ki-che-kioue [3], faute pour Ki-li-t'o-lo-kiu-tch'a (Grĭdhrakoûṭa).

'K'i-chou [4], mot hybride, formé de K'i pour Chi-to (Djêtâ), et de Chou « arbre ». K'i-chou répond à Djêtavana.

Ki-houan [5], faute pour Chi-to-fa-na (Djêtavana).

K'i-t'o [6], faute pour Chi-to (Djêtâ).

Ki-yu [7], faute pour Chi-fo-kia (Djivaka).

Kia-che [8], abréviation de Kia-che-po (Kâçyapa).

Kia-che-i-pou [9], faute pour Kia-che-pi-ye-pou (Kâçyapanikâya).

Kia-i [10], faute pour Kie-pi-lo-fa-sou-tou (Kapilavastou).

Kia-lan [11], abréviation de Seng-kia-lan (Sañghârâma).

Kia-lo-kia-tch'un-t'o [12], faute pour Kia-lo-kieou-tch'un-t'o (Krakoutchtchbanda).

Kia-pi-lo-weï [13], faute pour Kie-pi-lo-fa-sou-tou (Kapilavastou).

Kia-tchen-yen [14], faute pour Kia-to-yen-na (Kâtyâyana).

Kia-weï [15], faute pour Kie-pi-lo-fa-sou-tou (Kapilavastou).

Kia-weï-weï [16], faute pour Kie-pi-lo-fa-sou-tou (Kapilavastou).

Kia-yen [17], faute pour Kia-to-yen-na (Kâtyâyana).

Kia-yen-kiu-che [18], faute pour Kia-to-yen-na-kiu-che (Kâtyâyanakôcha).

Kie [19], faute pour Kia-t'o (Gâthâ).

Kie-ni [20], faute pour Kie-ni-kia [21] (Kanaka).

Kien-t'o-weï [22], faute pour Kien-t'o-lo (Gândhâra).

Kieou-tse [23], faute pour Kiu-tchi (Koutché).

Kiu-chen-mi [24], faute pour Kiao-chang-mi (Kâuçâmbî).

[1] 拘尸 [2] 拘尸那 [3] 耆闍崛 [4] 祇樹 [5] 祇洹
[6] 祇陀 [7] 耆域 [8] 迦葉 [9] 迦葉遺部 [10] 迦夷
[11] 伽藍 [12] 迦羅迦村馱 [13] 迦毗羅衛 [14] 迦
旃延 [15] 迦維 [16] 迦維衛 [17] 迦延 [18] 迦延俱
舍 [19] 偈 [20] 羯尼 [21] 羯尼迦 [22] 乾陀衛 [23] 龜
茲 [24] 俱睒彌

K'iu-kia-ni [1], faute pour K'iu-t'o-ni (Gôdhanya).
Kiu-sse-lo [2], faute pour Kiu-chi-lo (Ghôchira).
K'iu-tan [3], faute pour Kiu-sa-tan-na (Koustana).
Kiu-tch'a-'o-lan-mo [4], faute pour Kiu-kiu-tch'a-'o-lan-mo (Koukkoutârâma).
K'iu-ye-ni [5], faute pour K'iu-t'o-ni (Gôdhanya).
Kiun-tchi [6], faute pour Kiun-tchikia (Kouṇḍikâ).
Ko-li [7], faute pour Kie-li (Kaḍi).

Kouan-chi-in [8], faute pour Kouan-tseu-tsaï (Avalôkitêçvara).
Kouan-chi-in-tseu-tsaï [9], faute pour Kouan-tseu-tsaï (Avalôkitêçvara).
Kouan-chi-tseu-tsaï [10], faute pour Kouan-tseu-tsaï (Avalôkitêçvara).
Kouan-in [11] et Kouan-in [12], fautes pour Kouan-tseu-tsaï (Avalôkitêçvara).
Kouang-chi-in [13] faute pour Kouan-tseu-tsaï (Avalôkitêçvara).
Kouo-koue [14] (voyez p. 508, n° 9), faute pour Heuo (Ghoûr).

L

Lien-jo [15], abréviation de 'O-lien-jo (Aranya).
Lieou-tchi [16], abréviation de P'ou-ti-lieou-tchi (Bôdhiroutchi).
Li-men-lun [17], abréviation de In-ming-ji-tching-li-men-lun.
Lo-chi [18] (Radjî), abréviation de Kieou-mo-lo-chi (Koumâradjîva).

Lo-han [19], abréviation de 'O-lo-han (Arhân — Arhat).
Lo-yue-tching [20], faute pour Ho-lo-che-ki-li-hi (Râdjagr̥ïha).
Lo-yun [21], faute pour Lo-hou-lo (Râhoula).
Lun-min [22], transcription fautive du mot Loumbinî.

M

Meï-ta-li-yen-ni-fo-ta-lo [23], abréviation de Peou-la-na-meï-ta-li-

---

[1] 劬伽尼 [2] 劬師羅 [3] 屈丹 [4] 屈吒阿濫摩 [5] 瞿邪尼 [6] 軍持 [7] 歌利 [8] 觀世音 [9] 觀世音自在 [10] 觀世自在 [11] 觀尹 [12] 觀音 [13] 光世音 [14] 括國 [15] 練若 [16] 流支 [17] 理門論 [18] 羅什 [19] 羅漢 [20] 羅閱城 [21] 羅云 [22] 論民 [23] 梅呾麗衍尼弗呾羅

LISTE DES MOTS ABRÉGÉS. 561

yen-ni-fo-ta-lo (Poûrṇamâitrâyaṇî pouttra).

Mi-lɛ[1], faute pour Meï-ta-li-ye (Mâitrêya).

Mi-ti-pou[2], abréviation de San-mi-ti-pou.

Mi-to-lo-ni-tseu[3], faute pour Poula-na-meï-ta-li-yen-ni-fo-ta-lo (Poûrṇamâitrâyaṇî pouttra).

Mi-to-sse-na[4], faute pour Mi-to-losse-na (Mitrasêna).

Mo-ho-po-che-po-ti[5], faute pour Mo-ho-po-lo-che-po-ti (Mahâpradjâpati).

Mo-kiɛ[6] (II, 475), faute pour Mo-kie-lo (Makara).

Mo-kiɛ-ti[7], faute pour Mo-kie-t'o (Magadha).

Mo-kien-lien[8], faute pour Mo-te-kia-lo-tseu (Moudgalapouttra).

Mo-lien[9], faute pour Mo-te-kia-lo-tseu (Moudgalapouttra).

Mo-t'ien-ti[10], abréviation de Mo-t'ien-ti-kia (Madhyântika).

N

Ni-keou-liu[11], faute pour Ni-keou-liu-t'o (Nyagrôdha).

Ni-kien[12], faute pour Ni-kien-t'o (Nirgrantha).

O

'O-che-chi[13], faute pour 'O-che-to-che-tou-lou (Adjâtaçatrou).

'O-choue-chi[14], faute pour 'O-chi-p'o-chi-to (Açvadjit), en chinois Ma-ching.

'O-choue-chi-to[15], faute pour 'O-chi-p'o-chi-to (Açvadjit).

'O-li-lo-po-ti[16], faute pour 'O-chi-to-fa-ti (Adjitavatî).

'O-li-po-ti[17], faute pour 'O-chi-to-fa-ti (Adjitavatî).

'O-na-liu[18], faute pour 'O-ni-liu-t'o.

'O-nan[19], abréviation de 'O-nan-to (Ânanda).

'O-neou[20] et 'O-neou-ta[21], fautes pour 'O-na-po-ta-to (Anavatapta).

'O-pi-tan[22], faute pour 'O-pi-ta-mo (Abhidharma).

---

[1]彌勒 [2]彌底部 [3]彌多羅尼子 [4]蜜多斯那 [5]摩訶波闍波提 [6]摩竭 [7]摩竭提 [8]目乾連 [9]目連 [10]末田地 [11]尼拘律 [12]尼乾 [13]阿闍世 [14]阿說示 [15]阿說示多 [16]阿利羅跋提 [17]阿利跋提 [18]阿那律 [19]阿難 [20]阿耨 [21]阿耨達 [22]阿毘曇

'O-sieou-lo [1], faute pour 'O-sou-lo (Asoura).

'O-siu-lun [2], faute pour 'O-sou-lo (Asoura).

'O-you [3], faute pour 'O-chou-kia (Açôka).

Ou-tchang [4], abréviation de Outchang-na (Oudyâna).

Ouen-na-ti [5], faute pour Ouo-na-ti (Ounâdi); nom d'une classe de mots dans la grammaire indienne.

P

Pa-lien-fo [6], faute pour Po-tch'a-li (Pâṭalipouttra).

Pan-jo-king [7], abréviation de Pan-jo-po-lo-mi-to-king.

Pi-che-li [8], faute pour Fei-che-li (Vâiçâli).

Pi-kia-lo [9], faute pour Pi-ye-kie-la-nan (Vyâkaraṇam).

Pi-lieou-li [10], faute pour Pi-lou-tse-kia (Viroûdhaka).

Pi-t'an [11], abréviation de 'O-pi-t'a-mo (Abhidharma).

P'ing-cha [12], faute pour P'in-pi-so-lo ou P'in-p'o-so-lo (Vimbisâra ou Vimbasâra).

P'o-cha [13], abréviation de Pi-p'o-cha (Vibhâchâ).

Po-che-po-ti [14], faute pour Po-lo-che-po-ti (Pradjâpati).

Po-lo-naï [15], faute pour Po-lo-ni-sse (Vârâṇaçî).

P'o-lo-tou-lo [16], faute pour Ço-lo-tou-lo (Çâlâtoura).

Po-se-ni [17], faute pour Po-lo-si-na-chi-to (Prasênadjit).

Po-siun [18], faute pour Po-pi-ye (Pâpiyân).

Po-ti [19], faute pour Po-ti-li-kia (Bhadrika).

Po-ti-ho [20], faute pour 'O-chi-to-po-ti (Adjitavatî).

P'ou-sa [21], abréviation de P'ou-ti-sa-to (Bôdhisattva).

---

[1] 阿脩羅 [2] 阿須倫 [3] 阿育 [4] 烏長 [5] 溫那地 [6] 巴連弗 [7] 般若經 [8] 毗舍離 [9] 毗伽羅 [10] 毘流離 [11] 毘曇 [12] 瓶沙 [13] 婆沙 [14] 波闍波提 [15] 波羅奈 [16] 婆羅覩邏 [17] 波斯匿 [18] 波旬 [19] 跋提 [20] 跋提河 [21] 菩薩

LISTE DES MOTS ABRÉGÉS.

S

Sa-po-si-to[1] (Sarvasiddha), abréviation de Sa-p'o-ho-la-t'a-si-t'o (Sarvârthasiddha).

San-p'ou-ti, abréviation de San-miao-san-p'ou-ti[2] (Samyak sambôdhi).

Seng-k'i[3], faute pour Seng-k'io-k'i-kia (Sañkakchikâ), II, 33. — Abréviation de Asañkhyêya (I, 76) et de Mahâsañghikas (I, 94).

Seng-k'i-tchi[4], faute pour Seng-k'io-k'i-kia (Sañkakchikâ).

Seng-kia-li[5], faute pour Seng-kia-tchi (Sañghâṭi).

Seng-so[6], faute pour Keng-so (Haṅsa).

Seng-so-kia-lan[7], faute pour Keng-so-kia-lan (Haṅsasañghârâma).

Si-ta[8] (Siddha), abréviation de Sarvârthasiddha.

*Sin-ho[9], abréviation de Sin-tou-ho (Sindhou).

Sin-t'eou[10], faute pour Sin-tou (Sindhou).

Siu-fou-ti[11], faute pour Sou-p'ou-ti (Soubhoûti).

Siu-mi[12], faute pour Sou-mi-lo (Sou-mêrou).

Siu-p'ou-ti[13], faute pour Sou-p'ou-ti (Soubhoûti).

Siu-ta[14], faute pour Sou-ta-to (Soudatta).

*So-p'o-chi-kiaï[15], faute pour So-ho-chi-kiaï (Sahalôkadhâtou).

Sou-p'o-sa-tou[16], faute pour Sou-p'o-fa-sou-tou (Çoubhavastou).

Sse-t'o[17], faute pour Si-to (Çîtâ).

T

Ta-mo-to-lo[18], faute pour Ta-mo-ta-lo-to (Dharmatrâta).

*T'an-che[19], mot hybride, expliqué, II, 252, note 3.

T'an-wou-te[20], faute pour Ta-mo-kio-to (les Dharmagouptas).

T'an-youeï[21], mot hybride qui répond à Dânapati « un bienfaiteur ». T'an est l'abréviation fautive de t'o-na (dâna « un don »). Youeï veut dire « traverser ». « Lorsqu'on pratique l'aumône, dit le dictionnaire boud-

[1] 薩婆悉多 [2] 三菩提 [3] 僧祇 [4] 僧祇支
[5] 僧伽梨 [6] 僧娑 [7] 僧娑伽藍 [8] 悉達 [9] 信
河 [10] 辛頭 [11] 須扶提 [12] 須彌 [13] 須菩提
[14] 須達 [15] 娑婆世界 [16] 蘇婆薩都 [17] 私陀
[18] 達磨多羅 [19] 檀捨 [20] 曇無德 [21] 檀越

dhique *Fan-i-ming-i-tsi* (liv. III, fol. 20), on traverse la mer de la pauvreté et de la misère. »

TAO-LI [1], abréviation incorrecte de To-lo-ye-teng-ling-che (Trayastriñças).

TCHE-NI [2], faute pour Tch'en-to-kia (Tch'aṇḍaka).

TCHEN-CHI-KIA [3], faute pour Tch'en-to-kia (Tch'aṇḍaka).

TCHIN-TCHOU [4], abréviation de Tch'i-tchin-tchou (Padmarâga).

TEOU-CHOU-TO [5], faute pour Tou-chi-to (les Touchitas).

TEOU-SO-TO [6], faute pour Tou-chi-to (les Touchitas).

T'IAO-TA [7], faute pour Ti-p'o-ta-to (Dêvadatta).

T'IEN-TCHOU [8], transcription incorrecte de Indou (l'Inde).

TOU-LO [9], abréviation de Cho-lo-tou-lo (Çâlâtoura). Hiouen-thsang écrit incorrectement So-lo-tou-lo.

TOU-TCHI [10], transcription fautive de Crouti.

TS'A-LI [11], faute pour T'sa-ti-li-ye (Kchattriya).

W

WEÏ-KIA-CHI-LO [12], faute du texte pour Mo-kia-chi-lo (Mârgaçiras).

WEÏ-NA [13], mot hybride pour Kie-mo-to-na (Karmadâna). *Weï* est chinois, et signifie la corde principale d'un filet ; *na* est l'abréviation de *dâna*. (Dictionnaire *Fan-i-ming-i-tsi*, liv. IV, fol. 7.)

WEÏ-YE-LI [14], faute pour Feï-che-li (Vâiçâli).

Y

YANG-K'IO-MO-LO [15], faute pour Yang-kiu-li-mo-lo (les Añgoulimâlyas).

YE-TCH'A [16], faute pour Yo-tch'a (Yakcha).

YEN-FEOU [17], faute pour Tchen-pou (Djambou), dans Djamboudvîpa.

YEN-FEOU-TI [18], faute pour Tchen-pou-ti-p'o (Djamboudvîpa).

YEOU-PO-SE [19], faute pour Ou-po-so-kia (Oupâsaka).

---

[1] 忉利 [2] 車匿 [3] 闡釋迦 [4] 眞珠 [5] 兜術陀
[6] 兜率陀 [7] 調達 [8] 天竺 [9] 都羅 [10] 都致 [11] 刹利
[12] 未伽始羅 [13] 維那 [14] 維耶梨 [15] 央崛摩羅 [16] 夜叉 [17] 炎浮 [18] 閻浮提 [19] 憂波塞

LISTE DES MOTS ABRÉGÉS. 565

YEOU-P'O-SSE [1] et YEOU-P'O-I [2], fautes pour Ou-po-sse-kia (Oupâsikâ).

YEOU-SUN [3], faute pour Yu-chen-na (Yòdjana).

YEOU-T'IEN [4], faute pour Ou-to-yen-na (Oudâyana).

YO-TAN-YOUEÏ [5], transcription fautive de Outtarakourou, le Kourou du nord.

YO-T'EOU-LAN-TSEU [6], transcription fautive de Oudra Râma pouttra.

YO-TO-LO-SENG-KIA [7], faute pour Yeou-to-lo-seng-kia (Outtarâsañga).

YU-T'IEN [8] et YU-TUN [9], corruptions du mot Kiu-sa-tan-na (Koustana).

YU-YEN-NA [10], faute pour Yu-chen-na (Yòdjana).

[1] 憂婆斯 [2] 憂婆塞 [3] 由旬 [4] 憂塡 [5] 鬱單越 [6] 鬱頭藍子 [7] 鬱多羅僧伽 [8] 于闐 [9] 于遁 [10] 踰延那

ERRATA ALPHABÉTIQUE.

A

Açâlinî vihâra, I, 50, *lisez* Âçâlinî dharmaçâlâ.
Adbhoûtâçma, I, 87, *lisez* Adbhoutâçma.
Adhyavakêla et Adhyavakila, *lisez* Atyanvakêla? I, 207; III, 175, 413.
A-fan-tch'a, *lisez* 'O-fan-tch'a (*quod vide*).
Amalaka ('An-mo-lo-ko), *lisez* Âmra (An-mo-lo). La syllabe *ko* « fruit » n'appartient pas au nom indien de l'arbre, qui est un manguier, II, 91, 187, 207.

Amila, II, 71, *lisez* Âmla.
Amitôdana, dans le *Foe-koue-ki*, p. 78, et l'*Introduction au Bouddhisme*, p. 157, faute pour Amrĭtôdana, nom de roi, II, 364.
Âmra, II, 91, ligne 19, *lisez* Amalâ.
'An-chi-po-yu-che, *lisez* 'An-chi-fo-yu-che, II, 63, 472.
Andra, I, 187, *lisez* Andhra.
Asaṁgha (orthographe empruntée d'abord à Eug. Burnouf) doit être lu Asañga : en chinois *Wou-tcho*.
Avaḍa, I, 209, *lisez* Avaṇḍa.

B

Bien venu (Sougata), II, 271, *lisez* Bien venu (Svâgata).

Bouddhôçnicha poura, I, 77, *lisez* Bouddhôchṇîcha poura.

C

Çabdavidyâ soûtra, I, 50, *lisez* Çabdavidyâ çâstra.
Çammouka, II, 120, *lisez* Chaṇmoûka?
Çaṇirâdjâ, *lisez* Saṇirâdjâ, II, 137.
Chaṭmoukhî, etc. *lisez* Chaṇmoukhî, I, 304.
Che-li-kio-to, *lisez* Chi-li, etc.
Che-lo-fa-si-ti, *lisez* Chi-lo-fa-si-ti (Çrâvastî).

Che-sang-kia, *lisez* Che-chang-kia (Çaçañka).
Che-to, *lisez* Chi-to (Djêtâ).
Che-to-lin, *lisez* Chi-to-lin.
Chi-po-kia, *lisez* Chi-fo-kia (Djîvaka).
Chi-yeou (Vasoubandhou), II, 176, ligne 11, et 177, ligne 11, *lisez* Chi-yeou (Vasoumitra).
Çrikchatra, *lisez* Çrîkchêtra, I, 182; III, 82, 392.

ERRATA ALPHABÉTIQUE.

Çrôtâpanna, II, 432; III, 52, *lisez* Srôtâpanna.
Cuvette, *lisez* pot à eau (Tsao-kouan).
En sanscrit *Koundikâ*, t. II, p. 31.
Çvêtavâras, *lisez* Sphîtavaras?

D

Damamoûrkha, II, 200, *lisez* Damamoûka.
Dârapati, *lisez* Dvârapati?
Dhamastiti? *lisez* Tamasthiti.
Dhoûçâsana, *lisez* Doûchasana?
Divaspati (l'empereur du ciel), II, 238, *lisez* le maître des dieux (Dêvêndra).
Djalandhara, I, 102, *lisez* Djâlandhara.
Djambira, I, 148, *lisez* Djambalâ.

E

Éléphant (La doctrine de l'), *lisez* la doctrine des images. Voy. I, 467.

F

Filles d'Occident (Le royaume des), I, 198, *lisez* le royaume des femmes d'Occident.
Fo-ho, *lisez* Fo-ho-lo.
Fo-ko-lo, *lisez* Fo-ho-lo.

G

Ghanti, I, 143, *lisez* Ghantâ.
Gôcha, *lisez* Ghôcha, II, 160.
Gôçira, *lisez* Ghôchira.
Gôkâlî, nom d'homme, *lisez* Koukâlî.
Gôminda, II, 215, *lisez* Gôkantha?
Gourdjara, I, 207, *lisez* Gourdjdjara.

H

Hahikchêtra, I, 110, *lisez* Ahikchêtra.
Heng-cha, III, 60, *lisez* Keng-so (Hañsa) « oie ».
Hérissé de dangers, *lisez* plein de dangers, II, 203, ligne 12.
Hikkala, *lisez* Khakkharam.
Ho « colombe », III, 61, *lisez* Ko.
Houchkara, I, 90. Peut-être faut-il lire Ouchâkala (le couvent du Coq).
Hou-fan-wang, II, 365, note 1, *lisez* Ho-fan-wang.

I

I-na-po-ta-lo, *lisez* I-lo-po-ta-lo (Êlâpatra).
Indoukouch, *lisez* Hindou-kousch).
Indraçilâ, I, 161; II, 58, *lisez* Indraçâila.
In-ming-lun (Hêtouvidyâ çâstra), III,

106, lig. 22, *lisez* In-ming-tching-li-men-lun (Nyâyadvâra târaka çâstra). Cette correction est tirée du dictionnaire *Fan-i-ming-i-tsi*, I. II, fol. 22. La note 1 doit être supprimée.

K

Kâça, II, 31, *lisez* Kâçâ.
Kaki (Pi-chi), III, 449. Ce mot devait être placé dans le premier Index, où se trouvent beaucoup de noms étrangers au sanscrit.
Kâla, II, 61, *lisez* Kalâ.
Kalantavênouvana, *lisez* Karaṇḍavênouvana.
Kalpa parfait (Le), I, 165, *lisez* le Kalpa complet.
Kâmalangka, III, 82, *lisez* Kâmalañkâ.
Kâmalâñkâ, I, 182, *lisez* Kâmalañkâ.
Kântchîpoura, III, 119, lisez Kâñtchîpoura.
Kapôta, I, 171, *lisez* Kapôtika.
Khachgar, *lisez* Kachgar.
Kharisma, Kharism. J'avais d'abord donné cette correspondance à Kili-sc-mo, d'après M. Vivien de Saint-Martin. Voyez, au mot *Ischkeschm*, l'opinion nouvelle de ce savant, III, 419.
Kho-kia-tun, *lisez* Kho-ho-tun, I, 62.
Ki-tch'a (Kiṭa), I, 206, *lisez* K'ie-tch'a (Katcha).
Kia-ye, *lisez* Kia-che-po.
Kia-ye-fo, *lisez* Kia-che-fo.
Kia-ye-i-pou, *lisez* Kia-che-pi-ye-pou (l'école des Kâçyapîyas).
Kia-ye-kia-ye-po, *lisez* Kia-ye-kia-che-po, II, 457.
Kia-ye-po, *lisez* Kia-che-po (Kâçyapa).
Kien-tchi, *lisez* Kien-ti (Ghaṇṭâ).

K'io-pou-ta-na, *lisez* Kie-pou-ta-na.
Kiu-che-lun, I, 261, *lisez* le Kiu-che (Abhidharma kôcha) et le Che-lun (Mahâyâna samparigraha çâstra). *Effacez* Abhidharma kôcha samparigraha çâstra.
Kiu-che-pao-lun, I, 108, *lisez* Kiu-che-po-lun. Cf. II, 223.
Kiu-kiu-t'o-'o-lan-mo, *lisez* Kiu-kiu-tch'a-'o-lan-mo.
Kiu-min-tch'a-kia-lan (Gôminda sañghârâma), *lisez* Kiu-hoen-tch'a-kia-lan (Gôkaṇṭha sañghârâma?). Effacez la note 1.
Ko-li-cha-fa-t'an-na, *lisez* Ho-li-cha, etc.
Ko-lo-che-fa-t'an-na, *lisez* Ho-lo, etc.
Ko-lo-che-pou-lo, *lisez* Ho-lo-che-pou-lo.
Ko-lo-chi-li-hi, *lisez* Ho-lo-che-ki-li-hi.
Kong-g'an-koue, I, LXIX, *lisez* Kong-'an-koue.
Kong-tch'ing (la ville), I, 160, ligne 21. *Au lieu de* dans l'intérieur, *jusqu'à* Stoûpa, *lisez* à l'angle sud-est du palais du roi, il y a un Stoûpa.
Kongyôdha, *lisez* Kôñyôdha?
Ko-p'an-t'o, *lisez* K'ie-pan-t'o.
Ko-pou-to-chi-sou-tou-po, *lisez* Ho-pou-to, etc.
Kou-choang-ni-kia, I, 60, *lisez* Kiu...
Kouang-weï, II, 408, note 1, *lisez* Kouang-tcheou.

570 ERRATA ALPHABÉTIQUE.

Koumâradatta, III, 106, note 2, *lisez* Koumâralabdha.

Kriyavidyâ, le Traité des sciences occultes et de l'arithmétique (Saṁkhyâna), I, 152, 212. Au lieu des mots qui précèdent, *lisez seulement* le Traité des arts (Çilpasthâna vidyâ); en chinois *Kong-kiao-ming*. Je dois cette importante correction à l'ouvrage intitulé *Kiao-ching-fa-sou*, liv. V, fol. 10.

L

La-po, *lisez* La-fo, II, 61.

Lipata (Li-pa-to), II, 397, *lisez* Rêvata.

M

Mâdhyânta vibhañga çâstra, I, 115, *lisez* Madhyânta vibhâga çâstra.

Mahâbôdhi vihâra, I, 319, *lisez* Mahâbôdhi sañghârâma. Cf. II, 487.

Mahâbrâhma, I, 110, *lisez* Mahâbrahmâ.

Mahâsâlâ, II, 381, ligne 4. Effacez ce mot.

Maladies tièdes, sens littéral d'une leçon fautive, II, 24. Effacez la note 1. Voyez *Wen—tsi* «maladies épidémiques».

Mimakha, II, 19, lignes 16, 18, 19, *lisez* Mimaha.

Mi-mo-kia, II, 19, lignes 15, 16, 18, *lisez* Mi-mo-ho (Mimaha?).

Mo-ho-la-t'o, I, 202, *lisez* Mo-ho-la-tch'a.

Mo-ho-kia-ye-po, III, 7, 32, *lisez* Mo-ho-kia-che-po.

Mo-kia-yen, I, 17, 28; III, 428, *lisez* Mo-ho-yen.

Mo-lo-p'o, III, 331, ligne 12. Effacez ce mot.

Montagnes noires (les monts Hindoukousch), *lisez* le mont Siâh-kôh, II, 40; III, 398.

Mrĭgaçiras, II, 63, *lisez* Mârgaçiras.

N

Na-po-po, *lisez* Na-fo-po (Navapa), I, 290; III, 428.

Na-po-seng-kia-lan, *lisez* Na-fo-seng-kia-lan, I, 65.

Na-po-ti-po-kiu-lo, *lisez* Na-fo-ti-p'o-kiu-lo (Navadêvakoula).

Narakira, *lisez* Nârikêla.

Nûrasiñha, I, 97; III, 330, *lisez* Narasiñha.

Ngo-pou-to-chi-sou-tou-po, *lisez* Ho-pou-to, etc. II, 140.

Ni-po-sie-na, *lisez* Ni-fo-sie-na (Nivâsana).

O

Officiers conducteurs, I, 260, *lisez* officiers de haut rang.

Officiers introducteurs, I, 55, l. 28, *lisez* officiers de haut rang.

ERRATA ALPHABÉTIQUE. 571

'O-mo-lo (Âmra), II, 91, ligne 29. *Lisez* Amalâ, nom d'arbre.

'O-po-lou-tchi-to-i-chi-fa-lo, *lisez* 'O-fo-lou, etc.

Ouçnicha, I, 77, *lisez* Ouchṇîcha.

Oueï-kia-chi-lo, II, 63, *lisez* Mo-kia-chi-lo (Mârgaçiras, *au lieu de* Mrĭgaçiras), et effacez la seconde ligne de la note 2.

Oupali, I, 103, *lisez* Oupâli.

Ou-ta-lo, III, 117, *lisez* Ouo-ta-lo (Outtara).

P

Pa-ki-so, etc. I, 180, *lisez* le couvent appelé Po-chi-p'o (Vaçibha sañghârâma?). Cf. III, 75.

Pa-lou-kia, II, 10, *lisez* Po-lou-kia.

Pa-tch'a, *lisez* Po-tou, abréviation de T'ou-lou-p'o-po-tou (Dhrouvapatou).

P'ing-k'i-lo (Viñkila), III, 105, *lisez* Viṅgila?

Pi-to-khiu, II, 55, *lisez* Pi-to-khia (Vâitraka?).

Pogaï? (Po-kia-ï), *lisez* Bhagaï?

Po-ho, *lisez* Fo-ho, et plus correctement Fo-ho-lo.

Po-ho-lo, *lisez* Fo-ho-lo.

Po-kia-lang, II, 28, *lisez* Fo-kia-lang.

Po-saï-ke-lo-fa-mo, III, 77, *lisez* Pose, etc.

Po-tchou (Vatch — Oxus), *lisez partout* Fo-ts'ou (Vakchou — Oxus).

Po-t'o-li, *lisez* Po-tch'a-li (Pâṭali).

Po-to-li-tseu-t'ching, I, 137, *lisez* Po-tch'a-li-tseu-t'ching.

Po-to-thsang-na, *lisez* Po-to-tchoang-na.

Po-t'sou, III, 195, *lisez partout* Fo-t'sou (Vakchou — Oxus).

Pou-cha, II, 75, note 1, *lisez* Pouchya.

Pouan-nou-tsie I, 96, *lisez* Pouan-nou-tso.

Pou-kho, I, 61, *lisez* Pou-ho.

Pouṇḍarîkavarṇâ, II, 240, *lisez* Padmavatî.

Priha, II, 28; effacez ce mot.

Q

Quatre degrés de la sainteté (Les), *lisez* les quatre fruits du Bouddha, II, 32.

R

Ramendou (Lo-mo-in-tou), III, 187, ligne 15; effacez le premier mot. M. de Saint-Martin croit reconnaître, dans *Lo-mo-in-tou*, le Helmend actuel, III, 415.

S

Saï-sien, I, 7, *lisez* Ki-sien.

Sâlarïbhou, II, 397, *lisez* Salarïbhou.

Sâṁkhyâna, I, 152, 212. Effacez ce mot. Voyez Krĭyavidyâ.

Sammitïyas, I, 123, 204, *lisez* Saṁmatîyas. Cf. II, 234, note 2.

Sañkhyà, *lisez* Sâñkhya, nom d'un système de philosophie, II, 442.

San-mo-ta-to, I, 182-183, *lisez* San-mo-ta-tch'a.

Seng-so-kia-lan, I, 162, faute pour Keng-so-kia-lan.

Signak et Siknam, *lisez* Chaghnân.

Siñharasmi, I, 218, *lisez* Siñha-raçmi.

Siéges (Les) des quatre Bouddhas passés, etc. II, 439. En cet endroit et partout où se rencontre cette expression, *lisez* : On y voit des endroits où les quatre Bouddhas passés se sont assis et ont laissé, en faisant de l'exercice, les traces de leurs pas.

Sîtâ, rivière, *lisez* Çîtâ. Cette orthographe est déterminée par le mot chinois *ling* « froid ». (Dict. *I-tsie-king-in-i*, liv. XXIV, fol. 6.)

Sîtavana, *lisez* Çîtavana.

Siu-to-lo, III, 170, *lisez* Chou-t'o-lo.

Si-ye-ho, *lisez* Si-che-ho.

Soubhavastou, II, 133, *lisez* Çoubhavastou.

Sougata, II, 271 et 272, en note, *lisez* Svâgata (bien-venu).

Sou-la-t'o, *lisez* Sou-la-tch'a, I, 212.

Sou-na-hi-lo, II, 47, *lisez* T'seou-na-hi-lo (Kchouṇahila?)

Sou-na-t'ien-chin, II, 47, *lisez* T'seou-na-t'ien-chin, le dieu Kchouṇa?

Sou-ye (Rivière de), *lisez* Sou-che, II, 12.

Souï-fa-tchi-lun, I, 109, *lisez* Touï-fa-tchi-lun.

Statue du dieu (La), I, 72, *lisez* : « Au-dessus du pied (droit) de la statue du grand roi des esprits (Ta-chin-wang). » A l'époque où j'ai traduit le volume I, je ne possédais pas l'ouvrage où j'ai puisé la curieuse note du tome II, p. 43. (Stan. Julien.)

Sthitakalpa? I, 165, *lisez* Sthâvarakalpa?

Svêtapoura, *lisez* Çvêtapoura, II, 399.

T

Tâla, III, 148, *lisez* Tala.

Ta-li-yen-ni-fo-ta-lo, I, 103, faute d'Hoeï-li, pour Pou-la-na-meï-ta-li-yen-ni-fo-ta-lo.

Tchañtcha, I, 125, *lisez* Tchañçtcha.

Tchhaçouna (Tchen-chou-na), *lisez* Tchañçouna? (Supprimez la note.) II, 403.

Tch'a-ti-li, I, 185, *lisez* T'sa-ti-li.

Tchatvâradvîpas, I, 182, *lisez* Tchatourdvîpas.

Tche-li-to, *lisez et voyez* Tche-li-ta lo.

Tchi-chin-tso-lun, II, 123, *lisez* Chi-chin, etc.

Tche-lo-lin, I, 124, *lisez* Chi-to-lin.

Tche-tou-na, III, 366, *lisez* Tchen-chou-na.

Tchi-chin-lun, II, 291, *lisez* Chi-chin-lun, abréviation de 'O-pi-ta-mo-chi-chin-tso-lun.

Tchikitâs vidyâ, *lisez* Tchikitsavidyâ, I, 212.

Thalila, I, 86; II, 149; *lisez* Talila.

Tha-li-lo, II, 149, *lisez* Ta-li-lo.

Ti-kia-p'o-po-na, etc. *lisez* Ti-kia-p'o-fo-na, etc. III, 230.

Toukharâ, II, 23; III, 179, etc. *lisez partout* Toukhâra.

ERRATA ALPHABÉTIQUE.

Tou-sse-to-kong, 1, 190, *lisez* Tou-chi-to-kong.

Traités lumineux (Les cinq), I, 95, *lisez* les traités des cinq sciences. En chinois *San-ming-lun*.

Trois lumières (Les), *lisez* les trois connaissances *ou* la triple science (Trividyâ).

Tseu-thsaï, II, 123, *lisez* Tseu-tsaï.

T'sien-ti-seng-ho, I, 174, *lisez* T'san-ti-seng-ho (Kchântisiñha).

Tsiu-mo, *lisez* Tsie-mo, I, 288.

V

Vatch, *lisez* Vakchou — Oxus.

Vidyâbhadra, I, 245, *lisez* Samadjña. Cf. III, 235.

Vimbasâra (On dit aussi), II, 410, note 2, ligne 29. Au lieu de cette note, qui est la répétition de la note 2 de la page 414, *lisez* : C'est-à-dire la fille de l'arbre Pâṭali (*Bignonia suaveolens*).

Vingt millions d'Arhân, I, 202, ligne 12. *Lisez* : Elle fut exécutée par l'Arhat Wen-eul-pe-i (Çrouta-viñçatikôṭi). Les mots chinois *eul-pe-i-lo-han* signifient bien «vingt millions d'Arhân»; mais Hoeï-li avait supprimé la légende de cet Arhat, dont le nom signifie littéralement vingt millions (viñçatikôṭi), et ce n'est qu'après avoir lu le fragment du *Si-yu-ki* (t. II, p. 66-67 de la traduction) où elle est racontée en détail, qu'il m'a été possible de réparer cette fâcheuse erreur, qu'explique et justifie l'omission mentionnée ci-dessus.

Virachana, I, 110, et Vîraçâṇa, II, 235 (Pi-lo-chan-na), *lisez* Vîrasana? Le son *chan* de la troisième syllabe représente *san* dans le mot *Sañdjaya*.

W

Weï-chi-i-li-lun, *lisez* I-li-lun, nom d'un ouvrage, I, 213.

Weï-tchi-kioue-chi-lun, *lisez* Weï-chi, etc.

Weï-tchi-lun, *lisez* Weï-chi-lun.

Weï-tchi-san-chi-lun-chi, *lisez* Weï-chi, etc.

Wen-kiaï, *pour* Wen-kiaï-king, nom d'un livre bouddhique, II, 101.

Y

Ye-ho, *lisez* Che-ho.

Ye-ye-ho, *lisez* Che-che-ho, et plus correctement, Che-ho.

Yeou-t'eou-lan, II, 367, lignes 15, 20, et III, 3, *lisez* Yo-t'eou-lan (*quod vide*).

Yeou-wang, *lisez* Yeou-ji-wang, I, 148.

NOTE

SUR

LA CARTE DE L'ASIE CENTRALE ET DE L'INDE,

PUBLIÉE AU JAPON EN 1710.

Tous ceux qui se sont occupés de géographie orientale apprécieront la valeur du cadeau que leur fait M. Stanislas Julien, en joignant à sa traduction des Mémoires de Hiouen-thsang une copie réduite, mais scrupuleusement exacte, de cette belle carte japonaise. Nous disons *carte japonaise,* parce que c'est au Japon qu'elle a été publiée; mais, par le fait, c'est une chose purement chinoise, chinoise d'origine et de rédaction. Lors même que le titre ne le dirait pas d'une manière expresse, il serait aisé de voir qu'elle a été principalement, sinon exclusivement composée sur les Mémoires des pèlerins bouddhistes, et particulièrement sur ceux de Hiouen-thsang, dont elle reproduit toute la nomenclature. C'est une représentation graphique des notions que les voyageurs chinois fournissaient sur les pays occidentaux, telles que les géographes du Céleste Empire les comprenaient et savaient les figurer. Mieux qu'aucune autre carte chinoise connue jusqu'à présent en Europe, celle-ci nous peut donner la mesure exacte de la science géographique des lettrés et de leur habileté manuelle; c'est, en un mot, un parfait spécimen de la cartographie chinoise antérieure à tout enseignement européen. C'est là ce qui lui donne un intérêt particulier, en dehors de son rapport direct avec l'itinéraire de Hiouen-thsang. On y voit figurés la Mongolie et le Tibet tels que les Chinois se représentaient ces deux grandes régions, avant que les relevés et les observations astronomiques de plusieurs de nos missionnaires, depuis la fin du xviie siècle jusqu'au milieu du xviiie, en eussent fourni un canevas général qui a servi de base aux travaux de d'Anville sur ces parties de l'Asie, et plus tard à ceux de Klaproth. On peut remarquer dans notre carte l'agencement que l'auteur y a voulu faire entre ses notions directes sur les régions centrales et celles que les relations bouddhistes fournissaient pour la géographie de l'Inde, non-seulement sur le cours des rivières, la situation des villes et les limites des États, mais aussi sur certaines notions tout indiennes de géographie mythique, telles, par exemple, que la source commune des quatre grandes rivières du monde.

Klaproth avait eu entre les mains la copie réduite de notre carte qui se trouve dans l'Encyclopédie japonaise; mais la lithographie qu'il en fit faire pour le *Foe-koue-ki* est trop grossièrement exécutée pour qu'on puisse y prendre une juste idée de l'original. Nous ferons sur cette carte sino-japonaise une dernière remarque : c'est que le tracé général de l'Inde, tout grossier qu'il est, n'y est pas plus défiguré que sur les cartes de Ptolémée, et que même la disposition triangulaire de la Péninsule, depuis les bouches de l'Indus jusqu'au delta du Gange, y est beaucoup mieux accusée que sur l'ébauche informe du géographe alexandrin.

VIVIEN DE SAINT-MARTIN.

CARTE
DE
L'ASIE CENTRALE
ET DE
L'INDE
Publiée au Japon en 1710

Pour paraître prochainement :

Contes et apologues indiens, traduits du sanscrit en chinois par des religieux bouddhistes, et du chinois en français par M. Stanislas Julien; 1 vol. in-8°.

OUVRAGES DE M. STANISLAS JULIEN

qui se trouvent dans les Librairies de Benjamin Duprat et d'Auguste Durand.

Voyages des pèlerins bouddhistes, tom. I, II, III; in-8°.

Histoire et fabrication de la porcelaine chinoise ; 1 vol. in-8° de CXXII et 320 pages, avec une Carte de la géologie céramique de la Chine et quatorze planches relatives aux procédés de fabrication. *Paris,* 1856.

ΚΟΛΟΥΘΟΥ ΕΛΕΝΗΣ ΑΡΠΑΓΗ. L'Enlèvement d'Hélène, poëme de Coluthus, revu sur les meilleures éditions critiques, traduit en français et en latin, accompagné de notes philologiques et critiques sur le texte, d'un fac-simile entier des deux manuscrits de la Bibliothèque royale, etc. *Paris,* 1823; in-8°, fig.

La lyre patriotique de la Grèce. Odes traduites du grec moderne de Kalvos, de Zante. *Paris,* 1824; in-18.

Meng-tseu vel Mencium, inter Sinenses philosophos ingenio, doctrina, nominisque claritate Confucio proximum, edidit, latina interpretatione ad interpretationem tartaricam utramque recensita instruxit, et perpetuo commentario e sinicis depromto illustravit Stanislaus Julien. *Lutetiæ Parisiorum,* 1824; 2 vol. in-8°.

Hoei-lan-ki ou l'Histoire du Cercle de craie; drame en prose et en vers, traduit du chinois et accompagné de notes. *Londres,* 1832; in-8°, fig.

Tchao-chi-kou-eul ou l'Orphelin de la Chine; drame en prose et en vers, suivi de nouvelles et de poésies traduites du chinois. *Paris,* 1834; in-8°.

Pé-ché-tsing-ki. Blanche et Bleue ou les Deux Couleuvres Fées, roman traduit du chinois. *Paris,* 1834; in-8°.

K'an-ing-pien. Le Livre des Récompenses et des Peines, en chinois et en français; accompagné de quatre cents légendes, etc. *Paris,* 1835; in-8°.

Résumé des principaux traités chinois sur la culture des mûriers et l'éducation des vers à soie, traduit par M. Stanislas Julien, et publié par ordre du Ministre de l'agriculture et du commerce. *Paris,* 1837; in-8°.

Lao-tseu Tao-te-king. Le Livre de la Voie et de la Vertu, de Lao-tseu, philosophe chinois du VI° siècle avant J. C., traduit en français et publié avec le texte chinois et un commentaire perpétuel. *Paris,* 1841; in-8°.

Discussions grammaticales sur certaines règles de position qui, en chinois, jouent le même rôle que les inflexions dans les autres langues. *Paris,* 1841; in-8°.

Exercices pratiques d'analyse, de syntaxe et de lexigraphie chinoise. *Paris,* 1842; in-8°.

Simple exposé, etc. Observations sur la grammaire chinoise. *Paris,* 1842; in-8°.

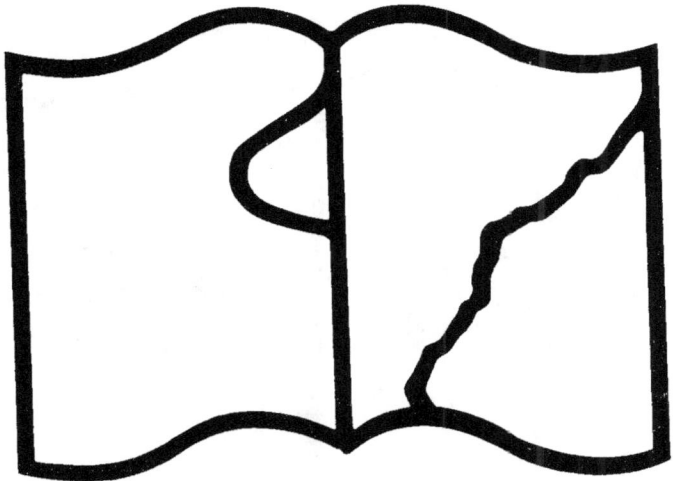

Texte détérioré — reliure défectueuse
NF Z 43-120-11

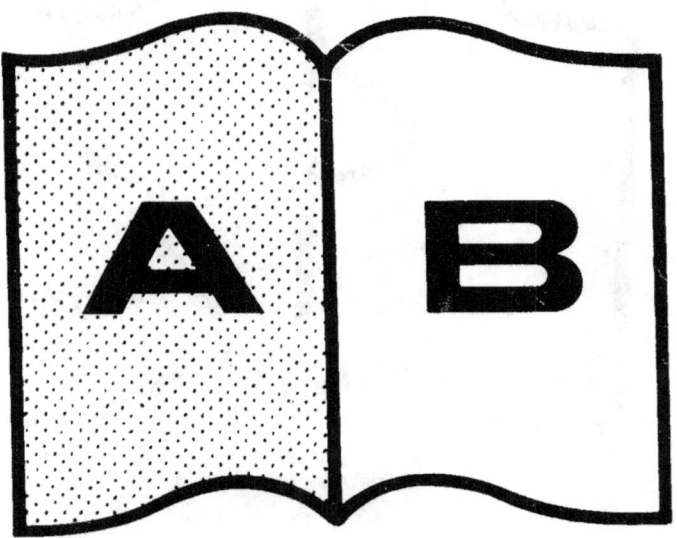

Contraste insuffisant
NF Z 43-120-14

www.ingramcontent.com/pod-product-compliance
Lightning Source LLC
Chambersburg PA
CBHW060303230426
43663CB00009B/1571